【传世经典 文白对照】

左传纪事本末

下

〔清〕高士奇 撰

董文武 石延博 王玉亮等 译

中华书局

左传纪事本末

宋

卷三十四 宋殇闵昭公之弑

隐公三年，宋穆公疾，召大司马孔父而属殇公焉，曰："先公舍与夷而立寡人，寡人弗敢忘。若以大夫之灵，得保首领以没，先君若问与夷，其将何辞以对？请子奉之，以主社稷。寡人虽死，亦无悔焉。"对曰："群臣愿奉冯也。"公曰："不可。先君以寡人为贤，使主社稷。若弃德不让，是废先君之举也，岂曰能贤？光昭先君之令德，可不务乎？吾子其无废先君之功！"使公子冯出居于郑。八月庚辰，宋穆公卒，殇公即位。君子曰："宋宣公可谓知人矣。立穆公，其子飨之，命以义夫！《商颂》曰：'殷受命咸宜，百禄是荷。'其是之谓乎！"

四年。宋殇公之即位也，公子冯出奔郑，郑人欲纳之。及卫州吁立，将修先君之怨于郑，而求宠于诸侯，以和其民。使告于宋曰："君若伐郑，以除君害，君为主，敝邑以赋与陈、蔡从，则卫国之愿也。"宋人许之伐郑。

卷三十四　宋殇闵昭公之弑

　　鲁隐公三年,宋穆公病重,召见大司马孔父而把殇公托付给他,说:"先君宣公舍弃了他儿子与夷而立寡人为国君,寡人不敢忘记。如果托大夫的福,寡人得以善终,先君如果问起与夷,将用什么话回答呢? 请您事奉与夷,来主持国家。寡人即使死去,也没有什么后悔了。"孔父回答说:"群臣愿意事奉您的儿子冯啊。"穆公说:"不行。先君认为寡人有德行,让寡人主持国家。如果丢掉道德而不让位,这就是废弃了先君的选拔,哪里还能说有德行呢? 发扬光大先君的美德,难道能不努力从事吗? 您不要废弃先君的功业!"于是穆公命令公子冯出去住在郑国。八月十五,宋穆公去世,宋殇公与夷即位。君子说:"宋宣公可以说是能了解人了。他立了弟弟穆公,他的儿子却仍然享有了君位,这是他的遗命符合道义的缘故吧!《商颂》说:'殷王承受天命都合于道义,所以蒙受了各种福禄。'说的就是这种情况吧!"

　　四年。宋殇公即位时,公子冯逃到郑国,郑国人打算送他回国为君。等到卫公子州吁成为国君后,便准备向郑国报复前代国君所结下的怨仇,并以此讨好诸侯,以安定百姓。于是州吁派人告诉宋殇公说:"您倘若攻打郑国,以铲除您的祸害公子冯,那么就以您为主帅,我国出兵出物,和陈、蔡两国跟随贵国作战,这就是我们卫国的愿望。"宋殇公答应了卫国去攻打郑国。

桓公元年，宋华父督见孔父之妻于路，目逆而送之，曰："美而艳。"

二年春，宋督攻孔氏，杀孔父而取其妻。公怒，督惧，遂弑殇公。君子以督为有无君之心，而后动于恶，故先书弑其君。会于稷，以成宋乱。为赂故，立华氏也。宋殇公立，十年十一战，民不堪命。孔父嘉为司马，督为太宰，故因民之不堪命，先宣言曰："司马则然。"已杀孔父而弑殇公，召庄公于郑而立之，以亲郑。以郜大鼎赂公，齐、陈、郑皆有赂，故遂相宋公。

夏四月，取郜大鼎于宋。戊申，纳于太庙，非礼也。臧哀伯谏曰："君人者，将昭德塞违，以临照百官，犹惧或失之，故昭令德以示子孙。是以清庙茅屋，大路越席，大羹不致，粢食不凿，昭其俭也；衮、冕、黻、珽，带、裳、幅、舄，衡、纮、紞、綖，昭其度也；藻、率、鞞、鞛、鞶、厉、游、缨，昭其数也；火、龙、黼、黻，昭其文也；五色比象，昭其物也；锡、鸾、和、铃，昭其声也；三辰旂旗，昭其明也。夫德，俭而有度，登降有数。文物以纪之，声明以发之，以临照百官，百官于是乎戒惧，而不敢易纪律。今灭德立违，而置其赂器

鲁桓公元年，宋国的华父督在路上见到了孔父的妻子，看着她迎面走来，又目送她的背影远去，说："真是既貌美，又艳丽。"

　　二年春季，宋国的华父督攻打孔氏，杀了孔父，并占有了他的妻子。宋殇公为此发怒，华父督非常害怕，于是就把殇公杀了。君子认为华父督心中已没有了国君，然后才有了这种罪行，因此《春秋》先记载华父督弑杀国君。鲁桓公和齐僖公、陈桓公、郑庄公在宋国稷地会见，以平定宋国的内乱。因为各国都接受了华父督的贿赂，所以就帮助他确立了华氏的执政地位。自从宋殇公即位以后，宋国十年中发生了十一次战争，百姓已经不堪忍受命令了。当时孔父嘉（即孔父）做司马，华父督做太宰，华父督故意利用百姓的不堪忍受命令，预先扬言："都是司马要这样干的。"杀死孔父、弑杀殇公后，他把宋庄公冯从郑国召回，立他为国君，以此和郑国亲近。华父督把郜国所造的大鼎送给了鲁桓公，另外给齐国、陈国和郑国也都送了财物，因此他得以辅佐宋庄公。

　　夏季四月，鲁桓公从宋国取来郜国所造的大鼎。初九，把大鼎安放在太庙，这是不合礼法的。臧哀伯劝阻说："作为百姓的国君，应该昭明美德，杜绝邪行，并以此为百官的表率，即使如此还担心会有所失误，所以要宣扬美德，示范给子孙后代。因此，太庙用茅草覆盖屋顶，天子乘坐的大辂车用蒲草席铺垫，祭祀用的肉汁不加任何调料，主食不用精米，这是为了表明节俭；礼服、礼帽、蔽膝、玉笏，革带、裙子、绑腿、鞋子，横簪、填绳、帽带、帽顶板，是为了表明尊卑各有制度；玉垫、佩巾、刀鞘、刀饰，革带、带饰、飘带、马鞅，是为了表明尊卑各有规定的数量；礼服上绘饰的火焰、飞龙、白黑相间的黼、黑青相间的黻，是为了显扬文彩；青、黄、赤、白、黑五种颜色绘出各种物象，是为了彰明物色；车马上的钖铃、鸾铃、轼铃、旗铃，是为了表明声音；旗帜上画有日、月、星，是为了显明光彩。所谓美德，应该节俭而有法度，增减有一定的数量。以文彩和物色来记录它，以声音和光彩来彰显它，以此向百官做出表率，百官才能有所警惕和畏惧，从而不敢违反纲纪法度。如今您放弃道德，树立邪行，并把宋国贿赂的器物安放

于太庙,以明示百官;百官象之,其又何诛焉?国家之败,由官邪也;官之失德,宠赂章也。郜鼎在庙,章孰甚焉?武王克商,迁九鼎于雒邑,义士犹或非之,而况将昭违乱之赂器于太庙,其若之何?"公不听。周内史闻之,曰:"臧孙达其有后于鲁乎!君违,不忘谏之以德。"

庄公十年夏六月,齐师、宋师次于郎。公子偃曰:"宋师不整,可败也。宋败,齐必还,请击之。"公弗许。自雩门窃出,蒙皋比而先犯之,公从之,大败宋师于乘丘。齐师乃还。

十一年夏,宋为乘丘之役故,侵我。公御之。宋师未陈而薄之,败诸鄑。凡师,敌未陈曰败某师,皆陈曰战,大崩曰败绩,得俊曰克,覆而败之曰取某师,京师败曰王师败绩于某。

秋,宋大水。公使吊焉,曰:"天作淫雨,害于粢盛,若之何不吊?"对曰:"孤实不敬,天降之灾,又以为君忧,拜命之辱。"臧文仲曰:"宋其兴乎!禹、汤罪己,其兴也悖焉;桀、纣罪人,其亡也忽焉。且列国有凶,称孤,礼也。言惧而名礼,其庶乎!"既而闻之曰公子御说之辞也,臧孙达曰:"是宜为君,有恤民之心。"

在太庙中,公然展现在百官面前;假如百官效仿,您还能去惩罚谁呢?一个国家的衰败,是从为官者的邪恶行为开始的;为官者丧失美德,是通过私宠和贿赂而表现出来的。把郜国所造的大鼎放在太庙里,还有比这更明显的吗?周武王战胜商朝后,把九鼎搬到雒邑,尚且有义士非难他,更何况把彰显违背淆乱礼法行为的贿赂器物放在太庙里,这又会有什么样的后果?"鲁桓公不听规劝。周王室的内史听说了这件事,说:"臧孙达的后代大概在鲁国能长享禄位吧!因为国君违反礼法的时候,他没有忘记用美德去劝阻。"

鲁庄公十年夏季六月,齐军和宋军驻扎在鲁国郎地。鲁国大夫公子偃对鲁庄公说:"宋军军容不整,可以打败他们。宋军一败,齐军必定撤回,请您进攻宋军。"鲁庄公不同意。于是公子偃从鲁都南城西门雩门私自出城,给马蒙上虎皮先进攻宋军,鲁庄公随后率军出击,在鲁国乘丘把宋军打得大败。齐军也就回国了。

十一年夏季,宋国为了报复乘丘那次战役而侵犯我鲁国。鲁庄公出兵迎战。宋国军队还没有摆好阵势,鲁军就逼近了他们,结果在鲁国鄑地打败了宋军。凡是军队交战,敌方还没有摆好阵势时就将其打败,这叫"败某师",双方都摆好了阵势就叫"战",一方军队彻底崩溃叫"败绩",俘获了敌方的勇将叫"克",设下伏兵而击败敌军叫"取某师",周王室的军队战败叫"王师败绩于某"。

秋季,宋国发了大水。鲁庄公派使者前去慰问,并且说:"天降大雨不停,谷物庄稼受灾,怎么能不慰问呢?"宋闵公回答说:"我对上天不够敬重,上天降灾于我,现在又让贵国国君担忧,承蒙牵挂,拜谢君命。"臧文仲说:"宋国大概就要兴盛了!大禹、商汤归罪于自己,因此勃然兴起;而夏桀、商纣却归罪于别人,所以迅速灭亡。并且诸侯国发生灾荒之时,国君称自己为孤,也是合乎礼法的。说话有所戒惧而称名又合乎礼法,差不多能兴盛了吧!"不久又听说这话是宋庄公之子公子御说讲的,于是臧孙达又说:"公子御说这个人适宜做国君,因为他有体恤百姓之心。"

乘丘之役，公以金仆姑射南宫长万，公右歂孙生搏之。宋人请之。宋公靳之，曰："始吾敬子，今子，鲁囚也，吾弗敬子矣。"病之。

十二年秋，宋万弑闵公于蒙泽。遇仇牧于门，批而杀之。遇大宰督于东宫之西，又杀之。立子游。群公子奔萧，公子御说奔亳。南宫牛、猛获帅师围亳。

〔补逸〕《公羊传》：及者何？累也。弑君多矣，舍此无累者乎？孔父、荀息皆累也。舍孔父、荀息无累者乎？曰有。有则此何以书？贤也。何贤乎仇牧？仇牧可谓不畏强御矣。其不畏强御奈何？万尝与庄公战，获乎庄公。庄公归，散舍诸宫中，数月然后归之。归反，为大夫于宋。与闵公博，妇人皆在侧。万曰："甚矣，鲁侯之淑，鲁侯之美也！天下诸侯宜为君者，唯鲁侯尔。"闵公矜此妇人，妒其言，顾曰："此虏也。""尔虏焉故，鲁侯之美恶乎至？"万怒，搏闵公，绝其脰。仇牧闻君弑，趋而至，遇之于门，手剑而叱之。万臂搦仇牧，碎其首，齿著乎门阖。仇牧可谓不畏强御矣。

冬十月，萧叔大心及戴、武、宣、穆、庄之族，以曹师伐之。

在乘丘那次战役中，鲁庄公用叫金仆姑的箭射中了宋国大夫南宫长万，鲁庄公的车右歂孙活捉了他。宋国人请求把南宫长万释放回国。后来宋闵公嘲笑南宫长万说："当初我敬重你，如今你做过鲁国的俘虏，我不再敬重你了。"南宫长万因此对宋闵公怀恨在心。

十二年秋季，宋国的南宫长万在宋国蒙泽杀了宋闵公。在门口遇到仇牧，反手把他打死。在东宫的西面遇到了太宰华父督，又杀了他。然后立了公子游为国君。公子们都逃亡到了宋国萧邑，公子御说逃亡到了宋国亳地。南宫长万之子南宫牛和同党猛获率兵包围了亳地。

〔补逸〕《公羊传》："及"是什么意思？就是连累。弑杀国君的事很多，除此之外就没有受连累而死的人吗？孔父、荀息都是受连累而死的。除孔父、荀息之外就没有受连累而死的人了吗？回答说：有。既然有，那么在这里为什么记载了仇牧？因为他贤德。为什么认为仇牧贤德？仇牧可以说是不怕强暴的人。怎么说他是不怕强暴呢？南宫长万曾经和鲁庄公作战，被鲁庄公俘获。鲁庄公回国，放了他，让他住在宫中，数月之后让他返回宋国。返回后，在宋国当上了大夫。和宋闵公博戏时，闵公的妻妾都在旁边。南宫长万说："鲁侯的善良，鲁侯的美好，真是到了极点了！天下的诸侯适合当国君的，只有鲁侯而已。"宋闵公要在妻妾面前保持自己的尊严，非常忌恨这些话，转头对妻妾说："这位是鲁侯的俘虏。"又对南宫长万说："只是因为你在鲁国当过俘虏，不然鲁侯的美好怎能达到这样的程度呢？"南宫长万大怒，抓住闵公，弄断了他的脖子。仇牧听到国君被弑杀了，急忙跑来，在门口遇到南宫长万，就手持宝剑大声责骂他。南宫长万伸出胳膊反手击杀了仇牧，把他的脑袋打碎了，牙齿嵌在大门上。仇牧可以说是不怕强暴的人了。

冬季十月，萧叔大心和宋戴公、宋武公、宋宣公、宋穆公、宋庄公的族人率领曹国的军队讨伐南宫长万、南宫牛和猛获等。

杀南宫牛于师，杀子游于宋，立桓公。猛获奔卫。南宫万奔陈，以乘车辇其母，一日而至。宋人请猛获于卫，卫人欲勿与。石祁子曰："不可，天下之恶一也。恶于宋而保于我，保之何补？得一夫而失一国，与恶而弃好，非谋也。"卫人归之。亦请南宫万于陈，以赂。陈人使妇人饮之酒，而以犀革裹之。比及宋，手足皆见。宋人皆醢之。

〔补逸〕《礼记》：石骀仲卒，无適子，有庶子六人，卜所以为后者。曰："沐浴佩玉则兆。"五人者皆沐浴佩玉。石祁子曰："孰有执亲之丧而沐浴佩玉者乎？"不沐浴佩玉。石祁子兆，卫人以龟为有知也。

文公七年夏四月，宋成公卒。于是公子成为右师，公孙友为左师，乐豫为司马，鳞矔为司徒，公子荡为司城，华御事为司寇。昭公将去群公子，乐豫曰："不可。公族，公室之枝叶也。若去之，则本根无所庇荫矣。葛藟犹能庇其本根，故君子以为比，况国君乎？此谚所谓'庇焉而纵寻斧焉'者也，必不可，君其图之！亲之以德，皆股肱也，谁敢携贰？若之何去之？"不听。穆、襄之族率国人以攻公，杀公孙固、公孙郑于公宫。六卿和公室。乐豫舍司马以让公子卬。昭公即位而葬。书曰"宋人杀其大夫"，不称名，众也，且言非其罪也。

在阵前杀了南宫牛，在宋国都城杀了子游，而后立了宋桓公御说为国君。猛获逃亡到了卫国。南宫长万逃亡到了陈国，他让母亲坐到车上，自己拉着走，只用一天就到了陈国。宋国人向卫国请求归还猛获，卫国人打算不给。卫国大夫石祁子说："不行，天下的邪恶是相同的。他在宋国作恶却在我国受到保护，保护他又有什么用处呢？得到一个人而失去一个国家，帮助邪恶而抛弃友好的邦国，这不是好办法。"于是卫国人就把猛获归还了宋国。宋国又向陈国请求归还南宫长万，并送上了财礼。陈国人让妇人把南宫长万灌醉后，用犀牛皮将他包裹起来。等送到宋国时，南宫长万的手脚已经都撑破犀牛皮露出来了。宋国人把南宫长万和猛获都剁成了肉酱。

〔补逸〕《礼记》：石骀仲死了，没有嫡子，只有六个庶子，便用占卜的方式决定继承人。卜人说："沐浴并佩玉，就会得到吉兆。"其中五个庶子都去沐浴佩玉了。只有石祁子说："哪有为父亲居丧，却沐浴佩玉的呢？"便不沐浴佩玉。占卜的结果，石祁子得到了吉兆，卫国人认为龟甲是通灵的。

鲁文公七年夏季四月，宋成公去世。此时公子成任右师，公孙友任左师，乐豫任司马，鳞矔任司徒，公子荡任司城，华御事任司寇。准备继位的宋昭公打算把公子们都除掉，乐豫劝阻他说："不行。公族犹如公室的枝叶。假如铲除了，那么树干与树根便失去了遮蔽。连葛藟这种植物都知道保护自己的干和根，所以君子常常以它来作比喻，更何况国君呢？这正如谚语所说的'树可以遮阴，却偏偏用斧头砍掉'，绝对不能这么做，请您好好考虑！应该以恩德亲近他们，他们都是您的股肱重臣，谁还敢对您有二心呢？为什么还要除掉他们呢？"宋昭公不听。结果宋穆公和宋襄公的族人率领国人攻打宋昭公，在宫里杀了公孙固和公孙郑。此时六卿与公室讲和。乐豫将司马之位让给宋昭公的弟弟公子印。直到宋昭公即位之后才安葬了宋成公。《春秋》记载"宋人杀其大夫"，并没有记载各个大夫的名字，是因为被杀的人太多，而且也表明他们并没有罪。

八年,宋襄夫人,襄王之姊也,昭公不礼焉。夫人因戴氏之族以杀襄公之孙孔叔、公孙锺离及大司马公子卬,皆昭公之党也。司马握节以死,故书以官。司城荡意诸来奔,效节于府人而出。公以其官逆之,皆复之。亦书以官,皆贵之也。

十四年,宋高哀为萧封人,以为卿,不义宋公而出,遂来奔。书曰"宋子哀来奔",贵之也。

十五年三月,宋华耦来盟,其官皆从之。书曰"宋司马华孙",贵之也。公与之宴,辞曰:"君之先臣督得罪于宋殇公,名在诸侯之策。臣承其祀,其敢辱君?请承命于亚旅。"鲁人以为敏。

十六年,宋公子鲍礼于国人,宋饥,竭其粟而贷之;年自七十以上,无不馈诒也,时加羞珍异。无日不数于六卿之门,国之材人无不事也,亲自桓以下,无不恤也。公子鲍美而艳,襄夫人欲通之,而不可,乃助之施。昭公无道,国人奉公子鲍以因夫人。

于是华元为右师,公孙友为左师,华耦为司马,鳞矔为司徒,荡意诸为司城,公子朝为司寇。初,司城荡卒,公孙寿辞司城,请使意诸为之。既而告人曰:"君无道,吾官近,惧及焉。弃官则族无所庇。子,身之贰也,姑纾死焉。虽亡子,犹不亡族。"

八年，宋襄公夫人是周襄王的姐姐，宋昭公对她很不礼待。于是夫人就借戴氏族人之手杀了宋襄公的孙子孔叔、公孙锺离以及大司马公子印，被杀的这些人都是宋昭公的党羽。大司马死时手里还握着符节，因此《春秋》中记载了他的官职。宋国司城荡意诸前来投靠鲁国，他把符节交给管府库的人之后才逃出来。鲁文公按照他原来的官职迎接他，而且对荡意诸的随从下属也都以原官职的礼仪对待。《春秋》中也记载他的官职，同样是表示对他的尊重。

十四年，宋国大夫高哀做萧邑封人时，被任用为卿，但他认为宋昭公不讲道义，就离开宋国逃亡到鲁国。《春秋》记载为"宋子哀来奔"，是表示对他的尊重。

十五年三月，宋国的华耦来和鲁国结盟，他的属官都随同前来。《春秋》称其为"宋司马华孙"，是表示尊重他。鲁文公准备设宴招待他，但他推辞说："国君的先臣华父督曾获罪于宋殇公，名列诸侯的简册。臣承继他的祭祀，怎敢有辱您亲自招待我呢？请让我接受上大夫的宴礼吧。"鲁国人认为华耦对答敏捷。

十六年，宋国的公子鲍对国人以礼相待，宋国发生饥荒时，他把粮食全部拿出来施舍给百姓；对年纪在七十岁以上的人，没有不给赠送食物的，还按时令加送一些珍异的食品。他没有一天不多次奔走于六卿之门，对国内有才干的人无不加以事奉，对桓公子孙以下的亲属，无不给予救济。公子鲍华美艳丽，宋襄公夫人想和他私通，但公子鲍不肯，宋襄公夫人就帮助他一起施舍。宋昭公无道，国人都尊奉公子鲍来依附宋襄公夫人。

这时华元任右师，公孙友任左师，华耦任司马，鳞鱹任司徒，荡意诸任司城，公子朝任司寇。当初，司城公孙荡去世后，他的儿子公孙寿辞掉了司城的职务，请求让自己的儿子荡意诸担任。然后又对别人说："国君无道，而我的官职又常常接近国君，我害怕祸及自身。如果放弃这个职务不干，那么我的族人就无人保护了。儿子是我的替身，有罪由他顶替，姑且可以延缓我的死亡。这样，即使失去了儿子，但还不至于灭亡整个家族。"

　　既,夫人将使公田孟诸而杀之。公知之,尽以宝行。荡意诸曰:"盍适诸侯?"公曰:"不能其大夫至于君祖母以及国人,诸侯谁纳我? 且既为人君,而又为人臣,不如死。"尽以其宝赐左右而使行。夫人使谓司城去公。对曰:"臣之而逃其难,若后君何?"

　　冬十一月甲寅,宋昭公将田孟诸,未至,夫人王姬使帅甸攻而杀之,荡意诸死之。书曰"宋人弑其君杵臼",君无道也。文公即位,使母弟须为司城。华耦卒,而使荡虺为司马。

　　十七年春,晋荀林父、卫孔达、陈公孙宁、郑石楚伐宋,讨曰:"何故弑君?"犹立文公而还。

　　十八年,宋武氏之族道昭公子,将奉司城须以作乱。十二月,宋公杀母弟须及昭公子,使戴、庄、桓之族攻武氏于司马子伯之馆,遂出武、穆之族,使公孙师为司城。公子朝卒,使乐吕为司寇,以靖国人。

　　宣公三年。宋文公即位三年,杀母弟须及昭公子,武氏之谋也。使戴、桓之族攻武氏于司马子伯之馆,尽逐武、穆之族。武、穆之族以曹师伐宋。秋,宋师围曹,报武氏之乱也。

　　成公二年八月,宋文公卒,始厚葬。用蜃炭,益车马,始用殉,重器备。椁有四阿,棺有翰桧。君子谓:"华元、乐

不久，宋襄公夫人准备让宋昭公到孟诸打猎，并趁机杀了他。宋昭公得知此事后，带上全部珍宝准备逃亡。荡意诸说："何不逃到其他诸侯那里去？"宋昭公说："我连宋国的大夫以至于自己祖母和国人的信任都得不到，又有哪个诸侯肯接纳我呢？再说我作为一国之君，却到别国成为臣子，还不如死了的好。"于是就把他的财宝全部赐给左右侍从，并让他们逃走。宋襄公夫人派人告诉司城荡意诸，让他离开宋昭公。但荡意诸回答："身为臣子却又逃避国君的灾难，我还怎么事奉以后的国君呢？"

冬季十一月二十二日，宋昭公打算到孟诸打猎，还没有到达孟诸，宋襄公夫人就派甸地的军帅进攻并杀了他，荡意诸也因此而死。《春秋》记载为"宋人弑杀其国君杵臼（即宋昭公）"，表示宋昭公无道。宋文公鲍即位，委派同母的弟弟公子须出任司城。华耦去世后，委派荡虺出任司马。

十七年春季，晋国的荀林父、卫国的孔达、陈国的公孙宁、郑国的石楚联合攻打宋国，讨伐说："为什么弑杀了你们的国君？"最后还是立了宋文公而后各自回国。

十八年，宋国宋武公的族人领着宋昭公的儿子，准备事奉司城公子须发动叛乱。十二月，宋文公杀了同母弟弟公子须和昭公的儿子，然后又派戴公、庄公、桓公的族人到司马子伯（即华耦）的客馆中去攻打武公的族人，最后把武公和穆公的族人都驱逐出境了，然后委派公孙师任司城。公子朝去世后，委派乐吕担任司寇，从而安定了国人。

鲁宣公三年。宋文公即位第三年时，杀了同母弟弟公子须和昭公的儿子，这都是武公一族策划的。宋文公让戴公、桓公的族人到司马子伯的客馆里去攻打武公一族，并把武公和穆公的族人全部赶出了宋国。后来武公、穆公的族人领着曹国军队攻打宋国。秋季，宋军包围了曹国，为了报复他们支持武公一族的叛乱。

鲁成公二年八月，宋文公去世，开始使用厚葬。用蜃烧成的灰和木炭，增加随葬的车马，开始用活人殉葬，增加陪葬物品。椁做成四阿之形，内棺的四周及上面用彩绘。君子认为："华元和乐

举于是乎不臣。臣，治烦去惑者也，是以伏死而争。今二子者，君生则纵其惑，死又益其侈，是弃君于恶也，何臣之为？"

臣士奇曰：宋宣公舍其子与夷而立穆，穆复又舍其子冯而立宣之子殇。殇忌冯，冯卒篡殇。先儒谓宋之祸，宣公为之，非虚语也。

夫与子者，主乎立嫡，所以杜争夺之原，而正其乱也。隐让桓，而桓弑隐；诸樊兄弟交让季子，而启王僚、子光之争，故让非三代以下所可言也。殇公忌冯，固逆天理。然国，宣公之国也。冯不能体父志，而欲与殇争。郑人屡谋纳冯，殇公又复无道，则华督之属意于冯久矣。其弑殇公，为子冯也。世但恶殇之忌冯，而忘冯之篡殇。使有南史，冯亦在弑君之列矣。诸侯取赂而立华氏。《春秋》中弑君三十六，其祸皆萌于此。以其不诛讨乱贼，而反劝之恶也。

闵公再弑，彼直循其故事耳。南宫长万，乘丘之俘囚也，不正典刑，而反为大夫于宋，又狎而与之博，不避妇人，其昏已甚！一言攘臂，而祸及君父。仇牧虽未闻匡救于平时，而慷慨急难，义形于色，手剑

举在这件事上失去了为臣之道。臣子的职责就是为国君解决烦乱和消除迷惑，因此要冒死谏争。如今这两个人，国君生前，他们放纵他作恶，国君去世，他们又增加他的奢侈，这是把国君置于邪恶中，这做的是什么臣子呢？"

臣下我高士奇评论说：宋宣公舍弃了他的儿子与夷而把君位传给弟弟宋穆公，宋穆公又舍弃了他的儿子冯而立了宋宣公的儿子与夷为宋殇公。宋殇公忌恨公子冯，公子冯最终篡夺了宋殇公的君位。从前的儒者认为宋国的祸乱是由宣公引起的，这并不是虚妄之辞。

传位给儿子，就要传给嫡子，这是为了从本源上杜绝君位纷争，从而纠正混乱。鲁隐公让位给桓公，而桓公弑杀了隐公；吴国的诸樊兄弟相继让位给季札，结果却引起了王子僚和公子光的争夺，因此禅让不是夏、商、周三代以后可以言及的。宋殇公忌恨公子冯，固然是违背天理的事情。然而宋国，是宣公的国家。公子冯不能体察父亲宋穆公的遗志，却要与宋殇公争夺君位。郑国人多次谋划帮助公子冯回国为君，而宋殇公又不行正道，因此华父督早就归心于公子冯了。他弑杀宋殇公，是为了公子冯。世人只憎恶宋殇公忌恨公子冯，却忘记公子冯篡夺了宋殇公的君位。假如有齐国南史氏那样的优秀史官，公子冯也会被记载到弑杀国君的行列了。诸侯收取贿赂而确立华氏的执政地位。《春秋》中弑杀国君共有三十六次，他们的祸难都是在这种情况下萌发的。这都是因为不去讨伐乱臣贼子，反而鼓励他们作恶的后果。

宋闵公再次被弑，那只是历史重演罢了。南宫长万是乘丘之役的俘虏，宋闵公不依法处置他反让他回国后做了大夫，又亲近并与他一起博戏，却不回避女人，宋闵公已是昏乱过头了！南宫长万一言不合就伸出胳膊，使祸难降临宋闵公身上。虽然平时没有听说过仇牧有匡正补救国君的行为，但听到国君被弑，他慷慨地奔赴危难，面带正义之色，手持宝剑

而叱之，碎首齿阖，不可谓不忠矣。

　　昭公不能其君祖母，又欲尽去群公子，披枝叶而纵寻斧焉，此败亡之道也。然襄夫人欲通公子鲍，为之厚施，以收众，卒杀昭公，殆亦鲁穆姜之类耳。穆姜不幸而出侨如，襄夫人幸而立宋鲍，其为恶一也。宋能讨贼，罪不有在乎？观昭公临死之言，顺命而就戮，亦似自知其过者。而上不礼于王母，下得罪于国人，即弟哀亦不义而去之，不可解也。文公逐武氏之族，并杀母弟与昭公子，忮狠极矣。没而用殉，且厚葬，即锢南山，讵足盖其恶哉！

大声责骂南宫长万，结果被打碎了脑袋，牙齿也嵌在大门上，不可以说是不忠诚了。

宋昭公得不到他祖母襄公夫人的支持，又想把公子们都除掉以绝后患，折断枝叶而想用斧子把树砍掉，这是失败灭亡之路啊。然而宋襄公夫人想和公子鲍私通，为此帮助他大加施舍，以此来收买民心，并且最终杀了宋昭公，她大概是鲁宣公夫人穆姜一类的女人吧。穆姜不幸而使叔孙侨如出走，宋襄公夫人很幸运地立了公子鲍为国君，但她们为恶作乱的性质是相同的。宋国如果能讨伐叛贼，罪人不是就在这里吗？看宋昭公临死时说的话，他能顺从天命而赴死，似乎也已经知道了自己的过错。可是他对上不能礼遇自己的祖母宋襄公夫人，对下又得罪了国人，即使是高哀也认为他不讲道义而离开他，实在是令人费解。宋文公把武公的族人驱逐出国，并且杀了同母弟弟公子须和昭公的儿子，他的忌刻狠毒已达到了极点。他死后用活人殉葬，而且不惜财力地经营丧葬，即使用被铜铁铸塞的南山做大棺，怎么能够掩盖他的罪恶呢！

卷三十五　宋襄公图伯

僖公八年冬，宋公疾，太子兹父固请曰："目夷长且仁，君其立之。"公命子鱼。子鱼辞，曰："能以国让，仁孰大焉？臣不及也，且又不顺。"遂走而退。

〔考异〕《说苑》以目夷为后妻子，夫兹父固为太子，而曰目夷长，则非后妻子明矣。

九年春，宋桓公卒。未葬，而襄公会诸侯，故曰子。凡在丧，王曰小童，公侯曰子。冬，宋襄公即位，以公子目夷为仁，使为左师以听政，于是宋治。故鱼氏世为左师。

〔发明〕目夷之后，十世犹当宥之。后此华元之于鱼石，情亦恕矣。
〔补逸〕《礼记》：宋襄公葬其夫人，醯醢百瓮。曾子曰："既曰明器矣，而又实之？"

十五年冬，宋人伐曹，讨旧怨也。

卷三十五　宋襄公图伯

鲁僖公八年冬季，宋桓公患了病，太子兹父再三向他请求说："哥哥目夷年长而且仁德，您还是立他为国君吧。"宋桓公就命令立子鱼（即目夷）为国君。子鱼推辞说："能把一个国家让给别人，还有比这更大的仁德吗？臣不如他，而且立我为国君又不合乎礼法。"于是跑着退了出去。

〔考异〕《说苑》认为目夷是宋桓公后妻所生的儿子，兹父本就是太子，但说目夷年长，那么目夷不是桓公的后妻所生的儿子就十分明白了。

九年春季，宋桓公去世。还没有将桓公安葬，宋襄公就会见了诸侯，因此《春秋》称其为"子"。凡处于丧事期间，天子称"小童"，公侯称"子"。冬季，宋襄公兹父即位，他认为公子目夷仁德，就让他做了左师并主持政事，宋国因此大治。所以目夷的后代鱼氏就世代担任左师一职。

〔发明〕目夷的后代，十世之后还应当宽容他们。后来华元对于鱼石，在感情上已经很淡漠了。

〔补逸〕《礼记》：宋襄公安葬他的夫人，随葬的醋制肉酱装满了一百个坛子。曾子说："既然叫作明器了，怎么又把它们装满实物了呢？"

十五年冬季，宋国人攻打曹国，是为了讨伐过去所结下的怨恨。

十六年春,陨石于宋,五,陨星也。六鹢退飞,过宋都,风也。周内史叔兴聘于宋,宋襄公问焉,曰:"是何祥也?吉凶焉在?"对曰:"今兹鲁多大丧,明年齐有乱,君将得诸侯而不终。"退而告人曰:"君失问。是阴阳之事,非吉凶所生也。吉凶由人,吾不敢逆君故也。"

十七年,齐桓公与管仲属孝公于宋襄公,以为太子。冬,桓公卒。易牙入,与寺人貂因内宠以杀群吏,而立公子无亏。孝公奔宋。

十八年春,宋襄公以诸侯伐齐。

郑伯始朝于楚。楚子赐之金,既而悔之,与之盟曰:"无以铸兵!"故以铸三钟。

夏五月,宋败齐师于甗,立孝公而还。

十九年春,宋人执滕宣公。

宋公、曹人、邾人盟于曹南。鄫子会盟于邾。夏,宋公使邾文公用鄫子于次睢之社,欲以属东夷。司马子鱼曰:"古者六畜不相为用,小事不用大牲,而况敢用人乎?祭祀,以为人也。民,神之主也,用人,其谁飨之?齐桓公存三亡国,以属诸侯,义士犹曰薄德。今一会而虐二国之君,又用诸淫昏之鬼,将以求霸,不亦难乎?得死为幸。"

秋,宋人围曹,讨不服也。子鱼言于宋公曰:"文王闻崇德乱而伐之,军三旬而不降。退修教而复伐之,因

十六年春季，宋国发现从天上坠落的五块石头，这是陨落的星星。还见到六只鹢鸟向后倒着飞过宋国国都，这是因为当时风刮得太大。周王室的内史叔兴到宋国聘问，宋襄公问起此事，说："这是什么预兆？吉凶将应验在哪里呢？"叔兴回答说："今年鲁国将有几次大的丧事，明年齐国将有动乱发生，国君能得到诸侯的拥护，但却难以有好结果。"叔兴退出来后告诉别人说："国君不该这样问。星星坠落与鹢鸟退飞属于阴阳变化，与人事吉凶没有关系。吉凶是由人决定的，我因为不敢违背国君之意才这样回答的。"

十七年，齐桓公和管仲把齐孝公托付给宋襄公，然后立他为太子。冬季，齐桓公去世。易牙进入宫内，和寺人貂依靠受宠宦官杀死了众官员，然后立公子无亏为国君。齐孝公则逃亡到宋国。

十八年春季，宋襄公率领曹、卫、邾等国的军队攻打齐国。

郑文公开始朝见楚国。楚成王赐给他一些铜，但不久就后悔了，便和郑文公盟誓说："不要用它铸造武器！"因此郑文公用这些铜铸造了三口钟。

夏季五月，宋国在齐国甗地打败齐军，立齐孝公为国君后回国。

十九年春季，宋国人把滕宣公抓了起来。

宋襄公和曹国人、邾国人在曹国南境结盟。鄫国国君和诸侯在邾国会盟。夏季，宋襄公让邾文公杀了鄫国国君，以祭祀次睢的土地神，想以此使东夷各国归附。司马子鱼说："古代六畜不能相互代替用来祭祀，小的祭祀不用大牲畜，更何况敢用人呢？祭祀的目的是为了人。人是神灵的主人，用人祭祀神灵，谁敢享用？当年齐桓公曾挽救了鲁、卫、邢三个濒于灭亡的国家，从而使诸侯归附他，就这样义士还说他德行浅薄。现在一次盟会就侵害了滕、鄫两个国家的国君，又杀人祭祀那些邪恶昏乱的鬼神，想以此来成就霸业，不是很难吗？这样下去，能够得到善终就很幸运了。"

秋季，宋国人包围曹国，讨伐其不肯归服。子鱼对宋襄公说："从前文王听说崇侯虎德行昏乱而去攻打它，但打了三十天，崇国还没投降。于是文王就退兵，修明教化后再去攻打，文王靠着

垒而降。《诗》曰：'刑于寡妻，至于兄弟，以御于家邦。'今君德无乃犹有所阙，而以伐人，若之何？盍姑内省德乎？无阙而后动。"

陈穆公请修好于诸侯，以无忘齐桓之德。冬，盟于齐，修桓公之好也。

二十年冬，宋襄公欲合诸侯。臧文仲闻之，曰："以欲从人，则可；以人从欲，鲜济。"

二十一年春，宋人为鹿上之盟，以求诸侯于楚。楚人许之。公子目夷曰："小国争盟，祸也，宋其亡乎！幸而后败。"秋，诸侯会宋公于盂。子鱼曰："祸其在此乎！君欲已甚，其何以堪之？"于是楚执宋公以伐宋。冬，会于薄以释之。子鱼曰："祸犹未也，未足以惩君。"

〔补逸〕《公羊传》：此楚子也，其称人何？贬也。曷为贬？为执宋公贬。曷为为执宋公贬？宋公与楚子期以乘车之会。公子目夷谏曰："楚，夷国也，强而无义，请君以兵车之会往。"宋公曰："不可，吾与之约以乘车之会。自我为之，自我堕之，曰不可。"终以乘车之会往。楚人果伏兵车，执宋公以伐宋。宋公谓公子目夷曰："子归守国矣。国，子之国也。吾不从子之言，以至于此。"公子目夷复曰："君虽不言国，国

原来的营垒进攻,崇国人就投降了。《诗经》说:'在嫡妻面前做出表率,再推及兄弟,以此来治理家与国。'现在国君的德行恐怕还有欠缺,却以此攻打别国,能把它们怎么样呢? 何不暂且反省一下自己的德行呢? 等到德行没有欠缺时再去攻打。”

陈穆公请求在诸侯之间重修过去的友好关系,以表示不忘记昔日齐桓公的恩德。冬季,鲁僖公和陈人、蔡人、楚人、郑人在齐国会盟,重修了过去齐桓公建立的友好关系。

二十年冬季,宋襄公想要会合诸侯。鲁国大夫臧文仲听说这个消息后,说:“使自己的愿望服从别人是可以的,但要想使别人服从自己的愿望就很少能成功。”

二十一年春季,宋人和齐人、楚人在宋国鹿上举行了盟会,目的是要求楚国允许各诸侯国奉自己为盟主。楚人答应了。公子目夷说:“小国却要争做盟主,这是灾祸,宋国恐怕要灭亡了! 战败之后不灭亡就算幸运了。”秋季,楚成王、陈穆公、蔡庄公、郑文公、许僖公、曹共公在宋国盂地会见了宋襄公。子鱼说:“祸患恐怕会在这一次会见中发生吧! 国君的欲望太过分了,别人怎么能受得了呢?”果然,在会上楚国人把宋襄公抓了起来,并发兵攻打宋国。冬季,鲁僖公与诸侯在宋国薄地举行盟会,释放了宋襄公。子鱼说:“祸患还没有结束,这次还不足以惩罚国君。”

〔补逸〕《公羊传》:这是楚国国君,为什么称“楚人”呢? 是贬低他。为什么贬低他呢? 因为拘捕了宋襄公所以贬低他。为什么说因为拘捕了宋襄公所以贬低他呢? 因为宋襄公和楚成王约好,乘坐普通车辆参加盟会。公子目夷劝阻宋襄公说:“楚国是蛮夷国家,强大而且不讲信义,请您还是乘坐兵车赴会吧。”宋襄公说:“不行,我和他约定好乘坐普通车辆盟会。从我这里约定,又从我这里毁约,谁都会说不行。”最后便乘坐普通车辆去赴会了。楚国人果然埋伏下兵车,拘捕宋襄公并讨伐宋国。宋襄公对公子目夷说:“你快回去守卫国家。宋国是你的国家了。我不听你的话,才到了这个地步。”公子目夷回答说:“您即使不提宋国,这宋国

固臣之国也。"于是归,设守械而守国。楚人谓宋人曰:"子不与吾国,吾将杀子君矣!"宋人应之曰:"吾赖社稷之神灵,吾国已有君矣。"楚人知杀宋公犹不得宋国,于是释宋公。宋公释乎执,走之卫。公子目夷复曰:"国为君守之,君曷为不入?"然后逆襄公归。恶乎捷? 捷乎宋。曷为不言捷乎宋? 为襄公讳也。此围辞也,曷为不言其围? 为公子目夷讳也。执未有言释之者,此其言释之何? 公与为尔也。公与为尔奈何? 公与议尔也。

二十二年春三月,郑伯如楚。夏,宋公伐郑。子鱼曰:"所谓祸在此矣。"

秋,楚人伐宋以救郑,宋公将战。大司马固谏曰:"天之弃商久矣,君将兴之,弗可赦也已。"弗听。

冬十一月己巳朔,宋公及楚人战于泓。宋人既成列,楚人未既济,司马曰:"彼众我寡,及其未既济也,请击之。"公曰:"不可。"既济而未成列,又以告。公曰:"未可。"既陈而后击之,宋师败绩。公伤股,门官歼焉。国人皆咎公。公曰:"君子不重伤,不禽二毛。古之为军也,不以阻隘也。寡人虽亡国之余,不鼓不成列。"子鱼曰:"君未知战。

本来就是我的国家。"于是公子目夷回去,设置了防守的器械来保卫宋国。楚国人对宋国人说:"你们不把国家给我们楚国,我们就要杀死你们的国君了!"宋国人回答说:"我们仰仗社稷的神灵,我国已经有了新的国君了。"楚国人知道即使杀了宋襄公也还是得不到宋国,因此就释放了宋襄公。宋襄公从被拘捕的地方释放后,就逃亡到卫国。公子目夷向他请示说:"宋国是我替您守卫的,您为什么不回国呢?"然后迎接宋襄公回到国都。从哪里得到的战利品?从宋国得到的战利品。为什么不说明是从宋国得到的战利品呢?因为替宋襄公避讳。这里还用了表示宋国被包围的言辞,为什么不说明楚国曾包围了宋国呢?因为替公子目夷避讳。《春秋》在某人被拘捕后,还没提到过又释放了某人的,这里说释放了宋襄公是为什么呢?因为鲁僖公参与了这件事的处理。鲁僖公是如何参与了这件事的处理呢?鲁僖公参与了这件事的协商讨论。

二十二年春季三月,郑文公前往楚国。夏季,宋襄公发兵攻打郑国。子鱼说:"以前所说的祸患就要在这一次发生了。"

秋季,楚国攻打宋国,目的在于救援郑国,宋襄公准备迎战。大司马子鱼坚决劝阻说:"上天抛弃了我们商朝已经很久了,您打算复兴它,这是违背天意,罪不可赦啊。"但宋襄公不听。

冬季十一月初一,宋襄公和楚国人在泓水附近作战。当时宋军已摆好阵势,楚军还未完全渡过河,大司马子鱼对宋襄公说:"楚军人多,我军人少,趁楚军还没有完全渡过河,请下令攻击他们。"宋襄公说:"不行。"当楚军已全部过河,还没摆好阵势时,子鱼又请求下令进攻。宋襄公还是说:"不行。"等楚军摆好阵势后,宋军才发动攻击,结果宋军大败。宋襄公大腿受伤,亲兵被全部杀死。国人都责备宋襄公。宋襄公说:"君子不再次伤害已受伤的人,也不俘虏头发花白的人。古代的用兵之道,不靠险要之地来战胜敌人。我虽是已灭亡商朝的后裔,但仍不想攻击还没有摆好阵势的敌人。"子鱼说:"国君不懂作战。

勍敌之人，隘而不列，天赞我也。阻而鼓之，不亦可乎？犹有惧焉。且今之勍者，皆吾敌也。虽及胡耇，获则取之，何有于二毛？明耻教战，求杀敌也。伤未及死，如何勿重？若爱重伤，则如勿伤；爱其二毛，则如服焉。三军以利用也，金鼓以声气也。利而用之，阻隘可也；声盛致志，鼓儳可也。”

二十三年春，齐侯伐宋，围缗，以讨其不与盟于齐也。

夏五月，宋襄公卒，伤于泓故也。

〔补逸〕《史记》：襄公之时，修行仁义，欲为盟主。其大夫正考父美之，故追道契、汤、高宗，殷所以兴，作《商颂》。襄公既败于泓，而君子或以为多，伤中国阙礼义，褒之也，宋襄之有礼让也。

二十四年秋，宋及楚平。宋成公如楚。还，入于郑。郑伯将享之，问礼于皇武子。对曰：“宋，先代之后也，于周为客。天子有事，膰焉；有丧，拜焉。丰厚可也。”郑伯从之。享宋公，有加，礼也。

臣士奇曰：宋襄公以亡国之余，起而图伯，盖迹齐桓而为之者也。首用兵于齐，假置君之义，其意以为伯国既款，而宇下诸侯亦不待痛而服矣。夫齐桓之

强大的敌人因地形险隘而不能列阵,这正是上天在帮助我们。我们凭借险阻攻击他们,不也可以的吗?即使这样还担心不能取胜呢。何况现在那些强大的国家,都是我们的敌人。即使是年老的人,能俘获的也要把他们抓过来,头发花白又有什么呢?使将士们有国耻之心,教给他们怎样打仗,目的就是要杀伤敌人。对那些受伤未死的敌人,为什么不能再次伤害他们呢?如果舍不得再次伤害已经受伤的敌人,那还不如一开始就不伤害他们;如果怜惜头发花白的老兵,那还不如向他们屈服。军队选择有利的时机而使用,鸣金击鼓是为了鼓舞士气。抓住有利时机而使用军队,凭借险要进攻敌人是可以的;鼓声大作,士气高昂,乘敌人队列还不整齐时进攻是可以的。"

二十三年春季,齐孝公攻打宋国,包围了宋国缗地,为的是讨伐宋国在鲁僖公十九年不到齐国参加会盟。

夏季五月,宋襄公去世,这是因为他在泓之战受伤的缘故。

〔补逸〕《史记》:宋襄公的时候,修行仁义,想做盟主。他的大夫正考父称赞他,所以追述契、汤、高宗时代的功绩以及商朝兴盛的原因,写了《商颂》。宋襄公在泓之战吃了败仗之后,仍然有君子认为他值得赞扬,感伤当时中原地区的国家缺少礼义,所以褒奖他,因为宋襄公具有礼让精神。

二十四年秋季,宋国和楚国讲和。宋成公因此到楚国访问。回国时,进入郑国。郑文公准备设享宴款待他,向皇武子询问使用什么样的礼仪。皇武子回答说:"宋国是先朝的后裔,对周朝来说是客人。天子祭祀宗庙时,还要送给他们祭肉;遇到王室有了丧事,宋国国君前去吊唁时,天子还要答拜。招待他丰盛隆重一些是可以的。"郑文公听从了他的意见。设享宴招待宋成公比通常礼仪有所增加,这是合乎礼法的。

臣下我高士奇评论说:宋襄公以殷商后裔的身份,起来争夺霸权,大概是想效法齐桓公来建立霸业。他首先发兵攻打齐国,打着安置齐国国君的旗号,心想一旦霸主齐国已经归服,那天下诸侯也就无须急攻而自然臣服了。齐桓公之

所以成伯，非定襄王之位与葵丘之申五禁乎？孝公虽桓之所属，而无亏长，卫姬之所出也，兄弟之序甚明；乃遽伐齐丧，奉少夺长，致无亏不得其死，乱上下之分，长篡弑之阶，其何以为天下盟主哉？至兵威所及，尚不能服一曹，而欲与楚争伯。星陨、鹢飞，天变见于上，目夷深忧远虑。人事著于下，鹿上执辱，可为明戒。而又伐郑以挑楚怒，兵败身伤，逾年竟卒。甚矣哉，宋襄之愚也！至泓之败，或以其不从司马之言，不扼楚于险，不忍重伤与二毛，而宋襄亦至死无悔，谓其能行仁义之师，不幸而败。吁！宋襄其谁欺乎？夫祸莫憯于残人之骨肉，而以国君为刍狗。无亏之杀，鄎子之用，以视重伤与二毛，孰大？逆天害理之事，宋襄敢行之，而故饰虚名以取实祸，此所谓妇人之仁也。以是图伯，不亦难乎？若夫欲速见小，亟于合诸侯，而昧长驾远驭之大略，先儒于曹南传已畅言之，而不知其失算尤在伐齐置孝公之始。

所以成为春秋霸主，难道不是因为安定了周襄王的王位并在葵丘会盟时申明了五条禁令吗？齐孝公虽然是齐桓公托付给宋襄公的，然而当时公子无亏年长，并且是卫姬所生的儿子，他们兄弟的继位顺序十分明显；然而宋襄公却趁齐国国丧急忙发兵，拥立少子公子昭而夺取长子无亏的君位，致使无亏不得善终，这样就使上下的名分混乱，并且助长了篡位弑君的祸阶，他还怎么能成为天下的盟主呢？至于宋国军队的威势，尚不能使一个小小的曹国折服，却想要和楚国争夺霸权。天上星星陨落、鹢鸟倒着飞过宋都，天象的变异显现于上面；目夷对此深忧远虑。人事的吉凶应验于下面，鹿上之盟，宋襄公被捉受辱，可以说是很明显的警告了。然而宋襄公又攻打郑国来挑起楚国的愤怒，以致兵败自身受伤，过了一年就死了。宋襄公的愚昧已到了极点了！说到泓之战的失败，有人认为宋襄公是因为没有听从司马子鱼的话，没有在险要处阻击楚军，不忍心再次伤害已受伤的人和俘虏那些头发花白的人，而宋襄公对此到死也没有后悔，认为宋襄公能做到排列仁义之师，只是不幸失败了。唉！宋襄公在欺骗谁呢？祸难没有比残害别人的骨肉更残酷的了，可他却把别国的国君当作草扎成的狗般用于祭祀。无亏被绞杀，鄫国国君被杀用于祭祀，和再次伤害已经受伤的人、俘虏头发花白的人相比，哪一个罪过更大呢？伤天害理的事，宋襄公都敢做，却还要谋取假仁假义的名声从而招取实际的祸害，这就是所谓的施小惠而不识大体的妇人之仁。以此来图谋称霸，不是太困难了吗？至于性急求快，贪图小利，急于会合诸侯，而不懂得放长缰绳驾马远行的远大谋略，对此先世儒者已在曹南的解释文字中充分表达了，但他们却不知道宋襄公的失算尤其是在征伐齐国、安置齐孝公的谋划上。

卷三十六　宋公族废兴

鱼石之乱　子罕之贤　华向之乱　乐大心辰地之乱

桓魋之乱　大尹之乱　内附景公灭曹

　　成公十五年秋八月，葬宋共公。于是华元为右师，鱼石为左师，荡泽为司马，华喜为司徒，公孙师为司城，向为人为大司寇，鳞朱为少司寇，向带为大宰，鱼府为少宰。荡泽弱公室，杀公子肥。华元曰："我为右师，君臣之训，师所司也。今公室卑而不能正，吾罪大矣。不能治官，敢赖宠乎？"乃出奔晋。

　　二华，戴族也；司城，庄族也；六官者，皆桓族也。鱼石将止华元，鱼府曰："右师反，必讨，是无桓氏也。"鱼石曰："右师苟获反，虽许之讨，必不敢。且多大功，国人与之。不反，惧桓氏之无祀于宋也。右师讨，犹有戌在。桓氏虽亡，必偏。"鱼石自止华元于河上，请讨，许之，乃反。使华喜、公孙师帅国人攻荡氏，杀子山。书曰"宋杀其大夫山"，言背其族也。

卷三十六　宋公族废兴

鱼石之乱　子罕之贤　华向之乱　乐大心辰地之乱

桓魋之乱　大尹之乱　内附景公灭曹

　　鲁成公十五年秋季八月,安葬了宋共公。此时华元任右师,鱼石任左师,荡泽任司马,华喜任司徒,公孙师任司城,向为人任大司寇,鳞朱任少司寇,向带任太宰,鱼府任少宰。荡泽为削弱公室的力量,就杀了公子肥。华元说:"我是右师,君臣之礼由我掌管。如今公室衰弱,我无力拨正,我的罪过很大啊。做官不能尽职尽责,岂敢倚仗得宠而尸位素餐呢?"于是就逃亡到晋国。

　　华元、华喜,都是宋戴公的族人;司城公孙师,是宋庄公的族人;其余六个大臣鱼石、荡泽、向为人、鳞朱、向带、鱼府都是宋桓公的族人。鱼石本来准备劝阻华元不要出逃,但鱼府说:"右师如果回来,必然会讨伐荡泽,这样就会把我们这些桓公子孙一并铲除。"鱼石说:"假如右师华元能够回来,即使准许他讨伐罪人,他也肯定不敢。再说他建立过很多大功,国人都很拥护他。如果不让他回来,我担心我们桓氏一族以后在宋国就无人祭祀了。即使右师要讨伐荡泽,我们桓氏一族还有向戍在。即使桓氏一族灭亡,也只是灭亡了一部分。"鱼石亲自赶到黄河边阻止华元出国,华元提出要讨伐荡泽,鱼石同意,华元才又回来。然后便派华喜、公孙师率领国人攻打荡氏一族,杀了荡泽(即子山)。《春秋》中记载为"宋杀其大夫山",是说荡泽背叛了他的宗族。

鱼石、向为人、鳞朱、向带、鱼府出舍于睢上，华元使止之，不可。冬十月，华元自止之，不可，乃反。鱼府曰："今不从，不得入矣。右师视速而言疾，有异志焉。若不我纳，今将驰矣。"登丘而望之，则驰。骋而从之，则决睢澨，闭门，登陴矣。左师、二司寇、二宰遂出奔楚。华元使向戌为左师，老佐为司马，乐裔为司寇，以靖国人。

十八年夏六月，楚子辛、郑皇辰同伐彭城，纳宋鱼石、向为人、鳞朱、向带、鱼府焉。以三百乘戍之，而还。书曰"复入"。凡去其国，国逆而立之，曰入；复其位，曰复归；诸侯纳之，曰归；以恶，曰复入。宋人患之。七月，宋老佐、华喜围彭城，老佐卒焉。冬十一月，楚子重救彭城，伐宋。宋华元如晋告急。十二月，孟献子会于虚朾，谋救宋也。宋人辞诸侯，而请师以围彭城。

襄公元年春己亥，围宋彭城。非宋地，追书也。于是为宋讨鱼石，故称宋，且不登叛人也，谓之宋志。鼓城降晋，晋人以宋五大夫在彭城者归，置诸瓠丘。以上鱼石之乱。

六年，宋华弱与乐辔少相狎，长相优，又相谤也。子荡怒，以弓梏华弱于朝。平公见之，曰："司武而梏于朝，

鱼石、向为人、鳞朱、向带、鱼府都离开国都住到睢水边上，华元派人阻止他们，但他们都不肯听。冬季十月，华元又亲自去劝他们，还是没有同意，华元只好回来了。鱼府说："现在如果不听从华元的劝告，以后就不能回宋都了。我看右师华元眼睛转动很快，说话很急，一定是别有用心。如果他不是真心让我们回去，现在肯定已经疾驰而去了。"于是五人登上土丘远眺，果然看见华元已疾驰远去。五人便也驱车跟了上去，但华元已掘开睢水大堤，关上城门，登上城墙严阵以待了。于是左师、二司寇、二宰就逃亡到了楚国。华元委派向戌担任左师，老佐担任司马，乐裔担任司寇，以安定国人。

十八年夏季六月，楚国的子辛、郑国的皇辰一起攻打彭城，把三年前逃到楚国的鱼石、向为人、鳞朱、向带、鱼府五人送到彭城。又留下三百辆战车帮助守卫彭城，然后才班师回国。《春秋》记载鱼石等人"复入"彭城。凡是离开自己的国家，本国又迎他回来并且仍旧立他，就叫"入"；恢复他的职位，叫"复归"；诸侯把他送回来，就叫"归"；用不正当手段回国，则叫"复入"。宋国人对楚国送回五人并留下三百辆战车守城极为担心。七月，宋国的老佐、华喜包围了彭城，但老佐在此时去世。冬季十一月，楚国的子重救援彭城，攻打宋国。宋国的华元到晋国告急。十二月，孟献子和诸侯在虚打会面，商讨救援宋国。宋国人谢绝了诸侯的好意，只请求派军队攻打彭城。

鲁襄公元年春季正月二十五日，诸侯包围了宋国的彭城。此时彭城已经不是宋国的地方了，《春秋》仍然记载为"宋彭城"，是一种追记的方法。此时诸侯为了宋国才去讨伐鱼石等人的，所以称宋国，而且不记载叛逆者的名字，从而体现了宋国的愿望。彭城向晋国投降，晋国人把在彭城的鱼石等五个宋国大夫带回晋国，安置在瓠丘。以上为鱼石之乱。

六年，宋国的华弱和乐辔从小关系亲密，长大后互相取笑，也彼此攻击。一次乐辔（即子荡）发怒，在朝廷上用弓套住华弱的脖子。宋平公看到后说："掌管军队的人竟在朝廷上被套住脖子，

难以胜矣。"遂逐之。夏,宋华弱来奔。司城子罕曰:"同罪异罚,非刑也;专戮于朝,罪孰大焉?"亦逐子荡。子荡射子罕之门,曰:"几日而不我从!"子罕善之如初。

　　九年春,宋灾。乐喜为司城,以为政。使伯氏司里。火所未至,彻小屋,涂大屋,陈畚挶,具绠缶,备水器,量轻重,蓄水潦,积土涂;巡丈城,缮守备,表火道。使华臣具正徒,令隧正纳郊保,奔火所。使华阅讨右官,官庀其司;向戌讨左,亦如之。使乐遄庀刑器,亦如之。使皇郧命校正出马,工正出车,备甲兵,庀武守。使西钼吾庀府守。令司宫、巷伯儆宫。二师令四乡正敬享,祝宗用马于四墉,祀盘庚于西门之外。

　　晋侯问于士弱曰:"吾闻之,宋灾于是乎知有天道,何故?"对曰:"古之火正,或食于心,或食于咮,以出内火。是故咮为鹑火,心为大火。陶唐氏之火正阏伯居商丘,祀大火,而火纪时焉。相土因之,故商主大火。商人阅其祸败之衅,必始于火,是以日知其有天道也。"公曰:"可必乎?"对曰:"在道。国乱无象,不可知也。"

将来打仗也难以取胜。"于是就把华弱驱逐出境。夏季,宋国的华弱逃亡来到鲁国。司城子罕说:"犯了同样的罪,却得到了不同的惩罚,这是不合刑法的;在朝廷上专横地侮辱别人,还有比这更大的罪吗?"于是也要把子荡驱逐出国。子荡用箭射子罕的房门,说:"过不几天,你也会跟我一样被赶出去。"子罕只好像过去一样善待他。

九年春季,宋国发生了火灾。此时乐喜担任司城,执掌宋国政权。他派伯氏管理城内的街巷。伯氏组织人在火没烧到的地方拆除小屋,给大屋涂上泥土防火,同时准备了装运泥土的工具,以及汲水的绳子、盛水的器物,根据各项工作的轻重安排人力,储存积水,堆积泥土;又派兵巡视城防,修缮守备器具,并标明大火的燃烧方向以提醒行人。乐喜让司徒华臣负责组织了常备的徒役,命令隧正调集了郊外城堡的士兵,奔赴火场。让华阅督促所率右师各官各尽其职,让向戌督促所率左师各官各负其责。让乐遄管好刑具,属官也各守其责。让皇郧命令校正牵出马匹,工正推出战车,准备好武器,保护武器仓库。让西钮吾保护府库。让司宫、巷伯等人加强宫中戒备。左右两师命令四乡的乡正祭祀神灵,又让祝宗杀马在四城祭祀神灵,还在宋都西门外祭祀盘庚。

晋悼公问士弱说:"我听说,宋国因为发生了火灾而明白了天道,这是怎么回事呢?"士弱回答说:"古代的火正之官在祭祀火星时,有的以心宿陪祭,有的以柳宿陪祭,因为火星就是在这两个星宿之间运行的。因此柳宿就是鹑火星,心宿就是大火星。陶唐氏的火正阏伯住在商丘,祭祀大火星,并根据火星的移动来确定时节。殷商的先祖相土沿袭了这种做法,因此商朝就以大火星作为祭祀的主星。商朝人观察他们祸乱败亡的征兆,必定是从火灾开始的,因此过去他们就以为掌握了天道。"晋悼公说:"这种规律是必定如此吗?"士弱回答:"这取决于国家有道还是无道。如果国家发生了动乱,而上天不显示征兆,就无法知道了。"

十五年，宋人或得玉，献诸子罕。子罕弗受。献玉者曰："以示玉人，玉人以为宝也，故敢献之。"子罕曰："我以不贪为宝，尔以玉为宝。若以与我，皆丧宝也。不若人有其宝。"稽首而告曰："小人怀璧，不可以越乡，纳此以请死也。"子罕置诸其里，使玉人为之攻之，富而后使复其所。

十七年，宋华阅卒。华臣弱皋比之室，使贼杀其宰华吴。贼六人以铍杀诸卢门合左师之后。左师惧，曰："老夫无罪。"贼曰："皋比私有讨于吴。"遂幽其妻，曰："畀余而大璧。"宋公闻之，曰："臣也不唯其宗室是暴，大乱宋国之政，必逐之。"左师曰："臣也亦卿也。大臣不顺，国之耻也，不如盖之。"乃舍之。左师为己短策，苟过华臣之门，必骋。十一月甲午，国人逐瘈狗，瘈狗入于华臣氏，国人从之。华臣惧，遂奔陈。

宋皇国父为大宰，为平公筑台，妨于农收。子罕请俟农功之毕，公弗许。筑者讴曰："泽门之皙，实兴我役。邑中之黔，实慰我心。"子罕闻之，亲执扑以行筑者，而挟其不勉者，曰："吾侪小人，皆有阖庐以辟燥湿寒暑。今君为一台，而不速成，何以为役？"讴者乃止。或问其故，子罕曰："宋国区区，而有讴有祝，祸之本也。"

十五年，宋国有个人得到一块美玉，把它献给了子罕。子罕不肯接受。献玉的人说："我把这块玉让玉工看过了，他认为这是一块宝玉，所以我才敢献给您。"子罕说："我把不贪作为宝物，你把美玉作为宝物。如果给了我，那么我俩就都失去了宝物。还不如各人拥有自己的宝物。"献玉人叩头回答说："卑下的人身藏玉璧，不可能走出所住乡里，把它献给您是为了使自己避免被人谋财害命。"于是子罕就把献玉人安置在自己所住的里巷，请玉工加工宝玉，然后帮他卖了出去，使献玉者富有之后再让他回到老家去。

十七年，宋国的华阅去世。华阅的弟弟华臣认为华阅的儿子皋比一家软弱可欺，便派刺客去杀皋比家的家宰华吴。六个刺客用铍把华吴杀死在卢门左师向戌家屋后。向戌非常害怕，他说："我没有罪啊。"刺客说："这是皋比私自决定要杀死华吴的。"然后就把华吴的妻子也关了起来，说："把你们家的大宝玉交出来。"宋平公听说此事之后，说："华臣不仅对他的宗室如此残暴，也使宋国国政大乱，一定要把他驱逐出去。"左师向戌说："华臣也是卿。大臣间不够和顺，也是国家的耻辱，不如把此事掩盖起来。"于是就把华臣放了。左师向戌为自己特制了一个较短的马鞭，只要经过华臣家门口，必定要打马尽快跑过去。十一月二十二日，国人追赶一只疯狗，疯狗逃到华臣家中，国人就紧跟着追了进去。华臣非常害怕，就逃亡到了陈国。

宋国的皇国父做了太宰，为了给宋平公修建一座台子，妨碍了农事。子罕请求等农忙结束后再修建，宋平公不答应。于是建台的役夫唱道："住在泽门的白面人，征发我们来服役。住在城里的黑脸汉，实在让我们欣慰。"子罕听到后，亲自拿着鞭子巡查筑台的役夫，并鞭打那些不肯出力的人，他说："我们这些小人都有房子躲避干湿热冷。现在国君要建一个台子，你们却不尽快完成，还能再干什么呢？"那些唱歌的人这才不再唱了。有人问子罕为什么这么做，子罕说："宋国区区小国，竟然也有人被咒骂，有人被歌颂，这是祸乱的根源。"

二十九年，郑子展卒，子皮即位。于是郑饥，而未及麦，民病，子皮以子展之命饩国人粟。宋司城子罕闻之，曰："邻于善，民之望也。"宋亦饥，请于平公，出公粟以贷，使大夫皆贷。司城氏贷而不书，为大夫之无者贷。宋无饥人。叔向闻之，曰："郑之罕，宋之乐，其后亡者也。二者其皆得国乎！民之归也。施而不德，乐氏加焉，其以宋升降乎！"_{以上子罕之贤。}

二十六年。初，宋芮司徒生女子，赤而毛，弃诸堤下。共姬之妾取以入，名之曰弃。长而美。平公入夕，共姬与之食。公见弃也，而视之尤。姬纳诸御，嬖，生佐，恶而婉。大子痤美而狠，合左师畏而恶之。寺人惠墙伊戾为大子内师，而无宠。

秋，楚客聘于晋，过宋。大子知之，请野享之。公使往。伊戾请从之，公曰："夫不恶女乎？"对曰："小人之事君子也，恶之不敢远，好之不敢近。敬以待命，敢有贰心乎？纵有共其外，莫共其内。臣请往也。"遣之。至，则欿，用牲，加书征之，而骋，告公曰："大子将为乱，既与楚客盟矣。"公曰："为我子，又何求？"对曰："欲速。"公使视之，则信有焉。

二十九年，郑国的子展去世了，他的儿子子皮继承他的职位。此时郑国发生饥荒，麦子还没有成熟，百姓困乏，子皮根据子展的遗命给国人送粮食。宋国的司城子罕听说这一情况后说："多做善事，这是百姓的希望。"宋国也发生了饥荒，子罕便请示宋平公，拿出公室的粮食借给百姓，让大夫们也都把粮食借给百姓。司城子罕借给人们粮食时不写借据，同时还替没有粮食的大夫代为放粮。因此，宋国没有人挨饿。晋国的叔向听说这些情况后说："郑国的罕氏、宋国的乐氏，大概会最后灭亡吧。他们两家都能得到国家的政权吧！这是因为民心都已归向他们了。施恩而不求感激，在这一点上，乐氏更胜一筹，他家将与宋国共兴衰吧！"以上为子罕之贤。

二十六年。起初，宋国的芮司徒生了一个女儿，由于她皮肤很红而且全身长满了毛，于是就把她丢弃到河堤之下。宋共姬的侍妾把她捡了回来，取名为"弃"。她长大后很漂亮。有一天晚上，宋平公去向母亲共姬问安，共姬留他一起吃饭。宋平公见到了弃，发现她很漂亮。于是共姬就把弃送给宋平公做了妾，她深受宋平公宠爱，后来生了佐，佐相貌很丑但性情温顺。太子痤外貌很英俊却性情狠毒，左师向戌对他又怕又讨厌。宦官惠墙伊戾虽然是太子的内师，但并不受宠信。

秋季，楚国的使者到晋国聘问，路过宋国。太子由于和使者相识，便向宋平公请求在野外设宴招待使者，宋平公让他前往。伊戾也请求跟随前往，宋平公说："他不是很讨厌你吗？"伊戾回答说："小人事奉君子，即使被讨厌也不敢过分远离，即使被宠信也不敢过分亲近。恭敬地听候吩咐，哪里敢有二心呢？即使有人在外面伺候太子，但里面却没有人伺候。请允许我前去。"宋平公便让他去了。伊戾到了野外，挖了一个坑，并杀了牲口做牺牲，然后把盟书放上去，又检查了一遍之后，便飞马回来向宋平公报告说："太子准备叛乱了，他已经和楚国的使者盟誓了。"宋平公说："他已经被立为我的继承人了，还想要求什么？"伊戾回答说："他是想快点继位。"宋平公便派人前去察看，果真如此。

问诸夫人与左师，则皆曰："固闻之。"公囚大子。大子曰："唯佐也能免我。"召而使请，曰："日中不来，吾知死矣。"左师闻之，聒而与之语。过期，乃缢而死。佐为大子。公徐闻其无罪也，乃亨伊戾。

左师见夫人之步马者，问之，对曰："君夫人氏也。"左师曰："谁为君夫人？余胡弗知？"圉人归，以告夫人。夫人使馈之锦与马，先之以玉，曰："君之妾弃使某献。"左师改命曰"君夫人"，而后再拜稽首受之。

〔发明〕按：向戌承顺风旨，以杀太子，视里克犹为罪人也，宜其有子向宁之祸。

二十九年，齐高子容与宋司徒见知伯，女齐相礼。宾出，司马侯言于知伯曰："二子皆将不免。子容专，司徒侈，皆亡家之主也。"知伯曰："何如？"对曰："专则速及，侈将以其力毙，专则人实毙之，将及矣。"

昭公六年，宋寺人柳有宠，大子佐恶之。华合比曰："我杀之。"柳闻之，乃坎，用牲，埋书，而告公曰："合比将纳亡人之族，既盟于北郭矣。"公使视之，有焉，遂逐华合比。合比奔卫。于是华亥欲代右师，乃与寺人柳比，从为之征，曰："闻之久矣。"公使代之。见于左师，左师曰："女夫也必亡。女丧而宗室，于人何有？人亦于女何有？《诗》曰：

宋平公又问夫人和向戌,都说:"确实听说过此事。"于是宋平公便囚禁了太子。太子说:"只有佐才能救我。"便让人去召见佐并让他向宋平公请求,并且说:"如果到了中午他还不来,我就知道自己该死了。"左师向戌听说后,便故意缠着佐没完没了地说话。过了中午,佐还没有来,太子就自缢而死了。于是佐被立为太子。宋平公慢慢听说太子痤并没有罪,就把伊戾烹煮了。

左师向戌有一次见到为夫人遛马的人,便问他是谁家的人,那人回答说:"我是君夫人家的人。"左师向戌故意说:"谁是君夫人? 我怎么不知道?"遛马人回去之后,向夫人做了汇报。夫人便派人给向戌送去锦缎和马匹,并在此之前先送去玉璧,派去的人说:"国君的侍妾弃特派我前来献上。"于是左师向戌改口称"君夫人",然后再拜叩头接受了礼物。

〔发明〕按:向戌顺从宋平公的旨意,杀害了太子痤,跟里克相比更是罪人,他有儿子向宁的祸乱是应该的。

二十九年,齐国的高子容和宋国的司徒华定拜见知伯,由女齐作赞礼。客人走后,女齐(即司马侯)对知伯说:"这两个人都免不了遇到灾祸。子容专横,司徒华定骄纵,都是导致家族灭亡的人。"知伯说:"为什么呢?"女齐说:"专横势必很快招致灾祸,骄纵将因他的力量强大而自取灭亡,专横那么别人就会置他于死地,他们马上就要招来灾祸了。"

鲁昭公六年,宋国的寺人柳受到宋平公的宠信,但太子佐很讨厌他。华合比说:"我去杀了他。"柳听说此事后,便挖了一个坑,杀掉牺牲,把盟书放到上面埋起来,随后便告诉宋平公说:"华合比准备接纳逃亡的华臣回来作乱,已经在北城外结盟了。"宋平公派人前去察看,果然如此,于是便驱逐了华合比。华合比逃亡到了卫国。这时华合比的弟弟华亥正想代替他担任右师,就和寺人柳勾结起来,从旁为他作证,说:"我早就听说此事了。"于是宋平公就让他代替了华合比的职位。华亥拜见左师向戌,向戌说:"你这个人一定会落个逃亡的下场。你毁掉了自己的宗主,对别人能有什么好处? 别人又将对你怎么样?《诗经》说:

'宗子维城,毋俾城坏,毋独斯畏。'女其畏哉!"

十年冬十二月,宋平公卒。初,元公恶寺人柳,欲杀之。及丧,柳炽炭于位。将至,则去之。比葬,又有宠。

十二年夏,宋华定来聘,通嗣君也。公享之,为赋《蓼萧》,弗知,又不答赋。昭子曰:"必亡。宴语之不怀,宠光之不宣,令德之不知,同福之不受,将何以在?"

二十年春王二月己丑,日南至。梓慎望氛,曰:"今兹宋有乱,国几亡,三年而后弭。蔡有大丧。"叔孙昭子曰:"然则戴、桓也。汰侈,无礼已甚,乱所生也。"

宋元公无信多私,而恶华、向。华定、华亥与向宁谋,曰:"亡愈于死,先诸?"华亥伪有疾,以诱群公子。公子问之,则执之。夏六月丙申,杀公子寅、公子御戎、公子朱、公子固、公孙援、公孙丁,拘向胜、向行于其廪。公如华氏请焉,弗许,遂劫之。癸卯,取太子栾与母弟辰、公子地以为质。公亦取华亥之子无戚、向宁之子罗、华定之子启,与华氏盟,以为质。

宋华、向之乱,公子城、公孙忌、乐舍、司马彊、向宜、向郑、楚建、郳申出奔郑。其徒与华氏战于鬼阎,败子城。子城适晋。华亥与其妻必盟而食所质公子者,而后食。公与

'宗主就是宗族的城墙,不要将城墙毁坏,不要使自己孤立无援心惊胆战。'你今后肯定会害怕吧!"

十年冬季十二月,宋平公去世。当初,宋平公的儿子太子佐讨厌寺人柳,准备杀了他。宋平公去世后办理丧事期间,寺人柳在太子佐的丧位烧上炭火。太子佐快进来时,柳就把炭火撤掉。安葬了宋平公以后,他又得到了太子佐的宠信。

十二年夏季,宋国的华定来鲁国聘问,为新君通好。鲁国设享礼款待华定,席间,为他吟诵了《蓼萧》这首诗,但他听不懂是什么意思,也不知道赋诗答谢。叔孙昭子说:"华定将来一定会逃亡。他不知道向往诗中所说的宴会笑语,不知道答谢鲁国给他的恩宠与荣光,别人赞颂他的美德他竟然浑然不知,对诗中所说的同享万福也不知酬答,这样的人怎能存在下去呢?"

二十年春季,周历二月初一,冬至。梓慎望气后说:"今年宋国要发生动乱,甚至国家也将濒于灭亡,三年之后才能安定下来。蔡国也将遇到大丧。"叔孙昭子说:"那么就会落到戴、桓两大家族头上了。因为他们骄纵无度,极其无礼,是动乱的根源。"

宋元公不讲信用而且私心极重,并且很讨厌华氏、向氏两族。华定、华亥和向宁谋划说:"逃亡总要比死强,我们先下手吧?"于是华亥诈称有病,以引诱公子们前来。凡有公子来探病的,就抓起来。夏季六月初九,杀了公子寅、公子御戎、公子朱、公子固、公孙援、公孙丁,并把向胜、向行关押在他们的谷仓中。宋元公到华氏家里去为公子们说情,华氏不答应,反而乘机劫持了宋元公。十六日,又抓了太子栾和他的同母弟弟公子辰、公子地当人质。宋元公也抓了华亥的儿子无戚、向宁的儿子罗、华定的儿子启,与华氏结盟后,把他们作为人质。

宋国的华氏、向氏发动叛乱的时候,公子城、公孙忌、乐舍、司马彊、向宜、向郑、楚建、郳申都逃亡到了郑国。他们的党羽在鬼阎和华氏家族交战,结果公子城被打败了。公子城就逃亡到晋国去了。华亥和他的妻子,每次吃饭之前,必然要盥洗干净,先让作为人质的公子们吃饭,然后自己才吃饭。宋元公和

夫人每日必适华氏，食公子，而后归。华亥患之，欲归公子。向宁曰："唯不信，故质其子。若又归之，死无日矣。"公请于华费遂，将攻华氏。对曰："臣不敢爱死，无乃求去忧而滋长乎！臣是以惧，敢不听命？"公曰："子死亡有命，余不忍其询。"冬十月，公杀华、向之质而攻之。戊辰，华、向奔陈，华登奔吴。向宁欲杀太子。华亥曰："干君而出，又杀其子，其谁纳我？且归之，有庸。"使少司寇轻以归，曰："子之齿长矣，不能事人，以三公子为质，必免。"公子既入，华轻将自门行。公遽见之，执其手，曰："余知而无罪也，入，复而所。"

二十一年。宋华费遂生华貙、华多僚、华登。貙为少司马，多僚为御士。与貙相恶，乃谮诸公曰："貙将纳亡人。"亟言之。公曰："司马以吾故，亡其良子。死亡有命，吾不可以再亡之。"对曰："君若爱司马，则如亡。死如可逃，何远之有？"公惧，使侍人召司马之侍人宜僚，饮之酒，而使告司马。司马叹曰："必多僚也。吾有谗子，而弗能杀，吾又不死。抑君有命，可若何？"乃与公谋逐华貙，将使田孟诸而遣之。公饮之酒，厚酬之，赐及从者。司马亦如之。张匄尤之，曰："必有故。"使子皮承宜僚以剑而讯之，

夫人每天必定到华氏家,让公子们吃完饭以后才回去。华亥对此很担心,打算让公子们回去。但向宁说:"正因为国君不讲信用,所以才以他的儿子为人质。如果又把他们放回去,我们很快就会被处死。"宋元公求助于华费遂,准备攻打华氏。华费遂回答说:"臣不敢爱惜一死,但这样做恐怕是本想消除忧患,反而使忧患滋生! 因此臣很害怕,哪里敢不听国君的命令呢?"宋元公说:"儿子们的生死自有天命,我不能忍心看他们受到这种侮辱。"冬季十月,宋元公杀了华氏、向氏的人质,并攻打他们。十三日,华氏、向氏逃往陈国,华登逃往吴国。向宁打算杀了太子。华亥说:"冒犯了国君而逃亡国外,又要杀死他的儿子,还有谁敢留我们? 不如放他们回去,日后或许有功劳。"于是便让少司寇华牼带着公子们回到宋国,并对他说:"您年事已高,不宜再事奉他人,有这几位公子作为见证,必然能免于惩罚。"公子们回到宫室后,华牼正准备从宫门离开。宋元公急忙接见了他,并拉着他的手说:"我知道你没有罪,你进来吧,我让你官复原职。"

二十一年。宋国的华费遂生了华䝙、华多僚、华登。华䝙担任少司马,华多僚担任宋元公的御士。但华多僚和华䝙关系紧张,于是就在宋元公面前诬陷华䝙说:"华䝙准备接纳逃亡的华亥等人回来。"并且说了多次。宋元公说:"司马华费遂为了我而使他的一个好儿子逃亡在外。或死或逃是命中注定,我不能再让华䝙也落个逃亡的下场。"多僚回答说:"国君如果关心司马,就不如让他逃亡国外。如果能逃避死亡,还怕远吗?"宋元公害怕了,便让侍从召来司马华费遂的侍从宜僚,让他喝酒,并让他把这件事告诉华费遂。华费遂得知后叹了口气说:"这肯定是多僚干的。我有这么一个诬陷他人的儿子,却不能将他杀死,而我又不死。国君又有了命令,该怎么办呢?"便和宋元公商量驱逐华䝙,准备让华䝙到孟诸去打猎,然后打发他走。于是宋元公请华䝙喝酒,并送给他很多礼物,同时也赏给他的随从一些礼物。司马华费遂也这样做。华䝙的家臣张匄感到很奇怪,说:"这必然有别的原因。"便让华䝙(即子皮)用剑顶住宜僚的脖子问他,

宜僚尽以告。张匄欲杀多僚，子皮曰："司马老矣，登之谓甚，吾又重之，不如亡也。"五月丙申，子皮将见司马而行，则遇多僚御司马而朝。张匄不胜其怒，遂与子皮、曰任、郑翩杀多僚，劫司马以叛，而召亡人。壬寅，华、向入。乐大心、丰愆、华轻御诸横。华氏居卢门以南里叛。六月庚午，宋城旧鄘及桑林之门而守之。

　　冬十月，华登以吴师救华氏。齐乌枝鸣戍宋。厨人濮曰："《军志》有之：'先人有夺人之心，后人有待其衰。'盍及其劳且未定也伐诸？若入而固，则华氏众矣，悔无及也。"从之。丙寅，齐师、宋师败吴师于鸿口，获其二帅公子苦雒、偃州员。华登帅其余以败宋师。公欲出，厨人濮曰："吾小人可藉死，而不能送亡。君请待之。"乃徇曰："扬徽者，公徒也。"众从之。公自扬门见之，下而巡之，曰："国亡君死，二三子之耻也，岂专孤之罪也？"齐乌枝鸣曰："用少莫如齐致死，齐致死莫如去备。彼多兵矣，请皆用剑。"从之。华氏北，复即之。厨人濮以裳裹首而荷以走，曰："得华登矣！"遂败华氏于新里。翟偻新居于新里，既战，说甲于公而归。华妵居于公里，亦如之。

　　十一月癸未，公子城以晋师至。曹翰胡会晋荀吴、

于是宜僚便把事情的前因后果说了出来。张匄要杀死华多僚，华貙说："我父亲已经老了，华登逃亡就已经使他非常伤心了，我又加重他的伤心，不如逃跑算了。"五月十四日，华貙准备去见父亲然后便出发，路上碰到华多僚正给父亲驾着车去上朝。张匄按捺不住满腔愤怒，便和华貙、白任、郑翩一起上前杀了华多僚，并劫持了华费遂，宣布叛变，同时召请逃亡的华亥等人回国。二十日，华氏、向氏回到国内。乐大心、丰愆、华轻在横地抵抗他们。华氏住在卢门，率领南里的人叛变了。六月十九日，宋国修缮旧城和桑林之门来防守。

冬季十月，华登率领吴国的军队来救援华氏。齐国的乌枝鸣在戍守宋国。宋国厨邑大夫濮说："《军志》中有这样的话：'先发制人就可以夺去敌人的斗志，后发制人则要等待敌人士气衰竭之时。'何不乘现在吴军疲劳而且还没有安定下来就攻打呢？如果等到他们进来，巩固了阵地，华氏的力量可就强大了，到那时后悔都来不及了。"乌枝鸣采纳了他的建议。十七日，齐军和宋军在鸿口打败了吴军，俘获了他们的两个将领公子苦雒和偃州员。华登则率领剩下的部队打败了宋军。宋元公打算逃亡，厨邑大夫濮说："我这个小人宁可为保卫国君而死，也不能送国君逃奔国外。国君请再等一下。"便通报全军说："把你们的旗帜挥舞起来，以表明是国君的士兵。"于是全体将士都挥起了军旗。宋元公从扬门上看到了这种情况，便走下城巡视全军，并说："国家灭亡国君死去，是你们的耻辱，哪里仅仅是我一个人的罪过呢？"齐国的乌枝鸣说："用少数兵力作战不如一齐拼命，一齐拼命不如撤去防备麻痹他们。他们的人很多，请都用剑作战。"宋元公同意这么做。结果，华氏被打败，宋军、齐军又追上去。厨邑大夫濮用衣服裹着一个人头，扛在肩上奔跑着喊道："华登已经被杀掉了！"接着就在新里打败了华氏。翟偻新住在新里，战斗开始后，他脱下盔甲归附了宋元公。华妵住在公里，也同样投向了宋元公。

十一月初四，公子城率晋军到来。曹国翰胡会合晋国荀吴、

齐苑何忌、卫公子朝救宋。丙戌,与华氏战于赭丘。郑翩愿为鹳,其御愿为鹅。子禄御公子城,庄堇为右。干犨御吕封人华豹,张匄为右。相遇,城还。华豹曰:"城也!"城怒而反之,将注,豹则关矣,曰:"平公之灵,尚辅相余!"豹射,出其间。将注,则又关矣,曰:"不狎,鄙。"抽矢,城射之,殪。张匄抽殳而下,射之,折股。扶伏而击之,折轸。又射之,死。干犨请一矢,城曰:"余言女于君。"对曰:"不死伍乘,军之大刑也。干刑而从子,君焉用之? 子速诸!"乃射之,殪。大败华氏,围诸南里。华亥搏膺而呼,见华貙曰:"吾为栾氏矣!"貙曰:"子无我迋,不幸而后亡。"使华登如楚乞师。华貙以车十五乘、徒七十人,犯师而出,食于睢上,哭而送之,乃复入。楚薳越帅师将逆华氏,大宰犯谏曰:"诸侯唯宋事其君。今又争国,释君而臣是助,无乃不可乎?"王曰:"而告我也后,既许之矣。"

　　二十二年,楚薳越使告于宋曰:"寡君闻君有不令之臣为君忧,无宁以为宗羞,寡君请受而戮之。"对曰:"孤不佞,不能媚于父兄,以为君忧,拜命之辱。抑君臣日战,君曰

齐国苑何忌、卫国公子朝也前来救宋。初七,联军与华氏在赭丘交战。华氏的党羽郑翩希望摆成鹳阵,他的御者却希望摆成鹅阵。子禄为公子城驾车,庄堇为车右。干犨为吕地封人华豹驾车,张匄为车右。双方相遇,公子城退了回去。华豹说:"这就是公子城!"公子城恼火了,掉转车头,正准备搭箭时,华豹已经拉弓了,公子城说:"希望我父亲平公的神灵能保佑我!"华豹射了一箭,箭头从公子城、子禄中间穿了过去。子城准备第二次搭上箭时,华豹又已经拉开了弓,公子城说:"你不让我有还击的机会,真是卑鄙无耻。"于是华豹松开弓抽下箭,公子城一箭射去,就把华豹射死了。张匄抽出殳从车上下来,公子城一箭射去,射断了张匄的大腿。张匄爬起来,举起殳猛击,结果击断了公子城车厢底横木。公子城又射了一箭,才把张匄射死。干犨请求射他一箭让他死去,公子城说:"我替你向国君求情。"干犨回答说:"不和同乘共伍的士卒一起去死,就是犯了军中的大法。犯了法再追随您,国君怎么会再重用我呢?您快点射我一箭吧!"于是公子城射他一箭,干犨死去。宋军、齐军大败华氏,将他们包围在南里。华亥捶胸高喊,见到华貙说:"我们已经成了晋国的栾氏了!"华貙说:"你不要吓唬我,是否会败亡还说不定。"于是就派华登到楚国请求救兵。华貙率十五辆战车、七十个步兵护送华登冲出包围,来到睢水岸边,吃完饭,哭着送华登上路,然后又转身冲入南里。楚国的薳越准备率军前去接应华氏,但太宰犯劝阻说:"当前诸侯各国只有宋国的臣子还在一意地事奉他们的国君。现在他们正在争夺国家政权,如果我们放下国君而去帮助臣子,恐怕不行吧!"楚平王说:"你说得太晚了,我已经答应他们了。"

二十二年,楚国的薳越派人告诉宋元公说:"我们君王听说国君您有一个逆臣成为心腹大患,这很可能给贵国的宗庙带来耻辱,我们君王请求让他们到我国来加以惩罚。"宋元公回答说:"我无德无能,不能和公族的父兄和睦相处,以至让贵国君王担忧,有劳命使者前来。不过我们君臣之间天天交战,贵国君王却说

'余必臣是助',亦唯命。人有言曰:'唯乱门之无过。'君若惠保敝邑,无亢不衷以奖乱人,孤之望也。唯君图之。"楚人患之。诸侯之戍谋曰:"若华氏知困而致死,楚耻无功而疾战,非吾利也。不如出之,以为楚功,其亦无能为也已。救宋而除其害,又何求?"乃固请出之,宋人从之。己巳,宋华亥、向宁、华定、华䝙、华登、皇奄伤、省臧、士平出奔楚。宋公使公孙忌为大司马,边卬为大司徒,乐祁为司城,仲几为左师,乐大心为右师,乐挽为大司寇,以靖国人。以上华向之乱。

　　二十五年春,叔孙婼聘于宋,桐门右师见之。语,卑宋大夫而贱司城氏。昭子告其人曰:"右师其亡乎! 君子贵其身而后能及人,是以有礼。今夫子卑其大夫而贱其宗,是贱其身也,能有礼乎? 无礼,必亡。"

　　夏,会于黄父。赵简子令诸侯之大夫输王粟。宋乐大心曰:"我不输粟。我于周为客,若之何使客?"士伯告简子曰:"宋右师必亡。奉君命以使,而欲背盟,以干盟主,无不祥大焉。"

　　十一月,宋元公将为公故如晋,梦大子栾即位于庙,己与平公服而相之。旦,召六卿,公曰:"寡人不佞,不能事父兄,以为二三子忧,寡人之罪也。若以群子之灵,获保首领以殁,

'我一定要帮助你的臣子',那么我也只能悉听尊便。人们常说:'不要经过犯上作乱人家的门口。'贵国君王如果要保护我国,请不要庇护不忠之人,以鼓励更加肆无忌惮地作乱,这是我最大的愿望。希望贵国君王能认真考虑!"楚国人对此非常担忧。诸侯帮助戍守宋国的将领商量说:"如果华氏感到绝望而拼死一战,楚国又因为没能说服宋君,耻于无功返回而很快出兵作战,对我们就很不利了。不如撤围让华氏逃出去,同时成全楚国的功绩,华氏也不会再成为宋国的祸害了。挽救了宋国又帮助它除掉了祸害,还能再有什么更高的要求呢?"于是他们就坚决请求放华氏出逃,宋国人也只好同意。二十一日,宋国的华亥、向宁、华定、华貙、华登、皇奄伤、省臧、士平逃亡到了楚国。宋元公任命公孙忌为大司马,边印为大司徒,乐祁为司城,仲几为左师,乐大心为右师,乐挽为大司寇,以安定民心。以上为华向之乱。

二十五年春季,叔孙婼到宋国聘问,桐门右师乐大心接待了他。谈话中,乐大心流露出对宋国大夫以及本族司城氏的蔑视。叔孙婼对手下人说:"右师恐怕要逃亡了吧!君子首先要尊重自己,然后才能尊重别人,这样就不会违背礼法。现在他看不起本国的大夫,轻视自己的宗族,实际上是轻视他自己,能说他懂得礼法吗?不懂得礼法,就一定要逃亡。"

夏季,鲁国的叔诣和晋国的赵简子(即赵鞅)、宋国的乐大心、卫国的北宫喜、郑国的游吉以及曹国人、邾国人、滕国人、薛国人、小邾国人在黄父举行了会见。赵简子让诸侯的大夫给周天子输送粮食。宋国的乐大心说:"我不送给天子粮食。对周王朝来说,我们是客人,怎么能役使客人呢?"士景伯对赵简子说:"宋国的右师乐大心定将落个逃亡的下场。奉君命出使,却要背弃盟约,以冒犯盟主,再没有比这个更大的不祥了。"

十一月,宋元公准备为了鲁昭公的事情到晋国去,晚上梦见太子栾在宗庙中即位,自己和先君平公身穿朝服辅佐着他。第二天早晨,召见六卿,宋元公说:"我不才,不能事奉父兄,使诸位忧虑不安,这是我的罪过。如果托诸位的福,使我得以善终,

唯是楄柎所以藉干者，请无及先君。"仲几对曰："君若以社稷之故，私降昵宴，群臣弗敢知。若夫宋国之法，死生之度，先君有命矣，群臣以死守之，弗敢失队。臣之失职，常刑不赦。臣不忍其死，君命只辱。"宋公遂行。己亥，卒于曲棘。

二十六年，葬宋元公，如先君，礼也。

定公九年，宋公使乐大心盟于晋，且逆乐祁之尸，辞伪有疾。乃使向巢如晋盟，且逆子梁之尸。子明谓桐门右师出，曰："吾犹衰绖，而子击钟，何也？"右师曰："丧不在此故也。"既而告人曰："己衰绖而生子，余何故舍钟？"子明闻之，怒，言于公曰："右师将不利戴氏，不肯适晋，将作乱也。不然，无疾。"乃逐桐门右师。

十年，宋公子地嬖蘧富猎，十一分其室，而以其五与之。公子地有白马四，公嬖向魋，魋欲之。公取而朱其尾、鬣，以与之。地怒，使其徒抶魋而夺之。魋惧，将走。公闭门而泣之，目尽肿。母弟辰曰："子分室以与猎也，而独卑魋，亦有颇焉。子为君礼，不过出竟，君必止子。"公子地出奔陈，公弗止。辰为之请，弗听。辰曰："是我迁吾兄也。吾以国人出，君谁与处？"冬，母弟辰暨仲佗、石彄出奔陈。

我请求那些用来盛装我骸骨的葬具，不要和先君一样。"仲几回答说："国君您如果为了国家，而私自降低饮宴声色的规格，臣下们不敢闻知。至于宋国的法度，关于生死的礼制，先君早就有了规定，我们作为臣子要誓死维护它，不敢违背。如果臣下失职，法律是不能赦免的。臣下不忍心因失职而被处死，所以只能不执行国君的命令。"然后宋元公就动身出发了。十三日，行至曲棘时去世。

二十六年，宋国安葬了宋元公，一切规格都和宋国的先君一样，这是合乎礼法的。

鲁定公九年，宋景公派乐大心到晋国结盟，顺便把乐祁的尸首接回来，但乐大心却假装有病推辞了。宋景公只好又派向巢到晋国结盟，并接回子梁（即乐祁）的尸首。乐祁的儿子子明让桐门右师乐大心出国迎尸，说："我还在服丧期间，您却敲钟奏乐，这是什么意思？"乐大心说："因为丧事发生在晋国，并不在这里。"不久乐大心又对别人说："自己在服丧期间生了儿子，那么我为什么不能敲钟奏乐呢？"子明听说后非常生气，便对宋景公说："乐大心将要危害宋国，他不肯到晋国去，是准备作乱啊。否则，不会装病推辞。"于是宋景公便驱逐了乐大心。

十年，宋国的公子地宠信蘧富猎，把自己的家产分成十一份，分给蘧富猎五份。公子地有四匹白马，宋景公宠信向魋，向魋很想得到这几匹马。于是宋景公就把马要来，又把马尾、马鬃染红送给了向魋。公子地大怒，派他的手下人殴打了向魋，并把马夺了回来。向魋害怕了，准备逃走。但宋景公关上门对着他哭，眼睛都哭肿了。宋景公的同母弟弟公子辰对公子地说："你能把家产分给蘧富猎，却唯独看不起向魋，也不公平啊。为了向国君表示礼敬，你最多不过出国逃亡，国君一定会挽留你。"于是公子地要逃亡陈国，但宋景公并不加以阻拦。公子辰为公子地求情，宋景公也不听。公子辰说："这是我欺骗了我哥哥。假如我带着国人逃出国去，还有谁能和国君在一起呢？"冬季，宋景公的同母弟弟公子辰和仲佗、石彄等人逃亡到了陈国。

十一年春，宋公母弟辰暨仲佗、石疆、公子地入于萧以叛。秋，乐大心从之，大为宋患。以上乐大心辰地之乱。

十五年，郑罕达败宋师于老丘。齐侯、卫侯次于蘧挐，谋救宋也。

哀公七年，宋人围曹。郑桓子思曰："宋人有曹，郑之患也，不可以不救。"冬，郑师救曹，侵宋。初，曹人或梦众君子立于社宫，而谋亡曹。曹叔振铎请待公孙疆，许之。旦而求之，曹无之。戒其子曰："我死，尔闻公孙疆为政，必去之。"及曹伯阳即位，好田弋。曹鄙人公孙疆好弋，获白雁，献之，且言田弋之说。说之，因访政事，大说之。有宠，使为司城，以听政。梦者之子乃行。疆言霸说于曹伯，曹伯从之，乃背晋而奸宋。宋人伐之，晋人不救。筑五邑于其郊，曰黍丘、揖丘、大城、钟、邗。

八年，宋公伐曹，将还，褚师子肥殿。曹人诟之，不行。师待之。公闻之，怒，命反之，遂灭曹，执曹伯及司城疆以归，杀之。以上景公灭曹。

十一年，卫太叔疾奔宋，臣向魋，纳美珠焉。宋公求之，魋不与，由是得罪。

十二年，宋、郑之间有隙地焉，曰弥作、顷丘、玉畅、嵒、

十一年春季，宋景公的同母弟弟公子辰和仲佗、石彄、公子地进入萧地发动了叛乱。秋季，乐大心也投奔了他们，成为宋国的一大祸患。以上为乐大心、公子辰、公子地之乱。

十五年，郑国的罕达在老丘打败了宋军。齐景公、卫灵公领兵驻扎在蘧挐，以谋求救援宋国。

鲁哀公七年，宋军围攻曹国。郑国的桓子思说："一旦宋国占有了曹国，就会成为郑国的祸患，我们不能不去援救。"于是，冬季，郑军救援曹国，并攻打宋国。当初，曹国有个人梦见一群君子站在国社的围墙外，商量着怎样灭亡曹国。曹国的始祖振铎请求等公孙疆来再说，君子们答应了。第二天早晨便开始找这个人，结果找遍了整个曹国也没有这个人。于是那个做梦的人告诫他儿子说："等我死后，你只要听说公孙疆这个人执政了，就一定要逃离曹国。"等到曹伯阳即位之后，喜欢打猎射鸟。正巧曹国边境上有一个叫公孙疆的人也喜欢射鸟，他抓获了一只白雁，献给了曹伯阳，并且和他探讨打猎射鸟的技巧。曹伯阳很喜欢他，又向他询问国家政事，结果大为欣赏他。公孙疆受到宠信，被任命为司城，执掌国政。那个做梦人的儿子便离开了曹国。公孙疆向曹伯阳讲述了有关称霸天下的主张，曹伯阳听了他的话，便背叛晋国而侵犯宋国。宋国人攻打曹国，晋国人也不来救援。公孙疆又在都城外建造了五座城邑，这就是黍丘、揖丘、大城、钟、邗。

八年，宋景公攻打曹国，要撤军回国的时候，由宋大夫褚师子肥走在部队的最后。曹国人辱骂他，他便停下不走了。结果全军也只好停下来等他。宋景公得知此事后，大为恼火，下令全军折回，就消灭了曹国，把曹伯阳和司城公孙疆抓了回去，然后把他们杀了。以上宋景公灭曹。

十一年，卫国的太叔疾逃亡到了宋国后，做了向魋的家臣，献给向魋名贵的珍珠。宋景公向向魋索要那些珍珠，向魋不给，于是得罪了宋景公。

十二年，宋、郑之间有闲置的地，叫弥作、顷丘、玉畅、嵒、

戈、钖。子产与宋人为成，曰："勿有是。"及宋平、元之族自萧奔郑，郑人为之城嵒、戈、钖。九月，宋向巢伐郑，取钖，杀元公之孙，遂围嵒。十二月，郑罕达救嵒。丙申，围宋师。

十三年，宋向魋救其师。郑子賸使徇曰："得桓魋者有赏。"魋也逃归。遂取宋师于嵒，获成讙、郜延，以六邑为虚。

十四年，宋桓魋之宠害于公。公使夫人骤请享焉，而将讨之。未及，魋先谋公，请以鞍易薄。公曰："不可。薄，宗邑也。"乃益鞍七邑。而请享公焉，以日中为期，家备尽往。公知之，告皇野曰："余长魋也，今将祸余，请即救。"司马子仲曰："有臣不顺，神之所恶也，而况人乎？敢不承命？不得左师，不可。请以君命召之。"左师每食击钟，闻钟声，公曰："夫子将食。"既食，又奏。公曰："可矣。"以乘车往，曰："迹人来告曰：'逢泽有介麇焉。'公曰：'虽魋未来，得左师，吾与之田，若何？'君惮告子，野曰：'尝私焉。'君欲速，故以乘车逆子。"与之乘至。公告之故，拜不能起。司马曰："君与之言。"公曰："所难子者，上有天，下有先君！"对曰："魋之不共，宋之祸也，敢不唯命是听？"

戈、钖。当初子产曾和宋国人达成协议说："谁也不占有这些地方。"等到宋平公、宋元公的族人从萧地逃到郑国时，郑国人为他们在喦、戈、钖三地建了城。九月，宋国的向巢攻打郑国，占领了钖地，杀了宋元公的孙子，随后又包围了喦地。十二月，郑国的罕达领兵救援喦地。二十八日，包围了宋国军队。

十三年，宋国的向魋率军前往喦地解救被围困的宋军。郑国的子膝派人通令全军说："抓获向魋(即桓魋)者有赏。"向魋便逃回国了。结果郑军全歼了喦地的宋军，俘获了成谨、郜延，把六座城邑毁为废墟。

十四年，宋国的向魋因为国君的宠信，对国君构成了威胁。宋景公让母亲几次邀请他饮宴，准备乘机除掉他。但还没来得及动手，向魋就首先策划对付宋景公了，他请求用自己的封邑鞍地和宋景公的薄地交换。宋景公说："不行。薄地是我公室宗庙所在地。"于是同意把周围的七座城邑划归鞍地。向魋请求宴请宋景公以表示感谢，并约定中午宴请，向魋把自己的私家武装全部埋伏在宴请的场所了。宋景公知道了这一阴谋，对皇野说："向魋是我养大的，如今他要加害于我，请赶快救我。"司马子仲(即皇野)说："臣子不顺从君命，是神灵所厌恶的，更何况人呢？我怎敢不接受命令呢？但不得到左师向巢的支持，是不行的。请以国君的命令召见他。"左师向巢每次吃饭时都要击钟，此时正好听到有钟声，宋景公说："他正要吃饭。"向巢吃完饭之后，又击钟。宋景公说："现在可以去了。"于是皇野乘安车前往向巢家里，对他说："据猎场中辨别兽迹的官员报告说：'逢泽有失群的麋鹿。'国君说：'即使向魋还没有来，如果能和左师一起去打猎，怎么样？'国君不好意思告诉您，我皇野说：'让我私下去试试。'国君想快点去，所以就让我乘安车来接您。"向巢便和他一同坐上车来到公宫。宋景公对他说了召见他的原因，向巢拜倒在地不能起身。司马皇野对宋景公说："国君可以和他盟誓。"宋景公说："我如果让您遭到祸难，上有天，下有先君作证！"向巢回答说："向魋对君不敬，这是宋国的祸患，我怎敢不唯命是听呢？"

司马请瑞焉，以命其徒攻桓氏。其父兄故臣曰"不可"，其新臣曰"从吾君之命"，遂攻之。子顾骋而告桓司马。司马欲入，子车止之，曰："不能事君，而又伐国，民不与也，只取死焉。"向魋遂入于曹以叛。

六月，使左师巢伐之，欲质大夫以入焉，不能。亦入于曹取质。魋曰："不可。既不能事君，又得罪于民，将若之何？"乃舍之。民遂叛之。向魋奔卫，向巢来奔。宋公使止之，曰："寡人与子有言矣，不可以绝向氏之祀。"辞曰："臣之罪大，尽灭桓氏可也。若以先臣之故，而使有后，君之惠也。若臣，则不可以入矣。"

司马牛致其邑与珪焉，而适齐。向魋出于卫地，公文氏攻之，求夏后氏之璜焉。与之他玉，而奔齐。陈成子使为次卿。司马牛又致其邑焉，而适吴。吴人恶之，而反。赵简子召之，陈成子亦召之，卒于鲁郭门之外，阬氏葬诸丘舆。以上桓魋之乱。

十七年，宋皇瑗之子麇有友曰田丙，而夺其兄鄝般邑以与之。鄝般愠而行，告桓司马之臣子仪克。子仪克适宋，告夫人曰："麇将纳桓氏。"公问诸子仲。初，子仲将以杞姒之子非我为子，麇曰："必立伯也，是良材。"子仲怒，弗从。故对曰："右师则老矣，不识麇也。"公执之。皇瑗奔晋。召之。

皇野请求授给他符节,以令他的家兵攻打向魋。但他家族的父兄旧臣说"不行",新臣说"服从我们国君的命令",于是决定攻打向魋。向魋的弟弟子顾策马前去把这一消息告诉了向魋。向魋打算领兵入城攻打国君,他的弟弟子车劝阻说:"不能事奉国君,又要攻打都城,不会得到百姓的拥护,只能是自取灭亡。"于是向魋便进入曹邑发动了叛乱。

六月,宋景公派左师向巢攻打向魋,向巢想拿宋国的大夫做人质而回国,没有办成。他便也进入曹邑,把曹邑的人作为人质。向魋说:"不能这么做。既然不能事奉国君,又得罪了百姓,这可怎么是好?"于是向巢便把曹邑的人质释放了。但曹邑的百姓随后也背叛了他们。向魋逃亡到了卫国,向巢逃亡到了鲁国。宋景公派人制止他说:"寡人已经和你订立盟约了,不能断绝向氏家族的祭祀。"向巢推辞说:"臣的罪过太大了,即使把桓氏家族全部灭绝也是可以的。假如因为先臣的缘故,使桓氏能有后人,那就是国君的恩惠了。至于臣,是不能再回国了。"

向魋的弟弟司马牛把他的封邑和符信交出来后,就逃亡到了齐国。向魋逃到卫国后,公文氏攻打他,向他索要夏后氏的一块玉璜。向魋给了他另一块玉,然后又逃到了齐国。陈成子让他做了次卿。司马牛又把齐国给自己的封邑交出来后,就到了吴国。吴国人很讨厌他,所以他又回到宋国。赵简子请他到晋国去,陈成子也请他到齐国去,结果他死在鲁国都城的外城门之外,阮氏把他安葬在丘舆。以上桓魋之乱。

十七年,宋国皇瑗的儿子麇有个朋友叫田丙,麇夺了哥哥鄟般的封邑送给田丙。鄟般愤怒出走,并告诉了桓司马的家臣子仪克。子仪克到宋都,告诉宋景公的母亲说:"麇准备接纳桓氏回国。"宋景公向皇野询问此事。当初,皇野打算将妻子杞姒的儿子非我立为嫡子,但麇说:"一定要立非我的哥哥,他是个人才。"皇野因此很恼火,不听他的话。所以这次他对宋景公说:"右师皇瑗已经老了,不会作乱,但他的儿子麇则很难说。"于是宋景公便把麇抓了起来。皇瑗逃到了晋国。宋景公召请他回国。

十八年春，宋杀皇瑗。公闻其情，复皇氏之族，使皇缓为右师。

二十六年，宋景公无子，取公孙周之子得与启畜诸公宫，未有立焉。于是皇缓为右师，皇非我为大司马，皇怀为司徒，灵不缓为左师，乐茷为司城，乐朱钮为大司寇。六卿三族降听政，因大尹以达。大尹常不告，而以其欲称君命以令。国人恶之。司城欲去大尹，左师曰："纵之，使盈其罪。重而无基，能无敝乎？"

冬十月，公游于空泽。辛巳，卒于连中。大尹兴空泽之士千甲，奉公自空桐入如沃宫，使召六子，曰："闻下有师，君请六子画。"六子至，以甲劫之，曰："君有疾病，请二三子盟。"乃盟于少寝之庭，曰："无为公室不利！"大尹立启，奉丧殡于大宫。三日而后国人知之。司城茷使宣言于国曰："大尹惑蛊其君，而专其利。今君无疾而死，死又匿之，是无他矣，大尹之罪也。"

得梦启北首而寝于卢门之外，已为鸟而集于其上，咮加于南门，尾加于桐门。曰："余梦美，必立。"大尹谋曰："我不在盟，无乃逐我？复盟之乎！"使祝为载书。六子在唐盂，将盟之。祝襄以载书告皇非我。皇非我因子潞、门尹得、左师谋，曰："民与我，逐之乎？"皆归授甲，使徇于国曰："大尹惑蛊其君，以陵虐公室。与我者，救君者也。"众曰："与之。"大尹徇曰："戴氏、皇氏将不利公室。与我者，无忧

十八年春季，宋国杀了皇瑗。但宋景公闻知他确属冤枉时，便又恢复了皇氏家族，并任命皇瑗的儿子皇缓为右师。

二十六年，宋景公因没有儿子，便把公孙周的儿子得与启要来养在宫中，但还没有确定立谁为太子。这时皇缓任右师，皇非我任大司马，皇怀任司徒，灵不缓任左师，乐茷任司城，乐朱鉏任大司寇。由这皇、灵、乐三大家族的六卿共同执政，然后通过大尹向宋景公报告。但大尹常常不向宋景公报告，却按照自己的想法假托君命发号施令。宋国人很厌恶他。司城打算除掉大尹，左师说："随他去，以便使其恶贯满盈。权势再大，如果没有雄厚的根基，怎么能不毁坏呢？"

冬季十月，宋景公在空泽游玩。初四，死在连中。大尹征集了空泽的甲兵上千人，护送宋景公的灵柩从空桐进入到沃宫，并派人召请六卿说："听说地方上有战事，国君请六卿前来谋划。"六卿来到后，大尹以甲士劫持他们说："国君得了重病，请几位大臣盟誓。"于是就在小寝的院子里盟誓说："不做危害公室之事！"大尹立了启为新君，然后才把棺材安放到祖庙中。三天以后国人才知道宋景公已经死了。司城乐茷便派人在都城到处散布说："大尹蛊惑国君，专权擅利。现在国君无病而死，死后又秘不发丧，这没有别的原因，就是大尹的罪过。"

得有一次梦见启头朝北睡在宋都南门卢门之外，自己则变成一只鸟落在他身上，嘴巴放在南门上，尾巴伸到桐门上。醒来后他说："我这个梦很好，一定能被立为国君。"大尹和他的党羽商量说："以前我没有参加少寝之盟，恐怕他们几个人要驱逐我吧？我再和他们结盟吧！"便让祝史起草了盟书。当时六卿都在唐盂，准备和大尹结盟。祝史襄带着起草的盟书来告诉皇非我。皇非我便和子潞（即乐茷）、门尹得、左师商量说："百姓拥护我们，要不要把大尹赶走呢？"之后都回去分发皮甲，让他们在城内到处宣扬说："大尹蛊惑国君，欺凌公室。愿意帮助我们的，就是解救国君的人。"众人都说："我们愿意帮助你们。"大尹也到处宣扬说："戴氏、皇氏将要危害公室。谁要跟着我，就不必再发愁

不富。"众曰："无别。"戴氏、皇氏欲伐公,乐得曰："不可。彼以陵公有罪,我伐公,则甚焉。"使国人施于大尹。大尹奉启以奔楚,乃立得。司城为上卿。盟曰："三族共政,无相害也!"以上大尹之乱。

〔考异〕按《史记》:景公卒,宋公子特攻杀太子而自立,是为昭公。昭公者,元公之曾庶孙也。昭公父公孙纠,纠父公子䄡秦,䄡秦即元公少子也。景公杀昭公父纠,故昭公怨杀太子而自立。此与传大同小异。但谓昭公自立,则非也。

臣士奇曰:鱼石之难,始于荡泽之弱公室,杀公子肥也。华元如晋请讨,而鱼府与石乃止华元于河上。至五大夫出亡,华元亲止之,斯亦善矣。既而决滋登陴,又惟恐其入者,不知何见。夫讨乱者,诛止首恶,并其族而逐之,不已过乎?遂使盗据彭城,置瓠丘而后定,所谓"人而不仁,疾之已甚"者也。

华弱与乐辔少相亲,而长相怨。辔以弓梏弱于朝,曲在辔矣;乃舍辔而逐弱,失刑已甚,不独同罪异罚,如子罕所云也。而乐辔怨怼,反射子罕之门,子罕容而善之,懦矣。华臣弱皋比之室,贼杀无辜,干国之纪,

不能富贵。"众人说："你和那些要危害公室的人没有区别。"戴氏和皇氏准备发兵攻打新君启，乐得说："不能这么做。大尹因为欺凌国君才有了罪，我们如果攻打国君，罪过就更大了。"于是便让国人把罪过都归到大尹身上。大尹事奉启逃亡到了楚国，宋国人便立了得为国君。司城做了上卿。然后六卿一同盟誓说："三族共同执政，不要互相残害！"以上为大尹之乱。

〔考异〕按《史记》：宋景公去世，宋公子特攻杀太子，自己即位为君，这就是昭公。昭公是元公的曾庶孙。昭公的父亲是公孙纠，公孙纠的父亲是公子裯秦，裯秦就是元公的小儿子。景公杀死昭公的父亲公孙纠，所以昭公怨恨景公太子，便杀死了他，自立为君。这和《左传》记载大同小异。只是说昭公自立为君，则是错误的。

臣下我高士奇评论说：鱼石之乱，开始于荡泽削弱公室，杀公子肥的时候。华元去晋国请求讨伐荡泽，而鱼府和鱼石赶到黄河边上阻止华元出国。等到鱼石、向为人、鳞朱、向带、鱼府五位大夫出逃时，华元亲自去劝阻他们，这也是出于善意。然而后来他却掘开睢水大堤，登上城墙守备，唯恐他们五个人回到国都之中，不知道他是怎么想的。征讨叛乱，把首恶杀掉就可以了，然而连同他们的族人一并驱逐出境，不是很过分吗？于是便让贼人占据彭城，等到晋国人把鱼石等人安置在瓠丘才算最后平定了叛乱，这就是所说的"不仁的人，如果嫉恨过度，就会引发叛乱"。

宋国的华弱和乐辔从小关系非常亲密，长大之后却互相怨恨。乐辔在朝廷上用弓套住华弱的脖子，错误在于乐辔；然而宋平公不追究乐辔的责任，反而驱逐了华弱，这已严重违背了用刑准则，而不仅仅像司城子罕所说的是"犯了同样的罪，却得到了不同的惩罚"的问题。然而乐辔又怨恨子罕，反过来用箭射子罕家的大门，子罕却宽容他，而且像过去一样善待他，这里子罕就显得过于懦弱了。华臣认为华阅的儿子皋比一家软弱可欺，便杀害无辜，违犯国家的纲纪法度，

左师复为含盖，其失则均。不有瘠狗，将遂无法乎？若夫献玉而以不贪为宝，闻讴而以执扑分谤，慕义而使宋无饥人，子罕之贤，亦不可没。罕氏后亡，有以也夫！

芮司徒之女，妖同褒姒，卒生龙蛇以祸宋。伊戾之杀子痤，其计甚憯。合左师不能洗湔其冤，而承风旨以助之。平公昏瞀误听，虽悔于终，何补归来望思之痛乎？元公复不惩前车，而以炽炭殷勤，又宠阍柳，可畏哉，寺人之能惑溺人主也！至无信多私，而君臣劫质，国乱甚矣。复听多僚之谮，使子皮愤怒劫司马而召亡人，于是华亥、向宁、华定之徒入于南里以叛，与宋分国而居。向非齐、晋明鹰鹯之义，楚总其罪人以临之，宋之亡，可翘足而待也。幸而叛人出走，腹心之患除，而公室之枝叶亦几尽。梓慎之占，不信而有征乎！

桐门右师与叔孙婼语，而卑宋大夫，知其必亡。黄父之役，不具王粟，及使修盟伯国，又以疾不行。

左师向戍却又替他遮掩，他们的错误是一样的。如果不是有疯狗跑到华臣家中，华臣吓得逃亡，那么他就无法无天了吗？至于有人献给子罕宝玉，而子罕却以不贪作为宝物；在为国君建台时，子罕听到有人唱歌讽刺，便亲自拿着鞭子监督施工，以此来分担诽谤；子罕仰慕郑国子皮的德义，在宋国发生饥荒时，把公室的粮食借给宋国百姓，从而使宋国没有人挨饿，子罕的这些贤德，都是不可以抹杀的。宋国的公族中，子罕家族最后一个灭亡，这也是有道理的！

芮司徒的女儿，妖艳如同褒姒，最终生了凶暴的太子佐而成为宋国的祸害。伊戾杀死太子痤，他使用的计谋太狠毒了。左师向戍不但不为太子痤洗清冤屈，反而顺从宋平公的旨意协助伊戾完成他的计划。宋平公昏愦不明、误听谗言，对于太子痤被杀一事虽然最终悔悟，但这就像汉武帝建归来望思台，对于思念死去太子的悲痛之情又有什么帮助呢？宋元公又不以此为前车之鉴，因为寺人柳极其殷勤地为他在丧位烧炭取暖，于是他又宠信寺人柳，寺人能迷惑君主，真是太可怕了！至于宋元公不讲信用而且私心极重，他和华氏、向氏之间矛盾很深，君臣互相劫持对方的儿子作为人质，从而使国家更加混乱。后来他又听信华多僚的谗言，从而使子皮愤怒地劫持了司马华费遂，并召集逃亡在外的华亥等人回国，于是华亥、向宁、华定之徒便聚集到南里发动叛乱，与宋国分庭抗争。要不是齐国和晋国明了忠诚勇猛的大义，楚国把叛乱者抓起来监管，那么宋国的灭亡就指日可待了。幸亏叛乱者出逃国外，才使宋国解除了心腹大患，但公室的支族也几乎消灭殆尽。梓慎的预测，岂不是可信而得到证明了吗！

桐门右师乐大心在叔孙婼交谈时，流露出对宋国大夫的蔑视，叔孙婼因此知道他一定会落个逃亡的下场。诸侯在黄父会盟的时候，乐大心表示不供给周天子粮食，等到宋景公派他和霸主晋国结盟时，他又以有病为借口推辞了。

其见逐也，自取焉尔。公子地嬖蘧富猎，十一分其室，而以其五与之。公取其白马以与蘧蘧，地复使其徒抶蘧而夺之，诚为不恕；宋公亦不能尽亲爱之道，而使地奔于异国。子辰为之请而不听，亦铤险焉入萧以叛，右师因而从之。宋于是凡三有叛臣之祸。

及平、元之族自萧奔郑，向巢取钖而杀之，则皆宠蘧之为也。而蘧又以宠害于公，公将图之，又入于曹以叛。凶人为害，可不戒乎！其初以朱鬻结欢，其后以美珠召乱，祸皆起于多欲也。

大尹矫遗命以行废置，强盟六卿自取奔北，于是司城为上卿，盟曰"三族共政，无相害也"，其亦有惩于戴、桓、华、向之自相残贼，而有悔心欤？噫嘻，晚矣！

因此他被驱逐,是自找的。公子地宠信蘧富猎,把自己的家产分十一份,而分给蘧富猎五份。宋景公从公子地那里要来白马,送给他的宠臣向魋,公子地便派他的手下殴打了向魋,并把马夺了回来,这确实令人难以原谅;宋景公又不能实行亲爱之道,而使公子地逃亡到异国他乡。公子辰为了公子地向宋景公求情,但宋景公却不听,于是公子辰等人也铤而走险,到萧地发动叛乱,右师乐大心因此投奔了他们。宋国到这时已经有了三次叛臣的祸乱。

等到宋平公、元公的族人从萧地逃到郑国,向巢攻打郑国,占领了锡地,并杀了宋元公的孙子,这些都是宋景公宠信向魋所造成的恶果。而向魋又凭借宋景公的宠爱,祸害公室,宋景公想消灭他,向魋便到曹邑发动叛乱。凶恶之人作恶,难道能不引以为戒吗!他最初以鬃毛涂红的马结欢,以后又因为珍珠招来祸乱,祸难都起自欲望太多。

大尹假托宋景公的遗命,重新确立国君,以武力威胁六卿盟誓,从而自取逃亡,于是司城做了上卿,然后六卿一同盟誓说"三族共同执政,不要互相残害",他们难道不是鉴于戴氏、桓氏、华氏、向氏的自相残杀,而有了悔改之心吗?唉,可惜已经太晚了!

卫

卷三十七　卫州吁宣姜之乱
懿公亡国　文公定狄难附

隐公三年，卫庄公娶于齐东宫得臣之妹曰庄姜，美而无子，卫人所为赋《硕人》也。又娶于陈，曰厉妫，生孝伯，早死；其娣戴妫，生桓公，庄姜以为己子。公子州吁，嬖人之子也，有宠而好兵，公弗禁。庄姜恶之。石碏谏曰："臣闻爱子，教之以义方，弗纳于邪。骄、奢、淫、佚，所自邪也。四者之来，宠禄过也。将立州吁，乃定之矣；若犹未也，阶之为祸。夫宠而不骄，骄而能降，降而不憾，憾而能眕者，鲜矣。且夫贱妨贵，少陵长，远间亲，新间旧，小加大，淫破义，所谓六逆也。君义，臣行，父慈，子孝，兄爱，弟敬，所谓六顺也。去顺、效逆，所以速祸也。君人者，将祸是务去，而速之，无乃不可乎？"弗听。其子厚与州吁游，禁之，不可。桓公立，乃老。

卷三十七　卫州吁宣姜之乱

懿公亡国　文公定狄难附

鲁隐公三年，卫庄公娶了齐国太子得臣的妹妹，名叫庄姜。庄姜长得很美丽，她没有生孩子，卫国人为她创作了《硕人》这首诗。卫庄公又从陈国娶亲，叫厉妫。厉妫生了孝伯，这个孩子很小就死了；厉妫的妹妹戴妫，生了桓公，庄姜把他作为自己的儿子。公子州吁，是庄公宠姬的儿子。州吁受到庄公的宠爱，他喜欢军事，庄公也不制止他。庄姜则讨厌他。大夫石碏劝谏庄公说：“我听说喜欢儿子，应当用正道来教导他，使他不要走上邪路。骄傲、奢侈、淫乱、放荡，这些是走上邪路的由来。这四种恶德之所以发生，是由于对他宠爱太过分。如果准备立州吁为太子，那就定下来；如果还不定下来，就会逐渐酿成祸乱。那种受宠而不骄傲、骄傲而能安于地位下降、地位下降而不怨恨、怨恨而能自我克制的人，是很少的。而且低贱的妨害尊贵的，年少者驾陵年长者，疏远的离间亲近的，新人离间旧人，弱小的欺侮强大的，淫乱破坏道义，这就是所说的‘六逆’。国君行事得宜，臣下受命奉行，父亲慈爱，儿子孝顺，兄长友爱，弟弟恭敬，这就是所说的‘六顺’。去掉和顺而效法悖逆，就会招致祸害。作为人君，应该致力于去掉祸害，现在却加速祸害的到来，恐怕不可以吧！”庄公不听。石碏的儿子石厚和州吁交往，石碏制止他，但没有用。卫桓公即位后，石碏就告老退休了。

〔补逸〕《史记》：庄公五年，娶齐女为夫人，好而无子。又娶陈女为夫人，生子，早死。陈女女弟亦幸于庄公，而生子完。完母死，庄公令夫人齐女子之，立为大子。庄公有宠妾，生子州吁。十八年，州吁长，好兵。庄公使将，石碏谏庄公曰："庶子好兵使将，乱自此起。"不听。

《列女传》：齐女为卫庄公夫人，号曰庄姜。始往，操行衰惰，心淫佚冶容。傅母见其妇道不正，谕之云："子之家，世世尊荣，当为民法则。子之质，聪达于事，当为人表式。仪貌庄丽，不可不自修整。衣锦䌥裳，饰在舆马，是不贵德也。"乃作《诗》曰："硕人其颀，衣锦䌥衣。齐侯之子，卫侯之妻，东宫之妹，邢侯之姨，谭公惟私。"砥厉女以高节。女遂感而自修。君子善傅母之防未然也。

四年春，卫州吁弑桓公而立。公与宋公为会，将寻宿之盟。未及期，卫人来告乱。夏，公及宋公遇于清。

宋殇公之即位也，公子冯出奔郑，郑人欲纳之。及卫州吁立，将修先君之怨于郑，而求宠于诸侯，以和其民。使告于宋曰："君若伐郑，以除君害。君为主，敝邑以赋与陈、蔡从，则卫国之愿也。"宋人许之。于是陈、蔡方睦于卫，故宋公、陈侯、蔡人、卫人伐郑，围其东门，五日而还。公问于

〔补逸〕《史记》：卫庄公即位第五年，娶了齐国女子为夫人，齐女美貌但没有孩子。庄公便又娶了陈国女子为夫人，陈女生了个儿子，但孩子夭折了。陈女的妹妹也受到庄公宠幸，她生了个儿子，名叫完。完的母亲去世后，庄公让夫人齐女抚养完，并立完为太子。庄公还有个宠妾，生了个儿子名叫州吁。卫庄公十八年，州吁长大成人，喜好军事。庄公派他做军队的将领，卫国的上卿石碏劝谏庄公说："妾生的儿子喜好军事，您便让他做将领，祸乱将从此兴起。"庄公不听。

《列女传》：齐国女子做卫庄公的夫人，号称庄姜。庄姜刚去的时候，品行怠惰，心性淫荡，打扮妖艳。她的保姆见她的妇道不端正，就告诫她说："你的家，世世代代尊贵荣显，应该作为百姓效法的模范。你的资质，聪慧而通达事理，应该作为天下人的表率。你外貌端庄而美丽，也不可以不自我修整。穿着锦绣衣裳，外面罩着单衣，装饰车马，是不看重德行的做法。"于是作《诗》说："那美人身材修长，身穿锦衣外罩单衣。她是齐侯的女儿，卫侯的妻子，太子的妹妹，邢侯的小姨，谭公是她的姐夫。"以此来勉励她提高节操。齐女于是有所感触而修养自己的德性。君子称赞保姆能够防患于未然。

四年春季，卫国的州吁弑杀了卫桓公完自立为国君。鲁隐公和宋殇公会见，打算重温在宿国的盟会。还没有到预定的日子，卫国人来报告国内发生叛乱的事。夏季，鲁隐公和宋殇公在卫国清地非正式会见。

宋殇公即位时，公子冯逃亡到郑国，郑国人打算送他回国为君。等州吁自立为国君，他打算向郑国报复前代国君结下的怨仇，以此讨好诸侯，安定国内人民。他派人对宋殇公说："您如果攻打郑国，来除去您的祸害，您作为主人，敝邑出兵出物和陈、蔡两国跟随贵军作战，这就是卫国的愿望。"宋殇公答应了。这时陈国、蔡国正和卫国友好，所以宋殇公、陈桓公、蔡国人、卫国人联合起来攻打郑国，包围了郑都的东门，五天后才回去。鲁隐公询问

众仲曰："卫州吁其成乎？"对曰："臣闻以德和民，不闻以乱。以乱，犹治丝而棼之也。夫州吁，阻兵而安忍。阻兵无众，安忍无亲。众叛、亲离，难以济矣。夫兵，犹火也；弗戢，将自焚也。夫州吁弑其君，而虐用其民，于是乎不务令德。而欲以乱成，必不免矣。"

秋，诸侯复伐郑。宋公使来乞师，公辞之。羽父请以师会之，公弗许。固请而行。故书曰"翚帅师"，疾之也。诸侯之师败郑徒兵，取其禾而还。

州吁未能和其民，厚问定君于石子。石子曰："王觐为可。"曰："何以得觐？"曰："陈桓公方有宠于王，陈、卫方睦。若朝陈使请，必可得也。"厚从州吁如陈。石碏使告于陈曰："卫国褊小，老夫耄矣，无能为也。此二人者，实弑寡君，敢即图之。"陈人执之，而请莅于卫。九月，卫人使右宰丑莅杀州吁于濮，石碏使其宰獳羊肩莅杀石厚于陈。君子曰："石碏，纯臣也。恶州吁，而厚与焉。'大义灭亲'，其是之谓乎！"卫人逆公子晋于邢。冬十二月，宣公即位。书曰"卫人立晋"，众也。

五年夏，葬卫桓公。卫乱，是以缓。

四月，郑人侵卫牧，以报东门之役。
卫之乱也，郕人侵卫，故卫师入郕。
桓公三年夏，齐侯、卫侯胥命于蒲，不盟也。

众仲说:"卫国的州吁会成功吗?"众仲回答说:"我听说过用德行安定百姓,没有听说用祸乱的。用祸乱安定百姓,如同要理出乱丝的头绪反而弄得更加纷乱。州吁这个人,依仗武力而安于残忍。依仗武力就不得民心,安于残忍就没有亲信。民众背叛,亲信离去,就难于成功了。武事,就像火一样,如不加制止,将焚烧自己。州吁弑杀了他的国君,又暴虐地使用百姓,不致力于建立美德,而想通过祸乱来取得成功,就一定不能免于祸难了。"

秋季,诸侯再次进攻郑国。宋殇公派人前来鲁国请求出兵,鲁隐公推辞了。羽父(即公子翚)请求出兵会合,鲁隐公不同意。羽父坚决请求后而前去。所以《春秋》记载说"翚帅师",这是表示憎恶他。诸侯的军队打败了郑国的步兵,割了那里的谷子后回国。

州吁没有能安定他的百姓,石厚向父亲石碏询问稳定君位的办法。石碏说:"朝觐天子就可以取得合法地位。"石厚说:"怎样才能去朝觐呢?"石碏说:"陈侯正受到天子的宠信。现在陈、卫两国关系正和睦,如果拜见陈侯,让他代为请求,就一定可以达到目的。"于是石厚就跟随州吁前往陈国。石碏派人告诉陈国说:"卫国地方狭小,我已经年纪大了,不能做什么了。这两个人,确实弑杀了我国国君,请贵国就此机会设法对付他们。"陈国人把这两个人抓住,而请卫国派人来陈国处置他们。九月,卫国人派右宰丑到陈国在濮地杀死州吁,石碏派他的管家獳羊肩到陈国杀死了石厚。君子说:"石碏是忠纯的臣子。憎恶州吁,同时连上石厚。所谓'大义灭亲',说的就是这种情况吧!"卫人到邢国迎接公子晋。冬季十二月,卫宣公晋即位。《春秋》记载说"卫人立晋",这是说立公子晋是出于民众的意愿。

五年夏季,卫国安葬了卫桓公。由于卫国发生了动乱,所以推迟了。

四月,郑国人侵袭卫国郊外,以报复去年东门的战役。

当卫国动乱时,郕国人侵袭卫国,所以卫国的军队攻入郕国。

鲁桓公三年夏季,齐僖公、卫宣公在卫国蒲地约见。之所以说约见,是由于没有结盟。

十六年。初,卫宣公烝于夷姜,生急子,属诸右公子。为之娶于齐,而美,公取之,生寿及朔。属寿于左公子。夷姜缢,宣姜与公子朔构急子。公使诸齐,使盗待诸莘,将杀之。寿子告之,使行,不可,曰:"弃父之命,恶用子矣?有无父之国,则可也。"及行,饮以酒。寿子载其旌以先,盗杀之。急子至,曰:"我之求也,此何罪?请杀我乎。"又杀之。二公子故怨惠公。十一月,左公子洩、右公子职立公子黔牟,惠公奔齐。

〔考异〕《史记》:初,宣公爱夫人夷姜,夷姜生子伋,为太子,而令右公子傅之。右公子为太子娶齐女,未入室,而宣公见所欲为太子妇者好,说而自取之,更为太子取他女。

〔发明〕按《史》,则夷姜乃宣公夫人也。《左氏》以为烝,恐非。

十七年春,盟于黄,平齐、纪,且谋卫故也。

庄公五年冬,伐卫,纳惠公也。

六年春,王人救卫。夏,卫侯入,放公子黔牟于周,放甯跪于秦;杀左公子洩、右公子职,乃即位。君子以二公子之立黔牟为不度矣。夫能固位者,必度于本末,而后立衷焉。不知其本,不谋;知本之不枝,弗强。《诗》云:"本枝百世。"

十六年。起初,卫宣公和父亲的妾夷姜私通,生了急子。卫宣公把急子托付给右公子。后来为急子从齐国娶妻,看到这个女子很美,卫宣公就自己娶了她,生了寿和朔。宣公把寿托付给左公子。后来夷姜自己吊死了,宣公所娶急子之妻宣姜和公子朔诬陷急子。卫宣公派急子出使齐国,并让刺客在莘地等着,打算杀掉他。寿子把这件事告诉急子,让他逃走。急子不同意,说:"抛弃父亲的命令,那还要儿子做什么?要是有没有父亲的国家,我就可以逃到那里去。"他临走时,寿子用酒把他灌醉。寿子在车上装载着急子的旗帜走在前面,刺客就杀了寿子。急子赶到,对刺客说:"你们要杀的是我,他有什么罪?请杀了我吧!"刺客又杀了急子。左右两公子因此怨恨卫惠公(即公子朔)。十一月,左公子洩、右公子职立公子黔牟为国君,卫惠公逃亡到齐国。

〔考异〕《史记》:起初,卫宣公宠爱夫人夷姜,夷姜生了个儿子,取名为伋,立为太子。宣公派右公子教导他。右公子为太子伋娶了位齐国女子,还未与太子伋成婚,宣公见这名将要做太子伋妻子的女子长得容貌美丽,很喜欢她,就自己娶了这名齐国女子,而为太子另娶了其他女子。

〔发明〕据《史记》,夷姜是卫宣公的夫人。《左氏春秋》(即《左传》)认为卫宣公和夷姜私通,恐怕是错误的。

十七年春季,鲁桓公和齐襄公、纪哀侯在齐国黄地结盟,这是为了调停齐、纪两国使之和好,同时商量安定卫国。

鲁庄公五年冬季,鲁庄公会同齐、宋、陈、蔡四国军队攻打卫国,护送卫惠公回国。

六年春季,周庄王的小官救援卫国。夏季,卫惠公回国,然后把公子黔牟放逐到成周,把大夫宁跪放逐到秦国,杀了左公子洩、右公子职,这才即位。君子认为左、右两个公子立黔牟有失于各个方面衡量。对能够巩固自己地位的人,必须衡量他的各个方面,然后用适当的方式立他为国君。不了解他是否当立,就不为他谋划计谋;了解到他应当立却无人扶持,就不去勉强拥立。《诗经》说:"子孙昌盛,百代不衰。"

闵公二年冬十二月，狄人伐卫。卫懿公好鹤，鹤有乘轩者。将战，国人受甲者皆曰："使鹤！鹤实有禄位，余焉能战？"公与石祁子玦，与宁庄子矢，使守，曰："以此赞国，择利而为之。"为夫人绣衣，曰："听于二子。"渠孔御戎，子伯为右，黄夷前驱，孔婴齐殿。及狄人战于荧泽，卫师败绩，遂灭卫。卫侯不去其旗，是以甚败。狄人囚史华龙滑与礼孔，以逐卫人。二人曰："我，大史也，实掌其祭。不先，国不可得也。"乃先之。至，则告守曰："不可待也。"夜与国人出。狄入卫，从之，又败诸河。

初，惠公之即位也少，齐人使昭伯烝于宣姜，不可，强之，生齐子、戴公、文公、宋桓夫人、许穆夫人。文公为卫之多患也，先适齐。及败，宋桓公逆诸河，宵济。卫之遗民男女七百有三十人，益之以共、滕之民，为五千人，立戴公以庐于曹。许穆夫人赋《载驰》。齐侯使公子无亏帅车三百乘、甲士三千人以戍曹。归公乘马，祭服五称，牛、羊、豕、鸡、狗，皆三百，与门材。归夫人鱼轩，重锦三十两。

〔补逸〕《吕氏春秋》：卫懿公有臣曰弘演，有所于使。翟人攻卫，其民曰："君之所予禄位者，鹤也；所贵富者，宫人也。君使宫人与鹤战，余焉能战？"遂溃而去。翟人至，及懿公于荧泽，杀之，尽食其肉，独舍其肝。弘演至，报使于肝，毕，呼天而啼，尽哀而止，曰：

鲁闵公二年冬季十二月，狄人进攻卫国。卫懿公喜欢鹤，鹤有乘坐大夫车子的。将要和狄人作战时，接受甲胄出战者都说："让鹤去吧！鹤享有官位俸禄，我们哪里能作战？"懿公把佩玉给了石祁子，把箭给了宁庄子，让他们守城，说："用这个来赞助国家，选择有利的去做。"他又把绣衣给了夫人，说："你听他们两位的！"渠孔为卫懿公驾御战车，子伯作为车右，黄夷作前锋，孔婴齐殿后。卫人和狄人在荧泽作战，卫军大败，狄人就灭亡了卫国。卫懿公不肯拿掉自己的旗帜，所以败得很惨。狄人俘获了史官华龙滑和礼孔，带着二人追赶卫国人。这两个人说："我们是太史，执掌国家的祭祀。如果不先回去，你们是得不到国都的。"于是狄人就让他们先回去。他们回到国都后，就告诉守卫国都的人说："我们不能抵御狄人了。"夜里他们和国都的人一起退走。狄人进入卫国国都，跟着追上去，又在黄河边上打败了卫国人。

当初，卫惠公即位的时候还很年轻，齐僖公让卫惠公庶兄昭伯和惠公生母宣姜通奸，昭伯不同意，齐僖公就逼迫他，生了齐子、卫戴公、卫文公、宋桓公夫人、许穆公夫人。卫文公由于卫国祸患太多，先到了齐国。等到卫国被打败，宋桓公在黄河边上迎接战败的卫人，连夜渡过黄河。卫国的遗民男女共计七百三十人，加上卫国共地、滕地的百姓共有五千人，他们立戴公为国君，寄住在曹邑。许穆公夫人为此作了《载驰》这首诗。齐桓公派遣公子无亏率领战车三百辆、甲士三千人守卫曹邑。赠送给卫戴公驾车的马匹，祭服五套，牛、羊、猪、鸡、狗各三百，还有做门户的材料。赠送给夫人用鱼皮装饰的车子和上等的锦三十四。

〔补逸〕《吕氏春秋》：卫懿公有一个臣子名叫弘演，他有事出使在国外。狄人攻打卫国，卫国的百姓说："国君赐予爵位俸禄的，是鹤；给予富贵的，是宫里的人。国君应该驱使宫中的人和鹤去战斗，我们怎么能战斗呢？"于是都溃散离去。狄人到了，在荧泽追上了卫懿公，杀死他并把他的肉全吃了，只扔下了肝脏。弘演来到后，向肝脏回复使命完成情况完毕，叫呼着苍天号哭，表达完哀痛才停下来，他说：

"臣请为襮。"因自杀,先出其腹实,内懿公之肝。桓公闻之,曰:"卫之亡也,以为无道也。今有臣若此,不可不存。"于是复立卫于楚丘。弘演可谓忠矣,杀身出生以殉其君。非徒殉其君也,又令卫之宗庙复立,祭祀不绝,可谓有功矣。

《史记》:初,翟杀懿公也,卫人怜之,思复立宣公前死太子伋之后。伋子又死,而代伋死者子寿又无子。太子伋同母弟二人,其一曰黔牟。黔牟尝代惠公为君八年,复去。其二曰昭伯。昭伯、黔牟皆已前死,故立昭伯子申为戴公。戴公卒,复立其弟燬为文公。文公初立,轻赋平罪,身自劳,与百姓同苦,以收卫民。

僖之元年,齐桓公迁邢于夷仪。二年,封卫于楚丘。邢迁如归,卫国忘亡。卫文公大布之衣、大帛之冠,务材、训农,通商、惠工,敬教、劝学,授方、任能。元年,革车三十乘,季年乃三百乘。

僖公十八年冬,邢人、狄人伐卫,围菟圃。卫侯以国让父兄、子弟及朝众,曰:"苟能治之,燬请从焉。"众不可,而后师于訾娄。狄师还。

十九年秋,卫人伐邢,以报菟圃之役。于是卫大旱,卜有事于山川,不吉。甯庄子曰:"昔周饥,克殷而年丰。今邢方无道,诸侯无伯,天其或者欲使卫讨邢乎?"从之。师兴而雨。

"我愿作国君的躯壳。"于是他自杀,先取出自己的内脏,装进卫懿公的肝脏。齐桓公听说了这件事,说:"卫国的灭亡是因为国君无道。现在有像弘演这样的臣子,不能不保存这个国家。"于是又在楚丘建立卫国。弘演可以说是忠心了,他为他的国君舍弃生命、做出牺牲。不只是为他的国君做出牺牲,还使卫国的宗庙得以重新建立,祭祀得以不断,可以说是有功劳了。

《史记》:起初,狄人杀死卫懿公,卫人怜悯他,想再立被卫宣公谋害的太子伋的后代。但伋的儿子已去世,代替伋死的子寿又没有儿子。太子伋有两个同母弟,其中一个叫黔牟。黔牟曾代替卫惠公做了八年国君,后来又被卫惠公赶出卫国。另一个叫昭伯。昭伯、黔牟都早已去世,所以卫人又立了昭伯的儿子申为戴公。卫戴公去世后,卫人又立他的弟弟燬为文公。卫文公即位伊始,就减轻百姓的赋税,明断犯人的罪行,自己劳心劳力,和百姓同甘共苦,以此来收拢聚集卫人。

鲁僖公元年时,齐桓公把邢国迁到夷仪。二年时,诸侯把卫国封在楚丘。邢国的迁徙如同回到老家,卫国忘记了国家的灭亡。卫文公穿着粗布衣服、戴着粗布帽子,致力生产、教民务农,互通商贸,施惠百工,重视教化、鼓励学习,传授常法、任用贤能。卫文公元年时,只有兵车三十辆,到他在位末年时就有了三百辆。

鲁僖公十八年冬季,邢人、狄人攻打卫国,包围了卫国菟圃。卫文公把国君的位子让给父兄子弟和朝廷上的众臣,并且说:"谁如果能治理国家,我卫燬就服从他。"大家不同意,而后在卫地訾娄摆开阵势。狄军就退回去了。

十九年秋季,卫军攻打邢国,以报复菟圃这一战役。这时卫国大旱,为祭祀山川而占卜,结果不吉利。甯庄子说:"从前周朝发生饥荒,打败了商朝就年成丰收。现在正值邢国无道,诸侯没有领袖,上天或者是要让卫国攻打邢国吧?"卫文公听从了他的话。一发兵就下了雨。

二十年秋,齐、狄盟于邢,为邢谋卫难也。于是卫方病邢。

二十四年,卫人将伐邢。礼至曰:"不得其守,国不可得也。我请昆弟仕焉。"乃往,得仕。

二十五年春,卫人伐邢,二礼从国子巡城,掖以赴外,杀之。正月丙午,卫侯燬灭邢,同姓也,故名。礼至为铭曰:"余掖杀国子,莫余敢止。"

　　臣士奇曰:国家之患,莫大于骄淫。骄淫由于宠昵。欲动情肆,而不能裁之以礼义,鲜不酿无穷之祸,而浸至于败亡。州吁,嬖人之子也,庄姜恶之,与武姜之爱叔段相去远矣。武姜欲立叔段,武公弗许,犹足以致乱;况州吁之凭宠好兵,庄公弗禁,石碏之切谏,弃若罔闻。州吁卒杀桓公而自立,安忍阻兵,毒流四国。卫之祸,庄公为之也。

　　宣公烝于夷姜,又纳子伋之妇,淫昏无道,史册罕闻。寿子急载旌之难,而惠公不能容一黔牟,连五国之兵,抗王官以入国。《柏舟》之诗,何不闻焉?昭伯复烝于宣姜,生二子与二夫人,而其由则自齐人使之,廉耻丧矣。上烝下淫,卫于是灭伦伤化者再世,何怪桑间、濮上相习成风而不可止耶?孔子序《诗》,

二十年秋季,齐国人和狄人在邢国会盟,为邢国谋划对付卫国的侵袭。这时候卫国才忧虑邢国。

二十四年,卫国人打算攻打邢国。卫国大夫礼至说:"如果不能得到邢国的守臣正卿国子,邢国是不能得到的。我请求让我们兄弟去邢国做官。"于是他们就前去邢国,在那里做了官。

二十五年春季,卫国人攻打邢国,礼氏两兄弟跟随国子在城上巡察,两人左右挟持国子把他扔到城外,杀死了他。正月二十日,卫文公煅灭掉了邢国。由于卫国和邢国同姓,所以《春秋》记载卫侯的名字。礼至在铜器上作铭文说:"我挟持并杀死国子,没有人敢来阻止我。"

臣下我高士奇评论说:国家的祸患,没有比骄纵放荡更大的。骄纵放荡来自宠爱亲近。欲望萌生进而放纵私欲,不能用礼义来约束,很少有不酿成无穷祸患的,渐渐就会走向失败灭亡。州吁,是卫庄公宠妃的儿子,庄姜讨厌他,这和郑国武姜喜爱共叔段相比,差得很远。武姜想立公叔段为太子,郑武公不同意,还足以酿成祸乱;何况州吁凭借宠爱喜欢军事,卫庄公不加禁止,并且把石碏的直言极谏置若罔闻呢?州吁最终杀了卫桓公而自立为国君,安于做残忍之事,依仗武力,毒害四方诸侯国。卫国的祸乱,都是卫庄公一手酿成的。

卫宣公和夷姜私通,又娶了儿子伋的妻子,昏淫无道,史书上很少听说这样的事。寿子为救急子而在自己车上插上急子的旗帜替他受难,然而卫惠公却不能容纳一个黔牟,他联合鲁、齐、宋、陈、蔡五国的军队,抗拒周庄王的小官而回到国内。《柏舟》这首诗,他难道没听说过吗?昭伯又和宣姜通奸,生了两个儿子和两个诸侯的妻子,而这件事是齐僖公让他干的,这已经丧尽了廉耻。晚辈男子与长辈女子私通,长辈男子与晚辈女子通奸,卫国当时灭绝人伦、损害教化的事情就发生在这两代,卫国濮水之滨桑林之间的淫靡相互沿袭成为风气难以制止,又有什么可奇怪的呢?孔子整理订正《诗经》的次序,

备录《墙茨》《鹑奔》诸什，于《春秋》历纪夷姜、宣姜中冓之事，以志卫为狄灭之由。福善祸淫，其应如响。而或以懿公之亡国，缘于好鹤，其亦未之察矣。

　　弘演报使于肝，以身为椁，千古伤之，而《左氏》失纪。卫当东渡，遗民男女仅七百有三十人，康叔、武公之祀不绝如线矣。夫人堕《载驰》之泪，公子下庐漕之甲，而戴公短祚，国烬仅存。非文公崇帛冠、布衣之节，务材、训农、敬教、劝学，以励精兴复为事，安能举訾娄之师，而靖邢、狄之难哉？夫一卫也，曩以骄淫败，后以勤俭兴，斯亦古今得失之林，而有国者所宜鉴也。

详细著录《墙有茨》《鹑之奔奔》等卫国君臣失德的各篇,在《春秋》中又多次记载夷姜、宣姜淫乱的事情,以此来说明卫国被狄人灭亡的原因。赐福给为善的人,降祸给作恶的人,天道的报应就如同回声相应般及时!有人认为卫懿公的亡国,是由于喜欢鹤的缘故,这也是没有明察其中的原因啊。

弘演向卫懿公的肝脏回复使命的完成情况,并且用自己的身体作懿公的躯壳,千古为之悲伤,然而《左氏春秋》(即《左传》)却没有记载这件事。卫国在东渡黄河的时候,所剩下的百姓男女只有七百三十人,卫康叔、武公的祭祀像差点儿就要断掉的线一样。许穆公夫人作了《载驰》这首诗为卫国灭亡而忧心落泪,于是立戴公为国君,齐桓公派公子无亏率领甲士三千人驻守寄居在漕邑的卫国。然而卫戴公做国君时间很短,国家的遗民勉强得以保存。要不是文公发扬帛冠、布衣的节俭精神,搜求贤才、教导农民,重视教化、鼓励学习,把振奋精神恢复领土作为国家大事的话,怎么能在訾娄发动军队,平定邢国和狄人带来的灾难呢?一个卫国,从前因为骄纵放荡而失败,后来因为勤劳节俭而兴盛,这就是古往今来得失成败的原因所在,统治国家的人应当有所借鉴啊!

卷三十八　甯武子弭晋难

僖公二十三年。晋公子重耳之及于难也,遂奔狄,过卫,卫文公不礼焉。出于五鹿,乞食于野人。野人与之块,公子怒。

二十四年春王正月,秦伯纳之。

二十八年春,晋侯伐卫,取五鹿。晋侯、齐侯盟于敛盂。卫侯请盟,晋人弗许。卫侯欲与楚,国人不欲,故出其君以说于晋。卫侯出居于襄牛。公子买戍卫。楚人救卫,不克。

夏四月戊辰,晋侯、宋公、齐国归父、崔夭、秦小子慭次于城濮。己巳,晋师陈于莘北,楚师败绩。卫侯闻楚师败,惧,出奔楚,遂适陈,使元咺奉叔武以受盟。或诉元咺于卫侯曰:"立叔武矣。"其子角从公,公使杀之。咺不废命,奉夷叔以入守。六月,晋人复卫侯。甯武子与卫人盟于宛濮,曰:"天祸卫国,君臣不协,以及此忧也。今天诱其衷,使皆降心以相从也。不有居者,谁守社稷?不有行者,

卷三十八　甯武子弭晋难

鲁僖公二十三年。晋国公子重耳遭到祸难时,逃亡到狄人那里。这时经过卫国,卫文公对他不加礼遇。重耳从卫国五鹿经过时,曾向乡下人要饭。乡下人给他一块泥土,重耳非常愤怒。

二十四年春季,周历正月,秦穆公派兵把晋公子重耳护送回晋国。

二十八年春季,晋文公重耳攻打卫国,占领了五鹿。晋文公和齐昭公在卫国敛盂结盟。卫成公请求参加盟约,晋国人不答应。卫成公想结好楚国,国内的人们不愿意,所以赶走了他们的国君,以此来讨好晋国。卫成公离开国都住在卫国襄牛。鲁国的大夫公子买在卫国驻守。楚国人救援卫国,没有得胜。

夏季四月初二,晋文公、宋成公、齐国的国归父、崔天、秦国的小子慭驻在城濮。初三,晋军在有莘北摆开阵势,楚军大败。卫成公听说楚国兵败,非常害怕,便逃亡到楚国,又到了陈国,并派遣元咺事奉叔武去接受盟约。有人在卫成公面前诬告元咺说:"他立了叔武做国君了。"元咺的儿子元角跟随卫成公,卫成公便派人杀了他。元咺并没有因此而废弃卫成公的命令,还是事奉夷叔(即叔武)回国摄政。六月,晋国人恢复卫成公的君位。甯武子和卫国大臣在卫国宛濮结盟,说:"上天降祸卫国,君臣不和协,所以才有这样的忧患。现在天意保佑我国,让大家都放弃成见来互相配合。没有留在都城的人,谁来守卫国家?没有跟随国君的人,

谁扞牧圉？不协之故，用昭乞盟于尔大神，以诱天衷。自今日以往，即盟之后，行者无保其力，居者无惧其罪。有渝此盟，以相及也，明神先君是纠是殛。"国人闻此盟也，而后不贰。卫侯先期入，宁子先。长牂守门，以为使也，与之乘而入。公子歂犬、华仲前驱。叔武将沐，闻君至，喜，捉发走出，前驱射而杀之。公知其无罪也，枕之股而哭之。歂犬走出，公使杀之。元咺出奔晋。

冬，卫侯与元咺讼，宁武子为辅，鍼庄子为坐，士荣为大士。卫侯不胜，杀士荣，刖鍼庄子，谓宁俞忠而免之。执卫侯，归之于京师，置诸深室。宁子职纳橐饘焉。元咺归于卫，立公子瑕。

三十年，晋侯使医衍酖卫侯，宁俞货医使薄其酖，不死。公为之请纳玉于王与晋侯，皆十瑴。王许之。秋，乃释卫侯。

卫侯使赂周歂、冶廑，曰："苟能纳我，吾使尔为卿。"周、冶杀元咺及子适、子仪。公入，祀先君。周、冶既服，将命，周歂先入，及门，遇疾而死。冶廑辞卿。

三十一年冬，狄围卫，卫迁于帝丘。卜曰"三百年"。卫成公梦康叔曰："相夺予享。"公命祀相。宁武子不可，曰："鬼神非其族类，不歆其祀。杞、鄫何事？相之不享于此久矣，非卫之罪也。不可以间成王、周公之命祀。请改祀命。"

谁去保卫国君的车驾？由于君臣不和协，因此乞求在大神之前明白宣誓，以求天意保佑。从今天订立盟约之后，出行的人不要仗恃自己的功劳，留守的人不要害怕有罪。谁要违背盟约，祸害就降临到他头上，神灵和先君将对其加以惩罚诛杀。"国都的人们听到了这个盟约，才消除了叛离之心。卫成公比约定的日期先进入卫都，宁武子在卫成公之前到达。长牂看守城门，以为他是国君的使者，就和他同乘一辆车入城。公子歂犬、华仲作为前驱。叔武正要洗发，听说国君到来，很高兴，抓着头发跑出来，前驱却把他射死了。卫成公知道他没有罪，把头枕在叔武的大腿上哭他。歂犬逃跑，卫成公派人把他杀了。元咺逃亡到晋国。

冬季，卫成公和元咺为杀叔武一事而争讼，宁武子作为卫成公的诉讼人，鍼庄子作为卫成公的代理人，士荣作为卫成公的辩护人。卫成公没有胜诉，晋国便杀了士荣，砍了鍼庄子的脚，认为宁俞（即宁武子）忠诚而赦免了他；并逮捕卫成公，把他送到京师，关在囚房里。宁武子负责给卫成公送衣食。元咺回到卫国，立卫成公之弟公子瑕（即子适）为国君。

三十年，晋文公派医衍准备用毒酒毒死卫成公，宁武子贿赂医衍，让他减轻毒药的分量，所以卫成公没有死。鲁僖公为卫成公求情，献玉给周襄王和晋文公，每人都是十对。周襄王允许了。秋季，就释放了卫成公。

卫成公派人贿赂周歂、冶廑，说："如能接纳我当国君，我让你们当卿。"周、冶两人杀了元咺和子适、子仪。卫成公回国后，在太庙祭祀先君。周、冶两人穿好礼服，准备接受任命。周歂先进太庙，到了门口，突然发病而死。冶廑很恐惧，便辞去了卿位。

三十一年冬季，狄人包围卫国，卫国迁移到帝丘。占卜的结果说"可以立国三百年"。卫成公梦见康叔说："相夺走了我的祭品。"卫成公命令祭祀相。宁武子不同意，说："如果祭祀者不是他的同族，鬼神就不享用那祭品。杞国和鄫国为什么不祭祀他？相在杞国和鄫国很久没有受到祭祀了，这不是卫国的罪过。不能违犯成王、周公所规定的祭祀对象。请您改变祭祀相的命令。"

三十二年夏，狄有乱，卫人侵狄，狄请平焉。秋，卫人及狄盟。

文公四年，卫甯武子来聘，公与之宴，为赋《湛露》及《彤弓》，不辞，又不答赋。使行人私焉，对曰："臣以为肄业及之也。昔诸侯朝正于王，王宴乐之，于是乎赋《湛露》，则天子当阳，诸侯用命也。诸侯敌王所忾，而献其功，王于是乎赐之彤弓一、彤矢百、玈弓矢千，以觉报宴。今陪臣来继旧好，君辱贶之，其敢干大礼以自取戾？"

冬，成风薨。

臣士奇曰：晋文公隆怨而拒卫于敛盂之盟，其褊已极。成公若能婉词谢过，属齐、宋为之请，晋未必不从。乃违国人之所不欲，而甘心入楚，则失策之甚者也。元咺欲立叔武，事未有据，而遽杀其子角。叔武摄位，国已有君，成公之归，实赖乎此。不待期而先入，已有疑忮之心矣。

使公而诚能爱弟者，前驱之约束，岂不宜预？而使捷发走迎欢欣踊跃之公子，毙于歜犬之手，诚可痛也。及其再执而再归，虽恶元咺，子瑕何罪，而以为戮？残忍贼恩，一至于此，安知前驱之矢非承望风旨

三十二年夏季，狄国发生动乱，卫国人乘机侵袭狄人，狄人请求讲和。秋季，卫国人和狄人结盟。

鲁文公四年，卫国的宁武子前来鲁国聘问，鲁文公和他一起宴饮，为他吟诵了《湛露》和《彤弓》两首诗。宁武子既没有辞谢，也不吟诗回答。鲁文公派行人私下探问原因，宁武子回答说："下臣以为那是为修习学业而演奏的。从前诸侯正月去京师向天子朝贺，天子设宴奏乐，在这个时候吟诵《湛露》这首诗，那是表示天子朝南对着太阳坐朝理事，诸侯效劳听命。诸侯们把天子所愤恨的人作为敌人，而且献上自己的功劳，天子因此赐给他们红色的弓一把、红色的箭一百枝、黑色弓一把和黑色的箭一千枝，用以彰显诸侯的功劳而用宴乐来报答。现在陪臣前来继续两国过去的友好关系，承蒙贵国国君赐宴，岂敢触犯大礼而自取罪过呢？"

冬季，鲁僖公的母亲成风去世。

臣下我高士奇评论说：晋文公加深怨恨，拒绝卫国人参加敛盂的盟会，他的心胸狭窄到了极点。卫成公如果用委婉的言辞来认错道歉，委托齐国和宋国替他请求，晋国未必不听从。然而他却违背国人不希望结好楚国的意愿，而甘心归顺楚国，真是太失策了。元咺想要立叔武为国君，这件事本来没有根据，卫成公却急忙杀害了元咺的儿子元角。叔武代理卫国国君，卫国已经有了国君，卫成公能够回国，其实有赖于此。然而卫成公不等待约定的日期就提前回国，显然已经有了猜忌之心。

假使卫成公真的能够爱护他的弟弟叔武，对前驱加以约束，难道不应当提前安排吗？然而他却让手抓着头发跑出来迎接他而且欢欣跳跃的公子叔武，死于歂犬的手中，实在是令人痛惜。等到他再次被捉而且再次被送回国内，虽然卫成公他厌恶元咺，可公子瑕有什么罪，为什么连他也要杀戮？卫成公的凶残狠毒、杀害亲人，竟到了这种地步，怎么知道前驱歂犬的箭不是迎合他的意图

而为之者？枕股之哭，甚恶其涕之无从矣，杀歜犬以塞咎，何足偿伯仁由我之恨乎？

成之杀叔武也，虽负大不义于天下。然成公，君也；咺，臣也；心不直其所为，不食其禄而逃之，可也。忠臣去国，不说人以无罪，而敢于讼君，俨然坐狱。深室之囚，几死酖毒。又树立子瑕，阻其归路。为人臣者，当如是耶？向非甯武子以一身捍卫其间，内则盟宛濮以协国人，外则负羁绁以从患难，不几庚死深室而无归国之望哉？

医衍之赂，馈橐之纳，毂玉之效，忠贞委曲，直欲贯金石而感神鬼，此可以教天下之为人臣者矣。《湛露》《彤弓》之不答，乃志敬之一端耳，奚足尽武子之生平乎？子曰："其知可及，其愚不可及。"夫惟其愚，是以能间关崎岖，卒反卫侯，而不干大国之怒也。如元咺者，乌可同日语哉？

去射的呢？而卫成公却头枕在叔武的大腿上哭泣，令人深深厌恶的是他的哭泣是没有理由的，他杀掉颛犬来抵补罪过，这和晋朝王导在伯仁（即周颢）被杀后痛哭流涕一样，怎么能够补偿"伯仁因我而死"的遗憾呢？

卫成公杀害叔武，虽然对天下人担负了大不义的罪责。可是卫成公是国君，元咺是臣下，元咺心中不满卫成公的做法，不享受卫成公的俸禄而逃亡，那是可以的。忠臣离开国家，不对别人诉说自己无罪，但元咺反而敢于控告国君，俨然像跟国君打官司一样。卫成公作为深室之囚，几乎被毒药毒死。元咺又在国内拥立公子瑕为国君，以此来断绝卫成公的回国之路。作为臣子，应当这样做吗？要不是宁武子在其中以全身捍卫，在内与大臣在宛濮结盟来协调国人，在外牵马执缰跟随君主于患难之中，卫成公恐怕就要因饥寒致病死在囚室中而没有回国的希望了吧？

宁武子曾贿赂医衍来减轻对卫成公用毒，又负责给关在囚室中的卫成公送衣食，还让鲁僖公献给周襄王和晋文公每人十对玉为卫成公求情，他的忠贞周到，可以穿透金石，感动鬼神，这是可以用来教育天下臣子的事情啊。对于《湛露》《彤弓》两首诗的不答复，只是他内心的一个方面罢了，怎能全面展示宁武子的一生呢？孔子说："他的智慧可以赶得上，而他的愚昧却赶不上。"正是他的大智若愚，因此能够在辗转崎岖艰难困苦之中，最终使卫成公返回国内，而没引起大诸侯国的愤怒。像元咺那样的人，怎么能和宁武子相提并论呢？

卷三十九　卫孙甯废立

成公七年，卫定公恶孙林父。冬，孙林父出奔晋。卫侯如晋。晋反戚焉。

十四年春，卫侯如晋，晋侯强见孙林父焉，定公不可。夏，卫侯既归，晋侯使郤犨送孙林父而见之，卫侯欲辞。定姜曰："不可。是先君宗卿之嗣也，大国又以为请。不许，将亡。虽恶之，不犹愈于亡乎？君其忍之！安民而宥宗卿，不亦可乎？"卫侯见而复之。

卫侯有疾，使孔成子、甯惠子立敬姒之子衎以为太子。冬十月，卫定公卒。夫人姜氏既哭而息，见太子之不哀也，不内酌饮，叹曰："是夫也，将不唯卫国之败，其必始于未亡人。呜呼！天祸卫国也。夫吾不获鱄也使主社稷。"大夫闻之，无不耸惧。孙文子自是不敢舍其重器于卫，尽置诸戚，而甚善晋大夫。

〔补逸〕《列女传》：定姜者，卫定公之夫人，公子之母也。公子既娶而死，其妇无子，定姜归其妇，自送之，至于野。乃赋诗曰："燕燕于飞，差池其羽。之子

卷三十九　卫孙甯废立

鲁成公七年,卫定公开始讨厌孙林父。冬季,孙林父逃亡到晋国。卫定公到晋国去,晋国把孙林父的封邑戚地归还了卫国。

十四年春季,卫定公到晋国去,晋厉公勉强卫定公接见孙林父,卫定公不同意。夏季,卫定公回国以后,晋厉公派郤犨送孙林父去见他,卫定公想要推辞。他的夫人定姜说:"不行。孙林父是先君同宗大臣的后嗣,大国又为他请求。如果不答应,我国将会灭亡。虽然讨厌他,不还比灭亡强吗? 国君还是忍耐一下吧! 为了安定百姓而赦免同宗大臣,不也是可以的吗?"卫定公便接见孙林父并且恢复了他的职位和采邑。

卫定公有病,让孔成子、甯惠子立妾敬姒的儿子衎为太子。冬季十月,卫定公去世。夫人定姜哭完丧后休息,看到太子并不悲哀,也不按丧礼少量饮水,叹气说:"这个人啊,不仅将使卫国失败,而且他的罪恶必然从我身上开始。唉! 这是上天降祸给卫国啊。让我不能得到公子鱄使其来主持国家。"大夫们听到以后,无不感到害怕。孙文子(即孙林父)从此不敢把他的贵重器物藏在卫都,而是都放在封邑戚地,同时和晋国大夫特别友好。

〔补逸〕《列女传》:定姜,是卫定公的夫人,公子的母亲。公子娶了妻子以后不久就死去了,他的妻子没有生孩子,定姜送儿媳回娘家,亲自把她送到郊野。于是吟诗道:"双双对对的燕儿飞,参差不齐地展翅膀。这个出嫁的姑娘

于归,远送于野。瞻望不及,泣涕如雨。"送去,归,泣
而望之。又作诗曰:"先君之思,以勖寡人。"君子谓定
姜为慈姑。

襄公七年,卫孙文子来聘,且拜武子之言,而寻孙桓子
之盟。公登,亦登。叔孙穆子相,趋进曰:"诸侯之会,寡君
未尝后卫君。今吾子不后寡君,寡君未知所过。吾子其少
安!"孙子无辞,亦无悛容。穆叔曰:"孙子必亡。为臣而
君,过而不悛,亡之本也。《诗》曰:'退食自公,委蛇委蛇。'
谓从者也。衡而委蛇,必折。"

十四年,卫献公戒孙文子、宁惠子食,皆服而朝,日旰
不召,而射鸿于囿。二子从之,不释皮冠而与之言。二子
怒,孙文子如戚,孙蒯入使,公饮之酒,使大师歌《巧言》之
卒章。大师辞,师曹请为之。初,公有嬖妾,使师曹诲之
琴,师曹鞭之。公怒,鞭师曹三百,故师曹欲歌之,以怒孙
子,以报公。公使歌之,遂诵之。蒯惧,告文子。文子曰:
"君忌我矣。弗先,必死。"并帑于戚而入,见蘧伯玉曰:"君
子暴虐,子所知也。大惧社稷之倾覆,将若之何?"对曰:
"君制其国,臣敢奸之?虽奸之,庸知愈乎?"遂行,从近关
出。公使子蟜、子伯、子皮与孙子盟于丘宫,孙子皆杀之。
四月己未,子展奔齐,公如鄄,使子行于孙子,孙子又杀之。

要回娘家，远送她到郊外的地方。望呀望不见她了，我的泪珠儿像雨一样。"送走之后，定姜往回走，哭泣着远望离去的儿媳。又接着吟诗道："要常常思慕先君，以此勉励我这寡德之人。"君子说定姜是慈爱的婆婆。

鲁襄公七年，卫国的孙文子前来鲁国聘问，并且答谢季武子的解释，重温孙桓子时与鲁国结盟的友好关系。鲁襄公登上台阶，孙文子也并肩登上。叔孙穆子担任相礼，他快步上前说："诸侯会见，我们国君从来没有走在卫国国君后面。现在您没有走在我们国君后面，我们国君不知道自己的过错在哪里。大夫您稍停一下！"孙文子没有答话，也没有悔改的表情。穆叔说："孙文子必然要逃亡。作为臣子却和国君并肩而行，有了过错却不悔改，这是逃亡的根本原因。《诗经》说：'退朝回家吃饭，从容自得。'说的是顺从礼仪的人。专横却还从容自得，必然要遭受挫折。"

十四年，卫献公邀请孙文子、宁惠子吃饭，这两个人都穿上朝服在朝堂上等待，太阳快下山了卫献公还不召见他们，反而在园林里射鸿雁。两个人跟到园林里，卫献公不脱打猎的皮帽就跟他们说话。两个人愤怒了，孙文子去了戚地，派儿子孙蒯入朝请命。卫献公招待孙蒯喝酒，并让太师歌唱《巧言》的最后一章。太师辞谢，师曹请求歌唱这一章。起初，卫献公有一个宠妾，让师曹教她弹琴，师曹鞭打了她。卫献公发怒，鞭打了师曹三百下，所以现在师曹要歌唱它，用来激怒孙蒯，以作为对卫献公的报复。卫献公让师曹歌唱，师曹于是做了朗诵。孙蒯害怕，告诉了孙文子。孙文子说："国君忌恨我了。如果不先下手，就必死无疑。"孙文子把家里人集中在戚地然后进入国都，途中遇见蘧伯玉，说："国君的暴虐，这是您所知道的。我很害怕国家的颠覆，您准备怎么办？"蘧伯玉回答说："国君控制他的国家，下臣哪里敢冒犯他？即使冒犯他立新国君，怎么知道一定就比他强呢？"于是离开国都从离都城近的边关出国了。卫献公派子蛟、子伯、子皮和孙文子在丘宫结盟，孙文子把他们都杀了。四月二十六日，子展逃亡到齐国，卫献公到了卫国鄄地，派子行向孙文子求和，孙文子又杀了他。

公出奔齐,孙氏追之,败公徒于阿泽。鄄人执之。

初,尹公佗学射于庚公差,庚公差学射于公孙丁。二子追公,公孙丁御。公子鱼曰:"射为背师,不射为戮。射为礼乎!"射两軥而还。尹公佗曰:"子为师,我则远矣。"乃反之。公孙丁授公辔而射之,贯臂。子鲜从公,及竟。公使祝宗告亡,且告无罪。定姜曰:"无神何告?若有,不可诬也。有罪,若何告无?舍大臣而与小臣谋,一罪也;先君有冢卿,以为师保而蔑之,二罪也;余以巾栉事先君,而暴妾使余,三罪也。告亡而已,无告无罪。"

公使厚成叔吊于卫,曰:"寡君使瘠,闻君不抚社稷,而越在他竟,若之何不吊?以同盟之故,使瘠敢私于执事,曰:'有君不吊,有臣不敏。君不赦宥,臣亦不帅职,增淫发泄,其若之何?'"卫人使大叔仪对曰:"群臣不佞,得罪于寡君。寡君不以即刑,而悼弃之,以为君忧。君不忘先君之好,辱吊群臣,又重恤之,敢拜君命之辱,重拜大贶。"厚孙归,复命。语臧武仲曰:"卫君其必归乎!有大叔仪以守,有母弟鱄以出。或抚其内,或营其外,能无归乎?"齐人以郲寄卫侯。及其复也,以郲粮归。右宰穀从而逃归,卫人将杀之。辞曰:"余不说初矣。余狐裘而羔袖。"乃赦之。

卫献公逃亡到齐国,孙家的人追上去,在齐国阿泽击败卫献公的亲兵。鄄地人逮住了败兵。

起初,尹公佗向庾公差学射箭,庾公差曾向公孙丁学射箭。尹公佗和庾公差追赶卫献公,公孙丁为卫献公驾车。公子鱼(即庾公差)说:"如果射他,就是背叛了老师;不射他,将被杀戮。射还是合于礼法的吧!"于是就射中了车两边的曲木而回。尹公佗说:"您是为了老师,我和他的关系就远了。"于是回过车去追赶。公孙丁把马缰绳递给卫献公然后向尹公佗射箭,一箭射穿他的胳膊。卫献公的同母弟弟子鲜(即公子鱄)跟随卫献公,到达了边境。卫献公派祝宗设坛向祖先神明报告逃亡一事,同时说自己没有罪过。定姜说:"如果没有神明,报告什么呢? 如果有,就不能欺骗。有罪,为什么报告没有呢? 抛弃大臣而和小臣商量,这是第一桩罪过;先君有正卿,把他们作为师保而又轻视他们,这是第二桩罪过;我用手巾梳子事奉先君,而你像对婢妾一样残暴地对待我,这是第三桩罪过。报告逃亡还行,不要报告没有罪过。"

鲁襄公派厚成叔到卫国慰问,说:"我们国君派我前来,是听说贵国国君不能安抚国家而流亡在别国境内,怎么能不来慰问呢? 由于同盟的缘故,谨派我私下对诸位大夫说:'国君不善良,臣子不明达;国君不宽恕,臣子也不尽职,积蓄很久而发泄出来,准备怎么办呢?'"卫人派太叔仪回答说:"下臣们没有才能,得罪了敝国国君。敝国国君没有依法惩处下臣们,而是远远地抛弃了下臣们,给贵国国君带来了忧虑。贵国国君不忘记先君的友好,承您来慰问下臣们,又对下臣们不明达,谨拜谢贵国国君的命令,再拜谢对下臣们的哀怜。"厚成叔回国复命,对臧武仲说:"卫国国君必定会回国吧! 有太叔仪留守,有同母兄弟公子鲜和他一起逃亡。有人安抚国内,有人经营国外,能不回去吗?"齐国人把郲地送给卫献公寄住。到卫献公复位时,竟然还带了郲地的粮食回去。卫国大夫右宰榖先跟从卫献公出逃,后来又逃回国去,卫国人打算杀掉他。他辩解说:"过去的事,我是不乐意干的。我就像狐皮袄配羊皮袖子,略有小错而已。"于是卫国人赦免了他。

卫人立公孙剽，孙林父、甯殖相之，以听命于诸侯。卫侯在郲，臧纥如齐唁卫侯。卫侯与之言，虐。退而告其人曰："卫侯其不得入矣。其言粪土也。亡而不变，何以复国？"子展、子鲜闻之，见臧纥，与之言，道。臧孙说，谓其人曰："卫君必入。夫二子者，或挽之，或推之，欲无入，得乎？"

师旷侍于晋侯。晋侯曰："卫人出其君，不亦甚乎？"对曰："或者其君实甚。良君将赏善而刑淫，养民如子，盖之如天，容之如地；民奉其君，爱之如父母，仰之如日月，敬之如神明，畏之如雷霆，其可出乎？夫君，神之主，而民之望也。若困民之主，匮神乏祀，百姓绝望，社稷无主，将安用之？弗去何为？天生民而立之君，使司牧之，勿使失性。有君而为之贰，使师保之，勿使过度。是故天子有公，诸侯有卿，卿置侧室，大夫有贰宗，士有朋友，庶人、工、商、皂隶、牧、圉皆有亲昵，以相辅佐也。善则赏之，过则匡之，患则救之，失则革之。自王以下，各有父子兄弟以补察其政。史为书，瞽为诗，工诵箴谏，大夫规诲，士传言，庶人谤，商旅于市，百工献艺。故《夏书》曰：'遒人以木铎徇于路。官师相规，工执艺事以谏。'正月孟春于是乎有之，谏失常也。天之爱民甚矣，岂其使一人肆于民上，以从其淫，而弃天地之性？必不然矣。"

卫国人立公孙剽为国君，孙林父、宁殖（即宁惠子）辅助他，以听取诸侯的命令。卫献公住在郲地，臧纥（即臧武仲）到齐国去慰问卫献公。卫献公和他说话，态度粗暴。臧纥退出以后告诉他的手下人说："卫国国君大概不可能回国了。他的话就好像粪土。逃亡在外而不知悔改，怎么能够回国恢复君位呢？"子展、子鲜听说这话，进去见臧纥，和他说话，很通情达理。臧纥很高兴，对他的手下人说："卫国国君一定能回国。这两个人，一个拉他，一个推他，想不回国，可能吗？"

　　师旷随侍在晋悼公身边。晋悼公说："卫国人赶走他们的国君，不也太过分了吗？"师旷回答说："也许是他们国君实在太过分了。好的国君会奖赏善良而惩罚邪恶，像养育儿女一样养育百姓，像上天一样覆盖他们，像大地一样容纳他们；百姓尊奉他们的国君，像热爱父母一样热爱他，像尊仰日月一样尊仰他，像敬重神明一样敬重他，像害怕雷霆一样害怕他，难道可以赶走他吗？国君，是神明祭祀的主持者，是百姓的希望。如果让百姓的财货缺乏，神灵失去祭祀，百姓断绝希望，国家没有主人，哪里还用得着他？不赶走还留着干什么呢？上天生了百姓而为他们设立国君，让他统治百姓，不让他们失去天性。有了国君而又为他设立辅佐，让他们去教育培养他，不让他做事情过分。因此天子有公，诸侯有卿，卿设置侧室，大夫有贰宗，士有朋友，庶人、工、商、皂隶、牧、圉都有亲近的人，用来互相辅助佐理。做得好就奖赏，做得不好就纠正，有患难就救援，有错误就改正。从天子以下，各有父兄子弟观察补救他行事的得失。太史加以记载，乐师写作诗歌，乐工诵读规诫劝谏的话，大夫规劝开导，士人传达意见，庶人指责，商人在市场上议论，各种工匠呈献技艺。所以《夏书》说：'宣令官摇着木铎在大路上巡行，百官互相规劝，工匠通过呈献技艺进行劝谏。'正月开春，在这个时候就有宣令官摇动木铎巡行，这是收集劝阻君主违背常规行为的意见。上天爱护百姓无微不至，难道会让一个人在百姓头上任意胡来，放纵他的邪恶而丢掉天地的本性吗？一定不会这样的。"

晋侯问卫故于中行献子。对曰："不如因而定之。卫有君矣，伐之，未可以得志，而勤诸侯。史佚有言曰：'因重而抚之。'仲虺有言曰：'亡者侮之，乱者取之。'推亡、固存，国之道也。君其定卫以待时乎！"冬，会于戚，谋定卫也。

十九年，卫石共子卒，悼子不哀。孔成子曰："是谓蹶其本，必不有其宗。"

二十年，卫甯惠子疾，召悼子曰："吾得罪于君，悔而无及也。名藏在诸侯之策，曰'孙林父、甯殖出其君'。君入则掩之。若能掩之，则吾子也。若不能，犹有鬼神，吾有馁而已，不来食矣。"悼子许诺。惠子遂卒。

二十五年，晋侯使魏舒、宛没逆卫侯，将使卫与之夷仪。崔子止其帑，以求五鹿。卫献公入于夷仪。

卫献公自夷仪使与甯喜言，甯喜许之。大叔文子闻之，曰："乌乎！《诗》所谓'我躬不说，皇恤我后'者，甯子可谓不恤其后矣，将可乎哉？殆必不可。君子之行，思其终也，思其复也。《书》曰：'慎始而敬终，终以不困。'《诗》曰：'夙夜匪解，以事一人。'今甯子视君不如奕棋，其何以免乎！奕者举棋不定，不胜其耦，而况置君而弗定乎？必不免矣。九世之卿族，一举而灭之，可哀也哉！"

二十六年，卫献公使子鲜为复，辞，敬姒强命之。对曰："君无信，臣惧不免。"敬姒曰："虽然，以吾故也。"许诺。

晋悼公向中行献子询问卫国的事情。中行献子回答说："不如根据现状来安定它。卫国有国君了，攻打它，不见得能够满足愿望，反而会劳动诸侯。史佚说过：'因为他已经安定而加以安抚。'仲虺说过：'灭亡的可以欺侮，动乱的可以推翻。'推翻灭亡的、巩固存在的，这是治理国家的常道。国君还是安定卫国以等待时机吧！"冬季，诸侯在戚地会见，这是为了商量安定卫国。

十九年，卫国的石共子去世，他的儿子石悼子并不哀痛。孔成子说："这叫作拔掉了根本，必然不能保有他的宗族。"

二十年，卫国的甯惠子（即甯殖）生病，告诉儿子甯悼子（即甯喜）说："我得罪了国君，后悔也来不及了。我的名字记载在诸侯的简册上被加以收藏，说'孙林父、甯殖赶走他们的国君'。国君回国，我的恶名就会被掩盖掉。如果你能够掩盖它，就是我的儿子。如果不能，假如有鬼神的话，我宁可挨饿，也不来享受你的祭品。"甯悼子答应了。甯殖这才放心地死了。

二十五年，晋平公派魏舒和宛没去迎接卫献公，准备让卫国把夷仪给卫献公居住。崔武子留下卫献公的妻子儿女作为人质，以谋求卫国五鹿这块地方。卫献公进入夷仪。

卫献公从夷仪派人与甯喜商议有关复位的事情，甯喜同意了。太叔文子（即太叔仪）听说了，说："啊！《诗经》所谓'我的一身还不能被人容纳，哪里顾得上我的后代'，甯喜可以说是不顾及他的后代了。难道可以吗？大概一定是不可以的。君子有所行动，要想到结果，想到下次能够照做。《尚书》说：'慎重于开始而不怠慢于结果，结果就不会窘迫。'《诗经》说：'早晚不敢懈怠，以事奉一人。'现在甯喜看待国君还不如下棋，他怎么能免于祸难呢？下棋的人举棋不定，就不能去败他的对手，更何况在安置国君时犹豫不决呢？必定不能免于祸难了。九代相传的卿族，一旦被灭亡，可悲啊！"

二十六年，卫献公派子鲜筹办复位的事，子鲜拒绝了，敬姒强行要他去。子鲜回答说："国君没有信用，下臣害怕不能免祸。"敬姒说："尽管这样，你为了我还是去干吧！"子鲜答应了。

初,献公使与甯喜言,甯喜曰:"必子鲜在。不然,必败。"故公使子鲜。子鲜不获命于敬姒,以公命与甯喜言曰:"苟反,政由甯氏,祭则寡人。"甯喜告蘧伯玉。伯玉曰:"瑗不得闻君之出,敢闻其入。"遂行,从近关出。告右宰穀。右宰穀曰:"不可。获罪于两君,天下谁畜之?"悼子曰:"吾受命于先人,不可以贰。"穀曰:"我请使焉而观之。"遂见公于夷仪。反曰:"君淹恤在外,十二年矣,而无忧色,亦无宽言,犹夫人也。若不已,死无日矣。"悼子曰:"子鲜在。"右宰穀曰:"子鲜在,何益?多而能亡,于我何为?"悼子曰:"虽然,弗可以已。"孙文子在戚,孙嘉聘于齐,孙襄居守。二月庚寅,甯喜、右宰穀伐孙氏,不克。伯国伤。甯子出舍于郊。伯国死,孙氏夜哭。国人召甯子,甯子复攻孙氏,克之。辛卯,杀子叔及大子角。书曰"甯喜弑其君剽",言罪之在甯氏也。

孙林父以戚如晋。书曰"入于戚以叛",罪孙氏也。臣之禄,君实有之。义则进,否则奉身而退。专禄以周旋,戮也。

甲午,卫侯入。书曰"复归",国纳之也。大夫逆于竟者,执其手而与之言;道逆者,自车揖之;逆于门者,颔之而已。公至,使让大叔文子曰:"寡人淹恤在外,二三子皆使寡人朝夕闻卫国之言,吾子独不在寡人。古人有言曰:'非所怨勿怨。'寡人怨矣。"对曰:"臣知罪矣。臣不佞,不能

起初，卫献公派人和宁喜谈这件事，宁喜说："一定要子鲜在场。不然，事情必然失败。"所以卫献公派了子鲜。子鲜没有得到敬姒的应允，就把卫献公的命令告诉宁喜说："如果回国，政事由宁氏主持，祭祀则由寡人我主持。"宁喜告诉蘧伯玉这件事。蘧伯玉说："我蘧瑗不知道国君出走之事，岂敢与闻他回国的事呢？"说完便出走，从离都城近的边关出国。宁喜把这事告诉了右宰毂。右宰毂说："不行。得罪了两个国君，天下谁能容你？"悼子（即宁喜）说："我在亡父那里接受了命令，不能怀有二心。"右宰毂说："我请求出使去观察一下。"于是就到夷仪见卫献公。他回来后说："国君避难在外十二年了，脸上却没有忧愁的表情，也没有宽容的话，还是那样一个人。如果不停止原计划，我们离死就没几天了。"宁喜说："有子鲜在那里。"右宰毂说："子鲜在那里，有什么用？至多不过他自己逃亡，又能为我们做些什么呢？"宁喜说："尽管这样，也不能停止。"孙文子在戚地，他的儿子孙嘉在齐国聘问，另一个儿子孙襄留守在都城。二月初六，宁喜、右宰毂攻打孙氏，没有攻下。伯国（即孙襄）受了伤。宁喜退出都城住在郊外。孙襄去世，孙家的人在夜里号哭。都城里的人们召唤宁喜，宁喜再次攻打孙氏，攻下了。初七，杀了子叔（即卫殇公剽）和太子角。《春秋》记载说"宁喜弑其君剽"，这是说罪过在宁喜。

孙林父带着戚地去晋国。《春秋》记载说"入于戚以叛"，这是归罪于孙氏。臣子的俸禄，实际是国君所有的。合于道义就前进，不合道义就保全一身而引退。把封邑作为私有财产用来事奉大国，这种臣子就应该受到诛戮。

初十，卫献公进入都城。《春秋》记载说"复归"，这表示本国人让他回来。对大夫们，在国境上迎接的，拉着他们的手跟他们说话；在大路上迎接的，从车上向他们作揖；在城门口迎接的，点点头而已。卫献公到达，派人责备太叔文子说："寡人避难在外，几位大夫都使寡人早早晚晚听到卫国的消息，唯独您不问候寡人。古人有话说：'不应该怨恨的，不要怨恨。'寡人怨恨您了。"太叔文子回答说："下臣知道罪过了。下臣没有才能，不能

负羁绁以从扞牧圉，臣之罪一也。有出者，有居者。臣不能贰，通外内之言以事君，臣之罪二也。有二罪，敢忘其死？"乃行，从近关出。公使止之。

卫人侵戚东鄙。孙氏诉于晋。晋戍茅氏，殖绰伐茅氏，杀晋戍三百人。孙蒯追之，弗敢击。文子曰："厉之不如。"遂从卫师，败之圉。雍鉏获殖绰。复诉于晋。

晋人为孙氏故，召诸侯，将以讨卫也。夏，中行穆子来聘，召公也。

六月，公会晋赵武、宋向戌、郑良霄、曹人于澶渊，以讨卫疆戚田，取卫西鄙懿氏六十以与孙氏。赵武不书，尊公也。向戌不书，后也。郑先宋，不失所也。于是卫侯会之。晋人执甯喜、北宫遗，使女齐以先归。卫侯如晋，晋人执而囚之于士弱氏。

秋七月，齐侯、郑伯为卫侯故如晋，晋侯兼享之。晋侯赋《嘉乐》。国景子相齐侯，赋《蓼萧》。子展相郑伯，赋《缁衣》。叔向命晋侯拜二君曰："寡君敢拜齐君之安我先君之宗祧也，敢拜郑君之不贰也。"国子使晏平仲私于叔向曰："晋君宣其明德于诸侯，恤其患而补其阙，正其违而治其烦，所以为盟主也。今为臣执君，若之何？"叔向告赵文子，文子以告晋侯。晋侯言卫侯之罪，使叔向告二君。国子

牵马执缰追随保卫国君车驾,这是下臣的第一条罪状。有避难在国外的国君,有留在国内的国君。下臣不能有二心,传递里外的消息来事奉国君,这是下臣的第二条罪状。有两条罪状,岂敢忘记一死?"于是他就动身出走,准备从离都城近的边关出国。卫献公派人阻止了他。

卫国人进攻戚地的东部边境,孙林父向晋国控告。晋国派兵前去戍守戚地的东部边境茅氏,卫献公派齐人殖绰攻打茅氏,杀了晋国三百个守兵。孙蒯追赶殖绰,但不敢攻击。孙林父说:"你连恶鬼都不如。"孙蒯就跟上卫军,在卫国围地打败了他们。孙氏家臣雍鉏俘虏了殖绰。孙林父再次向晋国控告。

晋国为了孙林父的缘故,召集诸侯,打算讨伐卫国。夏季,中行穆子(即荀吴)前来鲁国聘问,这是为了召请鲁襄公参加大会。

六月,鲁襄公和晋国的赵武、宋国的向戌、郑国的良霄及曹国人在澶渊会见,以讨伐卫国,划定戚地的疆界,夺取了卫国西部边境懿氏六十邑给了孙林父。《春秋》对赵武不加记载,这是为了尊重鲁襄公。《春秋》对向戌也不加记载,这是由于他迟到晚了。把郑国记载在宋国之前,是由于郑人如期到达了。当时卫献公是参加了会见的。晋国人逮捕了甯喜、北宫遗,让女齐带着他们先回晋国。卫献公到晋国去,晋国人抓了他把他囚禁在大夫士弱家里。

秋季七月,齐景公、郑简公为了卫献公的缘故到晋国去,晋平公设享礼同时招待他们。晋平公吟诵了《嘉乐》这首诗。国景子做齐景公的相礼者,吟诵了《蓼萧》这首诗。子展做郑简公的相礼者,吟诵了《缁衣》这首诗。叔向让晋平公向两位国君下拜,说:"我们国君谨拜谢齐国国君安定我国先君的宗庙,谨拜谢郑国国君没有二心。"国景子派晏平仲私下对叔向说:"晋国国君在诸侯之中宣扬他的美德,担心他们的忧患而改正他们的过失,纠正他们的违礼而治理他们的动乱,因此才能做盟主。现在为了臣子而逮捕国君,怎么行呢?"叔向告诉赵文子,赵文子把这些话告诉了晋平公。晋平公举出卫献公的罪过,派叔向告诉两位国君。国景子

赋《辔之柔矣》，子展赋《将仲子兮》，晋侯乃许归卫侯。叔向曰："郑七穆，罕氏其后亡者也。子展俭而壹。"

卫人归卫姬于晋，乃释卫侯。君子是以知平公之失政也。

二十七年，卫甯喜专，公患之。公孙免余请杀之。公曰："微甯子，不及此，吾与之言矣。事未可知，只成恶名。止也。"对曰："臣杀之，君勿与知。"乃与公孙无地、公孙臣谋，使攻甯氏，弗克，皆死。公曰："臣也无罪，父子死余矣。"夏，免余复攻甯氏，杀甯喜及右宰穀，尸诸朝。石恶将会宋之盟，受命而出，衣其尸，枕之股而哭之。欲敛以亡，惧不免，且曰："受命矣。"乃行。

子鲜曰："逐我者出，纳我者死。赏罚无章，何以沮劝？君失其信，而国无刑，不亦难乎？且鱄实使之。"遂出奔晋。公使止之，不可。及河，又使止之。止使者而盟于河，托于木门，不乡卫国而坐。木门大夫劝之仕，不可，曰："仕而废其事，罪也；从之，昭吾所以出也，将谁诉乎？吾不可以立于人之朝矣。"终身不仕。公丧之如税服终身。

公与免余邑六十，辞，曰："唯卿备百邑，臣六十矣。下

吟诵了《缗之柔矣》这首诗，子展吟诵了《将仲子兮》这首诗，晋平公听后于是允许卫献公回国。叔向说："郑穆公后代的七个家族中，罕氏大概会是最后灭亡的吧。因为子展节俭而且用心专一。"

卫国人把卫姬嫁给了晋平公，晋国才释放了卫献公。君子从这件事看出晋平公已失去了为政之道。

二十七年，卫国的宁喜把持朝政，卫献公很担心这件事。大夫公孙免余请求杀了宁喜。卫献公说："如果没有宁喜的协助，我不可能回国复位，我已经对他说过政事由他主持了。如果这么干，事情的结果难以预料，只能得到坏名声。还是不能这么干。"公孙免余回答说："下臣去杀他，国君不要参与过问这件事。"于是就和大夫公孙无地、公孙臣策划，让他们攻打宁氏，但没有攻下，公孙无地和公孙臣都因此战死。卫献公说："公孙臣是没有罪的，父子俩都为我而死了。"夏季，公孙免余再次攻打宁氏，杀了宁喜和右宰谷，陈尸在朝廷上。石恶将要参加宋国的结盟，他接受了命令而出来，给宁喜尸体穿上衣服，头枕在宁喜尸体的大腿上为他号哭。他想要将宁喜遗体入棺大敛以后再逃亡，又害怕不能免于祸难，就说："已经接受使命了。"于是就动身走了。

子鲜说："驱逐我们国君的人逃亡国外，接纳我们国君回国复位的人却遭杀害。赏罚没有章程，用什么来阻止恶行、勉励善事呢？国君失掉他的信用，而国家没有正常的刑罚，不也太难了吗？而且当初确实是我卫鱄让宁喜接纳国君回国复位的。"于是他就逃亡到晋国。卫献公让人阻止他，他不答应。子鲜到达黄河边，卫献公又派人阻止他。他不让使者前进而向黄河发誓不再回国，寄住在晋国木门，坐着都不肯面朝卫国的方向。木门大夫劝他出来做官，他不同意，说："做官如果废弃自己的职责，这是罪过；如果竭尽自己的职责，这就表明了我逃亡的原因，我将谁向诉说呢？我不能够立在别人的朝廷上了。"于是他一直到死也不出来做官。他死后，卫献公为他特意穿用稀疏细布所制的丧服一直到死。

卫献公给公孙免余六十座城邑，公孙免余辞谢说："只有卿才可以享有一百座城邑，下臣已经享有六十座了。下面的人

有上禄，乱也，臣弗敢闻。且甯子唯多邑，故死，臣惧死之速及也。"公固与之，受其半，以为少师。公使为卿，辞曰："大叔仪不贰，能赞大事，君其命之！"乃使文子为卿。

〔补逸〕《公羊传》：卫杀其大夫甯喜，则卫侯之弟鱄曷为出奔晋？为杀甯喜出奔也。曷为为杀甯喜出奔？卫甯殖与孙林父逐卫侯而立公孙剽，甯殖病，将死，谓喜曰："黜公者，非吾意也，孙氏为之。我即死，汝能固纳公乎？"喜曰："诺。"甯殖死，喜立为大夫，使人谓献公曰："黜公者，非甯氏也，孙氏为之。吾欲纳公，何如？"献公曰："子苟纳我，我请与子盟。"喜曰："无所用盟，请使公子鱄约之。"献公谓公子鱄曰："甯氏将纳我，吾欲与之盟。其言曰：'无所用盟，请使公子鱄约之。'子固为我与之约矣。"公子鱄辞曰："夫负羁絷、执斧镵，从君东西南北，则是臣仆、庶孽之事也。若夫约言为信，则非臣仆、庶孽之所敢与也。"献公怒，曰："黜我者，非甯氏与孙氏，凡在尔。"公子鱄不得已而与之约。已约，归至，杀甯喜。公子鱄挈其妻子而去之，将济于河，挈其妻子而与之盟，曰："苟有履卫地、食卫粟者，昧雉彼视！"

《穀梁传》：称国以杀，罪累上也。甯喜弑君，其以累上之辞言之，何也？尝为大夫，与之涉公事矣。

如果拥有上卿的封邑，这是祸乱，下臣不敢接受。而且宵喜就因为城邑多了，所以才招致杀身之祸，下臣害怕死亡会很快到来。"卫献公执意给他，他接受了一半，卫献公让他做了少师。卫献公让他做卿，他辞谢说："太叔仪忠诚专一，能够辅助国君成就大事，国君还是任命他吧！"于是就让太叔仪做了卿。

〔补逸〕《公羊传》：卫国杀了它的大夫宵喜，那么卫献公的弟弟鱄为什么要出逃到晋国呢？是因为杀宵喜一事而出逃的。为什么因为杀宵喜一事而出逃呢？因为卫国的宵殖和孙林父赶走了卫献公而立公孙剽为国君，宵殖病重，临终之时，对宵喜说："赶走国君，不是我的主意，是孙林父做的。我就要死了，你能一定把国君接回来吗？"宵喜说："好吧。"宵殖去世之后，宵喜被立为大夫，他派人对卫献公说："赶走您的不是我们宵氏，是孙林父做的。我想把您接纳回国，您的意见如何？"卫献公说："您如果接纳我回国，我打算与您盟誓。"宵喜说："盟誓没有什么用处，请让公子鱄与我订约。"卫献公对公子鱄说："宵氏将要接纳我回国，我想和他盟誓。他说：'盟誓没有什么用处，请派公子鱄和我订约。'您一定要替我和他订约。"公子鱄推辞说："手执马络头牵着马缰绳，拿着斧子和铁锧，跟随您到四面八方去，这是我这种臣子随从、地位低微的人的事情。至于订约作为凭证，这就不是我这种臣子随从、地位低微的人所敢参与的。"卫献公大怒，说："赶走我的不是宵氏和孙氏，都是因为你的缘故。"公子鱄不得已和宵喜订约。订约之后，卫献公回到卫国国都，杀了宵喜。公子鱄带着他的妻子儿女离开了卫献公，将渡过黄河时，牵着他的妻子儿女和他们盟誓，说："如果有人踏上卫国的土地、吃卫国的粮食，就像现在这只被割杀的野鸡一样！"

《穀梁传》：称卫国杀了宵喜，是因为他的罪恶牵累了国君。宵喜弑杀了国君，这里用牵累了国君的文辞来说，为什么呢？因为宵喜曾是卫殇公的大夫，与卫献公牵连到了弑杀殇公的事。

甯喜由君、弑君,而不以弑君之罪罪之者,恶献公也。专,喜之徒也。鱄之为喜之徒,何也?己虽急纳其兄,与人之臣谋弑其君,是亦弑君者也。鱄其曰弟,何也?鱄有是信者,君赂不入乎喜而杀喜,是君不直乎喜也,故出奔晋,织绚邯郸,终身不言卫。鱄之去,合乎《春秋》。

《吕氏春秋》:郈成子为鲁聘于晋,过卫,右宰穀臣止而觞之,陈乐而不乐,酒酣而送之以璧。顾反,过而弗辞。其仆曰:"乡者,右宰穀臣之觞吾子也,甚欢。今侯渫过而弗辞。"郈成子曰:"夫止而觞我,与我欢也;陈乐而不乐,告我忧也;酒酣而送我以璧,寄之我也。若由是观之,卫其有乱乎?"倍卫三十里,闻甯喜之难作,右宰穀臣死之。还车而临,三举而归。至,使人迎其妻子,隔宅而异之,分禄而食之。其子长而反其璧。孔子闻之,曰:"夫智可以微谋,仁可以托财者,其郈成子之谓乎!"

二十八年,卫人讨甯氏之党,故石恶出奔晋。卫人立其从子圃以守石氏之祀,礼也。

二十九年,吴公子札来聘,适卫。自卫如晋,将宿于戚,闻钟声焉,曰:"异哉!吾闻之也,辨而不德,必加于戮。

宵喜事奉卫殇公而弑杀了他，却不用弑杀国君的罪名定他的罪，这是为了表明对卫献公的憎恶。鲇是宵喜的同党。为什么这么说呢？他自己虽然急于让自己的哥哥卫献公回国复位，却和别人的臣子谋划弑杀其国君卫殇公，这说明他也是杀死国君的人。对鲇这里称"弟"是为什么呢？鲇对宵喜有哥哥卫献公回国复位后就让他主政的信约，卫献公不愿把主政的权力交给宵喜反而杀了他，这是卫献公对宵喜不讲信义，所以鲇就逃亡到晋国，在邯郸靠编织鞋头的绚为生，终身不再提起卫国。鲇离开卫国，是符合《春秋》大义的。

《吕氏春秋》：邱成子为鲁国聘问晋国，路过卫国，卫国的右宰毂臣留住并设宴请他。席间献上乐曲却不欢快；喝酒到酣畅的时候，毂臣送给他一块玉璧。邱成子从晋国回来，经过卫国却不向毂臣告别。他的车夫说："先前右宰毂臣宴请您，宾主很是欢洽。如今为什么再次经过这里却不向他告别？"邱成子说："他留住我并宴请我，是要跟我欢饮一番；可席间献上的乐曲并不欢快，这是向我表白他的忧愁；喝到酣畅的时候送给我一块玉璧，这是把玉璧托付给我。从这些情况看来，卫国大概有祸乱了吧！"邱成子离开卫国三十里，听到宵喜作乱杀死了卫君，右宰毂臣为卫君殉难的消息。他掉转车子回去哭悼右宰毂臣，哭悼了三次才回国。到了鲁国后，他派人去接右宰毂臣的妻子儿女，把住宅隔开，让他们与自己分开居住，并分出自己的俸禄养他们。右宰毂臣的儿子长大后，邱成子把玉璧还给了他。孔子听到这件事后说："论智慧可以通过隐蔽的方式跟他进行谋划，论仁德可以托付给他财物的，说的就是邱成子吧！"

二十八年，卫国人讨伐宵氏的党羽，所以石恶逃亡到晋国。卫国人立了他的侄子石圃以保存石氏的祭祀，这是合于礼法的。

二十九年，吴国的公子札前来鲁国聘问，并到卫国去。他从卫国又去晋国，当他准备在戚地住宿时，忽然听到一阵钟声，公子札说："奇怪啊！我听说过，发动变乱而没有德行，必然遭到诛戮。

夫子获罪于君，以在此。君又在殡，而可以乐乎？"遂去之。文子闻之，终身不听琴瑟。

昭公七年秋八月，卫襄公卒。晋大夫言于范献子曰："卫事晋为睦，晋不礼焉，庇其贼人而取其地，故诸侯贰。《诗》曰：'鹡鸰在原，兄弟急难。'又曰：'死丧之威，兄弟孔怀。'兄弟之不睦，于是乎不吊，况远人谁敢归之？今又不礼于卫之嗣，卫必叛我，是绝诸侯也。"献子以告韩宣子。宣子说，使献子如卫吊，且反戚田。

臣士奇曰：观定姜数卫衎之三罪，与师旷答悼公逐君之说，则衎之自绝于卫，非独孙、甯之过也。然人臣于君，虽甚无道，亦必竭股肱之力，加之以忠贞，弥缝匡救，至于必不悛改，而后引身以退。其宗老大臣，或以社稷存亡之故，不能远引，亦必有道以处此矣。于桐之放，昌邑之废，盖不得已之权也。

林父闻定姜之叹，即置其重器于戚，而甚善晋大夫，是明以戚为狡兔之窟、晋为叛主之援，而无一念之忠于所事矣。当林父之聘鲁也，公登亦登，见诮于叔孙穆子，既不辞，亦无悛容。其跋扈不臣之气已见，不至于逐君不已。由是观之，岂得曰其君实甚哉？况衎之奔而复入，于义未绝。有太叔仪以守，有母弟鱄

孙氏得罪了国君而待在这里，国君又正停棺没有下葬，难道可以寻欢作乐吗?"于是就离开戚地。孙文子听到他的话后，终身都不再听琴瑟音乐。

鲁昭公七年秋季八月，卫襄公去世。晋国的大夫对范献子说:"卫国事奉晋国亲近，晋国对它不加礼遇，包庇它的叛乱者孙林父并且占有了它的戚地，所以诸侯有了叛离之意。《诗经》说:'鹡鸰困在平原，兄弟赶来救难。'又说:'死亡是那么可怕，兄弟要互相关怀。'兄弟之国如果不和睦，在这时也不去吊唁，何况远方的人们，谁敢前来归服呢? 现在又对卫国的继位新君不加礼遇，卫国必然背叛我们，这是断绝诸侯和我们的来往。"范献子把这话告诉了韩宣子。韩宣子很高兴，便派范献子去卫国吊唁，同时归还戚地田地给卫国。

臣下我高士奇评论说:纵观定姜历数卫献公衎的三桩罪，和师旷回答晋悼公卫国人驱逐卫献公的解释，那是卫献公衎自我绝灭于卫国人，并不仅仅是孙林父和宁喜的过错。但是臣下对于国君，即使国君特别不行正道，也必须要竭尽辅佐的力量，并且加上忠贞之心来补救匡正国君的过失，到了国君绝不悔改时，然后再引身退去。那些与国君同宗族的老臣，或者是因为国家存亡的缘故，不能远远地避开，也一定会有合适的办法来应付这种情况。伊尹放逐太甲于桐宫，霍光废昌邑王刘贺为庶人，大概是不得已的权宜之计啊。

孙林父听到定姜的叹息，就把他的宝器都放到戚地，而且和晋国大夫特别友好，这明显是把戚地作为自己藏身的狡兔之窟，将晋国作为背叛国君的后援，而对所事奉的国君没有片刻忠诚。当孙林父聘问鲁国时，鲁襄公登上台阶，他也并肩登上，被叔孙穆子责备，孙林父既不答话，也没有改过的表情。他飞扬跋扈不守臣节的气焰已经表现出来，不把国君驱逐走他是不会罢休的。由此看来，怎么能说他的国君太过分了呢? 况且卫献公衎逃亡后又回到国内，君臣之义并未断绝。有太叔仪留守，有同母弟弟公子鱄

以出。或抚其内,或营其外,邻国之大夫皆知其必归,则衎虽无道,非孙、甯之所能逐矣。

甯殖惧恶名之在策,没而属其子以反正,曰:"若能掩之,则吾子也。不能,犹有鬼神,吾有馁而已。"其言可谓惨痛,然不知何以处夫卫剽也。衎出,得罪于一君;剽弑,且得罪于二君。举棋之不慎,虽悔于终,不若审之于始。使以是问殖,殖仍馁而矣。

甯喜承易箦之言,欲以晚盖。仗子鲜之信,徼幸于必不可信之昏主,其杀身,盖亦有由焉。夫君之所以为君者,政而已。今曰"政由甯氏,祭则寡人",是徒拥虚位耳,束缚幽囚之耳,奚取乎为君? 其言先不可信矣。卒杀甯氏,使子鲜抱卖友之憾,窜身木门,是谁之过与?

林父怙终稔恶,窃禄叛君,晋为主盟,反助之焰,其亦未知君父之大义哉! 终能反戚,犹善补过者也。

和他一起出国。有人安抚国内,有人经营国外,邻国的大夫都知道他必定会回国,那么卫献公衎即使不行正道,也不是孙林父和甯殖所能驱逐的。

甯殖害怕死后自己的恶名会被记载在史册上,在弥留之际嘱咐他的儿子甯喜要让卫献公回国复位,说:"如果你能够掩盖我赶走国君这件事,就是我的儿子;如果不能,假如有鬼神的话,我只能挨饿了。"他的话可以说是悲伤沉痛了,然而却没想过怎么安置卫殇公剽。使卫献公衎出奔,得罪了一个国君;弑杀卫殇公剽,就得罪了两个国君。如此举棋不慎,虽然最终后悔了,还不如开始时慎重一些。假如拿这件事去问甯殖,甯殖也只能挨饿罢了。

甯喜接受了他父亲病重将死时要他让卫献公回国复位的话,想用自己后来的善行掩盖父亲以前的恶名。他仗着子鲜的信用,对必定不可相信的昏庸国君心存侥幸,他的被杀,大概也是有原因的。国君之所以成为国君,就在于他能掌管国家的政事罢了。如今卫献公却说"政事由甯氏主持,祭祀则由寡人我主持",只是徒有虚位罢了,而且不过是被人束缚的囚徒而已,怎么能迎接他回来作国君呢?他的话本来就是不可听信的。最终他杀了甯喜,以致子鲜心怀出卖朋友的悔恨,逃到晋国木门保全身体,这是谁的过错?

孙林父坚持作恶终不悔改,他窃取封邑,背叛国君,晋国作为天下的盟主,反而助长他的气焰,难道也不懂得为君为臣父的大义吗!然而晋国最终能归还戚地,还算是善于补救过失的大国。

卷四十　卫灵公之立

蒯聩父子争国　齐豹之乱　南子之宠附

　　昭公七年秋,卫襄公卒,卫齐恶告丧于周,且请命。王使成简公如卫吊,且追命襄公曰:"叔父陟恪,在我先王之左右,以佐事上帝,余敢忘高圉、亚圉。"

　　卫襄公夫人姜氏无子,嬖人婤姶生孟絷。孔成子梦康叔谓己:"立元,余使羁之孙圉与史苟相之。"史朝亦梦康叔谓己:"余将命而子苟与孔烝鉏之曾孙圉相元。"史朝见成子,告之梦,梦协。晋韩宣子为政聘于诸侯之岁,婤姶生子,名之曰元。孟絷之足不良,弱行。孔成子以《周易》筮之,曰:"元尚享卫国,主其社稷。"遇《屯》☷。又曰:"余尚立絷,尚克嘉之。"遇《屯》☷之《比》☷。以示史朝。史朝曰:"'元亨',又何疑焉?"成子曰:"非长之谓乎?"对曰:"康叔名之,可谓长矣。孟非人也,将不列于宗,不可谓长。且其繇曰:'利建侯。'嗣吉,何建? 建非嗣也。二卦皆云,子其建之! 康叔命之,二卦告之,筮袭于梦,武王所用也。

卷四十 卫灵公之立

辄辄父子争国　齐豹之乱　南子之宠附

　　鲁昭公七年秋季，卫襄公去世，卫国大夫齐恶向周朝报告丧事，同时请求对卫襄公赐予恩命。周景王派卿士成简公去卫国吊唁，同时追命卫襄公说："但愿叔父升天之后，在我先王的左右，来辅佐事奉上帝，我岂敢忘了先祖高圉、亚圉接受商王追命？"

　　卫襄公的夫人姜氏没有儿子，他的宠姬婤姶生了孟絷。孔成子（即孔烝钽）梦见卫国始祖康叔对自己说："立元为国君，我让你儿子羁的孙子圉和史苟辅佐他。"史朝也梦见康叔对自己说："我将要命令你儿子史苟和孔烝钽的曾孙圉辅佐元。"史朝去见孔成子，告诉他所梦，结果两梦相合。晋国韩宣子执政向诸侯聘问的那年，婤姶生了儿子，为他取名元。孟絷的脚有毛病，不便于行走。孔成子用《周易》来占卜，祝告说："元希望享有卫国，主持国家。"得到《屯》卦䷂。又祝告说："我还想立絷，希望能够允许。"得到《屯》卦䷂变成《比》卦䷇。他把卦象拿给史朝看。史朝说："'元'将会享有国家，又有什么可怀疑的？"孔成子说："'元'不是说为首的吗？"史朝回答说："康叔为他取名，可以说是为善之首了。孟絷是残疾人，将不能列在宗主里，不能叫为首的。而且它的卦辞说：'利建侯。'嫡子嗣位如果吉利，还立什么侯？立就不是嗣位。两次卦象都这么说，您还是立他吧！康叔命令了我们，两次卦象告诉了我们，占筮和梦境相合，这是周武王用过的办法。

弗从，何为？弱足者居。侯主社稷，临祭祀，奉民人，事鬼神，从会朝，又焉得居？各以所利，不亦可乎？"故孔成子立灵公。十二月癸亥，葬卫襄公。

二十年夏，卫公孟絷狎齐豹，夺之司寇与鄄。有役则反之，无则取之。公孟恶北宫喜、褚师圃，欲去之。公子朝通于襄夫人宣姜，惧而欲以作乱，故齐豹、北宫喜、褚师圃、公子朝作乱。初，齐豹见宗鲁于公孟，为骖乘焉。将作乱，而谓之曰："公孟之不善，子所知也。勿与乘，吾将杀之。"对曰："吾由子事公孟，子假吾名焉，故不吾远也。虽其不善，吾亦知之。抑以利故，不能去，是吾过也。今闻难而逃，是僭子也。子行事乎！吾将死之，以周事子，而归死于公孟，其可也。"

丙辰，卫侯在平寿。公孟有事于盖获之门外，齐子氏帷于门外，而伏甲焉；使祝鼃置戈于车薪以当门，使一乘从公孟以出；使华齐御公孟，宗鲁骖乘。及阂中，齐氏用戈击公孟，宗鲁以背蔽之，断肱，以中公孟之肩，皆杀之。公闻乱，乘，驱自阅门入。庆比御公，公南楚骖乘，使华寅乘贰车。及公宫，鸿骝魋驷乘于公。公载宝以出。褚师子申遇公于马路之衢，遂从。过齐氏，使华寅肉袒执盖以当其阙。齐氏射公，中南楚之背，公遂出。寅闭郭门，逾而从公。公如死鸟。析朱鉏宵从窦出，徒行从公。

为什么不听从？脚有毛病只能待在家里。国君主持国家，亲临祭祀，奉养百姓，事奉鬼神，参加会盟朝觐，哪能总待家里呢？各人按照他的有利条件去做，不也可以吗？"所以孔成子立了元为灵公。十二月二十三日，安葬了卫襄公。

二十年夏季，卫国的公孟絷轻慢齐豹，剥夺了他的司寇官职和封邑鄄地。有劳役就把鄄地归还齐豹，没有劳役就又夺过来。公孟絷还讨厌北宫喜、褚师圃，想要除掉他们。公子朝和卫襄公夫人宣姜私通，他感到害怕想趁机作乱，所以齐豹、北宫喜、褚师圃、公子朝发动了叛乱。起初，齐豹把宗鲁推荐给公孟絷，做公孟絷的骖乘。齐豹将要发动叛乱时，对宗鲁说："公孟这个人不好，这是您所知道的。不要和他一起乘车，我将要杀死他。"宗鲁回答说："我通过您而得以事奉公孟，您借此宣扬我的好名声，所以公孟才亲近我。虽然他不好，我也知道这事。但是由于对自己有利，没能离开他，这是我的过错。现在听到有祸难就逃走，就使您的话没有信用了。您办您的事吧！我打算为此而死，让您能够办成此事，而回去死在公孟那里，这样就可以了。"

六月二十九日，卫灵公正在国都以外的平寿。公孟在卫都的盖获之门外祭祀，齐豹在门外设置帷帐，在里边埋伏了甲士。派祝鼃把戈藏在车上的柴禾里挡着城门，又派一辆车跟着公孟出城；让华齐驾御公孟的坐车，宗鲁做骖乘。车子到达曲门中，齐豹用戈进攻公孟，宗鲁用背部掩护他，结果被砍断了一条胳膊，戈击中了公孟的肩膀，齐豹把他们都杀了。卫灵公听到动乱，坐上车子，驱车从阅门进入国都。当时庆比为灵公驾车，公南楚做骖乘，让华寅乘坐副车。他们到达公宫时，鸿骝魋又坐上卫灵公的车子。卫灵公装载了宝物出来。褚师子申在马路的十字路口遇到卫灵公，就跟了上去。经过齐氏那里，让华寅光着上身拿着车盖遮蔽侍从空当。齐豹用箭射卫灵公，结果射中公南楚的背部，卫灵公就趁机逃出了国都。华寅关闭城门，翻越城墙跟随卫灵公。卫灵公前往死鸟。析朱钼夜里从城墙的排水洞里逃出，徒步跟随卫灵公。

齐侯使公孙青聘于卫,既出,闻卫乱,使请所聘。公曰:"犹在竟内,则卫君也。"乃将事焉,遂从诸死鸟。请将事,辞曰:"亡人不佞,失守社稷,越在草莽。吾子无所辱君命。"宾曰:"寡君命下臣于朝曰'阿下执事'。臣不敢贰。"主人曰:"君若惠顾先君之好,照临敝邑,镇抚其社稷,则有宗祧在。"乃止。卫侯固请见之,不获命,以其良马见,为未致使故也。卫侯以为乘马。宾将掫,主人辞曰:"亡人之忧,不可以及吾子;草莽之中,不足以辱从者。敢辞。"宾曰:"寡君之下臣,君之牧圉也。若不获扞外役,是不有寡君也。臣惧不免于戾,请以除死。"亲执铎,终夕与于燎。

齐氏之宰渠子召北宫子,北宫氏之宰不与闻,谋杀渠子,遂伐齐氏,灭之。丁巳晦,公入,与北宫喜盟于彭水之上。秋七月戊午朔,遂盟国人。八月辛亥,公子朝、褚师圃、子玉霄、子高鲂出奔晋。闰月戊辰,杀宣姜。卫侯使北宫喜谥曰贞子,赐析朱钼谥曰成子,而以齐氏之墓予之。

卫侯告宁于齐,且言子石。齐侯将饮酒,遍赐大夫曰:"二三子之教也。"苑何忌辞曰:"与于青之赏,必及于其罚。在《康诰》曰:'父子兄弟,罪不相及。'况在群臣?臣敢贪君赐以干先王?"

齐景公派遣公孙青到卫国聘问，公孙青走出国境后，听到卫国动乱的消息，便派人请示关于聘问的事。齐景公说："只要卫侯还在国境之内，就是卫国的国君。"于是公孙青就奉命行事，跟着到了死鸟。公孙青请求按照命令行聘礼，卫灵公辞谢说："逃亡的人没有才能，失守了国家，流亡在荒郊野外。没有地方让您完成贵国国君的命令。"来宾公孙青说："敝国国君在朝廷上命令下臣说'你要谦敬地去亲附卫侯'。下臣不敢违背君命。"卫灵公说："贵国国君如果顾念先君的友好，关照敝国，安顿抚慰我们的国家，那也一定要在宗庙中举行。"公孙青于是就停止了聘问。卫灵公坚决请求见他，公孙青不得已，用他的好马作为进见的礼物，这是由于没有完成使命的缘故。卫灵公把公孙青赠送的马作为驾车的马。公孙青打算在夜里担任警戒，卫灵公辞谢说："我这个逃亡之人的忧患，不能牵连到您身上；荒郊野外之中，不足以劳动您。谨敢辞谢。"公孙青说："我是我们国君的下臣，也就是为您牧牛放马的人。如果得不到在外面警戒的差役，这就是心目中没有我们国君了。下臣害怕不能免于罪过，请求以此免死。"于是他就亲自拿着大铃，整晚和卫国的巡夜人在一起。

　　齐豹的家臣首领渠子召见北宫喜，北宫喜的家臣首领不让北宫喜参与其事并得知内情，密谋杀死了渠子，并乘机攻打齐豹，消灭了他们。六月三十日，卫灵公进入国都，和北宫喜在彭水边上盟誓。秋季七月初一，就和国都的人们盟誓。八月二十五日，公子朝、褚师圃、子玉霄、子高魴逃亡到晋国。闰八月十二日，卫国人杀死了宣姜。卫灵公赐给北宫喜的谥号为贞子，赐给析朱鉏的谥号为成子，而且把齐氏的墓地赐给了他们。

　　卫灵公向齐国报告国内已经安定下来，同时称赞子石（即公孙青）为人有礼。齐景公为此将要喝酒时，把酒普遍赏赐给大夫们，说："这都是诸位的教导。"但大夫苑何忌却辞谢不喝，他说："与公孙青一起受赏赐，必然也要同他一起受责罚。在《康诰》中有规定：'父子兄弟，罪过互不相干。'何况是在群臣之间呢？下臣岂敢贪图国君的赏赐而违背先王的要求呢？"

琴张闻宗鲁死，将往吊之。仲尼曰：“齐豹之盗，而孟絷之贼，女何吊焉？君子不食奸，不受乱，不为利疚于回，不以回待人，不盖不义，不犯非礼。”

定公十三年。初，卫公叔文子朝而请享灵公。退见史鰌而告之。史鰌曰：“子必祸矣。子富而君贪，罪其及子乎！”文子曰：“然。吾不先告子，是吾罪也。君既许我矣，其若之何？”史鰌曰：“无害。子臣，可以免。富而能臣，必免于难。上下同之。戍也骄，其亡乎！富而不骄者鲜，吾惟子之见。骄而不亡者，未之有也。戍必与焉。”及文子卒，卫侯始恶于公叔戍，以其富也。

〔补逸〕《檀弓》：公叔文子卒，其子戍请谥于君，曰：“日月有时，将葬矣，请所以易其名者。”君曰：“昔者，卫国凶饥，夫子为粥与国之饿者，是不亦惠乎？昔者，卫国有难，夫子以其死卫寡人，不亦贞乎？夫子听卫国之政，修其班制，以与四邻交，卫国之社稷不辱，不亦文乎？故谓夫子‘贞惠文子’。”

公叔戍又将去夫人之党，夫人诉之，曰：“戍将为乱。”

十四年春，卫侯逐公叔戍与其党，故赵阳奔宋，戍来奔。夏，卫北宫结来奔，公叔戍之故也。

卫侯为夫人南子召宋朝。会于洮，太子蒯聩献盂于齐，过宋野。野人歌之曰：“既定尔娄猪，盍归吾艾豭？”

琴张听说宗鲁死了，打算去吊唁他。孔子说："齐豹所以成为坏人，孟絷所以被害，都是因为他，你为什么要去吊唁他呢？君子不吃坏人的俸禄，不接受要发动的叛乱，不为私利而受到邪恶的腐蚀，不以奸邪待人，不掩盖不义的事，不做非礼的事。"

鲁定公十三年。起初，卫国的公叔文子上朝请求在家里设享礼招待卫灵公。退朝后，他见到史鳅便把事情告诉了他。史鳅说："您必然招来祸患了。您富有而国君贪婪，祸患恐怕要落到您身上吧！"公叔文子说："是这样的。我没有先告诉你，这是我的罪过。国君已经答应我了，那怎么办？"史鳅说："没有妨害。您只要谨守臣道，就可以免除这场灾祸。富有而能谨守臣道，就一定能免于祸难。无论尊卑都适用于这一原则。不过您的儿子戍骄傲，他恐怕要逃亡吧！富有而不骄傲的人很少，我只见到了您一个。骄傲而不逃亡的，还没有过。戍必然要落个这样的下场。"等到公叔文子去世以后，卫灵公开始讨厌公叔戍，正是因为他富有。

〔补逸〕《檀弓》：公叔文子去世了，他的嗣子戍请求国君赐予谥号，说："出葬的日期已经定了，将要出葬了，请赐谥号来代替他的名字。"卫灵公说："从前，卫国遇到凶年发生饥荒，夫子熬粥救济挨饿的国人，这不是很仁惠吗？从前，卫国发生内乱，夫子拼着性命保卫寡人，这不是很忠贞吗？夫子治理卫国的政事，整治尊卑的秩序，制定法度，以与周围邻国交往，使卫国的国家声誉没有受到玷辱，这不是很有文德吗？所以可以称夫子为'贞惠文子'。"

公孙戍又想除掉卫灵公夫人的党羽，夫人控诉他，说："公孙戍将要作乱。"

十四年春季，卫灵公驱逐了公孙戍和他的党羽，所以赵阳逃亡到宋国，公孙戍逃亡来到鲁国。夏季，卫国的北宫结逃亡来到鲁国，这是受公叔戍牵连的缘故。

卫灵公为了夫人南子而召见宋国的公子朝。齐、宋两国国君在洮地会见，太子蒯聩把盂地献给齐国，路过宋国野外。野外的人唱歌说："既已满足了你们的母猪，何不归还我那漂亮的公猪？"

太子羞之，谓戏阳速曰："从我而朝少君。少君见我，我顾，乃杀之。"速曰："诺。"乃朝夫人。夫人见太子，太子三顾，速不进。夫人见其色，啼而走，曰："蒯聩将杀余。"公执其手以登台。太子奔宋。尽逐其党，故公孟驱出奔郑，自郑奔齐。太子告人曰："戏阳速祸余。"戏阳速告人曰："太子则祸余。太子无道，使余杀其母。余不许，将戕于余；若杀夫人，将以余说。余是故许而弗为，以纾余死。谚曰：'民保于信。'吾以信义也。"

〔补逸〕《史记》：大子蒯聩奔宋，已而之晋赵氏。

《列女传》：卫灵公与夫人夜坐，闻车声辚辚，至阙而止。过阙，复有声。公问夫人曰："知此为谁？"夫人曰："此蘧伯玉也。"公曰："何以知之？"夫人曰："妾闻礼下公门，式路马，所以广敬也。夫忠臣与孝子，不为昭昭变节，不为冥冥惰行。蘧伯玉，卫之贤大夫也，仁而有智，敬以事上。此其人必不以闇昧废礼，是以知之。"公使视之，果伯玉也。

《家语》：史鱼病，将卒，命其子曰："吾在卫朝，不能进蘧伯玉，退弥子瑕，是吾为臣不能正君也。生而不能正君，则死无以成礼。我死，汝置尸牖下，于我毕矣。"其子从之。灵公吊焉，怪而问焉。其子以其父言告公。公愕然失容，曰："是寡人之罪也。"于是命之殡

太子蒯聩为此感到羞耻，便对家臣戏阳速说："你跟着我去朝见夫人。夫人接见我时，我用眼睛看你，你就杀死她。"戏阳速说："好。"夫人接见太子，太子三次用眼睛示意，戏阳速不肯往前。夫人看到太子的脸色，号哭着跑了，说："蒯聩打算杀我。"卫灵公拉着她的手，登上高台躲避。太子逃亡到宋国。卫灵公把太子的党羽全部赶走，所以公孟驱逃亡到郑国，又从郑国逃亡到齐国。太子告诉别人说："戏阳速加祸于我。"戏阳速告诉别人说："太子加祸于我才是。太子无道，派我杀死他母亲。如果我不答应，他就会杀了我；如果我杀了夫人，他就会把罪推在我身上解脱自己。所以我才答应而不干，以求暂免一死。俗话说：'百姓用信用保全自己。'我是用道义来作为信用的。"

〔补逸〕《史记》：太子蒯聩逃亡到宋国，随后又去了晋国的赵氏那里。

《列女传》：卫灵公和夫人夜间坐谈，听到外边有嘈杂的车声，但到宫门前就停止了。过了宫门，又有了车声。灵公问夫人说："知道这是谁吗？"夫人回答说："这是蘧伯玉。"灵公说："你怎么知道的？"夫人回答说："我听说有礼之人在公门前下车，见到国君的车马就扶着车轼敬礼，是为了增强恭敬之心。忠臣和孝子，不因在明处就改变言行，不因在暗处就行为懈怠。蘧伯玉是卫国的贤大夫，他仁爱而且有智慧，恭敬地来事奉国君。他这种人肯定不会因为暗夜而废弃礼仪，因此我知道是他。"灵公派人去察看，果然是蘧伯玉。

《家语》：史鱼病危，快要死的时候，命令他的儿子说："我在卫国执政，不能提拔蘧伯玉，又不能屏退弥子瑕，这是我作为大臣而不能匡正国君。活着的时候不能匡正国君，死了以后就不能享受完备的丧礼。我死之后，你把我的尸体放在窗户下，对于我来说就算完成丧礼了。"史鱼的儿子听从了他的话。卫灵公前来吊唁，对此非常奇怪，就问史鱼的儿子。史鱼的儿子把他父亲说的话告诉了灵公。灵公惊愕失色，说："这都是我的罪过啊。"于是他命令把史鱼的尸体安放

于客位。进蘧伯玉而用之，退弥子瑕而远之。

哀公二年。初，卫侯游于郊，子南仆。公曰："余无子，将立女。"不对。他日又谓之。对曰："郢不足以辱社稷，君其改图。君夫人在堂，三揖在下，君命只辱。"夏，卫灵公卒。夫人曰："命公子郢为太子，君命也。"对曰："郢异于他子。且君没于吾手，若有之，郢必闻之。且亡人之子辄在。"乃立辄。六月乙酉，晋赵鞅纳卫太子于戚。宵迷，阳虎曰："右河而南，必至焉。"使太子绖，八人衰绖，伪自卫逆者，告于门，哭而入，遂居之。

三年春，齐、卫围戚，求援于中山。
〔补逸〕《史记》：灵公游于郊，令子郢仆。郢，灵公少子也，字子南。灵公怨太子出奔，谓郢曰："我将立若为后。"郢对曰："郢不足以辱社稷，君更图之。"夏，灵公卒。夫人命子郢为太子，曰："此灵公命也。"郢曰："亡人太子蒯聩之子辄在也，不敢当。"于是卫乃以辄为君，是为出公。

十一年冬，卫大叔疾出奔宋。初，疾娶于宋子朝，其娣嬖。子朝出，孔文子使疾出其妻，而妻之。疾使侍人诱其初妻之娣，置于犁，而为之一宫，如二妻。文子怒，欲攻之，仲尼止之。遂夺其妻。或淫于外州，外州人夺之轩以献。

在宾客的位置上。然后灵公提拔了蘧伯玉并重用他,屏退了弥子瑕并疏远他。

鲁哀公二年。起初,卫灵公到郊外游玩,他的儿子子南(即公子郢)为他驾车。卫灵公说:"我没有嫡子,打算立你为继承人。"公子郢不回答。过了些天灵公又对他这么说。公子郢回答说:"我不能有辱国家,您还是改变主意吧。君夫人在堂上,卿、大夫、士在下边,我听从了只会有辱您的命令。"夏季,卫灵公去世。夫人说:"命令公子郢做太子,这是国君的命令。"公子郢回答说:"我和别的儿子不一样。而且我伺候国君到死,如果有这话,我一定会听到的。而且还有逃亡在外的蒯聩的儿子辄在。"于是就立了辄为国君。六月十七日,晋国的赵鞅把卫国的太子蒯聩送回卫国的戚地。夜里迷了路,阳虎说:"向右边走到黄河,再渡河往南,一定能走到。"他们让太子脱下帽子,八个人穿着丧服,假装是从卫都前去迎接太子回国的样子,告诉守门人之后,便号哭着进城,就在那里住了下来。

三年春季,齐国、卫国发兵包围了戚地,戚地向中山国请求救援。

〔补逸〕《史记》:卫灵公到郊外游玩,让公子郢驾车。公子郢是灵公的小儿子,字子南。灵公怨恨太子蒯聩逃亡,就对公子郢说:"我将要立你为太子。"公子郢回答说:"我不够格,不能辱没国家,您再想别的办法吧!"夏季,灵公逝世。夫人命公子郢为太子,说:"这是灵公的命令。"郢回答道:"逃亡太子蒯聩的儿子蒯辄在,我不敢担当如此重任。"于是卫人就立蒯辄为国君,这就是卫出公。

十一年冬季,卫国的太叔疾逃亡到宋国。起初,太叔疾娶了宋国子朝的女儿,而从嫁的妹妹却受到宠爱。子朝逃亡出国,孔文子(即孔围)让太叔疾休弃了他的妻子,而把自己女儿嫁给他。太叔疾派随从劝诱他前妻的妹妹,把她安置在卫国犁地,并为她造了一座宫室,像有两个妻子一样。孔围得知后发怒,想攻打太叔疾,孔子劝阻了他。于是孔围从太叔疾手里夺回了女儿。太叔疾又在卫国外州和另一个女人通奸,外州人夺了他的车子献来。

耻是二者，故出。卫人立遗，使室孔姞。疾臣向魋，纳美珠焉，与之城鉏。宋公求珠，魋不与，由是得罪。及桓氏出，城鉏人攻大叔疾。卫庄公复之，使处巢，死焉，殡于郧，葬于少禘。初，晋悼公子慭亡在卫，使其女仆而田。大叔懿子止而饮之酒，遂聘之，生悼子。悼子即位，故夏戊为大夫。悼子亡，卫人翦夏戊。

十二年夏，吴征会于卫。秋，卫侯会吴于郧。吴人藩卫侯之舍。卫侯归，效夷言。子之尚幼，曰："君必不免，其死于夷乎！执焉而又说其言，从之固矣。"

十五年。卫孔圉取大子蒯聩之姊，生悝。孔氏之竖浑良夫长而美，孔文子卒，通于内。大子在戚，孔姬使之焉。大子与之言曰："苟使我入获国，服冕、乘轩，三死无与。"与之盟。为请于伯姬。闰月，良夫与大子入舍于孔氏之外圃，昏，二人蒙衣而乘，寺人罗御如孔氏。孔氏之老栾宁问之，称姻妾以告。遂入，适伯姬氏。既食，孔伯姬杖戈而先，大子与五人介，舆猳从之。迫孔悝于厕，强盟之，遂劫以登台。栾宁将饮酒，炙未熟，闻乱，使告季子。召获驾乘车，行爵食炙，奉卫侯辄来奔。季子将入，遇子羔将出，

太叔疾对这两件事感到羞耻,所以他逃亡出国。卫国人立了他的弟弟太叔遗做继承人,让他娶了孔圉的女儿孔姞。太叔疾做了宋国向魋(即桓魋)的家臣,把珍珠献给向魋,向魋给了他宋地城锄。宋景公向向魋索要那些珍珠,向魋不给,因此得罪了宋景公。等到后来向魋逃亡出国,城锄人乘机攻打太叔疾。卫庄公又让他回国,让他待在卫国巢地,不久太叔疾就死在那里。他的棺材停放在卫国郦地,后来安葬在卫国少禘。起初,晋悼公的儿子慭逃亡在卫国的时候,曾经让他的女儿为他驾车打猎。太叔懿子留下他请他喝酒,就聘娶他的女儿做妻子,生了悼子(即太叔疾)。悼子继位后,他的外甥夏戊也因此做了大夫。悼子逃亡之后,卫国人削去了夏戊的官爵和封邑。

十二年夏季,吴国召集卫国参加诸侯的会见。秋季,卫出公辄在郧地会见吴国人。吴国人围住了卫出公的馆舍。卫出公回国后,学说夷人的话。公子郢的儿子子之(即公孙弥牟)当时还年幼,说:"国君必然不能免于祸难,他恐怕会死在夷人那里吧!被夷人逮了又喜欢他们的话,是一定要跟他们去的了。"

十五年。卫国的孔圉娶了太子蒯聩的姐姐,后来生了孔悝。孔氏的小随从浑良夫个子高而英俊,孔圉死后,浑良夫就和他的妻子孔姬私通。当时太子蒯聩流亡戚地,孔姬派浑良夫前去。太子对他说:"如果让我回国即位,我将给你大夫的冠服、车子,并且赦免你死罪三次。"浑良夫和太子盟誓,回来后就为他向伯姬(即孔姬)请求。闰十二月,浑良夫和太子回到国都,住在孔家外面的菜园子里。天黑以后,两个人用头巾盖住脸穿上妇人服装坐上车,寺人罗为他们驾车,到孔氏家去。孔氏的家臣首领栾宁盘问他们,他们谎称是姻亲家的侍妾。于是他们进了门,到了孔姬那里。吃完饭,孔姬手拿着戈走在前面,太子和五个人身披皮甲,在车子装上公猪跟着。他们把孔悝逼到墙角里,强迫他杀猪取血盟誓驱逐卫出公辄,然后劫持他登上孔家高台。栾宁正要喝酒,肉没有烤熟就听到发生了动乱,便派人告诉孔氏邑宰季子(即子路)。并叫来获驾着乘车,在车上喝酒吃肉,事奉卫出公蒯辄逃亡到鲁国来。子路正要进入国都,碰上子羔正要出来,

曰:"门已闭矣。"季子曰:"吾姑至焉。"子羔曰:"弗及,不践其难!"季子曰:"食焉,不辟其难。"子羔遂出,子路入。及门,公孙敢门焉,曰:"无入为也。"季子曰:"是公孙也,求利焉,而逃其难。由不然,利其禄,必救其患。"有使者出,乃入,曰:"大子焉用孔悝?虽杀之,必或继之。"且曰:"大子无勇,若燔台,半,必舍孔叔。"大子闻之,惧,下石乞、孟黡敌子路,以戈击之,断缨。子路曰:"君子死,冠不免。"结缨而死。孔子闻卫乱,曰:"柴也其来,由也死矣。"孔悝立庄公。庄公害故政,欲尽去之,先谓司徒瞒成曰:"寡人离病于外久矣,子请亦尝之。"归告褚师比,欲与之伐公,不果。

十六年春,瞒成、褚师比出奔宋。卫侯使鄢武子告于周,曰:"蒯聩得罪于君父、君母,逋窜于晋。晋以王室之故,不弃兄弟,置诸河上。天诱其衷,获嗣守封焉。使下臣肸敢告执事。"王使单平公对曰:"肸以嘉命来告余一人,往谓叔父:'余嘉乃成世,复尔禄次。敬之哉!方天之休。弗敬,弗休,悔其可追?'"

六月,卫侯饮孔悝酒于平阳,重酬之,大夫皆有纳焉。醉而送之,夜半而遣之。载伯姬于平阳而行。及西门,使贰车反祏于西圃。子伯季子初为孔氏臣,新登于公,请追之。遇载祏者,杀而乘其车。许公为反祏,遇之,曰:"与不仁人争明,

说:"城门已经关上了。"子路说:"我姑且去看看。"子羔说:"来不及了,不要去遭受祸难!"子路说:"吃了他的俸禄,就不能躲避他家的祸难。"子羔随后就逃了出去,子路进了城。到达孔家大门口,公孙敢在那守门,说:"不要进去做什么了。"子路说:"听这声音你是公孙敢吧,在这里谋求利益却躲避孔氏的祸难。我不会这样,吃了他的俸禄,就一定要挽救他的祸患。"这时门里有使者出来,子路就乘机进去,说:"太子哪里用得着孔悝当帮手? 即使杀了他,也一定有人接替他战斗。"而且说:"太子不勇敢,如果放火烧台,烧到一半,必然就会释放孔叔(即孔悝)。"太子听后非常害怕,便让石乞、盂黡下台抵挡子路,用戈击中子路,把子路的帽带砍断了。子路说:"君子即使死了,帽子也不能掉。"于是就结好帽带而死。孔子听说卫国发生动乱,说:"高柴(即子羔)会回来,仲由(即子路)可要死了。"后来孔悝立了庄公蒯。庄公对原来的大臣感到担心,想把他们全部除掉,就先对司徒瞒成说:"我在外边遭受忧患很久了,请您也尝一尝其中的滋味。"瞒成回去告诉褚师比,并想要和他攻打庄公,结果没能执行这个计划。

十六年春季,卫国的瞒城、褚师比逃亡到宋国。卫庄公派鄢武子向周敬王报告说:"蒯聩得罪了君父、君母,逃窜在晋国。晋国由于王室的缘故,不抛弃兄弟,把蒯聩安置在黄河边的戚地。上天开恩,得以继承保有封地。派下臣胖谨向执事您报告。"周敬王派单平公回答说:"胖把好消息来告诉我,你回去对叔父说:'我赞许你继承君位,同意恢复你的禄位。要恭敬啊! 这样才能得到上天的赐福。不恭敬,上天就不能赐福,后悔哪来得及呢?'"

六月,卫庄公在卫国平阳招待孔悝喝酒,重重地酬谢他,对大夫也都有所赠送。把孔悝灌醉送他走,到了半夜才把他送回去。孔悝用车载上母亲孔姬动身离开平阳。到达西门,派副车回西圃宗庙中去取藏放神主的石盒。子伯季子起初是孔氏的家臣,近来升官成为卫庄公的大夫,他请求追赶孔悝。路上碰到载运神主石盒的人,就杀了他并坐上他的车子继续追赶。许公为回去迎接神主石盒,碰上了子伯季子,许公为说:"和不仁的人争高下,

无不胜。"必使先射。射三发,皆远许为。许为射之,殪。或以其车从,得祏于橐中。孔悝出奔宋。

〔补逸〕《礼记》:卫孔悝之鼎铭曰:"六月丁亥,公假于大庙。公曰:'叔舅!乃祖庄叔左右成公,成公乃命庄叔,随难于汉阳,即宫于宗周,奔走无射。启右献公。献公乃命成叔,纂乃祖服。乃考文叔,兴旧耆欲,作率庆士,躬恤卫国。其勤公家,夙夜不解。民咸曰:'休哉!'公曰:'叔舅!予女铭。若纂乃考服。'悝拜稽首曰:'对扬以辟之,勤大命,施于烝彝鼎。'"此卫孔悝之鼎铭也。

卫侯占梦。嬖人求酒于大叔僖子,不得,与卜人比,而告公曰:"君有大臣在西南隅,弗去,惧害。"乃逐大叔遗。遗奔晋。

卫侯谓浑良夫曰:"吾继先君,而不得其器,若之何?"良夫代执火者而言曰:"疾与亡君,皆君之子也。召之而择材焉可也。若不材,器可得也。"竖告大子。大子使五人舆豭从己,劫公而强盟之,且请杀良夫。公曰:"其盟免三死。"曰:"请三之后,有罪杀之。"公曰:"诺哉。"

十七年春,卫侯为虎幄于藉圃。成,求令名者而与之始食焉。太子请使良夫。良夫乘衷甸两牡,紫衣狐裘。至,袒裘,不释剑而食。太子使牵以退,数之以三罪,而杀之。

没有不胜的。"他一定要子伯季子先射。射了三次,箭都离许公为远远的。许公为射他,一箭就把他射死了。有人坐着子伯季子的车子跟上来,在车上的袋子里找到了神主石盒。孔悝逃亡到宋国。

〔补逸〕《礼记》:卫国大夫孔悝家的鼎铭文说:"六月丁亥,卫侯来到太庙。卫侯说:'叔舅!你的祖先庄叔辅佐成公,成公曾命庄叔跟随他到汉水之北,后又到京师,奔走劳苦而不厌倦。上天佑助我的曾祖献公返国。献公就命令你的祖先成叔继承庄叔的事业。你的父亲文叔,振作爱君忧国之志,奋起率领卿士们,带头为国家尽力,日夜为国家效力,毫不懈怠。百姓都说:'好啊!'卫侯又说:"叔舅!我现在把您先祖的铭文赐给您,您要继承您父亲的事业。"孔悝下拜叩头说:'我将颂扬您的赐命来彰明先祖的美德,把它刻在烝祭的彝鼎上。'"这就是卫国大夫孔悝家鼎上的铭文。

卫庄公为了梦而占卜。他的宠臣向太叔僖子(即太叔遗)要酒喝,没有得到,就和卜人勾结,而告诉卫庄公说:"您有大臣在西南角上,如果不除掉他,怕有危险。"于是庄公就驱逐了太叔遗。太叔遗逃亡到晋国。

卫庄公对浑良夫说:"我虽然继承了君位却没有得到先君的宝器,怎么办?"浑良夫让执烛的侍者出去而自己代他执烛,然后说:"太子疾和逃亡在外的国君辄,都是您的儿子。召辄回国然后择才确定继承人就可以了。如果没有才能,废掉他宝器就可以得到了。"小随从把这件事告诉了太子疾。太子疾派五个人用车子装上公猪跟着自己,劫持了卫庄公强迫他杀猪取血盟誓,而且请求杀死浑良夫。卫庄公说:"我曾经和他盟誓要免他三次死罪。"太子疾说:"请在三次免死以后有罪再杀他。"卫庄公说:"好啊。"

十七年春季,卫庄公在藉圃造了一座刻有虎纹的小木屋。房子落成后,要找个名声好的人和他在里面吃一顿饭。太子疾请求派浑良夫。浑良夫坐上两匹公马驾一辕的卿车,穿上紫衣服、狐皮袍。来到后,浑良夫敞开皮袍,没有解下佩剑就开始吃饭。太子疾就派人拉着他退下,举出他三条罪状,而后杀了他。

晋赵鞅使告于卫曰:"君之在晋也,志父为主,请君若太子来,以免志父。不然,寡君其曰'志父之为也'。"卫侯辞以难。太子又使椓之。夏六月,赵鞅围卫。齐国观、陈瓘救卫,得晋人之致师者。子玉使服而见之,曰:"国子实执齐柄,而命瓘曰:'无辟晋师!'岂敢废命?子又何辱?"简子曰:"我卜伐卫,未卜与齐战。"乃还。

卫侯梦于北宫,见人登昆吾之观,被发北面而噪,曰:"登此昆吾之虚,绵绵生之瓜。余为浑良夫,叫天无辜。"公亲筮之,胥弥赦占之,曰:"不害。"与之邑,置之而逃,奔宋。卫侯贞卜,其繇曰:"如鱼窥尾,衡流而方羊。裔焉大国,灭之将亡。阖门塞窦,乃自后逾。"冬十月,晋复伐卫,入其郛。将入城,简子曰:"止。叔向有言曰:'怙乱灭国者无后。'"卫人出庄公,而与晋平。晋立襄公之孙般师而还。十一月,卫侯自鄄入,般师出。初,公登城以望,见戎州。问之,以告。公曰:"我,姬姓也,何戎之有焉?"翦之。公使匠久。公欲逐石圃,未及而难作。辛巳,石圃因匠氏攻公。公闭门而请,弗许。逾于北方而队,折股。戎州人攻之,太子疾、公子青逾从公。戎州人杀之。公入于戎州己氏。初,公自城上见己氏之妻发美,使髡之,以为吕姜髢。既入

晋国的赵鞅派人告诉卫国说:"当初贵国国君在晋国的时候,我是主人,现在请贵国国君或者太子来一趟,以免除我的罪过。不这样,敝国国君恐怕会说'这是赵志父授意这样做的'。"卫庄公以国内有祸难为由推辞不去。太子疾又派人在晋国使者面前毁谤卫庄公。夏季六月,赵鞅领兵包围卫国。齐国的国观、陈瓘救援卫国,俘虏了晋国来挑战的人。子玉(即陈瓘)让被俘虏的人穿上原来的服装然后接见他,说:"国子陈恒掌握齐国政权,他命令我陈瓘说:'不要逃避晋军!'我哪里敢废弃这命令呢?哪里又用得着劳您的大驾呢?"赵简子(即赵鞅)说:"我为攻打卫国占卜过,并没有为和齐国作战占卜。"于是便收兵回去。

卫庄公梦见自己在北宫,看见有一人登上昆吾之观,披头散发脸朝着北边叫嚷说:"登上这昆吾之墟,有绵延不断的小瓜长成大瓜。我是浑良夫,向上天诉说无辜。"卫庄公亲自为此占筮,胥弥赦占卜后说:"这个梦没什么妨害。"卫庄公便赏给他封邑,但胥弥赦没有接受,而是逃亡到宋国。卫庄公又占卜,这次的卦辞说:"像一条鱼尾巴发红,横穿急流而犹豫彷徨。靠近大国,身将被杀,国将灭亡。关门塞洞,就越过后墙逃亡。"冬季十月,晋国再次攻打卫国,攻入卫都的外城。正准备进入内城,赵简子说:"停下。叔向曾说过:'仗着动乱而灭亡别国的人没有后嗣。'"卫国人赶走了卫庄公,然后和晋国讲和。晋国人立了卫襄公的孙子般师然后才收兵回国。十一月,卫庄公从齐国郫地回国,般师出逃。起初,卫庄公登城远望,见到戎邑戎州。他问那是什么地方,有人告诉他是戎州。卫庄公说:"我是姬姓,哪能容许戎州存在?"随后就毁了戎州。卫庄公役使匠人长久不让其休息。他又想赶走卫卿石圃,还没来得及就发生了祸难。十二日,石圃倚仗着匠人攻打卫庄公。卫庄公关上宫门请求饶命,石圃不答应。卫庄公越过北墙逃跑时坠落下去,摔断了大腿骨。戎州人乘机攻打卫庄公,太子疾、公子青翻过围墙跟从卫庄公。戎州人杀掉了他们。卫庄公跑到戎州己氏家里。起初,卫庄公从城上看到己氏的妻子头发很漂亮,便让她剪下来,作为自己夫人吕姜的假发。到了

焉,而示之璧,曰:"活我,吾与女璧。"己氏曰:"杀女,璧其焉往?"遂杀之而取其璧。卫人复公孙般师而立之。

十二月,齐人伐卫,卫人请平,立公子起,执般师以归,舍诸潞。

十八年夏,卫石圃逐其君起。起奔齐。卫侯辄自齐复归,逐石圃,而复石魋与大叔遗。

二十五年夏五月庚辰,卫侯出奔宋。卫侯为灵台于藉圃,与诸大夫饮酒焉。褚师声子袜而登席,公怒。辞曰:"臣有疾,异于人。若见之,君将觳之,是以不敢。"公愈怒,大夫辞之,不可。褚师出,公戟其手,曰:"必断而足!"闻之,褚师与司寇亥乘,曰:"今日幸而后亡。"公之入也,夺南氏邑,而夺司寇亥政。公使侍人纳公文懿子之车于池。初,卫人翦夏丁氏,以其帑赐彭封弥子。弥子饮公酒,纳夏戊之女,嬖,以为夫人。其弟期,大叔疾之从孙甥也,少畜于公,以为司徒。夫人宠衰,期得罪。公使三匠久。公使优狡盟拳弥,而甚近信之。故褚师比、公孙弥牟、公文要、司寇亥、司徒期因三匠与拳弥以作乱,皆执利兵,无者执斤,使拳弥入于公宫,而自太子疾之宫噪以攻公。鄩子士请御之,弥援其手,曰:"子则勇矣,将若君何? 不见先

己氏家,他把玉璧给己氏看,说:"你如果救我一命,我就给你玉璧。"己氏说:"如果我杀了你,玉璧能到哪里去呢?"就杀了卫庄公把玉璧拿过来。卫人让卫襄公孙子般师回来,立他为国君。

十二月,齐国人攻打卫国,卫国人请求讲和,齐国人强行立了卫灵公儿子公子起为国君,并把般师抓回齐国,让他住在潞地。

十八年夏季,卫国的石圃赶走了他的国君起。起逃亡到齐国。卫出公蒯辄从齐国重新回国,赶走了石圃,恢复了石魋和太叔遗原来的官职。

二十五年夏季,五月二十五日,卫出公逃亡到宋国。卫出公在藉圃造了灵台,并和大夫们在那里喝酒。褚师声子(即褚师比)竟然穿着袜子登上席子,卫出公因而发怒。褚师比辩解说:"我脚上生疮,和别人不一样。如果国君您见到了,您会呕吐的,因此我不敢脱去袜子。"卫出公更加生气,大夫们都为褚师比辩解,卫出公不同意。褚师比退下以后,卫出公伸出食指与中指指着他,说:"一定要砍断你的脚!"褚师比听到这话后,就和司寇亥一起坐车逃了出来,说:"今天的事情能够落个逃亡就是幸运了。"卫出公回国的时候,夺走了南氏(即公孙弥牟)的封邑,并且剥夺了司寇亥的职务。卫出公还派侍者把公文懿子(即公文要)的车子推到池塘里。起初,卫国人灭了夏丁氏(即夏戍氏),把他的家财赐给彭封弥子(即弥子瑕)。弥子瑕请卫出公喝酒,进献给他夏戍的女儿。卫出公宠爱她,让她做了夫人。她的弟弟期,是太叔疾妹妹的孙子,小时候养在卫国公室里,卫出公让他做了司徒。夫人的宠爱日渐衰减,期也就因此有了罪过。卫出公役使三种匠人干活,长时间不让他们休息。卫出公还让伶人狡和大夫拳弥盟誓以示侮辱,但又很亲近信任拳弥。所以褚师比、公孙弥牟、公文懿子、司寇亥、司徒期靠着三种匠人和拳弥来发动叛乱。这些人都拿着锐利的武器,没有武器的人拿着斧子,然后派拳弥进入卫出公的宫殿,而其他人从太子疾的宫里呐喊着要攻打卫出公。大夫鄄子士请求抵御他们,拳弥拉着他的手,说:"您固然勇敢,但打算怎么保护国君呢? 您没有见到先

君乎？君何所不逞欲？且君尝在外矣，岂必不反？当今不可。众怒难犯，休而易间也。”乃出。将适蒲，弥曰：“晋无信，不可。”将适鄄，弥曰：“齐、晋争我，不可。”将适泠，弥曰：“鲁不足与，请适城鉏，以钩越。越有君。”乃适城鉏。弥曰：“卫盗不可知也，请速，自我始。”乃载宝以归。公为支离之卒，因祝史挥以侵卫。卫人病之。懿子知之，见子之，请逐挥。文子曰：“无罪。”懿子曰：“彼好专利而妄，夫见君之入也，将先道焉。若逐之，必出于南门而适君所。夫越新得诸侯，将必请师焉。”挥在朝，使吏遣诸其室。挥出，信，弗内。五日，乃馆诸外里。遂有宠，使如越请师。

二十六年夏五月，叔孙舒帅师会越皋如、后庸、宋乐茷纳卫侯。文子欲纳之，懿子曰：“君愎而虐，少待之，必毒于民，乃睦于子矣。”师侵外州，大获。出御之，大败。掘褚师定子之墓，焚之于平庄之上。文子使王孙齐私于皋如曰：“子将大灭卫乎，抑纳君而已乎？”皋如曰：“寡君之命无他，纳卫君而已。”文子致众而问焉，曰：“君以蛮夷伐国，国几亡矣。请纳之。”众曰：“勿纳。”曰：“弥牟亡而有益，请自北门出。”众曰：“勿出。”重赂越人，申开、守陴而纳公，

君庄公的情况吗？国君到哪里不能满足自己的愿望呢？而且国君曾经在国外流亡过，难道就一定不能回来吗？现在不能那么做。众怒难犯，叛乱平定后才易于离间作乱的人。"于是卫出公就动身出逃。他打算到蒲地去，拳弥说："晋国不讲信用，不能到那里去。"又打算到鄄地去，拳弥说："齐国和晋国在争夺我国，不能到那里去。"又打算到泠地去，拳弥说："鲁国不值得亲附，请到城鉏去，以联系越国。越国有贤明的国君。"于是卫出公就到城鉏去。拳弥说："卫国的盗贼是否会来袭击我们还不知道，请快点离开，我走在前面。"于是拳弥就装上宝物回了卫都。卫出公把跟从的徒兵加以分散，靠着祝史挥作为内应侵袭卫都。卫都人为此感到忧虑。公文懿子知道了，进见公孙弥牟，请求赶走祝史挥。文子(即公孙弥牟)说："他没有罪过。"公文懿子说："他专权好利而又胡作非为，要是见到国君有回到国都的趋势，就一定会在前面引路的。如果赶走他，他一定出南门而去国君那里。越国最近得到诸侯的拥护，他们一定会请求越国出兵。"当时挥在朝廷上，下朝后公孙弥牟就派官吏把他从家里赶走了。挥出了城，在外面住了两晚，想要回来没有被接受。过了五天，他就住到外里。于是他受到卫出公的宠信，卫出公派他到越国去请求出兵。

二十六年夏季五月，鲁国大夫叔孙舒领兵会合越国大夫皋如、后庸、宋国司城乐茷送卫出公回国。公孙弥牟想要接纳出公，懿子说："国君刚愎而暴虐，稍等些时候，就必然会毒害百姓，那时百姓就拥护您了。"联军侵袭外州，大肆劫掠。卫军出去抵抗，结果大败。卫出公掘开褚师比父亲褚师定子的坟墓，把棺材在平庄陵之上放火烧掉。公孙弥牟派王孙齐私下去见皋如说："您是打算大举灭亡卫国呢，还是把国君送回来就算了呢？"皋如说："敝国国君的命令没有别的，把卫君送回来就算了。"公孙弥牟召集大家征求意见，说："国君带着蛮夷来攻打我国，国家差一点灭亡了。请大家接纳他。"众人说："不要接纳。"公孙弥牟说："如果我逃亡对大家有好处，请让我从北门出去。"众人说："不要出去。"公孙弥牟丰厚地贿赂越人，大开城门，又守卫森严地接纳卫出公，

公不敢入。师还，立悼公，南氏相之，以城钽与越人。公曰："期则为此。"令苟有怨于夫人者，报之。司徒期聘于越，公攻而夺之币。期告王，王命取之。期以众取之。公怒，杀期之甥之为大子者，遂卒于越。

卫出公自城钽使以弓问子赣，且曰："吾其入乎？"子赣稽首受弓，对曰："臣不识也。"私于使者曰："昔成公孙于陈，甯武子、孙庄子为宛濮之盟而君入。献公孙于齐，子鲜、子展为夷仪之盟而君入。今君再在孙矣，内不闻献之亲，外不闻成之卿，则赐不识所由入也。《诗》曰：'无竞惟人，四方其顺之。'若得其人，四方以为主，而国于何有？"

臣士奇曰：卫襄公无嫡子，公孟絷以足废，而灵公得立。康叔告符若亦非偶然者。但灵之为灵，庸何愈于絷？齐豹之乱，其兄见贼而己亦有死鸟之辱，仅而能复。豹既诛于北宫氏，而公子朝、褚师圃、子玉霄、子高鲂未正典刑，有逸贼矣。至侵欲无厌，使世臣以富为惧，可为寒心。身经宣姜之祸，犹不知戒溺帷房之爱，艾豭贻诮，而聩辄逆伦之事遂萌于此。公叔戍欲去夫人之党，一言被逐。昏悖若灵，其不失国也亦幸焉耳。

卫出公不敢进城。联军回去后，卫国拥立了悼公，由公孙弥牟辅助他，把城鉏给了越国人。卫出公说："是司徒期造成这种局面的。"便命令宫女对夫人有怨恨的可以报复。司徒期为卫悼公到越国聘问，卫出公带人攻打他并且夺走了他携带的财礼。司徒期报告越王勾践，越王勾践命令取回来。司徒期带了一批人又把财礼夺了回来。卫出公非常愤怒，杀死了司徒期当太子的外甥，后来卫出公就死在越国。

卫出公从城鉏派人用弓问候子赣（即子贡），而且说："我能回国吗？"子贡叩头接受了弓，回答说："臣下我不知道。"他私下对使者说："从前卫成公避居于陈国，宁武子、孙庄子为他在卫国宛濮结盟，然后成公回国。卫献公避居于齐国，子鲜、子展为他在卫国夷仪结盟，然后献公回国。现在国君第二次避居在外，内部没有听到像献公那样的亲信，外部没有听到像成公那样的大臣，那么我就不知道国君还能靠什么回国了。《诗经》说：'得到贤人能够强大，四方各国将会顺服。'如果得到这样的人，四方把他作为主人，取得国家又有什么困难呢？"

　　臣下我高士奇评论说：卫襄公没有嫡子，公孟絷因为脚有毛病被放弃，而卫灵公元得以立为国君。卫国始祖康叔的托梦相告好像也不是偶然的。但是卫灵公作为谥号为"灵"的昏君，又有哪些地方能胜过公孟絷呢？齐豹作乱，卫灵公的哥哥公孟絷被杀害，他自己也有逃到死鸟的侮辱，仅能幸运地回国而已。齐豹被北宫喜的家臣首领诛杀以后，公子朝、褚师圃、子玉霄、子高鲂等没有被明正典刑，这就有逍遥法外的逆贼了。至于说侵占掠夺的欲望无度，以致世家大臣都因为富有而害怕，真是令人寒心。卫灵公亲身经历了宣姜的祸乱，还不知道戒止房帏中的溺爱，让宋国的子朝被称为漂亮的公猪而使太子蒯聩遭到宋国野外之人的讥笑，蒯聩、蒯辄父子做违背人伦的事就是在这时开始萌发的。公叔戍想除掉卫灵公夫人南子的党羽，因为南子一句话而被驱逐。像卫灵公这样昏聩悖乱的国君，没有丧失掉国家也算幸运了。

　　南子虽淫，非聩所得杀。聩获罪而出，属籍已绝。然灵公欲立公子郢，郢曰："亡人之子辄在。"夫人虽怨聩，亦不以为非，而遂立之。辄不以亡人之子废，即安得以亡人拒其父哉？为辄者，诚于嗣位之初，涕泣而请于夫人曰："若以聩为有罪欤，则辄固罪人子也，何敢为君？若以辄为无罪，则亡人越在异国，不蒙赦宥，辄惟一死以谢亡人耳。天下岂有无父之子哉？"安知南子不感其仁孝而为及泉之见？乃俨然立乎其位，不惟断乌鸟之情，而直等寇雠之御。为人子者，顾如是耶？

　　夫聩虽不立，抚有卫国者，即其子也。先君无废祀，民人无废主，聩亦可以菟裘老矣。子据国而父争之，非古今之大愚，断不出此。浑良夫，奸竖也，乃比之以求入。苟有人心者，禄之以天下弗为，而况一国乎？而况其子之国乎？不知何颜以告之周，而周且窃窃然命之也。

　　己氏殒而卒符北宫之占，城鉏顿而莫返于越之魄，国于何有？而徒使至性相残，曾虎狼之不若。故辄拒父之罪不容于诛，而聩亦未为无过也。要其源，则自灵公之宠南子始。吁！可不戒哉！

南子虽然淫乱，但不是蒯聩可以杀掉的。蒯聩因为获罪而出逃，在卫国宗室谱籍已经除名。然而卫灵公想要立公子郢为太子，公子郢却说："逃亡太子蒯聩的儿子蒯辄还在。"夫人南子虽然怨恨蒯聩，但也不认为公子郢的话不对，最终还是立了蒯辄。卫出公蒯辄没有因为是逃亡者的儿子而被废掉，怎么能因为父亲是逃亡者而对他回国加以拒绝呢？如果蒯辄在继位之初，声泪俱下地向夫人南子请求说："如果认为蒯聩是有罪之人，那么我蒯辄本来就是罪人之子，我还怎敢当国君呢？如果认为我蒯辄无罪，那么逃亡的人在异国他乡而不被赦免，我蒯辄只有一死来向逃亡的人谢罪了。天下哪有没有父亲的儿子呢？"怎么知道南子不会被他的仁孝所感动，进而跟蒯聩像郑庄公母子一样挖到泉水在隧道中相见和好如初呢？等卫出公蒯辄威严地登上国君之位，他不但忘记了乌鸟反哺之私情，而且还径直把父亲蒯聩等同于防备仇敌。做儿子的，难道应该这么做吗？

虽然蒯聩没被立为国君，但据有卫国的还是他的儿子。祖先没有中止祭祀，百姓也有国君统领，蒯聩也可以退隐养老了。然而儿子据有国家，父亲却去争夺，如果不是特别愚蠢的人，绝不会干出这种事来。浑良夫是一个奸佞邪恶的仆人，蒯聩竟然和他勾结以求回国。假如一个人还有人性的话，把天下给他都不会要，何况是一个小国呢？更何况是他儿子所据有的国家呢？不知道他还有什么脸面把这件事报告周敬王，而周敬王还那么公开正式地册命他。

卫庄公蒯聩在戎州被己氏杀死，最终应验了梦见自己在北宫见到浑良夫而进行的占卜；卫出公蒯辄困于城鉏，最终客死越国，魂魄没能返回故乡，和国家有什么关系？却只是让最亲近的父子之间互相残杀，连虎狼这样的野兽都不如。因此蒯辄抗拒父亲蒯聩的罪责诛杀仍然不足抵偿，然而蒯聩也并不是没有过错的。探本求源，则这一切都是从卫灵公宠爱南子开始的。唉！能不引以为戒吗？

郑

卷四十一　郑庄强国克段　入许　诸公子争国附

隐公元年。初,郑武公娶于申,曰武姜,生庄公及共叔段。庄公寤生,惊姜氏,故名曰寤生,遂恶之。爱共叔段,欲立之,亟请于武公,公弗许。及庄公即位,为之请制。公曰:"制,岩邑也,虢叔死焉。他邑唯命。"请京,使居之,谓之京城大叔。祭仲曰:"都,城过百雉,国之害也。先王之制:大都,不过参国之一;中,五之一;小,九之一。今京不度,非制也,君将不堪。"公曰:"姜氏欲之,焉辟害?"对曰:"姜氏何厌之有? 不如早为之所,无使滋蔓。蔓,难图也。蔓草犹不可除,况君之宠弟乎?"公曰:"多行不义,必自毙,子姑待之。"即而大叔命西鄙、北鄙贰于己。公子吕曰:"国不堪贰,君将若之何? 欲与大叔,臣请事之;若弗与,则请除之,

卷四十一　郑庄强国克段　入许　诸公子争国附

　　鲁隐公元年。当初，郑武公从申国娶了女子为妻，叫武姜，武姜后来生了庄公和共叔段。生庄公时先出脚后出头，武姜受到惊吓，就给庄公取名叫寤生，并因此讨厌他。武姜对共叔段却很宠爱，想立他为太子。她多次请求武公，武公都没有答应。等到庄公即位，武姜就请求把制这个地方封给共叔段。庄公说："制这个地方是一座险要的城邑，从前东虢国国君虢叔就死在那里。如果要求其他地方，听从您的吩咐。"武姜又请求京邑，庄公同意了，就让共叔段住在那里，共叔段因此被称为京城太叔。郑国大夫祭仲对庄公说："凡国都的城墙，如果超过三百丈，就会成为国家的祸害。先王规定的制度：大都的城墙不超过国都的三分之一，中等的不超过国都的五分之一，小城不超过国都的九分之一。现在京邑已经超过规定，不合制度，将来您势必无法控制。"庄公说："姜氏要这样做，我哪里能够避免这场祸害呢？"祭仲说："姜氏哪里会满足？不如早对公子段做处置，不要让他像野草一样滋生蔓延。一旦蔓延开来就难以对付了。蔓延的野草尚且难以铲除，更何况是您受宠的弟弟呢？"庄公说："他不义之事做多了，必然自己栽跟头，您就等着瞧吧。"不久，太叔就命令北部和西部边境地区既听命于庄公，同时也听命于自己。公子吕说："一国不能容有二君，您打算怎么办？如果您想把君位让给太叔，就请允许我前去事奉他；如果不想给，就请您把他除掉，

无生民心。"公曰:"无庸,将自及。"大叔又收贰以为己邑,至于廪延。子封曰:"可矣!厚将得众。"公曰:"不义不昵,厚将崩。"

大叔完聚,缮甲兵,具卒乘,将袭郑。夫人将启之。公闻其期,曰:"可矣。"命子封帅车二百乘以伐京,京叛大叔段。段入于鄢,公伐诸鄢。五月辛丑,大叔出奔共。书曰"郑伯克段于鄢"。段不弟,故不言弟;如二君,故曰克;称郑伯,讥失教也,谓之郑志。不言出奔,难之也。

遂置姜氏于城颍,而誓之曰:"不及黄泉,无相见也!"既而悔之。颍考叔为颍谷封人,闻之,有献于公。公赐之食,食舍肉。公问之。对曰:"小人有母,皆尝小人之食矣,未尝君之羹,请以遗之。"公曰:"尔有母遗,繄我独无。"颍考叔曰:"敢问何谓也?"公语之故,且告之悔。对曰:"君何患焉?若阙地及泉,隧而相见,其谁曰不然?"公从之。公入而赋:"大隧之中,其乐也融融。"姜出而赋:"大隧之外,其乐也泄泄。"遂为母子如初。君子曰:"颍考叔,纯孝也。爱其母,施及庄公。《诗》曰:'孝子不匮,永锡尔类。'其是之谓乎!"

以免百姓生出二心。"庄公说:"不必如此,他将咎由自取。"后来太叔占据两属之地作为自己的封邑,并将地盘逐渐扩展到廪延一带。子封(即公子吕)说:"现在可以动手了!他的土地扩大了,就会得到更多的民众。"庄公说:"对国君不义,对兄长不敬,他的土地越多,就崩溃得越快。"

太叔修治城郭,积聚粮草,整治装备武器,充实士卒战车,准备偷袭郑国的国都。武姜将作为内应从里面打开城门。庄公了解到太叔出兵的日期,说:"现在可以动手了。"他命令子封率领二百辆战车攻打京邑,这时京邑的人都背叛了太叔(即共叔段)。太叔只好逃到鄢地,庄公又领兵攻打鄢地。五月二十三日,太叔又逃到共邑。《春秋》中把此事记载为"郑伯克段于鄢"。太叔不像个弟弟,所以不称他为庄公之弟;兄弟相争,如同两国国君交战一样势不两立,所以称为"克";直接说"郑伯",是讽刺庄公对弟弟有失教诲,这就表明庄公早有了杀弟之心。之所以不写太叔"出奔",是因为史官下笔有为难的地方。

事后,庄公就把武姜安置到城颍居住,并对她发誓说:"不到黄泉,决不相见!"但不久他就后悔了。当时,颍考叔担任颍谷镇守官,他听说此事后,就来向庄公进献东西。庄公设宴招待他,吃饭时,颍考叔把肉挑出来放在一边。庄公问他为什么这样做。他回答说:"小人家有老母,一向都吃小人供奉的食物,从未尝过国君的肉食,请允许我把这些肉带回去给她品尝。"庄公说:"你有母亲可以赠送,而我偏偏没有!"颍考叔问:"请问这是什么意思?"庄公说明了原因,并表示他已经感到后悔。颍考叔回答说:"您何必对此忧虑呢?如果掘地见到泉水,你们在隧道中相见,又有谁说这样做不是黄泉相见呢?"庄公听从了颍考叔的建议。他进入隧道时,吟诵道:"进入隧道中,心里乐融融。"武姜走出隧道,也吟诵道:"走出隧道外,心中真愉快。"从此母子和好如初。君子对此评论说:"颍考叔是真正的孝子,他爱自己的母亲,并且还影响到庄公。《诗经》说:'孝子之孝无穷尽,永远赐予你同类。'大概说的就是这种情况吧!"

冬十月,郑共叔之乱,公孙滑出奔卫,卫人为之伐郑,取廪延。郑人以王师、虢师伐卫南鄙。请师于邾。邾子使私于公子豫。豫请往,公弗许,遂行,及邾人、郑人盟于翼。不书,非公命也。

二年冬,郑人伐卫,讨公孙滑之乱也。

三年冬,齐、郑盟于石门,寻卢之盟也。庚戌,郑伯之车偾于济。

四年,宋公、陈侯、蔡人、卫人伐郑,围其东门,五日而还。

秋,诸侯复伐郑。宋公使来乞师,公辞之。羽父请以师会之,公弗许。固请而行。诸侯之师败郑徒兵,取其禾而还。

五年四月,郑人侵卫牧,以报东门之役。卫人以燕师伐郑。郑祭足、原繁、洩驾以三军军其前,使曼伯与子元潜军军其后。燕人畏郑三军,而不虞制人。六月,郑二公子以制人败燕师于北制。君子曰:"不备不虞,不可以师。"

宋人取邾田。邾人告于郑曰:"请君释憾于宋,敝邑为道。"郑人以王师会之,伐宋,入其郛,以报东门之役。

宋人伐郑,围长葛,以报入郛之役也。

六年五月庚申,郑伯侵陈,大获。往岁,郑伯请成于陈,陈侯不许。五父谏曰:"亲仁、善邻,国之宝也,君其许郑。"陈侯曰:"宋、卫实难,郑何能为?"遂不许。君子曰:

冬季十月,郑国的共叔段叛乱后,他的儿子公孙滑逃到卫国,卫国人为他攻打郑国,并夺取了廪延。郑国人率领周平王和西虢国的军队攻打卫国南部边境。郑国又请求邾国出兵。邾国国君邾仪父派人私下和鲁国大夫公子豫商量。公子豫请求出兵,但鲁隐公不同意,公子豫便自己去了,和邾国、郑国在翼地结盟。《春秋》没有记载此事,是因为这不是出于鲁隐公的命令。

二年冬季,郑国人攻打卫国,以讨伐公孙滑的叛乱。

三年冬季,齐国和郑国在石门会盟,为的是重修从前在卢地结盟时的友好。庚戌这一天,郑庄公的车子行走时翻到了济水里。

四年,宋殇公、陈桓公、蔡国人、卫国人联合起来攻打郑国,包围了郑都的东门,五天后才撤兵。

秋季,诸侯联军又攻打郑国。宋殇公派人来鲁国请求出兵助战,鲁隐公推辞了。大夫羽父请求出兵与联军会合,鲁隐公不允许。羽父一再请求,后来还是去了。诸侯的军队打败了郑国的步兵,收割了那里的谷子后便回国了。

五年四月,郑国人入侵卫国,攻到国都郊外,以报复去年东门一战之仇。卫国人率领南燕国军队攻打郑国。郑国的祭足、原繁、洩驾率三军驻扎在燕军的前面,并派曼伯和子元率领制地的军队偷袭燕军背后。燕国人惧怕郑国三军,而没有防备从制地来的军队。六月,郑国的曼伯和子元两个公子带领制人在北制打败了燕军。君子说:"如果不提防意外,就不可领兵作战。"

宋国人夺取了邾国的田地。邾国人告诉郑国说:"请国君对宋国予以报复而解恨,敝邑愿做向导。"于是郑国人率周桓王的军队和邾军会合,讨伐宋国,攻入宋都外城,报复了东门一战之仇。

宋国人攻打郑国,包围了长葛,以报复郑人攻入宋都外城之仇。

六年五月十一日,郑庄公率军入侵陈国,俘获很多人和财物。往年,郑庄公曾请求与陈国和好,陈桓公不同意。五父劝谏说:"亲近仁德之人、与邻国和睦相处,这是治国最宝贵的措施,您还是答应郑国的请求吧!"陈桓公说:"宋国和卫国才是真正的祸患,郑国能把我们怎么样?"就没答应。君子对此评论说:

"善不可失，恶不可长，其陈桓公之谓乎！长恶不悛，从自及也。虽欲救之，其将能乎！《商书》曰：'恶之易也，如火之燎于原，不可乡迩，其犹可扑灭？'周任有言曰：'为国家者，见恶，如农夫之务去草焉，芟夷蕴崇之，绝其本根，勿使能殖，则善者信矣。'"

秋，宋人取长葛。

九年，宋公不王。郑伯为王左卿士，以王命来告伐宋。会于防，谋伐宋也。

十年，会于中丘，为师期也。余见《隐公摄国》。

蔡人、卫人、郕人不会王命。秋七月庚寅，郑师入郊。犹在郊，宋人、卫人入郑，蔡人从之伐戴。八月壬戌，郑伯围戴。癸亥，克之，取三师焉。宋、卫既入郑，而以伐戴召蔡人。蔡人怒，故不和而败。九月戊寅，郑伯入宋。冬，齐人、郑人入郕，讨违王命也。

十一年夏，公会郑伯于郲，谋伐许也。

郑伯将伐许。五月甲辰，授兵于大宫。公孙阏与颍考叔争车，颍考叔挟辀以走，子都拔棘以逐之，及大逵，弗及，子都怒。

秋七月，公会齐侯、郑伯伐许。庚辰，傅于许。颍考叔取郑伯之旗蝥弧以先登，子都自下射之，颠。瑕叔盈又以蝥弧登，周麾而呼曰："君登矣。"郑师毕登。壬午，遂入许。许庄公奔卫。

"好的不能丧失,坏的不能滋长,大概说的就是陈桓公吧!长期作恶而不肯悔改,随后自身就会遭受其祸。即使想挽救,还能做到吗?《商书》上说:'恶的蔓延,就如同大火在原野上燃烧起来,不能够接近,难道还能够扑灭吗?'周朝大夫周任有句话说:'治国理家的人,看到坏的事物,就像农夫务必除去杂草一样,把它铲除后堆积起来,断绝它的根干,不让它再次孳生,这样好的事物就能够发展了。'"

秋季,宋国人夺取了长葛。

九年,宋殇公不去朝见周桓王。当时郑庄公正担任周桓王的左卿士,派人前来鲁国报告周桓王命令攻打宋国的事。鲁隐公和齐僖公在鲁国防地会见,谋划讨伐宋国之事。

十年,鲁隐公在鲁国中丘会见了齐僖公和郑庄公,并商定了出兵伐宋的日期。其他的见于《隐公摄国》。

蔡国人、卫国人、郕国人没有遵照周桓王的命令会师讨伐宋国。秋季,七月初五,郑国的军队从宋国撤回本国进入国都郊外。郑军还在国都远郊外,宋国、卫国联军攻入郑国,蔡国人则跟随其后进攻郑国戴地。八月初八,郑庄公率军包围了戴地。初九,攻下戴地,并俘获了三国军队。宋、卫两国军队攻入了郑国后,才召集蔡国人攻打戴地。蔡国人很生气,所以三国不和睦而导致失败。九月戊寅这天,郑庄公率军攻入宋国。冬季,齐军、郑军攻入郕国,讨伐郕国违背了周桓王的命令。

十一年夏季,鲁隐公和郑庄公在郑国郲地会见,谋划攻打许国。

郑庄公准备发兵攻打许国。五月二十四日,在祖庙里举行颁发武器的仪式。大夫公孙阏(即子都)和颍考叔为一辆兵车争夺起来,颍考叔挟起车辕就跑,子都拔出戟追了上去,追到大路上,没能追上,子都很愤怒。

秋季七月,鲁隐公会合齐僖公、郑庄公讨伐许国。初一,大军逼近许都城下。颍考叔举着郑庄公的"蝥弧"旗抢先登上城墙,子都从下边射他,结果颍考叔从城上坠落而死。瑕叔盈又举起蝥弧旗登上城墙,并摇旗呐喊:"国君登上城墙了!"于是郑军全部登上城墙。初三,郑庄公进入许都。许庄公逃亡到卫国。

齐侯以许让公。公曰:"君谓许不共,故从君讨之。许既伏其罪矣,虽君有命,寡人弗敢与闻。"乃与郑人。

郑伯使许大夫百里奉许叔以居许东偏,曰:"天祸许国,鬼神实不逞于许君,而假手于我寡人。寡人唯是一二父兄不能共亿,其敢以许自为功乎? 寡人有弟,不能和协,而使糊其口于四方,其况能久有许乎? 吾子其奉许叔以抚柔此民也,吾将使获也佐吾子。若寡人得没于地,天其以礼悔祸于许,无宁兹许公复奉其社稷,唯我郑国之有请谒焉,如旧昏媾,其能降以相从也。无滋他族实逼处此,以与我郑国争此土也。吾子孙其覆亡之不暇,而况能禋祀许乎? 寡人之使吾子处此,不唯许国之为,亦聊以固吾圉也。"乃使公孙获处许西偏,曰:"凡而器用、财贿,无置于许。我死,乃亟去之。吾先君新邑于此。王室而既卑矣,周之子孙日失其序。夫许,大岳之胤也。天而既厌周德矣,吾其能与许争乎?"

君子谓郑庄公"于是乎有礼。礼,经国家,定社稷,序民人,利后嗣者也。许无刑而伐之,服而舍之。度德而处之,量力而行之,相时而动,无累后人,可谓知礼矣"。

齐僖公要把许国让给鲁隐公。鲁隐公说:"国君您认为许国不按时向周王纳贡,所以我才随您去讨伐它。现在许国既然已经服罪,那么即使您有这样的命令,寡人我也不敢接受。"于是就把许国让给了郑国人。

郑庄公让许国大夫百里事奉许庄公的弟弟许叔来居住在许国都城的东部边境小邑。郑庄公对百里说:"上天降灾祸给许国,鬼神确实对许国国君不满,因而借助寡人我的手来惩罚他。但寡人我只有这少量同姓群臣尚且不能相安无事,哪里还敢把讨伐许国作为自己的功劳呢?寡人我只有一个弟弟共叔段,尚且不能与他和睦相处,而使他求食于四方,更何况能长期占有许国呢?你应当事奉许叔来安抚好这里的百姓,我准备再让公孙获来帮助你。如果将来寡人我得以善终,而上天又能撤去加给许国的灾祸,愿意让许公重新治理他的国家。到了那时,如果我郑国有所请求,希望如同旧时的婚姻关系一样,许君还是能降心同意。不要迫于形势让其他国家占有此地,来和我们郑国争夺这块土地。不然的话,我郑国的子孙挽救自己的危亡尚且来不及,何况是能让许国山川得到祭祀呢?我之所以让你居住在这里,不仅仅是为了许国,也是姑且以此来巩固我国的边境。"郑庄公又派公孙获住在许国都城的西部,并对他说:"凡是你的器用财物,都不要放在许国。我死后,你赶快离开这里。我的先君武公在这里新建都城,而周王室已日渐衰微,我们这些周朝的子孙互相攻伐,秩序日趋混乱。许国是太岳的后代,上天既然已经厌弃了周朝的德治,我怎么还能和许国相争呢?"

君子认为郑庄公"在这件事上做得很合乎礼法。礼法,是治理国家、安定社稷、使百姓尊卑有序、造福后代的手段。许国无视法度时就讨伐它,而当它服罪以后就宽恕它。衡量自己的德行来决定事情,估计自己的力量去处理问题,观察时机然后采取行动,而又不连累到后人,这可以说是懂得礼法了"。

郑伯使卒出豭，行出犬鸡，以诅射颍考叔者。君子谓郑庄公"失政刑矣。政以治民，刑以正邪。既无德政，又无威刑，是以及邪。邪而诅之，将何益矣？"

郑、息有违言，息侯伐郑。郑伯与战于竟，息师大败而还。君子是以知息之将亡也，不度德，不量力，不亲亲，不征辞，不察有罪。犯五不韪，而以伐人，其丧师也，不亦宜乎！

冬十月，郑伯以虢师伐宋。壬戌，大败宋师，以报其入郑也。宋不告命，故不书。凡诸侯有命告，则书；不然，则否。师出臧否亦如之。虽及灭国，灭不告败，胜不告克，不书于策。

桓公十五年，许叔入于许。公会齐侯于艾，谋定许也。

庄公二十九年夏，郑人侵许。凡师，有钟鼓曰伐，无曰侵，轻曰袭。

闵公二年，郑人恶高克，使帅师次于河上，久而弗召，师溃而归，高克奔陈。郑人为之赋《清人》。

隐公七年，陈及郑平。十二月，陈五父如郑莅盟。壬申，及郑伯盟，歃如忘。洩伯曰："五父必不免，不赖盟矣。"郑良佐如陈莅盟。辛巳，及陈侯盟，亦知陈之将乱也。

郑庄公让一百人献出一头公猪,二十五个人献出一只狗或一只鸡,然后对神发誓,来诅咒射杀颍考叔的人。君子认为郑庄公"丧失了应有的政令和刑罚,政令用来治理百姓,刑罚用来惩治邪恶。既缺乏有仁德的政治措施,又缺乏严厉的刑罚,因此发生了邪恶之事。发生了邪恶之事再去诅咒它,又有什么用处呢?"

郑国和息国之间因言语不和而反目,息国国君率军攻打郑国。郑庄公和息国军队在边境作战,最后息国的军队大败而回。君子因此知道息国将要灭亡了。不考虑自己的德行,不衡量自己的力量,不亲近自己的亲戚,在言语不和时不能辨别是非,不能明察有罪。犯了这五条过失,还要去讨伐别人,那么他战败而损失军队,不也是应该的吗?

冬季十月,郑庄公带领虢国的军队攻打宋国。十四日,大败宋军,以报复宋国攻入郑国的那次战役。宋国没有向鲁国报告遭到郑国讨伐这件事,因此《春秋》没有记载。凡是各诸侯国发生了大事,来报告就记载,否则就不予记载。出兵顺利不顺利也是这样。即使某一国家被灭亡,只要被灭亡的国家不报告战败,胜利的国家不报告战胜,也都不记载在简册上。

鲁桓公十五年,许叔从许国东部进入许国都城。鲁桓公和齐襄公在齐国艾地会见,是为了谋划如何安定许国。

鲁庄公二十九年夏季,郑国人侵袭许国。凡是军队出动,敲钟击鼓叫"伐",不设钟鼓叫"侵",以轻装部队攻其不备叫"袭"。

鲁闵公二年,郑国人非常讨厌大夫高克,让他率军驻扎在黄河边上,很长时间没有召他回去。后来军队溃散逃回,高克便逃亡到了陈国。郑国人为高克作了《清人》一诗。

鲁隐公七年,陈国和郑国讲和。十二月,陈国公子五父到郑国参加盟会。初二,五父和郑庄公盟誓,歃血时有点心不在焉。郑国大夫泄伯说:"五父必然难免灾祸,因为他没有把结盟当作国家的依赖。"郑国大夫良佐到陈国参加盟会。十一日,良佐和陈桓公结盟,这时他也料到陈国将要发生动乱。

　　冬，郑公子忽在王所，故陈侯请妻之，郑伯许之，乃成昏。

　　八年四月甲辰，郑公子忽如陈，逆妇妫。辛亥，以妫氏归。甲寅，入于郑。陈鍼子送女。先配而后祖。鍼子曰："是不为夫妇，诬其祖矣，非礼也，何以能育？"

　　九年冬，北戎侵郑。郑伯御之，患戎师，曰："彼徒我车，惧其侵轶我也。"公子突曰："使勇而无刚者，尝寇而速去之。君为三覆以待之。戎轻而不整，贪而无亲，胜不相让，败不相救。先者见获，必务进；进而遇覆，必速奔。后者不救，则无继矣，乃可以逞。"从之。戎人之前遇覆者奔，祝聃逐之，衷戎师，前后击之，尽殪。戎师大奔。十一月甲寅，郑人大败戎师。

　　桓公六年夏，北戎伐齐，齐侯使乞师于郑。郑太子忽帅师救齐。六月，大败戎师，获其二帅，大良、少良；甲首三百，以献于齐。于是诸侯之大夫戍齐，齐人馈之饩，使鲁为其班，后郑。郑忽以其有功也，怒，故有郎之师。公之未昏于齐也，齐侯欲以文姜妻郑太子忽，太子忽辞。人问其故，大子曰："人各有耦。齐大，非吾耦也。《诗》云：

冬季，郑国的公子忽作为人质住在周王室，所以陈桓公向郑国请求把女儿嫁给他，郑庄公同意了，于是就订了婚约。

八年四月初六，郑国的公子忽到陈国迎娶妫氏。十三日，带妫氏起程回国。十六日，进入了郑国。陈国大夫陈铖子送新娘到郑国。公子忽和妫氏先同房，然后才祭告祖庙。陈铖子说："这不能算是夫妻，因为欺骗他的祖先了，是不合乎礼法的，怎么能够生育呢？"

九年冬季，北戎人入侵郑国。郑庄公率军抵抗，但又担心戎人军队突袭，说："他们是步兵，我们是车兵，我怕他们从后面突然绕到前面进攻我们。"公子突说："不妨派出一些勇猛但不够坚强的士兵去试探进攻，和敌人刚一接触就马上撤退。国君您在撤退途中设下三处伏兵来等待他们。戎军轻佻而不严整，贪婪而不团结，胜利了就会因争夺财物而各不相让，失败了就会互不相救。走在前面的见到有财物俘虏，必然更快地前进，前进中遭到伏击必然迅速逃奔。后面的人看到前面遇到埋伏溃不成军，必然不去救援，那么敌兵就没有后援了。这样我们就可以取胜并解除忧患。"庄公采纳了他的建议。果然，戎人的先头部队遇到伏击后四散奔逃，郑国大夫祝聃率军追击，把戎军拦腰截断，接着前后夹攻，将其全部歼灭。后面的戎军也争相逃命。十一月二十六日，郑国人大败戎军。

鲁桓公六年夏季，北戎攻打齐国，齐僖公派人到郑国请求出兵。郑国的太子忽率军救援齐国。六月，大败戎军，俘虏了他们的两个主将大良和少良，并把戎军中三百个披甲士兵的脑袋砍下，献给了齐国。当时各诸侯国的大夫都在齐国防守边境，齐国人要赠送他们食物，让鲁国来排定赠送各国的先后顺序，鲁国把郑国排在后面。郑国的太子忽因为自己作战有功而极为愤怒，因此后来也就有了郑、卫、齐三国和鲁国的郎地之战。鲁桓公在没有娶齐僖公女儿文姜之前，齐僖公想把文姜嫁给太子忽，太子忽辞谢了。有人问他是什么原因，他说："每个人都有合适的配偶。齐国太强大，它的女子不适合做我的配偶。《诗经》说：

'自求多福。'在我而已,大国何为?"君子曰:"善自为谋。"及其败戎师也,齐侯又请妻之,固辞。人问其故,太子曰:"无事于齐,吾犹不敢。今以君命奔齐之急,而受室以归,是以师昏也,民其谓我何?"遂辞诸郑伯。

十年冬,齐、卫、郑来战于郎,我有辞也。初,北戎病齐,诸侯救之,郑公子忽有功焉。齐人饩诸侯,使鲁次之。鲁以周班后郑。郑人怒,请师于齐。齐人以卫师助之,故不称侵伐。先书齐、卫,王爵也。

十一年春,齐、卫、郑、宋盟于恶曹。

郑昭公之败北戎也,齐人将妻之,昭公辞。祭仲曰:"必取之! 君多内宠,子无大援,将不立。三公子皆君也。"弗从。

夏,郑庄公卒。初,祭封人仲足有宠于庄公,庄公使为卿,为公娶邓曼,生昭公,故祭仲立之。宋雍氏女于郑庄公,曰雍姞,生厉公。雍氏宗,有宠于宋庄公,故诱祭仲而执之,曰:"不立突,将死。"亦执厉公而求赂焉。祭仲与宋人盟,以厉公归而立之。

'依靠自己去寻求更多的幸福。'靠我自己就行了,何必要依靠大国呢?"君子认为:"太子忽善于为自己考虑。"等到太子忽打败了戎军,齐僖公又请求把另一个女儿嫁给他,他又坚决拒绝了。有人问他原因,他说:"往日我对齐国无功,尚且不敢娶齐国女子。现在因为国君的命令而率军前来解救齐国的危急,却娶了妻子回去,这是借战争之机而娶亲,国人会怎么说我呢?"于是就假借父亲郑庄公的命令辞谢了齐僖公。

十年冬季,齐、卫、郑三国联合起来到郎地和鲁国军队作战,这次战争鲁国是有理的。起初,北戎攻打齐国,各诸侯派兵前去救援,郑国的公子忽功劳很大。齐国人向各诸侯国军队赠送食物时,让鲁国排定先后顺序。鲁国根据周王室封爵的等级高低把郑国排在后面。郑国人发怒了,请求齐国出兵帮助。齐国人又联络卫国军队一同帮助郑国,因此,《春秋》对这次战争不称"侵伐"。之所以先写齐国和卫国,是按照周王室封爵的等级高低排列的。

十一年春季,齐国、卫国、郑国、宋国在卫国恶曹结盟。

郑昭公(即太子忽)在打败北戎的时候,齐僖公打算把女儿嫁给他,被郑昭公辞谢了。祭仲说:"您一定要娶齐侯女儿为妻!国君的宠妾很多,您如果没有强大的外援,将不能继承君位。其他三个公子子突、子亹、子仪都有可能成为国君。"但郑昭公仍然没有听从他的建议。

夏季,郑庄公去世。起初,祭地镇守官仲足(即祭仲)曾受到郑庄公的宠信,庄公让他做了卿。他为郑庄公迎娶了邓曼为夫人,生了郑昭公忽,因此祭仲在庄公死后就立了昭公忽为国君。宋国的雍氏把女儿嫁给了郑庄公,叫雍姞,后来生了郑厉公突。雍氏一向为人所敬重,并受到宋庄公的宠信,所以雍氏就设法诱骗祭仲到宋国并把他抓了起来,威胁他说:"如果你不立公子突为国君,就把你处死。"并且还抓了厉公(即公子突),以此为由索要财物。于是祭仲和宋国人订立了盟约,带着郑厉公回到郑国后立他为国君。

　　秋九月丁亥，昭公奔卫。己亥，厉公立。

　　十二年夏，公欲平宋、郑。秋，公及宋公盟于句渎之丘。宋成未可知也，故又会于虚。冬，又会于龟。宋公辞平，故与郑伯盟于武父，遂帅师而伐宋，战焉，宋无信也。君子曰："苟信不继，盟无益也。《诗》云：'君子屡盟，乱是用长。'无信也。"

　　十三年春，宋多责赂于郑，郑不堪命，故以纪、鲁及齐与宋、卫、燕战。不书所战，后也。郑人来请修好。

　　十四年春，会于曹。曹人至饩，礼也。夏，郑子人来寻盟，且修曹之会。冬，宋人以诸侯伐郑，报宋之战也。焚渠门，入及大逵，伐东郊，取牛首，以大宫之椽归为庐门之椽。

　　十五年，祭仲专，郑伯患之，使其婿雍纠杀之。将享诸郊。雍姬知之，谓其母曰："父与夫孰亲？"其母曰："人尽夫也，父一而已，胡可比也？"遂告祭仲曰："雍氏舍其室而将享子于郊，吾惑之，以告。"祭仲杀雍纠，尸诸周氏之汪。公载以出，曰："谋及妇人，宜其死也。"夏，厉公出奔蔡。六月乙亥，昭公入。

秋季九月十三日,郑昭公逃亡到了卫国。二十五日,郑厉公被立为国君。

十二年夏季,鲁桓公想让宋国和郑国讲和。秋季,鲁桓公和宋庄公在宋国句渎之丘结盟。因为并不知道宋国是否真想跟郑国和好,所以又在宋国虚地举行了会见。冬季,双方再一次在宋国龟地会见。由于宋庄公辞谢了跟郑国讲和,因此鲁桓公便和郑厉公在郑国武父结盟,然后率兵攻打宋国,并在宋国发生了战斗,这是因为宋国不讲信用。君子对此评论说:"假如事后不讲信用,即使结了盟也没有什么好处。《诗经》说:'君子越是多次订盟,动乱越是因此滋长。'这是因为不讲信用。"

十三年春季,宋国曾多次向郑国索要财物,郑国不堪忍受命令,所以就率领纪国、鲁国的军队和齐国、宋国、卫国、燕国的军队作战。《春秋》没有记载这次作战的地点,是因为鲁桓公超过了约定的日期才到达。郑国人前来鲁国请求重修友好。

十四年春季,鲁桓公和郑厉公在曹国会见。曹国人送来了食物,这是合乎礼法的。夏季,郑庄公的弟弟子人前来鲁国重温在武父盟会结下的友好,并且重温在曹国的会见。冬季,宋国人率领诸侯的军队进攻郑国,这是为了报复郑国和鲁国攻打宋国的那次战役。宋军焚烧了郑国都城的渠门,进入都城,来到城中大街,并攻打东郊,夺取了牛首一地,还把郑国祖庙里的椽子拿回去做了宋国城郊的城门庐门的椽子。

十五年,祭仲专权,郑厉公对此非常忧虑,就让祭仲的女婿雍纠设法杀死他。雍纠打算在郊外宴请祭仲。雍纠的妻子雍姬得知此事后,问她母亲:"父亲和丈夫谁更亲?"她母亲说:"任何一个男人都可能成为丈夫,而父亲却只有一个,怎么能够相比呢?"于是雍姬就告诉祭仲说:"雍纠不在家里而准备在郊外宴请您,我怀疑其中有诈,所以告诉您。"祭仲就先动手杀了雍纠,并陈尸于郑国大夫周氏的池塘边。郑厉公忙用车载着雍纠的尸体逃亡,并说:"遇事和女人商量,他真是该死。"夏季,郑厉公又逃亡到了蔡国。六月二十二日,郑昭公回到郑国复位。

秋，郑伯因栎人杀檀伯，而遂居栎。冬，会于袲，谋伐郑，将纳厉公也。弗克而还。

十六年春正月，会于曹，谋伐郑也。夏，伐郑。秋七月，公至自伐郑，以饮至之礼也。

十七年。初，郑伯将以高渠弥为卿，昭公恶之，固谏，不听。昭公立，惧其杀己也，辛卯，弑昭公而立公子亹。君子谓昭公知所恶矣。公子达曰："高伯其为戮乎！复恶已甚矣。"

十八年秋，齐侯师于首止，子亹会之，高渠弥相。七月戊戌，齐人杀子亹而轘高渠弥。祭仲逆郑子于陈而立之。是行也，祭仲知之，故称疾不往。人曰："祭仲以知免。"仲曰："信也。"

〔考异〕《史记》：子亹自齐襄公为公子之时，尝会斗相仇。及会诸侯，祭仲请子亹无行。子亹曰："齐强而厉公居栎，即不往，是率诸侯伐我，内厉公。我不如往。往何遽必辱？且又何至是？"卒行。于是祭仲恐齐并杀之，故称疾。子亹至，不谢齐侯。齐侯怒，遂伏甲而杀子亹。高渠弥亡归，归与祭仲谋召子亹弟公子婴于陈而立之，是为郑子。

秋季,郑厉公依靠郑国栎地的人杀了戍守栎地的大夫檀伯,然后就在栎地居住下来。冬季,鲁桓公和宋庄公、卫惠公、陈庄公在宋国袁地会见,谋划攻打郑国,并打算送郑厉公回国。因为军队没有获胜而撤兵返回。

十六年春季正月,鲁桓公和宋庄公、蔡桓侯、卫惠公在曹国会见,商量攻打郑国之事。夏季,鲁、宋、卫、陈、蔡五国发兵联合攻打郑国。秋季七月,鲁桓公攻打郑国之后回到国内,因为举行了祭告宗庙并饮酒庆功的典礼,所以《春秋》经文有记载。

十七年。起初,郑庄公打算让高渠弥做卿,郑昭公因为厌恶他,便坚决劝阻,但郑庄公不听。郑昭公即位后,高渠弥害怕郑昭公会杀了自己,就在十月二十二日,杀了郑昭公,然后立了昭公弟弟公子亹为国君。君子认为昭公对自己所厌恶的人是了解的。鲁国大夫公子达说:"高渠弥大概将要被杀吧! 因为他对仇怨的报复也太过分啦!"

十八年秋季,齐襄公率军驻扎在首止,子亹前去会见齐襄公,高渠弥作为他的助手。七月初三,齐国人杀了子亹,并把高渠弥五马分尸。于是祭仲到陈国迎接昭公弟弟郑子(即子仪)回去立为国君。对首止这次会见,祭仲由于事先掌握了情况,所以就借口生病没有前去。有人说:"祭仲因为有先见之明而免于祸患。"祭仲说:"确实如此。"

〔考异〕《史记》:在齐襄公做公子时,子亹曾经与他相斗,双方结下了仇。等到诸侯相会时,祭仲请求子亹不要去。子亹说:"齐国强大,厉公又住在栎地,假使我不去,齐国就会率领诸侯攻打我,并让厉公回到国都。我不如前往。去了为什么一定就会受辱呢? 而且又何至于发展到你所设想的这种地步呢?"子亹最终前往了。这时祭仲担心齐国会杀死子亹及其随从,所以声称有病没去。子亹到了首止,也不向齐襄公道歉。齐襄公十分生气,就设下伏兵杀死了子亹。高渠弥逃回了郑国,回国后与祭仲商议,把子亹的弟弟公子婴从陈国召来立为国君,这就是郑子。

　　庄公十四年，郑厉公自栎侵郑，及大陵，获傅瑕。傅瑕曰："苟舍我，吾请纳君。"与之盟而赦之。六月甲子，傅瑕杀郑子及其二子，而纳厉公。初，内蛇与外蛇斗于郑南门中，内蛇死。六年而厉公入。公闻之，问于申𦈡曰："犹有妖乎？"对曰："人之所忌，其气焰以取之。妖由人兴也。人无衅焉，妖不自作。人弃常，则妖兴，故有妖。"厉公入，遂杀傅瑕。使谓原繁曰："傅瑕贰，周有常刑，既伏其罪矣。纳我而无二心者，吾皆许之上大夫之事，吾愿与伯父图之。且寡人出，伯父无里言；人，又不念寡人，寡人憾焉。"对曰："先君桓公命我先人典司宗祏。社稷有主，而外其心，其何贰如之？苟主社稷，国内之民，其谁不为臣？臣无二心，天之制也。子仪在位，十四年矣。而谋召君者，庸非贰乎？庄公之子，犹有八人。若皆以官爵行赂劝贰，而可以济事，君其若之何？臣闻命矣。"乃缢而死。

　　十六年，郑伯治与于雍纠之乱者，九月，杀公子阏，刖强鉏。公父定叔出奔卫。三年而复之，曰："不可使共叔无后于郑。"使以十月入，曰："良月也，就盈数焉。"君子谓强鉏不能卫其足。

鲁庄公十四年，郑厉公率军从栎地进攻郑国国都，到达大陵时，俘虏了大夫傅瑕。傅瑕说："假如放了我，我将想办法接您回国再登君位。"于是郑厉公和他订立了盟约，然后释放了他。六月二十日，傅瑕杀了郑子和他的两个儿子，然后接纳厉公回国复位。当初，在郑国都城的南门下，曾有两条蛇在一起争斗，一条在城里，一条在城外，结果城里的蛇被咬死。此后过了六年，郑厉公回国。鲁庄公听说此事后，便询问大夫申繻说："难道是由于有妖怪吗？"申繻回答说："一个人是否会遇到自己所忌讳的事，是由他自己的气焰决定的。妖怪是由于人才兴起的。如果人没有过失，妖怪不会自己兴起。人一旦背弃了固有的法则，妖怪就会产生，因此也就有了妖怪。"郑厉公回国后，就杀了傅瑕。他派人对原繁说："傅瑕对自己怀有二心，对这种人，周朝有规定的刑法，现在已据此将他惩处了。凡帮助我回国而没有二心的人，我都答应给他们上大夫的职位，对此我希望能跟伯父您共同商议一下。况且在我离开国都时，伯父您没能告诉我国内的有关情况；我从蔡国回到栎地后，您也没有主动亲近依附我，对此我感到非常遗憾。"原繁回答说："当年先君郑桓公命令我的祖先主管宗庙中藏神主的石室。国家有君主，而自己的心却在国外，还有比这更严重的二心吗？假如一个人能够统治国家，那么国内的百姓，谁不是他的臣下呢？臣下不能怀有二心，这是上天的规定。子仪居于国君之位已有十四年了。而谋划召请国君您回国继位的人，难道不是对国君有二心吗？庄公的儿子，目前还有八个。如果他们都用官职爵位作为贿赂，劝说别人背叛国君，而这样做又能成功的话，国君您又将怎么办呢？臣下听到国君的命令了。"于是他自缢而死。

　　十六年，郑厉公开始惩治参与雍纠之乱的人，九月，杀了公子阏，砍断了强钮的双脚。公叔段的孙子公父定叔逃亡到卫国。三年后，郑厉公又让他回国，说："不能让共叔段在郑国没有后代。"并让他在十月回国，说："十月是个好月份，十是个满数啊。"君子认为是强钮自己不能保住他的双脚。

臣士奇曰:郑庄公,春秋诸侯中枭雄之姿也,其阴谋忮忍,先自翦弟始,而后上及于王,下及于四邻与国。夫兄弟一本,天属最亲,而养骄长恶,以行其芟夷之计。及泉誓母,敢施于所生,况他人乎?

自是雄心弗戢,修廪延之郄,则伐卫;报东门之役,则侵卫;为邾人释取田之憾,则伐宋;忿请成之弗许,则侵陈;假王命以兴师,则伐宋;兼三国之师,则取戴;托违命以虐小,则入郕;饰鬼神之不逞,则入许;怒周班之见后,则战郎。其他连衡植党,相从牲歃,难一二数,庄公亦一世之雄哉!

然而不能崇固国本,内多宠嬖,三公子皆疑于君,致忽、突、子亹、子仪之际,争弑祸兴,国内大乱,则皆阴谋忮忍之所积有以取之,而后知天道之不诬也。

昭公屡经行阵,其救齐也,大败戎师,获甲首三百,功最多,亦非尽柔弱者。其辞文姜曰:"在我而已,大国何为?"不可谓不自立,而当时因其见逐于突,惋惜叹恨于坐失齐援,至引《有女同车》之诗为刺,不知忽不幸而昏于齐,则彭生之祸不在鲁桓而在郑忽矣,安见"人各有耦"之言为失计也?

臣下我高士奇评论说：郑庄公是以枭雄的姿态出现在春秋之世的诸侯中，他的阴谋残忍，先从翦灭自己的弟弟开始，然后上及于周王，下及于四周的邻国盟友。兄弟本是同根所生，天性相连最为亲近，然而郑庄公却故意放纵他弟弟共叔段的骄傲，助长共叔段的邪恶，以此来完成他翦除共叔段的计划。他发誓不到黄泉就不和母亲相见，竟敢把阴谋施加给生身母亲，何况别人呢？

　　此后他的野心就没有收敛过：因为卫国人曾夺取郑国的廪延而和卫国结仇，于是发兵讨伐卫国；为了报复郑国东门被围的那场战役，又侵袭卫国；为了给邾国出宋国人夺取邾国田地的气，于是讨伐宋国；因为怨恨陈国不答应和郑国讲和，于是入侵陈国；假借周桓王的命令来发动诸侯军队，于是讨伐宋国；打败了蔡、卫、宋三国的军队，于是攻下戴地；假托郕国违背了周桓王的命令而侵凌小国，于是攻入郕国；以许庄公让鬼神不满为借口，于是侵入许国；因为怨恨鲁国根据周王室封爵的等级把郑国排在后面接受食物馈赠，于是和鲁国在郎地开战。其他的像联合结盟培植党羽，相随杀牲歃血盟誓，很难一一数清楚。郑庄公也真是一代枭雄啊！

　　然而他却未能注重巩固太子地位，内宫多有宠妾，三个公子都有可能成为国君，以致公子忽、公子突、子亹、子仪时，接连发生弑君夺位的祸乱，国内大乱，这些都是他的阴谋残忍长期积聚而导致的结果，然后可以知道天道报应并不骗人。

　　郑昭公忽屡经战争，他救齐时曾大败北戎军队，斩杀三百甲士，功劳最多，可见他也并不完全是一个软弱的人。他辞谢娶齐僖公女儿文姜时说："靠我自己就行了，靠大国做什么呢？"不能说他不自立，而当时人因他被公子突驱逐，叹惜他坐失结交齐国作为外援的良机，以至征引《有女同车》这首诗来讽刺他，却不知假如公子忽不幸和齐国联姻，那么彭生弑君的灾祸就不是发生在鲁桓公而是在郑昭公身上了，怎见得郑昭公说的"人人都有自己合适的配偶"这句话是失策呢？

祭仲足有宠庄公，使为卿，为公娶邓曼，而生忽，故祭仲立之。则祭仲者，忽之所倚为腹心者也。古有"托六尺之孤、寄百里之命、临大节而不可夺"者，仲见执于宋，遽归而立厉公，逐昭公；又复以专见忌，出厉公而纳昭公，反面事仇，行同狗彘。子亹之会于首止也，齐人讨高渠弥之弑，并杀之。仲知之，故称疾不住。人谓其能以知免，不知仲特一贪生畏死之小人耳。臣而尽如仲，国家奚赖哉？若原繁乃可谓守死不贰者矣。

忽入而终出，突出而终入，子亹、子仪立而不终。当是时，郑有四君，棼若乱丝矣。蛇妖告变，事非偶然。厉公存共叔之后，以其篡逆之气类同也。然而君子原四公子之祸，未尝不追恨于庄公也。

祭仲足受到郑庄公的宠爱，郑庄公让他做了卿，他为郑庄公迎娶了邓曼为夫人，生了公子忽，所以祭仲立公子忽为国君。那么祭仲该是公子忽所依靠的心腹之人。古时候有"可以把年幼的国君托付给他，可以把国君的政令交付给他，面临安危存亡的大事却不动摇屈服"的人，但祭仲在宋国被抓获，迅速回国拥立了郑厉公突，驱逐了郑昭公忽；后来又因为专权受到郑厉公猜忌，于是又赶走了郑厉公而迎郑昭公回国，变换一副脸面事奉自己的仇人，他的行为如同猪狗。当子亹参加首止会见时，齐国人惩治高渠弥弑杀昭公的罪行，一并杀了子亹。祭仲事先知道这事，因此借口有病而没有去。有人说祭仲能因为有先见之明而幸免于难，他们却不知道祭仲只不过是一个贪生怕死的小人而已。做臣子的如果都像祭仲一样，那国家还依靠谁呢？像原繁，才可以称得上是至死保守气节、忠贞不贰的人。

公子忽进入郑国而最终被赶走，公子突被赶走而最终回到郑国，子亹、子仪都立为国君而不得善终。当时，郑国有四个国君，关系纷乱复杂如同乱丝一般。蛇为妖孽已经预示了变乱的发生，这些事情也并非偶然。郑厉公保存了共叔段的后代，因为他的篡权弑逆和共叔段是臭味相投的。然而君子推究四公子祸乱的根源，没有不追溯郑庄公的往事而替他感到遗憾的。

卷四十二　郑穆公之立灵公僖公之狱附

僖公十六年冬十一月乙卯,郑杀子华。

二十四年,郑子华之弟子臧出奔宋,好聚鹬冠。郑伯闻而恶之,使盗诱之。八月,盗杀之于陈、宋之间。君子曰:"服之不衷,身之灾也。《诗》曰:'彼己之子,不称其服。'子臧之服不称也夫!《诗》曰:'自诒伊戚。'其子臧之谓矣。《夏书》曰:'地平天成。'称也。"

三十年,晋侯、秦伯围郑。初,郑公子兰出奔晋,从于晋侯伐郑,请无与围郑。许之,使待命于东。郑石甲父、侯宣多逆以为大子,以求成于晋,晋人许之。

三十一年,郑洩驾恶公子瑕,郑伯亦恶之,故公子瑕出奔楚。

三十三年,楚令尹子上伐郑,将纳公子瑕。门于桔柣之门,瑕覆于周氏之汪,外仆髡屯禽之以献。文夫人敛而葬之鄶城之下。

宣公三年冬,郑穆公卒。初,郑文公有贱妾,曰燕姞,梦天使与己兰,曰:"余为伯鯈。余,而祖也,以是为而子。

卷四十二　郑穆公之立_{灵公僖公之弑附}

鲁僖公十六年冬季十一月十二日，郑国杀了太子华。

二十四年，郑国子华的弟弟子臧出逃到宋国，他喜欢收集鹬毛装饰的帽子。郑文公听说此事后很讨厌他，让盗贼骗他出来。八月，骗子臧出来的盗贼把他杀死在陈国和宋国交界的地方。君子说："衣服不合适，是身体的灾祸。《诗经》说：'那个人啊，和他的服饰不能相称。'子臧的服饰，就是不相称啊!《诗经》说：'自己给自己找来忧虑。'这话说的就是子臧。《夏书》说：'大地平静，上天成全。'是说要上下相称。"

三十年，晋文公和秦穆公包围郑国。起初，郑国的公子兰逃亡到晋国，跟随晋文公攻打郑国，他请求不要参加对郑国的包围。晋文公答应了，让他在东部边境等候命令。郑国的石甲父、侯宣多把他迎回来做太子，以求跟晋国讲和，晋国允许了。

三十一年，郑国的洩驾讨厌公子瑕，郑文公也讨厌他，所以公子瑕逃亡到楚国。

三十三年，楚国令尹子上攻打郑国，准备送公子瑕回国。攻打桔柣之门时，公子瑕的战车翻倒进周氏的水池，外勤仆人髡屯抓住他献给郑穆公。文公夫人将其殡敛后安葬在邺城下。

鲁宣公三年冬季，郑穆公去世了。起初，郑文公有一个地位很低贱的妃子，叫燕姞，梦见一位天使交给她一束兰草，说："我是伯鯈。我是你的祖先，你可以把这个兰草作为你的儿子。

以兰有国香,人服媚之如是。"既而文公见之,与之兰而御之。辞曰:"妾不才,幸而有子。将不信,敢征兰乎!"公曰:"诺。"生穆公,名之曰兰。文公报郑子之妃,曰陈妫,生子华、子臧。子臧得罪而出。诱子华而杀之南里,使盗杀子臧于陈、宋之间。又娶于江,生公子士。朝于楚,楚人鸩之,及叶而死。又娶于苏,生子瑕、子俞弥。俞弥早卒。洩驾恶瑕,文公亦恶之,故不立也。公逐群公子,公子兰奔晋,从晋文公伐郑。石癸曰:"吾闻姬、姞耦,其子孙必蕃。姞,吉人也,后稷之元妃也。今公子兰,姞甥也,天或启之,必将为君,其后必蕃。先纳之,可以亢宠。"与孔将钮、侯宣多纳之,盟于大宫而立之,以与晋平。穆公有疾,曰:"兰死,吾其死乎! 吾所以生也。"刈兰而卒。

四年,楚人献鼋于郑灵公。公子宋与子家将见,子公之食指动,以示子家,曰:"他日我如此,必尝异味。"及入,宰夫将解鼋,相视而笑。公问之,子家以告。及食大夫鼋,召子公而弗与也。子公怒,染指于鼎,尝之而出。公怒,欲杀子公。子公与子家谋先。子家曰:"畜老,犹惮杀之,而况君乎?"反谮子家,子家惧而从之。夏,弑灵公。书曰:"郑公子归生弑其君夷",权不足也。君子曰:"仁而不武,

由于兰草的香味全国第一,人们佩戴它,就会像爱它一样爱你。"
不久以后文公见到燕姞,给她一束兰草而让她侍寝。燕姞告诉
文公说:"臣妾低贱不才,有幸怀了孩子。如果别人不相信,敢请
把兰花用来作为信物!"文公说:"好吧。"后来燕姞生了穆公,取
名为兰。文公奸污了叔父子仪名叫陈妫的妃子,生了子华、子臧。
子臧后来因犯罪而离开郑国。文公诱骗子华而把他杀死在南里,
并且派杀手把子臧杀死在陈、宋两国之间。文公又在江国娶妻,
生了公子士。公子士到楚国朝见楚王时,楚国人给他喝了毒酒,
他走到叶地时就死了。文公又在苏国娶妻,生了子瑕、子俞弥。
俞弥早死。洩驾讨厌子瑕,文公也讨厌他,所以子瑕没有被立为
太子。文公赶走公子们,公子兰逃亡到晋国,跟随晋文公攻打郑
国。石癸说:"我听说姬、姞两姓适合成为配偶,他们的子孙必定
繁盛。姞,就是吉人的意思,是后稷的嫡妻。现在公子兰是姞氏
的外甥,上天或许要开启光大他,他必然会做国君,他的后代必然
繁盛。如果先接纳他为国君,就可以长久保持他的宠信。"于是就
和孔将钼、侯宣多接纳了他,在郑国祖庙里盟誓以后立了公子兰
为国君,以此与晋国讲和。郑穆公有病,说:"兰草死了,我恐怕
也要死了吧!我是因为它出生的。"割掉兰草时,穆公就死了。

　　四年,楚国人献给郑灵公一只大甲鱼。公子宋和子家将要
进见,公子宋(即子公)的食指忽然自己抖动,就给子家看,说:
"以往我发生这种情况,一定会尝到新奇的美味。"等到进去以
后,厨子正准备把甲鱼切块,两人互相对视着笑了起来。郑灵
公问他们为什么发笑,子家就把刚才的情况告诉了郑灵公。等
到把甲鱼赐给大夫们吃的时候,郑灵公也把公子宋召来但偏不
给他吃。公子宋发怒,用手指头蘸进鼎里,尝了尝味道便退了出
去。郑灵公发怒,要杀死公子宋。公子宋和子家策划先下手。
子家说:"牲口老了,要杀它尚且有所顾忌,何况是国君呢?"公子
宋就反过来诬陷子家,子家害怕,只好跟着他干。夏季,二人杀了
郑灵公。《春秋》记载说:"郑公子归生(即子家)弑杀其国君夷。"
这是由于子家的权威不足的缘故。君子说:"仁爱而没有勇武,

无能达也。"凡弑君，称君，君无道也；称臣，臣之罪也。郑人立子良。辞曰："以贤，则去疾不足；以顺，则公子坚长。"乃立襄公。襄公将去穆氏而舍子良。子良不可，曰："穆氏宜存，则固愿也。若将亡之，则亦皆亡，去疾何为？"乃舍之，皆为大夫。

十年，郑子家卒。郑人讨幽公之乱，斫子家之棺而逐其族。改葬幽公，谥之曰灵。

成公十年，郑公子班闻叔申之谋，三月，子如立公子繻。夏四月，郑人杀繻，立髡顽。子如奔许。

十三年六月丁卯夜，郑公子班自訾求入于大宫，不能，杀子印、子羽，反军于市。己巳，子驷帅国人盟于大宫，遂从而尽焚之，杀子如、子駹、孙叔、孙知。

襄公二年秋七月，郑伯睔卒。于是子罕当国，子驷为政，子国为司马。

五年夏，郑子国来聘，通嗣君也。

七年。郑僖公之为大子也，于成之十六年与子罕适晋，不礼焉；又与子丰适楚，亦不礼焉。及其元年，朝于晋，子丰欲诉诸晋而废之，子罕止之。及将会于鄬，子驷相，又不礼焉。侍者谏，不听；又谏，杀之。及鄵，子驷使贼夜弑僖公，而以疟疾赴于诸侯。简公生五年，奉而立之。

八年，郑群公子以僖公之死也，谋子驷。子驷先之。夏四月庚辰，辟杀子狐、子熙、子侯、子丁。孙击、孙恶

是行不通的。"凡是杀死国君,如果只记载国君的名字,这是由于国君无道;记载臣下的名字,这是由于臣下有罪过。郑人要立子良为国君。子良辞谢说:"以贤明而论,我是不够格的;以长幼顺序而论,公子坚年长。"于是立公子坚,是为郑襄公。襄公打算驱逐穆公的儿子们,而仅仅赦免子良。子良不同意,说:"穆公的儿子应该留下来,那是我本来的愿望。如果要驱逐,那就都驱逐,我单独留下干什么?"于是襄公赦免了他们,并让他们都做大夫。

十年,郑国的子家去世。郑国人为了讨伐杀害幽公的那次动乱,砍开了子家的棺材,同时赶走了他的族人。并改葬幽公,把他的谥号改为"灵"。

鲁成公十年,郑国的公子班听说了叔申改立国君的主意,三月,公子班(即子如)立公子繻为国君。夏季四月,郑人杀死了公子繻,立了髡顽。公子班逃亡到许国。

十三年六月十五日夜里,郑国公子班从訾地请求进入祖庙,没有办到,就杀了子印、子羽,回来驻扎在市上。十七日,子驷率领国人在祖庙结盟,人们于是跟着全部烧毁了军营,杀了公子班、子骓、孙叔和孙知。

鲁襄公二年秋季七月,郑成公睔去世。当时子罕主持国家大事,子驷处理政务,子国做司马。

五年夏季,郑国的子国前来鲁国聘问,这是为了替新立的国君通好。

七年。郑僖公做太子的时候,在鲁成公十六年和子罕同去晋国,对子罕不加礼遇;又和子丰同去楚国,对子丰也不加礼遇。等到僖公即位的元年去晋国朝见,子丰想要向晋国控告而废掉僖公,子罕加以劝阻。等到将要在为邬地会见诸侯,子驷相礼,僖公又对他不加礼遇。侍者劝谏,僖公不听;侍者又劝谏,就把侍者杀了。到达鄵地,子驷派人在夜里杀死僖公,而用患疟疾致死的名义报告诸侯。简公当时五岁,就奉立他为国君。

八年,郑国的公子们因僖公去世,密谋杀子驷。子驷先下手。夏四月十二日,找罪名杀了子狐、子熙、子侯、子丁。孙击、孙恶

出奔卫。

　　臣士奇曰：郑穆公出亡，从晋文公伐郑，请弗与围城之役。笃念宗邦，水木之谊至焉。由是晋、郑感其贤，反而立之。其视聚鹬冠与葬郐下之群公子异矣。姬、姞耦，而必蕃国；香刈而遂卒，固有是理，未可以机祥小数而疑《左氏》之夸也。

　　子公以染指之衅，欲剚刃于君父。子家知其不可，则告于灵公，执子公而戮之可也。乃犹豫不忍，"畜老惮杀"之言，尤悖逆而不可为训。令子公反得摇舌其间，以相劫制，而遂即于大恶，其剖棺戮尸，举累世之卿族而尽灭之，有以也。

　　僖公之为太子也，不礼于其臣。及为诸侯，将会于郏，子驷相，又侮慢之。侍者谏，而被杀。固失优崇大臣之体矣。然为人臣者，可生可杀，而不可使为乱。礼貌一不至，而寇仇视之。为之君者，不亦难乎！

　　按：僖公之为此行也，弃楚而从晋也，而子驷执官命未改之说于前此诸大夫请从晋之日，则知公欲背楚，非子驷意也。及楚子囊伐郑，子驷、子国、子耳欲从楚，子孔、子蟜、子展欲待晋，而子驷曰："发言盈庭，

逃亡到卫国。

　　臣下我高士奇评论说：郑穆公出逃国外，跟随晋文公征伐郑国，请求不要参加包围郑国的战役。他深深怀念他的国家，追念水源木本的情谊可以说到达了极点。因此晋国、郑国被他的贤良所感动，使其返国并立他为国君。他跟爱收集鹬毛装饰的帽子的子臧以及被安葬在邾城下的公子瑕等群公子相比是大不相同的。姬姓和姞姓结合婚配，他们的子孙必然会繁盛；郑穆公在人们割掉兰草时便死了，本来就有这样的道理，不能因为这是预测吉凶的小道而怀疑《左传》虚夸。

　　公子宋因为郑灵公不给他甲鱼肉吃，只得用手指蘸进鼎里尝味这个仇隙，就想杀了他的国君。子家知道不可以这样做，如果把这件事告诉灵公，把公子宋抓起来杀掉那是可以的。然而他却犹豫不忍心，"牲口老了，杀它尚且有所顾忌"的话，更是十分荒谬而不可作为后世典范。这就使得公子宋反而得以诬陷他，并以此作为要挟，于是便酿成了大恶，最后被砍开棺材鞭打尸体，几世为卿的家族被彻底消灭，这是有原因的。

　　僖公做太子的时候，对于他的臣下没有礼遇。等他做了诸侯，将要在郏地进行会盟时，子驷相礼，僖公又侮辱怠慢他。侍者劝谏，却被杀掉了。这当然有失优待尊崇大臣的礼数。然而作为人臣，国君可以让他生也可以让他死，但不能允许他违礼乱来。如果人臣一旦不受礼遇，就把君主当作仇敌看待。那作为他们的君主，不也太难了吗！

　　按：郑僖公准备在郏地会见诸侯这次行动，是为了放弃楚国而追随晋国，但在此前诸位大夫请求跟从晋国之时，子驷就坚称要遵奉先君成公不得背叛楚国、顺从晋国的命令，可见僖公要背叛楚国之举，并不符合子驷的心意。等到楚国的子囊攻打郑国时，子驷、子国、子耳都想追随楚国，子孔、子蟜、子展却要等待晋国，而子驷却说："发言的人站满庭院，

谁敢执其咎？请从楚，骓也受其咎。"然则子驷固未尝一日忘楚也。僖公舍楚从晋，身卒见弒，此事势相倚之必然者，而岂尽不礼诸大夫之咎哉？群公子一谋子驷，而反为所杀。子驷讨公子班之难，而身为乱首，与子家名在诸侯之策，其亦不朽也夫！

谁敢承担这个罪责？我请求跟从楚国，我来承担责任。"由此可见，子驷一天也没有忘记过楚国。郑僖公放弃楚国而跟从晋国，最后被杀死，这是情势相因的必然结果，难道完全是由于他没有礼遇诸位大夫的过错吗？公子们共同谋划杀死子驷，结果反被子驷全部杀光。子驷讨伐公子班的祸乱，而他自己又是杀死僖公的罪魁祸首，他和子家都名列诸侯的简册中，也是遗臭万年的人物啊！

卷四十三　郑灭许

隐公十一年,郑伯伐许,遂入许。使许大夫百里奉许叔以居许东偏。详见《郑庄强国》。

桓公十五年,许叔入于许。

成公三年夏,许恃楚而不事郑,郑子良伐许。

四年冬十一月,郑公孙申帅师疆许田,许人败诸展陂。郑伯伐许,取鉏任、泠敦之田。

五年夏,许灵公诉郑伯于楚。

八年,郑伯将会晋师,门于许东门,大获焉。

十四年八月,郑子罕伐许,败焉。戊戌,郑伯复伐许。庚子,入其郛。许人平以叔申之封。

十五年,许灵公畏逼于郑,请迁于楚。辛丑,楚公子申迁许于叶。

襄公十六年,许男请迁于晋,诸侯遂迁许。许大夫不可,晋人归诸侯。郑子蟜闻将伐许,遂相郑伯以从诸侯之师。

卷四十三　郑灭许

鲁隐公十一年，郑庄公攻打许国，于是进入许国都城。郑庄公让许国大夫百里事奉许庄公的弟弟许叔居住在许都东部。详见《郑庄强国》。

鲁桓公十五年，许叔进入许国都城。

鲁成公三年夏季，许国依仗楚国的支持而不事奉郑国，于是郑国的子良发兵攻打许国。

四年冬季十一月，郑国的公孙申领兵前去划定所攻占的许国土地的疆界，但在展陂被许国人打败了。于是郑悼公兴师讨伐许国，夺取了钽任和冷敦的田地。

五年夏季，许灵公到楚国控告郑悼公。

八年，郑悼公率军会合晋军，攻打许国国都的东门，结果大胜，俘获很多。

十四年八月，郑国的子罕讨伐许国，结果被打败。二十三日，郑成公再次发兵攻打许国。二十五日，攻入许国国都外城。许国人以承认公孙申划定的许国疆界为条件跟郑国讲和。

十五年，许灵公害怕郑国的侵逼，请求迁到楚国居住。十一月初三，楚国的公子申把许国迁到了楚国的叶城。

鲁襄公十六年，许灵公请求迁到晋国去，于是诸侯便准备帮助许国迁移。许国大夫不同意，晋国便只好让诸侯都回国了。郑国的子蟜听说将要讨伐许国，便辅佐郑简公参加了诸侯联军。

二十六年，许灵公如楚，请伐郑，曰："师不兴，孤不归矣!"八月，卒于楚。楚子伐郑。

昭公十八年，楚左尹王子胜言于楚子曰："许于郑，仇敌也，而居楚地，以不礼于郑。晋、郑方睦，郑若伐许，而晋助之，楚丧地矣。君盍迁许? 许不专于楚，郑方有令政，许曰：'余旧国也。'郑曰：'余俘邑也。'叶在楚国，方城外之蔽也。土不可易，国不可小，许不可俘，仇不可启。君其图之。"楚子说。冬，楚子使王子胜迁许于析，实白羽。

十九年夏，许悼公疟。五月戊辰，饮大子止之药，卒。大子奔晋。书曰"弑其君"。君子曰："尽心力以事君，舍药物可也。"冬，葬许悼公。

〔补逸〕《公羊传》：贼未讨，何以书葬? 不成于弑也。曷为不成于弑? 止进药，而药杀也。止进药而药杀，则曷为加弑焉尔? 讥子道之不尽也。

《穀梁传》：不弑而曰弑，责止也。止曰："我与夫弑者，不立乎其位。"以与其弟虺。哭泣歠馆粥，嗌不容粒，未逾年而死。故君子即止自责而责之也。

定公四年，许迁于容城。
六年春，郑灭许，因楚败也。

二十六年，许灵公到楚国请求发兵攻打郑国，他说："如果贵国不发兵，我就不回去了！"八月，他死在了楚国。楚康王发兵攻打郑国。

鲁昭公十八年，楚国的左尹王子胜对楚平王说："许国对于郑国，是仇敌，却住在楚地，这对郑国很不礼貌。晋国和郑国目前正处于友好时期，郑国如果攻打许国，再有晋国帮助，楚国就会丧失土地。君王何不考虑把许国迁走呢？许国不再专一事奉楚国，郑国正行善政，许国就会说：'那儿本是我们许国的旧地。'郑国则会说：'那是我们俘虏的城邑。'对楚国来说，叶地是方城山之外的屏障。土地不能轻易给人，国家也不可以小看，不能把许国作为俘虏看待，仇隙也不能挑起。希望君王您好好考虑。"平王听了很高兴。冬季，便派王子胜把许国迁到析地，也就是从前的白羽。

十九年夏季，许悼公患了疟疾。五月五日，许悼公喝了太子止送的药之后就死了。太子逃往晋国。《春秋》记载为"弑其君"。君子说："只要尽心尽力事奉国君就行了，不进献药物也是可以的。"冬季，安葬了许悼公。

〔补逸〕《公羊传》：杀死许悼公的贼人没有诛讨，为什么记载安葬的事情呢？因为这不算是真的弑君。为什么不算是真的弑君呢？太子止给许悼公献药，药杀死了许悼公。既然是太子止给许悼公献药，药杀死了许悼公，那么为什么给他加上弑君的罪名呢？这是讥刺太子没有完全尽到为人之子的责任。

《穀梁传》：没有弑君却称他弑君，是为了责备太子止。太子止说："我和杀国君的同罪，我不能继承君位。"将君位让给自己的弟弟虺。他哭哭啼啼，只喝粥，却咽不下去一粒米，没过一年就死了。所以君子根据太子止的自我责备而责备他。

鲁定公四年，把许国迁到容城。

六年春季，郑国灭掉许国，这是利用楚国战败的机会。

　　臣士奇曰：许为太岳之裔，国于旧许，与郑为邻，而郑之所欲吞并以拓其封竟者也。当鲁隐之季，会齐、鲁以入许，使许叔处许西偏，仅存其祀耳。及桓公时，郑方有内难，许叔乘机窃入，非郑意也。而许又南附于楚，数从伐郑，于是世为仇雠云。夫郑、许唇齿之国也，使郑能尽睦邻之礼，挟许以从中国，许岂甘折而入于楚哉？乃恃强陵弱，惟灭许之是务。既取钼任、泠敦之田，又平以叔申之封。弹丸者许，所余有几耶？是以灵公两诉于楚，曰"师不兴，孤不归矣"。泪尽楚庭，魂羁鄢郢，惨恻至此，其下乔而迁于幽谷也，亦郑之不善处许，而为楚渊驱耳。然许亦有失策焉。当时许尝请迁于晋。夫迁晋愈于迁楚明甚，而许大夫从中沮挠。晋人归诸侯，其事遂寝。乃即安于楚，始而叶，继而白羽，继而容城，流离困苦，卒为郑所灭。而楚属师徒挠败，不能救也。许固不善择者，亦不能不深恨于郑之相煎太急也。

臣下我高士奇评论说：许国是太岳的后裔，在旧许立国，与郑国为邻，它是郑国想要吞并借以开疆拓土的对象。鲁隐公在位末年，郑庄公会合齐国、鲁国入侵许国，于是让许庄公的弟弟许叔住在许都的西部，只保持其对许国祖先的祭祀。到了鲁桓公的时候，正赶上郑国发生了内乱，于是许叔趁机进入许国都城，这并不合郑国的心意。而许国又依附于南方的楚国，多次跟随楚国征伐郑国，于是郑国和许国便成了世代的仇人。郑国和许国本来是唇齿相依的国家，如果郑国能够实行睦邻友好的礼节，协同许国一起追随中原国家，那么许国怎么会甘心折腰去事奉楚国呢？郑国却恃强凌弱，一味致力于灭亡许国。夺取了许国钼任、泠敦的土地，又让许国以承认叔申划定的许国疆界为条件跟郑国讲和。许国本来就是弹丸之地，所剩的土地还有多少呢？因此许灵公两次到楚国去控告郑国，并说"如果贵国不发兵，我就不回去了"。在楚国朝廷流尽了眼泪，最终死后魂魄在楚都鄢郢游荡，悲惨到了这个地步，他弃明投暗，走下乔木进入幽谷之中，也是由于郑国不能善待许国，而把许国驱赶到了敌对的楚国一边。然而许国也有失策的地方。当时许国曾经请求迁到晋国。迁晋要比迁楚明智得多，但许国的大夫却从中阻挠。晋国人把帮助许国迁移的诸侯打发回国，这件事也就不了了之了。于是许国便安居于楚国，开始时在叶地，接着又到白羽，继而又迁到容城，流离失所，艰难困苦，最终被郑国灭掉。而楚国正赶上军队战败，无法救援许国。许国固然不善于选择，然而也不能不深恨郑国相煎太急啊。

卷四十四　子产相郑 西宫纯门之难　诸臣兴废附

襄公五年夏,郑子国来聘,通嗣君也。

八年,郑子国、子耳侵蔡,获蔡司马公子燮。郑人皆喜,惟子产不顺,曰:"小国无文德而有武功,祸莫大焉。楚人来讨,能勿从乎? 从之,晋师必至。晋、楚伐郑,自今郑国不四五年,弗得宁矣。"子国怒之,曰:"尔何知? 国有大命,而有正卿。童子言焉,将为戮矣。"冬,楚子囊伐郑,讨其侵蔡也。

十年,楚子囊、郑子耳伐宋。秋七月,侵我西鄙。还,围萧。八月丙寅,克之。九月,侵宋北鄙。孟献子曰:"郑其有灾乎! 师竞已甚,周犹不堪竞,况郑乎! 有灾,其执政之三士乎!"

初,子驷与尉止有争,将御诸侯之师,而嫱其车。尉止获,又与之争。子驷抑尉止,曰:"尔车非礼也。"遂弗使献。初,子驷为田洫,司氏、堵氏、侯氏、子师氏皆丧田焉,故

卷四十四　子产相郑_{西宫纯门之难}　诸臣兴废附

　　鲁襄公五年夏季,郑国的子国前来鲁国聘问,是为新即位的郑僖公通好。

　　八年,郑国的子国、子耳领兵侵袭蔡国,俘虏了蔡国司马公子燮。郑国人都很高兴,唯独子产不随声附和,他说:"小国没有文治而有了武功,没有比这更大的祸患了。如果楚国人前来讨伐,能够不顺从他们吗? 如果顺从楚国,晋国的军队必然会来攻。晋、楚两国轮番攻打郑国,从今以后郑国至少四五年内不得安宁。"子国对他发怒说:"你知道什么? 国家有发兵的重大命令,自有正卿做主。小孩子说这些话,将有杀身之祸。"冬季,楚国的子囊攻打郑国,以讨伐它对蔡国的侵袭。

　　十年,楚国的子囊、郑国的子耳攻打宋国。秋季七月,他们又侵袭鲁国的西部边境。回国途中包围了宋国的萧地。八月十一日,攻克萧地。九月,子耳侵袭宋国北部边境。孟献子说:"郑国恐怕要有灾祸了吧! 军队争战已经很过分了,周天子尚且经不起经常争战,何况郑国呢! 有灾祸,恐怕会落在执政的三位大夫身上吧!"

　　起初,子驷和尉止有争执,将要抵御诸侯军队时,子驷减少了尉止的兵车。尉止俘虏了敌人,子驷又和他争功。子驷压制尉止说:"你的兵车不合礼制。"便不让他进献俘虏。起初,子驷挖通田中水沟,司氏、堵氏、侯氏、子师氏都因此丧失了田地,所以

五族聚群不逞之人，因公子之徒以作乱。于是子驷当国，子国为司马，子耳为司空，子孔为司徒。冬十月戊辰，尉止、司臣、侯晋、堵女父、子师仆帅贼以入，晨攻执政于西宫之朝，杀子驷、子国、子耳，劫郑伯以如北宫。子孔知之，故不死。书曰"盗"，言无大夫焉。

子西闻盗，不儆而出，尸而追盗。盗入于北宫，乃归授甲。臣妾多逃，器用多丧。子产闻盗，为门者，庀群司，闭府库，慎闭藏，完守备，成列而后出。兵车十七乘，尸而攻盗于北宫。子蟜帅国人助之，杀尉止、子师仆，盗众尽死。侯晋奔晋，堵女父、司臣、尉翩、司齐奔宋。

子孔当国，为载书，以位序听政辟。大夫、诸司、门子弗顺，将诛之。子产止之，请为之焚书。子孔不可，曰："为书以定国，众怒而焚之，是众为政也，国不亦难乎？"子产曰："众怒难犯，专欲难成。合二难以安国，危之道也。不如焚书以安众。子得所欲，众亦得安，不亦可乎？专欲无成，犯众兴祸，子必从之！"乃焚书于仓门之外，众而后定。

十五年，郑尉氏、司氏之乱，其余盗在宋。郑人以子西、伯有、子产之故，纳赂于宋，以马四十乘与师茷、师慧。三月，公孙黑为质焉。司城子罕以堵女父、尉翩、司齐与

这五族聚集了一伙对子驷不满的人,依靠公子的党徒发动叛乱。当时子驷执掌郑国政权,子国做司马,子耳做司空,子孔做司徒。冬季十月十四日,尉止、司臣、侯晋、堵女父、子师仆率领叛乱分子进入宫中,早晨在西宫的朝堂上攻击执政者,杀死了子驷、子国、子耳,劫持郑简公来到了北宫。子孔因为事先知道这件事,所以没有被杀死。《春秋》记载说"盗",这是说没有大夫参与这次叛乱。

子驷的儿子子西听说有叛乱,家中不设警卫就出来了,收敛了他父亲的尸首后就去追赶叛乱分子。叛乱分子进入北宫后,子西才回去准备分发战甲组织进攻。但是家臣和婢妾大多已经逃走,器物大多已经丢失。子产听说有叛乱,便设置守门的警卫,让所有官员各司其职,关闭府库,收藏好贵重财物,完善守备,把士兵排成队列以后才出来。出动了战车十七辆,先收敛了他父亲子国的尸首,然后再到北宫攻打叛乱分子。子蟜率领国都的人帮助他,杀了尉止、子师仆,叛乱分子尽数被杀死。侯晋逃亡到晋国,堵女父、司臣、尉翩、司齐逃亡到宋国。

子孔掌握国家政权,他重新制作盟书,规定官员各守其位,听取执政的法令。大夫、各部门官员以及卿的嫡子们都不肯顺从,子孔准备加以诛杀。子产劝阻他,请求烧掉盟书。子孔不同意,说:"制作盟书是为了安定国家,大伙发怒就烧了它,这是大伙在当政,国家不就难以治理了吗?"子产说:"大伙的怒气难于触犯,专权的愿望难于实现。把两件难办的事合在一起来安定国家,这是危险的办法。不如烧掉盟书来安定大伙。您得到了所需要的权力,大伙也能够安定,不也是可以的吗?专权的愿望不能实现,触犯大伙会引发祸乱,您一定要听从他们!"于是子孔就在仓门外边烧掉了盟书,大伙这才安定下来。

十五年,郑国的尉氏、司氏叛乱以后,残余的叛乱分子逃到宋国。郑国人由于要为子西、伯有、子产报仇的缘故,把一百六十四马和乐师师茷、师慧作为财礼送给宋国。三月,又派公孙黑去宋国作为人质。宋国的司城子罕把堵父女、尉翩、司齐给了

之，良司臣而逸之，托诸季武子，武子置诸卞。郑人醢之三人也。

师慧过宋朝，将私焉。其相曰："朝也。"慧曰："无人焉。"相曰："朝也，何故无人？"慧曰："必无人焉。若犹有人，岂其以千乘之相易淫乐之矇？必无人焉故也。"子罕闻之，固请而归之。

十二月，郑人夺堵狗之妻，而归诸范氏。

十八年，郑子孔欲去诸大夫，将叛晋，而起楚师以去之。使告子庚，子庚弗许。楚子闻之，使扬豚尹宜告子庚曰："国人谓不穀主社稷而不出师，死不从礼。不穀即位，于今五年，师徒不出，人其以不穀为自逸，而忘先君之业矣。大夫图之，其若之何？"子庚叹曰："君王其谓午怀安乎！吾以利社稷也。"见使者，稽首而对曰："诸侯方睦于晋，臣请尝之。若可，君而继之；不可，收师而退，可以无害，君亦无辱。"子庚帅师治兵于汾，于是子蟜、伯有、子张从郑伯伐齐，子孔、子展、子西守。二子知子孔之谋，完守入保。子孔不敢会楚师。楚师伐郑，次于鱼陵。右师城上棘，遂涉颍，次于旃然。芳子冯、公子格率锐师侵费滑、胥靡、献于、雍梁，右回梅山，侵郑东北，至于蟲牢而反。子庚门于纯门，信于城下而还。涉于鱼齿之下，甚雨及之。楚师多冻，役徒几尽。

十九年，郑子孔之为政也专，国人患之，乃讨西宫之难与纯门之师。子孔当罪，以其甲及子革、子良氏之甲守。

郑国，认为司臣有才能而放走了他，将他托付给鲁国的季武子，季武子把他安置在下地。郑国人把堵父女等三人剁成肉酱。

有一次师慧走过宋国朝廷时，打算小便。搀扶他的人说："这里是朝廷。"师慧说："没有人。"搀扶他的人说："朝廷怎么会没有人呢？"师慧说："一定是没有人。如果还有人，难道会用千乘之国的国相去交换我这样一个演唱淫乐的盲人吗？一定是由于宋国没有人才的缘故。"子罕听到了，坚决向宋平公请求把师慧送回郑国。

十二月，郑国人抢了堵狗的妻子，让她回娘家范氏那去。

十八年，郑国的子孔想要除掉大夫们，打算背叛晋国，然后发动楚国军队来除掉他们。便派人告诉楚国令尹子庚，子庚不答应。楚康王听说了这事，派扬豚尹宜告诉子庚说："国人认为我主持国家却不出兵，死后就不能按规定的礼仪安葬祭祀。我即位到现在已经五年了，军队不出动，别人恐怕认为我只顾自己安逸，而忘了先君的大业了。大夫考虑一下，应该怎么办？"子庚叹气说："君王恐怕认为我是贪图安逸吧！我这样做是为了国家啊。"于是接见使者，叩头回答说："诸侯正和晋国和睦，下臣请求去试探一下。如果行，君王就接着发兵；如果不行，就收兵退回，这样可以没有损害，君王也不会受到羞辱。"子庚率领军队在汾地练兵，当时子蟜、伯有、子张正跟随郑简公攻打齐国，子孔、子展、子西在国内留守。子展、子西知道子孔的阴谋，就加强守备入城坚守。子孔不敢和楚军会合。楚军攻打郑国，驻扎在鱼陵。右翼部队在上棘筑城，随后渡过颍水，驻扎在旃然水边。芎子冯、公子格率领精锐部队攻打费滑、胥靡、献于、雍梁，向右绕过梅山，进攻郑国东北部，到达蛊牢然后才回去。子庚攻打郑都的纯门，在城下住了两晚上然后回去。军队渡过鱼齿山下的滍水时，遇到了大雨。楚军大多被冻伤，服杂役的人几乎死光。

十九年，郑国子孔执政以来独断专行，国人很担心，于是就追究西宫那次祸难和楚国攻打纯门那次战役的罪责。子孔应该抵罪，但他却带领他的甲士和子革、子良家里的甲士来保卫自己。

甲辰,子展、子西率国人伐之,杀子孔而分其室。书曰:"郑杀其大夫。"专也。子然、子孔,宋子之子也;士子孔,圭妫之子也。圭妫之班亚宋子,而相亲也;二子孔亦相亲也。僖之四年,子然卒。简之元年,士子孔卒。司徒孔实相子革、子良之室,三室如一,故及于难。子革、子良出奔楚,子革为右尹。郑人使子展当国,子西听政,立子产为卿。

二十二年夏,晋人征朝于郑。郑人使少正公孙侨对曰:"在晋先君悼公九年,我寡君于是即位。即位八月,而我先大夫子驷从寡君以朝于执事。执事不礼于寡君,寡君惧。因是行也,我二年六月朝于楚,晋是以有戏之役。楚人犹竞,而申礼于敝邑。敝邑欲从执事,而惧为大尤,曰'晋其谓我不共有礼',是以不敢携贰于楚。我四年三月,先大夫子蟜又从寡君以观衅于楚,晋于是乎有萧鱼之役,谓我敝邑迩在晋国,譬诸草木,吾臭味也,而何敢差池?楚亦不竞,寡君尽其土实,重之以宗器,以受齐盟,遂帅群臣随于执事,以会岁终。贰于楚者,子侯、石盂,归而讨之。溴梁之明年,子蟜老矣,公孙夏从寡君以朝于君,见于尝酎,与执燔焉。间二年,闻君将靖东夏,四月,又朝以听事期。不朝之间,无岁不聘,无役不从。以大国政令之无常,国家罢病,不虞荐至,无日不惕,岂敢忘职?大国若安定之,

十一日,子展、子西率领国人进攻子孔,杀了他,瓜分了他的家财和采邑。《春秋》记载说:"郑杀其大夫。"这是因为子孔独断专行。子然、子孔,是郑穆公妃子宋子的儿子;士子孔则是郑穆公妃子圭妫的儿子。圭妫的位次虽然在宋子之下,但是两人关系亲近;两个子孔也关系亲近。郑僖公四年,子然去世。郑简公元年,士子孔去世。司徒子孔实际掌控子革、子良两家,三家像一家一样亲,所以子革、子良两家也遭到祸难。子革、子良逃亡到楚国,子革做了楚国的右尹。郑国人让子展执掌国事,让子西负责日常政事,并立子产为卿。

　　二十二年夏季,晋人让郑人前去朝见。郑人派少正公孙侨(即子产)回答说:"晋国先君悼公九年时,我们国君在那个时候即位。即位八个月,我国的先大夫子蟜跟随我们国君去朝见贵国国君。贵国国君对我们国君不加礼遇,我们国君非常恐惧。由于这一趟出行,我们国君在即位第二年六月去楚国朝见,晋国因此发动了戏地那场战役。当时楚国人很强大,多次依礼援救我国。我国想要顺从贵国,而又害怕犯下大错,认为'晋国恐怕会说我们不尊敬有礼仪的国家',因此不敢对楚国有二心。我们国君即位第四年三月,先大夫子蟜又跟随我们国君到楚国朝见,晋国因此又发动了萧鱼那场战役。认为我国靠近晋国,譬如贵国是草木,我们不过是散发出来的气味,怎么敢不保持一致呢?这时楚国逐渐衰弱,我们国君拿出了土地上的全部物产,加上宗庙的礼器,以接受盟约,也因此率领下臣们跟着贵国国君到贵国参加年终的朝会。和楚国有勾结的,只有子侯和石盂,回国以后就讨伐了他们。溴梁会盟的第二年,子蟜已经告老退休了,公孙夏跟随我们国君去朝见贵国国君,在举行尝祭的时候拜见贵国国君,参与了祭祀,分到了祭肉。隔了两年,听说贵国国君打算平定东方,四月,我们又前往朝见以听取结盟的日期。在没有朝见的时候,我们没有一年不聘问,没有一次事情不跟从。由于贵国政令无常,我国疲惫困乏,意外的事情屡屡发生,没有一天不提心吊胆,哪敢忘掉自己的职责呢?大国如果能够安定我国,

其朝夕在庭,何辱命焉?若不恤其患,而以为口实,其无乃不堪任命而翦为仇雠?敝邑是惧,其敢忘君命?委诸执事,执事实重图之。"

九月,郑公孙黑肱有疾,归邑于公,召室老、宗人立段,而使黜官薄祭。祭以特羊,殷以少牢。足以共祀,尽归其余邑。曰:"吾闻之,生于乱世,贵而能贫,民无求焉,可以后亡。敬共事君与二三子。生在敬戒,不在富也。"己巳,伯张卒。君子曰:"善戒。《诗》曰:'慎尔侯度,用戒不虞。'郑子张其有焉。"

十二月,郑游眅将如晋,未出竟,遭逆妻者,夺之以馆于邑。丁巳,其夫攻子明,杀之,以其妻行。子展废良而立太叔,曰:"国卿,君之贰也,民之主也,不可以苟。请舍子明之类。"求亡妻者,使复其所。使游氏勿怨,曰:"无昭恶也。"

二十四年,范宣子为政,诸侯之币重,郑人病之。二月,郑伯如晋,子产寓书于子西以告宣子,曰:"子为晋国,四邻诸侯不闻令德,而闻重币。侨也惑之。侨闻君子长国家者,非无贿之患,而无令名之难。夫诸侯之贿聚于公室,则诸侯贰;若吾子赖之,则晋国贰。诸侯贰,则晋国坏;晋国贰,则子之家坏。何没没也?将焉用贿?夫令名,德

我们会不断来朝见,又何劳下命令呢?如果不体恤我国的忧患,反而把不朝见作为借口,那么我们恐怕不能忍受贵国的命令,会被贵国抛弃成为仇敌吧!我国害怕这样的后果,岂敢忘记贵国国君的命令呢?一切托付给贵国国君,请认真地考虑一下。"

九月,郑国的公孙黑肱有病,便把封邑归还给郑简公,他还召集了室老、宗人确立段为后嗣,而且让他减省家臣、祭祀从简。通常的祭祀只用一只羊,隆重的祭祀用羊和猪。留下足以供祭祀的土地,其余的全部归还给郑简公。他说:"我听说,生在乱世,地位尊贵但能安于清贫,不向百姓索求什么,这样就能够在别人之后灭亡。恭敬地事奉国君和几位大夫。生存在于能够警戒,不在于富有。"二十五日,伯张(即公孙黑肱)去世。君子说:"公孙黑肱善于警戒。《诗经》说:'谨慎地奉行公侯的法度,用以防备意外。'郑国的子张(即公孙黑肱)是做到这一点了。"

十二月,郑国的游眅将要到晋国去,还没有走出国境,便遇到一个迎亲的人,游眅夺走了他的妻子,就在那里住下了。十二月丁巳这一天,那女人的丈夫攻打子明(即游眅),杀了他之后,带着他的妻子走了。子展因此废掉游眅的儿子良而立游眅的弟弟太叔,说:"国卿,是国君的副手,百姓的主人,不能不慎重。请舍弃子明(即游眅)一类的人。"又派人寻找妻子被抢的人,让他回到他的乡里。并警告游氏不要怨恨他,还说:"不要再宣扬游眅的邪恶了。"

二十四年,晋国范宣子执政,诸侯朝见晋国时的贡赋很重,郑国人对此不堪忍受。二月,郑简公到晋国去,子产托子西捎一封信给范宣子,信中说:"您治理晋国,四邻的诸侯没有听说有什么美德,却听说要交很重的贡赋。我对这种情况感到迷惑。我听说君子领导国家,不会担心没有财货,而是害怕难有好名声。诸侯的财货聚集在国君手里,那么诸侯就会产生二心;如果您把这些据为己有,晋国的内部就会产生二心。诸侯有了二心,晋国就要受到损害;晋国的内部有了二心,您的家族就要受到损害。您为什么那么糊涂呢?哪里用得着这些财货呢?好名声,是德行

之舆也；德，国家之基也。有基无坏，无亦是务乎？有德则乐，乐则能久。《诗》云：'乐只君子，邦家之基。'有令德也夫！'上帝临汝，无贰尔心。'有令名也夫！恕思以明德，则令名载而行之，是以远至迩安。毋宁使人谓子'子实生我'，而谓'子浚我以生'乎？象有齿以焚其身，贿也。"宣子说，乃轻币。是行也，郑伯朝晋，为重币故，且请伐陈也。郑伯稽首，宣子辞。子西相，曰："以陈国之介恃大国而陵虐于敝邑，寡君是以请罪焉，敢不稽首？"

晋侯嬖程郑，使佐下军。郑行人公孙挥如晋聘，程郑问焉，曰："敢问降阶何由？"子羽不能对。归以语然明。然明曰："是将死矣，不然，将亡。贵而知惧，惧而思降，乃得其阶。下人而已，又何问焉？且夫既登而求降阶者，知人也，不在程郑。其有亡衅乎！不然，其有惑疾，将死而忧也。"

二十五年。初，陈侯会楚子伐郑，当陈隧者，井堙木刊。郑人怨之。六月，郑子展、子产帅车七百乘伐陈，宵突陈城，遂入之。陈侯扶其大子偃师奔墓，遇司马桓子，曰："载余！"曰："将巡城。"遇贾获，载其母妻，下之，而授公车。公曰："舍而母！"辞曰："不详。"与其妻扶其母以奔墓，亦免。

的载体;德行,是国家和家族的根基。有了根基国和家才不至于毁坏,难道不应该致力于修德吗? 有了德行就会使人快乐,快乐了才能长久。《诗经》说:'快乐的君子啊,是国家和家族的根基。'这就是有美德吧! '天帝在你的上面,不要三心二意。'这就是有好名声吧! 用宽厚之心来考虑事情,就会显现出美德,那么就可以带上好名声往前走,这样远方的人会前来,近处的人也安心。您是愿意减轻贡赋让人对您说'您确实养活了我',还是要因掠夺剥削而让人对您说'您靠榨取我来养活自己'呢?象因为有象牙而毁了自己,这是由于象牙值钱的缘故。"范宣子看了书信后很高兴,便减轻了贡赋。这一趟,郑简公到晋国朝见,是由于贡赋太重的缘故,同时请求晋国出兵攻打陈国。郑简公叩头,范宣子辞谢不敢当。子西相礼,说:"由于陈国依仗楚国而欺凌侵害我国,我们国君因此请求向陈国问罪,怎敢不叩头呢?"

晋平公宠信程郑,任命他为下军副帅。郑国的外交官公孙挥去晋国聘问,程郑向他请教说:"请问怎样才能降级?"子羽(即公孙挥)不知如何回答。回去告诉了然明。然明说:"这个人将要死了,否则,就将要逃亡。地位尊贵而知道害怕,害怕而想到要降级,就可以得到适合他的地位。只要甘居人下就可以了了,还问什么? 再说既已登上高位而要求降级的,是聪明人,但不是程郑这样的人。恐怕他已经有了逃亡的迹象了吧! 否则,就是有了疑心病,将要死了而为自己担心。"

二十五年。起初,陈哀公会合楚康王攻打郑国,陈军经过的路上,水井被填,树木被砍。郑国人对此很怨恨。六月,郑国的子展、子产领着七百辆战车攻打陈国,夜里对陈国都城发动突然袭击,就攻进了城。陈哀公带着他的太子偃师逃奔到坟地里,碰到了司马桓子,说:"让我坐你的车!"司马桓子说:"我正打算巡城呢。"又碰到了贾获,车上载着他的母亲和妻子,贾获让他母亲和妻子下车,而将车让给陈哀公坐。陈哀公说:"也让你的母亲上车吧!"贾获辞谢说:"妇女和您同坐一辆车,不吉利。"说完就和他妻子扶着他的母亲逃奔到坟地里,也躲过了这场祸难。

子展命师无入公宫,与子产亲御诸门。陈侯使司马桓子赂以宗器。陈侯免,拥社,使其众男女别而累,以待于朝。子展执絷而见,再拜稽首,承饮而进献。子美入,数俘而出。祝祓社,司徒致民,司马致节,司空致地,乃还。

郑子产献捷于晋,戎服将事。晋人问陈之罪。对曰:"昔虞阏父为周陶正,以服事我先王。我先王赖其利器用也,与其神明之后也,庸以元女大姬配胡公,而封诸陈,以备三恪。则我周之自出,至于今是赖。桓公之乱,蔡人欲立其出,我先君庄公奉五父而立之,蔡人杀之。我又与蔡人奉戴厉公。至于庄、宣,皆我之自立。夏氏之乱,成公播荡,又我之自入,君所知也。今陈忘周之大德,蔑我大惠,弃我姻亲,介恃楚众,以冯陵我敝邑,不可亿逞,我是以有往年之告。未获成命,则有我东门之役。当陈隧者,井堙木刊。敝邑大惧不竞,而耻大姬。天诱其衷,启敝邑心。陈知其罪,授手于我,用敢献功。"晋人曰:"何故侵小?"对曰:"先王之命,唯罪所在,各致其辟。且昔天子之地一圻,列国一同,自是以衰。今大国多数圻矣,若无侵小,何以至焉?"晋人曰:"何故戎服?"对曰:"我先君武、庄为平、桓卿士。

子展命令军队不要进入陈哀公的宫室,和子产亲自守卫在宫门口。陈哀公让司马桓子把宗庙的祭器赠送给他们。陈哀公穿上丧服,抱着土地神的神位,让他手下的男男女女分开排列、自行捆绑,在朝堂上等待处理。子展拿着绊马索进见陈哀公,再拜叩头,捧着酒杯向陈哀公献礼。子产(即子美)进入,点了点俘虏的人数就出去了。郑国人向土地神祝告除灾去邪,由司徒归还陈国的百姓,司马归还陈国的符节,司空归还陈国的土地,然后郑国军队便回国了。

郑国的子产向晋国奉献战利品,穿着军服行事。晋人问起陈国的罪状。子产回答说:"从前虞阏父做周朝的陶正,事奉我们先王周武王。我们先王嘉奖他能制作器物,于人有利,并且是虞舜的后代,就把大女儿太姬嫁给虞阏父之子胡公,封在陈地,以表示对黄帝、尧、舜的后代的诚敬。所以陈国是我周朝的外甥,到今天还依靠着周朝。陈桓公死后陈国发生了动乱,蔡国人想要立蔡女所生之人,我们先君庄公事奉五父而拥立他为国君,蔡国人杀了他。我们又和蔡国人共同拥戴厉公。一直到陈庄公、宣公,都是我们所立的。由于夏氏的祸乱,陈成公流离失所,又是我们让他回国即位的,这是国君您所知道的。现在陈国忘记了周朝的大德,背弃了我们的大恩,抛弃了我们这个姻亲,倚仗楚国军队,来欺凌我国,而且还不知满足,我国因此而有去年请求贵国帮助攻打陈国的报告。没有得到贵国下令允许,就有了陈国进攻我国东门的战役。陈军经过的路上,水井被填,树木被砍。我国很害怕被削弱,而给太姬带来羞耻。幸而上天厌恶他们,启发了我国攻打陈国的念头。陈国知道自己的罪过,在我们这里得到惩罚,因此我们才敢进献俘虏。"晋国人说:"为什么进攻小国呢?"子产回答说:"先王的命令,只要有罪过,就要分别给予处罚。而且从前天子的土地只有方圆千里,诸侯的土地方圆百里,以此递减。现在大国的土地多到方圆几千里,如果没有侵占小国,怎么能到这地步呢?"晋国人说:"你为什么穿着军服?"子产回答说:"我们先君武公、庄公做过周平王、桓王的卿士。

城濮之役，文公布命曰：'各复旧职。'命我文公戎服辅王，以授楚捷。不敢废王命故也。"士庄伯不能诘，复于赵文子。文子曰："其辞顺，犯顺不祥。"乃受之。冬十月，子展相郑伯如晋，拜陈之功。子西复伐陈，陈及郑平。仲尼曰："《志》有之：'言以足志，文以足言。'不言，谁知其志？言之无文，行而不远。晋为伯，郑入陈，非文辞不为功。慎辞哉！"

晋程郑卒，子产始知然明，问为政焉。对曰："视民如子。见不仁者诛之，如鹰鹯之逐鸟雀也。"子产喜，以语子大叔，且曰："他日吾见蔑之面而已，今吾见其心矣。"子大叔问政于子产。子产曰："政如农功，日夜思之，思其始而成其终，朝夕而行之。行无越思，如农之有畔，其过鲜矣。"

二十六年，郑伯赏入陈之功。三月甲寅朔，享子展，赐之先路三命之服，先八邑；赐子产次路再命之服，先六邑。子产辞邑，曰："自上以下，降杀以两，礼也。臣之位在四，且子展之功也。臣不敢及赏礼，请辞邑。"公固予之，乃受三邑。公孙挥曰："子产其将知政矣，让不失礼。"

秋七月，齐侯、郑伯为卫侯故，如晋。国景子相齐侯，子展相郑伯。叔向曰："郑七穆，罕氏其后亡者也。子展俭

城濮之战,晋文公发布命令说:'各自恢复原来的职务。'命令我们文公穿着军服辅佐天子,并接受楚国俘虏。现在我穿着军服,是不敢废弃天子命令的缘故。"士庄伯不能反驳,回去向赵文子报告。赵文子说:"他的言辞合于情理,如果我们违背了情理,就不吉利。"于是就接受郑国奉献的战利品。冬季十月,子展作为郑简公的相礼一起去到晋国,拜谢晋国接受他们奉献的陈国战利品。子西再次攻打陈国,陈国和郑国讲和。孔子说:"《志》上有这样的话:'言语用来表达意愿,文采用来修饰言语。'不说话,谁知道他的意愿?说话没有文采,就不能流传远方。晋国作为霸主,郑国攻入陈国,如果不是子产擅长辞令就不能成功。要谨慎地使用辞令啊!"

晋国的程郑去世,子产才知道然明的预测是准确的,便向他询问怎样施政。然明回答说:"把百姓看成儿子一样。见到不仁的人,诛戮他,好像老鹰追赶鸟雀一样。"子产很高兴,把这些话告诉子太叔,而且说:"以前我见到的只是蔑(即然明)的外表,现在我见到他的心地了。"子太叔向子产询问政事。子产说:"政事就像农活,白天黑夜都想着它,想着它的开始又要想着取得好结果,早晨晚上都照想的去做。所做的不超过所想的,好像农田里有田埂,这样过错就少了。"

二十六年,郑简公赏攻入陈国的功劳。三月初一,设享礼招待子展,赐给他先路车和三命礼服,然后再赐给他八座城邑;赐给子产次路车和再命的礼服,然后再赐给他六座城邑。子产推辞不接受城邑,说:"从上而下,以二的数目递减,这是礼的规定。下臣的排位在第四,而且这是子展的功劳。下臣不敢受到这种赏赐和礼仪,请求辞去城邑。"郑简公坚决要给他,他就接受了三座城邑。公孙挥说:"子产恐怕将要执政了,他为人谦让而不失礼数。"

秋季七月,齐景公、郑简公因为卫献公的缘故到晋国去。国景子做齐景公的相礼,子展做郑简公的相礼。叔向说:"郑穆公后代的七个家族中,罕氏大概是最后灭亡的吧。因为子展节俭

而壹。"郑伯归自晋,使子西如晋聘,辞曰:"寡君来烦执事,惧不免于戾,使夏谢不敏。"君子曰:"善事大国。"

楚子伐郑,郑人将御之。子产曰:"晋、楚将平,诸侯将和,楚王是故昧于一来。不如使逞而归,乃易成也。"子展说,不御寇。

二十七年秋,郑伯享赵孟于垂陇,子展、伯有、子西、子产、子大叔、二子石从。赵孟曰:"七子从君,以宠武也。请皆赋以卒君贶,武亦以观七子之志。"子展赋《草虫》,赵孟曰:"善哉,民之主也! 抑武也,不足以当之。"伯有赋《鹑之贲贲》,赵孟曰:"床笫之言不逾阈,况在野乎? 非使人之所得闻也。"子西赋《黍苗》之四章,赵孟曰:"寡君在,武何能焉?"子产赋《隰桑》,赵孟曰:"武请受其卒章。"子大叔赋《野有蔓草》,赵孟曰:"吾子之惠也。"印段赋《蟋蟀》,赵孟曰:"善哉,保家之主也! 吾有望矣。"公孙段赋《桑扈》,赵孟曰:"'匪交匪敖',福将焉往? 若保是言也,欲辞福禄,得乎?"卒享,文子告叔向曰:"伯有将为戮矣。诗以言志,志诬其上,而公怨之,以为宾荣,其能久乎? 幸而后亡。"叔向曰:"然,已侈,所谓'不及五稔'者,夫子之谓矣。"文子曰:"其余皆数世之主也。子展其后亡者也,在上不忘降。印氏其次也,乐而不荒。乐以安民,不淫以使之,后亡,不亦可乎?"

而专一。"郑简公从晋国回来,派子西去到晋国聘问,致辞说:"我们国君来麻烦贵国,害怕失敬而不免于罪过,特派我前来表示歉意。"君子说:"郑国善于事奉大国。"

楚康王发兵攻打郑国,郑国人准备抵抗楚军。子产说:"晋国和楚国将要讲和,诸侯将要和好,楚王因此冒昧来这里一趟。不如让他快意而回,这样就容易讲和了。"子展很高兴,就不抵抗楚军进犯。

二十七年秋季,郑简公在垂陇设享礼招待赵孟(即赵文子),子展、伯有、子西、子产、子太叔以及印段、公孙段(两个人的字都是子石)都跟着郑简公一起。赵文子说:"你们七位跟随贵国国君,这是赐给我赵武以荣宠。请求各位都赋诗来完成贵国国君的恩赐,我也可以借此考察七位的志向。"子展吟诵《草虫》这首诗,赵文子说:"好啊,这是百姓的主人!但我是不足以承当的。"伯有吟诵《鹑之贲贲》这首诗,赵文子说:"床第间的话不应该出门槛,何况在野外呢?这不是应该让人听到的话。"子西吟诵《黍苗》的第四章,赵文子说:"我们国君在那里,我有什么能力呢?"子产吟诵《隰桑》这首诗,赵文子说:"我请求接受它的最后一章。"子太叔吟诵《野有蔓草》这首诗,赵文子说:"这是大夫您赐予的恩惠。"印段吟诵《蟋蟀》这首诗,赵文子说:"好啊,这是能保住家族的大夫!我有希望了。"公孙段吟诵《桑扈》这首诗,赵文子说:"'不求侥幸不骄傲',福禄还会跑到哪儿去呢?如果按照这些话去做,即使想要推辞福禄,哪能做到呢?"享礼结束后,赵文子告诉叔向说:"伯有将要被诛戮了。诗用来表达心意,他的心意在于诬蔑国君,并且公开抱怨,还以此作为宾客的光荣,他能够长久得了吗?如果侥幸免除一死,之后也一定会逃亡。"叔向说:"对,他太骄奢了,所谓'等不到五年',说的就是这个人了。"赵文子说:"其他的人都是可以传下几世的大夫。子展家也许是最后灭亡的,因为他处在上位而不忘记贬抑自己。印氏或许是倒数第二家灭亡的,因为印段虽然欢乐却不放纵。欢乐用来安定百姓,役使百姓又不过分,灭亡在后,不也是可以的吗?"

二十八年，蔡侯归自晋，入于郑。郑伯享之，不敬。子产曰：“蔡侯其不免乎！日其过此也，君使子展迋劳于东门之外，而傲。吾曰犹将更之。今还，受享而惰，乃其心也。君小国，事大国，而惰傲以为己心，将得死乎？若不免，必由其子。其为君也，淫而不父。侨闻之，如是者，恒有子祸。”

子产相郑伯以如楚，舍不为坛。外仆言曰：“昔先大夫相先君适四国，未尝不为坛。自是至今，亦皆循之。今子草舍，无乃不可乎？”子产曰：“大适小，则为坛；小适大，苟舍而已，焉用坛？侨闻之，大适小，有五美：宥其罪戾，赦其过失，救其菑患，赏其德刑，教其不及。小国不困，怀服如归。是故作坛，以昭其功，宣告后人，无怠于德。小适大，有五恶：说其罪戾，请其不足，行其政事，共其职贡，从其时命。不然，则重其币帛，以贺其福而吊其凶。皆小国之祸也，焉用作坛以昭其祸？所以告子孙，无昭祸焉可也。”

公如楚，过郑，郑伯不在，伯有迋劳于黄崖，不敬。穆叔曰：“伯有无戾于郑，郑必有大咎。敬，民之主也，而弃之，何以承守？郑人不讨，必受其辜。济泽之阿，行潦之蘋藻，置诸宗室，季兰尸之，敬也。敬可弃乎？”

二十八年，蔡景公从晋国回国时，进入郑都。郑简公设享礼招待他，他表现得不恭敬。子产说："蔡侯恐怕不能免于祸难吧！从前经过这里的时候，国君派子展到东门之外去慰劳他，但是他表现得很傲慢。我认为他还是会改变的。现在回来，接受享礼还是很不恭敬，那就是他心性如此了。作为小国的国君，事奉大国，反而把不恭敬和傲慢作为自己的心性，将来能有好死吗？如果不免于祸难，一定是由他的儿子引起。他作为国君，淫乱而没有做父亲的样子。我听说，像这样的人，经常会遭遇儿子发动的祸乱。"

子产辅助郑简公到楚国去，在楚都郊外搭了帐篷而不筑坛。随同的外仆说："从前先大夫辅助先君到四方各国，从没有不筑坛的。从那个时候到今天也都相沿不改。现在您不除草就搭起帐篷，恐怕不可以吧？"子产说："大国到小国去，就筑坛；小国到大国去，草草地搭起帐篷就行了，哪里用得着筑坛？我听说：大国到小国去有五样好处：原谅它的罪过，赦免它的过失，救助它的灾难，奖赏它的德行和典范，教导它所想不到的地方。小国因此不困乏，感念顺服大国就好像回家一样。因此筑坛来宣扬其功德，公开告诉后代的人，不要怠惰于德业的进修。小国到大国去有五样坏处：向大国解释它的罪过，请求得到它所缺之的东西，奉行大国的命令，供给大国贡品，服从大国忽然而来的命令。不这样，就加重小国的进贡的财物，用来祝贺它的喜事和吊唁它的祸事。这都是小国的祸患，哪里用得着筑坛来宣扬自己的祸患？把这些告诉子孙，不要宣扬祸患就可以了。"

鲁襄公到楚国去，经过郑国，郑简公不在国内，伯有到黄崖慰劳襄公，表现得不恭敬。穆叔说："伯有如果不在郑国获罪，郑国必然有大灾祸。恭敬，是百姓的主心骨，现在丢弃了它，用什么来继承保持祖宗的家业呢？郑国人如果不讨伐他，必然要遭受他的灾祸。即使是渡口水边的薄土，路边积水中的蘋草水藻，放在宗庙中当祭品，少女作为祭尸也会接受，那是由于恭敬。恭敬难道能丢弃吗？"

二十九年，葬灵王。郑上卿有事，子展使印段往。伯有曰："弱，不可。"子展曰："与其莫往，弱，不犹愈乎？《诗》云：'王事靡盬，不遑启处。'东西南北，谁敢宁处？坚事晋、楚，以蕃王室也。王事无旷，何常之有？"遂使印段如周。

郑子展卒，子皮即位。于是郑饥，而未及麦，民病。子皮以子展之命饩国人粟，户一钟，是以得郑国之民，故罕氏常掌国政，以为上卿。

郑伯有使公孙黑如楚，辞曰："楚、郑方恶，而使余往，是杀余也。"伯有曰："世行也。"子晳曰："可则往，难则已，何世之有？"伯有将强使之。子晳怒，将伐伯有氏，大夫和之。十二月己巳，郑大夫盟于伯有氏。裨谌曰："是盟也，其与几何？《诗》曰：'君子屡盟，乱是用长。'今是长乱之道也，祸未歇也，必三年而后能纾。"然明曰："政将焉往？"裨谌曰："善之代不善，天命也，其焉辟子产？举不逾等，则位班也；择善而举，则世隆也。天又除之，夺伯有魄，子西即世，将焉辟之？天祸郑久矣，其必使子产息之，乃犹可以戾。不然，将亡矣。"

三十年，子产相郑伯以如晋，叔向问郑国之政焉。对曰："吾得见与否，在此岁也。驷、良方争，未知所成。若有所成，吾得见，乃可知也。"叔向曰："不既和矣乎？"对曰："伯有侈而愎，子晳好在人上，莫能相下也。虽其和也，犹相积恶也，恶至无日矣。"

二十九年,周王室安葬了周灵王。郑国的上卿子展有事不能去,他派印段前去吊唁。伯有说:"印段太年轻,不合适。"子展说:"与其没有人去,派个年轻人去,不也好一点吗?《诗经》说:'王事应当细致周到,没有工夫顾得上安逸。'东西南北,谁敢安稳地居住?坚定地事奉晋国、楚国,以捍卫王室。王事没有缺失,有什么常例不常例?"于是就派印段到成周去。

　　郑国的子展去世,他的儿子子皮即位做了上卿。当时郑国有饥荒,麦子还没有成熟,百姓困苦不堪。子皮根据子展遗命送粮食给国人,每户一钟,因此得到郑国百姓的拥护,所以罕氏一直掌握国政,担任上卿。

　　郑国的伯有派公孙黑去楚国,公孙黑推辞说:"楚国和郑国正交恶,却让我去,这等于是杀死我。"伯有说:"你家世世代代都是外交使者。"公孙黑(即子晳)说:"可以去就去,有危难就不去,与世世代代做外交使者有什么关系?"伯有打算强迫他去。公孙黑发怒,准备攻打伯有氏,大夫们为他们和解。十二月初七,郑国的大夫们在伯有家里结盟。裨谌说:"这次结盟,能管多久呢?《诗经》说:'君子频繁结盟,动乱因此滋长。'现在这样正是滋长动乱的做法,祸乱不能停歇,一定要三年然后才能消解。"然明说:"政权将落会到哪家呢?"裨谌说:"善人代替坏人,这是天命,政权哪能避得开子产?如果不越级举拔人才,那么按班次子产也该执政了;选择善人而举拔,那么子产也是大家所尊重的人。上天又为子产清除了障碍,使伯有丧失了魂魄,子西又去世,执政的人哪里能避开他呢?上天降祸于郑国很久了,一定会让子产平息它,这样国家尚且可以安定。不这样,郑国就将灭亡。"

　　三十年,子产辅助郑简公去到晋国,叔向问起郑国的政事。子产回答说:"我能不能将形势判断清楚就在这一年了。驷氏子晳、良氏伯有正在争斗,不知道怎么调和。如果能调和,我能由此做出判断,这就可以知道了。"叔向说:"不是已经和好了吗?"子产回答说:"伯有放纵而刚愎,子晳喜欢居于别人之上,两人互不相让。他们虽已和好,但还有积怨,爆发要不了几天了。"

夏四月己亥，郑伯及其大夫盟。君子是以知郑难之不已也。

郑伯有耆酒，为窟室，而夜饮酒，击钟焉。朝至未已，朝者曰："公焉在？"其人曰："吾公在壑谷。"皆自朝布路而罢。既而朝，则又将使子皙如楚，归而饮酒。庚子，子皙以驷氏之甲伐而焚之。伯有奔雍梁，醒而后知之，遂奔许。大夫聚谋。子皮曰："《仲虺之志》云：'乱者取之，亡者侮之。'推亡固存，国之利也。罕、驷、丰同生，伯有汰侈，故不免。"人谓子产就直助强，子产曰："岂为我徒？国之祸难，谁知所敝？或主强直，难乃不生。姑成吾所。"辛丑，子产敛伯有氏之死者而殡之，不及谋而遂行。印段从之。子皮止之。众曰："人不我顺，何止焉？"子皮曰："夫子礼于死者，况生者乎？"遂自止之。壬寅，子产入。癸卯，子石入。皆受盟于子皙氏。乙巳，郑伯及其大夫盟于大宫，盟国人于师之梁之外。

伯有闻郑人之盟己也，怒；闻子皮之甲不与攻己也，喜，曰："子皮与我矣。"癸丑晨，自墓门之渎入，因马师颉介于襄库，以伐旧北门。驷带率国人以伐之。皆召子产。子产曰："兄弟而及此，吾从天所与。"伯有死于羊肆。子产襚之，枕之股而哭之，敛而殡诸伯有之臣在市侧者，既而葬诸

夏季四月己亥这一天，郑简公和他的大夫们结盟。君子因此而知道郑国的祸难还没有结束。

　　郑国的伯有喜欢喝酒，特地修建了地下室，在夜里喝酒，敲钟奏乐。朝见的人来到，他还没有尽兴，朝见的人说："主人在哪里？"他的手下人说："我们的主人在地下室里。"朝见的人都分路回去了。不久以后伯有和群臣去朝见郑简公，伯有又要派子晳到楚国去，回家以后又喝酒。七月十一日，子晳带着驷氏的甲士攻打伯有并且放火烧了他的家。伯有逃亡到雍梁，酒醒以后才明白是怎么回事，于是又逃亡到许国。大夫们聚在一起商量。子皮说："《仲虺之志》说：'动乱的就攻取它，灭亡的就欺负它。'摧毁灭亡的而巩固存在的，对国家是有利的。罕氏子皮、驷氏子晳、丰氏公孙段本是同胞兄弟，伯有骄傲放纵，所以不免于祸难。"别人对子产说要靠拢正直的帮助强大的，子产说："他们难道是我的同伙吗？国家的祸难，谁知道怎么让它平息？如果主持国政的人强大而正直，祸难就不会发生。姑且保持自己的立场吧。"十二日，子产收敛了伯有氏死者的尸体而加以殡葬，没等和大夫们商量就出走了。印段也跟随他去了。子皮不让他走。大伙都说："他不顺从我们，为什么不让他走呢？"子皮说："子产这个人对死去的人尚且有礼，何况对活着的人呢？"于是亲自去劝阻子产。十三日，子产进入国都。十四日，子石（即印段）进入国都。两人都在子晳家里接受了盟约。十六日，郑简公和他的大夫们在祖庙结盟，然后又和国人在师之梁门外结盟。

　　伯有听说郑国人为对付自己而结盟，很生气；听说子皮的甲士没参与攻打自己，又很高兴，说："子皮是支持我的。"二十四日早晨，伯有等从墓门的排水洞进入，通过马师颉用襄库的皮甲装备士兵，然后攻打郑都的旧北门。驷带率领国人攻打伯有。两家都召请子产帮助自己。子产说："兄弟之间到了这地步，我服从上天保佑的那家。"伯有死在卖羊的街市上。子产给伯有的尸体穿上衣服，头枕在尸体的大腿上为之号哭，然后将伯有收殓入棺，并把棺材停放在街市边伯有部下的家里，接着又葬在

斗城。子驷氏欲攻子产,子皮怒之,曰:"礼,国之干也。杀有礼,祸莫大焉。"乃止。于是游吉如晋,还,闻难,不入,复命于介。八月甲子,奔晋。驷带追之,及酸枣,与子上盟,用两珪质于河。使公孙肸入盟大夫。己巳,复归。书曰"郑人杀良霄",不称大夫,言自外入也。

于子蟜之卒也,将葬,公孙挥与裨灶晨会事焉。过伯有氏,其门上生莠。子羽曰:"其莠犹在乎?"于是岁在降娄,降娄中而旦,裨灶指之曰:"犹可以终岁,岁不及此次也已。"及其亡也,岁在娵訾之口,其明年乃及降娄。仆展从伯有,与之皆死。羽颉出奔晋,为任大夫。鸡泽之会,郑乐成奔楚,遂适晋。羽颉因之,与之比而事赵文子,言伐郑之说焉。以宋之盟故,不可。子皮以公孙鉏为马师。

郑子皮授子产政。辞曰:"国小而逼,族大宠多,不可为也。"子皮曰:"虎帅以听,谁敢犯子?子善相之。国无小,小能事大,国乃宽。"子产为政,有事伯石,赂与之邑。子大叔曰:"国,皆其国也,奚独赂焉?"子产曰:"无欲实难。皆得其欲,以从其事,而要其成。非我有成,其在人乎!何爱于邑?邑将焉往?"子大叔曰:"若四国何?"子产曰:"非

斗城。驷氏想要攻打子产,子皮为此发怒,说:"礼仪,是国家的主干。杀害有礼的人,没有比这更大的祸患了。"于是驷氏就停止行动。当时游吉(即子太叔)去了晋国,回来后,听说发生祸难,便没有入都城,让副手回来复命。八月初六,他逃亡到晋国。驷带追赶他,到酸枣追上了,游吉和子上(即驷带)结盟,将两件玉珪沉入黄河里作为信物。又派公孙肸进入国都和大夫结盟。十一日,游吉再次回到国内。《春秋》记载说"郑人杀了良霄(即伯有)",不称他为大夫,这是说伯有从国外回来,已不具有大夫的身份了。

子蟜去世时,将要安葬,公孙挥和裨灶早晨去商量办理丧事的问题。路过伯有家时,看到他的门上已经长了狗尾巴草。子羽(即公孙挥)说:"这狗尾巴草还能存在多久呢?"当时岁星在降娄星的位置,降娄星在天空中部时天就亮了,裨灶指着降娄星说:"还可以等岁星绕行一周,不过活不到岁星再到这个位次了。"等到伯有被杀,岁星正好在娵訾的口上,下一年才到达降娄的位置。大夫仆展因为跟随伯有,所以也和他一起死了。羽颉逃亡到晋国,做了任邑的大夫。鸡泽之会时,郑国的乐成逃亡到楚国,后又到了晋国。羽颉接近他,和他勾结在一起事奉赵文子,提出了攻打郑国的建议。因为在宋国结盟时有约定,赵文子不同意。子皮让公子钮代替羽颉做了马师。

郑国的子皮把政权交给子产。子产推辞说:"国家小而逼近大国,公族庞大而受宠的人众多,无法治理好。"子皮说:"只要我罕虎率领众人听从你,谁敢冒犯你呢? 你好好地辅佐国政吧。国家不在于小,小国能够好好事奉大国,国家局势就宽松了。"子产治理政事,有事情要伯石(即公孙段)去办,便赠送给他城邑。子太叔说:"国家是大家的国家,为什么唯独送给他城邑?"子产说:"人要没有欲望实在是难啊。让他们都能满足欲望,从而努力为国办事,以求他们能取得成功。这不是我的成功,难道是别人的成功吗! 城邑有什么可吝惜的? 它会跑到哪里去呢?"子太叔说:"四方邻国非议这事怎么办呢?"子产说:"这样做不是为了

相违也,而相从也,四国何尤焉?《郑书》有之曰:'安定国家,必大焉先。'姑先安大,以待其所归。"既伯石惧而归邑,卒与之。伯有既死,使太史命伯石为卿,辞。太史退则请命焉,复命之,又辞。如是三,乃受策,入拜。子产是以恶其为人也,使次己位。

子产使都鄙有章,上下有服,田有封洫,庐井有伍。大人之忠俭者,从而与之;泰侈者,因而毙之。

丰卷将祭,请田焉。弗许,曰:"唯君用鲜,众给而已。"子张怒,退而征役。子产奔晋,子皮止之,而逐丰卷。丰卷奔晋。子产请其田里,三年而复之,反其田里及其入焉。

从政一年,舆人诵之曰:"取我衣冠而褚之,取我田畴而伍之。孰杀子产,吾其与之。"及三年,又诵之曰:"我有子弟,子产诲之;我有田畴,子产殖之。子产而死,谁其嗣之?"

三十一年,公薨之月,子产相郑伯以如晋,晋侯以我丧故,未之见也。子产使尽坏其馆之垣而纳车马焉。士文伯让之,曰:"敝邑以政刑之不修,寇盗充斥,无若诸侯之属辱在寡君者何,是以令吏人完客所馆,高其闬闳,厚其墙垣,以无忧客使。今吾子坏之,虽从者能戒,其若异客何?以敝邑之为盟主,缮完葺墙,以待宾客。若皆毁之,其何以共命?寡君使匄请命。"

使群臣互相分裂，而是为了使他们互相顺从，四方邻国对我们有什么可责备的呢？《郑书》有这样的话：'安定国家，一定要优先安定大族。'姑且先照顾大族，以等待它的后果。"不久伯石因害怕而交回封邑，但子产最终还是给了他。伯有死了以后，让太史命令伯石做卿，伯石推辞。太史退出，伯石又请求太史重新发布命令，命令下来了又辞谢。像这样一连三次，伯石才接受策书入朝拜谢。子产因此讨厌伯石的为人，但又怕他作乱，就让他居于仅次于自己的职位。

子产让城市与乡村的事务有章法，上下尊卑各有职责，土田有四界和沟渠，庐舍和耕地合理配套。对卿大夫中忠诚俭朴的，就亲近他；骄傲放纵的，便依法惩办。

郑国的丰卷准备举行祭祀，请求外出猎取祭品。子产不答应，说："只有国君祭祀才用新猎取的野兽，一般人只要一般的祭品齐备就可以了。"丰卷发怒，退出以后就召集兵卒。子产要逃亡到晋国，子皮阻止他，而驱逐了丰卷。丰卷逃亡到晋国。子产请求不要没收他的田地住宅，三年以后让丰卷回国，把他的田地住宅和一切收入都还给了他。

子产参与政事一年，人们评议说："把我的衣冠藏起来，把我的田地重新安排划分。谁杀死子产，我就助他一臂之力。"到了三年，又有评议说："我有子弟，子产教诲；我有土田，子产使它增产。子产死了，谁来继位？"

三十一年，鲁襄公死去的那个月，子产辅助郑简公到晋国去，晋平公由于鲁国有丧事，没有会见他。子产派人把宾馆的围墙全部拆毁而安放车马。士文伯责备他，说："我国由于政事刑罚不能修明，盗贼到处都是，无法保证屈尊来我们国君这里聘问的诸侯属官的安全，因此派官吏修缮宾客所住的馆舍，大门造得高，围墙筑得厚，以不让宾客使者担忧。现在您拆毁了它，虽然您的随从能做好警戒，但让别国的宾客怎么办呢？由于我国是盟主，所以修缮围墙，以接待宾客。如果都拆毁了，那么将怎样供应宾客的需要呢？我们国君派我士匄前来请问拆墙的意图。"

　　对曰:"以敝邑褊小,介于大国,诛求无时,是以不敢宁居,悉索敝赋,以来会时事。逢执事之不间,而未得见;又不获闻命,未知见时。不敢输币,亦不敢暴露。其输之,则君之府实也,非荐陈之,不敢输也。其暴露之,则恐燥湿之不时而朽蠹,以重敝邑之罪。侨闻文公之为盟主也,宫室卑庳,无观台榭,以崇大诸侯之馆,馆如公寝,库厩缮修。司空以时平易道路,圬人以时塓馆宫室;诸侯宾至,甸设庭燎;仆人巡宫,车马有所;宾从有代,巾车脂辖。隶人牧圉,各瞻其事;百官之属,各展其物。公不留宾,而亦无废事。忧乐同之,事则巡之,教其不知,而恤其不足。宾至如归,无宁菑患;不畏寇盗,而亦不患燥湿。今铜鞮之宫数里,而诸侯舍于隶人,门不容车,而不可逾越。盗贼公行,而夭疠不戒。宾见无时,命不可知。若又勿坏,是无所藏币以重罪也。敢请执事,将何所命之?虽君之有鲁丧,亦敝邑之忧也。若获荐币,修垣而行,君之惠也,敢惮勤劳!"

　　文伯复命,赵文子曰:"信。我实不德,而以隶人之垣以赢诸侯,是吾罪也。"使士文伯谢不敏焉。晋侯见郑伯,有加礼,厚其宴好而归之。乃筑诸侯之馆。叔向曰:"辞之不可以已也如是!夫子产有辞,诸侯赖之,若之何其释辞也?

子产回答说:"由于我国疆域狭小,夹在大国之间,而大国需索贡品又没有一定的时间,因此不敢安居,搜尽敝国的财富,前来朝会。恰逢贵国国君不得空,没有能够见到;又得不到命令,也不知道进见的日期。我们不敢献上财币,也不敢让它日晒夜露。如果献上,它是贵国国君府库中的财货,不经过陈列的仪式,又不敢奉献。如果让它日晒夜露,又害怕时而干燥时而潮湿,因而朽坏虫蛀,加重我国的罪过。我听说晋文公做盟主的时候,宫室低小,没有可供游观的台榭,而把接待诸侯的宾馆修得又高又大,就像现在贵国国君的路寝正厅,宾馆内的库房马厩也修缮完备。司空按时修整道路,泥瓦工按时粉刷馆舍墙壁;诸侯的宾客到达,甸人在庭院中点起火把;仆人巡视宫馆,车马有固定的处所;宾客的随从有人替代,管理车子的官员为车辖加油。隶人、牧人、围人各自照看自己分内的事情,百官各自陈列他的礼品。晋文公不让宾客耽搁,也没有因为这样而荒废事情。和宾客忧乐与共,有事就加以安抚,宾客不知道的就加以教导,宾客缺乏的就加以周济。宾客来到就像回到家里一样,何来灾患;不怕抢劫偷盗,也不怕干燥或潮湿。如今贵国的铜鞮宫绵延几里,而诸侯住在像奴隶住的屋子里,门口进不去车子,又不能翻墙而入。盗贼公然横行,而传染病又不能防止。宾客进见没有准时候,国君的命令也不知道什么时候发布。如果还不拆毁围墙,就没有地方收藏财币而加重我们的罪过了。请问执事,对我们将有什么指示? 虽然贵国国君遭遇鲁国的丧事,但这同样也是我国的忧虑。如果能够奉上财礼,我们愿把围墙修好再走,这就是贵国国君的恩惠了,岂敢害怕辛勤劳苦!"

士文伯回去复命,赵文子说:"确实是这样。我们实在是德行有亏,用容纳奴隶的围墙去接待诸侯,这是我们的罪过啊。"于是就派士文伯去表示歉意。晋平公接见郑简公,礼仪有加,宴会更加隆重,赠送的礼品更加丰厚,然后让他回去。于是就建造接待诸侯的宾馆。叔向说:"辞令之所以不能废弃就是像这样吧!子产善于辞令,诸侯们都因他而得利,为什么要放弃辞令呢?

《诗》曰：'辞之辑矣，民之协矣；辞之绎矣，民之莫矣。'其知之矣。”

郑子皮使印段如楚，以适晋告，礼也。

十二月，北宫文子相卫襄公以如楚，宋之盟故也。过郑，印段迓劳于棐林，如聘礼，而以劳辞。文子入聘，子羽为行人，冯简子与大叔逆客。事毕而出，言于卫侯曰："郑有礼，其数世之福也，其无大国之讨乎！《诗》云：'谁能执热，逝不以濯。'礼之于政，如热之有濯也。濯以救热，何患之有？"子产之从政也，择能而使之。冯简子能断大事；子大叔美秀而文；公孙挥能知四国之为，而辨于其大夫之族姓、班位、贵贱、能否，而又善为辞令；裨谌能谋，谋于野则获，谋于邑则否。郑国将有诸侯之事，子产乃问四国之为于子羽，且使多为辞令；与裨谌乘以适野，使谋可否，而告冯简子使断之。事成，乃授子大叔使行之，以应对宾客，是以鲜有败事。北宫文子所谓有礼也。

郑人游于乡校，以论执政。然明谓子产曰："毁乡校如何？"子产曰："何为？夫人朝夕退而游焉，以议执政之善否。其所善者，吾则行之；其所恶者，吾则改之。是吾师也，若之何毁之？我闻忠善以损怨，不闻作威以防怨。岂不遽止？然犹防川，大决所犯，伤人必多，吾不克救也。不如小决使道，不如吾闻而药之也。"然明曰："蔑也今而后知

《诗经》说:'辞令和谐,百姓团结;辞令动听,百姓安定。'子产懂得这个道理。"

郑国的子皮派印段去楚国,报告前往晋国这件事,这是合于礼法的。

十二月,北宫文子辅助卫襄公到楚国去,这是根据在宋国结盟时的约定。经过郑国时,印段到棐林去慰劳他们,按照聘问的礼仪而使用郊劳的辞令。北宫文子进入郑国国都聘问作为对印段的答谢,子羽作为外交官员陪同前往,冯简子和子太叔迎接客人。事情完毕以后出来,北宫文子对卫襄公说:"郑国做得有礼,他们几辈都将有福,恐怕不会有大国的讨伐了吧!《诗经》说:'谁能忍受炎热,谁能不去洗澡。'礼对于政事,好像天热要洗澡一样。洗澡用来消解炎热,有什么可担心的?"子产处理政事,选择贤能而使用他们。冯简子能决断大事;子太叔美秀而有文采;公孙挥能了解四方诸侯的政令,而且能明辨大夫的家族姓氏、官职爵位、地位贵贱、才能高低,又善于辞令;禆谌能出谋划策,在安静的野外谋划就能有正确的判断,在喧闹的城里谋划就不行。郑国将要有与诸侯交往的事,子产就向子羽(即公子挥)询问四方诸侯的政令,并且让他多准备几份外交辞令;和禆谌一起坐车到野外去,让他谋划是否可行,把结果告诉冯简子让他决断。谋划完成,就交给子太叔执行,和宾客交往应对,因此很少有办坏的事情。这就是北宫文子所说的有礼。

郑国人在乡校里游玩聚会,以议论国家政事的得失。然明对子产说:"毁了乡校,怎么样?"子产说:"为什么呢?人们早晚事情完了到那里游玩,来议论国家政事的好坏。他们认为好的,我就推行;他们所讨厌的,我就改掉。这是我执政的老师,为什么要毁掉呢?我听说可以用忠善来减少怨恨,没有听说靠耍威风来防止怨恨的。使用压制的方法难道不能快速制止议论吗?但那就像堵住河水决口一样,洪水一旦决堤,伤人必然很多,我将无法挽救。不如开小口把水一点点放掉加以疏导,不如让我听取这些意见作为施政的药石。"然明说:"我从今以后知道

吾子之信可事也。小人实不才,若果行此,其郑国实赖之,岂唯二三臣?"仲尼闻是语也,曰:"以是观之,人谓子产不仁,吾不信也。"

子皮欲使尹何为邑。子产曰:"少,未知可否。"子皮曰:"愿,吾爱之,不吾叛也。使夫往而学焉,夫亦愈知治矣。"子产曰:"不可。人之爱人,求利之也。今吾子爱人,则以政,犹未能操刀而使割也,其伤实多。子之爱人,伤之而已,其谁敢求爱于子?子于郑国,栋也。栋折榱崩,侨将厌焉,敢不尽言?子有美锦,不使人学制焉;大官大邑,身之所庇也,而使学者制焉,其为美锦不亦多乎?侨闻学而后入政,未闻以政学者也。若果行此,必有所害。譬如田猎,射御贯,则能获禽,若未尝登车射御,则败绩厌覆是惧,何暇思获?"子皮曰:"善哉!虎不敏。吾闻君子务知大者、远者,小人务知小者、近者。我,小人也,衣服附在吾身,我知而慎之;大官大邑,所以庇身也,我远而慢之。微子之言,吾不知也。他日我曰:‘子为郑国,我为吾家,以庇焉,其可也。’今而后知不足。自今请虽吾家,听子而行。"子产曰:"人心之不同,如其面焉。吾岂敢谓子面如吾面乎?抑心所谓危,亦以告也。"子皮以为忠,故委政焉。子产是以能为郑国。

〔补逸〕《吕氏春秋》:晋人欲攻郑,令叔向聘焉,视其有人与无人。子产为之《诗》曰:"子惠思我,褰裳涉

您确实是可以成事的。小人实在没有才能，如果真这样做下去，这确实是郑国可靠的保障，哪里只是有利于几位大臣呢？"孔子听到这些话，说："由此看来，别人说子产不仁，我不相信。"

子皮想要让尹何治理封邑。子产说："他还年轻，不知道行不行。"子皮说："这个人忠厚老实，我喜欢他，不会背叛我的。让他去学习一下，他也就更能知道怎么治理了。"子产说："不行。人们喜欢一个人，总是谋求对这个人有利。现在您喜欢一个人就把政事交给他，这好像一个人不会用刀却让他去割东西，会对他造成很大伤害的。您这样喜欢他，不过是伤害他而已，又有谁敢在您这里求得喜欢呢？您在郑国是栋梁。栋梁折断，椽子崩塌，我公孙侨将会被压在底下，岂敢不把话全部说出来呢？您有了漂亮的彩绸，是不会让别人用它来学习裁剪的；大官和大的封邑，是自身的庇护，反而让学习的人去裁制，大官和大的封邑比漂亮的彩绸不是重要得多吗？我听说过学习以后才能去做官，没听说把做官作为学习手段的。如果真这么办，一定有所伤害。譬如打猎，熟悉了射箭驾车，就能获得猎物，如果过去没有驾过车射过箭，那么只会害怕车翻被压，哪里有工夫想着获得猎物呢？"子皮说："说得好啊！我真是不聪明。我听说君子致力于了解大的、远的，小人致力于了解小的、近的。我就是小人。衣服穿在我身上，我知道因而慎重对待它；大官和大的封邑是用来庇护自身的，我却因疏远而轻视它。要没有您的话，我是不会明白的。从前我说：'您治理郑国，我治理我的家族，以庇护我自己，这就可以了。'从今以后才知道这还不够。从现在开始我请求，即使是我家族的事情，也听凭您去办理。"子产说："人心不一样好像他的面孔。我哪里敢说您的面孔就像我的面孔呢？不过我心里觉得这有危险，就把它告诉您了。"子皮认为他忠诚，所以把政事全交付给他。子产因此能够治理郑国。

〔补逸〕《吕氏春秋》：晋人想攻打郑国，就派叔向到郑国聘问，借以察看郑国有没有贤人。子产给叔向朗诵了《诗经》中的一首诗："假如你有心思念我，就请提起衣裳走过

洧。子不思我，岂无他士？"叔向曰："郑有人，子产在焉，不可攻也。秦、荆近，其诗有异心，不可攻也。"晋人乃辍攻郑。孔子曰："《诗》云：'无竞惟人。'子产一称而郑国免。"

《韩非子》：郑子产晨出，过东匠之间，闻妇人之哭，抚其御之手而听之。有间，遣吏执而问之，则手绞其夫者也。异日，其御问曰："夫子何以知之？"子产曰："其声惧。凡人于其亲爱也，始病而忧，临死而惧，已死而哀。今哭已死，不哀而惧，是以知其有奸也。"

《家语》：子游问于孔子曰："夫子之极言子产之惠也，可得闻乎？"孔子曰："惠在爱民而已矣。"子游曰："爱民谓之德教，何翅施惠哉？"孔子曰："夫子产者，犹众人之母也，能食之，弗能教也。"子游曰："其事可言乎？"孔子曰："子产以所乘之舆济冬涉者，是爱而无教也。"

昭公元年，楚公子围聘于郑，且娶于公孙段氏，伍举为介。将入馆，郑人恶之，使行人子羽与之言，乃馆于外。既聘，将以众逆。子产患之，使子羽辞曰："以敝邑褊小，不足以容从者，请墠听命。"令尹命大宰伯州犁对曰："君辱贶寡大夫围，谓围将使丰氏抚有而室。围布几筵，告于庄、共之庙而来。若野赐之，是委君贶于草莽也，是寡大夫不得

洧河。如果你不思念我,难道就没有别人思念我吗?"叔向回到晋国,说:"郑国有贤人,子产在那里,不可以进攻。郑国与秦国、楚国临近,子产的诗里已流露出二心,不能攻打郑国。"晋国就停止进攻郑国的计划了。孔子说:"《诗经》中说:'国家能强大完全在于有贤人。'子产诵诗一首,郑国便免除了大难。"

《韩非子》:郑国的子产早晨出来,路过东匠的闾里,听到有妇人哭泣,于是就按住车夫的手,仔细倾听。过了一会儿,派官吏把妇人抓起来审问,结果是这个妇人亲手绞杀了她的丈夫。过了几天,他的车夫问道:"您怎么知道这个女人是凶手的?"子产回答说:"她的哭声害怕。人们对他所爱的人,开始得病的时候会忧虑,临死的时候会感到害怕,死了以后又十分悲哀。如今她哭悼已经死了的人,不悲伤却害怕,因此知道她有奸情。"

《家语》:子游问孔子说:"您极力称赞子产的惠爱,可以让我听听吗?"孔子说:"他的惠爱在于爱护百姓罢了。"子游说:"爱护百姓就该以德教化他们,仅仅广施恩惠哪够呢?"孔子说:"子产,就像众人的母亲,能养活他们,但不会教化。"子游说:"这方面的事例可以说说吗?"孔子说:"子产用他乘坐的车子帮助冬天过河的人,这是爱护而没有教化。"

鲁昭公元年,楚国的公子围到郑国聘问,同时要娶公孙段家的女儿为妻,伍举作为副使。将要进入宾馆投宿时,郑人讨厌他们,便派外交官子羽婉言谢绝,于是就把他们安置在城外。聘问过后,公子围打算带领兵士去迎亲。子产担心这事,派子羽辞谢,说:"由于敝国狭小,无法容纳您的随从,请求让我们在城外清出一块地方,再听取您的命令。"令尹公子围命太宰伯州犁回答说:"承蒙贵国国君赐给我国大夫公子围恩惠,对公子围说将要让丰氏公孙段把女儿嫁给他做妻子。公子围陈列几筵,在庄王、共王的神庙中祭告然后前来。如果在野外将丰氏的女儿赐给他,这是把贵国国君的恩赐丢在草丛里,这就是说敝国大夫不能

列于诸卿也。不宁唯是,又使围蒙其先君,将不得为寡君老,其蔑以复矣。唯大夫图之!"子羽曰:"小国无罪,恃实其罪。将恃大国之安靖己,而无乃包藏祸心以图之?小国失恃,而惩诸侯,使莫不憾者,距违君命,而有所壅塞不行是惧。不然,敝邑,馆人之属也,其敢爱丰氏之祧?"伍举知其有备也,请垂橐而入。许之。正月乙未,入逆,而出。

郑徐吾犯之妹美,公孙楚聘之矣,公孙黑又使强委禽焉。犯惧,告子产。子产曰:"是国无政,非子之患也。唯所欲与。"犯请于二子,请使女择焉。皆许之。子晳盛饰入,布币而出。子南戎服入,左右射,超乘而出。女自房观之,曰:"子晳信美矣,抑子南,夫也。夫夫妇妇,所谓顺也。"适子南氏。子晳怒,既而櫜甲以见子南,欲杀之,而取其妻。子南知之,执戈逐之,及冲,击之以戈。子晳伤而归,告大夫曰:"我好见之,不知其有异志也,故伤。"

大夫皆谋之。子产曰:"直钧,幼贱有罪,罪在楚也。"乃执子南而数之,曰:"国之大节有五,女皆奸之。畏君之威,听其政,尊其贵,事其长,养其亲。五者,所以为国也。今君在国,女用兵焉,不畏威也;奸国之纪,不听政也;子晳,上大夫,女,嬖大夫,而弗下之,不尊贵也;幼而不忌,不事长也;兵其从兄,不养亲也。君曰:'余不女忍杀,宥女以远。'勉速行乎,无重而罪!"

站在卿的行列里了。不仅如此，这还让公子围欺骗了他的先君，这样他将不能再做敝国国君的大臣，恐怕也无法回去复命了。请大夫考虑一下！"子羽说："小国没有罪过，依靠大国实在是它的罪过。小国打算依靠大国安定自己，而大国却恐怕是包藏祸心来打小国的主意吧？怕的是小国失去了依靠，引起诸侯的戒惧，因而全都怨恨大国，抗拒违背贵国国君的命令，使它行不通，这是我们担心的。否则，敝国就等于贵国的宾馆，岂敢爱惜丰氏的祖庙？"伍举知道郑国有了准备，请求倒垂着弓袋进入国都。郑国同意了。正月十五日，公子围进入郑国国都，迎亲后出城。

郑国徐吾犯的妹妹很漂亮，公孙楚已经聘她为妻，公孙黑又派人强行送去聘礼。徐吾犯害怕，告诉了子产。子产说："这是国家政事混乱，不是您的忧患。她愿意嫁给谁就嫁给谁。"徐吾犯请求那两位，让妹妹自己选择。他们都答应了。子晳（即公孙黑）打扮得非常华丽，进来，陈设财礼然后出去。子南（即公孙楚）穿着军服进来，左右开弓，一跃登车而出去。女子在房间里观看他们，说："子晳确实是漂亮，不过子南才是真正的大丈夫。丈夫像丈夫，妻子像妻子，这就是所谓顺。"于是就嫁给了公孙楚。公孙黑发怒，不久就把皮甲穿在外衣里面去见公孙楚，想要杀死他，占有他的妻子。公孙楚知道他的企图，拿了戈追赶他，到了十字路口，用戈去打他。公孙黑受伤回去，告诉大夫说："我很友好地去见他，不知道他有别的想法，所以受了伤。"

大夫们都商量这件事。子产说："双方都有理，年幼地位低的有罪，罪在公孙楚。"于是就抓住公孙楚并列举他的罪状，说："国家的大节有五条，你都触犯了。惧怕国君的威严，听从他的政令，尊重贵人，事奉长者，奉养亲属。这五条是用来治理国家的。现在国君在国都里，你却动用武器，就是不惧怕威严；触犯国家的法纪，就是不听从政令；子晳，是上大夫，你是下大夫，却不肯屈居其下，就是不尊重贵人；年纪小而不恭敬，就是不懂事奉长者；用武器对付堂兄，就是不懂奉养亲属。国君说：'我不忍杀你，赦免你让你到远地去。'赶快走吧，不要加重你的罪过！"

　　五月庚辰，郑放游楚于吴。将行子南，子产咨于大叔。大叔曰："吉不能亢身，焉能亢宗？彼国政也，非私难也。子图郑国，利则行之，又何疑焉？周公杀管叔而蔡蔡叔，夫岂不爱？王室故也。吉若获戾，子将行之，何有于诸游？"

　　郑为游楚乱故，六月丁巳，郑伯及其大夫盟于公孙段氏。罕虎、公孙侨、公孙段、印段、游吉、驷带私盟于闺门之外，实薰隧。公孙黑强与于盟，使大史书其名，且曰"七子"。子产弗讨。

　　二年秋，郑公孙黑将作乱，欲去游氏而代其位。伤疾作而不果。驷氏与诸大夫欲杀之。子产在鄙，闻之，惧弗及，乘遽而至。使吏数之曰："伯有之乱，以大国之事而未尔讨也。尔有乱心无厌，国不女堪。专伐伯有，而罪一也；昆弟争室，而罪二也；薰隧之盟，女矫君位，而罪三也。有死罪三，何以堪之？不速死，大刑将至。"再拜稽首，辞曰："死在朝夕，无助天为虐。"子产曰："人谁不死？凶人不终，命也。作凶事为凶人，不助天，其助凶人乎？"请以印为褚师。子产曰："印也若才，君将任之；不才，将朝夕从女。女罪之不恤，而又何请焉？不速死，司寇将至。"七月壬寅，缢。尸诸周氏之衢，加木焉。

五月初二，郑国放逐游楚（即公孙楚）到吴国。打算让公孙楚动身以前，子产征求子太叔的意见。子太叔说："我不能保护自身，哪里能保护宗族呢？他的事情属于国家大政，不是私家的危难。您为郑国打算，如果有利就去办，又有什么可疑惑呢？周公杀死管叔而放逐蔡叔，难道是不爱他们吗？那是为了王室的缘故啊。我本人如果获罪，您也要执行惩罚，何必顾虑游氏诸人呢？"

郑国由于公孙楚作乱的缘故，六月初九，郑简公和大夫们在公孙段家里结盟。罕虎、公孙侨、公孙段、印段、游吉、驷带在郑国的城门闺门外边私下结盟，盟地就在薰隧。公孙黑强行参加了结盟，让太史写下他的名字，而且称为"七子"。子产没有讨伐公孙黑。

二年秋季，郑国的公孙黑打算发动叛乱，想要除掉游氏而取代他的地位。由于他自己旧伤发作而没有实施。驷氏和大夫们想要杀死公孙黑。子产正在边境，听到这个消息后，害怕赶不回来，就乘坐驿车赶到。子产让官吏历数公孙黑的罪状，说："伯有那次动乱，由于当时正致力于事奉大国，因而没有讨伐你。你有祸乱之心而不知满足，国家对你不能再容忍了。你擅自攻打伯有，这是你罪状的第一条；兄弟争夺妻子，这是你罪状的第二条；薰隧的盟会，你假托君位，与六卿并列，这是你罪状的第三条。有这三条死罪，怎么能够容忍你？你不快点去死，死刑就会降临到你头上。"公孙黑再拜叩头，推托说："我很快就会死了，不要再帮着上天来虐待我了。"子产说："人哪有不死的？凶恶的人不得善终，这是天命。做了凶恶的事情，就是凶恶的人，不帮着上天，难道帮着凶恶的人吗？"公孙黑请求让儿子印做管理市场的官。子产说："印如果有才能，国君将会任命他；如果没有才能，早晚也会跟你一样。你对自己的罪过不担心，又还请求什么呢？不快点去死，司寇就要来了。"七月初一，公孙黑上吊死了。郑国人把他暴尸于周氏大街上，还把写着罪状的木牌放在他的尸体上。

四年,郑子产作丘赋,国人谤之曰:"其父死于路,己为虿尾,以令于国,国将若之何?"子宽以告。子产曰:"何害?苟利社稷,死生以之。且吾闻为善者不改其度,故能有济也。民不可逞,度不可改。《诗》曰:'礼义不愆,何恤于人言?'吾不迁矣。"浑罕曰:"国氏其先亡乎!君子作法于凉,其敝犹贪。作法于贪,敝将若之何?姬在列者,蔡及曹、滕其先亡乎!逼而无礼。郑先卫亡,逼而无法。政不率法,而制于心。民各有心,何上之有?"

五年,郑罕虎如齐,娶于子尾氏。晏子骤见之。陈桓子问其故。对曰:"能用善人,民之主也。"

六年三月,郑人铸刑书。叔向使诒子产书曰:"始吾有虞于子,今则已矣。昔先王议事以制,不为刑辟,惧民之有争心也。犹不可禁御,是故闲之以义,纠之以政,行之以礼,守之以信,奉之以仁。制为禄位,以劝其从;严断刑罚,以威其淫。惧其未也,故诲之以忠,耸之以行,教之以务,使之以和,临之以敬,莅之以强,断之以刚。犹求圣哲之上、明察之官、忠信之长、慈惠之师,民于是乎可任使也,而不生祸乱。民知有辟,则不忌于上;并有争心,以征于书,而徼幸以成之,弗可为矣。夏有乱政,而作《禹刑》;商有乱政,而作《汤刑》;周有乱政,而作《九刑》。三辟之兴,

四年，郑国的子产制订丘赋的制度，国人咒骂他说："他的父亲死在路上，他自己毒如蝎子尾巴，让这样的人在国内发布命令，国家将会怎么样呢？"子宽把这些话告诉子产。子产说："有什么妨害？如果有利于国家，生死都由它去。而且我听说做好事的人不改变他的法度，所以能够有所成功。百姓不能全部满足他们，法度不能更改。《诗经》说：'在礼义上没有过失，为什么担心别人说的话呢？'我不改变这种做法。"浑罕（即子宽）说："国氏恐怕要先灭亡吧！君子在凉薄的基础上制定法令，还会产生贪婪的弊端。在贪婪的基础上制定法令，将会有怎样的弊端呢？姬姓诸国，蔡国和曹国、滕国大约是要先灭亡的吧！因为它们邻近大国而没有礼仪。郑国会在卫国之前灭亡，因为它邻近大国而没有法度。政令不遵循法度，而由自己的意志来决定。百姓各有意志，哪里能够尊敬上面的人呢？"

　　五年，郑国的罕虎到齐国去，在子尾氏那里娶亲。晏子屡次会见他。陈桓子问是什么缘故。晏子回答说："他能够任用好人，是百姓的主人。"

　　六年三月，郑国把刑法铸在鼎上。叔向派人送给子产一封信，说："开始我对您有所期望，现在已经没了。从前先王衡量事情的轻重来判罪，不制定刑法，这是害怕百姓有争夺之心。但还不能禁止，因此用道义来防范，用政令来约束，用礼仪来奉行，用信用来保持，用仁爱来奉养。制定禄位，来勉励顺从的人；严厉地判罪，来威慑放纵的人。害怕还不能收效，所以用忠诚来教诲他们，用模范行为奖励他们，用专业知识教导他们，和悦地使用他们，庄敬地面对他们，威严地管理他们，坚决地判定他们的罪行。还要访求聪明睿智的卿相、明察秋毫的官吏、忠诚守信的乡长、慈爱仁惠的老师，这样百姓才可以使唤而不发生祸乱。百姓知道有了法律，就对上面不恭敬了；大家都有争夺之心，征引刑法条文作为根据，以求侥幸得到成功，就没法治理了。夏朝有违犯法令的人，就制定《禹刑》；商朝有违犯法令的人，就制定《汤刑》；周朝有违犯法令的人，就制定《九刑》。三种法律的产生，

皆叔世也。今吾子相郑国,作封洫,立谤政,制参辟,铸刑书,将以靖民,不亦难乎?《诗》云:'仪式刑文王之德,日靖四方。'又曰:'仪刑文王,万邦作孚。'如是,何辟之有?民知争端矣,将弃礼而征于书。锥刀之末,将尽争之,乱狱滋丰,贿赂并行。终子之世,郑其败乎!肸闻之:'国将亡,必多制。'其此之谓乎!"复书曰:"若吾子之言,侨不才,不能及子孙,吾以救世也。既不承命,敢忘大惠。"

士文伯曰:"火见,郑其火乎!火未出而作火,以铸刑器,藏争辟焉。火如象之,不火何为?"六月丙戌,郑灾。

七年,郑子产聘于晋。晋侯有疾,韩宣子逆客,私焉,曰:"寡君寝疾,于今三月矣,并走群望,有加而无瘳。今梦黄熊入于寝门,其何厉鬼也?"对曰:"以君之明,子为大政,其何厉之有?昔尧殛鲧于羽山,其神化为黄熊,以入于羽渊,实为夏郊,三代祀之。晋为盟主,其或者未之祀也乎?"韩子祀夏郊,晋侯有间,赐子产莒之二方鼎。

郑人相惊以伯有,曰:"伯有至矣!"则皆走,不知所往。铸刑书之岁二月,或梦伯有介而行,曰:"壬子,余将杀带也。明年壬寅,余又将杀段也。"及壬子,驷带卒,国人益惧。齐、燕平之月壬寅,公孙段卒,国人愈惧。其明月,子产立公孙洩及良止以抚之,乃止。子大叔问其故。子产

都是在各朝的衰世。现在您辅佐郑国国政，划定田界水沟，推行备受批评的政事，效仿上述三种刑法制定法律，把刑法铸在鼎上，打算用这样的办法安定百姓，不是很难吗？《诗经》说：'效法文王的德行，每天抚定四方。'又说：'效法文王，万邦信赖。'像这样，何必还要有法律？百姓知道了争辩的依据，将会丢弃礼仪而征引刑书。一字一句，都要争个明白，触犯法律的案件就会更多，贿赂将会流行。至多到您去世，郑国恐怕就要衰败了吧！我羊舌肸听说：'国家将要灭亡，必然会多制订法律。'说的就是这个吧！"子产回信说："如果按照您所说，我公孙侨没有才能，不能考虑到子孙，我只是考虑如何挽救当代。虽然不能接受您的教导，但岂敢忘了您的大恩大德！"

士文伯说："大火星出现，郑国会有火灾吧！大火星还没出现，就用火来铸刑鼎，铸着引起争夺的法律条文。大火星如果象征这个，怎能不引发火灾呢？"六月初七，郑国发生火灾。

七年，郑国的子产到晋国聘问。晋平公有病，韩宣子迎接客人，私下对他说："我们国君卧病在床，到现在三个月了，应该祭祀的山川都去祈祷过了，但病情只见加重而不见减轻。现在梦见黄熊进入寝门，这是什么恶鬼？"子产回答说："凭贵国国君的英明，您做正卿，哪里有什么恶鬼？从前尧在羽山杀死了鲧，他的神灵变成黄熊，钻进羽渊，为夏朝所郊祭，夏、商、周三代都祭祀他。晋国做盟主，或许是没有祭祀他吧？"韩宣子祭祀鲧，晋平公的病便逐渐痊愈，于是晋平公把莒国的两个方鼎赐给了子产。

郑国人因为伯有的鬼魂而互相惊扰，说："伯有来啦！"于是大家全都逃跑，也不知跑到哪里去好。把刑法铸在鼎上的那年二月，有人梦见伯有披着战甲前行，说："三月初二，我将要杀死驷带。明年正月二十七日，我还要杀死公孙段。"果然到了去年三月初二那一天，驷带死了，国人更感到害怕。齐国和燕国讲和那个月的二十七日，公孙段也死了，国人就越来越害怕了。到第二个月，子产立了子孔的儿子公孙洩和伯有的儿子良止来安抚伯有的鬼魂，国人这才安定下来。子太叔问这样做的原因。子产

曰："鬼有所归,乃不为厉,吾为之归也。"大叔曰："公孙洩何为?"子产曰："说也。为身无义而图说,从政有所反之,以取媚也。不媚不信;不信,民不从也。"

及子产适晋,赵景子问焉,曰："伯有犹能为鬼乎?"子产曰："能。人生始化曰魄,既生魄,阳曰魂。用物精多,则魂魄强,是以有精爽至于神明。匹夫匹妇强死,其魂魄犹能冯依于人,以为淫厉,况良霄我先君穆公之胄、子良之孙、子耳之子、敝邑之卿、从政三世矣。郑虽无腆,抑谚曰'蕞尔国',而三世执其政柄,其用物也弘矣,其取精也多矣。其族又大,所冯厚矣。而强死,能为鬼,不亦宜乎?"

子皮之族饮酒无度,故马师氏与子皮氏有恶。齐师还自燕之月,罕朔杀罕魋,罕朔奔晋。韩宣子问其位于子产。子产曰："君之羁臣,苟得容以逃死,何位之敢择? 卿违,从大夫之位;罪人以其罪降,古之制也。朔于敝邑,亚大夫也;其官,马师也。获戾而逃,唯执政所置之。得免其死,为惠大矣,又敢求位?"宣子为子产之敏也,使从嬖大夫。

十年秋七月戊子,晋平公卒。九月,叔孙婼、齐国弱、宋华定、卫北宫喜、郑罕虎、许人、曹人、莒人、邾人、滕人、薛人、杞人、小邾人如晋,葬平公也。郑子皮将以币行,子产曰："丧焉用币? 用币必百两,百两必千人,千人至将不行,

说:"鬼魂有所归宿,才不做恶鬼,我是为它寻找归宿啊。"子太叔说:"那位公孙洩干什么?"子产说:"为了向百姓解释。立身没有道义而希图取悦百姓,执政的人对礼仪有所违背,这是用来取得百姓欢心。不取得百姓的欢心,就不能使人信服;不能使人信服,百姓是不会顺从你。"

等到子产去晋国,赵景子问起这件事,说:"伯有还能做鬼吗?"子产说:"能。人刚刚死去叫作魄,已经产生了魄,阳气是魂。生时衣食精美丰富,魂魄就强健有力,因此有现形的能力,一直达到神化。普通的男人和女人不能善终,其魂魄尚且能附在别人身上,据以大肆祸乱暴虐,何况良霄(即伯有)是我们先君穆公的后代、子良的孙子、子耳的儿子、敝国的卿,执政已经三代了。郑国虽然不强大,或者就像谚语所说的是'小小的国家',可是伯有家三代执掌政权,他享用东西很多,他在其中汲取的精粹也很多。他的家族又大,所凭借的势力雄厚。可又不得善终,能够做鬼,不也是应该的吗?"

子皮的族人喝酒没有节制,所以马师氏和子皮氏的关系变得很坏。齐军从燕国回去的那个月,罕朔杀了罕魋,罕朔逃亡到晋国。韩宣子向子产询问安排他什么官位。子产说:"国君的寄居之臣,能够免死就很好了,还敢选择什么官位? 卿离开本国,就随大夫的班位;有罪的人根据他的罪行降等,这是古来的制度。罕朔在敝国的班位是亚大夫;他的官职,是马师。得罪而逃亡,就听凭执政安排了。能够免他一死,所施的恩惠就很大了,又岂敢要求官位?"韩宣子认为子产答复恰当,于是就让罕朔随下大夫的班位。

十年秋季七月初三,晋平公去世。九月,鲁国的叔孙婼、齐国的国弱、宋国的华定、卫国的北宫喜、郑国的罕虎、许人、曹人、莒人、邾人、滕人、薛人、杞人、小邾人全都来到晋国,这是为了安葬晋平公。郑国的子皮(即罕虎)准备带上财礼前往,子产说:"去参加丧礼哪里用得着财礼呢? 用财礼就一定要用一百辆车,一百辆车一定要用一千人。一千人到那里,一时半会儿又不会回来,

不行必尽用之。几千人而国不亡？”即葬，诸侯之大夫欲因见新君。叔向辞之。子皮尽用其币。归，谓子羽曰：“非知之实难，将在行之。夫子知之矣，我则不足。《书》曰：‘欲败度，纵败礼。’我之谓矣。夫子知度与礼矣，我实纵欲而不能自克也。”

十二年三月，郑简公卒。将为葬除，及游氏之庙，将毁焉。子大叔使其除徒执用以立，而无庸毁，曰：“子产过女而问何故不毁，乃曰‘不忍庙也。诺，将毁矣’。”既如是，子产乃使辟之。司墓之室有当道者，毁之，则朝而塴；弗毁，则日中而塴。子大叔请毁之，曰：“无若诸侯之宾何？”子产曰：“诸侯之宾能来会吾丧，岂惮日中？无损于宾，而民不害，何故不为？”遂弗毁，日中而葬。君子谓子产于是乎知礼。礼无毁人以自成也。六月，葬郑简公。

十三年，晋合诸侯于平丘。子产、子大叔相郑伯以会。子产以幄、幕九张行，子大叔以四十。既而悔之，每舍损焉。及会，亦如之。及盟，子产争承，曰：“郑伯，男也，而从诸侯之贡，惧弗给也。”自日中以争至于昏，晋人许之。

子产归，未至，闻子皮卒，哭，且曰：“吾已！无为为善矣。唯夫子知我。”仲尼谓：“子产于是行也，足以为国基矣。《诗》曰：‘乐旨君子，邦家之基。’子产，君子之求乐者

不回来,财物一定会全都用尽。派一千人出去送几次礼物,国家还有不灭亡的吗?"安葬完毕之后,诸侯的大夫想要借此拜见新立的国君。叔向辞绝他们。子皮全部用完了财礼。回国后,对子羽说:"并不是难在懂得道理,而是难在实行。子产他老人家懂得这一点,我却懂得不够。《尚书》说:'欲望败坏法度,放纵败坏礼仪。'说的就是我啊。子产他老人家懂得法度和礼仪,我确实是放纵欲望而不能自我克制。"

十二年三月,郑简公去世。打算为安葬而清除道路,到达游氏的祖庙时,打算拆毁它。子太叔让他手下清道的人拿着工具站着,而不要去拆,说:"子产经过你们这里,如果问你们为什么不拆,就说'不忍心拆除祖庙啊。好吧,就要拆了'。"这样一来以后,子产就让清道的人避开游氏的祖庙。管坟墓的官员的房屋有挡路的,如果拆了它,就可以在早晨下葬;如果不拆,就要到中午才能下葬。子太叔请求拆了它,说:"如果不拆,将让各诸侯国的宾客怎么办?"子产说:"各诸侯国的宾客能够前来参加我们的丧礼,难道会在乎到中午吗?对宾客没有损害,而百姓又不受危害,为什么不这么做呢?"于是就决定不拆,直到中午才下葬。君子认为子产在这件事上懂得礼法。礼法,没有毁坏别人而成全自己的事的。六月,安葬了郑简公。

十三年,晋国在平丘会合诸侯。子产、子太叔辅佐郑定公参加会见。子产带了帷布、幕布各九张出发,子太叔带了各四十张。不久,子太叔就后悔了,每住宿一次,就减少一些。到达会见的地方,也就和子产一样剩下各九张了。等到结盟的时候,子产争论进贡物品的轻重等级,说:"郑伯只是男爵,但让我们按照公侯的贡赋标准缴纳,恐怕是不能如数供给的。"从中午开始争论,直到晚上,晋人最终还是同意了。

子产回国,还没到都城,听说子皮去世,便哭起来,并说:"我完了!没人帮我做好事了。只有他老人家了解我。"孔子说:"子产在这次盟会中的表现,足以成为国家的基石。《诗经》说:'君子多欢乐,他是国家和家族的基石。'子产,是君子中追求欢乐的人

也。"且曰："合诸侯,艺贡事,礼也。"

十六年三月,晋韩起聘于郑,郑伯享之。子产戒曰:"苟有位于朝,无有不共恪。"孔张后至,立于客间。执政御之,适客后;又御之,适县间。客从而笑之。事毕,富子谏曰:"夫大国之人,不可不慎也。几为之笑而不陵我?我皆有礼,夫犹鄙我;国而无礼,何以求荣?孔张失位,吾子之耻也。"子产怒曰:"发命之不衷,出令之不信,刑之颇类,狱之放纷,会朝之不敬,使命之不听,取陵于大国,罢民而无功,罪及而弗知,侨之耻也。孔张,君之昆孙,子孔之后也,执政之嗣也。为嗣大夫,承命以使,周于诸侯,国人所尊,诸侯所知。立于朝而祀于家,有禄于国,有赋于军,丧祭有职,受脤归脤,其祭在庙,已有著位。在位数世,世守其业,而忘其所,侨焉得耻之?辟邪之人而皆及执政,是先王无刑罚也。子宁以他规我。"

宣子有环,其一在郑商。宣子谒诸郑伯,子产弗与,曰:"非官府之守器也,寡君不知。"子大叔、子羽谓子产曰:"韩子亦无几求,晋国亦未可以贰。晋国、韩子不可偷也。若属有谗人,交斗其间,鬼神而助之,以兴其凶怒,悔之何及?吾子何爱于一环,其以取憎于大国也?盍求而与之?"子产曰:"吾非偷晋而有二心,将终事之,是以弗与,忠信故也。

啊。"又说:"会合诸侯,制定贡赋的限度,这就是礼法。"

十六年三月,晋国的韩起到郑国聘问,郑定公设享礼招待他。子产告诫大家说:"只要在朝廷的享礼上有一个席位的,就不要做出不恭敬的事。"孔张后到,站在客人中间。主管典礼的人制止他;他又站到客人后边;主管典礼的人又制止他,他便走到悬挂的乐器中间。客人因此而笑他。享礼结束后,富子劝谏说:"对待大国的人,是不可以不慎重的。哪有被他们笑话了还不欺负我们的呢? 我们都能做到有礼,那些人还会看不起我们;国家没有礼仪,怎么能求得光荣? 孔张没有站到应该站的位置上,这是您的耻辱。"子产发怒说:"发布命令不恰当,命令发出不能执行,刑罚偏颇不顺,诉讼放纵混乱,朝会时不恭敬,命令没有人听从,招致大国的欺负,使百姓疲惫而没有功劳,罪过到来却还不知道,这是我的耻辱。孔张,是国君哥哥的孙子,子孔的后代,是执政者的继承人。他接任为大夫,接受命令而出使,遍及诸侯各国,为国人所尊敬,为诸侯所熟悉。他在朝中有官职,在家里主持祭祀,接受国家的爵禄封邑,分担国家的军赋,丧事、祭礼有一定的职事,接受祭肉也奉献祭肉,辅助国家在宗庙里祭祀,已经有了固定的地位。他家在位已经几代,世世代代保守自己的家业,现在却忘记了他应该站的位置,我哪里能为他感到羞耻? 把不正派的人的罪责都归于我这个执政者,等于先王就没有刑罚了。你还是用别的事来纠正我吧。"

韩起(即韩宣子)有一只玉环,配对的另一只在郑国的商人手里。韩起向郑定公请求把另一只搞到手,子产不同意,说:"这不是公家府库中保管的器物,我们国君不知道。"子太叔、子羽对子产说:"韩大人也没有太多的要求,我们对晋国也不能有二心。晋国和韩起都是不能轻慢的。如果正好有奸邪小人在中间挑拨,鬼神如果再帮着他,以激起他们的凶心怒气,后悔哪里还来得及呢? 您为什么爱惜一个玉环,而去惹大国的憎恨呢? 为什么不去找来给他?"子产说:"我不是轻慢晋国而有二心,而是要始终事奉晋国,所以才不给他,这是为了忠实和守信用的缘故。

侨闻君子非无贿之难,立而无令名之患。侨闻为国非不能事大、字小之难,无礼以定其位之患。夫大国之人令于小国,而皆获其求,将何以给之?一共一否,为罪滋大。大国之求,无礼以斥之,何餍之有?吾且为鄙邑,则失位矣。若韩子奉命以使,而求玉焉,贪淫甚矣,独非罪乎?出一玉以起二罪,吾又失位,韩子成贪,将焉用之?且吾以玉贾罪,不亦锐乎?”

　　韩子买诸贾人,既成贾矣。商人曰:“必告君大夫。”韩子请诸子产曰:“日起请夫环,执政弗义,弗敢复也。今买诸商人,商人曰:‘必以闻。’敢以为请。”子产曰:“昔我先君桓公与商人皆出自周,庸次比耦,以艾杀此地,斩之蓬蒿藜藋,而共处之。世有盟誓,以相信也,曰:‘尔无我叛,我无强贾。毋或丐夺。尔有利市宝贿,我勿与知。’恃此质誓,故能相保,以至于今。今吾子以好来辱,而谓敝邑强夺商人,是教敝邑背盟誓也,毋乃不可乎?吾子得玉而失诸侯,必不为也。若大国令而共无艺,郑,鄙邑也,亦勿为也。侨若献玉,不知所成。敢私布之。”韩子辞玉,曰:“起不敏,敢求玉以徼二罪?敢辞之。”

　　夏四月,郑六卿饯宣子于郊。宣子曰:“二三君子请皆赋,起亦以知郑志。”子齹赋《野有蔓草》,宣子曰:“孺子善哉!吾有望矣。”子产赋郑之《羔裘》,宣子曰:“起不堪也。”

我听说君子并不害怕没有财物，而是怕立身没有美好的名声。我又听说治理国家不是怕不能事奉大国，扶持小国，而是怕没有按礼仪来稳定职位。大国的人给小国下命令而一切要求都得到满足，将要用什么来源源不断地供给他们？一次给了，一次不给，罪过就更大了。大国的要求，如果不依据礼法加以驳斥，他们哪里会有满足？我们将会成为他们边境上的城邑，那就失去作为一个国家的地位了。如果韩起奉命出使，却求取玉环，他的贪得无厌就太过分了，难道不是罪过吗？拿出一只玉环而引起两种罪过，我们又失去了国家的地位，韩起成为贪婪之徒，哪里用得着这样？而且我们用玉环而换来罪过，不也是太不划算了吗？”

　　韩起从商人处买到玉环，已经成交了。商人说：“一定要告诉国君和大夫。”韩起向子产请求说：“前些日子我请求得到这只玉环，您认为不合于道义，所以不敢再次请求。现在从商人那里购买，商人说：‘一定要报告这件事情。’谨敢请求您允许。”子产说：“从前我们先君桓公和商人们都是从宗周迁居出来的，并肩协作来清理这块土地，砍去各种野草杂木，一起居住在这里。世世代代都有盟誓，用以互相信赖，誓词说：‘你不背叛我，我不强买你的东西。不要乞求，不要掠夺。你有赚钱的买卖和宝贵的货物，我也不加过问。’仗着这个有信用的盟誓，所以能互相保全直到今天。现在您带着友好的情谊光临敝国，而告诉敝国去抢夺商人的东西，这是教导敝国背弃盟誓，恐怕不可以吧？如果您得到玉环而失去诸侯，那您一定是不干的。如果大国有命令，要我们没完没了地供应，那就是把郑国当成晋国边境上的城市了，我们也是不干的。我如果献上玉环，真不知道有什么好处。谨敢私下向您陈述。”韩起就把玉环退了回去，说：“是我不聪明，岂敢因求取玉环而获得两项罪过？谨请把它退回去。”

　　夏季四月，郑国的六卿在郊外为韩起饯行。韩起说：“请几位大臣都赋诗一首，我韩起借此也可以了解一下郑国的志向。”子蟜吟诵《野有蔓草》一诗，韩起说：“孺子说得好啊！我看到希望了。”子产吟诵郑国的《羔裘》一诗，韩起说：“我是不敢当的。”

子大叔赋《褰裳》，宣子曰：“起在此，敢勤子至于他人乎？”子大叔拜。宣子曰：“善哉！子之言是！不有是事，其能终乎？”子游赋《风雨》，子旗赋《有女同车》，子柳赋《箨兮》，宣子喜曰：“郑其庶乎！二三君子以君命贶起，赋不出郑志，皆昵燕好也。二三君子，数世之主也，可以无惧矣。”宣子皆献马焉，而赋《我将》。子产拜，使五卿皆拜，曰：“吾子靖乱，敢不拜德？”宣子私觌于子产以玉与马，曰：“子命起舍夫玉，是赐我玉而免吾死也，敢不藉手以拜！”

郑大旱，使屠击、祝款、竖柎有事于桑山，斩其木，不雨。子产曰：“有事于山，艺山林也，而斩其木，其罪大矣。”夺之官邑。

十七年冬，有星孛于大辰，西及汉。申须曰：“彗，所以除旧布新也。天事恒象，今除于火，火出必布焉，诸侯其有火灾乎！”梓慎曰：“往年吾见之，是其征也。火出而见。今兹火出而章，必火入而伏。其居火也久矣，其与不然乎？火出，于夏为三月，于商为四月，于周为五月。夏数得天，若火作，其四国当之，在宋、卫、陈、郑乎！宋，大辰之虚也；陈，大暤之虚也；郑，祝融之虚也。皆火房也。星孛及汉，汉，水祥也。卫，颛顼之虚也，故为帝丘，其星为大水。水，火之牡也。其以丙子若壬午作乎！水火所以合也。若火入而伏，必以壬午，不过其见之月。”郑裨灶言于子产曰：

子太叔吟诵《褰裳》一诗，韩起说："有我韩起在这里，岂敢劳动您去事奉别人呢？"子太叔拜谢。韩起说："好啊！你说起了这个问题！要不是有您赋诗告诫这回事，恐怕不能善始善终地友好下去吧？"子游吟诵《风雨》一诗，子旗吟诵《有女同车》一诗，子柳吟诵《箨兮》一诗，韩起很高兴，说："郑国差不多要强盛了吧！几位大臣用国君的名义赏赐我韩起，所赋的诗都不出郑诗之外，都是表示亲近友好的。几位大臣都是可以传到几世的大夫，郑国可以不再有所畏惧了。"韩起给他们每个人献上马匹，而且吟诵了《我将》一诗。子产拜谢，又让其他五位卿都拜谢，说："有您平定动乱，岂敢不拜谢恩德？"韩起用玉和马作为礼物私下拜见子产，说："您让我舍弃那个玉环，这是赐给了我玉环而免我一死，岂敢不借此薄礼来拜谢呢！"

郑国大旱，便派屠击、祝款、竖柎去祭祀桑山，砍掉山上的树，但还是不下雨。子产说："祭祀山神，应当养护山林，现在反而砍掉山上的树，罪过就大了。"于是剥夺了他们的官爵、封邑。

十七年冬季，有彗星在大辰星旁边出现，往西达到银河。申须说："彗星是用来除旧布新的。天上发生的事常常象征吉凶，现在大火星不见，大火星再度出现时必然散布灾殃，诸侯中恐怕会有火灾吧！"梓慎说："去年我也见到彗星，这就是它的征兆了。去年大火星出现就见到它。现在它在大火星出现时更加明亮，必然在大火星消失时隐伏。它和大火星在一起已经很久了，难道不是这样吗？大火星出现，在夏正是三月，在商正是四月，在周正是五月。夏代的历数和天象相应，如果发生火灾，应该有四个国家承当，会在宋国、卫国、陈国、郑国吧！宋国，是大辰星的分野；陈国是太皞氏居住的地方；郑国是祝融氏居住的地方。都是大火星所居住之处。彗星到达银河，银河，就是水。卫国，是颛顼氏居住的地方，所以是帝丘，和它相配的星是大水。水，是火的阳性配偶。恐怕会在丙子日或者壬午日发生火灾吧！水火会在那个时候相配的。如果大火星消失而彗星随之隐伏，一定在壬午日，不会超过它出现的那个月。"郑国的禅灶对子产说：

"宋、卫、陈、郑将同日火。若我用瓘斝玉瓒,郑必不火。"
子产弗与。

十八年夏五月,火始昏见。丙子,风。梓慎曰:"是谓
融风,火之始也。七日其火作乎!"戊寅,风甚。壬午,大
甚,宋、卫、陈、郑皆火。梓慎登大庭氏之库以望之,曰:
"宋、卫、陈、郑也。"数日皆来告火。裨灶曰:"不用吾言,
郑又将火。"郑人请用之,子产不可。子大叔曰:"宝以保民
也,若有火,国几亡。可以救亡,子何爱焉?"子产曰:"天道
远,人道迩,非所及也,何以知之?灶焉知天道?是亦多言
矣,岂不或信?"遂不与。亦不复火。

郑之未灾也,里析告子产曰:"将有大祥,民震动,国
几亡。吾身泯焉,弗良及也。国迁,其可乎?"子产曰:"虽
可,吾不足以定迁矣。"及火,里析死矣,未葬,子产使舆三
十人迁其枢。火作,子产辞晋公子、公孙于东门;使司寇
出新客,禁旧客勿出于宫;使子宽、子上巡群屏摄,至于大
宫;使公孙登徙大龟;使祝史徙主祏于周庙,告于先君;使
府人、库人各儆其事;商成公儆司宫,出旧宫人,置诸火所
不及;司马、司寇列居火道,行火所焮;城下之人伍列登城。
明日,使野司寇各保其征,郊人助祝史除于国北,禳火于玄
冥、回禄,祈于四鄘。书焚室,而宽其征,与之材。三日哭,
国不市。使行人告于诸侯。宋、卫皆如是。陈不救火,许不
吊灾,君子是以知陈、许之先亡也。

"宋、卫、陈、郑四国将要在同一天发生火灾。如果我们用玉酒樽和玉勺祭神,郑国一定不会发生火灾。"子产不同意。

十八年夏季五月,大火星开始在黄昏时出现。初七,刮起了风。梓慎说:"这就是所谓的融风,是火灾的开始。七天以后,恐怕要发生火灾吧!"初九,风刮得厉害。十三日,风更加厉害,宋国、卫国、陈国、郑国都发生了火灾。梓慎登上大庭氏的库房远望,说:"这是在宋国、卫国、陈国、郑国。"几天以后几国都来报告火灾。裨灶说:"不采纳我的话,郑国还要发生火灾。"郑国人请求采纳他的话,子产不同意。子太叔说:"宝物是用来保护百姓的,如果有了火灾,国家差不多会灭亡的。可以挽救灭亡,您爱惜它干什么?"子产说:"天道幽远,人道切近,两不相关,怎么能由天道而知人道?裨灶哪里懂得天道?这个人的话多了,难道不会偶尔说中?"于是就不给。后来郑国也没再发生火灾。

郑国还没发生火灾时,里析告诉子产说:"将要发生大的灾异,百姓震动,国家差不多会灭亡。那时我自己已经死了,赶不上了。迁都,可以吗?"子产说:"即使可以,我一个人也无法决定迁都的事。"等到发生火灾,里析已经死了,但没有下葬,子产派三十个人迁走了他的灵柩。火灾发生,子产在东门送走了晋国的公子、公孙;并派司寇把新来的客人送出去,禁止早已来的客人走出宾馆的大门;派子宽、子上巡察所有祭祀宗庙以及祖庙;派公孙登迁走大龟;派祝史将宗庙里安放神位的石匣迁到周庙,向先君报告;令府人、库人各自戒备自己的管辖范围;派商成督促司宫戒备,迁出先公的宫女,安置在火烧不到的地方;司马、司寇都到火道上,一边救火,一边防止盗贼趁火打劫;城下的人列队登城。第二天,派野司寇各自约束好他们征发的徒役,郊人帮助祝史在国都北面清除地面堆筑祭坛,向水神、火神祈祷消灭火灾,又在四城祈祷。记下被烧的房舍,宽免他们的赋税,发给他们造房的材料。让郑国人号哭三天,停止开放国都中的市场。派外交官向诸侯报告。宋国和卫国也都这样做。陈国不救火,许国不慰问火灾,君子因此而知道陈国、许国将先灭亡。

　　七月，郑子产为火故，大为社，祓禳于四方，除火灾，礼也。乃简兵大蒐，将为蒐除。子大叔之庙在道南，其寝在道北，其庭小，过期三日，使除徒陈于道南庙北，曰："子产过汝，而命速除，乃毁于而乡。"子产朝，过而怒之，除者南毁。子产及冲，使从者止之，曰："毁于北方。"

　　火之作也，子产授兵登陴。子大叔曰："晋无乃讨乎？"子产曰："吾闻之，小国忘守则危，况有灾乎？国之不可小，有备故也。"既，晋之边吏让郑曰："郑国有灾，晋君、大夫不敢宁居，卜筮走望，不爱牲玉。郑之有灾，寡君之忧也。今执事捈然授兵登陴，将以谁罪？边人恐惧，不敢不告。"子产对曰："若吾子之言，敝邑之灾，君之忧也。敝邑失政，天降之灾，又惧谗慝之间谋之，以启贪人，荐为敝邑不利，以重君之忧。幸而不亡，犹可说也；不幸而亡，君虽忧之，亦无及也。郑有他竟，望走在晋。既事晋矣，其敢有二心？"

　　十九年，是岁也，郑驷偃卒。子游娶于晋大夫，生丝，弱，其父兄立子瑕。子产憎其为人也，且以为不顺，弗许，亦弗止。驷氏耸。他日，丝以告其舅。冬，晋人使以币如郑，问驷乞之立故。驷氏惧，驷乞欲逃，子产弗遣。请龟以卜，亦弗予。大夫谋对，子产不待而对客曰："郑国不天，

七月，郑国的子产因为火灾的缘故，大筑社庙，祭祀四方之神，救治火灾，这是合于礼法的。于是精选士兵举行盛大检阅，并准备为此清除场地。子太叔的家庙在路的南边，他的家在路的北边，庭院很小，都必须拆除，但超过期限三天后还没有拆除，他让清除场地的徒卒排列在路南庙北，说："子产经过你们这里，下命令赶快清除，就向你们面对的方向动手拆除。"子产上朝，经过这里发现没有清除便发怒了，清除的人就往南毁庙。子产走到十字路口，让随从制止他们，说："向北方动手拆除住房。"

火灾发生的时候，子产给兵卒分发武器登上城墙守卫。子太叔说："晋国难道要来讨伐吗？"子产说："我听说，小国忘记守御就有危险，何况有火灾呢？国家能不被轻视，就是因为有了防备。"事后，晋国的边防官吏责备郑国说："郑国有了火灾，晋国的国君、大夫不敢安居，占卜占筮，奔走四处，遍祭名山大川，不敢爱惜牺牲玉帛。郑国有火灾，是我国国君的忧虑。现在您您忽然分发武器登上城墙守卫，打算向谁问罪？我们边境上的人害怕，不敢不报告。"子产回答说："像您所说的那样，敝国的火灾，就是贵国国君的忧虑。敝国的政事失修，上天降下灾难，又害怕奸邪的人乘机打敝国的主意，以引诱贪婪的人，再次对敝国不利，以加重贵国国君的忧虑。幸而不被灭亡，还可以解释；不幸而被灭亡，贵国国君即使为敝国忧虑，也是来不及了。郑国虽然也和其他国家接壤，但有难时只希望去投奔晋国。既然已经事奉晋国了，岂敢怀有二心？"

十九年，这一年，郑国的驷偃去世。子游（即驷偃）在晋国的大夫家娶妻，生了丝，还很年幼，他的父兄立了驷偃的弟弟子瑕（即驷乞）做继承人。子产讨厌驷乞的为人，而且认为这样不符合继承顺序，便没有表态，也不制止。驷氏族人害怕。过了些日子，丝把情况告诉了他舅父。冬季，晋国派人带了财礼来到郑国，询问立驷乞的缘故。驷氏族人害怕，驷乞想逃走，子产不让走。驷乞请求用龟甲占卜，子产也不给。大夫们商量如何回答晋国，子产不等他们商量好就回答客人说："郑国不得上天保佑，

寡君之二三臣札瘥夭昏，今又丧我先大夫偃。其子幼弱，其一二父兄惧队宗主，私族于谋，而立长亲。寡君与其二三老曰：'抑天实剥乱是，吾何知焉？'谚曰：'无过乱门。'民有乱兵，犹惮过之，而况敢知天之所乱？今大夫将问其故，抑寡君实不敢知，其谁实知之？平丘之会，君寻旧盟曰：'无或失职。'若寡君之二三臣，其即世者，晋大夫而专制其位，是晋之县鄙也，何国之为？"辞客币而报其使。晋人舍之。

郑大水，龙斗于时门之外洧渊，国人请为禜焉。子产弗许，曰："我斗，龙不我觌也；龙斗，我独何觌焉？禳之，则彼其室也。吾无求于龙，龙亦无求于我。"乃止也。

二十年，郑子产有疾，谓子大叔曰："我死，子必为政。惟有德者，能以宽服民，其次莫如猛。夫火烈，民望而畏之，故鲜死焉。水懦弱，民狎而玩之，则多死焉。故宽难。"疾数月而卒。大叔为政，不忍猛而宽。郑国多盗，取人于萑苻之泽。大叔悔之，曰："吾早从夫子，不及此。"兴徒兵以攻萑苻之盗，尽杀之，盗少止。仲尼曰："善哉！政宽则民慢，慢则纠之以猛；猛则民残，残则施之以宽。宽以济猛，猛以济宽，政是以和。《诗》曰：'民亦劳止，汔可小康。惠此中国，以绥四方。'施之以宽也。'毋从诡随，以谨无良。

敝国国君的几个臣下不幸患病天折,现在又失去了我们的先大夫驷偃。他的儿子年幼,他家族中的父兄害怕断绝宗主,便私下和族人商量而立了年长的亲属。敝国国君和他的几个卿大夫说:'或者是上天有意搅乱这种继承法,我哪里敢过问呢?'谚语说:'不要走过动乱人家的门口。'百姓动武作乱,尚且害怕经过那里,更何况去过问上天所降的祸乱呢? 现在大夫将要询问它的缘故,连敝国国君也确实不敢过问,还会有谁过问? 平丘的盟会上,贵国国君重温过去的盟约说:'不要有人失职。'如果敝国国君的几个臣下,他们中有去世的,晋国的大夫却要专断地干涉他们的继承人,这是把我们当作晋国边境上的城邑了,还算什么国家呢?"于是退回了客人的财礼并回报了他的使者。晋国人就不再过问了。

郑国发生大水灾,有龙在都城南门时门外边的洧渊争斗,国都的人们请求举行禳灾求福的祭祀。子产不答应,说:"我们争斗,龙不看;龙争斗,我们为什么偏要去看呢? 祭祷祈求它们离开,但那里本来就是它们居住的地方。我们对龙没有要求,龙对我们也没有要求。"于是就没有祭祀。

二十年,郑国的子产有病,对子太叔说:"我死后,您必然要执政。只有有德的人才能够用宽大来使百姓服从,其次就莫如严厉的政策了。火猛烈,百姓们看着就害怕,所以很少有人死于火。水柔弱,百姓们轻慢而玩弄它,死于水的就很多。所以宽政不容易。"子产病了几个月后去世。子太叔执政,不忍推行严厉之政而实行宽政。于是郑国盗贼很多,聚集在萑苻泽里。子太叔后悔,说:"我早点听从子产他老人家的话,就不至于到这一步。"于是就发动步兵攻打萑苻泽中的盗贼,把他们全部杀了,盗贼稍稍收敛。孔子说:"好啊! 施行宽政百姓就怠慢,怠慢就用严厉来纠正;严厉了百姓就会受到残害,受到残害就实施宽政。用宽大调剂严厉,用严厉调剂宽大,政事因此调和。《诗经》说:'百姓已很辛劳,差不多可以稍稍使其安康;赐恩给中原各国,用以安定四方。'这是实施宽政。'不要放纵小恶,以约束不良之人。

式遏寇虐,惨不畏明。'纠之以猛也。'柔远能迩,以定我王。'平之以和也。又曰:'不竞不绿,不刚不柔,布政优优,百禄是遒。'和之至也。"及子产卒,仲尼闻之,出涕曰:"古之遗爱也。"

〔补逸〕《史记》:郑相子产卒,郑人皆哭泣,悲之如亡亲戚。子产者,郑成公少子也,为人仁爱人,事君忠厚。孔子尝过郑,与子产如兄弟云。及闻子产死,孔子为泣,曰:"古之遗爱也!"郑昭君之时,以所爱徐挚为相。国乱,上不下亲,父子不和。大宫子期言之君,以子产为相。为相一年,竖子不戏狎,班白不提挈,僮子不犁畔。二年,市不豫贾。三年,门不夜关,道不拾遗。四年,田器不归。五年,士无尺籍,丧期不令而治。治郑二十六年而死,丁壮号哭,老人儿啼,曰:"子产去我死乎!民将安归?"

二十五年,会于黄父,谋王室也。子大叔见赵简子,简子问揖让周旋之礼焉。对曰:"是仪也,非礼也。"简子曰:"敢问何谓礼?"对曰:"吉也闻诸先大夫子产曰:'夫礼,天之经也,地之义也,民之行也。'天地之经,而民实则之。则天之明,因地之性,生其六气,用其五行。气为五味,发为五色,章为五声。淫则昏乱,民失其性,是故为礼以奉之。

应当制止侵夺残暴,他们从来不怕法度。'这是用严厉来纠正。'安抚边远柔服近地,来安定我王。'这是用和来使国家平静。又说:'不急不缓,不刚不柔,施政从容不迫,百种福禄临头。'这是和协的顶点。"等到子产去世时,孔子听到消息,流泪说:"他的仁爱,有古人的遗风啊。"

〔补逸〕《史记》:郑国辅相子产逝世,郑人都哭泣,悲伤得如同自己的亲人去世。子产是郑成公的小儿子,为人仁义爱人,事奉君主忠诚老实。孔子曾路过郑国,与子产亲如兄弟。等到听说子产去世,孔子为之哭泣道:"子产的仁爱,真有古人遗风啊!"郑昭君时,用他喜爱的徐挚为辅相。结果全国大乱,上下不相亲近,父子不相和睦。大宫子期对国君说,让子产来做辅相。子产做辅相一年,浪荡子弟们不再轻浮嬉戏,白发的老人走在路上不用手提重物,儿童们也不用下地耕田。子产做辅相两年,市场上没有抬高物价的。做辅相三年,百姓夜里不关门,在道路上不拾别人掉的东西。做辅相四年,田间的器具不往家里带也不会丢。做辅相五年,男子无须服兵役,遇到丧事自觉执行丧礼。子产治理郑国二十六年后死去,青壮年们号哭,老人也哭泣得像小孩子一样,说:"子产抛下我们死了! 百姓们将依靠谁呢?"

二十五年,鲁国的叔诣和晋国的赵简子、宋国的乐大心、卫国的北宫喜、郑国的游吉以及曹国人、邾国人、滕国人、薛国人、小邾国人在黄父会见,这是为了商量安定王室。子太叔进见赵简子,赵简子询问揖让、周旋之礼。子太叔回答说:"这是仪式,不是礼。"赵简子说:"敢问什么叫礼?"子太叔回答说:"我游吉曾听先大夫子产说:'礼是上天的规范,大地的准则,百姓行动的依据。'天地的规范,百姓会效法。效法上天明亮的星体,依凭大地的本性,生出了上天的阴、阳、风、雨、晦、明六气,使用大地的金、木、水、火、土五行。气有酸、咸、辛、苦、甘五种味道,表现为青、黄、赤、白、黑五种颜色,显示为宫、商、角、徵、羽五种声音。过了头就昏乱,百姓就失掉本性,因此制定了礼来使其有所遵循。

为六畜、五牲、三牺，以奉五味；为九文、六采、五章，以奉五色；为九歌、八风、七音、六律，以奉五声；为君臣上下，以则地义；为夫妇外内，以经二物；为父子、兄弟、姑姊、甥舅、昏媾、姻亚，以象天明；为政事、庸力、行务，以从四时；为刑罚、威狱，使民畏忌，以类其震曜杀戮；为温慈、惠和，以效天之生殖长育。民有好恶、喜怒、哀乐，生于六气，是故审则宜类，以制六志。哀有哭泣，乐有歌舞，喜有施舍，怒有战斗。喜生于好，怒生于恶，是故审行信令，祸福赏罚，以制死生。生，好物也；死，恶物也。好物，乐也；恶物，哀也。哀乐不失，乃能协于天地之性，是以长久。"简子曰："甚哉，礼之大也！"对曰："礼，上下之纪，天地之经纬也，民之所以生也，是以先王尚之。故人之能自曲直以赴礼者，谓之成人。大，不亦宜乎？"简子曰："鞅也，请终身守此言也。"

定公四年，反自召陵，郑子大叔未至而卒。晋赵简子为之临，甚哀，曰："黄父之会，夫子语我九言，曰：'无始乱，无怙富，无恃宠，无违同，无敖礼，无骄能，无复怒，无谋非德，无犯非义。'"

八年，郑驷歂嗣子大叔为政。

九年，郑驷歂杀邓析而用其《竹刑》。君子谓："子然于是不忠。苟有可以加于国家者，弃其邪可也。《静女》之三章，取彤管焉。《竿旄》'何以告之'，取其忠也。故用其

制定了六畜、五牲、三牺，以使五味有所遵循；制定九文、六采、五章，以使五色有所遵循；制定九歌、八风、七音、六律，以使五声有所遵循；制定君臣上下的规范，以效法大地的准则；制定夫妇内外的规矩，以规范阴阳两种事物；制定父子、兄弟、姑姊、甥舅、婚姻、翁婿、连襟的关系，以象征天象星辰；制定政策政令、农工管理、行动措施，以顺应四时；制定刑罚、牢狱，让百姓害怕，以模仿雷电的杀伤；制定温和慈祥的措施，以效法上天的生长繁育。百姓有好恶、喜怒、哀乐，从六气派生，所以要审慎地效法、适当地模仿，以制约这六种情志。哀痛便有哭泣，欢乐便有歌舞，高兴便有施舍，愤怒便有战斗。高兴从喜好中派生，愤怒从讨厌中派生，所以行动要审慎，命令要有信用，用祸福赏罚，来制约生死。生，是人们喜好的事物；死，是人们讨厌的事物。喜好的事物，会带来欢乐；讨厌的事物，会带来哀伤。哀伤欢乐不失于礼法，就能与天地的本性协调，因此能够长久。"赵简子说："礼法的宏大真是到了极点啦！"子太叔回答说："礼，是上下的纲纪，天地的准则，百姓赖以生存的基础，因此先王尊崇它。所以人们能够从不同的天性经过改造或者直接达到礼的要求，就叫做成人。它的宏大，不也是当然的吗？"赵简子说："我赵鞅啊，请求一辈子奉行这些话。"

鲁定公四年，从召陵盟会上回国，郑国的子太叔没有回到国内就死了。晋国的赵简子吊丧号哭，很悲哀，说："黄父那次会见，您对我说九句话，说：'不要发动祸乱，不要为富不仁，不要依仗受到宠信，不要违背共同的意愿，不要傲视有礼的人，不要自负有才能，不要为同一事情再次发怒，不要谋划不合道德的事，不要触犯不合正义的事。'"

八年，郑国驷乞的儿子驷歂接替子太叔执政。

九年，郑国的驷歂杀了邓析，而又用他的《竹刑》。君子认为："子然（即驷歂）在这事上不忠。如果有人对国家有利，就不必严惩他的邪恶。《静女》这诗三章，就是赞美其中的彤管。《竽旄》的'用什么来劝告他'，是赞美它的忠诚。所以用了一个人的

道，不弃其人。《诗》云：'蔽芾甘棠，勿翦勿伐，召伯所茇。'思其人，犹爱其树，况用其道而不恤其人乎？子然无以劝能矣。"

〔补逸〕《列子》：邓析操两可之说，设无穷之辞。当子产之政，作《竹刑》，郑国用之，数难子产之治。子产屈之。子产执而戮之，俄而诛之。然则子产非能用《竹刑》，不得不用；邓析非能屈子产，不得不屈；子产非能诛邓析，不得不诛也。

哀公五年，郑驷秦富而侈，嬖大夫也，而常陈卿之车服于其庭。郑人恶而杀之。子思曰："《诗》曰：'不解于位，民之攸塈。'不守其位而能久者，鲜矣。《商颂》曰：'不僭不滥，不敢怠皇，命以多福。'"

臣士奇曰：郑之为国，族大宠多，俗淫而侈，又介晋、楚之间，疆埸日骇，民生垫隘，未易以为治。而子产之相郑，则大有可观矣。

方子国、子耳之侵蔡而获公子燮也，国人皆喜，子产年犹童子，即虑晋、楚兵争之祸，固已奇矣。西宫之乱，庀群司，闭府库，而后出兵。仓卒之中，具有成画。子孔载书之误，则力请焚之，使反侧子自安。子晳与子南争室，子南以戈击子晳伤，数其五奸，抗法不少贷。及子晳欲去游氏而代其位，将作乱，使吏切责，尸诸衢

主张，就不惩罚这个人。《诗经》说：'甘棠的树荫茂密，不要剪除，不要砍伐，召伯曾停留在这树下。'想念一个人，尚且会爱护跟他有关的树，何况用了一个人的主张，怎能不顾这个人的生命呢？子然没有办法勉励贤能的人了。"

〔补逸〕《列子》：邓析主张模棱两可的学说，编造了一套巧妙圆滑的言辞。在子产执政的时候，他制定了《竹刑》，郑国采用了它，却多次妨碍子产的治理。子产为之理屈。子产抓住了他并羞辱他，不久又依据《竹刑》杀了他。然而子产不是乐意采用《竹刑》，而是不得不采用；邓析并不是能使子产理屈，而是不得不使子产理屈；子产并不是能杀邓析，而是不得不杀他。

鲁哀公五年，郑国的驷秦富有而狂妄，他是一个下大夫，但常常把卿的车马服饰陈列在他的院子里。郑人讨厌他便把他杀了。子思说："《诗经》说：'在职位上努力不懈，百姓因而得以安宁。'不安于他的职位而能够长久的人是很少的。《商颂》说：'不出错不自满，不敢懈怠偷闲，上天就赐予各种福禄。'"

臣下我高士奇评论说：郑国立国，公族强大而贵宠者过多，民风淫纵而奢侈，又处在晋、楚之间，边疆上天天惊扰，民不聊生，不容易治理好。然而子产辅佐郑国，使郑国的形势大为可观。

当子国、子耳侵袭蔡国并且俘获公子燮的时候，国人都很高兴，子产虽然年纪还很轻，就已经考虑到了晋国和楚国之间兵事争端的祸害，已经可以算是让人惊奇了。西宫之乱的时候，子产让官员各司其职，关闭府库，然后出兵。仓促之间，都有完善的谋划。子孔制作盟书发生错误，子产极力请求烧掉它，使心中不安的人们安定下来。子皙和子南争夺妻子，子南用戈击伤了子皙，子产抓住子南，列举他的五条罪状，对于违抗法律的人一点也不宽恕。等到子皙想除掉游氏而取代他的职位，准备发动叛乱的时候，子产派官吏历数他的罪状，并在子皙自杀后，将其暴尸在周氏大街上，

而加木焉,刑政肃矣。

其治民也,有惠爱之心,而济之以猛。水濡火烈之喻,殆即乱国用重典之意乎!他若铸刑书,制参辟,立谤政,作沟洫,行之一年,而竖子不狎,班白不提挈;二年,市不豫贾;三年,门不夜关,道不拾遗;四年,田器不归;五年,士无尺籍,丧期不令而治。至妖妄诞谲之习,凡可以惑民听、沮教令者,屏之务绝。伯有之厉,立其祀以安之。龙斗洧渊,则置而弗问。裨灶请禳火,则始终援天道人道以折之。此其卓识远见,岂流辈所能及哉?

若夫驰词执礼,以当晋、楚之锋:征朝,则历述比岁之勤;重币,则寓宣子之书;献捷,则士庄伯不能诘;坏馆垣,则叔向叹其有辞;却逆女,则楚人垂橐而入;拒玉环之请,则杜无厌之求;申登陴之对,则寝问罪之端;问驷乞之立,则语以县鄙之惧。而多闻博物,又足以倾动四国之诸侯,而照耀乎坛坫。是以外捍牧圉,内庇民社,而遗爱所被,既没而悲之如亡亲戚也。子产不诚贤相矣哉!

把写着罪状的木牌放在他尸体上，从此刑罚政令开始严肃。

子产治理民众，有宽惠仁爱之心，并且辅之以刚猛。水柔弱、火刚烈的比喻，大概就是治理混乱的国家必须要用重刑的意思吧！其他的像把刑法铸在鼎上，仿效夏、商、周制订三种法律，推行受人批评的政令，划定田界水沟，这些措施执行一年，浪荡子们不轻浮嬉戏，年老的人走在路上不用手提负重；执行二年，市场不哄抬物价；执行三年，百姓夜里不用关门，在道路上不拾别人丢失的东西；执行四年，田间的器具不往家里带，也不会丢失；执行五年，男子无须服兵役，遇到丧事能自觉执行丧葬之礼。至于虚妄欺诈的陋习，凡是可以迷惑民众视听、阻碍教令推行的，都要消除禁绝。伯有变成恶鬼，子产立了公孙洩和良止来安抚伯有的鬼魄。有龙在洧渊争斗，子产则置之不问。禆灶请求祈祷神灵来消除火灾，子产则一直援引天道幽远人道切近的道理来驳斥他。他的卓识远见，岂是一般人所能达到的？

至于子产秉持礼节进行游说，来抵挡晋国和楚国的锋芒：晋国要求朝见时，就历数多年来郑国尽心事奉晋国的辛劳；晋国索要的贡品负担太重，子产便托子西带信给范宣子，要求减轻贡品的负担；向晋国奉献战利品时，士庄伯没有说辞能驳倒他；子产派人拆毁了晋国宾馆的围墙，叔向感叹他善于辞令；拒绝楚国人进城迎娶郑女，楚国人只能倒垂着弓袋进入郑国国都；拒绝韩起索要玉环的请求，便杜绝了贪得无厌的索求；子产申明火灾发生时派兵登城守卫的原因，使晋国没有问责郑国罪过的理由；当晋国责问为什么要立驷乞时，他则回答害怕晋国要把郑国当作边境上的城邑。而且子产的博学多闻通晓万物，又足以打动四方的诸侯，使其在会盟的坛台上光彩照人。因此他对外捍卫边境，对内保护民众和社稷，故仁爱的恩泽布满全国，以致他死后，百姓像失去亲人一样而感到悲痛。子产可真是位贤能的辅相啊！

虽然，无罕虎，则子产之贤不彰；无子大叔，则子产之贤亦不传。此君子所以重汲引也。

虽然如此，如果没有罕虎，子产的贤能便无法彰显；没有子太叔，子产的贤能也不会远播四方。这就是君子之所以重视引荐提拔人才的原因。

楚

卷四十五　楚伐灭小国<small>成王之弑附</small>

桓公二年,蔡侯、郑伯会于邓,始惧楚也。

六年,楚武王侵随,使薳章求成焉,军于瑕以待之。随人使少师董成。鬪伯比言于楚子曰:"吾不得志于汉东也,我则使然。我张吾三军,而被吾甲兵,以武临之,彼则惧而协以谋我,故难间也。汉东之国,随为大。随张,必弃小国。小国离,楚之利也。少师侈,请赢师以张之。"熊率且比曰:"季梁在,何益?"鬪伯比曰:"以为后图。少师得其君。"王毁军而纳少师。

少师归,请追楚师。随侯将许之。季梁止之,曰:"天方授楚,楚之赢,其诱我也。君何急焉?臣闻小之能敌大也,小道,大淫。所谓道,忠于民而信于神也。上思利民,忠也;祝史正辞,信也。今民馁而君逞欲,祝史矫举以祭,臣不

卷四十五　楚伐灭小国_{成王之弑附}

　　鲁桓公二年，蔡桓侯和郑庄公在邓地会见，从这时起他们开始惧怕楚国。

　　六年，楚武王入侵随国后，派薳章去随国议和，把军队驻扎在瑕地来等待谈判结果。随国则派少师主持和谈。鬭伯比对楚武王说："我国没能在汉水以东扩展地盘，完全是我们自己造成的。因为我们摆开军队，装备铠甲和兵器，依靠武力逼迫邻国，他们因害怕而联合起来对付我们，所以就很难离间他们了。在汉水以东的国家中，随国最大。如果随国狂妄自大，必然轻视小国。一旦小国疏远随国，就对楚国有利。随国少师这个人一向很傲慢，建议让我们的军队表现得非常疲惫软弱，以此来使他更加骄傲自满。"熊率且比说："随国有季梁在，我们这样做有什么用呢？"鬭伯比说："这是为了长远着想。将来少师必定会受到随君的宠信。"于是楚武王故意损坏军容，迎接少师的到来。

　　少师回去以后，果然请求追击楚国军队。随侯准备同意。季梁阻止说："上天正在保佑楚国，楚军故意展示疲弱姿态，是为了诱惑我们。国君何必急于出兵呢？臣下我听说小国之所以能够抗拒大国，是因为小国得道而大国放纵无度。所谓道，就是对百姓忠实，对神灵讲信用。国君经常想到如何使百姓得到好处，这就是忠；祝史祈祷时言辞不虚妄浮夸，这就是信。如今百姓饥饿而国君却一心满足私欲，祝史虚报功德来祭祀，臣下我不

知其可也。"公曰:"吾牲牷肥腯,粢盛丰备,何则不信?"对曰:"夫民,神之主也。是以圣王先成民而后致力于神。故奉牲以告曰'博硕肥腯',谓民力之普存也,谓其畜之硕大蕃滋也,谓其不疾瘯蠡也,谓其备腯咸有也。奉盛以告曰'洁粢丰盛',谓其三时不害而民和年丰也。奉酒醴以告曰'嘉栗旨酒',谓其上下皆有嘉德而无违心也。所谓馨香,无谗慝也。故务其三时,修其五教,亲其九族,以致其禋祀。于是乎民和而神降之福,故动则有成。今民各有心,而鬼神乏主,君虽独丰,其何福之有?君姑修政而亲兄弟之国,庶免于难。"随侯惧而修政,楚不敢伐。

八年,随少师有宠。楚鬬伯比曰:"可矣。仇有衅,不可失也。"

夏,楚子合诸侯于沈鹿。黄、随不会,使薳章让黄,楚子伐随,军于汉、淮之间。季梁请下之:"弗许而后战,所以怒我而怠寇也。"少师谓随侯曰:"必速战!不然,将失楚师。"随侯御之,望楚师。季梁曰:"楚人上左,君必左。无与王遇,且攻其右。右无良焉,必败。偏败,众乃携矣。"少师曰:"不当王,非敌也。"弗从。战于速杞,随师败绩,随侯逸。鬬丹获其戎车与其戎右少师。秋,随及楚平,楚子

知道这样怎能抵抗大国。"随侯说:"我祭祀用的牲畜色纯膘肥,黍稷丰盛完备,哪有对神灵不讲信用呢?"季梁回答说:"百姓是神灵的主人。因此,圣明的君主总是先完成有利于百姓的事情,然后才致力于祭祀神灵。所以在进献牲畜时就祷告说'个大膘肥',这是说百姓的财力普遍富足,是说他们的牲畜肥大而繁殖众多,是说他们的牲畜不患疾病也不瘦弱,是说他们的牲畜品种齐全。在进献黍稷时祷告说'洁净的黍稷盛满了器皿'。这是说春夏秋三季不损农时,因而百姓和睦,收成很好。在进献甜酒时祷告说'美酒又好又清',是说他们上下都有美德而无邪恶之心。所谓祭品芳香远闻,就是说人心没有邪念。所以他们专心致志从事春、夏、秋三季的农事,修明五教,亲近九族,以此来致祭神灵。在这种情况下,百姓和睦而神灵也降福于他们,因此任何行动都会成功。如今,百姓各有各的想法,神灵无主,国君一人即使祭品丰盛,又能求得什么福呢? 国君姑且先修明政事,和兄弟国家加强团结,这样也许可以免于灾难。"随侯害怕起来,从此修明政事,楚国也没有敢再侵犯它。

八年,随国的少师受到了随侯的宠信。楚国的鬬伯比说:"现在可以了。敌国内部有隙可乘,不能错过这个机会。"

夏季,楚武王在沈鹿会合诸侯军队。黄国、随国没有参加会见,楚武王便派薳章前去责难黄国,亲自去讨伐随国,驻军在汉水和淮水之间。季梁请求随侯向楚国屈服,说:"楚国如果不接受,然后再作战,这就可以激励我军斗志,而使敌军懈怠。"少师则对随侯说:"必须尽快作战! 否则,将会失去战胜楚军的机会。"于是随侯率军抵抗,从远处眺望楚国军队。季梁说:"楚国人以左为尊,国君一定处在左军之中。我们不要和楚王正面遭遇,姑且去攻击他的右军。因为右军没有良将,一定会失败。他们的偏师一败,其他人就都会离散。"但是少师说:"不去正面抵挡楚王,就好像表明我们不是他的对手。"于是随侯没有听季梁的话。随后两军在速杞作战,结果随军大败,随侯逃走。鬬丹俘获了随侯的战车和车右少师。秋季,随国提出和楚国讲和,楚武王

将不许。鬬伯比曰："天去其疾矣,随未可克也。"乃盟而还。

〔补逸〕《史记》:三十五年,楚伐随。随曰:"我无罪。"楚曰:"我,蛮夷也。今诸侯皆为叛相侵,或相杀。我有敝甲,欲以观中国之政,请王室尊吾号。"随人为之周,请尊楚。王室不听,还报楚。三十七年,楚熊通怒曰:"我先鬻熊,文王之师也,蚤终。成王举我先公,乃以子男田令居楚,蛮夷皆率服,而王不加位,我自尊耳。"乃自立为武王,与随人盟而去。于是始开濮地而有之。

九年春,巴子使韩服告于楚,请与邓为好。楚子使道朔将巴客以聘于邓。邓南鄙鄾人攻而夺之币,杀道朔及巴行人。楚子使薳章让于邓,邓人弗受。夏,楚使鬬廉帅师及巴师围鄾。邓养甥、聃甥帅师救鄾。三逐巴师,不克。鬬廉衡陈其师于巴师之中,以战而北。邓人逐之,背巴师,而夹攻之。邓师大败,鄾人宵溃。

十一年,楚屈瑕将盟贰、轸。郧人军于蒲骚,将与随、绞、州、蓼伐楚师,莫敖患之。鬬廉曰:"郧人军其郊,必不诫,且日虞四邑之至也。君次于郊郢以御四邑,我以锐师宵加于郧。郧有虞心,而恃其城,莫有斗志。若败郧师,四邑必离。"莫敖曰:"盍请济师于王?"对曰:"师克在和,

不打算同意。鬭伯比说:"上天已经除掉了他们的祸患,我们暂时还不能战胜随国。"于是两国结盟,然后楚军回国。

〔补逸〕《史记》:楚武王三十五年,楚国征讨随国。随君说:"我没有过失。"楚王说:"我是蛮夷。现在诸侯都叛乱互相侵伐,有的还互相残杀。我拥有武装,想参与中原国家的政事,请求周王室提高我的爵号。"随国人为他到周王室去,请求加封楚君。周王室不答应,回来报告楚国。三十七年,楚国熊通愤怒地说:"我的祖先鬻熊是周文王的老师,很早死了。周成王提拔我的先公,赐封子男爵位的田地,让他住在楚地,蛮夷部族都服从,可是周王不加封爵位,我就自己加封。"便自立为武王,与随国订立盟约后才离去。这时楚国开始垦殖濮地,并据为己有。

九年春季,巴子派韩服向楚国报告,请求和邓国建立友好关系。楚武王派道朔带领巴国使者到邓国聘问。邓国南部边境鄾地人攻击他们,并抢走了财礼,道朔和巴国使者也被杀死。楚武王便派薳章前去责备邓国,但邓国人对指责拒不接受。夏季,楚武王派鬭廉率军和巴国军队围攻鄾地。邓国的养甥、聃甥则率军救援鄾地。邓军向巴军发起三次冲锋,也未能得胜。鬭廉将楚军列为横阵置于巴军之中,然后让其余楚军与邓军作战,假装失败而逃走。邓军只顾追逐楚军,这样巴军就处在它们背后了,然后楚军回头,和巴军两面夹击。邓军大败,鄾地人当天夜里就溃散了。

十一年,楚国的莫敖屈瑕准备和贰国、轸国结盟。郧国人驻军于蒲骚,打算和随国、绞国、州国、蓼国联合进攻楚军,屈瑕为此很担心。鬭廉说:"郧国人把军队驻扎在他们的郊外,必然缺乏警戒,而且天天盼望四国军队的到来。如果您领兵驻扎在郊郢抵抗这四个国家的军队,我则率精锐部队在夜里攻击郧军。郧国一心希望援兵到来,又仗着他们城池坚固,士兵肯定没有战斗意志。如果能够打败郧军,其他四国军队必然离散。"屈瑕说:"何不向君王请求增兵呢?"鬭廉回答说:"军队能够获胜,在于团结,

不在众。商、周之不敌，君之所闻也。成军以出，又何济焉？”莫敖曰：“卜之。”对曰：“卜以决疑，不疑，何卜？”遂败郧师于蒲骚，卒盟而还。

十二年，楚伐绞，军其南门。莫敖屈瑕曰：“绞小而轻，轻则寡谋。请无扞采樵者以诱之。”从之。绞人获三十人。明日，绞人争出，驱楚役徒于山中。楚人坐其北门，而覆诸山下，大败之，为城下之盟而还。伐绞之役，楚师分涉于彭。罗人欲伐之，使伯嘉谍之，三巡数之。

十三年春，楚屈瑕伐罗，鬬伯比送之。还，谓其御曰：“莫敖必败。举趾高，心不固矣。”遂见楚子曰：“必济师！”楚子辞焉，入告夫人邓曼。邓曼曰：“大夫其非众之谓，其谓君抚小民以信，训诸司以德，而威莫敖以刑也。莫敖狃于蒲骚之役，将自用也，必小罗。君若不镇抚，其不设备乎！夫固谓君训众而好镇抚之，召诸司而劝之以令德，见莫敖而告诸天之不假易也。不然，夫岂不知楚师之尽行也？”楚子使赖人追之，不及。莫敖使徇于师曰：“谏者有刑！”及鄢，乱次以济，遂无次，且不设备。及罗，罗与卢戎两军之，大败之。莫敖缢于荒谷，群帅囚于冶父以听刑。楚子曰：“孤之罪也。”皆免之。

不在于人多。殷纣王虽然兵多，却敌不过兵少的周武王，这是您所知道的。组成了军队出征，还增什么兵呢？"屈瑕说："占卜一下吧。"鬭廉说："占卜是为了决断疑惑，既然对此没有疑惑，又何必占卜呢？"于是在蒲骚打败了郧军，最后和贰、轸两国结了盟，班师回国。

十二年，楚国发兵讨伐绞国，军队驻扎在南门。莫敖屈瑕说："绞国地小而人又轻浮，轻浮则缺少智谋。请求对砍柴者不设保卫，从而引诱他们上钩。"楚武王听从了他的建议。于是绞军俘获了楚国的三十个砍柴人。第二天，绞军又争相出城，把楚国的砍柴人驱赶到山里。楚军坐守在北门，并在山下设了埋伏，大败了绞军，与绞军订立了城下之盟后才回国。在攻打绞国的战役中，楚军曾分兵渡过彭水。罗国打算趁机攻打他们，并派伯嘉前去打探，伯嘉把楚军的人数数了三遍。

十三年春季，楚国的莫敖屈瑕领兵讨伐罗国，鬭伯比为他送行。送行回来，鬭伯比对他的御者说："莫敖一定会失败。因为他走路时把脚抬得很高，这表明他心志浮动。"于是求见楚武王说："一定要增派军队援助他！"但楚武王拒绝了他的建议，并回宫告诉夫人邓曼。邓曼说："大夫鬭伯比的意思是不在人数的多少，而是说君王要用信用来安抚百姓，用德义来训诫百官，用刑罚使莫敖有所惧怕。莫敖得意于蒲骚一战的胜利，必然会自以为是，轻视罗国。君王如果对他不加抑制和安抚，他将会不设防备吧！鬭伯比的本意是请君王训诫百姓并好好抑制安抚他们，召集百官用美德勉励他们，见到莫敖告诉他上天对他的行为是不会宽恕的。如果不是这样，难道鬭伯比不知道楚军已全部都出征了吗？"于是楚武王就派在赖国人前去追赶，但没能追上。莫敖屈瑕派人在军中发布命令："谁敢进谏都将受到处罚！"军队到达鄢水，渡河时混乱没有次序，全军毫无秩序，也没有设防。到达罗国后，受到罗国和卢戎军队的两面夹攻，结果楚军大败。莫敖屈瑕在荒野山谷中自缢而死，其他将帅们则被囚禁在冶父，听候楚武王处罚。楚武王说："这是我的罪过。"于是把将帅们都赦免了。

　　庄公四年春王三月，楚武王荆尸，授师孑焉，以伐随。将齐，入告夫人邓曼曰："余心荡。"邓曼叹曰："王禄尽矣。盈而荡，天之道也。先君其知之矣。故临武事，将发大命，而荡王心焉。若师徒无亏，王薨于行，国之福也。"王遂行，卒于樠木之下。令尹鬬祁、莫敖屈重除道、梁溠，营军临随，随人惧，行成。莫敖以王命入盟随侯，且请为会于汉汭而还，济汉而后发丧。

　　〔补逸〕《史记》：周召随侯，数以立楚为王。楚怒，以随背己，伐随。武王卒师中而兵罢。子文王熊赀立，始都郢。

　　六年，楚文王伐申，过邓。邓祁侯曰："吾甥也。"止而享之。骓甥、聃甥、养甥请杀楚子，邓侯弗许。三甥曰："亡邓国者，必此人也。若不早图，后君噬齐，其及图之乎！图之，此为时矣！"邓侯曰："人将不食吾余。"对曰："若不从三臣，抑社稷实不血食，而君焉取余？"弗从。还年，楚子伐邓。十六年，楚复伐邓，灭之。

　　〔补逸〕《说苑》：楚文王伐邓，使王子革、王子灵共捃菜。二子出采，见老人载畚，乞焉，不与，搏而夺之。王闻之，令皆拘二子，将杀之。大夫辞曰："取畚信有罪，

鲁庄公四年春季，周历三月，楚武王摆开"荆尸"这种兵阵，把戟发给士兵，然后去攻打随国。斋戒祭祀祖先之前，他到宫里告诉夫人邓曼："我的心神动荡不安。"邓曼叹息道："君王的福禄已经到头了。该精神饱满却心神动荡，这是上天的启示。前代君王大概在冥冥之中已经预料到了。所以在作战之前，要发布重要命令时，让君王心神动荡。如果军队没有损失，君王在行进途中去世，那就是国家的福气了。"果然楚武王率军出征，死在樠树下面。令尹鬭祁、莫敖屈重封锁消息，继续开道前进，并在溠水上架桥，在随国国都附近建造营垒，随国人害怕了，向楚国求和。莫敖屈重以楚武王的名义进入随国和随侯结盟，并请随侯在汉水汇合处举行会谈，然后撤兵回国，渡过汉水后才把楚武王去世的消息公布。

〔补逸〕《史记》：周王召见随侯，责备他拥戴楚君称王。楚王恼怒，认为随君背叛了自己，便征讨随国。楚武王病死在军中后楚国罢兵。他的儿子文王熊赀即位，开始迁都郢城。

六年，楚文王攻打申国时，路过邓国。邓祁侯说："他是我的外甥。"留下他设享礼款待。邓祁侯的另外三个外甥骓甥、聃甥、养甥请求杀掉楚文王，邓祁侯不同意。那三个人说："将来灭亡邓国的，必是这人。如果不早做打算，今后国君后悔，就像咬自己的肚脐一样做不到。现在下手还来得及！如果要下手，现在正是好机会！"邓祁侯说："如果这样做，人们就会鄙视我，再也不会吃我祭祀后剩余的东西了。"三个人回答说："如果不听我们三人的话，土地神和谷神都会得不到祭享，国君到哪去取得剩余呢？"邓祁侯终究没有听从。攻打申国返回那年，楚文王顺便进攻邓国。十六年，楚国又一次攻打邓国，将它灭亡。

〔补逸〕《说苑》：楚文王攻打邓国，命王子革、王子灵一起去采摘野菜。这二人外出采集野菜，看见有个老人挎着一个藤筐，便向老人索要，老人不给他们，他们就殴打老人夺下藤筐。楚文王知道了这件事，命令将二人都拘押起来，将要杀掉他们。大夫进言说："夺取老人的藤筐确实有罪，

然杀之，非其罪也，君若何杀之？"言卒，丈人造军而言曰："邓为无道，故伐之。今君公子搏而夺吾畚，无道甚于邓。"呼天而号。君闻之，群臣恐。君见之，曰："讨有罪，而横夺，非所以禁暴也；恃力虐老，非所以教幼也；爱子弃法，非所以保国也；私二子，灭三行，非所以从政也。丈人舍之矣，谢之军门之外耳。"

十年，蔡哀侯娶于陈，息侯亦娶焉。息妫将归，过蔡，蔡侯曰："吾姨也。"止而见之，弗宾。息侯闻之，怒，使谓楚文王曰："伐我，吾求救于蔡而伐之。"楚子从之。秋九月，楚败蔡师于莘，以蔡侯献舞归。

十四年，蔡哀侯为莘故，绳息妫以语楚子。楚子如息，以食入享，遂灭息，以息妫归。生堵敖及成王焉。未言。楚子问之，对曰："吾一妇人，而事二夫。纵弗能死，其又奚言？"楚子以蔡侯灭息，遂伐蔡。秋七月，楚入蔡。君子曰："《商书》所谓'恶之易也，如火之燎于原，不可乡迩，其犹可扑灭'者，其如蔡哀侯乎！"

〔补逸〕《列女传》：楚伐息，破之，虏其君，使守门，将妻其夫人而纳之于宫。楚王出游，夫人遂出见息君，谓之曰："人生要一死而已，何至自苦？生离于地上，

但杀他们却不是他们该承当的罪,君王为什么要杀掉他们呢?"话刚说完,那老人便来到军门外说:"邓国干出无道的事,所以你们才攻打它。现在君王的儿子殴打我,还抢了我的藤筐,这比邓国还不讲道义。"说完就呼天抢地地号哭。楚文王听到这些话,群臣也感到惶恐不安。楚文王召见那老人说:"讨伐有罪的人,自己却蛮横地抢夺,这不是禁止暴行的办法;仗着力大虐待老人,这不是教育年轻人的办法;偏爱自己的儿子而放弃法令,这不是保住国家的办法;对两个儿子徇私情,毁灭以上三种德行,这不是治国理政的办法。请老丈宽恕我,我将在军门外斩杀二子向您赔罪。"

十年,蔡哀侯从陈国娶了妻,息侯也是从陈国娶的妻。息侯的妻子息妫出嫁路过蔡国时,蔡哀侯说:"这是我妻子的姐妹。"便把她留下来和她见面,很没有礼貌。息侯听说此事后,非常恼怒,便派人对楚文王说:"请您假装攻打我国,等我向蔡国求救后,您趁机攻打他们。"楚文王同意了。秋季九月,楚国在莘地打败了蔡军,俘获蔡哀侯献舞后回国。

十四年,蔡哀侯因为莘地之战被俘的缘故,在楚文王面前赞美息妫。楚文王前往息国,设享礼招待息侯,趁机将息国灭掉,然后把息妫带回楚国。后来生了堵敖和楚成王。息妫到楚国后一直不说话。楚文王问她原因,她回答说:"我作为一个女人,却事奉两个丈夫。既然不能以死守志,又有什么话可说呢?"楚文王知道是因为蔡哀侯才灭亡了息国,于是又发兵攻打蔡国。秋季七月,楚军攻入蔡国。君子对此评论说:"《商书》所说的'邪恶的蔓延,犹如大火燎原,接近都不行,哪里还能扑灭呢',恐怕就是指蔡哀侯这样的人吧!"

〔补逸〕《列女传》:楚文王攻打息国,攻破了它的国都,俘虏了息国国君,让他看守楚国的城门,并且想娶息侯的妻子,把她接到宫中来住。楚文王外出游玩的时候,息君夫人便跑出来会见息君,对他说:"人一生不过就是一死罢了,何必要这样自我折磨呢? 我们活在世上却过着离别的生活,

岂如死归于地下哉？"乃作诗曰："榖则异室，死则同穴。谓予不信，有如皦日。"息君止之，不听，遂自杀。息君亦自杀。楚王贤其守节有义，乃以诸侯之礼合而葬之。君子谓夫人说于行义，故序之于《诗》。

《说苑》：荆文王得如黄之狗，箘簬之矰，以畋于云梦，三月不反。得丹之姬，淫，期年不听朝。保申谏曰："先王卜以臣为保，吉。今王得如黄之狗，箘簬之矰，以畋于云梦，三月不反。及得丹之姬，淫，期年不听朝。王之罪当笞。匍伏，将笞王。"王曰："不榖免于襁褓，托于诸侯矣。愿请变更而无笞。"保申曰："臣承先王之命，不敢废。王不受笞，是废先王之命也。臣宁得罪于王，无负于先王。"王曰："敬诺。"乃席王，王伏。保申束细箭五十，跪而加之王背，如此者再。谓王："起矣。"王曰："有笞之名一也，遂致之。"保申曰："臣闻之，君子耻之，小人痛之。耻之不变，痛之何益？"保申趋出，欲自流，乃请罪于王。王曰："此不榖之过，保将何罪？"王乃变行，从保申，杀如黄之狗，折箘簬之矰，逐丹之姬，务治乎荆，兼国三十。令荆国广大至于此者，保申敢极言之功也。

十八年。初，楚武王克权，使鬭缗尹之，以叛，围而杀之。

怎如死后同归于地下呢?"于是就作诗说:"活着不能同居一室,死后要合葬在一起。您如果说我不能信守诺言,有那白日作证。"息国国君制止了她,她不听劝告,于是息君夫人便自杀了。息国国君随后也自杀了。楚文王敬重息君夫人坚守节操拥有道义,便用诸侯的礼节把他俩合葬在一起。君子们认为息君夫人乐于践行德义,因此将她的诗编入《诗经》之中。

《说苑》:楚文王得到名叫如黄的狗和箘簬二竹做成的箭,用它们在云梦打猎,三个月不回宫。他得到丹阳的美女,淫乐不止,有一年时间不理朝政。保申进谏说:"先王占卜,认为我做保傅吉祥。现在大王得到如黄猎犬,箘簬竹箭,在云楚打猎,三月不归。及至得到丹阳美女,淫乐不休,有一年不理朝政。大王的罪过应当受笞刑。趴在地上,我将对大王施以笞刑。"楚文王说:"我已经不是小孩,现在托身于诸侯之列了。希望变一种方式惩罚,不要受笞刑。"保申说:"臣下我秉承先王的遗命,不敢废弃。大王不接受笞刑,这就是要废弃先王的遗命。臣下我宁肯得罪大王,也不能有负于先王。"楚文王说:"好吧。"于是保申为楚文王铺好卧席,楚文王伏在上面。保申捆了细竹条五十根,跪下后放在楚文王的背上,这样做了两次。他对楚文王说:"可以起来了。"楚文王说:"这已同样有了受笞刑的名声,还是真的用刑吧。"保申说:"臣下我听说受杖刑这件事,君子感到耻辱,小人感到疼痛。羞辱他不能使他改变,让他疼痛又有什么用呢?"保申急步出宫,想要投江自尽,向楚文王谢罪。楚文王说:"这是我的过错,保申哪有什么罪啊?"楚文王于是改变做法,听从保申的话,杀了如黄猎犬,折断箘簬竹箭,赶走丹阳美女,致力于治理楚国,兼并小国三十个。使楚国疆土扩大到现在这样,是保申敢于极力劝谏的功劳。

十八年。起初,楚武王攻克权国后,派鬭缗到那做长官,后来鬭缗占据权地背叛了楚国,于是楚国包围了权地,杀了鬭缗。

迁权于那处，使阎敖尹之。及文王即位，与巴人伐申，而惊其师。巴人叛楚，而伐那处，取之，遂门于楚。阎敖游涌而逸。楚子杀之。其族为乱。冬，巴人因之以伐楚。

十九年春，楚子御之，大败于津。还，鬻拳弗纳。遂伐黄，败黄师于踖陵。还，及湫，有疾。夏六月庚申，卒。鬻拳葬诸夕室，亦自杀也，而葬于绖皇。初，鬻拳强谏楚子，楚子弗从，临之以兵，惧而从之。鬻拳曰："吾惧君以兵，罪莫大焉。"遂自刖也。楚人以为大阍，谓之大伯，使其后掌之。君子曰："鬻拳可谓爱君矣。谏以自纳于刑，刑犹不忘纳君于善。"

〔补逸〕《史记》：庄敖五年，欲杀其弟熊恽。恽奔随，与随袭弑庄敖，代立，是为成王。成王恽元年，初即位，布德施惠，结旧好于诸侯。使人献天子，天子赐胙，曰："镇尔南方夷越之乱，无侵中国。"于是楚地千里。

僖公五年，楚鬬縠於菟灭弦，弦子奔黄。于是江、黄、道、柏方睦于齐，皆弦姻也。弦子恃之而不事楚，又不设备，故亡。

十一年，黄人不归楚贡。冬，楚人伐黄。
十二年，黄人恃诸侯之睦于齐也，不共楚职，曰："自郢及我九百里，焉能害我？"夏，楚灭黄。

把权地的百姓迁到那处,派阎敖去管理。楚文王即位后,和巴国人联合攻打申国,但又杀戮羞辱巴国人,使其有了警戒之心。因此,巴国人背叛了楚国并进攻那处,占领那处后,又攻打楚国都城的城门。阎敖跳到涌湖里游泳而逃。楚文王把他捉住杀了。阎敖的族人开始作乱。冬季,巴国人乘乱攻打楚国。

十九年春季,楚文王率军抵抗,但在津地被打得大败。回国后,主管城门的鬻拳拒绝楚文王入城。于是楚文王转而进攻黄国,在踏陵打败了黄国的军队。回国途中,走到湫地,楚文王患了病。夏季六月十五日去世。鬻拳把楚文王安葬在夕室后,也自杀身亡,被葬在楚文王陵墓地下宫殿的前庭。当初,鬻拳坚决劝阻楚文王,但楚文王不听,于是鬻拳拿起武器对准楚文王,楚文王害怕了,才听了他的话。鬻拳说:"我以兵器使国君惧怕,犯下了莫大的罪过。"于是就自己砍掉了双脚。后来楚国人让他担任守卫楚都城门的官职,称之为太伯,并让他的后代也担任此职。君子对此评论说:"鬻拳可以说是爱他的国君了。因为劝谏国君而自我受刑,即使受了刑也不忘引导国君归于善道。"

〔补逸〕《史记》:庄敖五年,想杀死自己的弟弟熊恽。熊恽逃到随国,与随人袭击杀死了庄敖,代其称王,这就是楚成王。楚成王熊恽元年,刚刚即位,就向百姓布施恩德,与诸侯恢复旧时的友好关系。派人向周天子进贡,天子赏赐给他祭祀的肉,说:"平定你们南方夷越地区的动乱,不要侵犯中原。"从此楚国地盘达到方圆千里。

鲁僖公五年,楚国的鬬縠於菟灭掉了弦国,弦子逃亡到了黄国。此时江、黄、道、柏四国正和齐国交好,这几个国家和弦国都有婚姻关系。弦子依仗这个而不事奉楚国,国家又不设防,因此就被楚国灭掉了。

十一年,黄国人不向楚国进贡。冬季,楚国人攻打黄国。

十二年,黄国人依仗诸侯都和齐国交好,而不向楚国进贡,他们说:"从楚国郢都到我国有九百里,他们怎么能危害我们呢?"夏季,楚国便出兵灭亡了黄国。

二十年,随以汉东诸侯叛楚。冬,楚鬬縠於菟帅师伐随,取成而还。君子曰:"随之见伐,不量力也。量力而动,其过鲜矣。善败由己,而由人乎哉?《诗》曰:'岂不夙夜?畏行多露。'"

二十二年,宋人及楚人战于泓,宋师败绩。丙子晨,郑文夫人芈氏、姜氏劳楚子于柯泽。楚子使师缙示之俘馘。君子曰:"非礼也。妇人送迎不出门,见兄弟不逾阈,戎事不迩女器。"丁丑,楚子入享于郑,九献,庭实旅百,加笾豆六品。享毕,夜出。文芈送于军,取郑二姬以归。叔詹曰:"楚王其不没乎!为礼卒于无别。无别不可谓礼,将何以没?"诸侯是以知其不遂霸也。

二十三年秋,楚成得臣帅师伐陈,讨其贰于宋也。遂取焦、夷,城顿而还。子文以为之功,使为令尹。叔伯曰:"子若国何?"对曰:"吾以靖国也。夫有大功而无贵仕,其人能靖者与有几?"

二十五年秋,秦、晋伐鄀。楚鬬克、屈御寇以申、息之师戍商密。秦人过析,隈入而系舆人,以围商密,昏而傅焉。宵坎血加书,伪与子仪、子边盟者。商密人惧曰:"秦取析矣,戍人反矣!"乃降秦师。秦师囚申公子仪、息公子边以归。楚令尹子玉追秦师,弗及,遂围陈,纳顿子于顿。

二十年，随国率领汉水以东的诸侯国背叛了楚国。冬季，楚国的鬬縠於菟率军攻打随国，两国讲和后，楚军回国。君子对此评论说："随国之所以受到攻打，是因为不自量力。量力而行，过失就少了。成败完全在于自己，难道是由于别人吗？正如《诗经》所说：'难道不想早点赶路，是怕路上露水太多。'"

二十二年，宋襄公和楚国人在泓水作战，结果宋军大败。十一月初八早晨，郑文公的夫人芈氏、姜氏到郑国的柯泽慰劳楚成王。楚成王派师缙领她们参观了俘虏和被杀死的敌人的左耳朵。君子对此评论说："这是不合礼法的。女人送迎客人不出房门，和兄弟相见不跨过门槛，有战事时不接近女人的用具。"初九，楚成王进入郑国接受享礼，主人敬酒九次，院子里摆了上百件礼品，额外还有笾豆装的食品六件。享礼结束，出来时已是夜间。文芈把楚成王送到军营，楚成王还带了郑国的两个姬姓女子回去。叔詹说："楚王恐怕不得善终了吧！执行礼仪最后竟然男女无别。男女无别就不能算是合于礼法，他怎么能善终呢？"诸侯从这件事知道楚成王不能成就霸业了。

二十三年秋季，楚国的成得臣率军攻打陈国，为的是讨伐陈国在顺服楚国的同时又服从宋国。楚军于是占领了焦、夷两地，并在顿地筑城后才回国。子文（即鬬縠於菟）认为这完全是成得臣的功劳，便任命他做令尹。叔伯说："你想把我们的国家怎么样呢？"子文回答说："我想以此来安定国家。有了大功而不居高位，这样的人中有几个人能让国家安定呢？"

二十五年秋季，秦国、晋国联合攻打郡国。楚国的鬬克、屈御寇率申、息的军队守卫郡国国都商密。秦军经过析地，从丹江拐弯处绕道，并将自己的士兵绑起来假装成析地的俘虏，进而包围商密，黄昏时逼近城下。夜里秦人挖坑，杀牲歃血，把盟书放上面，假装成和子仪（即鬬克）、子边（即屈御寇）盟誓的样子。商密人害怕了，说："秦人已占领析地，楚国守军反叛了！"便投降了秦军。秦军囚禁了申公子仪、息公子边回国。楚国令尹子玉（即成得臣）率军追赶秦军，未能赶上，便包围了陈国，把顿子送回顿国。

二十六年，夔子不祀祝融与鬻熊，楚人让之。对曰："我先王熊挚有疾，鬼神弗赦，而自窜于夔，吾是以失楚，又何祀焉？"秋，楚成得臣、鬬宜申帅师灭夔，以夔子归。

文公元年。初，楚子将以商臣为大子，访诸令尹子上。子上曰："君之齿未也，而又多爱。黜乃乱也。楚国之举，恒在少者。且是人也，蜂目而豺声，忍人也，不可立也。"弗听。既又欲立王子职而黜大子商臣。商臣闻之，而未察，告其师潘崇曰："若之何而察之？"潘崇曰："享江芈而勿敬也。"从之。江芈怒曰："呼！役夫！宜君王之欲杀汝而立职也。"告潘崇曰："信矣。"潘崇曰："能事诸乎？"曰："不能。""能行乎？"曰："不能。""能行大事乎？"曰："能。"冬十月，以宫甲围成王。王请食熊蹯而死，弗听。丁未，王缢。谥之曰灵，不瞑；曰成，乃瞑。穆王立，以其为大子之室与潘崇，使为大师，且掌环列之尹。

三年秋，楚师围江。晋先仆伐楚以救江。冬，晋以江故告于周，王叔桓公、晋阳处父伐楚以救江。门于方城，遇息公子朱而还。

四年秋，楚人灭江。

五年，六人叛楚，即东夷。秋，楚成大心、仲归帅师灭六。冬，楚公子燮灭蓼。臧文仲闻六与蓼灭，曰："皋陶、庭坚

二十六年，夔国的夔子不肯祭祀楚国先祖祝融和鬻熊，楚国人前去责难他。夔子回答说："从前我们先王熊挚有病，向鬼神祈祷，没有得到赦免，结果自己跑到夔地，我国因此失去了楚国的救助，又何必去祭祀他们呢？"秋季，楚国的成得臣、鬬宜申率军灭亡了夔国，把夔子抓回楚国。

　　鲁文公元年。起初，楚成王准备立商臣为太子，向令尹子上征求意见。子上说："君王还年轻，又有这么多宠妾。如果先立了商臣，以后再想立其他儿子而废黜商臣，就容易产生祸乱。楚国立太子，常常立年少的。再说商臣这人，眼睛像蜂，声音像豺狼，是个残忍的人，不能立他为太子。"楚成王不听。立完商臣后不久，又想立王子职而废黜太子商臣。商臣有所耳闻，还没核实清楚，便告诉他老师潘崇说："怎样才能搞清楚呢？"潘崇说："你设宴招待你姑母江芈，故意不尊重她。"商臣听从了他的建议。江芈见商臣对自己无礼，发怒说："呸！下贱的东西！难怪君王想杀掉你而立王子职为太子。"商臣告诉潘崇说："果真有这事。"潘崇说："你能甘心事奉王子职吗？"商臣说："不能。"潘崇说："能逃亡国外吗？"商臣说："不能。"潘崇说："能干大事吗？"商臣说："能。"冬季十月，商臣带领宫中甲士包围了楚成王。楚成王请求吃顿熊掌后再死，商臣不同意。十八日，楚成王自缢而死。给他加谥号为"灵"，但尸体的眼睛闭不上；改谥为"成"，才闭上眼睛。楚穆王商臣即位，他把做太子时住的宫室、财物、奴仆都送给了潘崇，并让他做了太师，还担任宫中禁卫军的长官。

　　三年秋季，楚国军队围攻江国。晋国大夫先仆攻打楚国，以救援江国。冬季，晋国把江国被围一事报告了周天子，王叔桓公、晋国的阳处父攻打楚国以救江国。攻打方城山关口时，遇到了楚国的息公子朱，然后就回国了。

　　四年秋季，楚国人灭掉了江国。

　　五年，六国人背叛了楚国，亲近东夷。秋季，楚国的成大心和仲归率兵灭掉了六国。冬季，楚国的公子燮灭亡了蓼国。鲁国大夫臧文仲听说六国和蓼国灭亡的消息后，说："皋陶和庭坚

不祀忽诸。德之不建,民之无援,哀哉!"

十六年,楚大饥,戎伐其西南,至于阜山,师于大林。又伐其东南,至于阳丘,以侵訾枝。庸人帅群蛮以叛楚,麇人率百濮聚于选,将伐楚。于是申、息之北门不启。楚人谋徙于阪高,蒍贾曰:"不可。我能往,寇亦能往。不如伐庸。夫麇与百濮,谓我饥不能师,故伐我也。若我出师,必惧而归。百濮离居,将各走其邑,谁暇谋人?"乃出师。旬有五日,百濮乃罢。自庐以往,振廪同食。次于句澨,使庐戢黎侵庸,及庸方城。庸人逐之,囚子扬窗,三宿而逸,曰:"庸师众,群蛮聚焉,不如复大师,且起王卒,合而后进。"师叔曰:"不可。姑又与之遇以骄之。彼骄我怒,而后可克。先君蚡冒所以服陉隰也。"又与之遇,七遇皆北,唯裨、鯈、鱼人实逐之。庸人曰:"楚不足与战矣。"遂不设备。楚子乘驲会师于临品,分为二队,子越自石溪,子贝自仞,以伐庸,秦人、巴人从楚师。群蛮从楚子盟,遂灭庸。

宣公八年,楚为众舒叛故,伐舒蓼,灭之。楚子疆之,及滑汭,盟吴、越而还。

成公九年冬十一月,楚子重自陈伐莒,围渠丘。渠丘城恶,众溃,奔莒。戊申,楚入渠丘。莒人囚楚公子平,

突然之间就没人祭祀了。不树立德行，百姓就没救了，可悲啊！"

十六年，楚国发生了大饥荒，戎人趁机攻打楚国西南部，一直深入到阜山，驻扎在大林。接着又进攻楚国东南部，到了阳丘，进而侵入訾枝。与此同时，庸国人率领蛮人各部也背叛了楚国，麇国人也率领百濮人聚集在选地，准备攻打楚国。这时，楚国申、息两城的北门都不敢再开放了。楚国人商量把国都迁往阪高，蒍贾说："不行。我们能迁过去，敌人也能追过去。不如发兵攻打庸国。至于麇国和百濮，只是认为我们遭受灾荒不能出兵，所以才乘机攻打我们。如果我们出兵，他们必然因害怕而回去。百濮人散居各地，他们必然各自逃回居住的地方，谁还有时间来算计我国？"于是出兵。十五天以后，百濮人就撤兵回去了。楚军从庐地出发后，沿途每到一地，便打开仓库让将士一起食用。军队驻扎在句澨后，派庐邑大夫戢黎攻打庸国，到达庸国的方城。庸人追逐楚军，庐戢黎的下属子扬窗被俘，子扬窗在庸人那里住了三天后逃跑，回来说："庸军人多，蛮人各部都聚集在那里，不如再派大军前来，把君王的卫戍部队也派来参战，等各路军马汇集到一起后再行进攻。"楚大夫师叔说："不行。姑且再和他们交战，以便使其产生骄傲情绪。等敌人骄傲，我军士气奋发时，就可以战胜敌人。先君蚡冒就是用这种方法征服陉隰之敌的。"于是楚军又和庸人交战，交战七次，楚军都佯装败走，庸军中只有裨、鯈、鱼人追击楚军。庸国人说："楚军已经不堪一击了。"因此就不再设防。楚庄王乘坐驿站的传车，在临品与各路军队会合，然后分兵两路，由子越率军从石溪出发，子贝率军从仞地出发，同时进攻庸国，秦军、巴军也跟随着楚军。结果蛮人各部纷纷和楚庄王订立盟约，随后楚军灭亡了庸国。

鲁宣公八年，楚国因为舒姓诸国背叛，攻打舒蓼，并将其灭掉。楚庄王划定疆界，直到滑水的弯曲处，和吴、越结盟后回国。

鲁成公九年冬季十一月，楚国的子重从陈国出发攻打莒国，包围了渠丘。因渠丘城池破败，双方一交战，渠丘守军便溃散，逃到莒城。初五，楚军开进渠丘。莒国人俘虏了楚国的公子平，

楚人曰:"勿杀,吾归而俘。"莒人杀之。楚人围莒。莒城亦恶,庚申,莒溃。楚遂入郓,莒无备故也。君子曰:"恃陋而不备,罪之大者也;备豫不虞,善之大者也。莒恃其陋,而不修城郭,浃辰之间,而楚克其三都,无备也夫!《诗》曰:'虽有丝麻,无弃菅蒯;虽有姬姜,无弃蕉萃。凡百君子,莫不代匮。'言备之不可以已也!"

十七年,舒庸人以楚师之败也,道吴人围巢,伐驾,围釐、虺。遂恃吴而不设备,楚公子橐师袭舒庸,灭之。

襄公二十四年,吴人为楚舟师之役故,召舒鸠人。舒鸠人叛楚。楚子师于荒浦,使沈尹寿与师祁犁让之。舒鸠子敬逆二子,而告无之,且请受盟。二子复命,王欲伐之。薳子曰:"不可。彼告不叛,且请受盟,而又伐之,伐无罪也。姑归息民,以待其卒。卒而不贰,吾又何求?若犹叛我,无辞有庸。"乃还。

二十五年,舒鸠人卒叛楚。令尹子木伐之,及离城,吴人救之。子木遽以右师先,子彊、息桓、子捷、子骈、子盂帅左师以退,吴人居其间七日。子彊曰:"久将垫隘,隘乃禽也,不如速战。请以其私卒诱之,简师陈以待我。我克

楚国人对他们说:"别杀他,我们把你们的俘虏放回去。"但莒国人还是杀了公子平。于是楚国的军队包围了莒城。莒城的城墙也很破旧,因此在十七日,莒军就溃散了。随后楚军便进入郓城,这是由于莒国没有防备的缘故。君子对此评论说:"凭借地处偏僻就不加防备,这是罪中之大罪;提防意外,则是善中之大善。莒国人依仗其地处偏僻,不修治城郭,加强防御,因此在十二天之内,楚国就攻陷它的三座城邑,这完全是没有防备的结果啊!《诗经》说:'即使有了丝和麻,也不要将菅和蒯扔掉;虽然有了姬姓姜姓的美女,也不要将面容憔悴的妻子遗弃。即使是君子,也难保不缺这少那。'这说的就是防备不可以松懈啊!"

十七年,舒庸人利用楚军战败的机会,领着吴国人包围了巢地,攻打驾地,接着又包围了釐、虺二地。后来舒庸又依仗有吴国的支持而不加强防备,楚国的公子橐师率军侵袭舒庸,把它灭掉了。

鲁襄公二十四年,吴国人因为楚国水军进攻自己的缘故,便召集舒鸠人。因此舒鸠人就背叛了楚国。楚康王陈兵荒浦,派沈尹寿和师祁犁前去指责他们。舒鸠子恭敬有礼地迎接这两个人,告诉他们根本没有这回事,并且请求接受盟约。两人回去复命,楚康王还是想攻打舒鸠人。但蒍子冯说:"不能那么做。他们说没有背叛,并且请求接受盟约,如果我们还要攻打他,就是在攻打无罪之国啊。我们暂且回去,使百姓得到休息,以等待最后的结果。如果最后他们真没有二心,我们还求什么?如果他们还是背叛我们,他们无话可说,我们就能建立战功了。"于是楚军便回国了。

二十五年,舒鸠人最终背叛了楚国。令尹子木发兵攻打,军队行进至离城时,吴国人前来援救。子木连忙让右翼部队先冲上去,让子彊、息桓、子捷、子骈、子盂率领左翼部队撤退,吴国人在楚国左右两军之间驻扎了七天。子彊说:"时间长了军队就会疲弱,疲弱了就容易被俘虏,不如速战速决。请允许我带领家兵去引诱敌军,你们则挑选精锐部队等我的消息。我如果能取胜

则进，奔则亦视之，乃可以免。不然，必为吴禽。"从之。五人以其私卒先击吴师，吴师奔，登山以望，见楚师不继，复逐之，傅诸其军，简师会之，吴师大败。遂围舒鸠，舒鸠溃。八月，楚灭舒鸠。楚子以灭舒鸠赏子木，辞曰："先大夫芋子之功也。"以与芋掩。

臣士奇曰：楚为鬻熊之裔，国于荆山，至熊通始大，吞灭小国，僭称王号，天子使人赐胙曰："镇尔南方，无侵中国。"未尝比于冠带诸侯之列也。及其雄心弗戢，狡焉启疆，渐且幅员数千里，带甲数十万，而燎原之火，遂不可扑灭矣。

考其兼并之迹：邓始惧楚，最先灭。蔡哀侯绳息妫以语楚子，而息灭。迁权于那处，而权灭。弦恃齐慢楚，而弦灭。黄人不修楚贡，而黄灭。夔子不祀祝融与鬻熊，而夔灭。阳处父救江不克，而江灭。皋陶、庭坚不祀，而六与蓼灭。群蛮从楚，而庸灭。滑汭开疆，而舒蓼灭。恃吴不备，而舒庸灭。芋掩赏功，而舒鸠灭。春秋灭国之最多者，莫楚若矣。

外纪载楚文王得如黄之狗、箘簬之矰，以畋于云梦，三月不返；又得丹之姬，期年不听朝。保申一谏，

你们就继续前进,如果失败了你们就看情况决定怎么办,这样才能免于被俘。不然的话,我们肯定都要被俘虏。"大家听从了他的建议。于是子疆等五个人带领自己的家兵先攻击吴军,吴军逃亡,登上山头一看,见楚军没有后援,便又来追击楚军,快要靠近楚军时,楚军便派出精锐部队和家兵会合,把吴军打得大败。随后楚军便围攻舒鸠,舒鸠人也溃散了。八月,楚国灭亡了舒鸠。楚康王因为灭掉了舒鸠而赏赐子木,子木推辞说:"这是先大夫蒍子冯(即蒍子冯)的功劳。"楚康王便把赏赐给了蒍子冯的儿子蒍掩。

臣下我高士奇评论说:楚国是鬻熊的后裔,在荆山立国,到熊通时国家开始强大,吞并小国,并且僭越称王,因此周天子派人赐给他祭礼的肉说:"镇抚好你的南方,不要侵扰中原的国家。"楚国从没有被列入戴冠帽束腰带的诸侯之中。待其野心不再收敛,怀贪诈之心开疆拓土,渐渐地使楚国的疆域达到数千里,甲兵数十万,就像燎原之火,已经不可扑灭了。

考察楚国兼并他国的过程:邓国最早开始害怕楚国,因而最先灭亡。蔡哀侯在楚文王面前赞美息妫,息国因此而灭亡。把权国迁到那处后,权国便灭亡了。弦国仗着齐国而怠慢楚国,结果弦国灭亡。黄国人不向楚国进贡,也遭到灭国之灾。夔子因为不祭祀楚国先祖祝融和鬻熊,夔国也被灭亡。晋国的阳处父救援江国没有成功,于是江国也被灭掉。皋陶和庭坚没人祭祀了,是因为六国和蓼国被楚国灭掉了。蛮族各部跟从了楚国,因而庸国灭亡。楚庄王把疆界划到滑水拐弯处,舒蓼被灭亡。依仗有吴国支持而不加强防备,舒庸被灭亡。把功劳赐赏给蒍掩,是因为舒鸠灭亡了。春秋之世,灭国最多的国家,非楚国莫属。

《说苑》里面记载楚文王得到名叫如黄的狗和箘簬二竹做成的箭,用它们在云梦打猎,三个月都不回宫;又得到丹阳的美女,长达一年时间都不理朝政。保申一进谏,

乃变行图治，兼国三十，其国已不可考。今按文王伐申，遂灭邓。申之灭不见于经，然城濮之战，传称楚子入居于申；及败，王使谓"大夫若入，其若申、息之老何"，则申之沦于楚县明甚。

　　夫先世带砺之国，棋布星罗，南捍荆蛮，而北为中原屏蔽者，最大陈、蔡，其次申、息，其次江、黄，其次唐、邓，而唐、邓尤逼处方城之外，为楚门户。自邓亡，而楚之兵申、息受之；申、息亡，而楚之兵江、黄受之；江、黄亡，而楚之兵陈、蔡受之；陈、蔡不支，而楚兵且交于上国矣。当鲁桓初立，邓侯不远而来朝，则其不安僻陋，而慕恋诸夏之心可念也。自楚势渐张，而蔡、郑为邓之会，内外强弱之大机，系于此矣。使陈、蔡、申、息、江、黄、唐、邓诸国诚能协心并力，互为唇齿，楚伐一国，诸国提兵共击之，楚未必不震慑而自沮也。夫随之为国，限在方城内，于楚尤逼，而能屡抗楚锋，独为后亡，况合诸国之力以相存救，何楚之不敌乎？乃会邓之后，绝不闻深谋远虑，使邓首折而入于楚，楚爰是目无诸姬，乘破竹之势，北门启而长淮以外无岁不受兵，诚失计也。然楚自灭邓，县申、息，残江、黄

楚文王便改变其行为,励精图治,兼并了三十个小国,但这些小国现在已无法稽考了。今按:楚文王攻打申国时,顺便灭亡了邓国。申国的灭亡不见于《春秋》经文的记载,然而城濮之战时,《左传》称楚成王进入申地住下;等到楚国战败,楚成王派人对子玉说"你如果回来,怎么向申、息两地的父老乡亲交代呢",那么申国已沦为楚国的一个县就非常明确了。

从前代起世代相传的小国,星罗棋布,南面可以抵御荆蛮,北面又可以作为中原的屏障,其中最大的是陈国和蔡国,其次为申国和息国,再次为江国和黄国,再次是唐国和邓国,而唐国和邓国又地处方城山之外,是楚国的门户所在。自从邓国灭亡之后,楚国的军队就由申国和息国来抵挡;申国和息国灭亡之后,楚国的军队就由江国和黄国来抵挡;江国和黄国灭亡之后,楚国的军队就由陈国和蔡国来抵挡;陈国、蔡国抵挡不住,那么楚国的军队便和中原国家交锋了。鲁桓公刚即位的时候,邓侯不远千里前来朝见,可见他不甘心居于位置偏僻、风俗粗野之地,思慕华夏诸国的心意使人怜念。自从楚国势力开始逐渐扩张,蔡国和郑国在邓地举行了会盟,当时内外强弱的关键,都系了此会。假如陈、蔡、申、息、江、黄、唐、邓各国真的能够齐心协力,唇齿相依,楚国征伐一国,其他的国家联合带兵来抗击它,楚国未必就不会感到害怕而自感灰心。随国这个国家,被局限在方城山以内,离楚国非常近,却能屡次抗击楚国的兵锋,唯独它最后一个灭亡,更何况联合各诸侯国的力量来相互救亡图存,怎么还会对付不了楚国呢?可是在邓地会盟之后,便再也没有听到过深谋远虑的计划,于是使邓国首先被楚国灭亡,版图并入楚国,楚国自此以后便再也不把这一批姬姓国家放在眼里,它势如破竹,北部边界大开,从而使淮水以北没有一年不遭受兵灾,这真的是诸侯们的失策之处。然而楚国自从灭了邓国,改申国、息国为县,消灭了江国、黄国

以至六、蓼诸国，无不兼并，地几半天下。恫然怀问鼎之心，而卒莫能遂者，则封建相维之势犹存，而桓、文攘斥之功为不可没也。

以及六国、蓼国等国以后，无处不实行兼并，它的地盘几乎占了天下的一半。它骄横地怀着问鼎中原的野心，而最终并没有能够如愿以偿，这是因为中原分封的诸侯国相互维持的态势仍旧存在，而齐桓公、晋文公排斥楚国的功劳也是不可抹杀的。

卷四十六　楚诸令尹代政_{武王以后灵王以前}

　　庄公三十年,楚公子元归自伐郑而处王宫。鬬射师谏,则执而梏之。秋,申公鬬班杀子元,鬬穀於菟为令尹,自毁其家,以纾楚国之难。

　　文公九年冬,楚子越椒来聘,执币傲。叔仲惠伯曰:"是必灭若敖氏之宗。傲其先君,神弗福也。"

　　十年。初,楚范巫矞似谓成王与子玉、子西曰:"三君皆将强死。"城濮之役,王思之,故使止子玉曰"毋死",不及。止子西,子西缢而县绝,王使适至,遂止之,使为商公。沿汉溯江,将入郢。王在渚宫,下,见之。惧,而辞,曰:"臣免于死,又有谗言,谓臣将逃,臣归死于司败也。"王使为工尹。又与子家谋弑穆王。穆王闻之,五月,杀鬬宜申及仲归。

　　十二年,楚令尹大孙伯卒,成嘉为令尹。群舒叛楚。夏,子孔执舒子平及宗子,遂围巢。

卷四十六　楚诸令尹代政_{武王以后灵王以前}

　　鲁庄公三十年，楚国的公子元攻打郑国回来后，住在王宫里。鬬射师出面劝阻，公子元就把他拘捕起来并戴上手铐。秋天，楚国的申公鬬班杀掉了公子元，鬬穀於菟（即子文）做了令尹，自己捐弃家财，来缓解楚国面临的危难。

　　鲁文公九年冬季，楚国的子越椒前来鲁国聘问，手拿着礼物时显出傲慢的态度。叔仲惠伯说："这人必定会使若敖氏的宗族灭亡。一个人对他的先君态度傲慢，神灵是不会降福给他的。"

　　十年。起初，楚国范邑的巫师矞似对楚成王和子玉、子西说："三位都将不得好死。"城濮之战时，楚成王想起矞似这句话，所以派人阻止子玉说"即使战败也不要自杀"，但没来得及。去阻止子西时，子西正在上吊而绳子断了，楚成王派的人恰好赶到，于是阻止了子西的自杀，并让子西做商公。子西顺着汉江而下，然后沿长江逆流而上，将要进入郢都。此时，楚成王正在渚宫，便下来见他。子西很害怕，就辩解说："臣虽然幸免一死，但现在又有诬陷之辞，说臣打算逃走，现在臣回到司败那里去领死。"楚成王让他做了工尹。他又和子家策划杀害楚穆王。楚穆王听到这个消息后，五月，杀了鬬宜申（即子西）和仲归（即子家）。

　　十二年，楚国的令尹大孙伯死了，成嘉（即子孔）做了令尹。此时，众舒国背叛了楚国。夏天，子孔拘捕了舒国国君平和宗国国君，然后乘机包围了巢国。

　　十四年,楚庄王立,子孔、潘崇将袭群舒,使公子燮与子仪守,而伐舒蓼。二子作乱,城郢,而使贼杀子孔,不克,而还。八月,二子以楚子出,将如商密。庐戢黎及叔麇诱之,遂杀鬭克及公子燮。初,鬭克囚于秦,秦有殽之败,而使归求成,成而不得志。公子燮求令尹而不得,故二子作乱。

　　宣公四年。初,楚司马子良生子越椒。子文曰:"必杀之。是子也,熊虎之状而豺狼之声。弗杀,必灭若敖氏矣。谚曰:'狼子野心。'是乃狼也,其可畜乎?"子良不可。子文以为大戚,及将死,聚其族,曰:"椒也知政,乃速行矣,无及于难。"且泣曰:"鬼犹求食,若敖氏之鬼不其馁而!"及令尹子文卒,鬭般为令尹,子越为司马。蒍贾为工正,谮子扬而杀之。子越为令尹,己为司马。子越又恶之,乃以若敖氏之族圉伯嬴于轑阳而杀之,遂处烝野,将攻王。王以三王之子为质焉,弗受。师于漳澨。秋七月戊戌,楚子与若敖氏战于皋浒,伯棼射王,汰辀,及鼓跗,著于丁宁。又射,汰辀,以贯笠毂。师惧,退。王使巡师,曰:"吾先君文王克息,获三矢焉,伯棼窃其二,尽于是矣。"鼓而进之,遂灭若敖氏。

十四年，楚庄王即位，子孔、潘崇准备袭击众舒国，便派公子燮和子仪留守国内，然后攻打舒蓼。公子燮和子仪两个人在国内发动叛乱，加筑郢都城墙，又派杀手去刺杀子孔，但没有成功，就回来了。这年八月，公子燮和子仪挟持了楚庄王离开郢都，打算去商密。庐邑大夫戢黎和叔麋设计引诱他们二人，于是杀了鬬克（即子仪）和公子燮。当初，鬬克囚禁在秦国时，恰巧秦国在殽地战败，秦国便派他回楚国求和，楚、秦二国讲和以后鬬克却没有得到封赏。而公子燮要求做令尹也没有达到目的，所以他们两个就发动了叛乱。

鲁宣公四年。起初，楚国的司马子良生了子越椒。子良的哥哥令尹子文说：“一定要杀掉他。这个孩子，有熊虎的模样，发出豺狼的声音。如果不杀掉他，将来他必定灭亡若敖氏家族。谚语说：‘豺狼的孩子必定有野心。’这个孩子就是一匹狼，难道还能养着他吗？”子良不同意这样做。子文把这当成一件很大的愁事，等到他临死的时候，召集他的族人，说：“子越椒如果执政，你们就得赶紧离开楚国了，不要赶上祸难。”并且哭泣着说：“鬼如果还要吃东西，若敖氏家族的鬼岂不是将要挨饿了吗！”等到令尹子文死后，鬬般做了令尹，子越（即子越椒）则做了司马。蒍贾做工正，他在楚庄王面前诬陷子扬（即鬬般）并杀死了他。于是子越做了令尹，蒍贾自己做了司马。这时，子越又开始讨厌蒍贾，就带领若敖氏的族人把伯嬴（即蒍贾）囚禁在轑阳并杀掉了他，于是子越住在烝野，准备攻打楚庄王。楚庄王把文王、成王、穆王三王的子孙送给子越做人质，子越拒不接受。楚庄王只好率领军队驻扎到漳澨。秋季七月初九，楚庄王和若敖氏家族在皋浒一带作战，伯棼（即子越）用箭射楚庄王，由于力道大，箭飞过车辕，越过鼓架，射在铜钲上。再射一箭，力道也很大，箭飞过车辕，穿透了车盖的柄。楚军害怕，向后退却。楚庄王派人在军中巡行，宣告说：“我们的先君文王攻克息国时，曾得到三支利箭，伯棼偷去其中的两支，现在已经全用完了。”于是击鼓进军，就此消灭了若敖氏家族。

初,若敖娶于䢵,生斗伯比。若敖卒,从其母畜于䢵,淫于䢵子之女,生子文焉。䢵夫人使弃诸梦中,虎乳之。䢵子田,见之,惧而归。夫人以告,遂使收之。楚人谓乳榖,谓虎於菟,故命之曰斗榖於菟。以其女妻伯比,实为令尹子文。其孙箴尹克黄使于齐,还,及宋,闻乱。其人曰:"不可以入矣。"箴尹曰:"弃君之命,独谁受之?君,天也,天可逃乎?"遂归复命,而自拘于司败。王思子文之治楚国也,曰:"子文无后,何以劝善?"使复其所,改命曰生。

〔补逸〕《说苑》:楚令尹子文之族有干法者,廷理拘之。闻其令尹之族也,而释之。子文召廷理而责之,曰:"凡立廷理者,将以司犯王令而察触国法也。夫直士持法,柔而不挠,刚而不折。今弃法而背令,而释犯法者,是为理不端、怀心不公也。岂吾营私之意也?何廷理之驳于法也?吾在上位,以率士民。士民或怨,而吾不能免之于法。今吾族犯法甚明,而使廷理因缘吾心而释之,是吾不公之心明著于国也。执一国之柄,而以私闻,与吾生不以义,不若吾死也。"遂致其族人于廷理,曰:"不是刑也,吾将死。"廷理惧,遂刑其族人。成王闻之,不及履而至于子文之室,曰:"寡人

起初,若敖在邧国娶妻,生了鬬伯比。若敖去世后,鬬伯比跟着他母亲在邧国长大,后来他和邧国国君的女儿私通,生了子文。邧夫人让人把子文丢弃在云梦泽里,有只老虎喂子文吃奶。邧国国君打猎时,看到这种情景,因为害怕就跑回来了。邧夫人把女儿私生子的事告诉了邧国国君,邧国国君就让人收养了子文。楚国人把奶叫作"穀",把老虎叫作"於菟',所以给这个孩子取名为鬬穀於菟。邧国国君把他的女儿嫁给鬬伯比为妻,这鬬穀於菟就是令尹子文。子文的孙子箴尹克黄出使齐国,回来时,路经宋国,听到楚国子越叛乱的消息。他左右的人说:"不能回国了。"箴尹克黄说:"背弃国君的命令,还有谁肯接纳你呢?国君,就是上天,上天的命令难道可以逃避吗?"于是就回到楚国回复君命,然后主动到法官那里请求拘禁。楚庄王想起从前子文治理楚国的功绩,说:"子文如果没有后代,用什么来劝人为善呢?"就让克黄恢复原来的官职,将他的名字改为"生"。

〔补逸〕《说苑》:楚国令尹子文的宗族中,有违犯了国法的人,刑狱官拘押了他。但听说他是令尹子文的族人,就又释放了他。子文召见刑狱官并责备他,说:"大凡设立刑狱官这个职务,就是靠他来查办处治违犯君王命令、触犯国法的人。那些正直的人执法,虽柔和但不枉曲,虽刚正但不会枉法。如今你放弃国法而违背律令,并释放犯了法的人,这样是做刑狱官不正直,心怀不公正。难道是我有营私舞弊的意图吗?为什么刑狱官对国法的执行这样不同呢?我身居高位,来做士民的表率。士民有了怨恨,我也不能豁免于国法之外。现在我的族人犯法事实非常清楚,刑狱官却为迎合我的心意而释放了他,这就表明我办事不公正的心在全国是众所周知的。执掌一国的权柄,却以徇私枉法而闻名,与其让我不合道义地活着,还不如让我去死。"于是他便送他的族人到刑狱官那里,并说:"如果你不惩处这个人,我将去死。"刑狱官害怕了,于是就对他的族人施刑。楚成王知道了这件事,来不及穿上鞋子就赶到子文的家中,说:"我

幼少,置理失其人,以违夫子之意。"于是黜廷理而尊子文,使及内政。国人闻之,曰:"若令尹之公也,吾党何忧乎?"乃相与作歌曰:"子文之族,犯国法程。廷理释之,子文不听。恤顾怨萌,方正公平!"

十一年,令尹芳艾猎城沂,使封人虑事,以授司徒。量功命日,分财用,平板干,称畚筑,程土物,议远迩,略基趾,具糇粮,度有司。事三旬而成,不愆于素。

成公二年。楚之讨陈夏氏也,庄王欲纳夏姬。申公巫臣曰:"不可。君召诸侯,以讨罪也。今纳夏姬,贪其色也。贪色为淫,淫为大罚。《周书》曰:'明德慎罚。'文王所以造周也。明德,务崇之之谓也;慎罚,务去之之谓也。若兴诸侯,以取大罚,非慎之也。君其图之!"王乃止。子反欲取之,巫臣曰:"是不祥人也,是夭子蛮,杀御叔,弑灵侯,戮夏南,出孔、仪,丧陈国,何不祥如是!人生实难,其有不获死乎?天下多美妇人,何必是!"子反乃止。王以予连尹襄老,襄老死于邲,不获其尸,其子黑要烝焉。巫臣使道焉,曰:"归,吾聘女。"又使自郑召之曰:"尸可得也,必来迎之。"姬以告王,王问诸屈巫。对曰:"其信。知茕之父,

太年轻,任命刑狱官用人失当,违背了先生您的心愿。"于是楚成王罢黜了刑狱官而使子文地位更加尊贵,让他管理王室内部事务。都城的人听说了这件事后,说:"像令尹子文这样的公正,我们这些人还担心什么呢?"于是作歌互相传唱说:"子文的族人,违犯国法章程。刑狱官释放了他,子文不答应。顾恤百姓的怨恨,多么正直公平!"

十一年,楚国令尹芳艾猎在沂地筑城,派封人考虑筑城工程计划,报告给司徒。他亲自计算工程量规定日期,分配建筑材料和用具,取平夹板树立支柱,规划好运土和筑土的速度,计算土方和木料,研究取水取土的远近,巡视城池的四至,准备干粮,选拔各方面负责人。工程三十天就完成了,没超过预定计划。

鲁成公二年。楚国讨伐陈国夏氏的时候,楚庄王想纳夏姬为妾。申公巫臣劝他说:"不行。君王召集诸侯,本来是为了讨伐有罪。如今纳夏姬为妾,就是贪图她的美色。贪图美色叫作淫,淫就会受到重大惩罚。《周书》说:'要宣扬道德,谨慎使用刑罚。'周文王因而创立了周朝。宣扬道德,说的是致力于推崇它;谨慎使用刑罚,说的是致力于不用它。倘若率领诸侯军队,反而召来重大惩罚,这就不是对它谨慎了。君王您还是考虑一下吧!"楚庄王就放弃了这个想法。子反想要娶夏姬,巫臣劝他说:"这是个不吉利的女人,她使自己的哥哥子蛮早死,使自己的丈夫御叔被杀,使陈灵公被弑,使自己的儿子夏南受诛戮,使陈国大夫孔宁、仪行父逃亡在外,使陈国被灭亡,有什么人能不吉利到这种地步! 人生在世实在很难,如果娶了她恐怕不得好死吧? 天下美丽的女人多得很,为什么一定要娶她呢!"子反于是作罢。最后楚庄王把夏姬给了连尹襄老,襄老死在晋、楚在邲地的战役中,没有找到他的尸首,他的儿子黑要和夏姬私通。巫臣派人向夏姬示意,说:"你回郑国娘家去,我将娶你为妻。"巫臣又派人从郑国召唤夏姬说:"襄老的尸首可以得到,你一定要亲自来接他。"夏姬把这话报告给楚庄王,楚庄王向巫臣(即屈臣)询问这件事。巫臣回答说:"这话大概是可信的。知罃的父亲荀首,

成公之嬖也，而中行伯之季弟也，新佐中军，而善郑皇戌，甚爱此子，其必因郑而归王子与襄老之尸以来。郑人惧于邲之役，而欲求媚于晋，其必许之。"王遣夏姬归。将行，谓送者曰："不得尸，吾不反矣。"巫臣聘诸郑，郑伯许之。

及共王即位，将为阳桥之役，使屈巫聘于齐，且告师期。巫臣尽室以行，申叔跪从其父，将适郢，遇之，曰："异哉！夫子有三军之惧，而又有桑中之喜，宜将窃妻以逃者也！"及郑，使介反币，而以夏姬行。将奔齐，齐师新败，曰："吾不处不胜之国。"遂奔晋，而因郤至以臣于晋，晋人使为邢大夫。子反请以重币锢之。王曰："止。其自为谋也，则过矣；其为吾先君谋也，则忠。忠，社稷之固也，所盖多矣。且彼若能利国家，虽重币，晋将可乎？若无益于晋，晋将弃之，何劳锢焉？"

七年。楚围宋之役，师还，子重请取于申、吕以为赏田。王许之。申公巫臣曰："不可。此申、吕所以邑也，是以为赋，以御北方。若取之，是无申、吕也。晋、郑必至于汉。"王乃止。子重是以怨巫臣。子反欲取夏姬，巫臣止之，遂

是晋成公的宠臣，又是中行伯（即荀林父）的小弟弟，他新近做了中军副帅，和郑国的皇戌关系很好，非常喜欢知罃这个儿子，他一定想要通过郑国归还君王您的儿子和襄老的尸首来交换知罃。郑国人对邲地那次战役一直心怀恐惧，正想求得晋国的欢心，因而他们一定会答应晋国的要求。"楚庄王便打发夏姬回到郑国。夏姬将要动身的时候，对送行的人说："得不到襄老的尸首，我就不回来了。"随后巫臣便向郑国请求聘夏姬为妻，郑襄公答应了。

等到楚共王即位，打算发动阳桥战役，派巫臣到齐国聘问，并且把出兵日期告诉齐国。巫臣携全家和所有家产上路。楚国大夫申叔跪跟着他的父亲申叔时准备到郢都去，路上遇到了巫臣，他说："奇怪啊！这个人有肩负军事使命的警惧之心，却又有在桑中幽会的喜悦之色，我看大概是要偷偷地带着妻子逃跑了吧！"果然到了郑国以后，巫臣就派副使带回财礼，而他自己却带着夏姬逃走了。打算逃亡到齐国，齐国军队新近刚打了败仗，巫臣说："我不住在不打胜仗的国家。"于是就逃亡到晋国，并通过郤至的关系在晋国做了臣子，晋国人让他做邢邑的大夫。子反请求用贵重的财礼让晋国不录用巫臣。楚共王说："不要那样做。他为自己谋划，无疑是错误的；但他为我们先君所谋划的，却是忠诚的表现。忠诚，便使国家巩固，所能维护的东西就多了。况且他如果能有利于晋国，即使送去重礼，晋国会同意我们的要求吗？倘若对晋国没有益处，晋国将会抛弃他，哪里用得着我们求晋国不录用他呢？"

七年。在鲁宣公十四年楚国包围宋国那次战役后，楚军回国，令尹子重请求取得申邑、吕邑作为赏赐的土地。楚庄王答应了他的请求。申公巫臣阻止说："不行。这申、吕两地之所以成为城邑，是因为国家能够从这里征发军赋，来防御北方各国的入侵。如果私人占有它，这就等于使国家丧失了申邑、吕邑。这样晋国、郑国一定会进逼到汉水一带。"楚庄王于是作罢。子重因此而怨恨巫臣。当子反想娶夏姬为妻的时候，巫臣阻止他，可是

取以行，子反亦怨之。及共王即位，子重、子反杀巫臣之族子阎、子荡及清尹弗忌及襄老之子黑要，而分其室。子重取子阎之室，使沈尹与王子罢分子荡之室，子反取黑要与清尹之室。巫臣自晋遗二子书，曰："尔以谗慝贪惏事君，而多杀不辜，余必使尔罢于奔命以死。"

巫臣请使于吴，晋侯许之。吴子寿梦说之，乃通吴于晋。以两之一卒适吴，舍偏两之一焉。与其射御，教吴乘车，教之战阵，教之叛楚。置其子狐庸焉，使为行人于吴。吴始伐楚、伐巢、伐徐，子重奔命。马陵之会，吴入州来，子重自郑奔命。子重、子反于是乎一岁七奔命。蛮夷入于楚者，吴尽取之。

襄公二年，楚公子申为右司马，多受小国之赂，以逼子重、子辛。楚人杀之。故书曰"楚杀其大夫公子申"。

三年春，楚子重伐吴，为简之师，克鸠兹，至于衡山。使邓廖帅组甲三百、被练三千以侵吴。吴人要而击之，获邓廖。其能免者，组甲八十，被练三百而已。子重归，既饮至三日，吴人伐楚，取驾。驾，良邑也；邓廖，亦楚之良也。君子谓子重于是役也，所获不如所亡。楚人以是咎子重。子重病之，遂遇心疾而卒。

巫臣自己反倒娶了夏姬逃到晋国,因此子反也怨恨他。等到楚共王即位,子重、子反便杀掉了巫臣的族人子阎、子荡和清尹弗忌以及襄老的儿子黑要,并且瓜分了他们的家产。子重取得子阎的家产,让沈尹和王子罢瓜分子荡的家产,子反取得黑要和清尹弗忌的家产。巫臣听到这一消息,从晋国给子重、子反这两个人写信,说:"你们用邪恶和贪婪事奉国君,并且杀了许多无辜的人。我一定要让你们疲于奔命而死。"

巫臣请求到吴国出使,晋景公答应了他。吴王寿梦很喜欢巫臣,于是巫臣便使吴国和晋国互通友好。巫臣去吴国时带了晋国三十辆战车,这时就留下十五辆给吴国。并送给吴国弓箭手和驾驶战车的人,教吴人使用战车,教他们作战列阵,又教他们背叛楚国。巫臣还把他的儿子狐庸安置在吴国,让他在吴国做外交官。于是吴国开始攻打楚国,攻打巢国,攻打徐国,子重奉命奔驰救援。各诸侯国在马陵盟会的时候,吴国军队攻进州来,子重又从郑国奉命赶去救援。子重、子反在这种情况下,一年七次奉命奔驰以抵御吴军。从前投靠楚国的蛮夷,如今全部被吴国占取了。

鲁襄公二年,楚国的公子申担任右司马,他接受小国很多财物,来逼迫子重、子辛。楚国人杀掉了他。所以《春秋》记载说:"楚国杀了他们的大夫公子申。"

三军春季,楚国的子重攻打吴国,组织了一支经过严格挑选的精锐部队,攻克吴国的鸠兹,到达衡山。他派邓廖率领穿组甲的车兵三百人,穿被练的步兵三千人去侵袭吴国。吴国人拦腰攻击楚国军队,俘获了邓廖。楚国军队能逃脱幸免的只有穿组甲的车兵八十人和穿被练的步兵三百人而已。子重回到楚国,在宗庙举行庆功饮宴三天之后,吴国人攻打楚国,攻取了驾地。驾地,是楚国的上等城邑;邓廖,也是楚国的杰出人物。君子们认为子重在这次战役中,所得到的战果还不如所付出的代价大。楚国人因此责备子重。子重为此很烦恼,于是就得了精神病而去世。

五年,楚人讨陈叛故,曰:"由令尹子辛实侵欲焉。"乃杀之。书曰:"楚杀其大夫公子壬夫。"贪也。君子谓:"楚共王于是不刑。《诗》曰:'周道挺挺,我心扃扃。讲事不令,集人来定。'己则无信,而杀人以逞,不亦难乎?《夏书》曰:'成允成功。'"

十二年,秦嬴归于楚。楚司马子庚聘于秦,为夫人宁,礼也。

十四年,楚子囊还自伐吴,卒。将死,遗言谓子庚:"必城郢。"君子谓:"子囊忠。君薨,不忘增其名;将死,不忘卫社稷,可不谓忠乎? 忠,民之望也。《诗》曰:'行归于周,万民所望。'忠也。"

〔补逸〕《吕氏春秋》:荆人与吴人将战,荆师寡,吴师众。荆将军子囊曰:"我与吴人战,必败。败王师,辱王名,亏壤土,忠臣不忍为也。"不复于王而遁。至于郊,使人复于王,曰:"臣请死。"王曰:"将军之遁也,以其为利也。今诚利,将军何死?"子囊曰:"遁者无罪,则后世之为王臣者,皆将依不利之名而效臣遁。若是,则荆国终为天下挠。"遂伏剑而死。王曰:"请成将军义。"乃为之桐棺三寸,加斧锧其上。

十五年,楚公子午为令尹,公子罢戎为右尹,蒍子冯为大司马,公子橐师为右司马,公子成为左司马,屈到为莫敖,公子追舒为箴尹,屈荡为连尹,养由基为宫厩尹,以靖国人。君子谓:"楚于是乎能官人。官人,国之急也。能官人,

五年，楚国人质问陈国背叛的缘故，陈国人说："是由于贵国令尹子辛侵害我小国来满足个人欲望造成的。"于是楚国杀掉了子辛。《春秋》记载说："楚国杀掉其大夫公子壬夫（即子辛）。"这是由于他贪婪的缘故。君子认为："楚共王在这件事上用刑不当。《诗》言：'大路笔直，我心明察。谋划政事不妥善，聚集贤人来决断。'自己没有信用，反而杀人来立威，不是很成问题的吗？《夏书》说：'有了信用才能成就功业。'"

　　十二年，秦嬴嫁给楚共王。楚国的司马子庚到秦国聘问，是为了夫人回娘家省亲的事，这是合乎礼法的。

　　十四年，楚国的子囊攻打吴国回来，死了。临死时，给子庚留下遗言说："务必增筑郢城。"君子认为："子囊忠诚。国君去世，不忘谥他为'共'；自己临死，不忘保卫国家，能说他不忠诚吗？忠诚，是民望所在。《诗经》说：'德行归于忠信，受到万民寄望。'说的就是忠诚。"

　　〔补逸〕《吕氏春秋》：楚国人与吴国人将要打仗，楚军人少，吴军人多。楚国将军子囊说："我国和吴国人打仗，必定战败。让君王的军队战败，让君王的名声受辱，让国家损失土地，是忠臣不忍心做的。"子囊没向楚康王报告就偷跑回来。到国都郊外后，派人报告楚康王说："臣请求被处死。"楚康王说："将军你逃回来，是认为这样做对国家有利啊。如今看来确实对国家有利，将军你为什么要死呢？"子囊说："逃跑的人如果无罪，那么后世当君王臣子的人，都将以作战不利为由而仿效臣逃跑。这样的话，楚国最终会被天下诸侯挫败。"便用剑自杀而死。楚康王说："请让我成全将军的忠义。"便给他做了三寸厚的桐木棺，把斧子、砧板放在上面。

　　十五年，楚国的公子午（即子庚）做令尹，公子罢戎做右尹，芳子冯做大司马，公子橐师做右司马，公子成做左司马，屈到做莫敖，公子追舒做箴尹，屈荡做连尹，养由基做宫厩尹，以此来安定国内的百姓。君子认为："楚国在这时能恰当地选拔任用官员。选拔任用官员，是国家的当务之急。能恰当地选拔任用官员，

则民无觊心。《诗》云：'嗟我怀人，置彼周行。'能官人也。王及公、侯、伯、子、男、甸、采、卫大夫各居其列，所谓周行也。"

〔补逸〕《韩非子》：荆王弟在秦，秦不出也。中射之士曰："资臣百金，臣能出之。"因载百金之晋，见叔向曰："荆王弟在秦，秦不出也。请以百金委。"叔向受金，而以见之晋平公曰："可以城壶丘矣。"平公曰："何也？"对曰："荆王弟在秦，秦不出也，是秦恶荆也，必不敢禁我城壶丘。若禁之，我曰：'为我出荆王之弟，我不城也。'彼如出之，可以德荆；彼不出，是卒恶也，必不敢禁吾城壶丘矣。"公曰："善。"乃城壶丘。谓秦公曰："为我出荆王之弟，吾不城也。"秦因出之。荆王大说，以炼金百镒遗晋。

〔考异〕按：《说苑》作"楚公子午"，即子庚也。

二十一年夏，楚子庚卒，楚子使蒍子冯为令尹，访于申叔豫。叔豫曰："国多宠而王弱，国不可为也。"遂以疾辞。方暑，阙地下冰而床焉，重茧衣裘，鲜食而寝。楚子使医视之，复曰："瘠则甚矣，而血气未动。"乃使子南为令尹。

那么百姓就没有非分之心。《诗经》说:'嗟叹我怀念的贤人,要把他们都安排在适当的位置上。'这说的就是能恰当地选拔任用官员。天子和公、侯、伯、子、男,以及甸服、采服、卫服的各级大夫,都各在他们的该在的位置上,这就是所说的'周行'了。"

〔补逸〕《韩非子》:楚共王的弟弟在秦国,秦国不放他回来。有个宫中的卫士说:"资助我黄金百金,我能使他回来。"于是就装载了百金来到晋国,拜见了叔向,对叔向说:"楚王的弟弟在秦国,秦国不让他回来。请允许我拿黄金百金来委托您办这件事。"叔向接受了这些黄金,引荐他去见晋平公说:"可以在壶丘筑城了。"晋平公说:"为什么呢?"叔向回答说:"楚王的弟弟在秦国,秦国不让他回国,这是秦国憎恶楚国,为了避免过多树敌,秦国一定不敢禁止我们在壶丘筑城。倘若秦国禁止我们筑城,我们就说:'给我把楚王的弟弟放出来,我们就不筑城了。'他们如果把楚王的弟弟放出来,就可以使楚国对我们感恩戴德;他们如果不把楚王的弟弟放出来,这就表明他们始终憎恶楚国,也就一定不敢禁止我们在壶丘筑城了。"晋平公说:"好吧。"于是晋国就在壶丘筑城。并对秦景公说:"给我把楚王的弟弟放出来,我们就不筑城。"秦国便把楚共王的弟弟放了出来。楚共王十分高兴,拿纯金一百镒赠送给了晋国。

〔考异〕按:《说苑》中楚共王的弟弟作"楚公子午",就是子庚。

二十一年夏天,楚国的令尹子庚去世了,楚康王准备让蒍子冯做令尹。蒍子冯去拜访申叔豫,申叔豫说:"国家宠臣众多而君王又年轻,国家是不能治理好的。"于是蒍子冯便以身体有病为借口推掉了令尹这一职务。当时正是酷暑天气,他在地上挖洞,放入冰块,然后再架上床,身穿两层绵衣,又穿上皮袍,少吃东西而躺在床上。楚康王派医生诊视他的病情,医生回来报告说:"他身体虽然很瘦弱,但血气未亏。"于是楚康王便另让子南担任令尹。

二十二年，楚观起有宠于令尹子南，未益禄，而有马数十乘。楚人患之，王将讨焉。子南之子弃疾为王御士，王每见之，必泣。弃疾曰："君三泣臣矣，敢问谁之罪也？"王曰："令尹之不能，尔所知也。国将讨焉，尔其居乎？"对曰："父戮子居，君焉用之？泄命重刑，臣亦不为。"王遂杀子南于朝，辗观起于四竟。

子南之臣谓弃疾："请徙子尸于朝。"曰："君臣有礼，唯二三子。"三日，弃疾请尸，王许之。既葬，其徒曰："行乎？"曰："吾与杀吾父，行将焉入？"曰："然则臣王乎？"曰："弃父事仇，吾弗忍也。"遂缢而死。

复使薳子冯为令尹，公子齮为司马，屈建为莫敖。有宠于薳子者八人，皆无禄而多马。他日朝，与申叔豫言，弗应而退；从之，入于人中；又从之，遂归。退朝，见之，曰："子三困我于朝，吾惧，不敢不见。吾过，子姑告我，何疾我也？"对曰："吾不免是惧，何敢告子？"曰："何故？"对曰："昔观起有宠于子南，子南得罪，观起车裂，何故不惧？"自御而归，不能当道。至，谓八人者曰："吾见申叔，夫子所谓生死而肉骨也。知我者如夫子则可；不然，请止。"辞八人者，而后王安之。

二十二年，楚国的观起受到令尹子南的宠爱，虽然没有增加他的俸禄，却有能驾几十辆车的马匹。楚国人担心这种情况，楚康王将要讨伐他们。此时，子南的儿子弃疾做楚康王的御士，楚康王每次见到他，一定会哭泣。弃疾便说："君王您多次对臣哭泣，敢问这是谁的罪过？"楚康王说："令尹的不好，这你是知道的。现在国家就要诛讨他，你能留下不走吗？"弃疾回答说："父亲被杀了，儿子即使留下不走，君王哪里还能任用他呢？不过泄露命令要受到重刑，臣也不会这么干的。"随后楚康王就在朝堂上杀死子南，把观起车裂并将他的尸体在国内四方示众。

　　子南的家臣对弃疾说："请让我们从朝堂上把主人的尸体搬出来。"弃疾说："君臣之间有规定的礼仪，只看诸位大臣怎么办了。"过了三天，弃疾请求收尸，楚康王答应了。安葬好子南以后，弃疾的手下人说："要出走吗？"弃疾说："我也参与了杀害我父亲的事，出走能到哪里去呢？"手下人说："既然这样，那么还做君王的臣下吗？"弃疾说："抛弃父亲事奉仇人，我是不能忍受的。"于是就上吊自杀了。

　　楚康王又让蒍子冯担任令尹，公子齮担任司马，屈建担任莫敖。受到蒍子冯宠爱的有八个人，都没有俸禄而有许多马匹。有一天蒍子冯上朝，和申叔豫说话，申叔豫没有回答就退下了；蒍子冯跟着他走，申叔豫就走进人群中；蒍子冯又跟着他走，申叔豫就回家了。蒍子冯退朝之后去见他，说："您在朝堂上三次让我受窘，我害怕，不敢不来见您。我犯了过错，您不妨告诉我，为什么讨厌我呢？"申叔豫回答说："我害怕的是不能免于罪过，又哪敢告诉您什么？"蒍子冯说："这是什么缘故？"申叔豫回答说："以前观起受到子南的宠爱，子南因此获罪，观起被车裂，怎么能不害怕呢？"蒍子冯自己驾着车子回家时，车子总是不能走在车道上。蒍子冯回到家后，对自己宠爱的八个人说："我刚刚去见了申叔，这个人就是所谓的能让死人复活、使白骨长肉的人啊。你们谁能像这个人一样了解我就可以留下；否则的话，请就此分别。"于是辞退了那八个人，楚康王这才对他放心。

二十五年，蔿子冯卒，屈建为令尹，屈荡为莫敖。

〔补逸〕《国语》：屈到嗜芰。有疾，召其宗老而属之曰："祭我必以芰。"及祥，宗老将荐芰，屈建命去之。宗老曰："夫子属之。"子木曰："不然。夫子承楚国之政，其法刑在民心，而藏在王府，上之可以比先王，下之可以训后世。虽微楚国，诸侯莫不誉。其祭典有之曰：'国君有牛享，大夫有羊馈，士有豚犬之奠，庶人有鱼炙之荐。笾豆脯醢，则上下共之。不羞珍异，不陈庶侈。'夫子不以其私欲干国之典。"遂不用。

楚蒍掩为司马，子木使庀赋，数甲兵。甲午，蒍掩书土田，度山林，鸠薮泽，辨京陵，表淳卤，数疆潦，规偃猪，町原防，牧隰皋，井衍沃。量入修赋，赋车籍马，赋车兵、徒兵、甲楯之数。既成，以授子木，礼也。

二十六年。初，楚伍参与蔡大师子朝友，其子伍举与声子相善也。伍举娶于王子牟，王子牟为申公而亡。楚人曰："伍举实送之。"伍举奔郑，将遂奔晋。声子将如晋，遇之于郑郊，班荆相与食，而言复故。声子曰："子行也，吾必复子。"

及宋向戌将平晋、楚，声子通使于晋，还如楚。令尹子木与之语，问晋故焉，且曰："晋大夫与楚孰贤？"对曰："晋

二十五年，蒍子冯去世，屈建出任令尹，屈荡为莫敖。

〔补逸〕《国语》：屈到喜欢吃菱角。他生病之后，便召集他的宗人，嘱咐他们说："祭祀我一定要用菱角。"等屈到死后一年举行祥祭时，宗人准备进献菱角作为祭品，屈到的儿子屈建下令去掉菱角。宗人说："他老人家嘱咐要用菱角祭祀他。"子木（即屈建）说："不是这样。他老人家执掌楚国的政权，他制定的法令存在民心而藏在王府，上面可以追比先王，下面可以遗训后世。不仅是楚国，各国诸侯们也都赞誉他。祭祀的典籍有过这种规定：'国君死后用牛羊猪的太牢祭祀，大夫死后有用羊猪的少牢祭祀，士死后有猪狗之祭，庶人死后有烤鱼之祭。至于竹制的笾器、木制的豆器、肉干、肉酱，则君臣上下共同使用。不能进献珍奇的物品，不能陈列众多杂乱的东西。'他老人家是不会因为自己的私欲违犯国家祭典的。"于是没有用菱角祭祀。

楚国的蒍掩担任司马，令尹子木让他管理税赋，检点盔甲兵器数量。十月初八，蒍掩记录土地情况，度量山林的木材，聚集水泽的产品，区别高地山陵的情况，标出盐碱地，计算水淹地，规划蓄水池的建设，划分小块耕地，在沼泽地上放牧，在平坦肥美的土地上划定井田。根据收入而制定赋税制度，让百姓交纳战车、马匹赋税，征收战车上士兵拿的武器、步兵拿的武器及盔甲盾牌。任务完成后，蒍掩把它交给子木，这是合乎礼法的。

二十六年。起初，楚国的伍参和蔡国太师子朝友好，他的儿子伍举和子朝的儿子声子也相互友善。伍举娶王子牟的女儿为妻，王子牟任申公时获罪逃亡。楚国人说："是伍举护送他逃走的。"于是伍举逃到郑国，并准备再逃往晋国。此时声子也准备去晋国，在郑国郊外遇上伍举，他们将荆草铺在地上一起吃东西，谈到回楚国的事。声子说："你先去晋国吧，我一定让你回国。"

等宋国的向戌准备促成晋、楚两国和解时，声子出使晋国，回来时又到楚国。令尹子木和声子谈话，询问晋国的事，并说："晋国的大夫与楚国的相比，哪国的更贤能？"声子回答说："晋国

卿不如楚,其大夫则贤,皆卿材也。如杞、梓、皮革,自楚往也。虽楚有材,晋实用之。"子木曰:"夫独无族姻乎?"对曰:"虽有,而用楚材实多。归生闻之,善为国者,赏不僭而刑不滥。赏僭,则惧及淫人;刑滥,则惧及善人。若不幸而过,宁僭无滥。与其失善,宁其利淫。无善人,则国从之。《诗》曰:'人之云亡,邦国殄瘁。'无善人之谓也。故《夏书》曰:'与其杀不辜,宁失不经。'惧失善也。《商颂》有之曰:'不僭不滥,不敢怠皇。命于下国,封建厥福。'此汤所以获天福也。古之治民者,劝赏而畏刑,恤民不倦。赏以春夏,刑以秋冬。是以将赏,为之加膳;加膳则饫赐,此以知其劝赏也。将刑,为之不举;不举则彻乐,此以知其畏刑也。夙兴夜寐,朝夕临政,此以知其恤民也。三者,礼之大节也。有礼无败。

"今楚多淫刑,其大夫逃死于四方,而为之谋主,以害楚国,不可救疗,所谓不能也。子仪之乱,析公奔晋,晋人置诸戎车之殿,以为谋主。绕角之役,晋将遁矣,析公曰:'楚师轻窕,易震荡也。若多鼓钧声,以夜军之,楚师必遁。'晋人从之,楚师宵溃,晋遂侵蔡、袭沈,获其君,败申、息之师于桑隧,获申丽而还。郑于是不敢南面。楚失华夏,则析公之为也。雍子之父兄谮雍子,君与大夫不善是也,

的卿不如楚国，但他们的大夫却很贤能，都是做卿的人才。就像杞木、梓木、皮革，都是从楚国运去的一样。虽然楚国有人才，实际上却被晋国使用。"子木说："他们难道就没有同宗和姻亲吗？"声子回答说："虽然有，但晋国使用楚国的人才实在多。我归生听说过这样的话，善于治理国家的人，赏赐不过分而刑罚不滥用。赏赐过分了，就怕奖赏到坏人身上；刑罚滥用了，就怕处罚到好人身上。如果不幸出现过分，宁可多赏而不能滥罚。与其滥用刑罚使好人流失，宁可奖赏失当利于坏人。没有好人，国家就会跟着受害。《诗经》中说：'贤能的人跑光了，国家就受伤害。'这说的就是没有好人。所以《夏书》说：'与其杀害无辜，宁可放过罪人。'这说的就是怕好人流失。《商颂》有这样的话说：'不过分不滥用，不敢懈怠偷懒。向下国发布命令，大力培植他们的福禄。'这就是商汤获得上天福禄的原因。古代治理百姓的人，乐于赏赐而畏惧用刑，为百姓操心不知疲倦。在春天和夏天行赏，在秋天和冬天行刑。因此在将要进行赏赐的时候，就增加膳食；加膳后就可以把余下的食物赐给下边的人，从这可以知道他们乐于赏赐。在将要用刑的时候，就为之减膳；减膳就要撤去音乐，从这可以知道他们畏惧用刑。早起晚睡，早晚亲临朝廷处理政事，从这里可以知道他们为百姓操心。这三件事，是礼仪的重要内容。讲礼仪就不会失败。

　　"现在楚国滥用刑罚，大夫纷纷逃到其他国家，做他们的谋士，来危害楚国，以致这种局面无法挽救，这就是楚国不能用其才的情况。子仪之乱，析公逃到晋国，晋国人把他安置在晋侯战车的后面，让他做谋士。绕角那场战役中，晋军就要逃跑了，析公说：'楚军轻佻，容易被动摇军心。如果多击军鼓同时发出响声以恐吓楚军，并在夜里进攻，楚军一定会逃跑。'晋国人听从这一建议，楚军果然在夜里溃逃了，晋国于是侵袭蔡国、袭击沈国，俘虏其国君；又在桑隧打败了申、息的军队，俘虏申丽后便回国了。郑国从此不敢南面从楚。楚国失掉中原诸侯，就是析公造成的。雍子的父亲和哥哥诬陷他，国君和大夫们不为他辨明是非，

雍子奔晋。晋人与之鄐，以为谋主。彭城之役，晋、楚遇于靡角之谷。晋将遁矣，雍子发命于军曰：'归老幼，反孤疾，二人役，归一人；简兵蒐乘，秣马蓐食，师陈焚次，明日将战。'行归者，而逸楚囚。楚师宵溃。晋降彭城而归诸宋，以鱼石归。楚失东夷，子辛死之，则雍子之为也。子反与子灵争夏姬，而雍害其事，子灵奔晋。晋人与之邢，以为谋主。扞御北狄，通吴于晋，教吴叛楚，教之乘车、射御、驱侵，使其子狐庸为吴行人焉。吴于是伐巢、取驾、克棘、入州来。楚罢于奔命，至今为患，则子灵之为也。若敖之乱，伯贲之子贲皇奔晋。晋人与之苗，以为谋主。鄢陵之役，楚晨压晋军而陈，晋将遁矣。苗贲皇曰：'楚师之良，在其中军王族而已。若塞井夷灶，成陈以当之，栾、范易行以诱之，中行、二郤必克二穆。吾乃四萃于其王族，必大败之。'晋人从之，楚师大败，王夷师熸，子反死之。郑叛，吴兴，楚失诸侯，则苗贲皇之为也。"

　　子木曰："是皆然矣。"声子曰："今又有甚于此。椒举娶于申公子牟，子牟得戾而亡，君大夫谓椒举：'女实遣之。'惧而奔郑。引领南望曰：'庶几赦余！'亦弗图也。今在晋矣。晋人将与之县，以比叔向。彼若谋害楚国，岂不为患？"

雍子逃到晋国。晋国人封给他鄐邑,并让他做谋士。彭城那次战役中,晋国、楚国在靡角之谷相遇。晋军将要逃跑时,雍子向军队发布命令说:'把年老的和年幼的都送回去,把孤儿和有病的也送回去,一家有两人同时服兵役的,回去一个人;然后精选步兵检阅车兵,喂饱战马,让士兵吃饱,军队摆开阵势,烧掉帐篷,明天将要决战。'于是让该回家的统统走掉,并故意放走楚国俘虏回去报告这一消息。结果楚国军队在夜里溃逃了。晋军收复彭城并归还给宋国,押解宋国叛臣鱼石回国。楚国失掉了亲楚的东方小国,子辛为此而死,就是雍子造成的。子反和子灵(即巫臣)争夺夏姬,阻挠破坏子灵的婚事,子灵因此逃到晋国。晋国人封给他邢邑,让他做谋士。他帮助晋国抵御了北狄,让吴国和晋国互通友好,教唆吴国背叛楚国,并教授吴国人乘战车、射箭、驾车、奔驰作战,还让他的儿子狐庸做吴国的外交官。吴国因此而攻打巢国,占领驾地,攻下棘地,侵入州来。楚国疲于奔命,到今天还是祸患,就是子灵造成的。若敖之乱,伯贲的儿子贲皇逃到晋国。晋国人封给他苗地,让他做谋士。鄢陵之战,楚军在早晨逼近晋军并摆开阵势,晋军就要逃跑了。苗贲皇说:'楚军的精锐,在他们中军的王族而已。如果我们填井平灶,摆开阵势抵挡他们,栾书、士燮改用家兵去引诱他们,中行偃、郤锜和郤至必定能战胜子重和子辛。我们再从四面集中进攻他们的王族,一定能将他们打得大败。'晋国人听从了他的建议,结果楚军大败,楚共王受伤,军队士气低落,子反也在这次战役中死去。郑国背叛,吴国变强,楚国失掉诸侯,都是苗贲皇造成的。"

　　子木听完这番话后说:"情况的确都是这样。"声子说:"现在还有比这更为严重的事。伍举(即椒举)娶了申公子牟的女儿为妻,子牟因为获罪而逃亡,君王和大夫们都对伍举说:'是你帮助他逃走的。'所以伍举害怕而逃到郑国。但他常常伸长脖子向南方眺望说:'希望能够赦免我的罪过!'但楚国并未放在心上。现在他已经在晋国。晋国要封给他县邑,让他享受和叔向一样的待遇。如果他谋划伤害楚国,岂不成为我国的心腹大患?"

子木惧，言诸王，益其爵禄而复之。声子使椒鸣逆之。

二十七年。崔氏之乱，申鲜虞来奔，仆赁于野，以丧庄公。冬，楚人召之，遂如楚，为右尹。

昭公十二年，楚子谓成虎，若敖之余也，遂杀之。或谮成虎于楚子，成虎知之，而未能行。书曰"楚杀其大夫成虎"，怀宠也。

臣士奇曰：楚虽见黜于《春秋》，然其卿大夫往往多才杰，深谋远虑，忘家忘私，与齐、晋贤臣相颉颃者。

子元之入处王宫也，势将盗楚而有之。维时非斗縠於菟自毁其家以纾楚国之难，祸未艾也。观其三仕三已，不见喜愠；及麇裘而朝诸事，岂不诚贤矣哉？越椒狼子野心，必灭若敖氏之宗，子文豫知而请杀之，与叔向之母之恶叔虎也皆如左契，而子良不忍，卒以圮族。箴尹慷慨就理，不敢弃君之命，有乃祖风。若敖之幸而不馁，有以也。芳艾猎起于海滨，相楚三年，至不辨乘马之牝牡，忠勤累著，故能以其君伯。城沂之虑事以素，其一节耳。此二人，皆楚国令尹之最贤者。

子木很害怕，对楚康王说了这些话，楚康王提高了伍举的爵禄，让他回国官复原职。于是声子便让伍举的儿子椒鸣前往晋国迎接伍举。

二十七年。鲁襄公二十五年崔杼叛乱杀了齐庄公后，申鲜虞逃亡来到鲁国，在郊外雇用了仆人，为齐庄公服丧。冬季，楚国人召请他，于是他到了楚国，担任了右尹。

鲁昭公十二年，楚灵王认为成虎是若敖氏家族的余党，于是就杀掉了他。当初有人在楚灵王面前诬陷成虎，成虎也知道了这件事，但是他没有逃走。《春秋》上记载此事说："楚国杀掉它的大夫成虎。"这是说成虎舍不得放弃优宠的生活才招致杀身之祸。

臣下我高士奇评论说：楚国虽然被《春秋》贬黜，但是楚国的卿大夫往往多为杰出的人才，他们周密地计划，长远地考虑，忘掉家庭，大公无私，是和齐国、晋国的贤明臣子不相上下的。

公子元回国后住进王宫里，势必将要窃取楚国政权而据为己有。当时如果不是鬬穀於菟（即子文）捐弃自己的家财来缓和楚国面临的危难，祸难是不能停止的。看他几次做官几次罢官，不表现出喜怒；以及他穿着鹿皮衣服上朝等故事，难道不是真正的贤能吗？子文的侄子越椒像豺狼的孩子一样怀有野心，必定会灭亡若敖氏的宗族，子文预先知道这种结局而请求杀掉他，这与叔向的母亲憎恶叔虎若合符契，但是越椒的父亲子良不忍心这样做，最终使越椒毁灭了若敖氏家族。子文的孙子箴尹克黄慷慨投案伏法，不敢背弃国君的命令，有他爷爷子文的遗风。若敖氏的鬼神有幸不挨饿，是有原因的。艿艾猎从海滨发迹，治理楚国三年，到了不能分辨乘马公母的地步，忠心勤苦屡著勋劳，所以能够辅佐他的君主楚庄王在诸侯中称霸。在沂地修筑城池提前考虑好计划，这只是他做事的一个侧面。子文与艿艾猎这两个人，都是楚国令尹中最贤能的。

　　子重、子囊诸人何足数耶？子反以一艳妇，怨屈巫而灭其族，而分其室，致令通吴于上国，以摇荡我边疆，卒疲于奔命以死，怨毒之于人，甚矣哉！子囊视子反较贤。围宋之役，苟焉结成，何功之有？而欲请申、吕以自封，悖矣。无申、吕，则晋、郑必至于郢，屈巫之言甚正，而附子反以分其室，是皆凭私结怨而不知有奉公之义者也。城郢之忠，亦何以解于误国之罪乎？

　　子申以多受小国之赂死，子辛以侵欲于陈死，皆自取之。公子午当晋悼三驾之后，欲息兵为社稷利，不得已而数出以观衅，非其本志，盖亦贤者。蒍子冯惩申叔之言，遽辞相位；戒子南之戮，立谢宠人。不有药石，安能生死而肉骨乎？成虎怀禄，竟以焚身，诚迷而不悟之下愚也。历观声子班荆之语，策士俊才，为敌国用，如析公、雍子、子灵、苗贲皇辈，疾首拊心，斫丧宗国，败轨相寻，奈何又以子牟之走铤而伍大夫也？向非声子善辞椒举，其不复乎！

　　历观楚之兴亡，其机皆系于令尹之贤否。用舍可不慎乎哉！

子重、子囊等人有什么值得称道的呢？子反因为一位美艳的妇人夏姬，怨恨屈巫（即申公巫臣）因而诛灭了他的家族，瓜分了他的家产，致使吴国和中原各国来往，摇荡楚国边疆，子重、子反最后在疲于奔命中死去，对于人来说，怨恨真是太可怕了。子囊相对子反来说，比较贤明。楚国包围宋国的战役中，双方苟且达成和解而退兵，有什么功劳呢？可子重回国后却要求得到申邑、吕邑的土地作为自己的封邑，真是太荒谬了。楚国如果没有申邑、吕邑，那么北方晋国、郑国的军队必然会直达郢都，申公巫臣的话是十分正确的，而子重却附和子反来瓜分申公巫臣的家产，这二人都是因为私欲结下仇怨却不知道奉行公义的人。子囊临死前留下一定要修筑好郢城的遗言，表现了他对楚国的忠诚，但是又怎么能够抵消他们贻误国家的罪恶呢？

　　公子申因为收受小国的贿赂而被杀死，子辛因为侵害陈国以满足个人欲望而被杀死，他们二人都是咎由自取。公子午正值晋悼公三次兴师以后，想停止军事冲突为楚国谋利，在没有办法的情况下，多次率兵出击来伺察可乘之机，这不是他内心的愿望，大概他也是一个贤能的人。蒍子冯鉴于申叔豫说的话，立即辞绝了令尹这一职位，鉴了子南被杀戮的教训，马上辞退了自己亲近的那八个人。如果没有药物，怎么能够让死人复活、使白骨长肉呢？成虎留恋爵禄，最终引火烧身，实在是执迷不悟的最愚蠢之人。历观蔡国声子回到楚国与令尹子木说的一番话，楚国的谋士与杰出人才，被敌对的国家晋国所重用，像析公、雍子、子灵、苗贲皇之类的人，疾首痛心，伤害自己的祖国，使楚国接连走上败亡之路，为什么又因王子牟获罪逃亡而逼伍举出逃呢？如果不是声子为椒举（即伍举）说好话，他就不能回国复职了吧！

　　历观楚国的兴盛衰亡，其中的关键都在于令尹贤能与否。作为国君，选用大臣能不慎重吗？

卷四十七　楚灵王之乱灭陈蔡　平王得国俱附

　　襄公二十六年，楚子、秦人侵吴，及雩娄，闻吴有备而还。遂侵郑。五月，至于城麇。郑皇颉戍之，出与楚师战，败。穿封戌囚皇颉，公子围与之争之，正于伯州犁。伯州犁曰："请问于囚。"乃立囚。伯州犁曰："所争，君子也，其何不知？"上其手曰："夫子为王子围，寡君之贵介弟也。"下其手曰："此子为穿封戌，方城外之县尹也。谁获子？"囚曰："颉遇王子，弱焉。"戌怒，抽戈逐王子围，弗及。楚人以皇颉归。印堇父与皇颉戍城麇，楚人囚之，以献于秦。郑人取货于印氏以请之。子大叔为令正，以为请。子产曰："不获。受楚之功，而取货于郑，不可谓国，秦不其然。若曰'拜君之勤郑国，微君之惠，楚师其犹在敝邑之城下'，其可。"弗从，遂行。秦人不予。更币从子产，而后获之。

卷四十七　楚灵王之乱<small>灭陈蔡　平王得国俱附</small>

鲁襄公二十六年,楚康王和秦国军队侵袭吴国,军队到达雩娄时,听说吴国有了防备就退回去了。于是就乘机侵袭郑国。五月,到达城麇。郑国的皇颉戍守城麇,出城和楚军战斗,结果大败。楚国的穿封戌俘虏了皇颉,公子围和他争夺功劳,于是就让伯州犁评判是非。伯州犁说:"请让我问问被囚禁的俘虏。"于是就叫俘虏皇颉站在自己面前。伯州犁说:"他们二人所争功的对象,就是你,你还有什么不明白的?"伯州犁高举他的手说:"那位是王子围,是敝国国君尊贵的弟弟。"又把他的手向下指说:"这人是穿封戌,是方城外的一个县尹。是谁俘虏你的?"俘虏说:"我皇颉遇上了王子,抵抗不住才被俘的。"穿封戌听后大怒,抽出戈来追赶王子围,没有追上。楚国人便把皇颉带回国了。印堇父和皇颉一起戍守城麇,楚国人囚禁了印堇父,把他献给秦国。郑国人从印氏那里拿了一份财物向秦国请求赎回印堇父。子太叔(即游吉)担任令正,拟定了请求赎回的文书。子产说:"这样的说辞是不能得到印堇父的。秦国接受了楚国奉献的俘虏,而向郑国求取财物,不能说是合于国家的体统,秦国不会那样做的。如果对秦国国君说'拜谢国君帮助郑国,如果没有国君的恩惠,楚军恐怕还在敝国的城下',这样才可以。"但子太叔没有听从,就动身去秦国了。秦国人果然不交出印堇父。郑国另外派遣使者拿着财礼,按照子产的话去说,然后才得到了印堇父。

二十九年，楚郏敖即位，王子围为令尹。郑行人子羽曰："是谓不宜，必代之昌。松柏之下，其草不殖。"

三十年春王正月，楚子使薳罢来聘，通嗣君也。穆叔问王子之为政何如。对曰："吾侪小人食而听事，犹惧不给命，而不免于戾，焉与知政？"固问焉，不告。穆叔告大夫曰："楚令尹将有大事，子荡将与焉助之，匿其情矣。"

蔡景侯为大子般娶于楚，通焉。大子弑景侯。

六月，郑子产如陈莅盟。归，复命，告大夫曰："陈，亡国也，不可与也。聚禾粟，缮城郭，恃此二者，而不抚其民。其君弱植，公子侈，大子卑，大夫敖，政多门，以介于大国，能无亡乎？不过十年矣。"

楚公子围杀大司马薳掩而取其室。申无宇曰："王子必不免。善人，国之主也。王子相楚国，将善是封殖，而虐之，是祸国也。且司马，令尹之偏，而王之四体也。绝民之主，去身之偏，艾王之体，以祸其国，无不祥大焉，何以得免？"

三十一年十二月，北宫文子相卫侯以如楚。北宫文子见令尹围之威仪，言于卫侯曰："令尹似君矣，将有他志。虽获其志，不能终也。《诗》云：'靡不有初，鲜克有终。'终之实难，令尹其将不免。"公曰："子何以知之？"对曰："《诗》

二十九年，楚康王的儿子郏敖即位，康王的弟弟王子围担任令尹。郑国外交使者子羽说："这就叫作不相宜，令尹必将取代楚君郏敖而昌盛。因为松柏下面的草是长不好的。"

三十年春季，周历正月，楚王郏敖派遣薳罢来鲁国聘问，这是为新立的国君通好。鲁国大夫穆叔询问王子围处理政事怎么样。薳罢回答说："我们这些小人为了吃饭而听人使唤，就这样还怕不能完成使命，而不能免于罪过，哪里还能参与政事呢？"穆叔再三向薳罢询问，薳罢还是不说。穆叔告诉大夫们说："楚国令尹将要有大的举动，子荡（即薳罢）将参与这件事并协助令尹，因此他隐匿了内情。"

蔡景侯为太子般在楚国娶了妻子，但自己竟然和儿媳私通。太子般便杀掉了蔡景侯。

六月，郑国的子产到陈国参加盟会。回国复命时，告诉大夫们说："陈国，是将要灭亡的国家，不可以和他们结好。他们积聚粮食，修缮城郭，只依靠这两项措施，却不安抚他们的百姓。他们的国君根基浅薄，公子放纵，太子卑微，大夫傲慢，国政出自很多人之手，又处在大国之间，能不灭亡吗？不会超过十年了。"

楚国的公子围杀掉了大司马䓲掩并占有了他的家产。申无宇说："王子围一定不能免于祸难。善人，是一个国家的栋梁。王子围辅佐楚国，应该培植善人，现在却残害他们，这是在危害国家。况且司马本是令尹的辅佐之官，也是国君的股肱之臣。王子围杀死百姓的栋梁，去掉自己的辅佐者，斩断国君的四肢，来危害他的国家，没有比这再大的不吉祥了，他怎么能够免于祸难呢？"

三十一年十二月，卫国大夫北宫文子相礼卫襄公去楚国。北宫文子见到令尹公子围的威严容仪，便对卫襄公说："令尹像国君一样了，他将要有其他的打算了。但他即使能实现自己的愿望，也不能善终。《诗经》中说：'都可以有开头，可是很少能有好的结局。'要想善终实在很难，令尹恐怕将不能免于祸难啊。"卫襄公说："你怎么知道他会如此？"北宫文子回答说："《诗经》

云：'敬慎威仪，惟民之则。'令尹无威仪，民无则焉。民所不则，以在民上，不可以终。"

公曰："善哉！何谓威仪？"对曰："有威而可畏谓之威，有仪而可象谓之仪。君有君之威仪，其臣畏而爱之，则而象之，故能有其国家，令闻长世。臣有臣之威仪，其下畏而爱之，故能守其官职，保族宜家。顺是以下，皆如是。是以上下能相固也。《卫诗》曰：'威仪棣棣，不可选也。'言君臣、上下、父子、兄弟、内外、大小皆有威仪也。《周诗》曰：'朋友攸摄，摄以威仪。'言朋友之道必相教训以威仪也。《周书》数文王之德曰：'大国畏其力，小国怀其德。'言畏而爱之也。《诗》云：'不识不知，顺帝之则。'言则而象之也。纣囚文王七年，诸侯皆从之囚，纣于是乎惧而归之，可谓爱之。文王伐崇，再驾而降为臣，蛮夷帅服，可谓畏之。文王之功，天下诵而歌舞之，可谓则之。文王之行，至今为法，可谓象之。有威仪也。故君子在位可畏，施舍可爱，进退可度，周旋可则，容止可观，作事可法，德行可象，声气可乐，动作有文，言语有章，以临其下，谓之有威仪也。"

昭公元年春，楚公子围聘于郑，遂会于虢。三月甲辰，盟。楚公子围设服离卫。叔孙穆子曰："楚公子美矣，

说:'在上的人要谨慎自己的威仪,因为他是百姓效法的准则。'令尹没有威仪,百姓就不效法。百姓不效法的人,却居于百姓之上,他就不能善终。"

卫襄公说:"说得好!那么什么叫威仪呢?"北宫文子回答说:"有威严并能使人害怕叫作威,有仪表并能让人效法叫作仪。国君有国君的威仪,他的臣子害怕而又爱戴他,把他作为准则而效法他,所以能保有他的国家,使好名声流芳百世。臣子有臣子的威仪,他的下属害怕而又爱戴他,所以能保住他的官职,保护家族,并使家庭和睦。顺着这个次序往下都像这样。因此上下才能相互巩固。《卫诗》说:'威仪雍容娴雅,不可以随便退让。'这是说君臣、上下、父子、兄弟、内外、大小都有威仪。《周诗》说:'朋友之间互相辅助,所用的就是威仪。'这是朋友间一定要用威仪来相互教导。《周书》列举周文王的美德说:'大国害怕他的威力,小国怀念他的恩德。'这是说害怕他却又爱戴他。《诗经》上说:'无识无知,一切顺从天帝的准则。'这是说把他作为准则并效法他。殷纣王囚禁周文王七年,诸侯都跟随他去坐牢,殷纣王于是害怕并把周文王放了回去,诸侯可以说是爱戴周文王了。周文王攻打崇国,两次发兵而崇国投降,向周文王称臣,蛮夷也相继归服,这可以说是害怕周文王了。周文王的功业,天下赞诵歌舞,这可以说是以周文王的准则了。周文王的行为,到现在还作为法则,这可以说人们仍然在效法周文王。这是因为文王有威仪的缘故。所以君子在位可使人害怕,施舍可使人爱戴,进退可作为法度,行礼揖让可作为准则,仪容举止可供人观赏,做事可让人效法,德行可作为典范,声音气度可使人高兴,动作有修养,语言有条理,用这些来对待下属,就叫作有威仪。"

鲁昭公元年春季,楚国公子围到郑国聘问,于是就和鲁国叔孙豹、晋国赵武、齐国国弱、宋国向戌、陈国公子招、蔡国公孙归生、郑国罕虎、许国人、曹国人在虢地会见。三月二十五日,结盟。楚国公子围使用国君的服饰和仪仗,两个卫兵持戈侍立。鲁国的叔孙穆子(即叔孙豹)说:"楚国公子围的服饰真华美,

君哉!"郑子皮曰:"二执戈者前矣!"蔡子家曰:"蒲宫有前,不亦可乎?"楚伯州犁曰:"此行也,辞而假之寡君。"郑行人挥曰:"假不反矣。"伯州犁曰:"子姑忧子晳之欲背诞也。"子羽曰:"当璧犹在,假而不反,子其无忧乎?"齐国子曰:"吾代二子愍矣!"陈公子招曰:"不忧何成?二子乐矣。"卫齐子曰:"苟或知之,虽忧何害?"宋合左师曰:"大国令,小国共,吾知共而已。"晋乐王鲋曰:"《小旻》之卒章善矣,吾从之。"

退会,子羽谓子皮曰:"叔孙绞而婉,宋左师简而礼,乐王鲋字而敬,子与子家持之,皆保世之主也。齐、卫、陈大夫其不免乎!国子代人忧,子招乐忧,齐子虽忧,弗害。夫弗及而忧,与可忧而乐,与忧而弗害,皆取忧之道也,忧必及之。《大誓》曰:'民之所欲,天必从之。'三大夫兆忧,忧能无至乎?言以知物,其是之谓矣。"

令尹享赵孟,赋《大明》之首章,赵孟赋《小宛》之二章。事毕,赵孟谓叔向曰:"令尹自以为王矣,何如?"对曰:"王弱,令尹强,其可哉!虽可,不终。"赵孟曰:"何故?"对曰:"强以克弱,而安之,强不义也。不义而强,其毙必速。

像个国君啊!"郑国的子皮说:"还有两个拿戈的侍卫做前导!"蔡国的子家说:"他在楚国住在蒲宫中,有两个执戈的卫士做前导,不也可以吗?"楚国的伯州犁说:"这些东西是来的时候向敝国国君请求并借来的。"郑国的外交官挥(即子羽)说:"借了就不会归还了。"伯州犁说:"您还是去忧虑你们的子皙会不会违背命令作乱吧。"子羽说:"公子弃疾还在,如果公子围借了而不还,您难道没有忧虑吗?"齐国的国子(即国弱)说:"我替公子围和伯州犁这二位担心啊!"陈国的公子招说:"不忧虑怎能办成事情? 公子围和伯州犁这两位不忧只乐,必定难于成功。"卫国的齐子说:"如果事先知道了,即使有忧虑又有什么危害?"宋国的合左师(即向戌)说:"大国发布命令,小国恭敬听从,我们只管恭敬从命就是了。"晋国的乐王鲋说:"《小旻》的最后一章说得很好,我愿意按照那上面讲的去做。"

散会后,子羽对子皮说:"叔孙豹的话恰切而委婉,宋国左师的话简明而合乎礼仪,乐王鲋的话自爱而恭敬,您和子家的话持其两端而不偏颇,都是可以保持世代爵禄的人。而齐国、卫国、陈国的大夫大概不能免于祸难吧! 国弱替他人忧虑,公子招以高兴代替忧虑,齐子虽然有忧虑之感却不当作危害来重视。与自己无关却忧虑,该忧虑却反而高兴,和有忧虑而不当作危害,都是招致忧患的根由,忧患一定会连及他自身。《大誓》说:'民众所愿望的,上天一定听从。'齐国的国弱、卫国的齐子、陈国的公子招这三位大夫有了忧患的征兆,忧患能不到来吗? 根据语言可以预先知道事情的结果,说的就是这个意思。"

楚国的令尹公子围设享礼宴请招待晋国的赵孟(即赵武),吟诵了《大明》的第一章,赵孟吟诵了《小宛》的第二章。宴会结束后,赵孟对叔向说:"楚国的令尹已自以为是君王了,你认为怎么样呢?"叔向回答说:"君王弱小,令尹强大,大概可以成功吧! 不过即使可以成功,但也不能善终。"赵孟说:"这是什么缘故呢?"叔向回答说:"强大者战胜弱小者而又心安理得,这种强大是不符合道义的。不符合道义而强大,他的灭亡一定会很快。

《诗》曰：'赫赫宗周，褒姒灭之。'强不义也。令尹为王，必求诸侯。晋少懦矣，诸侯将往。若获诸侯，其虐滋甚，民弗堪也，将何以终？夫以强取，不义而克，必以为道。道以淫虐，弗可久已矣！"

　　楚公子围使公子黑肱、伯州犁城犨、栎、郏。郑人惧。子产曰："不害。令尹将行大事，而先除二子也。祸不及郑，何患焉？"冬，楚公子围将聘于郑，伍举为介。未出竟，闻王有疾而还。伍举遂聘。十一月己酉，公子围至，入问王疾，缢而弑之，遂杀其二子幕及平夏。右尹子干出奔晋，宫厩尹子皙出奔郑。杀太宰伯州犁于郏。葬王于郏，谓之郏敖。使赴于郑。伍举问应为后之辞焉，对曰："寡大夫围。"伍举更之曰："共王之子围为长。"子干奔晋，从车五乘。叔向使与秦公子同食，皆百人之饩。赵文子曰："秦公子富。"叔向曰："底禄以德，德钧以年，年同以尊。公子以国，不闻以富。且夫以千乘去其国，强御已甚。《诗》曰：'不侮鳏寡，不畏强御。'秦、楚，匹也。"使后子与子干齿。辞曰："铖惧选，楚公子不获，是以皆来，亦唯命。且臣与羁齿，无乃不可乎？史佚有言曰：'非羁何忌？'"

《诗经》上说:'十分兴盛强大的宗周,但褒姒使它灭亡了。'这是因为虽然强大却不符合道义的缘故。令尹做了君王后,必定要谋求诸侯的拥护。晋国已经有些衰弱了,诸侯就会前去投靠楚国。倘若得到诸侯的拥护,他的暴虐就会更加厉害,民众不能忍受他的残暴,他怎么能得善终呢?如果用强力来取得君位,依靠不义的行为而取胜,那么他必定会以不义为常道。把荒淫暴虐作为常道,是不能够长久的啊!"

楚国公子围派公子黑肱、伯州犁在犨、栎、郏三地筑城。郑国人很害怕。子产说:"不要紧。令尹公子围将要干大事,想先除掉公子黑肱、伯州犁这二位。祸患不会涉及郑国,有什么可忧虑的?"冬季,楚国公子围将要到郑国聘问,伍举作为他的副手。尚未走出国境,听说楚王郏敖生了病,公子围便马上返回郢都。伍举就自己到郑国聘问。十一月初四这天,公子围回到都城,进宫问候楚王病情,趁机把楚王郏敖勒死了,并杀掉了楚王的两个儿子幕和平夏。右尹子干逃亡到晋国,宫厩尹子晳(即公子黑肱)逃亡到郑国。公子围在郏地把太宰伯州犁杀死。把楚王埋葬在郏地,因此称楚王为郏敖。又派使者到郑国发讣告。使者出发前,伍举问使者应对郑国关于继承人的措辞,使者回答说:"是敝国大夫公子围。"伍举更正他的话说:"共王的儿子中公子围年长。"子干逃奔到晋国,随从的车子有五辆。叔向让他和秦国公子后子食禄相同,都是供给一百人的口粮。赵文子(即赵孟)说:"秦国公子富有。"叔向说:"得到俸禄要根据德行,德行相同就根据年龄,年龄相同就根据地位。公子的食禄根据其国家的大小,没有听说过根据富有程度。再说秦国公子带着一千辆车离开他的国家,太过强横了。《诗经》中说:'不欺侮鳏寡之人,不畏惧强暴之人。'秦国和楚国是地位相同的国家。"于是就让后子和子干享受同等待遇。后子辞谢说:"我因为害怕被驱逐,楚国公子是因为得不到信任,所以都来到晋国,一切都听从您的安排。而且臣下和楚公子这样的羁旅之客并列,恐怕不可以吧?史佚有话说:'若非羁旅之人,为什么要对他恭敬?'"

　　楚灵王即位，蘐罢为令尹，蘐启彊为大宰。郑游吉如楚，葬郏敖，且聘立君。归谓子产曰："具行器矣。楚王汏侈，而自说其事，必合诸侯。吾往无日矣。"子产曰："不数年，未能也。"

　　三年秋七月，郑罕虎如晋，贺夫人，且告曰："楚人日征敝邑以不朝立王之故。敝邑之往，则畏执事其谓寡君而固有外心；其不往，则宋之盟云。进退罪也，寡君使虎布之。"宣子使叔向对曰："君若辱有寡君，在楚何害？修宋盟也。君苟思盟，寡君乃知免于戾矣。君若不有寡君，虽朝夕辱于敝邑，寡君猜焉。君实有心，何辱命焉？君其往也！苟有寡君，在楚犹在晋也。"

　　十月，郑伯如楚，子产相。楚子享之，赋《吉日》。既享，子产乃具田备，王以田江南之梦。

　　四年春王正月，许男如楚，楚子止之，遂止郑伯，复田江南，许男与焉。使椒举如晋求诸侯，二君待之。椒举致命曰："寡君使举曰：日君有惠，赐盟于宋，曰：'晋、楚之从，交相见也。'以岁之不易，寡人愿结欢于二三君，使举请间。君若苟无四方之虞，则愿假宠以请于诸侯。"晋侯欲勿许。

楚灵王公子围即位,蒍罢担任令尹,蒍启彊担任太宰。郑国的游吉到达楚国,参加郏敖的葬礼,并且同时聘问新即位的国君。游吉回国后对子产说:"快准备盟会的行装吧。楚王骄傲放纵,并且沾沾自喜,自我欣赏所做的事情,必然要会合诸侯。我没有几天就要前去楚国结盟了。"子产说:"他没有几年时间,是办不到的。"

三年秋季七月,郑国的罕虎(即子皮)到晋国,祝贺晋平公新娶夫人,并且报告说:"楚国人不断地前来责问敝国,因为我们没有朝贺楚国新立的国君。如果我们前往,又害怕您会认为敝国国君本来就有二心;如果不去,那么在宋国的盟约又是这样说的。进退都是罪过,敝国国君特派罕虎我前来陈述这件事。"韩宣子派叔向回答说:"贵国国君如果心里有我们国君,那么去朝见楚国又有什么妨碍? 不过是重修在宋国会盟的友好。贵国国君如果能考虑到盟约,那么我们国君就知道可以免除罪过了。贵国国君如果心中没有我国国君,即使早晚不断光临敝国,我们国君也会猜疑他。如果贵国国君确实心向着我们国君,何必来告诉我们呢? 你们还是前往楚国吧! 如果心中有我们国君,朝见楚国就像朝见晋国一样。"

十月,郑简公到楚国去,子产做相礼。楚灵王设享礼招待郑简公,赋了《吉日》这首诗。享礼完毕后,子产就准备了打猎的用具,于是楚灵王和郑简公在江南的云梦泽打猎。

四年春季,周历正月,许悼公到楚国朝见,楚灵王将他留了下来,随后又留下郑简公,再次到江南打猎,许悼公也参加了。楚灵王派椒举(即伍举)到晋国去求得诸侯的拥护,同时让许悼公和郑简公在楚国等待消息。椒举传达楚灵王的命令说:"我们国君派我椒举来说:从前贵国国君有恩惠,使敝国在宋国结盟得以成功,结盟的盟约中说:'晋国、楚国的随从国家要互相朝见。'因为近年来多事,我愿意讨取各国君主的欢心,特派遣椒举前来在您空闲时向您禀报这件事。国君您如果没有四方边境的忧患,那么希望借助您的威宠请诸侯们到会。"晋平公不想答应。

司马侯曰："不可。楚王方侈，天或者欲逞其心，以厚其毒，而降之罚，未可知也。其使能终，亦未可知也。晋、楚惟天所相，不可与争。君其许之，而修德以待其归。若归于德，吾犹将事之，况诸侯乎？若适淫虐，楚将弃之，吾又谁与争？"公曰："晋有三不殆，其何敌之有？国险而多马，齐、楚多难。有是三者，何乡而不济？"对曰："恃险与马，而虞邻国之难，是三殆也。四岳、三涂、阳城、大室、荆山、中南，九州之险也，是不一姓。冀之北土，马之所生，无兴国焉。恃险与马，不可以为固也。从古以然。是以先王务修德音，以亨神人，不闻其务险与马也。邻国之难，不可虞也。或多难以固其国，启其疆土；或无难以丧其国，失其守宇。若何虞难？齐有仲孙之难，而获桓公，至今赖之；晋有里、丕之难，而获文公，是以为盟主。卫、邢无难，敌亦丧之。故人之难不可虞也。恃此三者，而不修政德，亡于不暇，又何能济？君其许之！纣作淫虐，文王惠和，殷是以陨，周是以兴。夫岂争诸侯？"乃许楚使，使叔向对曰："寡君有社稷之事，是以不获春秋时见。诸侯，君实有之，何辱命焉？"椒举遂请昏，晋侯许之。

晋国大夫司马侯说："不可以。因为楚王目前正狂妄，上天或许想要他满足心意，用来增加他的罪恶，然后再降下对他的惩罚，这是说不定的。也许能使他得以善终，这也是说不定的。晋国和楚国谁能称霸诸侯，只能靠上天的佑助，不可以彼此争夺。国君您还是答应他，然后修明德行以等待最后的结局。如果楚王最终有德行，我们还是要去侍奉他，更何况其他的诸侯呢？倘若他走向荒淫暴虐，楚国自己将会抛弃他，到那时又有谁来和我们争霸呢？"晋平公说："晋国有三个有利条件可以免除危险，还有谁能和我们相匹敌呢？一是国家地势险要，二是盛产马匹，三是齐国、楚国多有祸难。有这三条，往哪儿能不成功？"司马侯回答说："依仗地势险要和马匹众多，指望邻国有祸难，这是三种危险。四岳及三涂山、阳城山、太室山、荆山、终南山，都是九州中险要的地方，这些地方并不专属于一姓所有。冀州的北部地区，是出产马匹的地方，却没有一个强大的国家。依仗地势险要和马匹众多，不可以作为巩固国家的条件。自古以来就是这个道理。因此先王致力于修明德行，来使神灵和百姓高兴，没有听说他们致力于地势险要和多产马匹的。对于邻国的祸难，是不可以指望的。有的因为多难反而巩固了国家，开辟了疆土；有的因为没有祸难反而丧失了国家，失掉了国土。怎么能指望邻国发生祸难？齐国有仲孙的祸难，而得到了齐桓公，至今他们还依赖着齐桓公的余荫；晋国有了里克、丕郑的祸难，而得到了晋文公，从而使晋国当了盟主。卫国和邢国倒是没有祸难，敌人却灭亡了他们。所以对别人的祸难，是不可以指望的。依仗以上那三条，而不去修明政事和德行，那么危亡还来不及挽救，又怎么能取得成功？国君还是答应他们吧！殷纣王荒淫暴虐，周文王仁惠和顺，殷朝因此灭亡，周朝因此兴盛。难道是在于争夺诸侯吗？"于是晋平公就答应了楚国使者的请求，派叔向回答说："我们国君正忙于国家大事，因此不能在春秋两季按时进见。至于其他诸侯，贵国国君本来就拥有他们，又何必再征求意见呢？"椒举就为楚灵王请求订婚，晋平公答应了婚事。

　　楚子问于子产曰："晋其许我诸侯乎？"对曰："许君。晋君少安，不在诸侯；其大夫多求，莫匡其君。在宋之盟，又曰如一。若不许君，将焉用之？"王曰："诸侯其来乎？"对曰："必来。从宋之盟，承君之欢，不畏大国，何故不来？不来者，其鲁、卫、曹、邾乎？曹畏宋，邾畏鲁，鲁、卫逼于齐，而亲于晋，惟是不来。其余，君之所及也，谁敢不至？"王曰："然则吾所求者，无不可乎？"对曰："求逞于人，不可；与人同欲，尽济。"

　　夏，诸侯如楚。鲁、卫、曹、邾不会。曹、邾辞以难，公辞以时祭，卫侯辞以疾。郑伯先待于申。六月丙午，楚子合诸侯于申。椒举言于楚子曰："臣闻诸侯无归，礼以为归。今君始得诸侯，其慎礼矣。霸之济否，在此会也。夏启有钧台之享，商汤有景亳之命，周武有孟津之誓，成有岐阳之蒐，康有酆宫之朝，穆有涂山之会，齐桓有召陵之师，晋文有践土之盟。君其何用？宋向戌、郑公孙侨在，诸侯之良也，君其选焉。"王曰："吾用齐桓。"王使问礼于左师与子产。左师曰："小国习之，大国用之，敢不荐闻。"献公合诸侯之礼六。子产曰："小国共职，敢不荐守。"献伯、子、男

楚灵王向子产询问说:"晋国会允许我召集诸侯吗?"子产回答说:"会允许君王您召集诸侯的。晋国国君贪图小的安逸,志向不在于诸侯;他的大夫们又多有所求,没有人能帮助他们的国君。况且在宋国的盟会上又规定了诸侯对晋、楚两国要同样朝贡。如果他们不答应君王您,宋国的盟约又有什么用呢?"楚灵王说:"诸侯们会来朝见吗?"子产回答说:"一定会来。遵从在宋国的盟约,取得君王您的欢心,又不用畏惧晋国,为什么不来?不来的国家,恐怕也就是鲁国、卫国、曹国、邾国吧? 因为曹国畏惧宋国,邾国害怕鲁国,鲁国、卫国被齐国所逼迫,而跟晋国亲近,因此仅这几个国家可能不来。其余的国家,是君王的威力所能达到的,谁敢不到会?"楚灵王说:"既然如此,那么我所要求的事,没有不可以的了吗?"子产回答说:"在别人那里求得快意,让别人服从自己的愿望,是不可以的;但如果能跟别人有相同的愿望,就都能成功。"

　　夏季,诸侯到楚国去。鲁国、卫国、曹国、邾国没有到会。曹国、邾国以国内多难为理由推辞,鲁昭公以祭祀祖先为理由推辞,卫襄公以生病为理由推辞。郑简公先在申地等待诸侯的到来。六月十六日,楚灵王在申地会合诸侯。椒举对楚灵王说:"臣下我听说诸侯不会归服别的,只会归服于礼法。如今君王您刚开始得到诸侯的拥护,对礼仪一定要慎重啊。霸业成功与否,就在这次会见了。从前夏启有钧台的宴享,商汤有景亳的命令,周武王有孟津的盟誓,周成王有岐山之南的田猎,周康王有酆宫的朝会,周穆王有涂山的会见,齐桓公有召陵的会师,晋文公有践土的会盟。君王准备采用哪一种方式呢? 宋国的向戌、郑国的公孙侨(即子产)都在这里,他们是诸侯大夫中的优秀人物,君王在他们中选用吧。"楚灵王说:"我采用齐桓公的方式。"楚灵王派人向左师(即向戌)和子产询问有关的礼仪。左师说:"小国学习礼仪,大国使用礼仪,我岂敢不进献所知道的。"于是便献上公爵会合诸侯的六种礼仪。子产说:"小国把事奉大国作为职责,我岂敢不进献所遵守的礼仪。"于是献上伯爵、子爵、男爵

会公之礼六。君子谓合左师善守先代，子产善相小国。王使椒举侍于后，以规过。卒事，不规。王问其故。对曰："礼，吾未见者有六焉，又何以规？"宋大子佐后至，王田于武城，久而弗见。椒举请辞焉。王使往曰："属有宗祧之事于武城，寡君将堕币焉，敢谢后见。"徐子，吴出也，以为贰焉，故执诸申。

楚子示诸侯侈，椒举曰："夫六王、二公之事，皆所以示诸侯礼也，诸侯所以用命也。夏桀为仍之会，有缗叛之；商纣为黎之蒐，东夷叛之；周幽为大室之盟，戎狄叛之。皆所以示诸侯汰也，诸侯所由弃命也。今君以汰，无乃不济乎？"王弗听。子产见左师曰："吾不患楚矣。汰而愎谏，不过十年。"左师曰："然。不十年侈，其恶不远。远恶而后弃。善亦如之，德远而后兴。"

秋七月，楚子以诸侯伐吴。宋大子、郑伯先归。宋华费遂、郑大夫从。使屈申围朱方，八月甲申，克之，执齐庆封，而尽灭其族。将戮庆封，椒举曰："臣闻无瑕者可以戮人。庆封惟逆命，是以在此，其肯从于戮乎？播于诸侯，焉用之？"王弗听，负之斧钺，以徇于诸侯，使言曰："无或如齐

会见公爵的六种礼仪。君子认为合左师(即向戌)善于保持前代的礼仪,子产则善于辅佐小国。楚灵王让椒举侍立在自己身后,以便纠正他的错误。直到事情结束,椒举也没有做出任何纠正。楚灵王问他原因。椒举回答说:"这些礼仪中,我不曾见过的有六项,又怎么纠正呢?"宋国的太子佐到得比较晚,当时楚灵王在武城打猎,很久没有接见他。椒举请求楚灵王辞谢他。楚灵王派遣使者前去告诉太子佐说:"现在恰巧在武城有祭祀宗庙的事情,我们国君将要把礼物献给宗庙,因此谨为不能及时接见深表歉意。"徐国国君,是吴国女子生的,楚灵王认为他有二心,所以在申地抓了他。

楚灵王在诸侯面前显示出骄纵,椒举说:"前面所说的夏启、商汤、周武王、周成王、周康王、周穆王六王和齐桓公、晋文公二公的事情,都是用以向诸侯显示礼仪,诸侯因此听从他的命令。从前夏桀在仍地的会见,有缗背叛了他;商纣王在黎地打猎时,东夷背叛了他;周幽王举行太室山的盟会,戎狄背叛了他。这都是因为他们向诸侯显示骄纵,诸侯也因此而违抗了他们的命令。如今君王您以骄纵的态度对待诸侯,恐怕此次盟会不会成功吧?"楚灵王不肯听从。子产见到左师说:"我不担心楚国会造成祸害了。楚王骄纵而不接受劝谏,不会超过十年。"左师说:"是这样。没有十年的骄纵,他的恶名就不会远播四方。他的恶名一旦远播四方便会被抛弃。善也像恶一样,一旦德行远播,就会兴盛起来。"

秋季七月,楚灵王率领诸侯攻打吴国。宋国太子佐、郑简公先行回国。宋国的华费遂和郑国大夫则跟随楚灵王前去征伐。楚灵王派屈申围攻吴国的朱方,八月甲申,攻克朱方,活捉齐国的庆封,并把庆封的族人全部杀掉了。将要杀庆封时,椒举说:"臣下听说没有缺点的人才有资格杀戮别人。庆封因为违背国君的命令,所以才逃亡在这里,难道他肯乖乖就戮?如果他把您的丑事在诸侯中传播开来,那该怎么办?"楚灵王不听,让庆封背上斧钺,在诸侯的军队中巡行,并让他说:"大家不要像齐国

庆封弑其君，弱其孤，以盟其大夫！"庆封曰："无或如楚共
王之庶子围弑其君兄之子麇而代之，以盟诸侯！"王使速杀
之。遂以诸侯灭赖。赖子面缚、衔璧，士袒，舆榇从之，造
于中军。王问诸椒举。对曰："成王克许，许僖公如是。王
亲释其缚，受其璧，焚其榇。"王从之。迁赖于鄢。楚子欲
迁许于赖，使鬬韦龟与公子弃疾城之而还。申无宇曰："楚
祸之首，将在此矣。召诸侯而来，伐国而克，城竟莫校。王
心不违，民其居乎？民之不处，其谁堪之？不堪王命，乃祸
乱也。"

〔补逸〕《穀梁传》：此入而杀，其不言入，何也？
庆封封乎吴锺离，其不言伐锺离，何也？不与吴封也。
庆封其以齐氏，何也？为齐讨也。灵王使人以庆封令
于军中曰："有若齐庆封弑其君者乎？"庆封曰："子亦
息，我亦且一言，曰：'有若楚公子围弑其兄之子而代
之为君者乎？'"军中人粲然皆笑。庆封弑其君而不以
弑君之罪罪之者，庆封不为灵王服也，不与楚讨也。
《春秋》之义，用贵治贱，用贤治不肖，不以乱治乱也。
孔子曰："怀恶而讨，虽死不服。"其斯之谓与！

冬，吴伐楚，入棘、栎、麻，以报朱方之役。楚沈尹射奔命
于夏汭，箴尹宜咎城锺离，蒍启彊城巢，然丹城州来。东国水，

庆封那样,杀掉他的国君,欺负国君的遗孤,来和他的大夫们会盟!"结果庆封却说:"不要像楚共王的庶子公子围那样,杀了哥哥的做国君的儿子麇(即郏敖)而取代他,然后来和诸侯会盟!"楚灵王让人赶紧把他杀了。然后楚灵王率领诸侯灭亡赖国。赖国国君反绑双手,嘴里叼着玉璧,并让士袒露着上身,抬着棺材跟随,来到楚国中军。楚灵王向椒举询问对策。椒举回答说:"楚成王攻克许国时,许僖公就像这样。楚成王亲手解开他的绑绳,接受了他的玉璧,烧掉了他抬来的棺材。"楚灵王听从了他的话。然后把赖国迁移到楚国鄢地。楚灵王打算把许国迁到赖地,便派斗韦龟和公子弃疾到那筑城,之后回国。申无宇说:"楚国祸患的开始,将要在这里了。召集诸侯,诸侯就来,攻打别国,就能攻克,在边境上筑城也没人敢计较。君王的心愿都能满足了,百姓还能安居乐业吗?百姓不能安居乐业,又有谁能够受得了?不能忍受君王的命令,就会发生祸乱。"

〔补逸〕《穀梁传》:楚灵王率军攻入吴国,抓住庆封并把他杀了,这里不称"入",为什么呢?因为庆封被封在吴国钟离,这里不称攻打钟离,为什么呢?因为不赞同这是吴国的封地。对庆封写上是齐国的庆封,这为什么呢?是为齐国讨伐他。楚灵王派人押着庆封在诸侯军队中号令说:"有像齐国庆封那样杀掉自己国君的吗?"庆封说:"您先停一下,我也有一句话说:'有像楚国公子围那样杀了哥哥的儿子,取代他做国君的吗?'"军中的人听后都哈哈大笑。庆封杀了自己的国君,却不用杀国君的罪名定他的罪,是因为庆封对楚灵王不服,《春秋》不赞同楚国对他的讨伐。《春秋》大义,是用高贵者治理卑贱者,用有贤德者治理不贤者,而不用作乱的人治理作乱的人。孔子说:"自身行为丑恶却去讨伐别人,别人即使死了也不会顺服。"说的就是这个道理吧!

冬季,吴国攻打楚国,进入棘地、栎地、麻地,以报复朱方的那一次战役。楚国沈尹射奔赴夏汭应命,箴尹宜咎在钟离筑城,薳启彊在巢地筑城,然丹在州来筑城。由于楚国东部发生水灾,

不可以城,彭生罢赖之师。

五年,楚子以屈申为贰于吴,乃杀之。以屈生为莫敖,使与令尹子荡如晋逆女。过郑,郑伯劳子荡于氾,劳屈生于菟氏。晋侯送女于邢丘。子产相郑伯,会晋侯于邢丘。

晋韩宣子于楚送女,叔向为介。郑子皮、子大叔劳诸索氏。大叔谓叔向曰:"楚王汰侈已甚,子其戒之。"叔向曰:"汰侈已甚,身之灾也,焉能及人?若奉吾币帛,慎吾威仪,守之以信,行之以礼,敬始而思终,终无不复。从而不失仪,敬而不失威,道之以训辞,奉之以旧法,考之以先王,度之以二国。虽汰侈,若我何?"

及楚,楚子朝其大夫曰:"晋,吾仇敌也,苟得志焉,无恤其他。今其来者,上卿、上大夫也。若吾以韩起为阍,以羊舌肸为司宫,足以辱晋,吾亦得志矣,可乎?"大夫莫对。薳启彊曰:"可。苟有其备,何故不可?耻匹夫,不可以无备,况耻国乎?是以圣王务行礼,不求耻人。朝聘有珪,享颇有璋;小有述职,大有巡功;设机而不倚,爵盈而不饮;宴有好货,飧有陪鼎;入有郊劳,出有赠贿,礼之至也。国家之败,失之道也,则祸乱兴。城濮之役,晋无楚备,以败于邲。邲之役,楚无晋备,以败于鄢。自鄢以来,晋不失备,而加之以礼,重之以睦,是以楚弗能报而求亲焉。

无法筑城，楚大夫彭生就下令停止了赖地军队的筑城任务。

五年，楚灵王认为屈申对楚国怀有二心而和吴国亲近，就杀掉了他。然后让屈生担任莫敖，并派他和令尹子荡到晋国迎接晋女。他们经过郑国时，郑简公在氾地慰劳子荡，在菟氏慰劳屈生。晋平公送女儿到邢丘。子产相礼郑简公，在邢丘会见晋平公。

晋国的韩宣子护送晋女去楚国，叔向担任他的副手。郑国的子皮、子太叔在索氏慰劳他们。子太叔对叔向说："楚王过分骄纵，您还是对他戒备一点。"叔向说："骄纵太过分，是他自身的灾殃，哪能连累到别人？倘若奉献我们的财礼，谨慎地保持我们的威仪，保守信用，遵行礼仪，慎始慎终，不可能不安然回国。顺从而不失仪节，恭敬而不失威严，以古圣先贤的遗言做指导，遵行旧时的法度，参考先王的做法，衡量两国的利害得失。楚王虽然骄纵，能把我们怎么样呢？"

等韩宣子、叔向到了楚国，楚灵王召集大夫们说："晋国，是我们的仇敌，如果能在他们面前满足愿望，就不必忧虑其他国家了。如今他们国家派来的人，是上卿、上大夫。如果我们让韩起（即韩宣子）做守门人，让羊舌肸（即叔向）做宫内的阍官，这足以羞辱晋国，我们也满足愿望了，这样做可以吗？"大夫们没有一个人回答。蓬启疆说："我看可以。如果我们有防备，为什么不行呢？羞辱一个普通人尚且不可以没有防备，更何况羞辱一个国家呢？因此圣明的国君要致力于遵行礼仪，而不追求羞辱别人。朝见聘问时有珪为信物，宴享进见时有璋为信物；小国有述职的规定，大国有巡察的制度；设置几案而不依靠，爵中酒满而不饮用；宴会时要赠给好的礼品，吃饭时要增加菜肴；入境时有郊外慰劳的礼仪，出境时有赠送礼物的礼仪，这些都是礼仪的最佳表现形式。一个国家的衰败，就是由于不遵循这些常道，所以祸乱才会发生。城濮之战，晋国得胜后没有防备楚国，因此在邲地吃了败仗。邲之战，楚国得胜后没有防备晋国，因此在鄢地吃了败仗。自鄢之战以来，晋国没有疏于防备，并对楚国礼仪有加，又很重视两国的和睦，因此楚不能报复反而提出婚姻请求。

既获姻亲，又欲耻之，以召寇仇，备之若何？谁其重此？若有其人，耻之可也。若其未有，君亦图之。晋之事君，臣曰可矣。求诸侯，而麇至；求昏，而荐女，君亲送之，上卿及上大夫致之。犹欲耻之，君其亦有备矣。不然，奈何？韩起之下，赵成、中行吴、魏舒、范鞅、知盈；羊舌肹之下，祁午、张趯、籍谈、女齐、梁丙、张骼、辅跞、苗贲皇，皆诸侯之选也。韩襄为公族大夫，韩须受命而使矣。箕襄、邢带、叔禽、叔椒、子羽，皆大家也。韩赋七邑，皆成县也；羊舌四族，皆强家也。晋人若丧韩起、杨肹，五卿、八大夫辅韩须、杨石，因其十家、九县，长毂九百，其余四十县，遗守四千，奋其武怒，以报其大耻，伯华谋之，中行伯、魏舒帅之，其蔑不济矣。君将以亲易怨，实无礼以速寇，而未有其备，使群臣往遗之禽，以逞君心，何不可之有？”王曰：“不穀之过也。大夫无辱。”厚为韩子礼。王欲敖叔向以其所不知，而不能，亦厚其礼。

韩起反，郑伯劳诸圉，辞不敢见，礼也。

冬十月，楚子以诸侯及东夷伐吴，以报棘、栎、麻之役。蔿射以繁扬之师会于夏汭。越大夫常寿过帅师会楚子于琐。

楚国现在既然有了姻亲关系，却又想要羞辱他们，来自招仇敌，即使做好了防备又能怎么样？谁来承担这个责任呢？如果有承担责任的人，羞辱他们是可以的。如果没有承担责任的人，君王您还是考虑一下这件事吧。至于晋国事奉君王您，臣下我认为做的够可以的了。楚国要求会合诸侯，诸侯就成群结队地到来了；楚国求婚，晋国就进奉了女子，国君还亲自送她，并由上卿和上大夫护送前来。做到这些，居然还想要羞辱他们，君王您恐怕也要有所防备了。不这样做的话，到时候该怎么办呢？晋国自韩起以下，卿还有赵成、中行吴、魏舒、范鞅、知盈；自羊舌肸以下，大夫还有祁午、张趯、籍谈、女齐、梁丙、张骼、辅跞、苗贲皇，这些都是诸侯国中的佼佼者。韩襄担任公族大夫，韩须接受命令而出使国外。箕襄、邢带、叔禽、叔椒、子羽，也都是晋国的大族。韩氏征收赋税的七个城邑，都是晋国的大县；羊舌氏铜鞮伯华、叔向、叔鱼、叔虎兄弟四族，也都是晋国的强盛家族。晋国人倘若丧失韩起、杨肸（即羊舌肸），赵成、中行吴、魏舒、范鞅、知盈这五卿和祁午、张趯、籍谈、女齐、梁丙、张骼、辅跞、苗贲皇这八大夫必然会辅佐韩须、杨石，依靠他们十家九县，战车九百辆，其余的四十个县，留守的战车还有四千辆，振奋他们的勇武，来报复奇耻大辱，有伯华出谋划策，有中行伯、魏舒率领军队，就没有不成功的了。这样一来，君王您将要把亲近变成怨仇，实在是无礼的行为，会迅速招来敌人，然而又没有防备，让群臣前往晋国送给人家当俘虏，用来满足君王的心意，又有什么不可以的呢？”楚灵王说：“这是我的过错。大夫不要再说这些折辱我了。”于是对韩起厚加礼遇。楚灵王本想用叔向不知道的问题来傲视他，但并没有办到，于是对叔向也厚加礼遇。

韩起回国途中，郑简公在圉地慰劳他，韩起以不敢让国君亲自慰劳为由而辞谢不见，这是合乎礼法的。

冬季十月，楚灵王率领诸侯和东夷的军队攻打吴国，以报复吴国入侵棘地、栎地、麻地的战役。蘧射率领繁扬的军队和楚灵王在夏汭会师。越国大夫常寿过率领军队在琐地和楚灵王会合。

闻吴师出，蒍启彊帅师从之，遽不设备，吴人败诸鹊岸。楚子以馹至于罗汭。

吴子使其弟蹶由犒师，楚人执之，将以衅鼓。王使问焉，曰："女卜来，吉乎？"对曰："吉。寡君闻君将治兵于敝邑，卜之以守龟，曰：'余亟使人犒师，请行以观王怒之疾徐，而为之备，尚克知之。'龟兆告吉，曰：'克可知也。'君若欢焉，好逆使臣，滋敝邑休怠，而忘其死，亡无日矣。今君奋焉，震电冯怒，虐执使臣，将以衅鼓，则吴知所备矣。敝邑虽羸，若早修完，其可以息师。难易有备，可谓吉矣。且吴社稷是卜，岂为一人？使臣获衅军鼓，而敝邑知备，以御不虞，其为吉，孰大焉？国之守龟，其何事不卜？一臧一否，其谁能常之？城濮之兆，其报在邲。今此行也，其庸有报志？"乃弗杀。

楚师济于罗汭，沈尹赤会楚子，次于莱山。蒍射帅繁扬之师先入南怀，楚师从之，及汝清。吴不可入，楚子遂观兵于坻箕之山。是行也，吴早设备，楚无功而还，以蹶由归。楚子惧吴，使沈尹射待命于巢，蒍启彊待命于雩娄，礼也。

六年，楚公子弃疾如晋，报韩子也。过郑，郑罕虎、公孙侨、游吉从郑伯以劳诸柤，辞不敢见。固请，见之。见

听说吴国军队出动了，蒍启彊便领兵迎战，匆忙中没有设防，吴国人在鹊岸打败了他。楚灵王乘坐驿车到达罗汭。

吴王夷末派他弟弟蹶由到楚营犒劳军队，楚国人捉住了他，准备杀掉他取血祭鼓。楚灵王派人问他，说："你来之前占卜吉利吗？"蹶由回答说："吉利。我们国君听说君王您将要在敝国用兵，就用守龟占卜，说：'我打算赶紧派人去犒劳军队，请以此行去观察楚王的愤怒到了什么程度，从而使我们做好防备，也许神能预先使我知道吉凶。'占卜的结果告诉我们吉利，并说：'得胜是可以预先知道的。'君王您如果高兴，友好地迎接使臣，增加敝国的懈怠，并且忘记死亡的危险，我们离灭亡就没有几天了。如今君王您大发雷霆，怒气很盛，暴虐地逮捕使臣，将用使臣的血祭鼓，那么吴国就懂得该怎么防备了。敝国虽然疲弱，但如果尽早把城郭与武器修缮完备，也许可以阻止贵国军队的进攻。无论患难、平安都有准备，可以说是吉利了。况且吴国占卜的是国家的吉凶，难道是为了一个人？如果使臣被杀取血涂抹军鼓，那么敝国就会加强防备，来抵御意外，难道说吉利还有比这个更大的吗？国家的守龟，有什么事情不能占卜？是吉是凶，谁能够一定知道在哪件事上应验？当年城濮之战时楚国占卜的预兆，结果却在邲之战中应验。现在这一次出使，难道会因为我的被杀，而有吴国战胜楚国的吉报吗？"于是楚灵王就没杀蹶由。

楚国军队渡过罗汭，沈尹赤会合楚灵王，驻扎在莱山。蒍射率领繁扬的军队，先进入南怀，楚国军队也跟着进入，到达汝清。楚国无法攻进吴国，楚灵王就在坻箕山检阅了军队。这次军事行动，吴国早已设有防备，楚军没有建功就回去了，押着蹶由回国。楚灵王惧怕吴国进犯，派沈尹射在巢地待命，蒍启彊在零娄待命，这是合乎礼法的。

六年，楚国公子弃疾到晋国去，是为了回报韩起送晋女到楚国来。经过郑国时，郑国的罕虎（即子皮），公孙侨（即子产）、游吉（即子太叔）跟随郑简公在郊地慰劳他们，但公子弃疾辞谢不敢见面。郑简公坚决请求会见，这才见面。公子弃疾拜见郑简公，

如见王，以其乘马八匹私面。见子皮，如上卿，以马六匹；见子产，以马四匹；见子大叔，以马二匹。禁刍牧、采樵，不入田，不樵树，不采艺，不抽屋，不强丐。誓曰："有犯命者，君子废，小人降。"舍不为暴，主不恩宾。往来如是。郑三卿皆知其将为王也。

韩宣子之适楚也，楚人弗逆。公子弃疾及晋竟，晋侯将亦弗逆。叔向曰："楚辟、我衷，若何效辟？《诗》曰：'尔之教矣，民胥效矣。'从我而已，焉用效人之辟？《书》曰：'圣作则。'无宁以善人为则，而则人之辟乎？匹夫为善，民犹则之，况国君乎？"晋侯说，乃逆之。

徐仪楚聘于楚，楚子执之，逃归。惧其叛也，使薳洩伐徐，吴人救之。令尹子荡帅师伐吴，师于豫章，而次于乾谿。吴人败其师于房锺，获宫厩尹弃疾。子荡归罪于薳洩而杀之。

冬，叔弓于楚聘，且吊败也。

七年，楚子之为令尹也，为王旌以田。芋尹无宇断之，曰："一国两君，其谁堪之？"及即位，为章华之宫，纳亡人以实之。无宇之阍入焉，无宇执之，有司弗与，曰："执人于王宫，其罪大矣。"执而谒诸王。王将饮酒，无宇辞曰：

如同拜见楚灵王一样恭敬有礼,用八匹驾车的马作为私人进见的礼物。拜见子皮,如同拜见楚国的上卿,用马六匹做礼物;拜见子产,用马四匹做礼物;拜见子太叔,用马两匹做礼物。并且禁止随行人员割草放牧,采摘砍柴,不得进入农田,不得砍伐树木,不得采摘种植的果蔬,不得拆毁房屋,不得强行向别人索要。并发誓说:"有违犯这一命令的,有职务的要撤职,奴仆要降级。"在郑国寄住时没有任何暴行,主人不担心客人的打扰。前去和回来都是这样。郑国的子皮、子产、子太叔这三个卿都知道楚国公子弃疾将要做楚王了。

晋国的韩宣子到楚国去的时候,楚国人没有出城迎接他。因此楚国的公子弃疾到了晋国的边境时,晋平公也不想派人迎接。叔向说:"楚国不正派、我们正派,为什么要效仿别人的不正派呢?《诗经》上说:'你的教导,民众都会效仿。'只根据我们自己的规矩去办事就是了,哪里用得着学习别人的不正派呢?《尚书》说:'圣人做出了榜样。'宁可把善人作为行动的准则,又怎能把不正派作为行动的准则呢?即使普通人做好事,民众还把他作为准则,何况国君呢?"晋平公听后很高兴,就派人出城迎接公子弃疾。

徐仪楚到楚国聘问,楚灵王逮捕了他,但他又逃回徐国。楚灵王害怕他背叛楚国,便派蓬洩讨伐徐国,吴国人发兵救援徐国。令尹子荡又率领军队攻打吴国,军队从豫章发兵,而驻扎在乾谿。吴国人在房锺打败了令尹子荡的军队,活捉了宫厩尹弃疾。子荡把罪过推在蓬洩身上并杀了他。

冬季,叔弓到楚国聘问,并且对楚国战败表示慰问。

七年,楚灵王做令尹的时候,曾使用国君的旌旗去打猎。芋尹申无宇砍断旌旗飘带说:"一个国家两个君王,谁受得了?"等到楚灵王即位后,建造了章华宫,接纳逃亡的人居住在里面。申无宇的守门人也逃到章华宫,申无宇要进去逮捕他,管理章华宫的官员不让,并说:"在王宫里抓人,罪过很大。"于是就逮住申无宇去进见楚灵王。楚灵王当时正准备喝酒,申无宇解释道:

"天子经略,诸侯正封,古之制也。封略之内,何非君土?食土之毛,谁非君臣?故《诗》曰:'普天之下,莫非王土。率土之滨,莫非王臣。'天有十日,人有十等。下所以事上,上所以共神也。故王臣公,公臣大夫,大夫臣士,士臣皂,皂臣舆,舆臣隶,隶臣僚,僚臣仆,仆臣台;马有圉,牛有牧,以待百事。今有司曰:'女胡执人于王宫?'将焉执之?周文王之法曰:'有亡荒阅。'所以得天下也。吾先君文王作仆区之法曰:'盗所隐器,与盗同罪。'所以封汝也。若从有司,有无所执逃臣也。逃而舍之,是无陪台也。王事无乃阙乎?昔武王数纣之罪,以告诸侯曰:'纣为天下逋逃主、萃渊薮。'故夫致死焉。君王始求诸侯,而则纣,无乃不可乎?若以二文之法取之,盗有所在矣。"王曰:"取而臣以往。盗有宠,未可得也。"遂赦之。

楚子成章华之台,愿与诸侯落之。大宰薳启彊曰:"臣能得鲁侯。"薳启彊来召公,辞曰:"昔先君成公命我先大夫婴齐曰:'吾不忘先君之好,将使衡父照临楚国,镇抚其社稷,以辑宁尔民。'婴齐受命于蜀,奉承以来,弗敢失陨,而致诸宗祧。日我先君共王引领北望,日月以冀。传序相授,于今四王矣。嘉惠未至,惟襄公之辱临我丧。孤与其二三臣

"天子治理天下,诸侯管理封疆,这是自古以来的制度。疆土之内,哪里不是国君的土地?吃着土地上出产之物之人,谁不是国君的臣下?所以《诗经》中说:'普天之下,没有一个地方不是天子的土地。沿着土地的边涯,没有一个人不是天子的臣仆。'天有十个太阳,人有十个等级。地位低下的人事奉高贵的人,高贵的人事奉神灵。所以王统治公,公统治大夫,大夫统治士,士统治皂,皂统治舆,舆统治隶,隶统治僚,僚统治仆,仆统治台;养马有圉人,放牛有牧人,各有专职以管理各种事情。如今管理章华宫的官员却说:'你为什么在王宫里随便抓人?'请问我该到哪里去抓他?周文王的法令规定:'有逃亡的,就进行大搜捕。'所以他取得了天下。我们的先君楚文王,制订了惩罚窝藏的法令,说:'隐藏盗贼的赃物,跟盗贼同罪。'所以他的封地一直到达汝水之滨。如果听从管理章华宫官员的话,就没有地方去逮捕逃亡的奴隶了。逃亡却赦免了他,就没有奴隶这一等级了。这样一来国家的事情恐怕就会有所缺失了吧?从前周武王列举商纣王的罪状,通告诸侯说:'商纣王是天下逃亡者的窝主,是逃亡者聚集的渊薮。'所以人们就下死力攻打他。君王您刚刚想要求得诸侯的拥护,就效法商纣王,恐怕不可以吧?倘若用周文王、楚文王的法令来捕捉盗贼,盗贼是有地方捕获的。"楚灵王说:"带你的守门人走吧。我这个盗贼正受到宠幸,还不可以逮捕。"于是就赦免了申无宇。

楚灵王建成章华台,希望和诸侯们举行落成典礼。太宰蓬启疆说:"臣可以让鲁国国君前来。"蓬启疆来鲁国召请鲁昭公,致辞说:"从前贵国的先君鲁成公曾命令我国先大夫婴齐说:'我没有忘记先君建立的友好关系,将派衡父前往楚国,以安定国家,使百姓安宁。'婴齐在蜀地接受了命令,奉命以来,不敢废弃,并且相约祭告于宗庙。往日我们的先君楚共王,伸长脖子向北张望,天天都盼望着贵国使者的到来。如此世代相传,到现在已经经历四位国君了。可是恩惠并没有来到,只是辱没鲁襄公光临了我们楚国先君康王的丧事。当时君王郏敖和几个臣子

悼心失图,社稷之不皇,况能怀思君德？今君若步玉趾,辱见寡君,宠灵楚国,以信蜀之役,致君之嘉惠,是寡君既受贶矣,何蜀之敢望？其先君鬼神实嘉赖之,岂惟寡君？君若不来,使臣请问行期,寡君将承质币而见于蜀,以请先君之贶。"公将往,梦襄公祖。梓慎曰："君不果行。襄公之适楚也,梦周公祖而行；今襄公实祖,君其不行。"子服惠伯曰："行！先君未尝适楚,故周公祖以道之。襄公适楚矣,而祖以道君,不行何之？"

楚子享公于新台,使长鬣者相。好以大屈,既而悔之。蓮启彊闻之,见公。公语之,拜贺。公曰："何贺?"对曰："齐与晋、越欲此久矣。寡君无适与也,而传诸君。君其备御三邻,慎守宝矣。敢不贺乎?"公惧,乃反之。

〔补逸〕《国语》:灵王为章华之台,与伍举升焉,曰:"台美夫!"对曰:"臣闻国君服宠以为美,安民以为乐,听德以为聪,致远以为明。不闻其以土木之崇高彤镂为美,而以金、石、匏、竹之昌大嚣庶为乐；不闻其以观大、视侈、淫色以为明,而以察清浊为聪也。

正因丧事心绪不宁,国家都无暇顾及,又哪有可能感怀您的恩德呢?如今君王您如果能移步前来,辱没您和我国国君相见,就会使楚国得到恩宠和福佑,以重申在蜀地的会盟,送来君王您的恩惠,我们国君就已经受到恩赐了,怎么敢再想像蜀地那次结盟一样呢?恐怕贵国先君的神灵也会嘉许和依靠他,又哪里仅仅是我们国君得到恩惠?君王您如果不来,使臣我请问君王您领兵出动的日期,我们国君将要捧着礼物到蜀地去进见君王您,以请求得到贵国先君成公当年许诺的恩赐。"鲁昭公正准备前往楚国,梦见鲁襄公为他出行祭祀路神。梓慎说:"君王您最终是去不了的。以前鲁襄公去楚国的时候,曾梦见周公祭祀路神然后出行;如今襄公祭祀路神,君王您还是不去为好。"子服惠伯说:"要去!先君未曾到过楚国,所以周公祭祀路神来引导他。鲁襄公去过楚国了,而祭祀路神来引导国君您,如果不去楚国的话,要到什么地方去呢?"

楚灵王在新建的章华台设享礼招待鲁昭公,让一个长胡须的人作为相礼。宴会上灵王把大屈之弓送给鲁昭公,但不久他又后悔了。薳启彊听到这件事,拜见鲁昭公。鲁昭公告诉他楚灵王送弓的事,薳启彊下拜祝贺。鲁昭公问:"为什么祝贺?"薳启彊回答说:"齐国与晋国、越国想要这把弓很久了。我们国君没有给他们,而送给国君您。国君您恐怕做好抵御三个邻国侵略的防备了,谨慎地保存这宝物吧。岂敢不祝贺?"鲁昭公很害怕,于是就把大屈之弓送还给楚灵王。

〔补逸〕《国语》:楚灵王建造章华台,和伍举一起登上台,说:"这台太美了!"伍举回答说:"臣下我听说国君以重视贤人为美好,以安定百姓为快乐,把听从有德之人作为耳聪,把能招致远方之人作为目明。没听说他们把土木工程的高大、涂上丹漆和雕刻花纹作为美丽,而把钟、磬、笙、箫等乐器的盛大作为快乐;没听说他们把观赏的场面宏大、看的东西多、淫于女色作为目明,而以能够审查音乐的清丽与浊重作为耳聪。

"先君庄王为匏居之台,高不过望国氛,大不过容宴豆。木不妨守备,用不烦官府,民不废时务,官不易朝常。问谁宴焉,则宋公、郑伯;问谁相礼,则华元、驷骓;问谁赞事,则陈侯、蔡侯、许男、顿子,其大夫侍之。先君以是除乱、克敌,而无恶于诸侯。今君为此台也,国民罢焉,财用尽焉,年谷败焉,百官烦焉。举国留之,数年乃成。愿得诸侯与始升焉,诸侯皆距,无有至者。而后使大宰启彊请于鲁侯,惧之以蜀之役,而仅得以来,使富都那竖赞焉,而使长鬣之士相焉,臣不知其美也。

"夫美也者,上下、外内、小大、远近皆无害焉,故曰美。若于目观则美,缩于财用则匮,是聚民利以自封而瘠民也,胡美之为?夫君国者,将民之与处。民实瘠矣,君安得肥?且夫私欲弘侈,则德义鲜少。德义不行,则迩者骚离,而远者距违。天子之贵也,惟其以公侯为官正也,而以伯子男为师旅。其有美名也,惟其施令德于远近,而小大安之也。若敛民利以成其私欲,使民蒿焉忘其安乐,而有远心,其为恶也甚矣,安用目观?

"故先王之为台榭也,榭不过讲军实,台不过望氛祥。

"楚国先君楚庄王建造匏居之台,高不过观望预示吉凶的云气,大不过容纳宴饮时盛食器的器具。所用木料不妨碍城郭守备,财用不出自官府库藏,百姓不至于荒废农时,官员不改变上朝的常规。要问在匏居之台上宴请谁,就是宋公、郑伯;要问谁担任相礼,就是宋国大夫华元、郑国大夫駟騑;要问谁相助会盟之事,就是陈侯、蔡侯、许男、顿子,由他们的大夫各自侍奉他们。先君就靠这个平定乱事、战胜敌人,而各诸侯没有厌恶之意。现在君王您建造成此台,使国中百姓疲敝,使财物用度耗尽,使一年中种植的谷物歉收,使百官政务烦劳。全国百姓都来筑土修建它,花了几年时间才建成。您希望诸侯前来而与他们一起登上章华台,诸侯们都拒绝而没有来到的人。之后派太宰蒍启彊召请鲁侯,以蜀地那次战役使鲁侯感到害怕,然后才使鲁侯来到楚国,使一些容貌美丽、风度优雅的美少年相助行礼,然后让美须鬐的士人担任相礼,臣下我不知道章华台有什么美的地方。

　　"所谓美,是指对上下、内外、大小、远近都没害处,才称作美。倘若只是眼睛看着很美观,取于钱财用度就会匮乏,这就是聚集民众的财利来使自己富厚而使百姓贫瘠,又哪里是美呢?统治国家的人,应使百姓与自己共处。百姓已经贫瘠了,君王怎么能够独自富厚呢?况且私欲太多,道德仁义就会稀少。道德仁义不施行,那么境内的人就会愁怨离心而远处的人也会抗拒违命。周天子之所以尊贵,只因为他用公侯作为官长,而以伯子男作为众官员。其之所以有美好的名声,只是因为他能在远近的地区推广美好的德行,而使大小诸侯国安定。倘若搜刮民众的财利来满足自己的私人欲望,使民众在这上面消耗而忘掉他们的安乐,而产生叛离之心,这样做罪恶实在太大了,眼睛看起来舒服有什么用?

　　"所以先王建造台榭的时候,榭不过是用来讲习车马兵戎之事的地方,台不过是用来观望国家吉凶之气的地方。

故榭度于大卒之居，台度于临观之高。其所不夺穑地，其为不匮财用，其事不烦官业，其日不废时务。瘠硗之地，于是乎为之；城守之末，于是乎用之；官僚之暇，于是乎临之；四时之隙，于是乎成之。故《周诗》曰：'经始灵台，经之营之。庶民攻之，不日成之。经始勿亟，庶民子来。王在灵囿，麀鹿攸伏。'夫为台榭，将以教民利也，不知其以匮之也。若君谓此台美而为之正，楚其殆矣！"

《新书》：翟王使使至楚，楚王夸使者以章华之台，台甚高，三休乃至。楚王曰："翟国亦有此台乎？"使者曰："否。翟，窭国也，恶见此台也？翟王之自为室也，堂高三尺，壤陛三累，茅茨弗剪，采椽弗刮。且翟王犹以作之者太苦，居之者太佚，翟国恶见此台也？"楚王愧。

《鲁连子》：楚成章华之台，鲁君先至，楚王悦之，与大曲之弓、不琢之璧。已而悔之。

八年，陈哀公元妃郑姬生悼太子偃师，二妃生公子留，下妃生公子胜。二妃嬖，留有宠，属诸司徒招与公子过。哀公有废疾，三月甲申，公子招、公子过杀悼太子偃师而立公子留。夏四月辛亥，哀公缢。干徵师赴于楚，且告有立君。公子胜诉之于楚，楚人执而杀之。公子留奔郑。书曰

所以建造榭只需要考虑便于士卒讲武,建造台只需要考虑能够达到观望云气的高度。其场所不得夺占耕地,其制造不得使财用匮乏,其工事不得烦劳官府事务,其时间不得干扰农时。坚硬贫瘠的土地,在这样的场所建造台榭;城郭守备剩下的木材,这样的木材可以用来建造台榭;官员的闲暇时间,可以参与台榭建造;四季农闲之时,可以动工建造台榭。所以《周诗》说:'开始建造那灵台,筹划经营巧安排。百姓齐来建造它,不长时间落成快。始建本不须急成,百姓如子自动来。文王来到灵囿中,群鹿安卧很从容。'建造台榭,是用来利民的,没听说过是使百姓匮乏的。如果君王您认为这座章华台美丽而以为得到了事情的正理,楚国大概就危险了!"

《新书》:翟王派遣使者到楚国,楚灵王对使者夸耀章华台,章华台特别高,经过几次歇息才能登到台上。楚灵王说:"翟国也有这种高台吗?"使者回答说:"没有。翟国是个穷国,怎能见到这种高台呢? 翟王自己建造宫室,厅堂高三尺,土做的台阶有三层,茅草盖的屋顶也不加修剪,柞木做的椽子也不加刮削。并且翟王还认为建造宫室的人太辛苦,居住的人太安逸,所以翟国哪能见到这种高台呢?"楚灵王听了感到十分惭愧。

《鲁连子》:楚国建成章华台,鲁昭公最先到达楚国,楚灵王为此十分高兴,送给鲁昭公一把大曲之弓、一块不琢之玉。但不久楚灵王就后悔了。

八年,陈哀公的嫡夫人郑姬生了悼太子偃师,次妃生了公子留,下妃生了公子胜。次妃受到宠幸,公子留也受到宠爱,陈哀公把他嘱托给司徒公子招和公子过。陈哀公有久治不愈的疾病,三月十六日,公子招、公子过杀了悼太子偃师,而立公子留为太子。夏季四月十三日,陈哀公上吊而死。干徵师到楚国报丧,并且报告陈国又立了新国君。公子胜向楚国告状,楚国人就扣押了干徵师并杀了他。公子留则逃奔到郑国。《春秋》上记载说

"陈侯之弟招杀陈世子偃师",罪在招也;"楚人执陈行人干徵师杀之",罪不在行人也。陈公子招归罪于公子过而杀之。

九月,楚公子弃疾帅师奉孙吴围陈,宋戴恶会之。冬十一月壬午,灭陈。舆嬖袁克杀马、毁玉以葬。楚人将杀之,请置之,既又请私。私于幄,加绖于颡,而逃。使穿封戌为陈公,曰:"城麇之役不谄。"侍饮酒于王,王曰:"城麇之役,女知寡人之及此,女其辟寡人乎?"对曰:"若知君之及此,臣必致死礼以息楚。"

九年春,叔弓、宋华亥、郑游吉、卫赵黡会楚子于陈。

二月庚申,楚公子弃疾迁许于夷,实城父。取州来淮北之田以益之。伍举授许男田。然丹迁城父人于陈,以夷濮西田益之。迁方城外人于许。

夏四月,陈灾。郑裨灶曰:"五年,陈将复封。封五十二年而遂亡。"子产问其故。对曰:"陈,水属也;火,水妃也,而楚所相也。今火出而火陈,逐楚而建陈也。妃以五成,故曰五年。岁五及鹑火而后陈卒亡,楚克有之,天之道也。故曰五十二年。"

十一年春,景王问于苌弘曰:"今兹诸侯何实吉?何实凶?"对曰:"蔡凶。此蔡侯般弑其君之岁也,岁在豕韦,弗过此矣。楚将有之,然壅也。岁及大梁,蔡复楚凶,天之道也。"

"陈哀公的弟弟公子招杀了陈国太子偃师",是把罪过归于公子招;又记载说"楚国扣押陈国外交官干徵师并杀掉",这是说罪不在外交官干徵师。陈国公子招把罪过推给公子过而杀了他。

九月,楚国公子弃疾率领军队打着悼太子的儿子吴的旗号包围陈国,宋国大夫戴恶领兵和楚军会合。冬季十一月十七日,灭亡了陈国。为国君掌乘的宠臣袁克,杀马毁玉为陈哀公殉葬。楚国人准备杀死他,他请求赦免,不一会儿,他又请求去小便。他在帐幕里小便,把一条麻带缠在头上,趁机逃跑了。楚灵王派穿封戌做陈县之长,说:"城麇那次战役中你没有讨好我。"穿封戌事奉楚灵王饮酒,楚灵王说:"城麇那次战役,如果你知道我会有今天,你恐怕要避让我吧?"穿封戌回答说:"倘若知道您能到这一步,臣一定拼死杀掉您来安定楚国。"

九年春季,鲁国的叔弓、宋国的华亥、郑国的游吉、卫国的赵黡在陈地会见了楚灵王。

二月庚申这一天,楚国的公子弃疾把许国迁到夷地,夷地其实就是城父。并取州来和淮水北岸的土地补给许国。伍举把土地授给许悼公。然丹把城父人迁到陈地,把濮水西岸夷地的土地补给城父人。把方城以外的人迁到许地。

夏季四月,陈国发生了火灾。郑国的禆灶说:"五年以后,陈国将要重新受封。受封五十二年以后就会灭亡。"子产问他这样说的缘故。禆灶回答说:"陈国,隶属于水;火,是水的配偶,是楚国所主治的。现在大火星出现,因此陈国发生了火灾,这表明要驱逐楚国而建立陈国。阴阳五行用五来相配,所以说再过五年时间。岁星到达鹑火五次,然后陈国最终灭亡,楚国战胜而且据有它,这是天道。所以说是五十二年。"

十一年春季,周景王向大夫苌弘询问说:"现在的诸侯之中,哪国吉祥?哪国凶险?"苌弘回答说:"蔡国凶险。这是因为今年是蔡侯般杀死他国君的年份,岁星在豕韦的位置上,因此蔡国过不去今年了。楚国将会占有蔡国,然而这对于楚国来说是积累罪恶。岁星到大梁的位置时,蔡国复国,楚国就会凶险,这是天道。"

　　楚子在申,召蔡灵侯。灵侯将往,蔡大夫曰:"王贪而无信,唯蔡于感。今币重而言甘,诱我也,不如无往。"蔡侯不可。三月丙申,楚子伏甲而飨蔡侯于申,醉而执之。夏四月丁巳,杀之,刑其士七十人。公子弃疾帅师围蔡。

　　韩宣子问于叔向曰:"楚其克乎?"对曰:"克哉!蔡侯获罪于其君,而不能其民,天将假手于楚以毙之,何故不克?然肸闻之,不信以幸,不可再也。楚王奉孙吴以讨于陈曰:'将定而国。'陈人听命,而遂县之。今又诱蔡而杀其君,以围其国。虽幸而克,必受其咎,弗能久矣。桀克有缗以丧其国,纣克东夷而陨其身。楚小位下,而亟暴于二王,能无咎乎?天之假助不善,非祚之也,厚其凶恶而降之罚也。且譬之如天,其有五材,而将用之,力尽而敝之,是以无拯,不可没振。"

　　楚师在蔡,晋荀吴谓韩宣子曰:"不能救陈,又不能救蔡,物以无亲。晋之不能,亦可知也已。为盟主而不恤亡国,将焉用之?"秋,会于厥慭,谋救蔡也。郑子皮将行,子产曰:"行不远,不能救蔡也。蔡小而不顺,楚大而不德,天将弃蔡以壅楚,盈而罚之,蔡必亡矣。且丧君而能守者鲜矣。

楚灵王在申地召见蔡灵侯。蔡灵侯将要前去，蔡国大夫说："楚王贪婪而不讲信用，而且对蔡国只有怨恨。如今楚国财礼重而说话甜，这是在引诱我们，不如不去。"蔡灵侯不同意。三月十五日，楚灵王在申地埋伏甲士而设享礼招待蔡灵侯，将其灌醉并囚禁了他。夏季四月初七，杀了蔡灵侯，并杀了与他同行的士七十人。随后楚国公子弃疾率领军队包围蔡国。

　　晋国的韩宣子向叔向询问说："楚国会战胜蔡国吗？"叔向回答说："楚国可以战胜！蔡灵侯对他的国君是有罪的，并且得不到百姓的拥护，上天将要借助楚国人的手处死他，为什么不能战胜呢？然而我羊舌肸听说，不讲信用而得利，不可能有第二次。楚灵王打着陈国太孙吴的旗号讨伐陈国，说：'我将要安定你们的国家。'陈国人听从了他的命令，结果楚国灭亡了陈国并把它建置为县。如今楚国又诱骗蔡国并杀了他们的国君，并包围了他们的国家。即使楚国侥幸打胜，必定受到它的灾殃，不能长久。夏桀战胜有缗部落而丢掉了自己的国家，商纣战胜东夷部落而丧失了自己的生命。蔡国国家小地位低，而屡次表现得比夏桀、商纣两个国君还要残暴，能没有灾殃吗？上天借坏人之手，不是福佑他，而是增加他的凶恶然后降罚给他。再譬如上天，它有金、木、水、火、土五种材料，而由人加以使用，一旦材力用尽就会被丢弃，因此楚国已无法拯救，最终也不能兴盛。"

　　楚国的军队驻扎在蔡国，晋国的荀吴对韩宣子说："我们不能救援陈国，又不能救援蔡国，别人就不会来亲附晋国了。晋国的无能也就可以知道了。晋国自己作为盟主而不为灭亡的国家忧虑，哪里还用得着这个盟主？"秋季，鲁国的季孙意如和晋国的韩宣子、齐国的国弱、宋国的华亥、卫国的北宫佗、郑国的罕虎、曹国人、杞国人在厥慭会见，商量救援蔡国。郑国的子皮（即罕虎）将要出行准备参加会盟，子产说："你走不了太远的，已经不能救援蔡国了。蔡国小而不顺从，楚国大而没有德行，上天将要抛弃蔡国而使楚国积累罪恶，恶贯满盈然后惩罚它，蔡国一定要灭亡。况且丧失了国君而能够守住国家，是很少见的。

三年,王其有咎乎! 美恶周必复,王恶周矣。"晋人使狐父请蔡于楚,弗许。

冬十一月,楚子灭蔡,用隐大子于冈山。申无宇曰:"不祥。五牲不相为用,况用诸侯乎? 王必悔之。"

十二月,楚子城陈、蔡、不羹,使弃疾为蔡公。王问于申无宇曰:"弃疾在蔡何如?"对曰:"择子莫如父,择臣莫如君。郑庄公城栎而置子元焉,使昭公不立;齐桓公城穀而置管仲焉,至于今赖之。臣闻:'五大不在边,五细不在庭。'亲不在外,羁不在内。今弃疾在外,郑丹在内,君其少戒!"王曰:"国有大城,何如?"对曰:"郑京、栎实杀曼伯,宋萧、亳实杀子游,齐渠丘实杀无知,卫蒲、戚实出献公。若由是观之,则害于国。末大必折,尾大不掉,君所知也。"

〔补逸〕《说苑》:蔡侯、宋公、郑伯朝于晋。蔡侯谓叔向曰:"子亦奚以语我?"对曰:"蔡言地计众,不若宋、郑;其车马衣裘,侈于二国。诸侯其有图蔡者乎!"处期年,荆伐蔡而残之。

十二年,楚子狩于州来,次于颍尾。使荡侯、潘子、司马督、嚣尹午、陵尹喜帅师围徐以惧吴。楚子次于乾谿,以为之援。雨雪,王皮冠,秦复陶,翠被,豹舄,执鞭以出。仆析父从。右尹子革夕,王见之,去冠被,舍鞭,与之语,

再过三年,楚国大概就有灾殃吧!美和恶在岁星运行一周后必有报应,楚王的邪恶已经到了岁星运行一周的时候了。"晋国人派大夫狐父到楚国为蔡国求情,楚国不答应。

冬季十一月,楚灵王灭亡蔡国,杀了蔡国隐太子用来祭祀冈山。申无宇说:"这样做不吉祥。五种牺牲不能互相替代祭礼,何况用诸侯呢?君王您一定会后悔的。"

十二月,楚灵王在陈地、蔡地和不羹筑城,派公子弃疾做蔡公。楚灵王向申无宇询问说:"让弃疾镇守蔡地,怎么样?"申无宇回答说:"选择儿子没有谁能赶上父亲,选择臣子没有谁能赶上国君。郑庄公在栎地筑城而安置公子子元,使郑昭公不能立为国君;齐桓公在穀地筑城而安置管仲,到现在齐国还得到利益。臣下听说:'五种权贵人物不宜留在边境,五种没有权势的小人物不宜留在朝廷。'亲近的人不在外边,寄居之臣不在朝廷内。现在楚国弃疾在外,而郑丹却在朝廷,君王还是稍加戒备吧!"楚灵王说:"国内有大的城邑可以抵御侵略,怎样?"申无宇回答说:"郑国的京地、栎地导致杀了曼伯,宋国的萧、亳地杀了宋国公子子游,齐国的渠丘导致杀了公孙无知,卫国的蒲地、戚地导致驱逐了卫献公。如果从这些来看,那对国家有害。本细而末大,本会被折断,尾巴大就不能摇摆自如,君王您是知道的。"

〔补逸〕《说苑》:蔡侯、宋公、郑伯到晋国朝见。蔡侯对晋大夫叔向说:"你有什么话要告诉我吗?"叔向回答说:"蔡国论土地计人口,都不如宋国和郑国;但君主的车马和服饰,却比宋国和郑国这两个国家奢侈得多。诸侯当中也许有人会图谋蔡国吧!"过了一年,楚国攻打蔡国并灭掉了它。

十二年,楚灵王在州来打猎,驻扎在颍尾。派荡侯、潘子、司马督、嚣尹午、陵尹喜率领军队包围徐国以使吴国害怕。楚灵王驻扎在乾谿,作为后援。当时正在下雪,楚灵王头戴皮帽子,身穿秦国赠给的复陶羽衣,外披翠羽披肩,脚穿豹皮所制的鞋,手拿鞭子走出来。仆析父作为随从。右尹子革晚上前来朝见,楚灵王接见了他,摘下帽子脱下披肩,放下鞭子,和他谈话,

曰:"昔我先王熊绎与吕伋、王孙牟、燮父、禽父并事康王,四国皆有分,我独无有。今我使人于周求鼎,以为分,王其与我乎?"对曰:"与君王哉!昔我先王熊绎辟在荆山,筚路蓝缕,以处草莽;跋涉山林,以事天子;惟是桃弧棘矢,以共御王事。齐,王舅也;晋及鲁、卫,王母弟也。楚是以无分而彼皆有。今周与四国服事君王,将唯命是从,岂其爱鼎?"王曰:"昔我皇祖伯父昆吾旧许是宅,今郑人贪赖其田,而不我与。我若求之,其与我乎?"对曰:"与君王哉!周不爱鼎,郑敢爱田?"

王曰:"昔诸侯远我而畏晋,今我大城陈、蔡、不羹,赋皆千乘,子与有劳焉。诸侯其畏我乎?"对曰:"畏君王哉!是四国者,专足畏也,又加之以楚,敢不畏君王哉!"工尹路请白:"君王命剥圭以为鏚柲,敢请命。"王入视之。析父谓子革:"吾子,楚国之望也。今与王言如响,国其若之何?"子革曰:"摩厉以须,王出,吾刃将斩矣。"王出,复语。左史倚相趋进,王曰:"是良史也,子善视之。是能读《三坟》《五典》《八索》《九丘》。"对曰:"臣尝问焉,昔穆王欲肆其心,周行天下,将皆必有车辙马迹焉。祭公谋父作《祈招》之诗以止王心,王是以获没于祗宫。臣问其诗,而不知也。若问远焉,其焉能知之?"王曰:"子能乎?"

说:"从前我们的先王熊绎和吕伋、王孙牟、燮父、禽父一起事奉周康王,齐、晋、鲁、卫四国都被赐给珍宝之器,我们楚国唯独没有。现在我派人到周王室,请求把鼎作为珍宝之器赐给我国,周天子会给我吗?"子革回答说:"会给君王啊!从前我们的先王熊绎住在偏僻的荆山,乘柴车穿破衣,开辟杂草丛生的荒野;跋涉山林,以事奉周天子;只能用祛邪除灾的桃木弓、棘枝做的箭贡献给周天子。齐君,是周天子的舅父;晋国和鲁国、卫国,是周天子的同母兄弟。楚国因此没有得到周天子赐给的珍宝之器,而他们都有。现在周王室和齐、晋、鲁、卫四国都屈服并侍奉君王您,将会对您唯命是从,难道还会爱惜鼎?"楚灵王说:"从前我们的皇祖伯父昆吾,居住在许国旧地,现在郑国人贪图那里的土地,不肯还给我们。我们如果求取,他们会给我们吗?"子革回答说:"会给君王您啊!周王室都不爱惜鼎,郑国难道还敢爱惜土地吗?"

楚灵王说:"从前诸侯疏远我们楚国而害怕晋国,如今我们在陈、蔡和两个不羹大力筑城,每个地方都有战车千辆,您是有功劳的。诸侯会害怕我们吧?"子革回答说:"会害怕君王您啊!光是陈、蔡、两个不羹城这四个城邑,就足使人害怕了,又加上楚国全国的力量,他们怎敢不害怕您呢!"这时,工尹路请求说:"君王命令破开圭玉以装饰斧柄,请发布命令要装饰成什么样子。"楚灵王走进去察看。析父对子革说:"您是楚国有名望的人。现在和君王说话却好像回声一样附和,将来国家怎么办?"子革说:"我磨快了刀等着,等君王出来,我的刀就将砍下去了。"楚灵王出来后,又与子革说话。左史倚相快步走过,楚灵王对子革说:"这是个好史官,您要好好地对待他。他能读《三坟》《五典》《八索》《九丘》。"子革回答说:"臣曾经问过他,从前周穆王想要放纵自己的欲望,周游天下,想要天下都留下他的车辙马迹。祭公谋父作了《祈招》这首诗,用来劝阻周穆王的私欲,周穆王因此在祇宫善终。臣问他这首诗,而他却不知道。如果我再问更久远的事情,他哪能知道呢?"楚灵王说:"您能知道吗?"

对曰："能。其诗曰:'祈招之愔愔,式昭德音。思我王度,式如玉,式如金。形民之力,而无醉饱之心。'"王揖而入,馈不食,寝不寐,数日不能自克,以及于难。仲尼曰:"古也有志:'克己复礼,仁也。'信善哉！楚灵王若能如是,岂其辱于乾谿?"

〔补逸〕《国语》:左史倚相迋见申公子亹,子亹不出。左史谤之,举伯以告。子亹怒而出,曰:"女无亦谓我老耄而舍我,而又谤我?"左史曰:"惟子老耄,故欲见以交儆子。若子方壮,能经营百事,倚相将奔走承序,于是不给,而何暇得见？昔卫武公年数九十有五矣,犹箴儆于国曰:'自卿以下,至于师长士,苟在朝者,无谓我老耄而舍我,必共恪于朝,朝夕以交戒我。闻一二之言,必诵志而纳之,以训道我。'在舆有旅贲之规,位宁有官师之典,倚几有诵训之谏,居寝有亵御之箴,临事有瞽史之道,宴居有师工之诵。史不失书,矇不失诵,以训御之,于是乎作《懿戒》以自儆也。及其没也,谓之睿圣武公。子实不睿圣,于倚相何害？《周书》曰:'文王至于日中昃,不皇暇食。惠于小民,惟政之恭。'文王犹不敢惰,今子老楚国而欲自安也,以御数者,王将何为？若常如此,楚其难哉!"子亹惧曰:"老之过也。"乃骤见左史。

子革回答说:"能。这首诗说:'祈招安静和悦,德音宏大深远。想到我们君王的风度,样子好像玉,样子好像金。他谋求保存百姓的力量,没有醉饱之心。'"楚灵王向子革作揖后走进屋去,送上饭来不吃,睡不着觉,一连几天,不能克制自己,所以他后来遭到了祸难。孔子说:"古代有这样的记载:'克制自己返回到礼上来,这就是仁。'这话的确说得好啊! 楚灵王倘若能够做到这样,难道还会在乾谿受到羞辱吗?"

〔补逸〕《国语》:楚国左史倚相前去拜见申公子亹,子亹不出来见面。左史倚相指责他的过失,大夫举伯把倚相批评的话都对子亹说了。子亹听后生气地出来,说:"你莫非以为我年老就遗弃我,然后又批评我?"左史倚相说:"正因为您年老,所以想要见到您以便帮助并告诫您。倘若您正年富力强,能够管理各种事情,我将会往来奔走承顺您的命令,在这些事上还应付不过来,哪有空暇和您见面? 从前卫武公年纪九十五岁了,仍然告诫国人说:'从卿以下,至于众士,只要是身在朝廷,不要认为我老迈了而遗弃我,一定要朝廷上恭敬任职,每天来帮助并告诫我。听到一两句劝诫的话,一定要记下来转告给我,以便训导我。'他在兵车上的时候有勇士们的规谏,在朝廷上有官长的法典限制,倚着几案的时候有百工乐师所诵的规谏之辞,居寝之处有近侍进箴言,有兵戎祭礼之事有乐师和太史的教导,平素休息的时候有乐师的讥诵。太史不漏记事件,乐师不间断地诵谏,献上训诫之语,于是卫武公作《懿》这首诗来自我警戒。等到卫武公死后,国人称他为睿圣武公。如果您实在不睿智圣明,对我倚相有什么妨碍?《周书》说:'周文王从早晨一直到日头偏西,都忙得没空吃饭。对百姓施惠,恭敬谨慎地处理政事。'周文王尚且不敢懈怠,如今您作为楚国之臣却想摆老资格自寻安逸,抵制数落批评您的人,人臣尚且如此,君王又能怎样? 倘若常常这样,楚国就难于治理了!"子亹恐惧地说:"这是我的过错。"便屡次接见左史倚相。

十三年，楚子之为令尹也，杀大司马薳掩而取其室。及即位，夺薳居田；迁许而质许围。蔡洧有宠于王，王之灭蔡也，其父死焉，王使与于守，而行。申之会，越大夫戮焉。王夺鬬韦龟中犫，又夺成然邑，而使为郊尹。蔓成然故事蔡公。故薳氏之族及薳居、许围，蔡洧、蔓成然皆王所不礼也。因群丧职之族，启越大夫常寿过作乱，围固城，克息舟，城而居之。

观起之死也，其子从在蔡，事朝吴，曰：“今不封蔡，蔡不封矣。我请试之。”以蔡公之命召子干、子晳，及郊而告之情，强与之盟，入袭蔡。蔡公将食，见之而逃。观从使子干食，坎，用牲，加书，而速行。己徇于蔡曰：“蔡公召二子，将纳之，与之盟而遣之矣。将师而从之。”蔡人聚将执之。辞曰：“失贼成军，而杀余，何益？”乃释之。朝吴曰：“二三子若能死亡，则如违之，以待所济。若求安定，则如与之，以济所欲。且违上，何适而可？”众曰：“与之。”乃奉蔡公召二子，而盟于邓，依陈、蔡人以国。楚公子比、公子黑肱、公子弃疾、蔓成然、蔡朝吴帅陈、蔡、不羹、许、叶之师，因四族之徒，

十三年，楚灵王当令尹的时候，杀了大司马蓬掩并夺取了他的家财。即位以后，又夺取了蓬居的土地；同时还迁走许地的人并把许围作为人质。蔡洧受到楚灵王的宠信，楚灵王灭亡蔡国的时候，蔡洧的父亲死在这次战争中，楚灵王派他留下守卫国都，然后出发。申地的会盟，越国大夫曾受到灵王的侮辱。楚灵王夺取了鬬韦龟的封邑中犫，又夺取了他的儿子蔓成然的封邑，而让他做郊尹。蔓成然原来事奉蔡公公子弃疾。所以蓬氏的族人和蓬居、许围、蔡洧、蔓成然都成了楚灵王不加礼遇的人。他们借助那些丧失职位的家族，诱导越国大夫常寿过发动叛乱，包围固城，攻克息舟，在那里筑城并居住。

楚国大夫观起死的时候，他的儿子观从正在蔡地，事奉蔡国大夫声子的儿子朝吴，他对朝吴说："现在如果不恢复蔡国，蔡国就没有机会再复国了。我请求尝试一下。"就用蔡公公子弃疾的命令召请子干、子皙来蔡，二人到达蔡都郊区，观从才把实际情况告诉他们，并强迫他们结盟，然后进兵袭击蔡邑。蔡公公子弃疾正要吃饭，见到这种情况就立刻逃跑了。于是观从便让子干吃了那些食物，然后挖坑，杀了牲口，把盟书放在上面，造成结盟的假象，然后让他们快走。观从自己则向蔡地人宣布说："蔡公公子弃疾召见子干、子皙，准备把他们送回楚国，和他们结盟后已经把他们送出去了。蔡公本人也将要率领军队跟上去。"蔡地人聚集起来，准备抓住观从。观从解释说："已经放走了贼人，组成了军队，杀了我又有什么用？"蔡地人就放了他。朝吴说："你们几位如果能够为楚王效忠而死，那就应当违背蔡公公子弃疾的命令，以等待事情的成败。倘若你们想要求得安定，那就应当赞成蔡公，以实现共同的愿望。况且违背上官蔡公，你们将何所适从呢？"大家都说："我们赞成蔡公。"于是就事奉蔡公公子弃疾，召回子干、子皙二人，并在邓地结了盟，利用陈地人、蔡地人复国的心愿来达到自己的目的。楚国的公子比（即子干）、公子黑肱（即子皙）、公子弃疾、蔓成然、蔡国的朝吴率领陈、蔡、不羹、许、叶等地的军队，依靠蓬氏、许围、蔡洧、蔓成然这四族的族人，

以入楚。及郊,陈、蔡欲为名,故请为武军。蔡公知之,曰:"欲速。且役病矣,请藩而已。"乃藩为军。蔡公使须务牟与史猈先入,因正仆人杀大子禄及公子罢敌。公子比为王,公子黑肱为令尹,次于鱼陂。公子弃疾为司马,先除王宫,使观从从师于乾谿,而遂告之,且曰:"先归复所,后者剐。"师及訾梁而溃。

王闻群公子之死也,自投于车下,曰:"人之爱其子也亦如余乎?"侍者曰:"甚焉。小人老而无子,知挤于沟壑矣。"王曰:"余杀人子多矣,能无及此乎?"右尹子革曰:"请待于郊,以听国人。"王曰:"众怒不可犯也。"曰:"若入于大都,而乞师于诸侯。"王曰:"皆叛矣!"曰:"若亡于诸侯,以听大国之图君也。"王曰:"大福不再,只取辱焉。"然丹乃归于楚。王沿夏,将欲入鄢。芋尹无宇之子申亥曰:"吾父再奸王命,王弗诛,惠孰大焉?君不可忍,惠不可弃,吾其从王。"乃求王,遇诸棘闱以归。夏五月癸亥,王缢于芋尹申亥氏。申亥以其二女殉,而葬之。

观从谓子干曰:"不杀弃疾,虽得国,犹受祸也。"子干曰:"余不忍也。"子玉曰:"人将忍子,吾不忍俟也。"乃行。国每夜骇曰:"王入矣!"乙卯夜,弃疾使周走而呼曰:"王至矣!"国人大惊。使蔓成然走告子干、子晳曰:"王至矣。国人

开进楚国。到达郊区时,陈地人、蔡地人想要宣扬自己讨伐无道和恢复故国的名声,所以请求修筑显示军功的堡垒。蔡公公子弃疾知道了这件事,说:"行动要迅速。况且役夫已经很疲劳了,只筑起篱笆就行了。"于是就用篱笆围起军营。蔡公公子弃疾派自己的党羽须务牟和史猈先进入都城,依靠仆人之长杀了楚灵王的太子禄和公子罢敌。然后拥立公子比做楚王,公子黑肱做令尹,驻扎在鱼陂。公子弃疾做了司马,首先驱除了楚灵王的亲信,又派观从到乾谿军中,告诉他们所发生的情况,同时说:"先回去的可以恢复禄位和资财,后回去的要受割鼻子的刑罚。"楚灵王的军队到达訾梁时就溃散了。

楚灵王听到各位公子的死讯后,自己摔到车下,说:"人们爱怜自己的儿子也像我一样吗?"侍从说:"还有超过您的。小人我年老而没有儿子,知道死后会被推到沟壑里去。"楚灵王说:"我杀死别人的儿子太多了,能不落到这一步吗?"右尹子革说:"请您在都城郊外等待,以听从国人的处置。"楚灵王说:"众人的愤怒是不可触犯的。"子革说:"也许可以到大的都邑去,然后向诸侯请求救兵。"楚灵王说:"他们都背叛我了!"子革说:"也许可以逃亡到诸侯那里,听大国为君王您出主意。"楚灵王说:"那样就不能再有国君的好运了,只能自取侮辱。"然丹(即子革)就回楚国都城去了。楚灵王沿着汉水而下,想要到鄢地去。芋尹无宇的儿子申亥说:"我父亲两次触犯国君的命令,君王没有杀他,恩惠还有比这更大的吗?对君王不能过于狠心,对恩惠不能抛弃,我还是跟着君王。"于是就去寻找楚灵王,在棘门遇到楚灵王,便一起回去了。夏季五月二十五日,楚灵王在芋尹申亥家里自缢身亡。申亥把自己的两个女儿作为殉葬品安葬了楚灵王。

观从对子干说:"如果不杀死公子弃疾,即使得到国家,还是会受到灾祸。"子干说:"我不忍心杀了他。"子玉(即观从)说:"人家会忍心杀掉你的,我不忍心再等下去了。"于是走了。都城里的人常常在夜晚喊叫说:"君王进城来了!"十七日夜里,弃疾派人到处奔走大喊说:"君王到了!"都城里的人大为吃惊。弃疾派蔓成然跑着去报告子干、子皙说:"君王到了。都城里的人

杀君司马,将来矣!君若早自图也,可以无辱。众怒如水火焉,不可为谋。"又有呼而走至者,曰:"众至矣!"二子皆自杀。丙辰,弃疾即位,名曰熊居。葬子干于訾,实訾敖。杀囚,衣之王服,而流诸汉,乃取而葬之,以靖国人。使子旗为令尹。楚师还自徐,吴人败诸豫章,获其五帅。

平王封陈、蔡,复迁邑,致群赂,施舍、宽民,宥罪、举职。召观从,王曰:"惟尔所欲。"对曰:"臣之先佐开卜。"乃使为卜尹。使枝如子躬聘于郑,且致犨、栎之田。事毕弗致,郑人请曰:"闻诸道路,将命寡君以犨、栎,敢请命。"对曰:"臣未闻命。"既复,王问犨、栎,降服而对曰:"臣过失命,未之致也。"王执其手曰:"子毋勤,姑归。不穀有事,其告子也。"他年,芋尹申亥以王柩告,乃改葬之。

初,灵王卜曰:"余尚得天下!"不吉。投龟,诟天而呼曰:"是区区者而不余畀,余必自取之。"民患王之无厌也,故从乱如归。

初,共王无冢適,有宠子五人,无適立焉。乃大有事于群望,而祈曰:"请神择于五人者,使主社稷。"乃遍以璧见于群望,曰:"当璧而拜者,神所立也,谁敢违之?"既

杀死了司马弃疾，就要杀来了！您自己如果早些拿定主意，可以免受侮辱。众怒就像水火一样，已没有办法可想了。"这时又有喊叫着跑来的人说："众人都到了！"子干、子晳就都自杀了。十八日，公子弃疾即位为王，改名叫熊居。在訾地安葬了子干，他就是訾敖。又杀了一个囚犯，给他穿上楚灵王的衣服，把尸体放在汉水里漂流，然后又捞上来进行安葬，以此来安定国人之心。让子旗（即蔓成然）做了令尹。楚国军队从徐国回来，吴国军队在豫章打败楚军，并俘虏了他们的五个将领。

楚平王弃疾重新建立陈、蔡两国，让被迁徙的人都返回原来迁出的城邑，并把财物赏赐给有功之臣，大施恩惠，宽待百姓，赦免罪人，举拔贤才。召回观从，楚平王说："你所要求的都可以照办。"观从回答说："臣的祖辈，是卜人的助手。"于是楚平王就让他做了卜尹。楚平王派枝如子躬到郑国聘问，把犨地、栎地的田地交还给郑国。但枝如子躬聘问结束后，并没有交还犨地、栎地，郑国人请示说："听路人传闻，贵国将把犨地、栎地赐给敝国国君，谨以此向你请求。"枝如子躬回答说："我没有听说过这样的命令。"枝如子躬回到楚国复命以后，楚平王向他问起归还犨地、栎地的事情，枝如子躬脱去上衣回答说："臣故意违背君王您的命令，没有归还给他们。"楚平王握着他的手说："您不要这样自苦，暂且回去吧。我以后如果有事，还是会告诉您的。"过了几年，芊尹申亥把楚灵王的灵柩所在地报告给楚平王，于是就改葬了楚灵王。

当初，楚灵王曾占卜，说："我也许能得到天下！"占卜的结果却不吉祥。楚灵王扔掉龟甲，责骂上天，呼喊道："这一点点好处都不给我，我一定要自己取得。"百姓忧虑楚灵王的欲望永远没有满足的时候，所以跟随叛乱犹如百川归海。

起初，楚共王没有嫡子，他有宠爱的儿子五个，不知道立谁合适。于是遍祭山川，祈祷说："请求神灵在五个人中选择一个，让他主持国家。"于是把玉璧展示给所有山川，说："正对着玉璧下拜的人，就是神灵所立的人，谁敢违背神灵？"祭祀完毕后，

乃与巴姬密埋璧于大室之庭,使五人齐而长入拜。康王跨之,灵王肘加焉,子干、子皙皆远之,平王弱,抱而入,再拜皆厌纽。鬬韦龟属成然焉,且曰:"弃礼违命,楚其危哉!"

　　子干归,韩宣子问于叔向曰:"子干其济乎?"对曰:"难。"宣子曰:"同恶相求,如市贾焉,何难?"对曰:"无与同好,谁与同恶? 取国有五难:有宠而无人,一也;有人而无主,二也;有主而无谋,三也;有谋而无民,四也;有民而无德,五也。子干在晋,十三年矣。晋、楚之从,不闻达者,可谓无人。族尽亲叛,可谓无主。无衅而动,可谓无谋。为羁终世,可谓无民。亡无爱征,可谓无德。王虐而不忌,楚君子干,涉五难以弑旧君,谁能济之? 有楚国者,其弃疾乎! 君陈、蔡,城外属焉;苛慝不作,盗贼伏隐,私欲不违,民无怨心,先神命之,国民信之。芈姓有乱,必季实立,楚之常也。获神,一也;有民,二也;令德,三也;宠贵,四也;居常,五也。有五利以去五难,谁能害之? 子干之官,则右尹也;

楚共王就和自己的妾巴姬把玉璧秘密地埋在祖庙的庭院里，让五位公子斋戒，然后按着长幼次序进庙下拜。楚康王两脚跨在玉璧上，楚灵王的胳膊肘压在玉璧上，子干、子晳都离玉璧很远，楚平王当时还小，由别人抱着进来，两次下拜，都压在玉璧的纽上。鬬韦龟把自己的儿子蔓成然嘱托给楚平王，并且说："如果抛弃礼义违背天命，楚国就陷于危险了！"

子干从晋国回楚国时，晋国的韩宣子向叔向询问说："子干应该会成功吧？"叔向回答说："难以成功。"韩宣子说："他们有共同的憎恨者并且互相需要，如同做买卖的商人一样，有什么难的？"叔向回答说："没有人跟子干有同样的爱好，谁又跟他有同样的憎恶？取得国家政权有五条难处：受到宠爱而没有贤才相助，这是第一条；有了贤才而没有有力的支持者，这是第二条；有了有力支持者而没有谋略，这是第三条；有了谋略而没有民众支持，这是第四条；有了民众支持而没有德行，这是第五条。子干住在晋国，已经十三年了。晋国、楚国跟随他的人，没听说有贤达的人，可以说是没有贤人。他的族人被灭尽，亲戚又背叛了他，可以说是没有人做他的有力支持者。没有空子可钻却轻举妄动，可以说是没有谋略。一辈子做流亡寄居之客，可以说是没有民众的支持。流亡在外而没有怀念他的迹象，可以说是他没有德行。楚灵王残暴但并不忌刻，楚国如果拥立子干为国君，要面临这五条难处，而且还要杀死原来的国君，谁能够办得到？拥有楚国的人，恐怕就是公子弃疾吧！弃疾统治着陈国、蔡国，方城以外也都归属于他；在他管辖的地区烦苛和邪恶的事情没有发生，盗贼潜伏藏匿，他虽然有私欲但不违背礼仪，民众没有怨恨之心，原先已得到神灵的命令，国内的民众信任他。而且每当楚国发生动乱，必定是小儿子被立为国君，这是楚国的常例。他获得神灵的保佑，这是第一条；拥有民众的支持，这是第二条；具有美好的德行，这是第三条；受到爱宠而且地位显贵，这是第四条；符合被立为国君的常例，这是第五条。弃疾有五个有利的条件而且远离五难，谁又能够危害他？子干的官职，只不过是个右尹；

数其贵宠，则庶子也；以神所命，则又远之。其贵亡矣，其宠弃矣，民无怀焉，国无与焉，将何以立？"宣子曰："齐桓、晋文不亦是乎？"对曰："齐桓，卫姬之子也，有宠于僖，有鲍叔牙、宾须无、隰朋以为辅佐，有莒、卫以为外主，有国、高以为内主。从善如流，下善齐肃，不藏贿，不从欲，施舍不倦，求善不厌，是以有国，不亦宜乎？我先君文公，狐季姬之子也，有宠于献。好学而不贰，生十七年，有士五人。有先大夫子馀、子犯以为腹心，有魏犨、贾佗以为股肱，有齐、宋、秦、楚以为外主，有栾、郤、狐、先以为内主。亡十九年，守志弥笃。惠、怀弃民，民从而与之。献无异亲，民无异望。天方相晋，将何以代文？此二君者，异于子干。共有宠子，国有奥主，无施于民，无援于外，去晋而不送，归楚而不逆，何以冀国？"

〔补逸〕《说苑》：楚恭王多宠子，而世子之位不定。屈建曰："楚必多乱。夫一兔走于街，万人追之。一人得之，万人不复走。分未定，则一兔走，使万人扰；分已定，则虽贪夫知止。今楚多宠子，而嫡位无主，乱自是生矣。夫世子者，国之基也，而百姓之望也。国既无基，又使百姓失望，绝其本矣。本绝则挠乱，犹兔走也。"恭王闻之，立康王为太子。其后犹有令尹围、公子弃疾之乱也。

论起他的尊贵与受宠程度,不过是个庶子;凭着神灵所命令的,他又离玉璧太远了。他尊贵的地位已经丧失了,他的宠信已经丢掉了,民众没有怀念他的,国内没有亲附他的,他凭什么被立为国君?"韩宣子说:"齐桓公、晋文公不也是子干这种情况吗?"叔向回答说:"齐桓公,是卫姬的儿子,很受齐僖公的宠爱,又有鲍叔牙、宾须无、隰朋辅助,有莒国、卫国作为外援,有国氏、高氏作为内应。他从善如流,日常行为严肃庄重,不贪图财货,不放纵私欲,不停地施舍,求善没有满足的时候,因此享有国家,不也是应该的吗?我国的先君晋文公,是狐季姬的儿子,很受晋献公的宠爱。喜欢学习而且专心致志,十七岁的时候,就得到了赵衰、狐偃、颠颉、魏武子、司空季子这五个人才的辅佐。有先大夫子馀(即赵衰)、子犯(即狐偃)作为心腹,有魏犨(即魏武子)、贾佗作为左膀右臂,有齐国、宋国、秦国、楚国作为外援,有栾枝、郤穀、狐突、先轸等人作为内应。他虽然逃亡在外十九年,但坚守自己的志向愈加坚定。晋惠公、晋怀公丢弃百姓,民众因而追随并拥戴晋文公。晋献公没有别的亲人,百姓没有别的希望。上天正在佐助晋国,将会有谁来代替晋文公呢?齐桓公、晋文公两位国君,和子干不同。楚共王有受宠的儿子,国内还有君主,子干对民众没有施惠,在外边没有援助,离开晋国时没有人送行,回到楚国时没有人迎接,他凭什么希望享有楚国呢?"

〔补逸〕《说苑》:楚共王有很多宠爱的儿子,但太子的地位没有确定。令尹屈建说:"楚国必定多内乱。有一只兔子在街上跑,上万人去追逐它。有一个人捉到了它,那上万人就不再跑了。名分没有确定,就会像一只兔子奔跑,而使得万人扰乱;名分已经确定,即使贪婪的人也知道罢手。如今君王宠爱的儿子很多,而嗣君之位还没有确定,内乱从此将要发生了。太子,是国家延续的基础,而且是百姓的希望。国家既已没有基础,又使百姓失去希望,那就断绝了国家的根本。根本断绝,国家就会被扰乱,好像兔子在街上奔跑一样。"楚共王听到了这番话,就立了康王公子昭为太子。那以后还有令尹公子围、公子弃疾发动的内乱。

楚之灭蔡也，灵王迁许、胡、沈、道、房、申于荆焉。平王即位，既封陈、蔡，而皆复之，礼也。隐大子之子庐归于蔡，礼也。悼大子之子吴归于陈，礼也。冬十月，葬蔡灵公，礼也。

吴灭州来。令尹子旗请伐吴，王弗许，曰：“吾未抚民人，未事鬼神，未修守备，未定国家，而用民力，败不可悔。州来在吴，犹在楚也。子姑待之。”

十四年夏，楚子使然丹简上国之兵于宗丘，且抚其民，分贫振穷，长孤幼，养老疾，收介特，救灾患，宥孤寡，赦罪戾，诘奸慝，举淹滞，礼新、叙旧、禄勋、合亲、任良、物官。使屈罢简东国之兵于召陵，亦如之。好于边疆，息民五年，而后用师，礼也。

十六年，楚子闻蛮氏之乱也，与蛮子之无质也，使然丹诱戎蛮子嘉杀之，遂取蛮氏。既而复立其子焉，礼也。

十九年，令尹子瑕言蹶由于楚子曰：“彼何罪？谚所谓‘室于怒市于色’者，楚之谓矣。舍前之忿可也。”乃归蹶由。

〔发明〕平王初年，尚能听子瑕之言，此后惟无极之言是听矣。

楚国灭亡蔡国以后，楚灵王曾把许、胡、沈、道、房、申各国的人都迁到楚国国内。楚平王即位以后，重新建立了陈国、蔡国，而且让他们都迁回原处，这是合乎礼法的。让隐太子的儿子庐回到蔡国，这也是合乎礼法的。让悼太子的儿子吴回到陈国，这同样是合乎礼法的。冬季十月，安葬了蔡灵公，这是合乎礼法的。

　　吴国灭掉了州来。楚国令尹子旗请求讨伐吴国，楚平王不答应他的请求，回复说："我尚未安抚民众，也未曾祭祀鬼神，又没有修缮防御设备，没有安定国家，反而去使用民力，一旦失败了就来不及后悔了。州来在吴国，就像在楚国一样。您姑且等待一下吧。"

　　十四年夏季，楚平王派然丹在宗丘选拔并检阅西部的军队与装备，并且安抚当地的民众，令他施舍贫贱，救济穷困，抚育年幼的孤儿，奉养年老有病的人，收容单身流浪汉，救济受到灾难的人，宽免孤儿寡妇的赋税，赦免有罪过的人，究治奸邪的人，选拔有德才而没有被重用的人，以礼接待新人，按照资历功绩任用旧人，奖赏功勋，和睦亲族，任用贤良，物色官员。又派屈罢在召陵选拔检阅东部地区的军队和装备，也同然丹的做法一样。和四边的邻国友好，让百姓休养生息五年，然后才用兵，这样做是合乎礼法的。

　　十六年，楚平王听说戎蛮部落发生了动乱，而且戎蛮部落的首领没有信用，便派然丹诱骗戎蛮部落的首领嘉，并且杀了他，随后便占领了戎蛮部落。不久又重新立了嘉的儿子，这是合乎礼法的。

　　十九年，楚国令尹子瑕把吴王弟弟蹶由的情况告诉给楚平王说："他有什么罪过？谚语所说的'在家里发怒，就到大街上给人脸色看'，说的就是楚国这种情况。现在该抛弃以前的愤恨了。"于是楚平王就把蹶由放回吴国了。

　　〔发明〕楚平王即位初年，尚且能够听从子瑕的话，此后只是听从费无极的话。

臣士奇曰：楚共王有宠子五人，莫适所立，乃埋璧于大室之庭，以神为卜，其不重国本亦甚矣。夫年钧以德，德钧以卜。要必先德而后卜，未闻专听命于冥冥之鬼神者也。走一兔于街，而纷纷逐之者，未知谁主，屈建所以有楚必多乱之忧哉！

及康王死，而郏敖立。子围为令尹，假王旌以田，则见抑于申无宇；蒲宫有前，则遍讥于列国之大夫。不臣之心，夫路人皆知之，而其君弗戒。松柏之下，厥草不殖，固其宜矣。子围手弑其君，又杀其君之子，此洿潴之所不赦也。当时诸侯坐视其滔天稔恶，而莫敢兴一旅问罪之师，又复援天以自解免，反助之逆，而共相推戴焉。使一时冠带之国，灭者灭，迁者迁，以致欲盈气侉，抵龟诟天，而谓是区区者之不予畀也。吁！楚灵不死，周室其殆哉！乾谿之溃，申亥之缢，天非特以偿郏敖与蔡、陈诸君侯之冤，实所以存周也。至弃疾以当璧之符，又多市德惠，名闻于诸侯，知其必将为王，而身复董师，破灭两国，太阿握其掌内，蔓草难图，昭然可见。乃使之居于边鄙，与群不逞之徒狎处，忘隐忧，忽大患，犹欲耀兵于邻竟，师老怨作，虽欲

臣下我高士奇评论说：楚共王有宠爱的儿子五个人，不知道立谁合适，于是把玉璧埋在祖庙的庭院里，想通过神灵的意志来占卜决定，可见楚共王是多么不重视国家的根本啊。确立继承人，年龄相当的，要看德行，德行相当的，再通过占卜来决定。必须要先看他的德行，然后再通过占卜来决定，还从来没有听说过专门听命于冥冥鬼神的情况。一只兔子在街上跑，有许多人在追赶，是因为不知道谁是兔子的主人，屈建因此有楚国必定内乱众多的忧虑。

　　等到楚康王去世，郏敖继立为国君。公子围担任令尹，借国君的旌旗去打猎，因此被申无宇阻止；他住在楚国国君住的蒲宫，有两个执戈的卫士做前导，因此受到各国大夫们的讥讽。不俯首称臣的野心，路人皆知，而楚国国君郏敖却不加戒备。松柏的下面，草不会长得好，这本来就是应该的。公子围亲手杀死国君郏敖，又杀死了国君的两个儿子幕和平夏，这是即使处以污潴之刑也不能赦免的。当时的诸侯坐视他犯下滔天大罪，而没有人敢发兵对他兴师问罪，又援引天命自我开解逃避，反而助长了他的叛逆之风，并一起拥戴他。一时间使戴礼冠束腰带的礼仪之国，灭亡的灭亡，被迁走的被迁走，以致使他欲念充斥、气势傲慢，扔掉龟甲、咒骂上天，而认为连这么一个小小的国家都舍不得给自己。唉！如果楚灵王不死，周王室大概就要危险了吧！楚军在乾谿溃散、灵王在申亥家中自杀，上天并不是特意以此报偿楚王郏敖和蔡国、陈国众位君主的冤屈，实是以此来保全周王室。至于公子弃疾与正对着玉璧下拜就可以立为太子的预言相符，又多以德泽恩惠收买人心，使名声在诸侯中远扬，知道他必将成为王位继承人，而他又主管着军队，破灭陈、蔡两国，权柄握在他的手中，蔓生的野草难以治理，昭然可见。灵王竟让公子弃疾居于楚国边境的蔡地，与众多叛逆之徒狎昵相处，忘掉了潜藏的忧患，忽视了巨大的灾患，还准备向邻国炫耀武力，军队疲劳而怨恨产生，虽然想要

为祇宫之没，何可得哉？

平王弑二君而杀一兄，残忍悖逆，莫此为甚。不待听无极之谗，杀子妻妇而后知其有亡理矣。当时论取国之五利，犹谓其令德三也，岂以其小仁曲惠足以要结陈、蔡之人心耶？复诸亡国，其名似美，而楚亦因之以弱。平王用蔡以入楚，卒之吴师破郢，蔡实导之。祸福相倚，盖自古为然矣。

像周穆王那样在祇宫得以善终，又怎能做到呢？

　　楚平王弃疾弑杀了灵王和新王子干这两位国君，又杀了自己的哥哥子晳，凶残狠毒大逆不道，没有比这种行为更严重的了。用不着听到费无极进谗言，使他杀掉儿子太子建而娶了他的妻子然后才知道他有灭亡之理。当时晋国的叔向对韩宣子谈论取得国家的五个有利条件，还认为楚平王具有美好的德行并且列在第三条，难道不是因为他用小仁小惠笼络了陈国、蔡国的人心这事吗？他重新恢复了被楚灵王灭亡的各诸侯国，其名声似乎很好听，但楚国也因此衰弱了。楚平王利用蔡国进入楚国郢都即位，最终吴国军队又攻破郢都，蔡国实际上引导了吴军入侵。祸福相依，大概自古以来就是如此了。

卷四十八　昭惠复兴楚国_{白公之乱}　_{惠王灭陈附}

定公四年。初，伍员与申包胥友，其亡也，谓申包胥曰："我必复楚国！"申包胥曰："勉之！子能复之，我必能兴之。"及昭王在随，申包胥如秦乞师，曰："吴为封豕、长蛇，以荐食上国，虐始于楚。寡君失守社稷，越在草莽，使下臣告急曰：'夷德无厌，若邻于君，疆场之患也。逮吴之未定，君其取分焉。若楚之遂亡，君之土也。若以君灵抚之，世以事君。'"秦伯使辞焉，曰："寡人闻命矣。子姑就馆，将图而告。"对曰："寡君越在草莽，未获所伏，下臣何敢即安？"立依于庭墙而哭，日夜不绝声，勺饮不入口，七日。秦哀公为之赋《无衣》，九顿首而坐。秦师乃出。

卷四十八　昭惠复兴楚国_{白公之乱}　惠王灭陈附

　　鲁定公四年。当初,伍子胥和楚国大夫申包胥是朋友,伍子胥逃亡吴国的时候,对申包胥说:"我一定要颠覆楚国!"申包胥说:"那你就努力吧! 你能颠覆楚国,我一定能复兴楚国。"到了楚昭王在随国避难的时候,申包胥就到秦国去讨救兵,他说:"吴国像是大野猪、大毒蛇,一次又一次地吞食中原地区的国家,楚国最先受到侵害。现在敝国国君没能守住自己的国家,流亡在民间僻野,特派下臣我来向贵国告急求救说:'夷狄之人的本性就是贪得无厌,如果吴国占有了楚国而成为国君您的邻居,恐怕就会成为贵国边疆的祸患。趁吴人还没有把楚国平定,国君您还是赶快出兵占领一部分土地。倘若楚国就此灭亡,这一部分土地就成为您的领土了。如果仰仗您的威福,派兵镇抚楚国,楚国一定世世代代侍奉国君您。'"秦哀公派人婉言谢绝申包胥,对他说:"你请求军队的事寡人我知道了。你暂且先到驿馆里安顿下来,等我们考虑好了再答复你。"申包胥回答说:"敝国国君流亡在民间僻野,还没有得到安身的地方,下臣我哪里敢就去贪图安逸休息呢?"申包胥于是就靠着宫庭的墙,站着号啕大哭起来,他日夜不停地哭泣,连一口水都没喝过,一连哭了七天。秦哀公大为感动,为他赋了《无衣》这首诗,表示要同楚国并肩作战,申包胥一连顿首叩头九次,然后才坐下来休息。秦国于是出兵。

〔考证〕《史记》：始伍员与申包胥为交。员之亡也，谓包胥曰："我必覆楚！"包胥曰："我必存之！"及吴兵入郢，伍子胥求昭王，既不得，乃掘楚平王墓，出其尸，鞭之三百，然后已。申包胥亡于山中，使人谓子胥曰："子之报仇，其以甚乎！吾闻之：'人众者胜天，天定亦能破人。'今子故平王之臣，亲北面而事之，今至于僇死人，此岂其无天道之极乎？"伍子胥曰："为我谢申包胥曰：'吾日暮途远，吾故倒行而逆施之。'"于是申包胥走秦，告急，求救于秦。秦不许，包胥立于秦庭，昼夜哭，七日七夜不绝其声。秦哀公怜之，曰："楚虽无道，有臣若是，可无存乎？"乃遣车五百乘，救楚，击吴。

五年，申包胥以秦师至，秦子蒲、子虎帅车五百乘以救楚。子蒲曰："吾未知吴道。"使楚人先与吴人战，而自稷会之，大败夫概王于沂。吴人获薳射于柏举，其子帅奔徒以从子西，败吴师于军祥。秋七月，子期、子蒲灭唐。九月，夫概王归自立也。以与王战而败，奔楚，为堂谿氏。吴师败楚师于雍澨，秦师又败吴师。吴师居麇，子期将焚之。子西曰："父兄亲暴骨焉，不能收，又焚之，不可。"子期曰："国亡矣，死者若有知也，可以歆旧祀，岂惮焚之？"焚之，而又战，吴师败。又战于公壻之谿，吴师大败。吴子乃归。

〔考证〕《史记》：先前，伍子胥和申包胥是知心朋友。伍子胥逃亡吴国的时候，对申包胥说："我一定要颠覆楚国！"申包胥说："我一定要使楚国保存下来！"等到吴兵攻入郢都，伍子胥搜寻楚昭王，没有找到，就挖开楚平王的坟墓，拖出他的尸体，鞭打了尸体三百下，然后才住手。申包胥逃亡在山里，派人对伍子胥说："您这样报仇未免太过分了吧！我听说：'人多可以胜过天，天的意志也能够毁坏人。'您原来是楚平王的臣子，亲自称臣侍奉过他，如今到了侮辱死人的地步，这难道不是不讲天理到了极点吗？"伍子胥说："替我向申包胥表示歉意：'我的处境好像太阳快落了而道路还很遥远，所以我只能倒行逆施。'"于是申包胥便跑到秦国报告楚国的危急情况，向秦国求救。秦国不答应，申包胥就站在秦国朝廷上，日夜痛哭，七天七夜没有停止。秦哀公怜悯他，说："楚王虽然无道，但有这样的臣子，楚国可以不保全吗？"就派遣五百辆兵车，援救楚国，攻打吴国。

五年，申包胥带着秦国的救兵来了，秦国大夫子蒲、子虎率领战车五百辆来援救楚国。子蒲说："我们不了解吴军的战术。"就叫楚军先跟吴军作战，而秦军在稷地与楚军会合，在沂地把吴国夫概王打得大败。吴军在柏举战斗中俘虏了楚国大夫薳射，薳射的儿子率领败兵残卒跟随子西率领的楚军，在军祥击败吴军。秋季七月，子期、子蒲指挥秦楚联军灭掉了唐国。九月，夫概王从前线回到吴国，自立为吴王。因为他与吴王阖庐大战失败，逃到楚国，就成为后来的堂谿氏。吴军在雍澨打败了楚军，秦军则又一次打败了吴军。吴军驻扎在雍澨附近的麇地，子期准备用火攻吴军。子西反对说："去年吴、楚两军交战，楚人的父兄亲人战死的尸骨还暴露在麇地，我们没能收敛埋葬，现在又要放火焚烧他们的尸骨，不能这样做。"子期说："国家快要灭亡了，我们战死的亲人如果有灵知，楚国复兴了他们可以享受子孙长久的祭祀，哪里会怕焚烧？"于是楚军一边放火一边进攻，结果吴军败退。接着又在公婿之谿战斗，吴军再次大败。吴王就撤兵了。

囚阍舆罢，阍舆罢请先，遂逃归。叶公诸梁之弟后臧从其母于吴，不待而归。叶公终不正视。

楚子入于郢。初，鬬辛闻吴人之争宫也，曰："吾闻之，不让则不和，不和不可以远征。吴争于楚，必有乱，有乱则必归。焉能定楚？"

王之奔随也，将涉于成臼，蓝尹亹涉其帑，不与王舟。及宁，王欲杀之。子西曰："子常唯思旧怨，以败，君何效焉？"王曰："善。使复其所，吾以志前恶。"王赏鬬辛、王孙由于、王孙圉、钟建、鬬巢、申包胥、王孙贾、宋木、鬬怀。子西曰："请舍怀也。"王曰："大德灭小怨，道也。"申包胥曰："吾为君也，非为身也。君既定矣，又何求？且我尤子旗，其又为诸？"遂逃赏。王将嫁季芈，季芈辞曰："所以为女子，远丈夫也。钟建负我矣。"以妻钟建，以为乐尹。

王之在随也，子西为王舆服以保路，国于脾洩。闻王所在，而后从王。王使由于城麇，复命，子西问高厚焉，弗知。子西曰："不能如辞。城不知高厚、小大，何知？"对曰：

吴军拘禁了楚国的大夫闉舆罢，闉舆罢哄骗吴军，请求允许他先行到吴国，在半路上便逃回楚国。楚国人叶公诸梁的弟弟后臧，与他的母亲一同被吴军俘虏到吴国，后来后臧抛弃了他的母亲而自己逃回楚国。叶公诸梁认为弟弟后臧弃母不义，终生不正眼瞧他。

楚昭王回到了郢都。起初，阚辛听说吴军将帅争住楚国令尹的宫室之事，便说："我听过这样的话，不谦让便不会和睦，不和睦就不能出兵远征。吴军将帅在楚国争夺宫室，一定会产生祸乱，产生祸乱就必然撤军回国。怎能安定楚国呢？"

楚昭王逃奔随国时，要渡成白河，楚国大夫蓝尹亹竟然要先用船把自己的妻子儿女渡过河去，不给楚昭王船用。等到楚国安宁之后，楚昭王要杀蓝尹亹。子西劝阻说："当初令尹子常就是因为记恨旧怨的缘故才导致失败的，君王您为什么要效法他呢？"楚昭王说："好吧。让蓝尹亹恢复原来的官职，我借此记住从前兵败的过错。"楚昭王重重赏赐阚辛、王孙由于、王孙围、钟建、阚巢、申包胥、王孙贾、宋木、阚怀。子西说："请您不要赏赐阚怀。"楚昭王说："人家既然对我有大恩，就不应记其小怨，这是正确的方式。"申包胥说："我向秦国乞求军队只是为救国君着想，不是为了自身利益。现在国君既然安定了，我还追求什么？况且我常认为子旗贪得无厌的做法是错误的，难道我又要做子旗那样的人吗？"于是申包胥便躲开了，不受楚昭王的赏赐。楚昭王让自己的妹妹季芈出嫁，季芈拒绝说："作为一个女子，就应当同男人离得很远。可是钟建已经背过我了。"楚昭王便把季芈嫁给钟建为妻，任命钟建为管音乐的大夫。

楚昭王在随国的时候，子西制作了楚昭王的车子衣服，来安定、保护各路军民，把脾洩作为国都。后来子西知道了楚昭王的下落，便去跟从楚昭王。楚昭王派王孙由于修筑麋邑的城墙，由于完成任务向昭王复命时，子西问他城墙的高度和厚度，他不知道。子西说："你如果不能胜任，当初还不如推辞掉。你修城尚不知城墙的高低厚薄和城的大小，还知道什么？"由于回答说：

“固辞不能,子使余也。人各有能有不能。王遇盗于云中,余受其戈,其所犹在。”袒而视之背,曰:“此余所能也。脾洩之事,余亦弗能也。”

六年四月己丑,吴大子终累败楚舟师,获潘子臣、小惟子及大夫七人,楚国大惕,惧亡。子期又以陵师败于繁扬,令尹子西喜曰:“乃今可为矣。”于是乎迁郢于都,而改纪其政,以定楚国。

十四年,顿子䍐欲事晋、背楚,而绝陈好。二月,楚灭顿。

十五年,吴之入楚也,胡子尽俘楚邑之近胡者。楚既定,胡子豹又不事楚,曰:“存亡有命,事楚何为? 多取费焉。”二月,楚灭胡。

哀公元年春,楚子围蔡,报柏举也。里而栽,广丈,高倍,夫屯昼夜九日,如子西之素。蔡人男女以辨,使疆于江、汝之间而还。蔡于是乎请迁于吴。

吴之入楚也,使召陈怀公。怀公朝国人而问焉,曰:“欲与楚者右,欲与吴者左。”陈人从田,无田从党。逢滑当公而进,曰:“臣闻‘国之兴也以福,其亡也以祸’,今吴未有福,楚未有祸。楚未可弃,吴未可从。而晋,盟主也,若以晋辞吴,若何?”公曰:“国胜君亡,非祸而何?”对曰:“国之有是

"我本来坚决推辞不能修城，是您派我去的。人各有所长，有的事能做，有的事做不了。楚王在云梦泽遇上强盗，我挺身挡住强盗的戈，伤疤现在还在。"他袒露自己背上的伤痕给子西看，并说："这是我所能做到的。你在脾洩做的事，我也做不到。"

六年四月十五日，吴国太子终累打败了楚国水军，俘获了楚国大夫潘子臣、小惟子和七个大夫，楚国举国非常恐惧，害怕灭亡。接着子期率领的陆路军队又在繁扬被吴军打败，令尹子西高兴地说："从今以后国家才可以治理好。"从这时开始就把郢都迁到鄀地，并改革治理国家的政策，来安定楚国。

十四年，顿国国君牂想要事奉晋国、背叛楚国，而断绝与陈国的友好关系。二月，楚国发兵灭亡了顿国。

十五年，吴国攻入楚国的时候，胡国国君豹把楚国城邑中靠近胡国的百姓全部俘虏了过去。楚国安定以后，胡国国君豹又不事奉楚国，说："国家的存亡自有天命，事奉楚国干什么？只不过是多花费而已。"二月，楚国出兵灭亡了胡国。

鲁哀公元年春季，楚昭王发兵包围蔡国国都，这是为了报复柏举那次战役。楚军在离蔡国都城一里的地方构筑堡垒，宽一丈，高两丈，士兵屯驻九昼夜，这和令尹子西预定的计划一样。结果蔡国人按男女分成两排出城表示投降，楚昭王让蔡国迁到长江和汝水之间就回去了。但蔡国在这时向吴国请求迁到吴国去。

当初吴国攻入楚国的时候，曾派人召见陈怀公。陈怀公在朝廷上向国人征求意见，说："想要亲附楚国的站在右边，想要亲附吴国的站在左边。"陈国人则根据自己的田地所在的方向分立左右，没有田地的人就跟从自己亲族和亲附的人，同他们站在一起。这时，陈国大夫逢滑面朝着陈怀公向前走去，他说："臣下我听说'国家的兴旺是由于福德，国家的灭亡是由于祸殃'，如今吴国没有福德，楚国也没有祸殃。因此，我们对楚国不能随便抛弃，对吴国也不可以盲目跟从。而晋国是诸侯的盟主，如果以晋国为借口辞谢吴国，怎么样？"陈怀公说："楚国被别国战胜，国君逃亡，不是灾祸是什么？"逢滑回答说："国家有这种情况的

多矣，何必不复？小国犹复，况大国乎？臣闻'国之兴也，视民如伤，是其福也；其亡也，以民为土芥，是其祸也'。楚虽无德，亦不艾杀其民。吴日敝于兵，暴骨如莽，而未见德焉。天其或者正训楚也。祸之适吴，其何日之有？"陈侯从之。及夫差克越，乃修先君之怨。秋八月，吴侵陈，修旧怨也。

二年秋，吴洩庸如蔡纳聘，而稍纳师。师毕入，众知之。蔡侯告大夫，杀公子驷以说，哭而迁墓。冬，蔡迁于州来。

四年春，蔡昭侯将如吴，诸大夫恐其又迁也，承公孙翩逐而射之，入于家人而卒，以两矢门之，众莫敢进。文之锴后至，曰："如墙而进，多而杀二人。"锴执弓而先，翩射之，中肘，锴遂杀之，故逐公孙辰，而杀公孙姓、公孙盱。

夏，楚人既克夷虎，乃谋北方。左司马眅、申公寿余、叶公诸梁致蔡于负函，致方城之外于缯关，曰："吴将溯江入郢，将奔命焉。"为一昔之期，袭梁及霍。单浮余围蛮氏，蛮氏溃，蛮子赤奔晋阴地。司马起丰、析与狄戎以临上雒，左师军于菟和，右师军于仓野，使谓阴地之命大夫士蔑曰："晋、楚有盟，好恶同之。若将不废，寡君之愿也。不然，

太多了,怎么肯定他们就不能恢复?小国尚且能恢复,何况楚国这种大国呢?臣下我听说'国家兴起的时候,看待百姓如同对待受伤的人,这是国家的福德;国家灭亡的时候,把百姓当作泥土草芥,这是国家的祸殃'。楚国虽然没有德行,但并不胡乱杀害它的百姓。吴国在战争中一天一天地凋敝,暴露在荒野的将士尸骨多得像草芥一样,却从没见他们有什么德行。上天或许是正在给楚国一次教训吧。吴国遭到祸殃,还会有多久?"陈侯听从了他的话。等到吴王夫差攻下越国,吴国就重新清算先君时代结下的仇怨。秋季八月,吴国侵袭陈国,这是为了清算过去陈国不听吴王阖庐召唤而积下的仇怨。

二年秋季,吴国大夫洩庸到蔡国送聘礼,乘机把军队带进蔡国。军队全部进入后,蔡国才发觉。蔡昭公将此事告诉给大夫,并杀掉公子驷来威慑那些不愿意迁到吴国的蔡人取悦吴国,随后号哭着把先君的坟墓迁走。冬天,蔡国将国都迁到吴国州来。

四年春季,蔡昭公打算到吴国去,大夫们恐怕他又要迁移,尾随着大夫公孙翩追赶蔡昭公而且用箭射他,蔡昭公逃进一个百姓家里就死了,公孙翩拿着两支箭守在这家百姓的门口,众人不敢进去。大夫文之锴后来赶到,说:"大家并排像墙壁一样往前推进,最多只能射杀我们两个人。"文之锴拿着弓走在前面,公孙翩用箭射他,射中了肘部,文之锴于是就杀了公孙翩,并因此驱逐了蔡国宗室公孙辰,并杀了公孙姓、公孙盱。

夏季,楚国人攻克了背叛它的夷虎之后,就谋划向北方扩张。左司马眅、申公寿余、叶公诸梁在负函集合蔡国人,又在缯关集合方城山之外的人,对他们说:"吴国要溯长江而上进入郢都,大家准备奔走听命吧。"并规定以一个晚上为期限,却袭击了梁地和霍地。单浮余领兵包围了蛮氏,结果蛮氏败溃,蛮子赤逃奔到了晋国的阴地。司马眅征召丰地、析地人和狄戎之人入伍,逼近上雒,左军驻扎在菟和,右军驻扎在仓野,并派人对阴地的晋国大夫士蔑说:"晋、楚两国有过盟约,喜爱与憎恶彼此要相同。如果双方不废弃这个盟约,将是敝国国君的愿望。否则的话,

将通于少习以听命。”士蔑请诸赵孟。赵孟曰：“晋国未宁，安能恶于楚？必速与之！”士蔑乃致九州之戎，将裂田以与蛮子而城之，且将为之卜。蛮子听卜，遂执之，与其五大夫，以畀楚师于三户。司马致邑立宗焉，以诱其遗民，而尽俘以归。

六年春，吴伐陈，复修旧怨也。楚子曰：“吾先君与陈有盟，不可以不救。”乃救陈，师于城父。

秋七月，楚子在城父，将救陈。卜战，不吉。卜退，不吉。王曰：“然则死也。再败楚师，不如死。弃盟逃仇，亦不如死。死一也，其死仇乎！”命公子申为王，不可；则命公子结，亦不可；则命公子启，五辞而后许。将战，王有疾。庚寅，昭王攻大冥，卒于城父。子闾退，曰：“君王舍其子而让，群臣敢忘君乎？从君之命，顺也；立君之子，亦顺也。二顺不可失也。”与子西、子期谋，潜师闭涂，逆越女之子章立之，而后还。

是岁也，有云如众赤鸟，夹日以飞三日。楚子使问诸周大史。周大史曰：“其当王身乎！若禜之，可移于令尹、司马。”王曰：“除腹心之疾，而置诸股肱，何益？不穀不有大过，

我们将要打通少习山之后再来听取贵国的命令。"士蔑请示赵孟。赵孟说:"晋国还没有安定下来,怎能和楚国搞坏关系呢?一定要快点把蛮子交给他们!"于是士蔑便召集九州的戎人,假装要分给蛮子土地并为他筑城,而且要为此占卜。蛮子前来听取占卜结果时,士蔑就把他和他的五个大夫都逮捕了,在三户把他们交给楚军。司马眅又假装给蛮子建城邑策立继承人,来引诱其他散逸的蛮人,然后将他们全部俘虏回国。

六年春季,吴国攻打陈国,这是再次清算过去两国积下的仇怨。楚昭王说:"我们先君从前和陈国有过盟约,现在不能不去救援。"于是就派兵去救援陈国,楚军驻扎在城父。

秋季七月,楚昭王在城父驻扎,准备发兵救援陈国。占卜作战,结果不吉利。占卜退兵,结果也不吉利。楚昭王说:"既这样的话,那么就只有死路一条了。如果楚军再次被打败,还不如死去的好。抛弃盟国逃避仇敌,也不如死去的好。同是一死,还是为仇敌而死吧!"便命令公子申做楚王,公子申不同意;就又命令公子结做楚王,公子结也不同意;又命令公子启做楚王,公子启推辞五次后才同意。将要作战,楚昭王得了病。七月十六日,楚昭王领兵进攻大冥,结果死在城父。这时子闾(即公子启)准备放弃王位,他说:"君王舍弃了他的儿子而让君位给别人,群臣又怎敢忘记君王呢?我暂时服从君王的命令,是顺乎礼义的;但拥立君王的儿子为新君,也是顺乎礼义的。这两样顺乎礼义都不可丢掉。"于是便和子西(即公子申)、子期(即公子结)商量,秘密地转移军队封锁道路,迎接楚昭王宠姬越王勾践的女儿所生的儿子公子章,立他做国君,然后退兵回国。

就在这一年,天空中有一片云彩好像众多红色的鸟,在太阳两旁飞翔,连续三天没有消失。楚昭王便派人询问周王室的太史。周王室的太史说:"大概这一征兆要应验在君王您的身上吧!如果举行祭祀消灾的话,这一灾难就可以转移到您的令尹、司马身上了。"楚昭王说道:"去除腹部和心脏的疾病,而将其转移到大腿和胳臂上,会有什么益处呢?假如君王我没有大的过错,

天其夭诸？有罪受罚，又焉移之？"遂弗禜。初，昭王有疾，卜曰："河为祟。"王弗祭。大夫请祭诸郊，王曰："三代命祀，祭不越望。江、汉、睢、漳，楚之望也。祸福之至，不是过也。不穀虽不德，河非所获罪也。"遂弗祭。孔子曰："楚昭王知大道矣。其不失国也，宜哉！《夏书》曰：'惟彼陶唐，帅彼天常，有此冀方。今失其行，乱其纪纲，乃灭而亡。'又曰：'允出兹在兹。'由己率常可矣。"

〔补逸〕《列女传》：楚昭越姬者，越王句践之女。昭王燕游，蔡姬在左，越姬参右，王亲乘驷以驰逐，遂登附社之台，以望云梦之囿，观士大夫逐者。既欢，乃顾谓二姬曰："乐乎？"蔡姬对曰："乐。"王曰："吾愿与子生若此，死又若此。"蔡姬曰："昔敝邑寡君，固以众黎民之役事君王之马足，故以婢子之身为苞苴玩好。今乃比于妃嫔，固愿生俱乐，死同时。"王顾谓史书之，"蔡姬许从孤死矣。"乃复谓越姬。越姬对曰："昔者我先君庄王，淫乐三年，不听政事，终而能改，卒霸天下。妾以君王为能法我先君，将改斯乐而勤于政也。今则不然，而要婢子以死，其可得乎？且君王以束帛乘马取婢子于敝邑，寡君受之太庙也，不约死。妾闻之诸

上天能让我短命夭折吗？既然有罪就得受罚，又能移往哪里呢？"于是就不去祭祀消灾。起初，楚昭王有病时，占卜的人说："这是黄河之神在作怪。"楚昭王没去祭祀黄河。大夫们请求在郊外祭祀黄河之神，楚昭王说："从前三代时规定的祭祀制度，是举行祭祀不超越本国望祭山川的范围。长江、汉水、睢水、漳水，才是我们楚国望祭的大河。祸福的到来，不会超出这个范围。寡人我虽然没有德行，也不会得罪黄河之神啊。"于是就决定不去祭祀黄河。孔子对此评论说："楚昭王可谓是懂得大道理了。他没有丢掉国家丧失王位，也是理所当然的啊！《夏书》说：'唯有那位古代的唐尧，才能遵循着上天赋予的常道，据有中原这个地方。如今丢掉了他的做法，搅乱了治国的纲纪，于是便自取灭亡。'又说：'诚然是付出什么就会得到什么。'能够由自身做起遵从常道就可以了。"

[补逸]《列女传》：楚昭王宠爱的越姬，是越王句践的女儿。楚昭王宴饮游玩，蔡姬陪在左边，越姬陪在右边，楚昭王亲自乘坐四马之车驰骋追逐，然后登上附社的高台，来眺望云梦的范围，观看士大夫们追逐猎物。玩乐高兴后，楚昭王便转头对蔡姬、越姬两位宠姬说："你们快乐吗？"蔡姬回答说："十分快乐。"楚昭王说："我希望和你活着时能像这样，死后也像这样。"蔡姬说："从前敝邑的寡德之君，原本用众多黎民百姓的劳役事奉君王的马下，因此用奴婢的身子作为礼物送给君主，供君王玩好。现在竟与妃嫔地位等同，所以希望活着时跟您一起快活，死也一同去死。"楚昭王回过头叫史官记载这些话，说："蔡姬答应跟我一起死了。"于是又问越姬。越姬回答说："从前我们先君楚庄王，荒淫嬉戏长达三年之久，不理政事，最终却能改变，终于称霸天下。妾认为君王能够效法我们先君，将要改变这种玩乐作风而勤于政事。如今却不是这样，反而约定和奴婢我同死，哪能做得到呢？并且君王用束帛乘马到敝国去聘娶奴婢我，我们国君在太庙接受聘礼，没有约定同死。小妾我从众位

姑:'妇人以死彰君之善,益君之宠。'不闻其以苟从其闺死为荣。妾不敢闻命。"

居二十五年,王救陈,二姬从。王病在军中,有赤云夹日如飞鸟。王问周史,周史曰:"是害王身,然可移于将相。"将相闻之,将请以身祷于神。王曰:"将相之于孤,犹股肱也。今移祸焉,庸为去是身乎?"不听。越姬曰:"大哉,君王之德!以是妾愿从王矣。请愿先驱狐狸于地下。"王曰:"昔日之游乐,吾特戏之耳。若将必死,是益彰孤之不德也。"越姬曰:"昔日妾虽口不言,心既许之矣。妾闻之:'信者不负其言,义者不虚设其事。'妾死王之义,不死王之好也。"遂自杀。王薨于军中,蔡姬竟不能死。王弟子闾与子西、子期谋曰:"母信者,其子必仁。"乃伏师闭壁,迎越姬之子熊章立,是为惠王。然后罢兵归,葬昭王。

楚昭王出游,留夫人渐台之上而去。王闻江水大至,使使者迎夫人,忘持其符。夫人曰:"王与宫人约,令召宫人必以符。今使者不持符,妾不敢行。"使者曰:"今水方大至,还而取符,则恐后矣。"夫人曰:"贞女之义

姑姑那里听说:'妇人用死来彰明君王的好处,增加君王的荣耀。'没听说他们把盲目地跟着君王不明不白地死作为荣耀。小妾我不敢听从命令。"

过了二十五年,楚昭王领兵救援陈国,蔡姬和越姬一起跟随昭王出兵。楚昭王在军中得了病,天空中有一片云彩好像飞鸟在太阳两旁飞翔。楚昭王询问周王室的史官,周王室的史官说:"这一征兆要危害君王您的身体,不过可以把灾祸转移到将相身上。"将相们听说了这些话后,准备请求用自身代替昭王来向鬼神祈祷消灾。楚昭王说:"将和相对于我来说,就好比我的胳臂和大腿。现在将灾祸转移到胳臂和大腿上,哪算是使灾祸离开自身呢?"于是不肯听从将相们的要求。越姬说:"君王的仁德,真是太伟大了。因为这件事小妾愿意跟从君王同死了。请让我在地下先为您驱逐狐狸。"楚昭王说:"从前的游戏娱乐,我只是开个玩笑罢了。如果你一定随我去死,这就更加彰显我的不仁德了。"越姬说:"从前小妾虽然嘴上没说,其实心里已经答应您的要求了。小妾我听说过这样的话:'遵守信用的人不违背其说的话,遵守道义的人不假设其事。'小妾我为君王您的仁义而死,不是为了君王您的喜好而死。"于是自杀身亡。楚昭王死在军中,蔡姬最终没能跟随昭王一起去死。楚昭王的弟弟子闾与子西、子期商量说:"母亲是遵守信义的人,她的儿子一定有仁德。"于是就隐蔽军队关闭营垒,迎接越姬的儿子熊章,立为楚王,他就是楚惠王。然后撤兵回国,安葬了楚昭王。

楚昭王外出游玩,把夫人留在渐台之上后就独自离去。后来楚昭王听说长江水汹涌来到,就派遣使者去迎接夫人,但使者却忘记了带上令符。夫人对使者说:"楚王与宫女约定过,命令征召宫女一定要用令符。如今使者没有带令符,小妾我不敢离去。"使者说:"现在江水正在汹涌来到,如果回去取令符,恐怕就晚了。"夫人说:"贞烈女子的道义

不犯约,勇者不畏死。妾知从使者必生,留必死。然弃约越义而求生,不若留而死耳。"于是使者取符,则水大至,台崩,夫人流而死。王曰:"嗟夫! 守义死节不为苟生,处约持信以成其贞。"乃号之曰贞姜。

九年夏,楚人伐陈,陈即吴故也。

十年冬,楚子期伐陈。吴延州来季子救陈,谓子期曰:"二君不务德,而力争诸侯,民何罪焉? 我请退,以为子名,务德而安民。"乃还。

〔补逸〕《韩非子》:荆伐陈,吴救之,军间三十里。雨十日,夜星。左史倚相谓子期曰:"雨十日,甲辑而兵聚,吴人必至,不如备之。"乃为陈,陈未成而吴人至,见荆陈而反。左史曰:"吴反复六十里,其君子必休,其小人必食。我行三十里击之,必可败也。"从之。

十一年夏,陈辕颇出奔郑。初,辕颇为司徒,赋封田以嫁公女,有余以为己大器,国人逐之,故出。道渴,其族辕咺进稻醴、粱糗、腶脯焉,喜曰:"何其给也?"对曰:"器成而具。"曰:"何不吾谏?"对曰:"惧先行。"

是不违背约定，勇敢的人不畏惧死亡。小妾我明知跟从使者回去就一定能生存，留下来就一定得死亡。然而背信弃义而求得生存，不如留下来死在这里。"于是使者回去取令符，可江水已汹涌来到，渐台崩塌，夫人漂流水中淹死。楚昭王说："唉！遵守道义为保全节操而死不苟且偷生，处于穷困之境坚守信用能够成全其贞操。"于是将夫人称作贞姜。

九年夏季，楚国人攻打陈国，这是因为陈国亲近了吴国。

十年冬季，楚国大夫子期发兵攻打陈国。吴国的延州来季子救援陈国，他对子期说："吴、楚两国国君不致力于修养德行，却竞相使用武力争夺诸侯，百姓有什么罪过？我请求撤退，以此使您得到一个胜利的好名声，请您致力于德行的修养并安定百姓。"于是吴军就撤兵回国了。

〔补逸〕《韩非子》：楚国攻打陈国，吴国去援救陈国，吴、楚两军之间相隔三十里。雨水连着下了十天后，这天晚上天晴能看见星星了。楚国左史倚相对子期说："雨接连下了十天，盔甲都收集在一起没有让士兵穿好，兵器都堆放在一起没有让士兵拿好，吴国人一定会来袭击，不如防备他们。"楚军于是就摆开了阵势，阵势还没有排成而吴国人就到了，他们看见楚国排成的阵势就回去了。左史倚相说："吴军来回六十里，他们的将官一定在休息，士兵一定在吃饭。我们行军三十里去袭击他们，一定能打败他们。"子期听从了左史倚相的建议。

十一年夏季，陈国大夫辕颇逃亡到了郑国。起初，辕颇做陈国司徒，曾征收封邑内田地的赋税用来作为陈国国君女儿出嫁的费用，留有剩余就用来为自己铸造大铜器，为此国人驱逐他，所以他离开陈国出逃。在路上口渴难耐，他的族人辕咺奉上稻米甜酒、小米干饭、腌肉干，辕颇高兴地说："为什么准备得这样丰盛啊？"辕咺回答说："在器物铸成时我就准备这些食物了。"辕颇说："那你为什么不劝阻我？"辕咺回答说："害怕您不听劝阻先被您赶走。"

十五年夏,楚子西、子期伐吴,及桐汭。陈侯使公孙贞子吊焉,及良而卒,将以尸入。吴子使大宰嚭劳,且辞曰:"以水潦之不时,无乃廪然陨大夫之尸,以重寡君之忧,寡君敢辞。"上介芋尹盖对曰:"寡君闻楚为不道,荐伐吴国,灭厥民人。寡君使盖备使,吊君之下吏。无禄,使人逢天之戚,大命陨队,绝世于良。废日共积,一日迁次。今君命逆使人,曰:'无以尸造于门。'是我寡君之命委于草莽也。且臣闻之曰:'事死如事生,礼也。'于是乎有朝聘而终,以尸将事之礼;又有朝聘而遭丧之礼。若不以尸将命,是遭丧而还也,无乃不可乎?以礼防民,犹或逾之。今大夫曰:'死而弃之。'是弃礼也,其何以为诸侯主?先民有言曰:'无秽虐士。'备使奉尸将命。苟我寡君之命达于君所,虽陨于深渊,则天命也,非君与涉人之过也。"吴人内之。

十六年,楚大子建之遇谗也,自城父奔宋。又辟华氏之乱于郑,郑人甚善之。又适晋,与晋人谋袭郑,乃求复焉。郑人复之如初。晋人使谍于子木,请行而期焉。子木

十五年夏季，楚国大夫子西、子期领兵攻打吴国，到达桐汭。陈闵公派陈国宗室公孙贞子去吴国慰问，不料到达吴国良地公孙贞子就突然死了，随行副使要把公孙贞子的灵柩运进吴国都城里。吴王夫差派太宰嚭出城慰劳，并且委婉辞谢说："由于敝国雨水过多不合时令，恐怕雨水泛滥而毁坏贵国大夫公孙贞子的灵柩，从而增加敝国国君的忧虑，敝国国君谨此敢来辞谢。"陈国第一副使芋尹盖回答说："寡君听说楚国暴虐无道，屡次兴兵攻打贵国，消灭你们的百姓。因此寡君特派我芋尹盖做副使，慰问贵国国君的下级官吏。不幸的是，使臣公孙贞子遇到上天不高兴，以至于在途中丧命，在良地去世。我们耗费时日积聚殡殓的财物，但为了完成使命每天都变换住地日夜兼程。如今贵国国君命人前来迎接敝国使臣，说：'不要把灵柩运到吴都大门内来。'这实际上就是把我们寡君的命令丢弃在草丛野地中了。而且臣下我听说：'事奉死人像事奉活人一样，这才是合乎礼法的。'于是有在朝聘过程中使臣死去，仍然奉着灵柩完成使命的礼仪；又有在朝聘过程中遇到受聘国家发生丧事时的礼仪。如果不让我们奉着灵柩完成使命，这就像遇到受聘国家发生丧事而让回国一样了，恐怕不可以这样做吧！用礼仪来约束百姓，他们尚且有时逾越轨道。现在大夫说：'死了就丢弃他。'这实际上是丢掉礼仪，这样一来还怎么能当诸侯的盟主？从前的人有过这样的话：'不要把死者看成污秽。'所以做副使的我一定要奉着灵柩完成使命。如果我们国君的命令能够上达到贵国国君那里，即使让我们坠入深渊也心甘情愿，因为那是上天的意思，而不是贵国国君和送我们过河的划船人的过错了。"于是吴国人接纳了公孙贞子的灵柩。

十六年，楚平王太子建遭到诬陷，从城父逃奔到宋国。又为躲避宋国的华氏之乱到了郑国，郑国人待他非常好。他又到晋国，和晋国人谋划袭击郑国，为此他又要求回到郑国作为内应。郑国人对待他仍像以前一样。晋国人派间谍去和子木（即太子建）联系，晋国的间谍请求定下袭击郑国的日期然后再回国。子木

暴虐于其私邑，邑人诉之。郑人省之，得晋谍焉，遂杀子木。

其子曰胜，在吴。子西欲召之，叶公曰："吾闻胜也诈而乱，无乃害乎？"子西曰："吾闻胜也信而勇，不为不利。舍诸边竟，使卫藩焉。"叶公曰："周仁之谓信，率义之谓勇。吾闻胜也好复言，而求死士，殆有私乎！复言非信也，期死非勇也。子必悔之！"弗从，召之，使处吴竟，为白公。

请伐郑，子西曰："楚未节也。不然，吾不忘也。"他日，又请，许之。未起师，晋人伐郑，楚救之，与之盟。胜怒曰："郑人在此，仇不远矣。"胜自厉剑，子期之子平见之，曰："王孙何自厉也？"曰："胜以直闻，不告女，庸为直乎？将以杀尔父。"平以告子西。子西曰："胜如卵，余翼而长之。楚国第，我死，令尹、司马非胜而谁？"胜闻之，曰："令尹之狂也，得死乃非我。"子西不悛。

胜谓石乞曰："王与二卿士皆五百人当之，则可矣。"乞曰："不可得也。"曰："市南有熊宜僚者，若得之，可以当五百人矣。"乃从白公而见之，与之言，说。告之故，辞。

在他的封邑里很暴虐,封邑的人告发了他。郑国人到他家查问,发现晋国间谍,于是就杀掉了子木。

太子建的儿子名叫胜,此时正在吴国。楚国大夫子西想要召他回来,大夫叶公说:"我听说胜这个人狡诈并且好作乱,只怕会有祸害吧?"子西说:"我听说胜这个人讲究诚信而且勇敢,从来不做对国家不利的事情。把他安置在楚国边境上,让他来保卫边疆。"叶公说:"符合仁道才叫诚信,遵循道义才叫勇敢。我听说胜这个人务求践行诺言,而且又搜罗不怕死的亡命之徒,大概他是有私心吧!不管说了什么话都要践行,这并不是诚信;不管什么事都不怕死,这并不是勇敢。您一定会后悔召回他的!"子西不听从劝告,把胜召了回来,让他住在楚国和吴国接壤的地方,号为白公。

白公胜请求攻打郑国,子西说:"目前楚国的政事还没有恢复正常秩序。如果不是这样的话,我不会忘记攻打郑国的。"过了些日子,白公胜又请求攻打郑国,子西同意了。但还没有发兵,晋国人就开始攻打郑国了,楚国于是发兵去救援郑国,并和郑国结盟。白公胜因此大怒说:"原来郑国人就在这里,仇人就在身边不在远处了。"白公胜亲自磨了一把利剑,子期的儿子平见白公胜磨剑,说:"王孙你为什么要亲自磨剑呢?"白公胜说:"我以直爽闻名,不告诉你,怎能算得上爽直呢?我将要杀掉你的父亲。"子期的儿子平把这些话报告给子西。子西说:"胜就像一个鸟蛋,是我用翼把他孵化而使他长大的。按楚国任用人的次第,我死后,令尹、司马的职位不由胜来担任还由谁来担任呢?"白公胜听到子西的话后,说:"令尹子西真是狂妄,他要是得好死,我就不是我。"子西对白公胜还是没有改变态度,未加防范。

白公胜对自己的党徒石乞说:"大王和令尹子西、司马子期这二位卿士,只用五百人对付,就可以了。"石乞说:"五百人恐怕找不到。"白公胜说:"市场南边有个叫熊宜僚的人,倘若能够得到他,就能抵得上五百人。"于是石乞就跟着白公胜去见熊宜僚,和他谈话,很高兴。石乞把来意告诉熊宜僚,熊宜僚拒绝了。

承之以剑，不动。胜曰："不为利谄、不为威惕、不泄人言以求媚者，去之！"

吴人伐慎，白公败之，请以战备献，许之，遂作乱。秋七月，杀子西、子期于朝，而劫惠王。子西以袂掩面而死。子期曰："昔者，吾以力事君，不可以弗终。"抉豫章以杀人而后死。石乞曰："焚库、弑王；不然，不济。"白公曰："不可。弑王，不祥；焚库，无聚，将何以守矣？"乞曰："有楚国而治其民，以敬事神，可以得祥，且有聚矣。何患？"弗从。

叶公在蔡，方城之外皆曰："可以入矣。"子高曰："吾闻之，以险徼幸者，其求无餍，偏重必离。"闻其杀齐管修也而后入。白公欲以子闾为王，子闾不可，遂劫以兵。子闾曰："王孙若安靖楚国，匡正王室，而后庇焉，启之愿也，敢不听从？若将专利，以倾王室，不顾楚国，有死不能。"遂杀之，而以王如高府，石乞尹门。圉公阳穴宫，负王以如昭夫人之宫。

叶公亦至，及北门，或遇之，曰："君胡不胄？国人望君如望慈父母焉。盗贼之矢若伤君，是绝民望也。若之何不胄？"乃胄而进。又遇一人，曰："君胡胄？国人望君如

把剑架在熊宜僚的脖子上,他一动不动。白公胜说:"他是不为利诱、不怕威胁、不泄露别人的话去讨好的人,我们还是离开这里吧!"

吴国人攻打楚国的慎地,白公胜打败了吴国人,战后,他请求不解除军队武装献纳俘虏,楚惠王同意了,于是白公胜就乘机作乱。这年秋季七月,白公胜在朝廷上杀掉了令尹子西、司马子期,并劫持了楚惠王。子西用衣袖盖着脸而羞愧地死去。子期说:"过去,我是用勇力事奉君王的,不可以有始无终。"于是就拔起一棵樟树打死几个敌人然后死去。石乞说:"要放火烧掉府库、杀死君王;否则的话,就不能成功。"白公胜说:"这样做不行。杀死君王,不吉祥;焚烧府库,就没有了物资,将要用什么来保卫楚国?"石乞说:"只要有了楚国而好好地治理百姓,恭敬地事奉神灵,就可以得到吉祥,而且就会有物资。还怕什么呢?"白公胜没有听从他的话。

叶公当时正住在蔡地,方城山外边的人都说:"可以进兵国都平定祸乱了。"子高(即叶公)说:"我听说过这样的话,凡是通过冒险而侥幸取得成功的人,他的欲望不会满足,办事不公平百姓一定离心。"听说白公胜杀了楚国贤大夫齐国人管修,然后叶公才率兵进入郢都。白公胜想让子闾做楚王,但子闾不答应,白公胜就用武力劫持他。子闾说:"王孙如果能安定楚国,匡正王室,然后对百姓加以庇护,这是我的愿望,岂敢不听从?如果要专谋私利来倾覆王室,不顾楚国的兴亡,那么我宁死不从。"于是白公胜就杀掉了子闾,然后带着楚惠王到离宫高府去,由石乞把守大门。楚大夫围公阳在宫墙上挖开一个洞,背着楚惠王逃到楚惠王的母亲昭夫人宫中。

叶公这时也来到了,当他到达郢都北门时,有一人遇上他,说:"您为什么不戴上头盔? 国都的人盼望您的到来就像盼望慈爱的父母一样。盗贼的箭如果伤害了您,那就使百姓绝望了。为什么不戴上头盔?"于是叶公就戴上头盔前进。又遇一人,说:"您为什么要戴上头盔前进呢? 国都的人盼望您的到来就像

望岁焉，日月以几。若见君面，是得艾也。民知不死，其亦夫有奋心，犹将旌君以徇于国，而又掩面以绝民望，不亦甚乎？”乃免冑而进。遇箴尹固帅其属将与白公，子高曰：“微二子者，楚不国矣。弃德从贼，其可保乎？”乃从叶公。

使与国人以攻白公。白公奔山而缢，其徒微之。生拘石乞而问白公之死焉，对曰：“余知其死所，而长者使余勿言。”曰：“不言将烹。”乞曰：“此事克则为卿，不克则烹，固其所也。何害？”乃烹石乞。王孙燕奔颍黄氏。沈诸梁兼二事，国宁，乃使宁为令尹，使宽为司马，而老于叶。

〔补逸〕《国语》：子西使人召王孙胜，沈诸梁闻之，见子西曰：“闻子召王孙胜，信乎？”曰：“然。”子高曰：“将焉用之？”曰：“吾闻之，胜直而刚，欲置之境。”子高曰：“不可。其为人也，展而不信，爱而不仁，诈而不知，毅而不勇，直而不衷，周而不淑。复言而不谋身，展也；爱而不谋长，不仁也；以谋盖人，诈也；强忍犯义，毅也；直而不顾，不衷也；周言弃德，不淑也。是六德者，皆有其华而不实者，将焉用之？

盼望一年的收成一样，天天盼着您来。如果见到您的面，就会安心了。百姓知道不再有生命危险，人人就会有奋战之心，他们还要在国都里把您的名字和功勋向众人宣扬，可是您却把脸遮起来断绝民众的希望，不也太过分了吗？"于是叶公就脱下头盔前进。途中遇到大臣箴尹固率领他的部下正要去帮助白公胜，子高（即叶公）说："如果没有子西和子期两位，楚国就不是一个国家了。抛弃德行跟从盗贼，难道可以保身吗？"于是箴尹固就跟随叶公去攻打白公胜了。

叶公派他和国都的人攻打白公胜。白公胜逃到山上上吊而死，他的部下将他的尸体藏了起来。叶公活捉石乞之后追问白公胜的尸体下落，石乞回答说："我当然知道他的尸体隐藏的地方，但是主人白公胜让我不要说。"叶公说："不说就活活烹了你。"石乞说："这件事成功，我就成为卿；不能成功，我就要被烹杀，这本来是应有的结果。又有什么妨碍？"于是叶公就烹杀了石乞。白公胜的弟弟王孙燕逃奔到了吴地颛黄氏。在这次平定叛乱的过程中，沈诸梁（即叶公）兼任令尹、司马二职，等国家安宁以后，就让子西的儿子宁（即子国）做了令尹，让子期的儿子宽做了司马，而自己则回到封邑叶地退休养老。

〔补逸〕《国语》：子西派人召原楚平王太子建的儿子胜回国，沈诸梁知道后，去见子西说："听说您召王孙胜回国，确有此事吗？"子西说："是这样。"子高（即沈诸梁）说："将怎么使用他呢？"子西说："我听说胜正直而且刚强，想把他安置在边境上。"子高说："不行。王孙胜的为人，表面实在但不守信，外表爱人但内无仁心，做事奸诈却不明智，盛气凌人却不勇敢，直率却不行中正之道，言谈周密但用心不良。说了就做而不计自身危害，是表面实在内不守信；外表爱人而不为人长远考虑，是不仁；用阴谋诡计胜过别人，是奸诈；用强力残忍侵犯道义，是盛怒凌人；直率而毫不顾忌，是不行中正之道；只图自圆其说而抛弃德行，是用心不良。他这六个方面的德行，都徒有其表华而不实，将怎么任用他？

"彼其父为戮于楚,其心又狷而不洁。若其狷也,不忘旧怨,而不以洁悛德,思报怨而已。则其爱也,足以得人;其展也,足以复之;其诈也,足以谋之;其直也,足以帅之;其周也,足以盖之;其不洁也,足以行之。而加之以不仁,奉之以不义,蔑不克矣。

"夫造胜之怨者,皆不在矣。若来而无宠,速其怒也。若其宠之,毅贪而无厌,既而得入,而曜之以大利,不仁以长之,思旧怨以修其心。苟国有衅,必不居矣。非子职之,其谁乎?彼将思旧怨而欲大宠,动而得人,怨而有术。若果用之,害可待也。余爱子与司马,故不敢不言。"

子西曰:"德其忘怨乎!余善之,夫乃其宁。"子高曰:"不然。吾闻之曰,惟仁者可好也,可恶也,可高也,可下也。好之不逼,恶之不怨,高之不骄,下之不惧。不仁者则不然。人好之则逼,恶之则怨,高之则骄,下之则惧。骄有欲焉,惧有恶焉,欲恶怨逼,所以生诈谋也,子将若何?若召而下之,将戚而惧;为之上者,将怒而怨。诈谋之心,无所靖矣。有一不义,犹败国家;

"他的父亲太子建在楚国被杀时,他又心胸狭窄而且心地不纯。如果他心胸狭窄,不忘记过去的怨恨,就不会用纯洁的心改变德行,只是图谋报复怨恨罢了。那么他的外表爱人就足以笼络人心,他的实在就足以实践诺言,他的奸诈就足以谋划事情,他的直率就足以统率众人,他的言语周密就足以掩盖罪恶,他的心地不纯就足以实现企图。再加上他没有仁厚之德,不守道义,没有不能取得成功的了。

"造成王孙胜怨恨的费无极等人,都不在了。如果王孙胜回来而得不到宠爱,就会加速引发他的愤怒。如果他获得了宠爱,盛气凌人贪得无厌,不久就能笼络人心,又用众多的利益去引诱人,用不仁厚去培养人的利欲,使他们怀念过去的怨恨来增加报仇的心理。如果国家一旦有机可乘,那他就一定不会安分守己了。不是您承担这个责任,又是谁呢?他将要想着过去的怨恨而图谋得到令尹、司马等尊贵的位置,行动起来而又赢得人心,心怀怨恨而又很有手段。倘若果真任用他,祸害就指日可待了。我敬爱您与司马子期,所以不敢不直说。"

子西说:"用恩德来安抚他会使他忘掉怨恨吧!我只要好好待他,他就会安分守己了。"子高说:"不是这样的。我听说,只有仁爱的人,待他们好也行,待他们不好也行,提拔他们处高位也行,贬谪他们处低位也行。待他们好,他们不会凌逼上级;待他们不好,他们也不会怨恨;提拔他们处高位,他们不会骄傲;贬谪他们处低位,他们也不会惧怕。不仁爱的人却不是这样的。别人待他好,他就会凌逼人;别人待他不好,他就会怨恨;提拔他处高位,他就会骄傲;贬谪他处低位,他就会惧怕。骄傲就会产生贪欲,惧怕就会产生憎恶,贪欲、憎恶、怨恨、威逼,就会产生奸诈的阴谋,您准备怎么办呢?如果召他回来而让他处在低位,他就将忧愁而畏惧;对处在高位的上级,也将愤怒而怨恨。奸诈阴谋之心,就无法安定了。有一项不合道义,尚且能毁坏国家败坏家庭,

今壹五六，而必欲用之，不亦难乎？吾闻国家将败，必用奸人，而嗜其疾味，其子之谓乎！

"夫谁无疾眚？能者蚤除之。旧怨灭宗，国之疾眚也。为之关籥、蕃篱而远备闲之，犹恐其至也，是之为日惕。若召而近之，死无日矣。人有言曰：'狼子野心。'怨贼之人，其又可善乎？若子不我信，盍求若敖氏与子干、子皙之族而近之，安用胜也？其能几何？

"昔齐驺马繻以胡公入于贝水，邴歜、阎职戕懿公于囿竹，晋长鱼矫杀三郤于榭，鲁圉人荦杀子般于次，夫是谁之故也？非唯旧怨乎？是皆子所闻也。人之求多闻善败，以鉴戒也。今子闻而弃之，犹蒙耳也。吾语子何益？吾知逃而已。"

子西笑曰："子之尚胜也！"不从，遂使为白公。子高以疾闲居于蔡。及白公之乱，子西、子期死。叶公闻之，曰："吾怨其弃我言，而德其治楚国。楚国之能平均以复先王之业者，夫子也。以小怨置大德，吾不义也。将入杀之。"帅方城之外以入，杀白公而定王室，葬二子之族。

现在他一人就有五六项不符合道义的品德，您却一定要任用他，不也是件危险的事情吗？我听说国家将要败亡，必定任用奸诈的人，而贪图可以导致疾病的美食，大概说的就是您吧？

"谁能没有病灾，有能力的人会及早去掉它。从前的怨恨是使他宗族灭亡，这是国家的病灾。设立关卡篱笆防备它，使它离得远远的，还唯恐其回来，为此要天天警惕。倘若召他回来然后亲近他，离死就没有多长时间了。人们常说：'豺狼的孩子有野心。'对心怀怨恨准备残害他的人，又怎么可以善待呢？如果您不相信我，何不寻找若敖氏和子干、子晳的族人并亲近他们，又何必任用王孙胜呢？他有多大能耐呢？

"从前齐国大夫驺马繻把胡公杀死投入贝水里，邴歜、阎职杀害齐懿公商人把尸体隐藏到竹林中，晋国大夫长鱼蛟在榭地杀害郤锜、郤至、郤犨，鲁国养马人荦刺杀了住在党氏家里的子般，这些事件都是由于谁的缘故呢？难道不是因为以前的怨恨吗？这些都是您听说过的。每人都需要多听善恶成败的故事，作为鉴戒。现在您听到了却不吸取教训，好比遮上耳朵。我告诫您又有什么用呢？我只想逃避灾难罢了。"

子西笑着说："你这些话是过高估计王孙胜的能力了！"子西不肯听从子高的劝告，于是召王孙胜回来，号为白公。子高因病在蔡地闲居。等到白公作乱，子西、子期都被杀死。叶公（即子高）听到这个消息，说："我怨恨子西不采纳我的建议，但感激他治理楚国。楚国之所以能治理好，并且恢复先王霸业，靠的是子西他老人家。因为小的怨恨而将大的功德放置在一边，我不认为是合乎道义的。我将要进入郢都杀掉白公。"于是他率领方城山以外的军队进入郢都，杀掉白公，而安定楚国王室，之后又安葬了子西、子期两家被白公杀害的人。

《说苑》：石乞侍坐于屈建。屈建曰："白公其为乱乎？"石乞曰："是何言也？白公至于室无营，所下士者三人，与己相若臣者五人，所与同衣食者千人。白公之行若此，何故为乱？"屈建曰："此建之所谓乱也。以君子行则可，于国家行过礼则国家疑之。且苟不难下其臣，必不难高其君矣。建是以知夫子将为乱也。"处十月，白公果为乱。

《列子》：白公问孔子曰："人可与微言乎？"孔子不应。白公问曰："若以石投水，何如？"孔子曰："吴之善没者能取之。"曰："若以水投水，何如？"孔子曰："淄、渑之合，易牙尝而知之。"白公曰："人固不可与微言乎？"孔子曰："何为不可？唯知言之谓者乎！夫知言之谓者，不以言言也。争鱼者濡，逐兽者趋，非乐之也。故至言去言，至为无为。夫浅知之所争者末矣。"白公不得已，遂死于浴堂。

《说苑》：齐人有子兰子者，事白公胜。胜将为难，乃告子兰子曰："吾将举大事于国，愿与子共之。"子兰子曰："我事子，而与子杀君，是助子之不义也。畏患而去子，是遁子于难也。故不与子杀君，以成吾义；挈领于庭，以遂吾行。"

《韩诗外传》：楚有士曰申鸣，治园以养父母，

《说苑》：石乞在屈建身旁陪坐。屈建说："白公胜将要作乱了吧？"石乞说："这说得是什么话？白公胜在宫室方面没有什么营建，所礼待的贤士有三人，与自己才能相同的却愿称臣的有五人，与他吃穿一样的有千人。白公胜的行为就是这样，为什么会作乱？"屈建说："这正是我所说的作乱征兆。从君子的行为来看那是可以的，对国家来说，行为超过礼法的规定，那么国家就怀疑他。况且如果不以甘居臣下为难事，那么也必定不以高居君主之位为难事。我因此知道他即将作乱。"过了十个月，白公胜果真发动叛乱。

《列子》：白公胜问孔子说："可以跟人密谈吗？"孔子不答话。白公胜又问道："讲的话隐秘得像把石头投入水中一样不为人知，怎么样？"孔子说："会潜水的吴国人能把石头取出来。"白公胜说："像把水倒入水中一样不为人知，怎么样？"孔子说："淄水、渑水汇合在一起，易牙一尝就能把它们区分开。"白公胜说："既然如此，那么根本就不能跟别人密谈了吗？"孔子说："为什么不可以呢？只有懂得说话的意思的人才可以跟他密谈罢了！懂得所说话的意思，就不用语言来表述了。争着捕鱼的，一定会弄湿衣服；追赶野兽的，一定会快步奔跑，并不是他们愿意沾湿衣服或快步奔跑。所以最高境界的语言就是抛弃有声的言语，最高境界的作为就是无所作为。智力短浅的人所争执的东西是最低级的了。"白公胜没听懂，后来便作乱死在浴室中。

《说苑》：齐国人有个叫作子兰子的，他事奉着白公胜。白公胜准备发动政变，于是告诉子兰子说："我将在楚国干一件大事，希望同你一起干这件事。"子兰子说："我侍奉你，却又帮助你杀害君王，这是帮助你做不义的事情。如果我害怕祸患而离开你，这是在你有灾难时逃离你。所以我不帮助你杀害君王，来成全我的道义；我将在朝廷上断颈自尽，来成就我的德行。"

《韩诗外传》：楚国士人申鸣，种植果园来奉养父母，

孝闻于楚。王召之,申鸣辞不往。其父曰:"王欲用汝,何谓辞之?"申鸣曰:"何舍为子,乃为臣乎?"其父曰:"使汝有禄于国,有位于廷,汝乐而我不忧矣。我欲汝之仕也。"申鸣曰:"诺。"遂之朝,受命楚王,以为左司马。

其年遇白公之乱,杀令尹子西、司马子期。申鸣因以兵之卫。白公谓石乞曰:"申鸣,天下勇士也,今将兵,为之奈何?"石乞曰:"吾闻申鸣孝子。"劫其父以兵,使人谓申鸣曰:"子与我,则与子楚国;不与我,则杀乃父。"申鸣流涕而应之,曰:"始则父之子,今则君之臣,已不得为孝子矣,安得不为忠臣乎?"援枹鼓之,遂杀白公,其父亦死焉。

王归赏之。申鸣曰:"受君之禄,避君之难,非忠臣也;正君之法,以杀其父,又非孝子也。行不两全,名不两立,悲夫!若此而生,亦何以示天下之士哉?"遂自刎而死。《诗》曰:"进退惟谷。"

《列女传》:白公死,其妻纺绩不嫁。吴王闻其美且有行,使大夫持金百镒、白璧一双,以聘焉,以辎軿三十乘迎之,将以为夫人。白妻辞之,曰:"白公生之时,妾幸得执箕帚、掌衣履、拂枕席,托为妃匹。白公不幸而死,妾愿守其坟墓,以终天年。今王赐金璧之聘、夫人之位,非愚妾之所闻也。且夫弃义从欲者,污也;

以孝顺闻名于楚国。楚王召见他,申鸣辞谢不肯前去。他的父亲说:"楚王打算重用你,你为什么辞谢召见?"申鸣说:"为什么放弃做儿子,反而去做臣子呢?"他的父亲说:"假使你在国中享有俸禄,在朝廷中占有职位,你快乐而我也就不忧虑了。我想让你去做官。"申鸣说:"好吧。"于是就到朝廷去,接受了楚王的任命,楚王任命他担任左司马。

这年正好赶上白公叛乱,杀掉了令尹子西、司马子期。申鸣便率领军队前往防卫。白公对党徒石乞说:"申鸣,是天下的勇士,现在率领着军队,对此应怎么办呢?"石乞说:"我听说申鸣是个孝顺的儿子。"白公便劫持了申鸣的父亲,派人对申鸣说:"你顺从我,我就和你一起治理楚国;如果不顺从我,我就杀掉你的父亲。"申鸣流着眼泪回应,说:"开始时我是父亲的儿子,现在就是君王的臣子了,既然已经不能成为孝子了,怎能不做忠臣呢?"就拿起鼓槌击鼓进军,于是杀掉了白公,申鸣的父亲也死在这次战斗中。

楚王回城后赏赐了申鸣。申鸣说:"接受君王的俸禄,躲避君王的祸难,就不是忠臣;公正执行君王的法律,使自己的父亲被杀,就又不是孝子。忠孝两种德行不能同时保全,忠孝两种名声不能同时建立,可悲啊!像这样而生存,又用什么来昭示天下的士人呢?"于是就自刎而死。这就是《诗经》上说的"进退惟谷"。

《列女传》:白公去世后,他的妻子纺线织布维持生计,不再嫁人。吴王听说她长得漂亮,并且品行端正,便派大夫携带黄金一百镒、白璧一双,去聘娶她,派四周有蔽障的辎车、轺车三十辆去迎接她,准备娶她为夫人。白公的妻子辞谢聘娶,说:"白公活着的时候,小妾有幸能够拿着簸箕笤帚、管理衣服鞋子、拂拭枕头席子,作为他的配偶。白公遭难而死,小妾我愿意守着他的坟墓,以度过有生之年。现在君王惠赐黄金玉璧的聘礼以及夫人的尊位,不是愚妾想听到的东西。并且背弃道义放纵欲望的人,是行为污秽;

见利忘死者，贪也。夫贪污之人，王何以为哉？妾闻之，'忠臣不借人以力，贞女不假人以色'，岂独事生若此哉？于死者亦然。妾既不仁，不能从死，今又去而嫁，不亦太甚乎？"遂辞聘而不行。吴王贤其守节有义，号曰贞姬。

十七年。楚白公之乱，陈人恃其聚而侵楚。楚既宁，将取陈麦。楚子问帅于大师子穀与叶公诸梁。子穀曰："右领差车与左史老皆相令尹、司马以伐陈，其可使也。"子高曰："率贱，民慢之，惧不用命焉。"子穀曰："观丁父，鄀俘也，武王以为军率，是以克州、蓼，服随、唐，大启群蛮。彭仲爽，申俘也，文王以为令尹，实县申、息，朝陈、蔡，封畛于汝。唯其任也，何贱之有？"子高曰："天命不谄，令尹有憾于陈。天若亡之，其必令尹之子是与，君盍舍焉？臣惧右领与左史有二俘之贱，而无其令德也。"王卜之，武城尹吉，使帅师取陈麦。陈人御之，败，遂围陈。秋七月己卯，楚公孙朝帅师灭陈。王与叶公枚卜子良以为令尹，沈尹朱曰："吉。过于其志。"叶公曰："王子而相国，过将何为？"他日改卜子国，而使为令尹。

见到利益忘掉死亡的人，是贪得无厌。贪得无厌、行为污秽的人，君王您要来做什么呢？小妾我听说过这样的话，'忠诚的臣子不把力量借给别人，贞烈的女子不把美色借给别人'，难道只有事奉活着的人才这样吗？对于死去的人也是这样。小妾既已没有仁厚的德行，不能跟白公去死；现在又离去而改嫁，不也太过分了吗？"于是就辞谢吴王聘娶而不动身。吴王敬重她保守节操拥有道义，称她为贞姬。

十七年。楚国的白公胜作乱的时候，陈国人仗着他们丰厚的粮食积蓄而侵袭楚国。楚国安定以后，打算强割陈国的麦子。楚惠王向太师子毂和叶公诸梁询问率兵出战的统帅人选。子毂说："右领差车和左史老这两个人，都曾辅佐过先令尹子西、司马子期攻打陈国，大概他们是可以派遣的。"子高（即叶公诸梁）说："右领差车和左史老都出身低贱，百姓轻慢他们，恐怕不会听从命令。"子毂说："观丁父，是鄀国的俘虏，但武王让他做军率，因此而战胜州国、蓼国，使随国、唐国顺服，并大大开拓了楚国在蛮人居住地区的疆土。彭仲爽，是申国的俘虏，但楚文王让他做了令尹，使申国、息国成为楚国的两个县邑，使陈国、蔡国前来楚国朝见，开拓封疆达到汝水之滨。只要他们能胜任此职，又有什么低贱不低贱呢？"子高说："上天的命令不容怀疑，先令尹子西对陈国有遗恨。上天如果要灭亡陈国，恐怕一定会是由令尹子西的儿子公孙朝去完成，君王您何不舍弃右领、左史他们两个人呢？臣下我担心右领和左史有观丁父和彭仲爽那两位俘虏一般的低贱，却没有他们的美德。"楚惠王占卜此事，结果是武城尹公孙朝吉利，便派他率领军队夺取陈国的麦子。陈国人抵抗，结果战败，于是公孙朝就包围了陈国。秋季七月初八，楚国的公孙朝率领军队灭掉了陈国。楚惠王和叶公占卜让楚惠王的弟弟子良做令尹一事，沈尹朱说："吉利。他的期望超过国相。"叶公说："他作为王子出任令尹辅佐国君，期望超过令尹，那要做什么呢？"过了些日子，改为占卜让令尹子西的儿子子国出任，而让子国做了令尹。

〔补逸〕《淮南子》：太宰子朱侍饭于令尹子国，令尹子国啜羹而热，投卮浆而沃之。明日，太宰子朱辞官而归。其仆曰："楚太宰未易得也，辞官去之，何也？"子朱曰："令尹轻行而简礼，其辱人不难。"明年，伏郎尹而笞之三百。

十八年，巴人伐楚，围鄾。初，右司马子国之卜也，观瞻曰："如志。"故命之。及巴师至，将卜帅。王曰："宁如志，何卜焉？"使帅师而行。请承，王曰："寝尹、工尹勤先君者也。"三月，楚公孙宁、吴由于、蘧固败巴师于鄾，故封子国于析。君子曰："惠王知志。《夏书》曰：'官占惟能蔽志，昆命于元龟。'其是之谓乎！《志》曰：'圣人不烦卜筮。'惠王其有焉。"

〔补逸〕《新序》：楚惠王食寒菹而得蛭，因遂吞之。腹有疾，而不能食。令尹入，问曰："王安得此疾也？"王曰："我食寒菹而得蛭，念谴之而不行其罪乎，是法废而威不立也，非所以使国闻也。谴而行其诛乎，则庖宰食监法皆当死，心又不忍也。故吾恐蛭之见也，因遂吞之。"令尹避席再拜而贺曰："臣闻：'天道无亲，惟德是辅。'君有仁德，天之所奉也，病不为伤。"是夕也，惠王之后蛭出，故其久病心腹之疾皆愈。

〔补逸〕《淮南子》：楚国太宰子朱（即沈尹朱）陪着令尹子国进食，令尹子国喝了一口汤而觉得烫嘴，拿起盛酒器舀起酒浇下去。第二天，太宰子朱辞掉官职而回家。他的仆人说："在楚国太宰是一个不能轻易得到的官职，辞掉这个官位而离开，是为什么呢？"子朱说："令尹子国的行为轻狂而礼节怠慢，他一定会轻易侮辱别人。"第二年，子国让郎官尹趴下而打了他三百下。

十八年，巴人攻打楚国，包围楚国鄾地。起初，楚惠王为任命子国做右司马而占卜时，观瞻说："符合君王您的心愿。"所以任命子国做了右司马。等到巴军来到，要占卜统帅人选。楚惠王说："既然公孙宁（即子国）符合我的心愿，还占卜干什么？"就派公孙宁率领军队出征。子国请求任命副手，楚惠王说："寝尹吴由于、工尹蔇固都是为先君出过力的人。"三月，楚国的公孙宁、吴由于、蔇固在鄾地击败巴军，所以楚惠王把析地给子国做封邑。君子对此评论说："楚惠王了解人的意愿。《夏书》中说：'卜筮官，要先能推断人的意愿，然后才使用龟甲占卜。'大概说的就是这种情况吧！《志》中说：'圣人用不着常常占卜占筮。'楚惠王大概就能这样做。"

〔补逸〕《新序》：楚惠王吃冷酸菜时发现一条蛭虫，便把它吞了下去。从此腹部有了疾病而不能进食。令尹进宫，询问道："大王您怎么能得这种病呢？"楚惠王说："我吃冷酸菜时发现了一条蛭虫，转念一想，如果责备那些庖夫而不判他们罪的话，就是废弃法纪而使国家的威严树立不起来，这不是使国家有好声誉的做法。如果加以责备而诛杀他们，那么所有的庖宰食监，依法都应当处死，我又不忍心这样做。所以我怕蛭虫被发现，就把它吞了。"令尹离开座席两次参拜楚惠王并恭贺他说："臣下我听说：'上天没有私亲，只帮助那些有仁德的人。'您是一位有仁德的君主，上天会帮助您的，那种病不足为害。"这天晚上，楚惠王所吃下的蛭虫排泄出来，所以久存于心腹中的疾病也都痊愈了。

天之视听不可不察也。

《史记》：惠王四十二年，楚灭蔡。四十四年，楚灭杞，与秦平。是时越已灭吴，而不能正江、淮北。楚东侵，广地至泗上。简王元年，北伐灭莒。

臣士奇曰：平王恶积，楚国几亡。昭王初立，不能改纪其政，有申包胥、沈尹戌、子西、子期诸臣不知用，而惟囊瓦之是听。辱唐、蔡二君，导吴破楚，辱逮先人之墓。及奔走流离，始增德慧。蓝尹涉帑之怨，戒子常而贷之。救陈，卜战不吉，曰："再败楚师，不如死。"乃舍其子，而让群臣以国，义声感激，卒立越章。至若违周史赤鸟之占，拒群臣祭河之请，孔子谓其知道，可为能以晚盖者矣。其粪除宗庙，逐吴师，报唐、蔡，灭顿、胡，克夷虎，而谋北方，几继共、庄之迹，盖亦有由哉！

然当时，崎岖患难，如子西之伪为舆服以保路，子期之割心以盟随，忠亦至焉。及其反国，二人协志以靖楚。繁扬之败，楚人大惕，惧亡，而子西乃喜曰："今而可为矣。"于是迁国于都，政令一新。后此白公之乱，

上天神明，它所看所听的，我们不能不明察啊！

《史记》：楚惠王四十二年，楚国灭亡蔡国。四十四年，楚国灭亡杞国，与秦国议和。这时，越国已经灭亡了吴国，但不能统治江北、淮北地区。楚国向东方侵略，将地盘扩展到泗水一带。五十七年即楚简王元年，楚国北上攻灭莒国。

臣下我高士奇评论说：楚平王积累罪恶，楚国几乎灭亡。楚昭王刚刚继承王位时，不能改革楚平王的政治，有申包胥、沈尹戌、子西、子期众位臣子却不能任用他们，而一味听信囊瓦（即子常）。侮辱了唐成公、蔡昭公，他们引导吴军攻破楚国郢都，使先君楚平王墓中的尸体受到侮辱。等到楚昭王奔走逃亡流离失所，才开始增长道德智慧。蓝尹因用船把自己的妻儿渡过河而不给楚昭王使用，与楚昭王结怨，后来楚昭王以原令尹子常为戒而赦免了蓝尹。楚昭王准备发兵救援陈国，占卜作战，结果不吉利，楚昭王说："如果楚军再次被吴军打败，还不如死去的好。"于是舍弃了自己的儿子，而把王位让给臣子们，德义的声音使臣子们感激，最终立了楚昭王越姬所生的儿子公子章为王。至于楚昭王违背周王室太史对红鸟的占卜，拒绝群臣祭祀黄河之神的请求，孔子认为楚昭王懂得大道，可以说是能用后善掩饰前恶的人了。他清扫宗庙，驱逐吴军，报复唐国、蔡国，灭亡顿国、胡国，攻克背叛它的夷虎，然后策划向北扩张，几乎继承了楚共王、楚庄王的霸业，大概也是有缘由的吧！

然而当时，历经险阻多灾多难，像子西仿制楚昭王的车子衣服保护路上流亡的人们，子期割破胸口的皮肤取血和随国结盟，对楚昭王也是极其忠诚的。等到楚昭王返回楚国郢都，子西、子期二人齐心协力安定楚国。子期率领军队在繁扬被吴军打败，楚国人十分恐惧，害怕灭亡，而子西竟然高兴地说："从今以后国家就可以治理好了。"从这时开始把国都迁到鄀地，国家政令焕然一新。此后白公胜作乱，

沈诸梁闻子西、子期死，曰："吾怨其弃吾言，而德其治楚国。楚国之能平均以复先王之业者，夫子也。"吁！不有君子，其能国乎！

申包胥间关重茧，依墙七日，卒出秦师，逐长蛇，而践复楚之约。此其志良苦，其义视子员为尤正，而又能不贪其赏。孤忠峻节，岂直鲁仲连之流亚耶？惜乎！文公表绵上之田，勾践铸少伯之貌，而昭王自包胥辞赏后，未闻别有异数也，何以劝天下之忠节乎？

白公父子，阴狡祸贼，俱就诛锄。然则子建之不立，亦无足惜。子西忠贞有余，智断不足，引颈揖盗，可谓大愚。叶公子高始而远害，终能讨贼，至使国人望之如岁，虽高子之感鲁人，何以加焉？申鸣杀父，虽死，其尚有余恨哉！

自柏举以来，昭、惠相继，俱有令图。巴师至而不烦卜筮，直将子国，可谓有知人之明。食菹吞蛭，既恐废法，又恐罪及庖宰，其克己顺命，绰有父风。况有子高、子国为之秉政，戮力协谋，故能卒县陈、蔡，拓境至于泗上。楚之危而得复安、弱而能强者，实赖之于贤君也。

季芈以钟建负我，不惮下嫁；越姬殉昭王以义，不

叶公沈诸梁听到子西、子期死亡的消息，说："我怨恨子西不采纳我的建议，但是感激他治理了楚国。楚国之所以能够治理好而恢复先王霸业，靠的是子西他老人家。"唉！没有君子，哪能治理国家呢！

申包胥艰难跋涉，脚上磨出厚厚的茧子，靠着秦国宫廷的墙哭了七天七夜，最终使秦国出兵救援楚国，驱逐大毒蛇吴国，而实现了复兴楚国的誓言。这是他用心良苦，他的道义比伍子胥更正直，而又能不贪图楚昭王的赏赐。忠贞自持，品节高尚，难道只是鲁仲连一类的人吗？可惜啊！晋文公把绵上封作介之推的祭田，越王勾践铸造范蠡（字少伯）的铜像，而楚昭王自从申包胥辞谢赏赐后，没听说还有别的特殊礼遇，这样怎么能勉励天下的忠贞守节者呢？

白公父子二人，阴险狡猾，作乱为害，全部被诛杀。既然这样，那么太子建不被拥立为王，也没什么可惜的。子西忠贞有余，却不够明智果断，他伸长脖子向盗贼行礼，可以说是十分愚蠢。叶公子高开始时能远离祸害，最终又能够讨伐盗贼，使得国都的人盼望他到来就像盼望一年的收成，即使是齐国大夫高傒让鲁人感动，又怎能超过他呢？申鸣使父亲被白公杀死，即使自杀身亡，大概还有很多遗憾吧！

自从吴、楚两国柏举交战以来，楚昭王、楚惠王相继即位，都有远大的谋略。巴军来到而楚惠王不烦劳卜筮官，直接任命子国为将，可以说是有知人之明。吃冷酸菜时吞下蛭虫，既怕废弃了国家法纪，又怕罪责落在庖宰身上，他克制自己顺应天命，很有他父亲的风范。况且有子高、子国为他执掌政事，齐心协力共同谋划，所以能够最终使陈国、蔡国成为楚国的两个县邑，开拓边境到达泗水边上。楚国之所以由危险再度转为安全，由弱小而能够强大，确实是仰仗着德才兼备的君主。

楚昭王的妹妹季芈因为钟建已经背过自己了，不畏惧下嫁给钟建；越姬为了道义自愿为楚昭王殉死，而不是

以好；渐台失符，宁甘鱼鳖；贞姬妨绩，不慕吴王。一时女子奇行，照耀简册，不独男子市南熊僚也。国乱，而偏驳之气实产奇人，亦可异哉！

为楚昭王的爱好而死；在渐台的楚昭王夫人，因为使者没拿令符，甘愿被鱼鳖吃掉也不走；白公胜的妻子贞姬靠纺线织布维持生计，而不羡慕吴王的聘娶。这一时期女子不同凡响的行为，光耀史册，不只是市场南边的男子熊宜僚才有这样的行为。国家混乱，而不纯正的风气实际上催生了奇异之人，也可称奇了吧！

吴

卷四十九　吴通上国_{季札让国附}

成公七年春,吴伐郯,郯成。季文子曰:"中国不振旅,蛮夷入伐而莫之或恤,无吊者也夫!《诗》曰:'不吊昊天,乱靡有定。'其此之谓乎! 有上不吊,其谁不受乱? 吾亡无日矣。"君子曰:"知惧如是,斯不亡矣。"

楚围宋之役,师还,子重请取于申、吕以为赏田,王许之。申公巫臣曰:"不可。此申、吕所以邑也,是以为赋,以御北方。若取之,是无申、吕也,晋、郑必至于汉。"王乃止。子重是以怨巫臣。子反欲取夏姬,巫臣止之,遂取以行,子反亦怨之。及共王即位,子重、子反杀巫臣之族子阎、子荡及清尹弗忌及襄老之子黑要而分其室。子重取子阎之室,使沈尹与王子罢分子荡之室,子反取黑要与清尹之室。巫臣自晋遗二子书,曰:"尔以谗慝贪惏事君,而多杀不辜,余必使尔罢于奔命以死。"

卷四十九　吴通上国_{季札让国附}

　　鲁成公七年春季，吴国攻打郯国，郯国同吴国讲和。季文子说："中原各国不整军备战，遭到蛮夷的入侵，竟然没有人对此忧虑，这是没有善人的缘故啊！《诗经》说：'上天不仁，人间动乱不休。'说的就是这种情况吧！有在诸侯之上的霸主，但他却不善，谁又能不遭受祸乱呢？看来我国也很快就会灭亡了。"君子认为："能像季文子这样忧国忧民，国家就不至于灭亡了。"

　　楚国围攻宋国战役结束后，军队返回，令尹子重请求将申、吕两地赏给他，楚庄王同意了他的请求。但申公巫臣却阻止说："不能这么做。申、吕两地之所以成为城邑，是因为这里的土地为国家所有，国家也因此能征收兵赋，抵御北方的入侵。如果将这两地赏给私人，就等于国家丧失了这两个城邑，这样，晋、郑两国就必然会扩张至汉水一带。"于是楚庄王就取消了这一决定。子重因此怨恨巫臣。当子反想娶夏姬时，巫臣阻止了他，结果他自己娶了夏姬逃到晋国，因此子反也恨他。等到楚共王即位，子重、子反便杀了巫臣的族人子阎、子荡、清尹弗忌和襄老的儿子黑要，并且瓜分了他们的家产。子重夺占了子阎的家产，让沈尹和王子罢瓜分了子荡的家产，子反则夺占了黑要和清尹的家产。巫臣在晋国听到这一消息后，便写信给子重和子反说："你们靠谗言和贪婪事奉国君，并且杀了很多无辜的人，我一定要让你们疲于奔命而死。"

　　申公巫臣请使于吴，晋侯许之。吴子寿梦说之，乃通吴于晋。以两之一卒适吴，舍偏两之一焉，与其射御。教吴乘车，教之战陈，教之叛楚。置其子狐庸焉，使为行人于吴。吴始伐楚、伐巢、伐徐，子重奔命。马陵之会，吴入州来，子重自郑奔命。子重、子反于是乎一岁七奔命。蛮夷属于楚者，吴尽取之，是以始大，通吴于上国。

　　八年秋，晋侯使申公巫臣如吴。冬，晋士燮来聘，言伐郯也，以其事吴故。公赂之，请缓师。文子不可，曰：“君命无贰，失信不立。礼无加货，事无二成。君后诸侯，是寡君不得事君也，燮将复之。”季孙惧，使宣伯帅师会伐郯。

　　九年春，会于蒲。是行也，将始会吴，吴人不至。

　　十五年十一月，会吴于钟离，始通吴也。

　　〔补逸〕《吴越春秋》：寿梦元年，朝周，适楚，观诸侯礼乐。鲁成公会于钟离，深问周公礼乐。成公悉为陈前王之礼乐，因为咏歌三代之风。寿梦曰：“孤在夷蛮，徒以椎髻为俗，岂有斯之服哉？”因叹而去，曰：“於乎哉礼也！”

申公巫臣请求出使到吴国，晋景公同意了。吴王寿梦非常赏识他，于是巫臣便使吴、晋两国建立了友好关系。他去吴国时带了三十辆兵车，这时就留下十五辆，并送给吴国射手和御者。教吴国人学习驾车，教他们练习使用战阵，又教他们背叛楚国。还把他的儿子狐庸安排在吴国，做了外交官。于是吴国开始攻打楚国、巢国和徐国，子重为了救援这些国家来回奔波。诸侯们在马陵会盟时，吴国人攻入州来，子重从郑国赶回救援。这时子重、子反在一年内为了救援别国，竟然领兵七次抵抗吴军。从前归属楚国的蛮夷，如今全被吴国夺走了，吴国因此而日益强大起来，开始和中原各国来往。

八年秋季，晋景公派申公巫臣到吴国。冬季，晋国的士燮来鲁国聘问，说是要攻打郑国，因为郑国背叛晋国而事奉吴国。成公送给士燮财物，请求让鲁国暂缓出兵。但文子（即士燮）不同意，他说："执行国君的命令不能随意变更，失去对国君的信用就难以自立。我只能接受规定的礼物，不能另外有所增加，马上出兵或暂缓出兵，只能有一种选择。如果您在其他诸侯之后出兵，那么我们国君就难以再事奉您了，我将如实向我们国君汇报。"季文子对此感到害怕，只好让宣伯领兵会同晋军讨伐郑国。

九年春季，晋国召集诸侯在蒲地会盟。这次会盟本来打算开始和吴国会见，但吴国没有派人前来参加。

十五年十一月，叔孙侨如和晋国的士燮、齐国的高无咎、宋国的华元、卫国的孙林父、郑国的公子鱛及邾人在钟离和吴国举行了会谈，这是中原各国首次和吴国往来。

〔补逸〕《吴越春秋》：寿梦元年，寿梦朝觐周王，到楚国参观，观赏诸侯的礼乐展示。鲁成公和他在钟离会见，寿梦深入咨询周公的礼乐制度。鲁成公把所有先王的礼乐都展示给寿梦观看，为他咏唱三代的乐歌。寿梦说："我在蛮夷地区居住，只把梳锥形的发髻当作习俗，哪里有这样的服饰呢？"因此寿梦感慨万千地离去，说："啊，这就是中原的礼仪呀！"

襄公三年春,楚子重伐吴,为简之师。克鸠兹,至于衡山。使邓廖帅组甲三百、被练三千,以侵吴。吴人要而击之,获邓廖,其能免者,组甲八十、被练三百而已。子重归,既饮至三日,吴人伐楚,取驾。驾,良邑也;邓廖,亦楚之良也。君子谓子重于是役也,所获不如所亡。楚人以是咎子重,子重病之,遂遇心疾而卒。

六月,公会单顷公及诸侯。己未,同盟于鸡泽。晋侯使荀会逆吴子于淮上,吴子不至。

五年夏,吴子使寿越如晋,辞不会于鸡泽之故,且请听诸侯之好。晋人将为之合诸侯,使鲁、卫先会吴,且告会期。故孟献子、孙文子会吴于善道。九月丙午,盟于戚,会吴也。

十年春,会于柤,会吴子寿梦也。

十二年秋,吴子寿梦卒。临于周庙,礼也。凡诸侯之丧,异姓临于外,同姓于宗庙,同宗于祖庙,同族于祢庙。是故鲁为诸姬,临于周庙,为邢、凡、蒋、茅、胙、祭,临于周公之庙。

〔补逸〕《史记》:寿梦立而吴始益大,称王。自太伯作吴,五世而武王克殷,封其后为二:其一虞,在中国;其一吴,在夷蛮。十二世而晋灭中国之虞。

鲁襄公三年春季,楚国的子重发兵攻打吴国,组建了一支经过严格挑选的军队。楚军攻下吴国的鸠兹,又进抵衡山。然后派邓廖率领三百身穿组甲的车兵和三千身穿被练的步兵进攻吴国。吴国人拦腰截击,一举抓获邓廖,只有八十个车兵和三百步兵幸免被俘。子重回国后,举行庆祝胜利的饮至之礼三天后,吴国人进攻楚国,夺取了驾地。驾地是楚国的一个好地方,邓廖也是楚国的一个杰出将领。因此君子们认为,子重在这次战役中得到的没有失去的多。楚国人也因此而归罪于子重,子重心中忧郁愤懑,得了心疾死去了。

　　六月,襄公和单顷公及晋悼公、宋平公、卫献公、郑僖公、莒犁比公、邾宣公并齐国太子光相会。二十三日,在鸡泽会盟。晋悼公派荀会到淮水上游迎接吴王寿梦,但吴王没有来。

　　五年夏季,吴王派寿越出使晋国,解释未能参加鸡泽盟会的缘故,同时请求服从命令和诸侯友好。晋国人为此准备再次召集诸侯会盟,并派鲁、卫两国先和吴国相会,同时告诉了吴国相会的日期。因此鲁大夫孟献子和卫大夫孙文子在善道与吴国人相会。九月二十三日,鲁襄公和晋悼公、宋平公、陈哀公、卫献公、郑僖公、曹成公、莒犁比公、邾宣公、滕悼公、薛伯、齐太子光、吴国人、鄫国人在戚地举行了会盟,是为了和吴国相会。

　　十年春季,襄公和晋悼公、宋平公、曹成公、卫献公、莒犁比公等诸侯在相地举行了会盟,目的是和吴王寿梦进行会谈。

　　十二年秋季,吴王寿梦去世。鲁襄公到周文王庙中哭吊,这是合于礼法的。凡是诸侯的丧事,异姓的到城外哭吊,同姓的到文王庙中哭吊,同宗的在祖庙哭吊,同族的在父庙中哭吊。因此,鲁国遇到姬姓国家有了丧事就到周文王庙中哭吊,遇到邢、凡、蒋、茅、胙、祭等国有了丧事,就到周公庙中哭吊。

　　〔补逸〕《史记》:寿梦即位后吴国开始逐渐强大,自称为王。自从太伯兴建吴国,传到五代时周武王战胜殷商,封他的后代为二国:一个是虞国,在中原地区;另一个是吴国,在夷蛮地区。传了十二代,晋国灭掉了中原地区的虞国。

中国之虞灭二世，而夷蛮之吴兴。大凡从太伯至寿梦十九世。

《吴越春秋》：十七年，寿梦以巫臣子狐庸为相，任以国政。二十五年，寿梦病，将卒，有子四人，长曰诸樊，次曰余祭，次曰余昧，次曰季札。季札贤，寿梦欲立之。季札让曰："礼有旧制，奈何废前王之礼，而行父子之私乎？"寿梦乃命诸樊曰："我欲传国及札，尔无忘寡人之言。"诸樊曰："周之太王知西伯之圣，废长立少，王之道兴。今欲授国于札，臣诚耕于野。"王曰："昔周行之德加于四海，今汝于区区之国，荆蛮之乡，奚能成天子之业乎？且今子不忘前人之言，必授国以次，及于季札。"诸樊曰："敢不如命！"

寿梦卒，诸樊以適长摄行事，当国政。

十三年秋，楚共王卒，吴侵楚。养由基奔命，子庚以师继之。养叔曰："吴乘我丧，谓我不能师也，必易我而不戒。子为三覆以待我，我请诱之。"子庚从之。战于庸浦，大败吴师，获公子党。君子以吴为不吊。《诗》曰："不吊吴天，乱靡有定。"

十四年春，吴告败于晋，会于向，为吴谋楚故也。范宣子数吴之不德也，以退吴人。

中原地区的虞国灭亡后两代,而夷蛮地区的吴国兴盛起来。从太伯到寿梦总共有十九代。

《吴越春秋》:吴王寿梦十七年,寿梦任命申公巫臣的儿子狐庸为宰相,把国政托付给他。二十五年,寿梦病重,将要死去,他有四个儿子,长子叫诸樊,二子叫余祭,三子叫余昧,四子叫季札。季札贤能,寿梦想立他为国君。季札辞让,说:"礼法有旧的规定,怎么能废除先王的礼制,来徇父子之间的私情呢?"寿梦于是命令诸樊说:"我想要把国家的政权传给季札,你可不要忘记我所说的话啊。"诸樊说:"周朝的太王知道西伯文王的圣贤,废嫡长子太伯而立少子季历,于是周朝就王道兴盛。如今要把国政授予季札,我真心愿意去田间耕作。"寿梦说:"从前周王朝的德行推行于四海之内,而如今区区的吴国,处在荆蛮地区的荒僻之地,怎么能成就天子的大业呢? 况且现在你不要忘记前人所说的话,一定要把国政依次传承,最后传给季札。"诸樊说:"我怎敢不听从您的命令呢!"

吴王寿梦去世,诸樊以嫡长子的身份代理政务,掌握国家政权。

十三年秋季,楚共王去世,吴国入侵楚国。养由基率军迅速迎了上去,子庚领兵随后接应。养叔(即养由基)说:"吴国乘我国处于国丧期间进攻,以为我们不能出兵抗击,肯定会轻视我们而丧失戒备之心。你设下三批伏兵等候我,我去引诱他们。"子庚听从了他的话。于是双方在庸浦交战,楚国把吴军打得大败,俘获了公子党。君子认为吴国此举不善。《诗经》说:"如果上天认为你不善,那么动乱就会无休无止。"

十四年春季,吴国向晋国报告被楚国打败的消息,于是季孙宿、叔老和晋的范宣子、齐国人、宋国人、卫国人、曹国人、莒国人等在向地和吴国人相会,是为了帮助吴国谋划如何对付楚国。范宣子指责吴国人在楚国国丧期间发动进攻是不道德的,以此斥退了吴国人。

吴子诸樊既除丧，将立季札。季札辞曰："曹宣公之卒也，诸侯与曹人不义曹君，将立子臧。子臧去之，遂弗为也，以成曹君。君子曰：'能守节。'君，义嗣也，谁敢奸君？有国非吾节也。札虽不才，愿附于子臧，以无失节。"固立之，弃其室而耕，乃舍之。

〔补逸〕《吴越春秋》：吴王诸樊元年，已除丧，让季札曰："昔前王未薨之时，尝晨昧不安。吾望其色也，意在于季札。又复三朝悲吟而命我曰：'吾知公子札之贤，欲废长立少，重发言于口。虽然，吾心已许之。'然前王不忍行其私计，以国付我，我敢不从命乎？今国者，子之国也，吾愿达前王之义。"季札谢曰："夫适长当国，非前王之私，乃宗庙社稷之制，岂可变乎？"诸樊曰："苟可施于国，何先王之命有？太王改为季历，二伯来入荆蛮，遂城为国，周道遂成。前人诵之，不绝于口，而子之所习也。"札复谢曰："昔曹公卒，庶存适亡，诸侯与曹人不义而立于国，子臧闻之，行吟而归。曹君惧，将立子臧。子臧去之，以成曹之道。札虽不才，愿附子臧之义。吾诚避之。"吴人固立季札，季札不受，而耕于野。吴人舍之。诸樊骄恣，轻慢鬼神，仰天求死。将死，命弟余祭曰："必以国及季札。"乃封季札于延陵，号曰延陵季子。

吴王诸樊为父亲服丧期满后,准备拥立弟弟季札为吴国国君。季札推辞说:"曹宣公去世时,诸侯和曹国人都认为曹成公不合适,而准备拥立子臧。子臧逃离了曹国,因此曹国人就改变了主意,成全了曹成公。君子说:'子臧可以说是能保持节操。'国君您是合法继承人,谁敢冒犯您?当国君不是我的志向。我季札虽然没有什么才干,但愿效仿子臧的作为,以使自己不失操守。"诸樊坚持要立他为国君,他便放弃了自己的家产到乡间种田去了,这样诸樊才不再勉强他。

　　〔补逸〕《吴越春秋》:吴王诸樊元年,服丧期满后,让位于季札说:"当初父王还没死的时候,曾经早晚坐卧不安。我观望他的气色,他是想立季札为国君。他又多次悲叹并且叮嘱我说:'我知道公子季札贤能,想要废除嫡长子而立小儿子,但话难以说出口。虽然如此,我的心中已默许他为继承人了。'但是父王不忍心实行他的想法,就把国家托付给我,我敢不听从父王的命令吗?如今的吴国,是您的国家了,我愿意成全父王的遗愿。"季札辞谢说:"嫡长子继位掌握国家政权,不是先王的私心,而是宗庙社稷的制度,怎么能够改变呢?"诸樊说:"如果能够对国家有利,怎么能够拘泥于先王的命令呢?太王改传君位给李历,太伯和仲雍便来到了荆蛮地区,于是自己筑城建国,周朝的王道也就兴盛起来。前人歌颂他们,赞不绝口,这是你所熟知的。"季札再次辞谢说:"以前曹宣公去世,庶子在而嫡长子去世了,诸侯和曹国人认为曹成公不讲道义却执掌国政,子臧听说后,唱着歌回到国内。曹成公十分恐惧,想立子臧为国君。于是子臧便离开了曹国,以成全曹成公。季札我虽然没有才能,但愿意追随子臧的德义。我实在是应当回避。"吴国人坚持要立季札为国君,季札不肯接受,跑去乡野中耕种。吴国人于是就不再勉强他。诸樊骄傲放恣,轻蔑鬼神,仰头向天祈求死亡。快要死的时候,命令他的弟弟余祭说:"一定要把国家交给季札。"于是就把季札分封到延陵,号称延陵季子。

秋,楚子为庸浦之役故,子囊师于棠以伐吴,吴不出而还。子囊殿,以吴为不能而弗儆。吴人自皋舟之隘要而击之,楚人不能相救,吴人败之,获楚公子宜穀。

二十四年夏,楚子为舟师以伐吴,不为军政,无功而还。

冬,吴人为楚舟师之役,召舒鸠人,舒鸠人叛楚。

二十五年秋,舒鸠人卒叛楚。令尹子木伐之,吴人救之,吴师大败。十二月,吴子诸樊伐楚以报舟师之役。门于巢,巢牛臣曰:"吴王勇而轻,若启之,将亲门。我获射之,必殪。是君也死,疆其少安。"从之。吴子门焉,牛臣隐于短墙以射之,卒。

二十六年夏,楚子、秦人侵吴。及雩娄,闻吴有备而还。

二十九年,吴人伐越,获俘焉,以为阍,使守舟。吴子余祭观舟,阍以刀弑之。

吴公子札来聘,见叔孙穆子,说之,谓穆子曰:"子其不得死乎! 好善而不能择人。吾闻'君子务在择人',吾子为鲁宗卿,而任其大政,不慎举,何以堪之? 祸必及子。"

请观于周乐,使工为之歌《周南》《召南》,曰:"美哉! 始基之矣。犹未也,然勤而不怨矣。"为之歌《邶》《鄘》

秋季,楚康王因为庸浦之战的缘故,派子囊驻军棠地讨伐吴国,吴国人不敢迎战,楚军便退回了。撤退时子囊走在最后,他认为吴国无力应战,所以放松了警戒。不料吴国人从皋舟的险要处对楚军拦腰截击,楚国人彼此不能相互救援,结果被吴军打得大败,公子宜穀被俘虏。

二十四年夏季,楚康王出动水军攻打吴国,因为没有颁布赏罚的军令,所以无功而返。

冬季,吴国人因为楚国派水军进攻吴国之事而招诱舒鸠人,因此舒鸠人背叛了楚国。

二十五年秋季,舒鸠人终于背叛了楚国。楚国令尹子木发兵攻打舒鸠人,吴国人前来救援,结果被打得大败。十二月,吴王诸樊攻打楚国,以报复去年楚国水兵入侵的仇恨。吴军攻打巢地城门时,巢牛臣说:"吴王勇敢但很轻率,如果我们打开城门,他必定亲自带头入城。我乘机用箭射他,肯定能把他射死。他一死,我们的边境上就可以稍微安定一些。"楚国人采纳了他的建议。吴王攻入城门时,牛臣隐藏在矮墙后射他,一箭把他射死。

二十六年夏季,楚康王和秦国人入侵吴国。军队攻到雩娄时,听说吴国做好了准备,便退回去了。

二十九年,吴国人攻打越国,抓到了一个俘虏,便让他当守门人,派他守护船只。当吴王余祭察看船只时,这个看门人就乘机杀了他。

吴国的公子札来鲁国聘问,见到叔孙穆子,很喜欢他,对穆子说:"您将来难以善终!因为您虽然喜欢行善但不擅长选用人才。我听说'君子应致力于选拔人才',您作为鲁国宗卿,执掌鲁国政权,却不能谨慎地选用人才,国家怎么能受得了呢?灾祸肯定会降到您身上。"

公子札请求聆听观赏周朝的音乐和舞蹈,鲁襄公便让乐工为他演唱了《周南》《召南》,他听后大为赞赏,说:"真是美妙啊!这表明周王朝的事业已经开始奠定基础了。虽然还没有成功,但百姓勤劳而没有怨言。"接着乐工又为他演唱了《邶风》《鄘风》

《卫》，曰："美哉渊乎！忧而不困者也。吾闻卫康叔、武公之德如是，是其《卫风》乎！"为之歌《王》，曰："美哉！思而不惧，其周之东乎！"为之歌《郑》，曰："美哉！其细已甚，民弗堪也。是其先亡乎！"为之歌《齐》，曰："美哉！泱泱乎，大风也哉！表东海者，其太公乎！国未可量也。"为之歌《豳》，曰："美哉荡乎！乐而不淫，其周公之东乎！"为之歌《秦》，曰："此之谓夏声。夫能夏则大，大之至也，其周之旧乎！"为之歌《魏》，曰："美哉沨沨乎！大而婉，险而易行，以德辅此，则明主也。"为之歌《唐》，曰："思深哉！其有陶唐氏之遗民乎！不然，何忧之远也？非令德之后，谁能若是？"为之歌《陈》，曰："国无主，其能久乎？"自《郐》以下无讥焉。

为之歌《小雅》，曰："美哉！思而不贰，怨而不言，其周德之衰乎！犹有先王之遗民焉。"为之歌《大雅》，曰："广哉，熙熙乎！曲而有直体，其文王之德乎！"为之歌《颂》，曰："至矣哉！直而不倨，曲而不屈，迩而不逼，远而不携，迁而不淫，复而不厌，哀而不愁，乐而不荒，用而不匮，广而不宣，施而不费，取而不贪，处而不底，行而不流。五声和，

《卫风》，他说："真美妙啊，音调深沉！百姓虽然忧伤但并不穷困。我听说卫国的康叔、武公就具有这种品德，刚才演奏的大概是《卫风》吧！"乐工又为他演唱了《王风》，他说："真美妙啊！百姓虽然心怀忧思但并不恐惧，这大概是周王室东迁以后的乐曲吧！"乐工又为他演唱了《郑风》，他说："真美妙啊！但它的音节过于琐碎，百姓难以承受了。这个国家大概要首先灭亡吧！"乐工又为他演唱了《齐风》，他说："真美妙啊！声音宏大，不愧是大国的音乐！可以做东海一带诸侯表率的，恐怕是姜太公的国家吧！国家的前程不可限量。"乐工又为他演唱了《豳风》，他说："美妙啊，如此坦荡！欢快而又有节制，这恐怕是周公东征时的音乐吧！"乐工又为他演唱了《秦风》，他说："这是西方的夏声。能有这种夏声，国家自然强盛，而且非常地强盛，这恐怕是周朝旧地的乐曲吧！"乐工又为他演唱了《魏风》，他说："真美妙啊，轻盈飘逸！粗犷而又委婉，说明政令虽然艰难但并不难于推行，如果再辅以德行，就能成为贤明的君主了。"乐工又为他演唱了《唐风》，他说："忧思深沉啊！这里恐怕有陶唐氏的遗民吧！否则，为什么忧思如此深远呢？若不是继承唐尧美德的后代，谁能够这样呢？"乐工又为他演唱了《陈风》，他说："听起来感到这个国家好像没有君主，它还能长久的存在吗？"乐工再演唱《郐风》以下的内容时，他就不加以评论了。

为他演唱《小雅》后，他说："美妙啊！心怀忧思而无叛离之心，虽有怨恨但没有尽情吐露，这大概是周朝衰败时的作品！不过其中还有先王的遗民。"乐工为他演唱《大雅》后，他说："意境宏大，和谐动听！表面柔和曲折但内里刚劲有力，表现的大概是文王的美好德行吧！"乐工又为他演唱了《颂》，他说："真是好极了！刚直而不倨傲，委婉柔和而又不屈不挠，紧凑密集而不局促逼迫，稀疏悠远而又不散漫游离，有变化而不过分，有重复而不令人厌倦，有哀思而不忧伤，有欢快而不放浪，乐调丰富多彩用之不竭，意境宏大含蓄不露，如同施舍恩惠而不浪费，又如求取财物而不贪婪，静止而不停滞，流动而不泛滥。五声和美，

八风平。节有度，守有序。盛德之所同也。"

　　见舞《象箾》《南籥》者，曰："美哉！犹有憾。"见舞《大武》者，曰："美哉！周之盛也，其若此乎！"见舞《韶濩》者，曰："圣人之弘也，而犹有惭德，圣人之难也！"见舞《大夏》者，曰："美哉！勤而不德，非禹，其谁能修之？"见舞《韶箾》者，曰："德至矣哉，大矣！如天之无不帱也，如地之无不载也。虽甚盛德，其蔑以加于此矣。观止矣。若有他乐，吾不敢请已。"

　　其出聘也，通嗣君也，故遂聘于齐。说晏平仲，谓之曰："子速纳邑与政。无邑、无政，乃免于难。齐国之政，将有所归。未获所归，难未歇也。"故晏子因陈桓子以纳政与邑，是以免于栾、高之难。

　　聘于郑，见子产，如旧相识。与之缟带，子产献纻衣焉。谓子产曰："郑之执政侈，难将至矣，政必及子。子为政，慎之以礼。不然，郑国将败。"

　　适卫，说蘧瑗、史狗、史鳍、公子荆、公叔发、公子朝，曰："卫多君子，未有患也。"
　　自卫如晋，将宿于戚，闻钟声焉。曰："异哉！吾闻之也，辨而不德，必加于戮。夫子获罪于君以在此，惧犹不足，而又何乐？夫子之在此也，犹燕之巢于幕上。君又在殡，

八音谐调。节奏有一定的规律,乐器配合有一定的次序。这都是与圣贤的美德是一致的。"

看到表演《象箾》《南籥》舞时,说:"美妙啊！不过还有点美中不足。"看到表演《大武》舞时,他说:"美妙啊！当年周朝强盛的时候,大概就是这个样子吧！"看到表演《韶濩》舞时,他说:"表现了圣人的宽宏大度,不过好像还流露出惭愧的意思,可见圣人也有为难的时候啊！"看到表演《大夏》舞时,他说:"美妙啊！表现了勤奋而不居功自傲的精神,除了禹,谁还能创造出这样的舞蹈呢?"看到表演《韶箾》舞时,他说:"功德达到了顶峰,伟大啊！如同上天一样无不覆盖,又像大地一样无不承载。即使再高尚的德行,也不会超过这种尽善尽美的境界了。观赏到此为止吧。即使还有其他乐舞,我也不敢再请求观赏了。"

这次季札出国聘问,目的是为吴国继位的新君谋求友好,因此随后就从鲁国到齐国聘问。他很喜欢晏平仲(即晏婴),对他说:"你赶紧把封邑和政权还给国君。只有既没有封地又没有政权,才能免于祸患。齐国的政权,将会另有归属。如果政权未获新归属,祸乱就不会停止。"因此晏婴就通过陈桓子把政权和封邑还给了齐景公,这样才逃过后来栾氏和高氏发动的祸乱。

季札到郑国聘问,见到子产,两人一见如故。他送给子产一条白绢大带,子产送给他一件麻布衣服。他对子产说:"目前郑国的执政者过于奢侈,因此一场祸乱就要来临了,政权必将落到您的手中。将来您一旦执政,务必要依靠礼法来慎重处理政事。否则,郑国将会灭亡。"

季札到了卫国,对蘧瑗、史狗、史鳅、公子荆、公叔发、公子朝等人印象很好,他说:"卫国有很多君子,不会有忧患发生。"

季札从卫国前往晋国时,准备投宿于戚地,忽然听到一阵钟声。他惊讶地说:"奇怪呀！据我所知,一个人发动叛乱而又没有德行的话,必定会遭到杀戮。这一位得罪国君后住在这里,恐惧还怕来不及呢,又怎能如此的快乐呢? 这一位住在这里,就如同燕子在帐幕上筑巢般危险。而且国君又在停棺待葬,

而可以乐乎?"遂去之。文子闻之,终身不听琴瑟。

适晋,说赵文子、韩宣子、魏献子,曰:"晋国其萃于三族乎!"说叔向。将行,谓叔向曰:"吾子勉之!君侈而多良,大夫皆富,政将在家。吾子好直,必思自免于难。"

〔补逸〕《公羊传》:吴无君,无大夫,此何以有君、有大夫?贤季子也。何贤乎季子?让国也。其让国奈何?谒也,余祭也,夷昧也,与季子同母者四。季子弱而才,兄弟皆爱之,同欲立之以为君。谒曰:"今若是迮而与季子国,季子犹不受也。请无与子,而与弟。弟兄迭为君,而致国乎季子。"皆曰:"诺。"故诸为君者,皆轻死为勇,饮食必祝曰:"天苟有吴国,尚速有悔于予身。"故谒也死,余祭也立;余祭也死,夷昧也立;夷昧也死,则国宜之季子者也。季子使而亡焉。

僚者,长庶也,即之。季子使而反,至而君之尔。阖庐曰:"先君之所以不与子国而与弟者,凡为季子故也。将从先君之命与,则国宜之季子者也;如不从先君之命与,则我宜立者也。僚恶得为君乎?"于是使专诸刺僚,而致国乎季子。季子不受,曰:"尔弑吾君,吾受尔国,是我与尔为篡也。尔杀吾兄,吾又杀尔,是父子兄弟相杀,终身无已也。"去之延陵,终身不入吴国。

国丧期间怎么能击钟奏乐呢?"说完便离开了戚地。孙文子(即孙林父)听到他的话后,终身不听音乐。

到晋国后,季札很喜欢赵文子(即赵武)、韩宣子(即韩起)、魏献子(即魏舒),他说:"晋国的政权将要落到这三大家族手中!"他也喜欢叔向。临走时,对叔向说:"您努力吧! 国君虽然奢侈,但良臣很多,大夫们都非常富有,晋国的政权将来要落到大夫手中。您为人耿直,一定要尽量使自己避开祸难。"

〔补逸〕《公羊传》:吴国被看作是没有国君,也没有大夫的,这里为什么承认吴国有国君、有大夫呢? 是由于认为季子贤明。为什么认为季子贤明呢? 因为他辞让了君位。他辞让君位是怎么回事呢? 谒、余祭、夷昧和季子是同母所生的四个兄弟。季子年少而有才干,他的哥哥们都很喜爱他,都想立他为国君。谒说:"现在像这样仓促地把君位交给季子,季子可能不会接受。那么请不要把君位传给儿子,而把君位传给弟弟。咱们兄弟轮流做国君,然后把君位传给季子。"余祭、夷昧都说:"好。"所以几位当君主的都轻视死亡,行为勇敢,吃饭时一定祷告说:"上天如果想让吴国存在,请尽快让灾祸降临到我身上。"所以国君谒死后,余祭立为国君;余祭死后,夷昧立为国君;夷昧死后,那么君位应该传到季子了。季子借口出使别的国家而逃走了。

僚是庶子中的长子,即位成为新君。季子出使回来,到了国都,承认僚为国君,用对国君的礼仪侍奉僚。阖庐说:"先君之所以不把君位传给儿子而传给弟弟,都是为了季子的缘故。如果遵从先君的命令,那么君位应该传给季子;如果不遵从先君的命令,那么我应该立为国君。僚怎么能成为国君呢?"阖庐于是派专诸刺死了僚,而把君位交给季子。季子不接受,说:"你弑杀了我的君主,我接受你的君位,那么是我和你一起篡权。你杀死了我的哥哥,我又杀死你,那么是父子、兄弟相互残杀,终生不能停止。"于是季子离开国都到了延陵,终生不进入国都朝见君主。

故君子以其不受为义，以其不杀为仁。贤季子，则吴何以有君有大夫？以季子为臣，则宜有君者也。札者何？吴季子之名也。《春秋》，贤者不名，此何以名？许夷狄者，不壹而足也。季子者，所贤也，曷为不足乎季子？许人臣者，必使臣；许人子者，必使子也。

《礼记》：延陵季子适齐。于其反也，其长子死，葬于嬴、博之间。孔子曰："延陵季子，吴之习于礼者也。"往而观其葬焉。其坎深不至于泉，其敛以时服。既葬而封，广轮掩坎，其高可隐也。既封，左袒，右还其封，且号者三，曰："骨肉复归于土，命也。若魂气，则无不之也，无不之也。"而遂行。孔子曰："延陵季子之于礼也，其合矣乎！"

《说苑》：延陵季子游于晋，入其境，曰："嘻！暴哉国乎！"入其都，曰："嘻！力屈哉国乎！"立其朝，曰："嘻！乱哉国乎！"从者曰："夫子之入晋境未久也，何其名之不疑也？"延陵季子曰："然。吾入其境，田亩荒秽而不休，杂增崇高，吾是以知其国之暴也。吾入其都，新室恶而故室美，新墙卑而故墙高，吾是以知其民力之屈也。吾立其朝，君能视而不下问，其臣善伐而

所以君子认为他不接受君位是有道义，认为他不与亲人相互残杀是仁爱。认为季子贤明，为什么吴国就被承认是有君主、有大夫的呢？把季子当作臣子，那么就应该有国君了。札是谁？是吴国的季子的名。《春秋》对贤明之人，不写名而写字，这里为什么写他的名呢？承认夷狄这些国家君臣的身份，不能一次就彻底承认。季子是孔子所认可的贤明的人，为什么不完全按照记载贤者的有关体例记载季子呢？承认一个人是臣子，一定使他确实有臣子的样子；承认一个人是儿子，一定使他确实有儿子的样子。

　　《礼记》：延陵季子到齐国去。在他返回的途中，他的长子死了，就葬在齐国的嬴、博二邑之间。孔子说："延陵季子是吴国熟习礼仪的人。"于是前去观看他举办的丧礼。墓穴的深度不到地下有泉水的地方，殓时穿的是平时的衣服。下葬以后的墓上用土堆个坟头，长宽正好可以盖住墓穴，高度可以用手扶着。坟头堆好后，季子袒露左臂，往右即逆时针绕着坟头走，并且号哭三次，说："骨肉又回到土中去了，这是命该如此。你的灵魂则无所不往，无所不往啊。"然后就上路了。孔子说："延陵季子所行的礼，都很合乎礼的真意！"

　　《说苑》：延陵季子游历到晋国，进入晋国境内后，说："唉！这个国家的政治太残暴了！"进入晋国的都城后，说："唉！这个国家的民力已经困乏了！"站到晋国的朝堂上后，说："唉！这个国家的国政太混乱了！"他的随从问道："先生进入晋国境内的时间不长，为什么对它的评价这样毫不迟疑呢？"季札说："是这样。我进入晋国境内后，看到他们的田野荒芜而没有除草，杂草丛生而且长得很高，我因此知道晋国的政治残暴。我进入晋国的都城，看见他们新修的房屋很差，但从前的房屋华美；新筑的墙低矮，而从前筑的墙高大：我因此知道晋国的民力困乏了。我站在晋国的朝堂上，晋君长着眼睛却不过问下情，他的大臣们个个夸夸其谈却

不上谏，吾是以知其国之乱也。"

《新序》：延陵季子将西聘晋，带宝剑以过徐君。徐君观剑不言，而色欲之。延陵季子为有上国之使，未献也，然其心许之矣。致使于晋，故反，则徐君死于楚。于是脱剑致之嗣君。从者止之，曰："此吴国之宝，非所以赠也。"延陵季子曰："吾非赠之也。先日吾来，徐君观吾剑不言，而其色欲之。吾为有上国之使，未献也。虽然，吾心许之矣。今死而不进，是欺心也。爱剑伪心，廉者不为也。"遂脱剑致之嗣君。嗣君曰："先君无命，孤不敢受剑。"于是季子以剑带徐君墓树而去。徐人嘉而歌之曰："延陵季子兮不忘故，千金之剑兮带丘墓。"

《韩诗外传》：吴延陵季子游于齐，见遗金，呼牧者取之。牧者曰："子居之高，视之下，貌之君子，而言之野也。吾有君不君，有友不友，当暑衣裘，君疑取金者乎？"延陵季子知其为贤者，请问姓字。牧者曰："子乃皮相之士也，何足语姓字哉？"遂去。延陵季子立而望之，不见乃止。孔子曰："非礼勿视，非礼勿听。"

不劝谏国君,我因此知道晋国的国政是混乱的。"

《新序》:延陵季子将要西去晋国聘问,带着宝剑造访徐国国君。徐国国君看着宝剑没有说话,而他的眼色已明显表示出他很想要这把宝剑。延陵季子因为有到中原国家出使的任务,所以就没有将宝剑献给他,但心中已经默许给他了。出使晋国以后,因为这件事又回到了徐国,但徐国国君已经死在楚国了。于是季子便摘下宝剑送给了徐国的继位之君。随从阻止他,说:"这是吴国的宝贝,是不可以送给别人的。"延陵季子说:"并不是我想要送给他。从前我来徐国时,徐国国君看着我的宝剑却不说话,而他的眼中流露出想要这把宝剑的神情。我因为要出使中原国家,所以就没有将宝剑献给他。虽然如此,我心中已默许给他了。如今他去世了,如果我不将宝剑献给他,是在欺骗自己的心意。吝惜宝剑而欺骗内心,廉洁的人是不会这样做的。"于是便把宝剑摘下来送给了徐国的继位之君。徐国的继位之君说:"先君没有命令,我不敢接受这把宝剑。"于是延陵季子把宝剑挂在徐国国君墓前的树上,然后就离开了。徐国人赞扬他,并唱道:"延陵季子不忘旧情,价值千金的宝剑挂在了墓前的树上。"

《韩诗外传》:吴国的延陵季子在齐国游历,看到路上有别人丢失的金子,于是就招呼一个放牧的人过来取。这个放牧的人说:"你处于这么高的位置,而眼界却如此低下,外貌高雅似君子,而说话却那么粗鲁。我有君主却不尊重君主,有朋友却不和朋友友好相处,正值酷暑时穿着皮衣,你看我是那种来拿金子的人吗?"延陵季子知道他是个贤者,便请教他的姓氏和字号。这个放牧的人说:"你是个只从外表看人的人,怎么能对你说姓名呢?"于是就离开了。延陵季子站在那里看着他离去,直到看不见了为止。因此孔子说:"不合于礼法的事不要去看它,不合于礼法的话不要去听它。"

　　三十一年，吴子使屈狐庸聘于晋，通路也。赵文子问焉，曰："延州来季子其果立乎？巢陨诸樊，阍戕戴吴，天似启之，何如？"对曰："不立。是二王之命也，非启季子也。若天所启，其在今嗣君乎！甚德而度，德不失民，度不失事。民亲而事有序，其天所启也。有吴国者，必此君之子孙实终之。季子，守节者也，虽有国，不立。"

　　昭公十五年春王正月，吴子夷昧卒。

　　〔考异〕《吴越春秋》：十七年，余祭卒。余昧立四年卒，欲授位季札。季札让，逃去，曰："吾不受位明矣。昔前君有命，已附子臧之义，洁身清行，仰高履尚，惟仁是处。富贵之于我，如秋风之过耳。"遂逃归延陵，吴人立余昧子州于，号为吴王僚也。

　　〔发明〕按：余祭弑于襄公二十九年，夷昧卒于昭公十五年，《吴越春秋》之文与《传》殊舛。

　　二十七年，吴子欲因楚丧而伐之，使公子掩余、公子烛庸帅师围潜，使延州来季子聘于上国，遂聘于晋，以观诸侯。吴公子光曰："此时也，弗可失也。"告鱄设诸曰："上国有言曰：'不索何获？'我，王嗣也，吾欲求之。事若克，季子虽至，不我废也。"鱄设诸曰："王可弑也。母老、子弱，

三十一年,吴王夷昧派屈狐庸到晋国聘问,是为了进一步沟通两国之间的关系。赵文子问他:"延州来季子(即公子札)能被立为吴国国君吗?攻打巢地时诸樊被杀死,余祭又被守门人杀死,好像上天在为季札打开通向国君的大门,是不是这样?"屈狐庸回答说:"他不会被立为国君。诸樊和余祭先后死去,是他们二人命该如此,并不是上天在为季札打开大门。如果说上天打开了大门,也是为了现在的国君夷昧吧!夷昧德行很好而且行事合乎法度,有德行就不会失去百姓,行事合乎法度就不会处置失当。受到百姓亲近,做事也井然有序,他是上天会为其打开大门的人。保有吴国江山的,必然是这位国君的后代子孙。至于季札,是保守节操的人,即使让他做国君,他也不会干。"

鲁昭公十五年春季,周历正月,吴王夷昧去世。

〔考异〕《吴越春秋》:十七年,余祭去世。余昧当了四年国君就去世了,想把君位传给季札。季札辞让,逃离了吴国,他说:"我不想接受君位是显而易见的。从前的国君虽然留有遗命让我当国君,但是我已打算追随子臧的德义,洁身自好,仰慕有高德的人,并追随有风尚的贤者,无论做什么事都要合乎仁道。富贵对于我来说,只不过如同过耳的秋风罢了。"于是他逃回延陵,吴国人便立了余昧的儿子州于为国君,他就是后来的吴王僚。

〔发明〕按:余祭是在鲁襄公二十九年被杀死的,而夷昧却死于鲁昭公十五年,《吴越春秋》的记载和《左传》的记载有很大差别。

二十七年,吴国打算趁楚国有平王的丧事而攻打它,便派公子掩余、公子烛庸率军围攻潜地,又派季札到中原各国聘问,季子随后便到晋国聘问,以观察诸侯的态度。吴国的公子光说:"现在是个难得的时机,千万可不能错过。"便告诉鲚设诸说:"中原各国曾说:'自己不主动追求,哪能有收获?'我是王位继承人,我想得到王位。假如事情成功,即使季子回来,也不能把我废掉。"鲚设诸说:"君王可以被杀掉。但我母亲年老,子女年幼,

是无若我何?"光曰:"我,尔身也。"

夏四月,光伏甲于堀室,而享王。王使甲坐于道,及其门;门、阶、户、席,皆王亲也,夹之以铍。羞者献体,改服于门外;执羞者,坐行而入;执铍者夹承之,及体以相授也。光伪足疾,入于堀室。鲟设诸置剑于鱼中以进,抽剑刺王,铍交于胸,遂弑王。阖庐以其子卿。

季子至,曰:"苟先君无废祀,民人无废主,社稷有奉,国家无倾,乃吾君也,吾谁敢怨?哀死事生,以待天命。非我生乱,立者从之,先人之道也。"复命哭墓,复位而待。

臣士奇曰:吴虽泰伯之裔,僻处荆蛮,椎髻文身,无中国之礼。楫马舟宫,云合鸟散,亦未尝有射御、驱侵、战阵之法也。自屈巫衔分室之怨,导晋通吴,又使其子狐庸往为谋主,凡中国之长技皆与吴共之,于是渡江争长,楚之边鄙无岁不有吴师。于蒲、鸡泽二役,诸侯期吴,而吴不至,已有轻上国之心。晋人不悟,

这让我怎么办呢?"公子光说:"我就等于你,会替你照顾母亲和孩子的。"

夏季四月,公子光在地下室设下了伏兵,然后宴请吴王僚。吴王僚让甲兵从道旁一直坐到门口,以防不测;大门、台阶、小门、座席旁边,都有吴王僚的亲兵把守,他们手持利剑护卫在左右。端菜的人要在门外脱光衣服换装后才能入内,端菜的人跪着走到吴王僚跟前,持剑的甲兵用剑抵住他的身体,然后让他把菜递给其他上菜的人。公子光假装脚上有病,去地下室躲了起来。鱄设诸把一支短剑藏到鱼肚子里端了上去,来到吴王僚跟前时,突然抽出短剑刺向吴王僚,与此同时,两旁的甲兵也迅速将利剑刺入鱄设诸的胸膛,结果吴王僚当场被杀死。后来吴王阖庐(即公子光)让鱄设诸的儿子做了卿。

季子回来说:"假如不废弃先君的祭礼,百姓仍有主人,土地和五谷神灵受到事奉,国家和家族不致颠覆灭亡,这个人就是我的国君,我还能怨恨谁呢?只能悲痛死者,事奉生者,以等待天命的安排。叛乱并不是我发动的,谁被立为国君,我就服从谁,这是先人的传统。"便到吴王僚的墓前复命哭吊。然后回到自己的位子上等候王命。

　　臣下我高士奇评论说:吴国虽然是太伯的后裔,但是地处偏僻的荆蛮地区,头上梳着椎髻,身上刺满花纹,并不遵守中原地区的礼节。他们把船桨当成马,把船舱当成房间,像云合鸟散一样没有组织,而且他们从来不懂得射箭、驾车、抵御入侵、排兵布阵的作战方法。但是,自从申公巫臣因为怀着楚国瓜分他家财产的怨恨,引导晋国和吴国进行交往,又派他的儿子狐庸到吴国担任高级参谋,把所有中原地区的先进技术都传给了吴国,于是吴国便开始渡过长江和中原地区的国家一争高下了,楚国的边境上因此没有一年没有吴国军队入侵的。在蒲地和鸡泽的两次会盟,中原诸侯都跟吴国约好了,但吴国却都没有到,可见此时吴国已经有了轻蔑中原国家的心思了。晋国人对此一点也不醒悟,

必欲连诸侯以昵就之，吴自是益大，寿梦遂僭号称王。晋之意不过谓用吴可以制楚，不知退一豺，复进一狼，曾何愈于楚？则吴之得通中国，楚有以成之，而晋亦自撤其藩篱也。

　　寿梦贤季札，欲立之，又牵于少长之序，约以次传，必致国于季子，此与宋杜太后之欲太祖兄弟并为天子，而终反之于德昭，皆误计也。无论岁月绵邈，事体未可料。假令诸樊、余祭、夷昧俱登大鼇，而季子或不幸而先死，则惓惓与贤之意成子虚矣。至札之让国，固出至诚；然子臧之义可慕，而父兄之志亦不可违也。季札过徐，徐君欲其宝剑，还役而徐君已死，挂其剑于墓树，曰："吾已心许之。"吁！徐君倾盖之交也，深体其心，至于如此，独于父兄之志不能曲成，无乃轻重之不伦耶？至夷昧既卒，又不反国，而归之诸樊之子光，使王僚越次得立，以启争端。专诸之刃，难免由我之憾矣。身为叔父，社稷之镇，公子乃坐视骨肉相残，如秦、越之肥瘠，莫之匡正，其得谓之贤乎？

　　观其嬴、博掩坎，三号遽去，札盖旷达而远于情理者也。从来旷达之士，视万物如刍狗，齐得丧于一致。札之能委千乘者，以此；而其不能绥定吴国者，

还坚持联合诸侯来亲近和迁就它，吴国从此以后便更加自大起来，寿梦于是便僭越地位，自称为王。晋国原来的意图只不过是利用吴国来牵制楚国，却不知道赶走了一只豺，又引进了一匹狼，它又何曾比楚国好呢？吴国能够和中原地区的各国交往，是楚国成就了它，然而晋国也是自己拆除了保护的屏障。

吴王寿梦认为季札贤能，想立他为国君，然而又受到继位制度中长幼次序问题的牵制，约定兄弟依次传位，一定要把国家传给季札，这和宋朝的杜太后想让太祖兄弟一并当天子，到最后再把皇位还给赵德昭一样，都是错误的打算。无奈年代久远，其中的详细情况已经无从稽考了。假如诸樊、余祭、夷昧三个人都活到很大岁数，而季札又不幸先他们而死，那么他们诚心诚意的传贤之心就成泡影了。至于季札的让国，固然是出于至诚之心；然而子臧的德义固然是可以仰慕的，但父兄的遗愿也不可违背。季札路过徐国，徐国国君想要他的宝剑，当季札完成出使的任务返回时，徐国国君已经去世了，于是季札便把宝剑挂在他墓前的树上，说："这是我早先心中默许给他的。"唉！季札和徐国国君初次见面，一见如故，就能深察他的心意，达到了这种地步，却唯独不能委曲成全父兄的意愿，这岂不是轻重不分吗？等到夷昧死后，他又不回国，把君位传给诸樊的儿子公子光，使得王僚篡夺了公子光的君位，开启了争位的祸端。对于专诸刺杀王僚这件事情，季札难免有"由我"造成的悔恨了。季札身为叔父，是社稷的镇抚人，而他却坐视骨肉相残，如同秦、越两地相去遥远般疏远隔膜，漠不关心，不能加以匡正，这能说他是贤者吗？

看他在嬴、博之间为长子建坟，三次号哭之后离去，他大概是开朗豁达而不重情感的人。历来开朗豁达的人，把万物看作没有生命的贡品，把事情的得失等同看待。季札能够把千乘之国让给别人，就是因为这个；他不能安定吴国，

亦以此，尚何责焉？若其观《诗》而知列国之兴亡，入境而辨晋邦之将乱，当时名闻诸侯，所至倾动，顾不翩翩浊世之贤公子哉？惜其知经而不知权，过让以生乱，《春秋》所以备责贤者也。

也是因为这个，还责备他什么呢？其他的如他看过《诗经》的歌唱表演便知道列国的兴亡，进入晋国就知道晋国将要发生内乱，他的声名远扬各个国家，所到之处无不为之倾倒轰动，他难道不是乱世中的翩翩君子吗？只可惜他只知道常规，而不懂得权变，过于谦让而导致祸乱，这就是《春秋》对贤者求全责备的原因。

卷五十　阖闾入郢

昭公十三年，吴灭州来。令尹子旗请伐吴，王弗许，曰："吾未抚民人，未事鬼神，未修守备，未定国家，而用民力，败不可悔。州来在吴，犹在楚也。子姑待之。"

十四年，楚令尹子旗有德于王，不知度，与养氏比，而求无厌。王患之。九月甲午，楚子杀鬪成然而灭养氏之族，使鬪辛居郧，以无忘旧勋。

十五年，楚费无极害朝吴之在蔡也，欲去之，乃谓之曰："王惟信子，故处子于蔡。子亦长矣，而在下位，辱。必求之，吾助子请。"又谓其上之人曰："王唯信吴，故处诸蔡。二三子莫之如也，而在其上，不亦难乎？弗图，必及于难。"夏，蔡人逐朝吴，朝吴出奔郑。王怒曰："余唯信吴，故置诸蔡。且微吴，吾不及此，女何故去之？"无极对曰："臣岂

卷五十　阖闾入郢

鲁昭公十三年，吴国灭了州来。令尹子旗请求讨伐吴国，楚平王不答应，说："我没有安抚民众，也没有事奉鬼神，又没有修缮防御设备，没有安定国家和家族，反而去使用百姓的力量，万一失败了来不及后悔。州来属于吴国，就像属于楚国一样。您姑且等待吧。"

十四年，楚国令尹子旗对楚平王有辅佐即位的恩惠，但自己不知道节制，与养氏勾结起来，并且贪得无厌。楚平王很担心这件事。九月初三，楚平王杀掉了鬭成然（即子旗），并且诛灭了养氏家族，然后派鬭成然的儿子鬭辛住在郧地，以此表示不忘记他的祖先过去的功勋。

十五年，楚国的费无极嫉妒朝吴在蔡国镇守，想要赶走他，于是就对朝吴说："君王唯独信任您，所以把您安置在蔡国。您的年纪也不小了，可是地位却很低下，这是您的耻辱。您一定要求得上位，我来帮助您请求。"又对位在朝吴之上的人说："君王唯独相信朝吴，所以把他安置在蔡国。您几位没有一个赶得上他的，可是地位却比他高，不也很难办吗？如果你们不考虑对付他，一定会遭到危难的。"夏季，蔡国人赶走了朝吴，朝吴出逃到了郑国。楚平王大怒说："我唯独相信的人就是朝吴，所以才把他安置在蔡国。况且当年如果没有朝吴，我就到不了今天这种地步，你为什么要赶走他呢？"费无极回答说："臣下我难道

不欲吴？然而前知其为人之异也。吴在蔡，蔡必速飞。去吴，所以翦其翼也。"

十七年冬，吴伐楚。阳匄为令尹，卜战，不吉。司马子鱼曰："我得上流，何故不吉？且楚故，司马令龟，我请改卜。"令曰："鲂也以其属死之，楚师继之，尚大克之！"吉。战于长岸，子鱼先死，楚师继之，大败吴师，获其乘舟余皇。使随人与后至者守之，环而堑之，及泉，盈其隧炭，陈以待命。吴公子光请于其众曰："丧先王之乘舟，岂唯光之罪，众亦有焉。请藉取之，以救死。"众许之。使长鬣者三人潜伏于舟侧，曰："我呼余皇，则对，师夜从之。"三呼，皆迭对，楚人从而杀之，楚师乱，吴人大败之，取余皇以归。

十九年春，楚工尹赤迁阴于下阴，令尹子瑕城郏。叔孙昭子曰："楚不在诸侯矣！其仅自完也，以持其世而已。"

楚子之在蔡也，郧阳封人之女奔之，生太子建。及即位，使伍奢为之师，费无极为少师，无宠焉，欲潜诸王，曰："建可室矣。"王为之聘于秦。无极与逆，劝王取之。正月，楚夫人嬴氏至自秦。

不想要朝吴继续守卫蔡国？然而我早知道他为人有不同一般人之处。朝吴在蔡国，蔡国一定会迅速腾飞起来。赶走朝吴，这就等于剪除蔡国的翅膀。”

十七年冬季，吴国攻打楚国。楚国的令尹阳匄（即子瑕），占卜战争的结果是不吉利。司马子鱼（即公子鲂）说：“我们地处上游，因为什么缘故不吉利呢？况且楚国的旧例，是由司马在占卜前报告所要占卜的事情，我请求重新占卜一次。”就对卜龟祈祷说：“我公子鲂准备带领部属决一死战，楚国大军随后跟上去，希望能大获全胜！”占卜结果是吉利。于是楚国与吴国两国军队在长岸交战，子鱼率先战死，楚军紧随其后攻上去，将吴国的军队打得大败，缴获了吴国一艘名叫余皇的战船。然后派随国人和后来到达的楚国人看守这条船，并环绕着这条船挖了一条深沟，一直挖到看见泉水，用木炭填满，摆开阵势等待命令。吴国的公子光向其部众请求说：“丧失了先王的乘船，难道只是我公子光的罪过，大家也是有罪过的。请依靠大家的力量把它夺回来，以救一死。”众人都答应了。公子光便派遣三个身长力壮的人偷着潜伏在船边，并对他们说：“我一喊余皇，你们就回答，吴国军队随后趁夜攻上去。”公子光喊了三次，潜伏的三个吴国人都先后回答，楚国人听到后追上去把三个吴国人杀了，结果造成楚国军队大乱，吴军趁机把楚军打得大败，拿到余皇战船就撤退回国了。

十九年春季，楚国大夫工尹赤将阴地的戎族迁移到楚地下阴，令尹子瑕在楚国郏地筑城。鲁国大夫叔孙昭子说：“楚国的用意不在称霸诸侯了！它仅仅是为了保持自己的完整，以维系它的政权世代传承罢了。”

楚平王在蔡国的时候，郹阳封人的女儿私奔到他那里，后来生了太子建。等到楚平王即位后，便让伍奢做太子建的老师，费无极做少师，费无极不受太子宠信，就想要在楚平王面前诬陷太子，对楚平王说：“太子建可以娶妻了。”楚平王为太子从秦国聘了一位姑娘。费无极参与迎娶这位姑娘，他劝楚平王自己娶这个秦国姑娘。正月，楚平王的夫人嬴氏从秦国来到楚国。

夏，楚子为舟师以伐濮。费无极言于楚子曰："晋之伯也，迩于诸夏；而楚辟陋，故弗能与争。若大城城父，而置太子焉，以通北方；王收南方，是得天下也。"王说，从之，故太子建居于城父。令尹子瑕聘于秦，拜夫人也。

〔补逸〕《说苑》：王子建出守于城父，与成公乾遇于畴中。问曰："是何也？"成公乾曰："畴也。""畴也者，何也？"曰："所以为麻也。""麻也者，何也？"曰："所以为衣也。"成公乾曰："昔者庄王伐陈，舍于有萧氏，谓路室之人曰：'巷其不善乎？何沟之不浚也？'庄王犹知巷之不善，沟之不浚。今吾子不知畴之为麻，麻之为衣，吾子其不主社稷乎！"王子果不立。

冬，楚人城州来。沈尹戌曰："楚人必败。昔吴灭州来，子旗请伐之。王曰：'吾未抚吾民。'今亦如之，而城州来，以挑吴，能无败乎？"侍者曰："王施舍不倦，息民五年，可谓抚之矣。"戌曰："吾闻抚民者，节用于内，而树德于外；民乐其性，而无寇仇。今宫室无量，民人日骇，劳罢死转，忘寝与食，非抚之也。"

二十年春，费无极言于楚子曰："建与伍奢将以方城之外叛，自以为犹宋、郑也，齐、晋又交辅之，将以害楚，其事集矣。"王信之，问伍奢。伍奢对曰："君一过多矣，何信于谗？"

夏季，楚平王建立水军来攻打濮地。费无极对楚平王说："晋国是诸侯的盟主，又接近中原各国，然而楚国却地处偏僻，所以不能和晋国争霸。如果扩建城父的城池，把太子建安排在那里镇守，由他负责和北方交通；君王您自己负责收取南方，这样就能得到整个天下了。"楚平王很高兴，听从了他的话，所以太子建住在城父。令尹子瑕到秦国聘问，这是为了楚平王得到秦国夫人而去拜谢的。

〔补逸〕《说苑》：楚平王太子建前去镇守城父，在麻田中与成公乾相遇。太子建问道："这是什么？"成公乾说："是畴。"太子建又问："畴是什么？"成公乾回答说："畴是用来种麻的。"太子建又问："麻是什么？"成公乾回答说："麻是用来做衣服的。"成公乾说："从前楚庄王讨伐陈国，住在有萧氏那里，对客舍中的人说：'里巷的道路大概不好吧？为什么不疏通水沟呢？'庄王还知道里巷道路不好是因为水沟没有疏通。如今你竟然不知道畴是用来种麻的，麻能够做成衣服，你大概主持不了国政吧！"太子建果然没有继承王位。

冬季，楚国人在州来筑城。沈尹戍说："楚国人一定失败。从前吴国灭了州来，子旗请求攻打吴国。楚王说：'我还没有安抚好我的百姓。'现在也像从前一样，可是却在州来筑城去挑动吴国，能不失败吗？"侍者说："君王施舍从来不知疲倦，让百姓休养生息了五年，可以说已经安抚他们了。"沈尹戍说："我听说安抚百姓的君王，要在国内节约开支，并在国外树立德行，从而使百姓生活安乐，而没有仇敌。现在宫室的规模没有限度，百姓天天惊恐不安，劳苦疲乏之至死没人收葬，忙得没时间吃饭睡觉，这并不是安抚他们。"

二十年春季，费无极对楚平王说："太子建和伍奢将要率领方城以外的地区叛变，自认为像宋国、郑国一样，加上齐国、晋国又一起帮助他们，将要危害楚国，他们的事情就要成功了。"楚平王相信了他的话，于是质问伍奢。伍奢回答说："君王夺了太子建的妻子这一次过错就够严重了，为什么还要相信谗言呢？"

王执伍奢，使城父司马奋扬杀太子，未至，而使遣之。三月，太子建奔宋。王召奋扬。奋扬使城父人执己以至。王曰："言出于余口，入于尔耳，谁告建也？"对曰："臣告之。君王命臣曰：'事建如事余。'臣不佞，不能苟贰。奉初以还，不忍后命，故遣之。既而悔之，亦无及矣。"王曰："而敢来，何也？"对曰："使而失命，召不而来，是再奸也。逃无所入。"王曰："归，从政如他日。"

无极曰："奢之子材，若在吴，必忧楚国，盍以免其父召之。彼仁，必来。不然，将为患。"王使召之，曰："来，吾免而父。"棠君尚谓其弟员曰："尔适吴，我将归死。吾知不逮，我能死，尔能报。闻免父之命，不可以莫之奔也。亲戚为戮，不可以莫之报也。奔死免父，孝也；度功而行，仁也；择任而往，知也；知死不辟，勇也。父不可弃，名不可废，尔其勉之！相从为愈。"伍尚归。奢闻员不来，曰："楚君大夫其旰食乎！"楚人皆杀之。

员如吴，言伐楚之利于州于。公子光曰："是宗为戮，而欲反其仇，不可从也。"员曰："彼将有他志，余姑为之求士，

楚平王扣押了伍奢，派城父司马奋扬去杀太子建，还没有到达城父，奋扬就先派人告诉太子建赶快逃走。三月，太子建逃亡到宋国。楚平王召见奋扬。奋扬让城父人捆着自己押回郢都。楚平王说："话从我口里说出，进入你的耳朵，是谁告诉太子建的呢？"奋扬回答说："是臣下我告诉他的。君王您曾命令臣下我说：'你事奉太子建要如同事奉我一样。'臣下我不才，不能苟且存有二心。既然接受了您当初的命令来事奉太子建，便不忍心再执行您后来的命令去杀害他，所以让他逃走了。不久我又后悔这样做，但是也来不及了。"楚平王说："你敢回来，是为什么呢？"奋扬回答说："被派遣前去杀害太子而没有完成使命就已经有罪了，如果受到召见而再不回来，那就是再次违背君王您的命令了。再说逃走也没有什么地方可去啊。"楚平王说："你回去吧，还是像从前一样做官。"

费无极说："伍奢的儿子很有才能，如果让他到了吴国，一定会给楚国带来忧虑，何不用赦免他们父亲罪过的名义召他们来。他们仁义孝顺，一定会来。否则的话，将来他们必将成为祸患。"楚平王于是派人去召伍奢的儿子，说："你们如果能来，我就赦免你们的父亲。"伍奢的儿子棠君伍尚对他弟弟伍员（即伍子胥）说："你到吴国去，我准备回去接受死亡。我的才智不如你，我能够为父亲去死，你能够为父亲报仇。因为听到赦免父亲的命令，不可以不回去。亲人被杀戮，又不可以不报仇。回去死掉而使父亲得以赦免，这是孝顺；估计能够取得成功然后采取行动，这是仁义；根据不同的能力选择相应的任务而前往，这是明智；明知道回去必然死亡而不躲避，这是勇敢。父亲不可以抛弃，名誉不可以废掉，你还是努力吧！各人不要勉强为好。"伍尚便回去了。伍奢听说伍员没回来，说："楚国君臣今后恐怕不能按时吃饭了！"结果楚国人把伍奢、伍尚父子二人都杀了。

伍员去了吴国，向吴王州于（即吴王僚）说明进攻楚国的好处。公子光说："伍员家人被杀戮而想要报私仇，不可听信他的话。"伍员说："公子光将要有别的志向，我不妨为他寻求勇士，

而鄙以待之。"乃见鲔设诸焉,而耕于鄙。

〔补逸〕《吕氏春秋》:伍员亡,荆急求之。登太行而望郑,曰:"盖是国也,地险而民多知,其主俗主也,不足与举。"去郑而之许,见许公,而问所之。许公不应,东南向而唾。伍员载拜受赐,曰:"知所之矣。"因如吴。过于荆,至江上,欲涉,见一丈人刺小船,方将渔,从而请焉,丈人渡之,绝江。问其名族,则不肯告。解其剑以与丈人,曰:"此千金之剑也,愿献之丈人。"丈人不肯受,曰:"荆国之法,得伍员者,爵执圭,禄万担,金千镒。昔者子胥过,吾犹不取,今我何以子之千金剑为乎?"伍员过于吴,使人求之江上,则不能得也。每食必祭之,祝曰:"江上之丈人。"

伍子胥欲见吴王而不得。客有言之于王子光者,见之而恶其貌,不听其说,而辞之。客请之王子光,王子光曰:"其貌适吾所甚恶也。"客以闻伍子胥。伍子胥曰:"此易故也,愿令王子居于堂上,重帷而见其衣若手,请因说之。"王子许。伍子胥说之半,王子光举帷,搏其手而与之坐。说毕,王子光大说。伍子胥以为有吴国者,必王子光也,退而耕于野。

《吴越春秋》:无忌复言平王曰:"伍奢有二子,

而退居郊外乡下等待时机。"于是向公子光推荐了鳝设诸，而自己在郊外乡下种地。

〔补逸〕《吕氏春秋》：伍员出逃，楚国急忙缉拿他。伍员登上太行山望着郑国说："这个国家呢，地势险要而人民多有智慧，它的君主却是个庸俗的君主，不足以跟他一起谋事。"便离开郑国到了许国，见到许公而请教该到哪里去。许公不回答，向东南方吐了一口唾沫。伍员再拜受教，说："我知道该去的地方了。"因此前往吴国。途中路过楚国，到达长江岸边，想要过江，看见一个老人，撑着小船，正要捕鱼，伍员走近前去请求帮助，老人摆渡他过了江。在江边告别时，伍员询问老人的姓名，老人却不肯相告。伍员解下他的佩剑送给老人，说："这是价值千金的宝剑，我愿把它献给您老人家。"老人不肯接受，说："按楚国的法令，捉到伍员的人，赐给执圭的爵位，给予万担的俸禄，赏给千镒的黄金。刚才，伍子胥过江，我尚且不捕捉去领赏，现在我要您的千金宝剑做什么呢？"伍员到了吴国后，派人到江边去寻找那位老人，却无法找到了。伍员每次吃饭都一定要祭告那位老人，祝祷说："江上的老人！"

伍子胥（即伍员）想要进见吴王僚，可是没有机会。有个门客对公子光讲了伍子胥的情况，公子光接见伍子胥，但是十分厌恶他的相貌，不听他讲话就辞退了他。门客向公子光请教为什么这样做，公子光说："他的相貌正是我特别厌恶的。"门客将公子光的话转告给伍子胥。伍子胥说："这事儿容易，希望让王子坐在堂上，挂上双重帷幕，只露出他的衣服或双手来，请让我借此同他谈话。"公子光答应了伍子胥的请求。伍子胥要说的话只说了一半，公子光就掀起帷幕，握住了他的手，和他一起坐下。伍子胥说完话后，公子光十分高兴。伍子胥认为享有吴国的，必定是公子光，回去后就在乡野间种地。

《吴越春秋》：费无忌又对楚平王说："伍奢有两个儿子，

皆贤。不诛，且为楚忧。可以其父为质而召之。"王使使谓伍奢曰："能致二子则生，不然，则死。"伍奢曰："臣有二子，长曰尚，少曰胥。尚为人慈温仁信，若闻臣召，辄来。胥为人少好于文，长习于武。文治邦国，武定天下。执刚守戾，蒙垢受耻，虽冤不争，能成大事。此前知之士，安可致耶？"

平王谓伍奢之誉二子，即遣使者驾驷马、封函印绶往许，召子尚、子胥，令曰："贺二子父奢以忠信仁慈去难就免。平王内惭囚系忠臣，外愧诸侯之耻，反进奢为国相，封二子为侯。尚赐鸿都侯，胥赐盖侯，相去不远，三百余里。奢久因系，忧思二子，故遣臣来奉进印绶。"尚云："父系三年，中心忉怛，食不甘味，尝苦饥渴，昼夜感思，忧父不活。惟父获免，何敢贪印绶哉？"使者曰："父囚三年，王今幸赦。无以赏赐，封二子为侯。一言当至，何所陈哉？"

尚乃入报子胥曰："父幸免死，二子为侯，使者在门，兼封印绶，汝可见使。"子胥曰："尚且安坐，为兄卦之。今日甲子，时加于巳。支伤日下，气不相受。君

都很贤能。如果不杀掉，将成为楚国的祸害。可以用他们的父亲作人质而把他们招来。"楚平王派人对伍奢说："能够招来你的两个儿子，就能活命；否则的话，就只有死路一条。"伍奢说："臣下我有两个儿子，大的名叫伍尚，小的名叫伍胥。伍尚为人慈和温顺，仁义诚信，倘若听到臣下我召他，一定来。伍胥为人，年少时喜欢文韬，长大后又通晓武略。文韬能治国安邦，武略能安定天下。而且伍子胥为人刚愎自用，桀骜不驯，能够忍受各种耻辱，即使有冤情也不会去和别人争辩，因此能够成就大事。这是能够预知事情的人，怎么可以随便招来呢？"

楚平王认为这是伍奢在夸耀自己的两个儿子，于是就派使者驾着四马拉的车子，带着加封装匣的官印绶带前往许地，去召子尚和子胥，诏令说："恭贺二位公子的父亲伍奢因为忠信仁慈而远离了祸难，并且得以释放。平王内心对囚系忠臣深表惭愧，外面对蒙受诸侯之辱又深表不安，所以反过来加封伍奢为国相，封二位公子为侯。赐封伍尚为鸿都侯，伍子胥为盖侯，你们俩的封地离的不太远，只有三百余里。伍奢因为被长期囚禁，所以很挂念二位公子，因此派臣下来进奉官印绶带。"伍尚说："父亲被囚禁了三年，我心中忧伤痛苦，食不甘味，时常担心父亲遭受饥渴之苦，所以昼思夜想，担心父亲不能活命。只一心盼着父亲能免于死罪，又怎敢贪图官职呢？"使者说："你的父亲被囚禁了三年，如今幸而大王赦免了他。大王没有什么可赏赐的，就封你们二位为侯。有这一句话就该去了，还有什么可说的呢？"

伍尚于是就进屋通报给伍子胥，说："如今父亲幸免一死，我们二人又被加封为侯，现在使者就在门外，手里还拿着官印绶带，你可以马上去见使者。"伍子胥说："伍尚你暂且安心坐下，我替哥哥你占卜一卦。今天是甲子日，时辰是巳时。时辰的地支巳（代表臣子），五行属火，日期的'子'（代表君父），五行属水，火不胜水，气不相协调。卦象是君主

欺其臣,父欺其子。今往方死,何侯之有?"尚曰:"岂贪于侯,思见父耳。一面而别,虽死而生。"子胥曰:"尚且无往,父当我活。楚畏我勇,势不敢杀。兄若误往,必死不脱。"尚曰:"父子之爱,恩性中出。微幸相见,以自济达。"于是子胥叹曰:"与父俱诛,何明于世?冤仇不除,耻辱日大。尚从是往,我从是决。"尚泣曰:"吾之生也,为世所笑。终老地上,而亦何之?不能报仇,毕为废物。汝怀文武,勇于策谋。父兄之仇,汝可复也。吾如得返,是天佑之。其遂沉埋,亦吾所喜。"胥曰:"尚且行矣!吾去不顾。勿使临难,虽悔何追?"旋泣辞行,与使俱往。

楚得子尚,执而囚之,复遣追捕子胥。胥乃贯弓执矢去楚。楚追之,见其妻,曰:"胥亡矣,去三百里。"使者追及无人之野,胥乃张弓布矢,欲害使者。使者俯伏而走。胥曰:"汝报平王,欲国不灭,释吾父兄。若不尔者,楚为墟矣。"使返报平王。王闻之,即发大军追子胥,至江,失其所在,不获而返。子胥行至大江,仰天行,哭林泽之中,言楚王无道,杀吾父兄,愿吾因于

欺骗他的臣子,父亲欺骗他的儿子。如今去了只有一死,哪有什么封侯啊?"伍尚说:"我哪里是贪图侯爵,只是想见父亲罢了。哪怕是只见一面就分别,也虽死犹生了。"伍子胥说:"伍尚你暂且不要去,父亲正是因为我们在才能活着。楚国害怕我们的勇敢,所以他们势必不敢杀死父亲。兄长如果错误地去了,一定会送死而不能逃脱。"伍尚说:"父子之爱,情义从心中产生。如果我能侥幸见到父亲,就可以以此来完成父子之间的情义。"此时伍子胥叹息说:"和父亲一起被杀掉,于世间何时能够昭雪?有冤仇而不能洗雪报复,耻辱就会日益变大了。伍尚你从此去吧,我也就从此和你诀别了。"伍尚哭着说:"我生在世上,会被世间的人耻笑。能够善终老死在人间,又有什么用呢?如果不能报仇,一定就会成为废物。你深怀文韬武略,既勇敢又有谋略。父兄之仇,你能报得了。我如果能够返回来,那就是上天的保佑。如果最终死在楚都,那也是我所高兴的。"伍子胥说:"伍尚,你走吧!我将离开楚国而绝不回头。别让我也一起去面临危难,到时即使后悔哪里还来得及呢?"随即便哭着和伍尚辞行,伍尚就和使者一起去了。

楚国抓住了伍尚,把他囚禁了起来,楚王又派人追捕伍子胥。伍子胥于是就拉满了弓,手拿着箭离开了楚国。楚兵在后面追赶他,见到了伍子胥的妻子,他的妻子说:"伍子胥逃走了,已经离这儿三百里远了。"使者追伍子胥追到了无人的荒野,伍子胥于是就拉满了弓,搭上了箭,想要杀死使者。使者匍匐着逃走了。伍子胥说:"回去报告给你们平王,如果想要楚国不灭亡,就放了我的父亲和兄长。如果不这样做的话,楚国就要变成废墟了。"使者回去报告给了楚平王。平王听说后,立即派遣大军去追赶伍子胥,追到长江边上,却不知伍子胥的去向,没有抓到伍子胥,只好返回了楚国。伍子胥走到了长江边上,仰天而行,在林泽中哭泣,说楚王无道,杀害了自己的父亲兄长,希望自己能借助

诸侯以报仇矣。闻太子建在宋，胥欲从之。伍奢初闻子胥之亡，曰："楚之君臣且苦兵矣。"尚至楚，就父，俱戮于市。

伍员奔宋。道遇申包胥，谓曰："楚王杀我父兄，为之奈何？"申包胥曰："於乎！吾欲教子报楚，则为不忠；教子不报，则为无亲友也。子其行矣！吾不容言。"子胥曰："吾闻'父母之仇，不与戴天履地；兄弟之仇，不与同域接壤；朋友之仇，不与邻乡共里。'今吾将复楚辜，以雪父兄之耻。"申包胥曰："子能亡之，吾能存之；子能危之，吾能安之。"胥遂奔宋。

宋元公无信于国，国人恶之，大夫华氏谋杀元公，国人与华氏因作大乱。子胥乃与太子建俱奔郑，郑人甚礼之。太子建又适晋。晋顷公曰："太子既在郑，郑信太子矣。太子能为内应而灭郑，即以郑封太子。"太子还郑，事未成，会欲私其从者，从者知其谋，乃告之于郑。郑定公与子产诛杀太子建。

建有子名胜，伍员与胜奔吴。到昭关，关吏欲执之。伍员因诈曰："上所以索我者，美珠也。今我已亡矣，将去取之。"关吏因舍之，与胜行去。追者在后，几不能脱。

诸侯的力量来报仇。当他听说太子建在宋国时，便想要去跟随他。伍奢当初听到伍子胥逃亡的消息时，说："楚国君臣将要苦于战乱了。"伍尚到达楚国后，见到了父亲，两人一起被杀死在街市之上。

伍子胥逃亡到宋国。在逃亡的途中遇到了楚国的大夫申包胥，他对申包胥说："楚王杀死我的父亲和兄长，我该怎么办呢？"申包胥回答说："唉！如果我教你报复楚国，那么我就是对楚国不忠；如果教你不报复楚国，那么就像是没有亲人朋友的人。你还是走吧！我不可能说的。"伍子胥说："我听说，'有父母之仇，不与仇人同顶着天共踩着地；有兄弟之仇，不与仇人同住一城接壤而居；有朋友之仇，不与仇人邻乡而居共里而住。'如今我要报复楚国对我的父兄执行的酷刑，以此来洗刷父兄被杀之耻。"申包胥说："你能使楚国灭亡，我就能使它存在；你能使楚国危难，我就能使它安定。"伍子胥于是就逃到了宋国。

宋元公在国内不讲信义，国内的人都很讨厌他，大夫华氏家族图谋杀害宋元公，国内的人便和华氏一起发动大的动乱。伍子胥便和太子建一起逃往郑国，郑国人对他们特别礼遇。太子建后来又到晋国去。晋顷公说："太子您已经在郑国待过，郑国也很信任您了。太子您如果能作为晋国的内应来灭掉郑国，那么我们就把郑国作为太子的封邑。"太子建回到郑国，事情还没做成，正赶上太子建想要收买他的一个随从，这个人知道了太子建的阴谋，就将这事报告了郑国。郑定公与子产诛杀了太子建。

太子建有个儿子名叫胜，伍员（即伍子胥）和胜一起逃奔吴国。走到昭关，守关的官吏想要把他抓起来。伍子胥就骗他说："楚王之所以要捉拿我，就是为了得到一颗宝珠。如今我已把宝珠弄丢了，现在要去把宝珠拿回来。"守关的官吏因此放了他，伍子胥就和胜一起离开了昭关。追兵一直跟在后边，他们几乎无法逃脱。

　　至江，江中有渔父，乘船从下方溯水而上。子胥呼之，谓曰："渔父渡我！"如是者再。渔父欲渡之，适会旁有人窥之，因而歌曰："日月昭昭乎侵已驰，与子期乎芦之漪。"子胥即止芦之漪。渔父又歌曰："日已夕兮，予心忧悲；月已驰兮，何不渡为？事浸急兮，当奈何？"子胥入船，渔父知其意也，乃渡之千浔之津。

　　子胥既渡，渔父视之有饥色，乃谓曰："子俟我此树下，为子取饷。"渔父去后，子胥疑之，乃潜身于深苇之中。有顷，父来，持麦饭、鲍鱼羹、盎浆，求之树下，不见，因而歌呼之曰："芦中人，芦中人！岂非穷士乎？"如是者再，子胥乃出芦中而应。渔父曰："吾见子有饥色，为子取饷，子何嫌哉？"子胥曰："性命属天，今属丈人，岂敢有嫌哉？"

　　二人饮食毕，欲去。胥乃解百金之剑以与之，曰："此吾前君之剑，中有七星，价值百金，以此相答。"渔父曰："吾闻楚之法令，得伍胥者，赐粟五万石，爵执圭，岂图取百金之剑乎？"遂辞不受，谓子胥曰："子急去勿留！且为楚所得。"子胥曰："请丈人姓字。"渔父曰："今日凶凶，两贼相逢。吾所谓渡楚贼也。两贼相得，得形于默，何用姓字为？子为芦中人，我为渔丈人，富贵莫相忘也。"子胥曰："诺。"既去，诫渔父曰：

行至江边，看到江中有一个渔父正好驾着船从下游逆水而上。伍子胥呼唤渔父，对他说："渔父快来把我渡过江去！"这样喊了两次。渔父想要把他渡过江去，正好看见旁边有人窥探，因此便唱道："日月明亮啊渐渐已经驰去，和你相约在芦苇岸边上。"伍子胥于是就走到芦苇岸边上停下来。渔父又唱道："太阳已经落山了，我的心里十分忧伤；月亮已经疾驰而去，为什么还不渡江呢？事情越来越急迫，该怎么办呢？"伍子胥进入船舱，渔父知道了他的意思，于是就把他送到千寻之外的渡口。

　　伍子胥已经渡过了江，渔父看到他面有饥色，于是就对他说："你在这棵树下等我，我去为你拿饭来吃。"渔父离开后，伍子胥对渔父有所怀疑，于是就藏身于深深的芦苇之中。过了一会儿，渔父回来了，手拿着麦饭、鲍鱼羹、一罐水，在树下找他，却没见到他的影子，于是就唱歌招呼他说："芦中人啊！芦中人！难道不是生活困难的人吗？"这样喊了两次，伍子胥于是从芦苇丛中出来回应渔父。渔父说："我看见你面有饥色，于是就去给你拿吃的，你为什么怀疑我呢？"伍子胥回答说："生命攸关，都由天来决定，我如今的一切都托付给您了，怎敢怀疑您呢？"

　　两个人吃完饭后，想要离开。伍子胥就解下价值百金的宝剑送给渔父，说："这是我祖传的宝剑，剑上有七颗星，价值百金，把它送给你以作为答谢。"渔父说："我听闻楚国的法令，抓到伍子胥的人，赏给粮食五万石，封给执圭的爵位，难道我是为了谋取价值百金的宝剑吗？"于是推辞而不肯接受，并对伍子胥说："你马上离开，不要停留！不然的话会被楚国抓住。"伍子胥说："请问丈人您的姓名？"渔父说："今天情势凶险，两个贼人相逢。我就是将楚国逃犯渡过江的贼人。两个贼人互相包庇，已经达成了默契，哪用得着知道姓名呢？您是芦中人，我是老渔翁，富贵以后不忘记我就行了。"伍子胥说："好的。"刚要离开，又告诫渔夫说：

"掩子之盎浆，无令其露。"渔父曰："诺。"子胥行数步，顾视渔者，已覆船自沉于江水之中矣。子胥默然。

遂行至吴，疾于中道，乞食溧阳。适会女子击绵于濑水之上，筥中有饭。子胥遇之，谓曰："夫人可得一餐乎？"女子曰："妾独与母居，三十未嫁，饭不可得。"子胥曰："夫人赈穷途少饭，何嫌哉？"女人知非恒人，遂许之。发其箪筥，饭其盎浆，长跪而与之。子胥再餐而止。女子曰："君有远逝之行，何不饱而餐之？"子胥已餐而去，又谓女子曰："掩夫人之壶浆，无令其露。"女子叹曰："嗟乎！妾独与母居三十年，自守贞明，不愿从适，何宜馈饭而与丈夫？越亏礼义，妾不忍也。子行矣！"子胥行，反顾女子，已自投于濑水矣。於乎！贞明执操，其丈夫女哉！

子胥之吴，乃被发佯狂，跣足涂面，行乞于市。市人观，罔有识者。翼日，吴市吏善相者见之，曰："吾之相人多矣，未尝见斯人也。非异国之亡臣乎？"乃白吴王僚，具陈其状，王宜召之。王僚曰："与之俱入。"公子光闻之，私喜曰："吾闻楚杀忠臣伍奢，其子子胥勇而且智，彼必复父之仇，来入于吴。"阴欲养之。

市吏于是与子胥俱入见王，王僚怪其状伟，身长一丈，腰十围，眉间一尺。王僚与语，三日，辞无复者。

"掩藏好您的水罐,不要让它暴露了。"渔父说:"好的。"伍子胥走了几步,回头再看渔父,他已经把船弄翻而自己也沉入江水之中了。伍子胥默然无语。

然后前往吴国,病在途中,于是他在溧阳乞讨。正碰上一个女子在濑水河边浣洗丝绵,圆形的竹筐中装有饭。伍子胥遇见她,对她说:"夫人能让我吃一顿饭吗?"女子回答说:"我独自与母亲居住,现已三十岁还未出嫁,我的饭你不能吃。"伍子胥说:"夫人救济一个困难的走路人少许饭食,何必害怕违反礼义呢?"女子知道伍子胥不是平常的人,于是就答应了他。打开她的圆形竹筐,盛上汤饭,直身跪着端给伍子胥吃。伍子胥吃了两口就停止了。女子说:"你要远行,为什么不吃饱饭呢?"伍子胥吃完饭要离开,又对女子说:"掩藏好您的水壶,不要让它暴露了。"女子叹息道:"唉!我独自与母亲居住了三十年,保守贞节,不愿嫁给任何人,为什么要偏偏送饭给你吃呢? 这已僭越毁坏了礼义,这是我所不能忍受的。你赶快走吧!"伍子胥走了,回过头来看那女子,那女子已跳进濑水中了。唉!有如此贞烈的节操,大概是女子中的大丈夫吧!

伍子胥到了吴国之后,就披散着头发装疯,光着脚,涂污了脸,在街市中乞讨。市人看到他,没有人能认出他来。第二天,吴国有个善于相面的集市官吏见到他,说:"我给许多人相过面,但从来没有见过这样的人。难道不是别国的逃亡之臣吗?"于是就报告给吴王僚,仔细地描述了他的情况,并说吴王应该召见他。吴王僚说:"你带他一块来进见。"公子光听说后,暗自高兴,说:"我听说楚国杀害了忠臣伍奢,他的儿子伍子胥勇敢而且多有智谋,他一定会为报杀父之仇,来投奔吴国。"于是想暗中收养他。

集市官吏于是和伍子胥一起进见吴王,吴王僚对他伟岸的样貌很惊讶,他身高一丈,腰粗十围,双眉间距离有一尺。吴王僚与他说话,谈了三天,伍子胥没有说过重复的。

王曰:"贤人也。"子胥知王好之,每入语,语遂有勇壮之气,稍道其仇,而有切切之色。王僚知之,欲为兴师复仇。

公子光谋杀王僚,恐子胥前亲于王而害其谋,因谗:"伍胥之谋伐楚者,非为吴也,但欲自复仇耳。王无用之。"子胥知公子光欲害王僚,乃曰:"彼光有内志,未可说以外事。"入见王僚,曰:"臣闻诸侯不为匹夫兴师用兵于比国。"王僚曰:"何以言之?"子胥曰:"诸侯专为政,非以意,救急后兴师。今大王践国制威,为匹夫兴兵,其义非也。臣固不敢如王之命。"吴王乃止。

子胥退而耕于野,求勇士荐之公子光,欲以自媚。乃得勇士专诸。专诸者,堂邑人也。伍胥之亡楚如吴时,遇之于途,专诸方与人斗,将就敌,其怒有万人之气,甚不可当。其妻一呼即还。子胥怪而问其状:"何夫子之怒盛也,闻一女子之声而折道,宁有说乎?"专诸曰:"子视吾之仪,宁类愚者也? 何言之鄙也! 夫屈一人之下,必伸万人之上。"子胥因相其貌,碓颡而深目,虎膺而熊背,戾于从难。知其勇士,阴而结之,欲以为用。遭公子光之有谋也,而进之公子光。

吴王说:"真是有本领的人啊。"伍子胥知道吴王喜欢他,每次进见谈话,说话间都透露着勇壮之气,稍微说到他的仇恨,便有咬牙切齿的气色。吴王僚知道了他的情况,想要为他兴兵报仇。

公子光谋划刺杀吴王僚,但恐怕伍子胥先和吴王僚亲近而妨害他的计划,于是就诋毁说:"伍子胥之所以谋划讨伐楚国,并不是为了吴国,只是想借此报私仇。大王不要采用他的计谋。"伍子胥知道公子光想要加害吴王僚,就说:"那公子光在国内图谋不轨,不可以对他讲对外用兵的事。"于是他进宫朝见吴王僚,说:"我听说诸侯不会因为一个人而兴兵讨伐相邻的国家。"吴王僚说:"你为什么这样说呢?"伍子胥说:"诸侯专权处理政务,不能只凭个人意愿办事,为救援急难而后才能发兵。如今大王居国君之位,操持威权,如果为一人而兴兵,是不合道义的。臣下我肯定不敢听从大王的命令。"吴王于是停止了对楚国的用兵计划。

伍子胥回到田野中耕种,想寻求一个勇士推荐给公子光,以此来讨好他。于是找到了一个名叫专诸的勇士。专诸是堂邑人。伍子胥在逃离楚国来到吴国时,在路上遇到了专诸,当时专诸正在与人打架,他将要靠近对手时,表现出的愤怒像是一万人发出的火气,其势锐不可当。但是他的妻子一招呼,他马上就回去了。伍子胥对此很奇怪,他问专诸其中的原因,说:"为什么您在怒气这么大的时候,只要听到妻子的一声呼唤就马上折回,难道其中有什么道理吗?"专诸说:"您看我的容貌,难道像个愚昧的人吗?为什么说话如此浅陋!我屈身于一人之下,必能出头于万人之上。"伍子胥于是就仔细观察专诸的容貌,只见他额头高耸,眼睛深凹,有虎一样的胸脯,熊一样的脊背,敢于冒险。伍子胥知道他是勇士,于是就暗中和他结交,以便将来可以为自己所用。当时正碰上公子光有刺杀吴王僚的计划,于是伍子胥就把专诸推荐给公子光。

光既得专诸,而礼待之。公子光曰:"天以夫子辅孤之失根也。"专诸曰:"前王余眛卒,僚立,自其分也。公子何因而欲害之乎?"光曰:"前王寿梦有子四人,长曰诸樊,则光之父也;次曰余祭,次曰余眛,次曰季札。札之贤也,将卒传付適长,以及季札。念季札为使,亡在诸侯,未还。余眛卒,国空。有立者,適长也。適长之后,即光之身也。今僚何以当代立乎?吾力弱,无助于掌事之间。非用有力,徒能安吾志?吾虽代立,季子东还,不我废也。"

专诸曰:"何不使近臣从容言于王侧,陈前王之命,以讽其意,令知国之所归,何须私备剑士,以捐先王之德?"光曰:"僚素贪而恃力,知进之利,不睹退让。吾故求同忧之士,欲与之并力。惟夫子诠斯义也。"专诸曰:"君言甚露乎?于公子何意也?"光曰:"不也,此社稷之言也。小人不能奉行,惟委命矣。"专诸曰:"愿公子命之。"公子光曰:"时未可也。"专诸曰:"凡欲杀人,君必前求其所好。吴王何好?"光曰:"好味。"专诸曰:"何味所甘?"光曰:"好嗜鱼之炙也。"专诸乃去从太湖学炙鱼,三月得其味,安坐待公子命之。

二十一年三月,葬蔡平公。蔡太子朱失位,位在卑。

公子光得到专诸以后,对他以礼相待。公子光说:"上天让您来辅佐我这个失去根基的人。"专诸说:"从前吴王余昧死后,吴王僚继位,这是合于名分的。公子为什么要加害他呢?"公子光说:"从前吴王寿梦有四个儿子,长子叫诸樊,就是我的父亲;次子叫余祭,三子叫余昧,四子叫季札。季札有贤德,寿梦临终前托付嫡长子,一定要把君位传给季札。但是想到季札作为使者,出使在其他诸侯国家,还没有回来。余昧死后,国内没有人继位。如果有应当继位的,那就是嫡长子。嫡长子的后代,就是我公子光了。如今吴王僚凭什么代我而立为国君呢?我力量弱小,在执掌政权的人之中找不到可以帮助我的。如果不用勇士,怎能完成我的志愿?即使我代替吴王僚,季札回国以后,也不会把我废掉的。"

专诸说:"为什么不让吴王僚亲近的臣子在他身边从容地向他进言,陈述先王的遗命,向他暗示先王的意图,并让他知道国家应当的归属者,何必暗中准备剑客,废弃先王的美德?"公子光说:"吴王僚一向贪得无厌而且喜欢武力,只知道贪图进取,不懂退让的礼节。我因此要寻求和我患难与共的志士,要和他合力完成这项事业。希望你能理解这个道理。"专诸说:"您的话太露骨了,您到底打算怎么办呢?"公子光说:"不是这样的,这是为社稷着想的话。我不能奉行这件事,所以只能委托给您。"专诸说:"我愿意听从公子的命令。"公子光说:"时机还没有成熟。"专诸说:"凡是想杀人,一定要知道要被刺杀人的嗜好。吴王僚喜欢什么呢?"公子光说:"喜欢美味的东西。"专诸说:"他最喜欢吃什么美味的东西?"公子光说:"最喜欢吃火烤的鱼。"专诸于是就去跟随太湖人学习烤鱼的技术,三个月后就得到了真传,能烤出美味的鱼,然后就安心等待公子光的命令。

二十一年三月,安葬蔡平公。蔡国太子朱在葬礼中没有站在合适的位置上,而站在了与自己身份不相符的较低位置上。

大夫送葬者归见昭子。昭子问蔡故，以告。昭子叹曰："蔡其亡乎！若不亡，是君也必不终。《诗》曰：'不解于位，民之攸塈。'今蔡侯始即位，而适卑，身将从之。"冬，蔡侯朱出奔楚。费无极取货于东国，而谓蔡人曰："朱不用命于楚，君王将立东国。若不先从王欲，楚必围蔡。"蔡人惧，出朱而立东国。朱诉于楚，楚子将讨蔡。无极曰："平侯与楚有盟，故封。其子有二心，故废之。灵王杀隐太子，其子与君同恶，德君必甚。又使立之，不亦可乎？且废置在君，蔡无他矣。"

二十三年秋，吴人伐州来。楚薳越帅师及诸侯之师奔命救州来，吴人御诸钟离。子瑕卒，楚师熸。吴公子光曰："诸侯从于楚者众，而皆小国也，畏楚而不获已，是以来。吾闻之曰：'作事威克其爱，虽小必济。'胡、沈之君幼而狂，陈大夫啮壮而顽，顿与许、蔡疾楚政；楚令尹死，其师熸，帅贱多宠，政令不壹。七国同役而不同心，帅贱而不能整，无大威命，楚可败也。若分师先以犯胡、沈与陈，必先奔。三国败，诸侯之师乃摇心矣。诸侯乖乱，楚必大奔。请先者

鲁国去参加送葬的大夫回来,进见叔孙昭子。叔孙昭子询问葬礼的情况,送葬大夫就把此事告诉了他。叔孙昭子叹气说:"蔡国大概要灭亡了吧!如果不灭亡,现在这个新国君也一定不得善终。《诗经》上说:'君主在他的地位上不懈怠,民众就能够安居乐业。'如今蔡侯刚刚即位,而站到了身份低下的位置上,今后他自己的身份地位也将跟着下降。"冬季,蔡侯朱逃亡到楚国。费无极从蔡侯朱的叔父东国那里得到财礼,于是对蔡国人说:"公子朱不听从楚国的命令,楚王想要立东国为蔡国国君。如果你们不顺从楚王的意愿,楚国必定包围攻打蔡国。"蔡国人十分害怕,就驱逐公子朱而立了东国。公子朱向楚国告状,楚平王准备发兵讨伐蔡国。费无极说:"蔡平侯和楚国立有盟约,所以才重新封立了蔡国。现在他的儿子朱怀有二心,所以才废掉了他。楚灵王杀了东国的父亲隐太子,您又推翻了楚灵王,这样隐太子的儿子东国和君王您有共同的仇人了,他一定非常感激君王您。现在又使东国立为国君,不也是可以的吗?况且废蔡国国君的权力操纵在您手里,蔡国人也不会有其他念头了。"

二十三年秋季,吴国人进攻州来。楚国大夫薳越率领军队和诸侯的军队一起奉命奔赴援救州来,吴国人在钟离抵御他们。由于楚国令尹子瑕去世,楚国军队士气低落。吴国公子光说:"诸侯跟随楚国前来的人虽然很多,可是都是小国,他们是害怕楚国而迫不得已,因此前来。我听说过这样的话:'做事威严胜过偏爱,即使弱小也必然成功。'胡国、沈国的国君年幼而且浮躁,陈国大夫夏啮虽年轻力壮但是愚顽不化,顿国和许国、蔡国憎恨楚国的政令;楚国令尹刚死去,楚国的军队士气低落,将帅出身低贱而很受宠信,政令又不一致。楚国、胡国、沈国、陈国、顿国、许国、蔡国七国共同参加战斗但是心思不同,加上将帅出身低贱而又不能整肃军令,没有重大权威的军令,楚国是可以被打败的。如果分兵首先去进攻胡国、沈国和陈国的军队,他们必定首先逃跑。这三个国家一旦败退,诸侯军队的军心就动摇了。诸侯的军队离散叛乱,楚国军队必定奔跑逃命。请让先头部队

去备薄威,后者敦陈整旅。"吴子从之。

戊辰晦,战于鸡父。吴子以罪人三千先犯胡、沈与陈,三国争之。吴为三军以系于后,中军从王,光帅右,掩余帅左。吴之罪人或奔或止,三国乱,吴师击之。三国败,获胡、沈之君及陈大夫。舍胡、沈之囚,使奔许与蔡、顿,曰:"吾君死矣。"师噪而从之,三国奔,楚师大奔。书曰:"胡子髡、沈子逞灭,获陈夏啮。"君臣之辞也。不言战,楚未陈也。

楚太子建之母在郹,召吴人而启之。冬十月甲申,吴太子诸樊入郹,取楚夫人与其宝器以归。楚司马薳越追之,不及。将死,众曰:"请遂伐吴以徼之。"薳越曰:"再败君师,死且有罪。亡君夫人,不可以莫之死也。"乃缢于薳澨。

〔补逸〕《史记》:楚太子建母在居巢,开吴。吴使公子光伐楚,遂败陈、蔡,取太子建母而去。楚恐,城郢。初,吴之边邑卑梁与楚边邑钟离小童争桑,两家交怒相攻,灭卑梁人。卑梁大夫怒,发邑兵攻钟离。楚王闻之,怒,发国兵灭卑梁。吴王闻之,大怒,亦发兵,使公子光因建母家攻楚,遂灭钟离、居巢。楚乃恐,而城郢。

放松戒备佯做军容不整以麻痹对方,后续部队则巩固阵地整顿师旅。"吴王州于听从了他的话。

七月二十九日,也即忌讳作战的月末这天,双方在鸡父展开交战。吴王用三千名罪犯,首先进攻胡国、沈国和陈国的军队,三国军队争着俘虏吴国这些罪犯。吴国分为三军紧跟在罪犯后面,中军跟随吴王,公子光率领右军,公子掩余率领左军。吴国的罪犯有的逃跑,有的停步不动,从而使胡、沈、陈三国的军队乱了阵势,吴国军队进攻他们。三国的军队败退,吴军俘虏了胡国、沈国的君主和陈国大夫。然后又释放胡国、沈国的俘虏,让他们逃到许国和蔡国、顿国的军队里,说:"我们的国君死了。"吴军又擂鼓呐喊追杀上去,许国、蔡国、顿国三国的军队四散逃跑,楚国的军队也拼命逃跑。《春秋》记载说:"胡子髡、沈子逞灭,俘虏了陈国大夫夏啮。"这是对国君和臣下所使用的不同文辞。不说交战,是因为楚国还没有摆开阵势就被击败了。

楚国太子建的母亲住在郹地,她招来吴国人并为他们打开城门。冬季十月十六日,吴国太子诸樊领兵进入郹地,带着楚平王夫人(即太子建的母亲)和她的宝器回国了。楚国司马薳越追赶他,没有追上。薳越便准备自杀,众人都说:"请求乘机攻打吴国,或许可能侥幸取胜。"薳越说:"如果再使国君的军队扪殿仗的话,就算死了也不足以抵罪。现在弄丢了君王的夫人,我不能不为此事而死。"于是就在楚地薳澨上吊自杀了。

〔补逸〕《史记》:楚国太子建的母亲在楚地居巢,暗中交通吴国。吴国派公子光征讨楚国,然后打败了陈国、蔡国,接太子建的母亲到吴国去了。楚国害怕,修建郹城。起初,吴国边邑卑梁和楚国边邑钟离的小孩争夺桑叶,两家发怒互相殴斗,杀死了卑梁那一家。卑梁大夫发怒,派遣邑兵攻打钟离。楚王听到这件事,大怒,派遣国中军队扫灭卑梁。吴王听到这件事,大怒,也调发军队,派公子光借楚国太子建的母亲家在居巢的便利条件,一举攻下钟离、居巢两邑。楚国便很恐慌,于是修缮郹城。

《吕氏春秋》：楚之边邑曰卑梁，其处女与吴之边邑处女桑于境上，戏而伤卑梁之处女。卑梁人操其伤子以让吴人，吴人应之不恭，怒，杀而去之。吴人往报之，尽屠其家。卑梁公怒曰："吴人焉敢攻吾邑?"举兵反攻之，老弱尽杀之矣。吴王夷昧闻之，怒，使人举兵侵楚之边邑，克夷而后去之。

《吴越春秋》：八年，僚遣公子光伐楚，大败楚师，因迎故太子建母于郑。郑君送建母珠玉簪珥，欲以解杀建之过。九年，吴又使光伐楚，拔居巢、钟离。

楚囊瓦为令尹，城郢。沈尹戌曰："子常必亡郢。苟不能卫，城无益也。古者天子守在四夷；天子卑，守在诸侯。诸侯守在四邻；诸侯卑，守在四竟。慎其四竟，结其四援，民狎其野，三务成功，民无内忧，而又无外惧，国焉用城？今吴是惧，而城于郢，守已小矣。卑之不获，能无亡乎？昔梁伯沟其公宫而民溃，民弃其上，不亡何待？夫正其疆埸，修其土田，险其走集，亲其民人，明其伍候，信其邻国，慎其官守，守其交礼，不僭不贪，不懦不耆，完其守备，以待不虞，又何畏矣？《诗》：'无念尔祖，聿修厥德。'无亦监乎若敖、

《吕氏春秋》：楚国有个边境城邑叫卑梁，那里的姑娘和吴国边境城邑的姑娘同在边境上采桑叶，玩闹时，吴国的姑娘弄伤了卑梁姑娘。卑梁的人带着受伤的姑娘去责备吴国人，吴国人出言不逊，卑梁人十分恼火，杀死吴国人就离开了。吴国人去卑梁报复，把那个卑梁人全家都杀了。卑梁的守邑大夫大怒，说：“吴国人怎敢攻打我的城邑？”于是发兵反攻吴国人，把吴国人不论老幼全部杀死了。吴王夷昧听说这件事后很生气，派人领兵入侵楚国的边境城邑，攻占夷地以后才离去。

《吴越春秋》：吴王僚八年，吴王僚派遣公子光攻打楚国，大败楚国军队，乘机到郑国迎接楚国原太子建的母亲。郑国国君郑定公送给太子建母亲玉簪耳环，想用来消解杀害太子建的过错。吴王僚九年（即鲁昭公二十三年），吴王僚又派公子光攻打楚国，攻占了居巢、钟离两邑。

楚国囊瓦（即子常）做令尹后，在郢都增修城墙。沈尹戌说：“子常肯定会失去郢都。如果不能保卫，增修城墙也没有什么作用。古时天子的守卫在于四方的夷狄；天子的地位逐渐降低了，守卫在于诸侯。诸侯的守卫在于四方的邻国；诸侯的地位逐渐降低了，守卫在于四面的边境。谨慎小心治理四面的边境，结交四邻可以相互援救的国家，民众在自己的土地上安居乐业，春夏秋三季从事农活并及时完成，民众没有内心忧虑，而且又无外部忧患，哪里用得着增修国都城墙？现在我们惧怕吴国而在郢都增修城墙，说明我们守卫的范围已经很小了。连地位降低后的那种守卫都做不到，能不亡国吗？从前梁国国君在他的宫室外面挖沟而使民众溃散，民众抛弃他们上边的君主，不灭亡还等什么？如果认真治理边境，修整土地，使边境的堡垒险要，亲近民众，使民众有部伍轮流候望，对邻国讲究信用，谨慎履行官吏的职责，保持外交的礼节，没有过失和贪婪，不懦弱不强横，完善自己的守备措施，以防意外情况的发生，又有什么可畏惧的？《诗经》上说：‘思念你的祖先，修养你的德行。’试看楚国先王若敖、

蚡冒至于武、文,土不过同,慎其四竟,犹不城郢。今土数圻而郢是城,不亦难乎?"

二十四年,楚子为舟师以略吴疆。沈尹戌曰:"此行也,楚必亡邑。不抚民而劳之,吴不动而速之,吴踵楚,而疆埸无备,邑能无亡乎?"越大夫胥犴劳王于豫章之汭,越公子仓归王乘舟。仓及寿梦帅师从王,王及圉阳而还。吴人踵楚而边人不备,遂灭巢及钟离而还。沈尹戌曰:"亡郢之始,于此在矣。王壹动而亡二姓之帅,几如是而不及郢。《诗》曰:'谁生厉阶? 至今为梗。'其王之谓乎!"

〔补逸〕《新语》:楚平王奢侈纵恣,不能制下,检民以德。增驾百马而行,欲令天下人饶财富利,明不可及。于是楚国逾奢,君臣无别。

二十五年十二月,楚子使薳射城州屈,复茄人焉;城丘皇,迁訾人焉;使熊相禖郭巢,季然郭卷。子太叔闻之,曰:"楚王将死矣。使民不安其土,民必忧。忧将及王,弗能久矣。"

二十六年九月,楚平王卒。令尹子常欲立子西,曰:"大子壬弱,其母非適也,王子建实聘之。子西长而好善。立长则顺,建善则治。王顺国治,可不务乎?"子西怒曰:

蚡冒一直到武王、文王,他们拥有的土地不超过百里见方,谨慎四方边境防备,尚且没有在郢都加筑城墙。现在楚国土地超过几千里见方,反而增修郢都城墙,不也是很难的吗?"

二十四年,楚平王组织水军去侵袭吴国的疆土。沈尹戌说:"这次行动,楚国必定丢掉城邑。不安抚民众而使他们辛劳,吴国本来没有行动而促使他们加速出兵,吴军必将紧紧追赶楚军,然而我们的边境没有戒备,城邑能够不丢掉吗?"越国大夫胥犴在豫章的江湾慰劳楚平王,越国公子仓把坐船馈赠给楚平王。公子仓和越国大夫寿梦率领军队跟随楚平王一同前进,楚平王到达楚国围阳就返回了。吴军紧紧追赶楚军,可是楚国边境的守军又没有戒备,于是吴军就乘机灭掉了巢和钟离而回去。沈尹戌说:"失去郢都的开端,就在这里了。君王一次行动便失掉了巢地、钟离两地的大夫,几次都像这样下去怎么会不波及郢都?《诗经》上说:'是谁制造祸端?至今还深受其害。'恐怕说的就是君王吧!"

〔补逸〕《新语》:楚平王奢侈纵恣,不能控制下级,不用德行来考察百姓。自己把驾车之马增到百匹,想叫国中百姓效仿他的财利富饶,以示无法企及。于是楚国人更加奢侈,弄得君臣之间没有等级差别。

二十五年十二月,楚平王派大夫薳射在楚地州屈筑城,让茄地的人回去居住;又在楚地丘皇筑城,迁移訾地人去那里居住;派大夫熊相禖到巢地修筑外城,派大夫季然到郑地修筑外城。子太叔(即游吉)听说了这件事后,说:"楚王将要死了。使民众不能安居在原来的土地上,民众必然忧愁。民众忧愁将要蔓延到国君的身上,他已不能再活很长时间了。"

二十六年九月,楚平王去世。令尹子常想要立子西(即公子申)为国君,说:"太子壬年纪太小,他的母亲又不是正妻,而实际是王子建所聘定的妻子。子西年纪稍长而且又喜欢向善。立年长的人就顺乎情理,拥立向善的人就会使国家长治久安。君王顺乎情理国家得到大治,可以不努力去做吗?"子西大怒说:

"是乱国而恶君王也。国有外援，不可渎也；王有適嗣，不可乱也。败亲速仇，乱嗣不祥。我受其名，赂吾以天下，吾滋不从也，楚国何为？必杀令尹。"令尹惧，乃立昭王。

〔补逸〕《吴越春秋》：楚平王卒，伍子胥谓白公胜曰："平王卒，吾志不悉矣。然楚国在，吾何忧矣？"白公默然不对。伍子胥坐泣于室。

二十七年，吴子欲因楚丧而伐之，使公子掩余、公子烛庸帅师围潜。使延州来季子聘于上国，遂聘于晋，以观诸侯。楚莠尹然、工尹麇帅师救潜，左司马沈尹戌帅都君子与王马之属以济师，与吴师遇于穷。令尹子常以舟师及沙汭而还。左尹郤宛、工尹寿帅师至于潜，吴师不能退。

吴公子光曰："此时也，弗可失也。"告鱄设诸曰："上国有言曰：'不索何获？'我，王嗣也，吾欲求之。事若克，季子虽至，不吾废也。"鱄设诸曰："王可弑也。母老子弱，是无若我何？"光曰："我，尔身也。"夏四月，光伏甲于堀室而享王。王使甲坐于道，及其门，门、阶、户、席，皆王亲也，夹之以铍。羞者献体，改服于门外；执羞者坐行而入，执铍者夹承之，及体以相授也。光伪足疾，入于堀室。鱄设诸置剑于

"这是扰乱国家而张扬君王的恶名。如果立太子壬国家就有外国秦国的援助，不可以轻慢这个问题；国君已有嫡系的继承人了，不可以扰乱王位继承的传统制度。败坏跟秦国的亲戚关系就会迅速召来仇敌，扰乱继承王位的制度不吉祥。让我蒙受这种恶名，即使把天下贿赂给我，我也越发不能听从，楚国算得了什么呢？一定要杀掉令尹。"令尹子常非常恐惧，于是就立了太子壬，是为楚昭王。

〔补逸〕《吴越春秋》：楚平王去世，伍子胥对白公胜说："楚平王死去，我的心愿不能全部实现了。但是楚国还存在，我还有什么忧虑的呢？"白公胜沉默没有回答。伍子胥在屋中坐着哭泣起来。

二十七年，吴王僚想要乘楚国有丧事进攻它，便派公子掩余、公子烛庸率领军队包围潜地。又派延州来季子（即公子季札）到中原各国聘问，公子季札就到晋国聘问，以观察了解诸侯的态度。楚国大夫莠尹然、工尹麋率领军队救援潜地，左司马沈尹戍率领都邑亲兵和楚王养马官的部属去增援军队，和吴国军队在穷地相遇。令尹子常率领水军到达沙汭而返回。左尹郤宛、工尹寿率领军队到达潜地，吴国军队无法撤退。

吴国公子光说："这是难得的时机，不可以失去啊。"便告诉鲟设诸说："中原国家有句话说：'不去索取哪能够得到？'我是王位的继承人，我想要追求王位。事情如果成功，季子即使回来，也不能废掉我。"鲟设诸说："君王是可以被杀掉的。但是我母亲年老、子女幼小，我没有了，他们该怎么办呢？"公子光说："我就等于你。"夏季四月，公子光在地下室埋伏披甲士兵而后设宴招待吴王僚。吴王僚让甲士坐在道路两旁，一直到大门口，大门、台阶、内室门、席上，都由吴王僚的亲兵把守，他们手持铍护卫在吴王僚两旁。进献食物的人要在门外脱光衣服改穿别的衣服才能入内。进献食物的人要膝行而入，执铍的人用铍抵着他的身体，剑尖几乎碰到身上，然后把食品递给献食的人。公子光假装脚上有病，进入地下室躲了起来。鲟设诸把一支短剑放在

鱼中以进,抽剑刺王,铍交于胸,遂弑王。阖庐以其子为卿。吴公子掩余奔徐,公子烛庸奔钟吾。楚师闻吴乱而还。

郤宛直而和,国人说之。鄢将师为右领,与费无极比,而恶之。令尹子常贿而信谗,无极谮郤宛焉。谓子常曰:"子恶欲饮子酒。"又谓子恶:"令尹欲饮酒于子氏。"子恶曰:"我,贱人也,不足以辱令尹。令尹将必来辱,为惠已甚。吾无以酬之,若何?"无极曰:"令尹好甲兵,子出之,吾择焉。"取五甲五兵,曰:"置诸门,令尹至,必观之,而从以酬之。"及飨日,帷诸门左。无极谓令尹曰:"吾几祸子。子恶将为子不利,甲在门矣。子必无往。且此役也,吴可以得志,子恶取赂焉而还,又误群帅,使退其师,曰:'乘乱不祥。'吴乘吾丧,我乘其乱,不亦可乎?"令尹使视郤氏,则有甲焉,不往。

召鄢将师而告之,将师退,遂令攻郤氏,且爇之。子恶闻之,遂自杀也。国人弗爇。令曰:"不爇郤氏,与之同罪。"或取一编菅焉,或取一秉秆焉,国人投之,遂弗爇也。令尹炮之,尽灭郤氏之族党,杀阳令终与其弟完及佗,与晋陈

鱼肚子里然后献上,他抽出剑猛刺吴王僚,与此同时,吴王僚亲兵的剑也交叉刺进鲇设诸的胸膛,结果还是杀死了吴王僚。阖庐(即公子光)自立为王后,便让鲇设诸的儿子做了卿。吴国公子掩余逃奔徐国,公子烛庸逃奔钟吾。楚军听说吴国动乱就收兵返回了。

楚国左尹郤宛(即子恶)为人正直而且和善,国内的人都喜欢他。鄢将师担任右领,同费无极勾结而憎恨郤宛。令尹子常贪求贿赂而又相信诬蔑人的谗言,于是费无极就诬陷郤宛。他对子常说:"子恶想要请您喝酒。"又对子恶说:"令尹想要到您家喝酒。"子恶说:"我是地位卑贱的人,不敢委屈令尹前来。令尹真要屈尊前来,赐给我的恩惠太大了。我没有东西奉献给令尹,怎么办?"费无极说:"令尹喜欢盔甲武器,您拿出它,我来挑选一下。"于是选出了五副盔甲、五种武器,又对子恶说:"把这些东西放在门口,令尹来到,一定会看的,然后就乘机献给他。"到了宴飨那天,子恶把五副盔甲、五种武器放在门的左侧帐幔里。费无极对令尹子常说:"我差一点儿让您遭祸。子恶将要对您下毒手,盔甲武器都藏在门口了。您千万不要去。况且这次救援潜地的战役,本来楚国可以战胜吴国,就是因为郤宛接受了吴国的贿赂才收兵回来的,又欺骗其他将帅们,让他们退兵,说:'乘人动乱而进攻不吉祥。'吴国乘我们楚国有丧事进攻我们,我们乘他们有动乱进攻他们,不也是可以的吗?"令尹子常派人到郤氏家里察看动静,果然看见有盔甲武器放在门口,于是令尹子常就不去郤家喝酒了。

子常召见鄢将师,并把见到的情况告诉了他,鄢将师退出后,就下令攻打郤氏,并且下令放火焚烧郤氏的家。子恶听到这个消息后就自杀了。国都的人不肯放火烧房。鄢将师下令说:"不烧郤宛家的人,和子恶一同治罪。"有的人拿着一把盖屋顶的茅草,有的人拿着一把稻草,国都的人都拿来扔到郤氏家里,但没有烧着。令尹子常又派人烧了郤宛家,把郤氏的族人和亲友全部杀光,还杀了郤宛的同党阳令终跟他的弟弟完、佗,以及晋陈

及其子弟。晋陈之族呼于国曰:"鄢氏、费氏自以为王,专祸楚国,弱寡王室。蒙王与令尹,以自利也。令尹尽信之矣。国将如何?"令尹病之。

〔补逸〕《吴越春秋》:阖闾元年,始任贤使能,施恩行惠,以仁义闻于诸侯。仁未施,恩未行,恐国人不就,诸侯不信,乃举伍子胥为行人,以客礼事之,而与谋国政。阖闾谓子胥曰:"寡人欲强国霸王,何由而可?"伍子胥膝进,垂泪,顿首曰:"臣,楚国之亡虏也。父兄弃捐,骸骨不葬,魂不血食,蒙罪受辱,来归命于大王。幸不加戮,何敢与政事焉?"阖闾曰:"非夫子,寡人不免于絷御之使。今幸奉一言之教,乃至于斯,何为中道生进退邪?"子胥曰:"臣闻谋议之臣,何足处于危亡之地?然忧除事定,必不为君主所亲。"阖闾曰:"不然。寡人非子无所尽议,何得让乎?吾国僻远,顾在东南之地,险阻润湿,又有江海之害,君无守御,民无所依,仓库不设,田畴不垦,为之奈何?"子胥良久对曰:"臣闻治国之道,安君理民,是其上者。"

阖闾曰:"安君治民,其术奈何?"子胥曰:"凡欲安君治民、兴霸成王、从近制远者,必先立城郭,设守备,实仓廪,治兵库,斯则其术也。"阖闾曰:"善夫!筑城郭,立仓库,因地制宜,岂有天气之数以威邻国者乎?"

和他的子弟。晋陈的族人在国都里到处呼喊说："鄢氏、费氏以君王自居，专权而祸乱楚国，削弱孤立王室。欺蒙君王和令尹来为自己牟利。令尹却全都相信他们了。国家将会怎么样呢？"令尹子常对此十分担心。

〔补逸〕《吴越春秋》：吴王阖闾元年，开始任用贤能，施行恩惠，吴王以仁义在诸侯中闻名。仁义未能施行，恩惠未能给予，恐怕国中之人不服从，在诸侯中没有信誉，于是提拔伍子胥做外交官，用对待客人的礼节招待他，并让他参与谋划国家大事。吴王阖闾对伍子胥说："寡人我打算使国家富强、使自己成为诸侯中的霸主，通过什么途径才可以呢？"伍子胥跪着向前挪动膝盖，掉着眼泪，叩头说道："臣下我是楚国的流亡者。我的父亲、哥哥被楚国杀害，他们的残骸遗骨不能得到埋葬，其魂魄不能享用祭祀的供品，我蒙受罪名承受侮辱，前来归顺大王。有幸不被杀戮，怎敢参与国家政事谋划呢？"阖闾说："如果不是你，寡人我也不能免于被驱使了。现在幸而奉行你的一番教诲，才到了这种地步，为什么忽然半途生起退意了呢？"伍子胥说："臣下我听说谋划商议的臣子，哪里值得处在关系国家危亡的地位上？一旦忧患除去国事安定，一定不被君主亲近。"阖闾说："不是这样。寡人我没有你就不能谋划周密，你怎能谦让呢？我们吴国地方偏僻路途遥远，位于天下东南方的位置，地形险要，气候湿润，又有江海造成危害，君王无法守御，百姓无所依赖，仓库没有建设，田地没有开垦，对此怎么办呢？"伍子胥沉默了一会儿回答说："臣下我听说治理国家的办法，是使君位安定使百姓得到治理，这是治理国家的最好办法。"

阖闾说："安定君位治理百姓，其方法是什么？"伍子胥说："大凡想要安定君位治理百姓、兴起霸业成为霸王、使近处顺从远方受制的人，必须先建造城郭，设置守备，充实仓库，整治军械库房，这就是方法。"阖闾说："好！建筑城郭，设立仓库，因地制宜，难道有天命气数来使邻国害怕吗？"

子胥曰:"有。"阖闾曰:"寡人委计于子。"

子胥乃使相土尝水,象天法地,造筑大城,周围四十七里。陆门八以象天八风,水门八以法地八聪。筑小城,周十里,陆门三。不开东面者,欲以绝越明也。立阊门者,以象天门,通阊阖风也。立蛇门者,以象地户也。阖闾欲西破楚,楚在西北,故立阊门以通天气,因复名之破楚门。欲东并大越,越在东南,故立蛇门,以制敌国。吴在辰,其位龙也,故小城南门上反宇为两鲵鳙以象龙角;越在巳地,其位蛇也,故南大门上有木蛇北向首内,示越属于吴也。

城郭以成,仓库以具,阖闾复使子胥、屈盖余、烛庸习术战骑射御之巧。未有所用,请干将铸作名剑二枚。干将者,吴人也,与欧冶子同师,俱能为剑。越前来献三枚,阖闾得而宝之,以故使剑匠作为二枚,一曰干将,一曰莫邪。莫邪,干将之妻也。

干将作剑,采五山之铁精、六合之金英,候天、伺地,阴阳同光,百神临观,天气下降,而金铁之精不销沦流。于是干将不知其由,莫邪曰:"子以善为剑闻于王,使子作剑,三月不成,其有意乎?"干将曰:"吾不知其理也。"莫邪曰:"夫神物之化,须人而成。今夫子作剑,得无得其人而后成乎?"干将曰:"昔吾师作冶,金铁

伍子胥说:"有。"吴王阖闾说:"寡人我把一切大计都交给你去办了。"

伍子胥便察看土质尝试水味,效法天地,建造了大城,周长四十七里。开了八个陆门来象征上天的八风,开了八个水门来效法地上八聪。又建筑了小城,周十里,开了三个陆门。不开东面之门的原因,是想用来隔绝越国的光明。之所以建立阖门,是用来象征天门,使阖闾之风(即西风)能畅通。之所以建立蛇门,是用来象征地门。吴王阖闾打算向西破灭楚国,楚国在吴国西北,所以建立阖门来使天气畅通,因此又将阖门命名为破楚门。准备向东吞并大越,越国位于吴国东南,所以建立蛇门,来控制敌对国家。吴国地理方位在辰位,这个方位属龙,所以在小城南门屋角上做了两个鲵鲩来象征龙角;越国地理方位在巳地,这个方位属蛇,所以在大城南门上装饰有木蛇,蛇首朝北、向城内,表示越国属于吴国。

城郭建成,仓库齐备,吴王阖闾又让伍子胥、屈盖余、烛傭教习战术、骑马、射箭的技巧。还没有作战的武器,就请干将铸造了两口名剑。干将是吴国人,和越国有名的造剑师欧冶子是同一个师傅,都能铸造宝剑。越国在不久以前曾来吴国献上三口宝剑,吴王阖闾得到后将它们视为宝贝,因此让铸剑工匠铸造了两口宝剑,一口剑名叫干将,另一口剑名叫莫邪。莫邪是干将的妻子。

干将铸造宝剑,采五山之铁的精华、天地四方的金属精华,观测上天、探察大地,阴阳同发光辉,百神亲临观看,天上轻清之气下降,而金铁之精华不熔化为流质。这时干将不明白其中的缘由,莫邪说:"你以擅长铸剑闻名于吴王,吴王让你铸剑,三个月还不能铸成,难道是故意的吗?"干将说:"我不知道其中的道理。"莫邪说:"神物的熔化,必须有人催化然后才能完成。现在您铸剑,是不是也需要得到人的催化才能铸成呢?"干将说:"从前我的师傅冶铸时,金铁

之类不能销，夫妻俱入冶炉中，然后成物。至今后世即山作冶，麻绖葌服，然后敢铸金于山。今吾作剑不变化者，其若斯邪？"莫邪曰："师知铄身以为成物，吾何难哉？"于是干将妻乃断发翦爪，投于炉中，使童女童男三百人鼓橐装炭，金铁刀濡，遂以成剑。阳曰干将，阴曰莫邪。阳作龟文，阴作缦理。干将匿其阳，出其阴而献之。

阖闾甚重，既得宝剑，适会鲁使季孙聘于吴。阖闾使掌剑大夫以莫邪献之。季孙拔剑之锷，中缺者，大如黍米，叹曰："美哉剑也！虽上国之师，何能加之？夫剑之成也，吴霸。有缺，则亡矣。我虽好之，其可受乎？"不受而去。

阖闾既宝莫邪，复命于国中作金钩，令曰："能为善钩者，赏之百金。"吴作钩者甚众，而有人贪王之重金赏也，杀其二子，以血衅金，遂成二钩，献于阖闾，诣宫门而求赏。王曰："为钩者众，而子独求赏，何以异于众夫子之钩乎？"作钩者曰："吾之作钩也，贪而杀二子，衅成二钩。"王乃举众钩以示之，何者是也。王钩甚多，形体相类，不知其所在。于是钩师向钩而呼二子之名，"吴鸿、扈稽！我在于此！王不知汝之神也。"

之类的东西不熔化,他们夫妻二人一起跳入冶炼的炉膛中,这样以后才铸出成品。迄今后代靠山进行冶炼,要束麻带穿草衣作服丧打扮,然后才敢在山中冶炼金属。现在我们铸剑不能变化出成品的原因,难道也是这样吗?"莫邪说:"师傅知道熔化自身来铸出成品,我又有什么为难的呢?"这时干将的妻子莫邪便剪断头发剪去指甲,投到炉中,让童女、童男三百人装上炭,鼓风吹火,金铁做成的刀胚变得柔软,于是铸成宝剑。雄剑叫作干将,雌剑叫作莫邪。雄剑上有龟形纹理,雌剑上有漫乱不规则的纹理。干将将其中的雄剑藏了起来,将雌剑拿出来献给吴王。

　　吴王阖闾十分珍视此剑,得到宝剑以后,正好赶上鲁国派季孙到吴国来聘问。吴王阖闾让掌管宝剑的大夫把莫邪宝剑献给季孙。季孙拔出宝剑仔细审视剑刃,中间缺了一点,大小如同黍米粒,感叹说:"这宝剑真是太美了!即使是中原国家的铸剑师,又有哪人能超过这个水准呢?宝剑铸成了,吴国可以称霸。但是剑刃有缺口,吴国恐怕要灭亡了吧。我虽然喜欢此宝剑,难道可以接受吗?"于是没有接受宝剑就离去了。

　　吴王阖闾既已视莫邪为宝物,又命令在国内制造金钩,下令道:"能够制造出好金钩的人,赏赐给他百金。"吴国制造金钩的人特别多,有个人贪图吴王的重赏,便杀掉了他的两个儿子,把他们的血涂在金属上,于是制成了两把钩,献给吴王阖闾,来到宫门请赏。吴王说:"制造钩的人很多,而你独自要求得到赏赐,你制造的钩和众人的钩有什么不同呢?"制钩人回答说:"我做钩时,因为贪财而杀掉了两个儿子,把他们的血涂在金属上制成了这两把钩。"吴王阖闾于是拿出很多钩让这位制钩的人观看,哪个是他制的。吴王的钩特别多,形状都类似,这位制钩的人不知他所制的钩在哪里。这时候,这位制钩的人向众钩呼喊两个儿子的名字:"吴鸿、扈稽!我在这里!吴王不知道你们的神奇。"

声绝于口,两钩俱飞著父之胸。吴王大惊曰:"嗟乎!寡人诚负于子。"乃赏百金,遂服而不离身。

六月,欲用兵,会楚之白喜来奔。阖闾见白喜而问曰:"寡人国僻远,东滨海侧,闻子前人为楚荆之暴怒、费无忌之谗口,不远吾国,而来于斯,将何以教寡人?"喜曰:"楚国之失虏,前人无罪,横被暴诛。闻大王收伍子胥之穷厄,不远千里,故来归命,惟大王赐其死。"阖闾伤之,以为大夫,与谋国事。

吴大夫被离承宴,问子胥曰:"何见而信喜?"子胥曰:"吾之怨与喜同。子不闻《河上歌》乎?'同病相怜,同忧相救。惊翔之鸟,相随而集;濑下之水,因复俱流。'胡马望北风而立,越燕向日而熙。谁不爱其所近,悲其所思者乎?"被离曰:"君之外言也,岂有内意以决疑乎?"子胥曰:"吾不见也。"被离曰:"吾观喜之为人,鹰视虎步,专功擅杀之性,不可亲也。"子胥不然其言,与之俱事吴王。

白喜来奔,吴王问子胥曰:"白喜何如人也?"子胥曰:"白喜者,楚白州犁之孙。平王诛州犁,喜因出奔,闻臣在吴而来也。"阖闾曰:"州犁何罪?"子胥曰:"白州犁,楚之左尹,号曰郤宛。事平王,平王幸之,常与尽日而语,袭朝而食。费无忌望而妒之,因谓平王曰:

话音刚落，两钩一起飞过来贴在他们父亲的胸脯上。吴王阖闾大吃一惊说道："哎呀！寡人我确实是辜负了你。"于是赏赐给制钩人百金，并将两钩佩在自己身上，从不离身。

六月，吴王阖闾打算对楚国用兵，正赶上楚国大夫白喜前来投奔。吴王阖闾接见白喜并询问他说："寡人我的国家，地方偏僻，路途遥远，东边濒临大海，听说你的先人是因为楚王的大怒、费无忌的谗言诬陷遇害，你不嫌我国遥远，来到这里，你将用什么教导寡人我呢？"白喜说："我是楚国逃亡的犯人，先人本来没有罪过，却横遭杀身之祸。听说大王在伍子胥困苦的情况下收留了他，所以不以千里为远，前来归附，只愿大王赐我一死。"吴王阖闾对他十分同情，就让白喜担任大夫，参与谋划国家大事。

吴国大夫被离陪同宴饮后，问伍子胥说："为什么一见面就相信白喜？"伍子胥说："我的怨恨与白喜相同。你没听过《河上歌》吗？'疾病相同的人相互怜悯，忧虑相同的人相互救助。被惊而飞的鸟，相随着停在一起；沙石上急流的水回还往复汇在一起流去。'胡地的马迎着北风站立，越国的燕子向着太阳嬉戏。谁不喜爱跟自己命运相近的人，哀怜自己所思念的人呢？"被离说："你说的只是表面上的道理，难道您内心没有别的想法解决我的疑问吗？"伍子胥说："我还没想到。"被离说："我观察白喜的为人，像鹰一样看人，像虎一样走路，这是喜欢独占功劳而擅自杀戮的性格，亲近不得。"伍子胥没有听从被离的话，和白喜一起事奉吴王。

白喜前来吴国投奔时，吴王阖闾询问伍子胥说："白喜是一个什么样的人？"伍子胥说："白喜，是楚国白州犁的孙子。楚平王诛杀白州犁，白喜因此外出逃奔，听说臣下我在吴国就来了。"吴王阖闾说："白州犁犯了什么罪？"伍子胥说："白州犁是楚国的左尹，号为郤宛。他事奉楚平王，楚平王十分宠爱他，经常和他整天进行交谈，谈到第二天早晨才吃饭。费无忌看到后对此十分忌妒，于是对楚平王说：

'王爱幸宛，一国所知，何不为酒，一至宛家，以示群臣于宛之厚？'平王曰：'善。'乃具酒于郤宛之舍。无忌教宛曰：'平王甚毅猛而好兵，子必故陈兵堂下、门庭。'宛信其言，因而为之。及平王往而大惊，曰：'宛何等也？'无忌曰：'殆且有篡杀之忧。王急去之！事未可知。'平王大怒，遂杀郤宛。诸侯闻之，莫不叹息。喜闻臣在吴，故来，请见之。"

〔发明〕按：伯嚭即白喜也，非郤宛子。伯州犁死于郏敖之难，安得误以为郤宛？且误以伯嚭为郤宛之子乎？今取《吴越春秋》附录于《左氏》杀郤宛之后，以明伯嚭虽因郤宛之事而出，而非郤宛子也。

吴王前既杀王僚，又忧庆忌之在邻国，恐合诸侯来伐，问子胥曰："昔专诸之事于寡人厚矣，今闻公子庆忌有计于诸侯，吾食不甘味，卧不安席，以付于子。"子胥曰："臣不忠无行，而与大王图王僚于私室之中。今复讨其子，恐非皇天之意。"阖闾曰："昔武王讨纣而后杀武庚，周人无怨色。今若斯议，何惧乎？"

子胥曰："臣事君王，将遂吴统，又何惧焉？臣之所厚其人者，细人也，愿从于谋。"吴王曰："吾之忧也，其敌有万人之力，岂细人之所能谋乎？"子胥曰："其细人

'君王宠幸郤宛,全国上下都知道,何不设酒,到郤宛家去一次,以向群臣显示您对郤宛的厚爱呢?'楚平王说:'好。'于是在郤宛家中摆上酒宴。费无忌又教给郤宛说:'楚平王十分刚毅勇猛而且喜欢盔甲武器,你一定要在堂下、门口陈列兵器。'郤宛听信了他的话,于是就按照他说的做了。等到楚平王前去,大吃一惊,说:'郤宛要干什么?'费无忌说:'大概将有篡夺弑杀的忧患。君王您急速离开这里吧!事情无法预料。'楚平王大怒,于是杀掉了郤宛。诸侯们听说此事后,没有不感叹惋惜的。白喜听说臣下我在吴国,所以前来投奔,请您接见他。"

〔发明〕按:伯嚭就是白喜,并不是郤宛的儿子。伯州犁死在郏敖那场祸难中,怎能将伯州犁误认作郤宛?而且误认为伯嚭是郤宛的儿子呢?现在拿《吴越春秋》的记载附录在《左传》杀死郤宛之事的记载后面,来证明伯嚭虽然是因为郤宛的事情才出走,但并不是郤宛的儿子。

吴王先前既已杀掉吴王僚,又担心吴王僚的儿子庆忌躲在邻国,害怕他联合诸侯前来讨伐吴国,就询问伍子胥说:"从前专诸刺杀吴王僚的事情对于寡人来说出力够大了,现在听说公子庆忌与诸侯有阴谋,我吃饭感到不香甜,睡觉感到不安稳,所以把此事托付给你去办。"伍子胥说:"臣下我不忠诚,没有善行,而与大王您在私人密室中图谋杀害吴王僚。现在又打算讨伐他的儿子,恐怕不合上天的旨意。"吴王阖闾说:"从前周武王讨伐商纣王然后又杀掉了商纣王的儿子武庚,周人没有怨恨的表情。现在像这样谋划,又害怕什么呢?"

伍子胥说:"臣下我侍奉君王,将要维系吴国父子相承的国统,又有什么惧怕的呢?臣下我所看重的那个人是一个体小力微的人,希望能听从他的谋划。"吴王阖闾说:"我所忧虑的是,他的对手庆忌有万夫不能抵挡的勇力,怎能是体小力微的人所能图谋的呢?"伍子胥说:"这个体小力微的人

之谋事,而有万人之力也。"王曰:"其为何谁?子以言之。"子胥曰:"姓要名离。臣昔尝见曾折辱壮士椒丘䜣也。"

王曰:"辱之奈何?"子胥曰:"椒丘䜣者,东海上人也。为齐王使于吴,过淮津,欲饮马于津。津吏曰:'水中有神,见马即出,以害其马,君勿饮也!'䜣曰:'壮士所当,何神敢干?'乃使从者饮马于津,水神果取其马,马没。椒丘䜣大怒,袒裼,持剑入水,求神决战,连日乃出,眇其一目。

"遂之吴。会于在友人之丧,䜣恃其与水神战之勇也,于友人之丧席而轻傲于士大夫,言辞不逊,有陵人之气。要离与之对坐,合坐不忍其溢于力也,时要离乃挫䜣曰:'吾闻勇士之斗也,与日战,不移表;与鬼神战者,不旋踵;与人战者,不达声。生往死还,不受其辱。今子与神斗于水,亡马失御,又受眇目之病,形残名勇,勇士所耻。不即丧命于敌,而恋其生,犹徽色于我哉?'于是椒丘䜣卒于诘责,恨怒并发,暝即往攻要离。

"于是要离席阑至舍,诫其妻曰:'我辱壮士椒丘䜣于大家之丧,余恨蔚恚,暝必来也。慎无闭吾门。'至夜,椒丘䜣果往,见其门不闭,登其堂不关,入其室不守,

如果谋划事情，也有万人不可阻挡的勇力。"吴王阖闾说："那个人是谁？你把他的情况告诉我。"伍子胥说："姓要名离。臣下我从前曾经见到他折辱壮士椒丘䜣。"

吴王阖闾说："他怎样侮辱椒丘䜣的呢？"伍子胥说："椒丘䜣这个人，是东海边上的人。他为齐王出使到吴国，路过淮水渡口，想要在渡口饮马。管理渡口的官员说：'水中有水神，见到马匹就会出来，将会加害饮水的马，你不要在这里饮马了！'椒丘䜣说：'壮士所向无敌，什么水神敢来冒犯呢？'于是让随从的人继续在淮河渡口饮马，水神果然夺走了他的马，马沉入水中。椒丘䜣大怒，脱衣裸露上身，拿着宝剑进入水中，找水神决一死战，过了好几天才出来，水神弄瞎了他的一只眼睛。

"随后来到吴国都城。正赶上他的友人办丧事，椒丘䜣依仗他向水神挑战的勇力，在友人丧事的宴席上对士大夫们表现得轻狂傲慢，出言不逊，颇有凌驾众人之上的神气。要离当时与他面对面坐着，一起坐着的人都不能容忍椒丘䜣过分吹嘘自己的勇力，当时要离就贬损椒丘䜣说：'我听说勇猛之士搏斗时，与太阳战斗，不等日影移动；与鬼神作战时，不等脚跟掉转；与人交战时，不等话音传到。即使活着前去死了归来，也不受他们的侮辱。现在你与水神在水中搏斗，丢了马又损失了车夫，又受到瞎了一只眼睛的伤害，身体残伤还声称勇敢，这是勇士所羞耻的事。不跟敌人战斗死，反而贪恋生命，还有脸向我摆出洋洋自得的神色吗？'当时椒丘䜣突然被诘问指责，怨恨与愤怒一起发作，夜晚就去攻击要离。

"当时，要离在宴席结束回到家里后，告诫他的妻子说：'我在大人家举办丧事时羞辱了壮士椒丘䜣，他十分仇恨，充满怨怒，夜晚必定前来。千万不要关闭我的房门。'到了夜晚，椒丘䜣果然前去，见到要离家的门没有关闭，登上要离的前堂发现没有上锁，进入要离的卧室竟然无人把守，

放发僵卧，无所惧。讦乃手剑而捽要离曰：'子有当死之过者三，子知之乎？'离曰：'不知！'讦曰：'子辱我于大家之众，一死也；归不关闭，二死也；卧不守御，三死也。子有三死之过，欲无得怨？'要离曰：'吾无三死之过，子有三不肖之愧，子知之乎？'讦曰：'不知。'要离曰：'吾辱子于千人之众，子无敢报，一不肖也；入门不咳，登堂无声，二不肖也；前拔子剑，手挫捽吾头，乃敢大言，三不肖也。子有三不肖，而威于我，岂不鄙哉！'于是椒丘讦投剑而叹，曰：'吾之勇也，人莫敢眦占者，离乃加吾之上，此天下壮士也。'吾闻要离若斯，诚以闻矣。"

吴王曰："愿承宴而待焉。"子胥乃见要离曰："吴王闻子高义，惟一临之。"乃与子胥见吴王。王曰："子何为者？"要离曰："臣国东千里之人，臣细小无力，迎风则僵，负风而伏。大王有命，臣敢不尽力？"吴王心非子胥进此人，良久默然不言。要离即进曰："大王患庆忌乎？臣能杀之。"王曰："庆忌之勇，世所闻也。筋骨果劲，万人莫当。走追奔兽，手接飞鸟，骨腾肉飞，拊膝数百里。吾尝追之于江，驷马驰不及；射之暗，接矢不可中。今子之力不如也。"要离曰："王有意焉，臣能杀之。"

而要离解开了头发，僵直地躺在床上，一点也不害怕。椒丘䜣手持剑揪住要离的头发说：'你有应当死的过错三条，你知道吗？'要离说：'我不知道！'椒丘䜣说：'你在大户人家里当众侮辱我，这是你该死的第一条过错；你回来后不关门上锁，这是你该死的第二条过错；你睡觉时毫无防备，这是你该死的第三条过错。你有这三条该死的过错，死了不能怨恨我吧？'要离说：'我没有三条该死的过错，你却有三个没出息值得惭愧的表现，你知道吗？'椒丘䜣说：'不知道。'要离说：'我在大庭广众之下侮辱了你，你不敢当面报复，这是你没有出息的第一个表现；你走进我的家门不咳嗽，登上前堂没有声音，这是你没出息的第二个表现；来到我面前拔出宝剑，用手抓住我的头发后，才敢大声说话，这是你没出息的第三个表现。你有这没出息的三个表现，还来威吓我，难道不卑鄙吗！'于是椒丘䜣扔掉宝剑而叹息，并说道：'我的勇敢，天下没有人敢轻视，要离比我还要强，这才是天下的壮士。'我听说的要离就是这样，已如实地报告给您了。"

吴王说："希望摆好酒宴招待他。"伍子胥于是去见要离说："吴王听说你德义高尚，希望你去见他一趟。"要离就和伍子胥一起去见吴王。吴王说："你是干什么的？"要离说："臣下我是吴国东面千里之外的人，身材瘦小没有力量，迎风就向后倒，背着风就向前趴。大王您如果有吩咐，臣下我怎敢不竭尽全力？"吴王心中怪罪伍子胥推荐了这样一个弱不禁风的人，沉默了好一会儿没说话。要离就走上前说："大王您担心庆忌吗？臣能杀掉他。"吴王阖闾说："庆忌的勇敢，众所周知。他筋骨健壮有力，有万夫莫当之勇。跑起来能追上跑着的猛兽，跳起来能抓住空中的飞鸟，全身骨肉活动起来，一摸膝盖能跑几百里。我曾在江边追赶他，坐着四匹马拉的车奔驰还追不上他，暗中用箭射他，他接住了箭，根本不能射中他。如今你的能力比不上他。"要离说："大王您如果有意于此，臣下我能杀了他。"

王曰:"庆忌明智之人,独穷于诸侯,不下诸侯之士。"要离曰:"臣闻安其妻子之乐,不尽事君之义,非忠也。怀家室之爱,而不除君之患者,非义也。臣诈以负罪出奔,愿王戮臣妻子,断臣右手,庆忌必信臣矣。"王曰:"诺。"要离乃诈得罪出奔,吴王乃取其妻子焚弃于市。

要离乃奔诸侯,而行怨言,以无罪闻于天下。遂如卫,求见庆忌。见曰:"阖闾无道,王子所知。今戮吾妻子,焚之于市,无罪见诛。吴国之事,吾知其情,愿因王子之勇,阖闾可得也。何不与我东之于吴?"庆忌信其谋,后三月,拣练士卒,遂之吴。将渡江,于中流,要离力微,坐于上风,因风势,以矛钩其冠,顺风而刺庆忌。庆忌顾而挥之,三捽其头于水中,乃加于膝上,曰:"嘻嘻哉!天下之勇士也!乃敢加兵刃于我。"左右欲杀之,庆忌止之,曰:"此是天下勇士,岂可一日而杀天下勇士二人哉?"乃诫左右曰:"可令还吴,以旌其忠。"于是庆忌死。

要离渡至江陵,愍然不行。从者曰:"君何不行?"要离曰:"杀吾妻子,以事其君,非仁也;为新君而杀故君之子,非义也;重其死,不贵无义。今吾贪生弃行,

吴王阖闾说:"庆忌是个聪明人,只是穷困于诸侯,但他的能力并不次于诸侯的勇士。"要离说:"臣下我听说安逸于妻子儿女之乐,不竭尽侍奉君王之义,就不是忠诚。怀恋家室之爱,而不除掉君王的隐患,就不算讲道义。臣下我假装因为背上罪名出逃,希望大王您杀戮臣下我的妻子儿女,斩断臣下我的右手,庆忌一定会相信臣下我了。"吴王阖闾说:"好吧。"要离于是就诈称获罪而出逃,吴王便抓获了他的妻子儿女,把他们烧死后扔到街市中。

要离于是就逃亡到其他诸侯国,边走边诉说自己的怨言,他无罪而遭迫害的事情为天下人所知。于是来到卫国后,要求拜见庆忌。见到庆忌后,要离说:"吴王阖闾昏庸无道,这是王子您所知道的。如今吴王杀了我的妻子儿女,将他们当街焚烧,他们没有犯罪却被诛杀。吴国的事情,我大多知道内情,希望能借助王子您的勇力,那么吴王阖闾是可以擒获的。您为什么不和我一起向东前往吴国呢?"庆忌相信了要离的计谋,三个月后,庆忌挑选了精壮的士兵,于是前往吴国。在渡江时,船行到了中游,要离因为力气小,所以坐在船的上风,他趁着风势用矛钩庆忌的帽子,并顺着风用矛刺向庆忌。庆忌回过头来抓住要离使劲摇动,然后又把要离的头按入水中,这样一连多次,随后把要离的头放在膝盖上说:"哎呀呀!你真是天下的勇士啊!竟敢对我使用兵器。"庆忌的左右随从想要杀掉要离,庆忌制止了他们,说:"这是天下的勇士,怎么能在一天之内杀掉天下的两位勇士呢?"于是告诫左右随从说:"可以让他回吴国去,以表彰他的一片忠心。"于是庆忌就死了。

要离乘船渡江到达江陵时,心中哀伤不愿再往前走了。他的随从说:"您为什么不走了?"要离说:"杀死我的妻子儿女,以此来侍奉君主,这是不讲仁爱;为了新立的国君而杀死从前国君的儿子,这是不讲道义;我看重死亡,却不看重不讲道义。如今我贪生怕死,而且抛弃了勇士的德行,

非义也。夫人有三恶,以立于世,吾何面目以视天下之士?"言讫,遂投身于江。未绝,从者出之,要离曰:"吾宁能不死乎?"从者曰:"君且勿死,以俟爵禄。"要离乃自断手足,伏剑而死。

楚郤宛之难,国言未已,进胙者莫不谤令尹。沈尹戍言于子常曰:"夫左尹与中厩尹莫知其罪,而子杀之,以兴谤讟言,至于今不已。戍也惑之,仁者杀人以掩谤,犹弗为也。今吾子杀人以兴谤,而弗图,不亦异乎!夫无极,楚之谗人也,民莫不知。去朝吴,出蔡侯朱,丧大子建,杀连尹奢,屏王之耳目,使不聪明。不然,平王之温惠共俭,有过成、庄,无不及焉。所以不获诸侯,迩无极也。今又杀三不辜,以兴大谤,几及子矣。子而不图,将焉用之?夫鄢将师矫子之命,以灭三族,国之良也,而不惩位。吴新有君,疆埸日骇。楚国若有大事,子其危哉!知者除谗以自安也,今子爱谗以自危也。甚矣,其惑也!"子常曰:"是瓦之罪,敢不良图!"九月己未,子常杀费无极与鄢将师,尽灭其族,以说于国。谤言乃止。

〔补逸〕《吴越春秋》:楚闻吴使孙子、伍子胥、白喜为将,楚国苦之。群臣皆怨,咸言费无忌谗杀伍奢、

就是没有道义。一个人如果犯下三种罪恶还活在世间,还有什么脸面去见天下的士人呢?"说完,便投身于江中。但是要离并没有被淹死,随从又把他从水中拉了出来,要离说:"我难道能不死吗?"随从回答说:"您暂且还是不要死了,等待吴王封给您爵位俸禄吧。"要离于是又砍断了自己的手足,用剑自刎而死。

楚国郤宛的灾难发生后,国内的怨言没完没了,进献胙肉祭祀的人无不诅咒令尹子常。沈尹戌对令尹子常说:"左尹郤宛和中厩尹阳令终这两个人,人们并不知道他们的罪过,而您却杀了他们,因而引发诽谤的言论,到现在还没有停止。我对这件事感到很疑惑,一个仁爱的人,即使让他去杀了人来掩盖怨谤,他还不肯去做。如今您杀人来引起怨谤,却不考虑补救办法,不也是很令人奇怪的吗!那个费无极,是楚国专进谗言的人,百姓没有不知道他的。他除掉大夫朝吴,赶走蔡侯朱,使楚国丧失了太子建,又杀害连尹奢,遮蔽君王的耳目,让他听不清看不明。如果不是这样的话,楚平王的温和慈惠和恭敬节俭,超过了楚成王、楚庄王,而没有赶不上他们的地方。之所以得不到诸侯的拥戴,就是由于接近了费无极。现在又杀掉了郤宛、阳令终、晋陈这三个无罪的人,而引起了极大的怨谤,几乎要危害到您了。而您不早做打算,将怎么应对呢?那个鄢将师假传您的命令,来消灭郤宛、阳令终、晋陈他们三个家族,这三个家族都是国家的优秀家族,没有失职犯错。吴国新近立了国君阖庐,边境形势一天比一天紧张。楚国如果发生战争,您的地位恐怕就危险了!聪明人应当铲除谗人来使自己安定,现在您却爱护谗人来使自己危险。您也太糊涂了!"令尹子常说:"这是我囊瓦的罪过,怎敢不好好谋划一下!"九月十四日,令尹子常杀掉了费无极和鄢将师,并全部消灭了他们的族人,以此取悦国人。怨谤的言论就停止了。

〔补逸〕《吴越春秋》:楚昭王听说吴国任用孙子、伍子胥、白喜担任将领,楚国对此十分苦恼。群臣都开始抱怨,都说费无忌进谗言使楚平王杀掉了伍子胥的父亲伍奢、

白州犁而吴侵境，不绝于寇，楚国群臣有一朝之患。于是司马戌告子常曰："太傅伍奢、左尹白州犁，邦人莫知其罪。君与王谋诛之，流谤于国，至于今日，其言不绝。诚惑之，盖闻仁者杀人以掩谤者，犹弗为也。今子杀人以兴谤于国，不亦异乎？夫费无忌，楚之谗口，民莫知其过。今无辜杀三贤士，以结怨于吴。内伤忠臣之心，外为邻国所笑。且郤、伍之家出奔于吴，吴新有伍员、白喜，秉威锐志，结仇于楚，故强敌之兵日骇。楚国有事，子即危矣。夫智者除谗以自安，愚者受佞以自亡。今子受谗，国以危也。"子常曰："是曩之罪也，敢不图之？"九月，子常与昭王共诛费无忌，遂灭其族，国人乃谤止。

三十年秋，吴子使徐人执掩余，使钟吾人执烛庸，二公子奔楚。楚子大封而定其徙，使监马尹大心逆吴公子，使居养，莠尹然、左司马沈尹戌城之。取于城父与胡田以与之，将以害吴也。子西谏曰："吴光新得国，而亲其民，视民如子，辛苦同之，将用之也。若好吴边疆，使柔服焉，犹惧其至；吾又强其仇，以重怒之，无乃不可乎！吴，周之胄裔也，

白喜的父亲白州犁而使吴国入侵楚国边境,骚扰不断,楚国群臣担心会有突然发生的祸患。这时候司马沈尹戌对子常说:"太傅伍奢、左尹白州犁,国人都不知道他们的罪过。而您与君王合谋杀了他们,因而在国中引发诽谤的言论,直到现在,那些诽谤的言论还没有停止。我对此事实在感到疑惑不解,我听说过一个仁爱的人,即使让他为了掩饰诽谤而去杀人,他也不会干。现在您在国内杀人来招惹诽谤的言论,不也很奇怪吗?那个费无忌,是楚国用嘴谗害人的小人,百姓没有人不知道他的罪过。现在没有罪名就杀掉了郤宛、阳令终、晋陈这三位德才兼备的大夫,来与吴国结下仇怨。在国内伤害忠诚臣子的心,在国外被相邻国家所讥笑。并且郤氏、伍氏的家人出逃到吴国,吴国新近有了伍员、白喜,威权在握,而且又意志坚决,与楚国结下仇恨,所以强大敌人发动的战争一天比一天可怕。楚国一旦发生战事,您就危险了啊。聪明的人铲除奸邪小人以求得自身安全,糊涂的人听信谗言来自取灭亡。现在您却接受了奸邪小人,国家从此就要危险了。"子常说:"这是我之前的罪过,我岂敢不想个好办法呢?"九月,子常和楚昭王一起诛杀了费无忌,并把他的族人也都诛灭了,国内民众诽谤的言论便止息了。

三十年秋季,吴王阖庐让徐国人逮捕掩余,让钟吴人逮捕烛庸,这两个公子逃亡到了楚国。楚昭王封给他们大片土地,帮助他们迁移安居,楚昭王派监马尹大心到边境上迎接吴国公子,让他们居住在楚国养地,又派莠尹然、左司马沈尹戌在那里筑城。并从城父和胡地划出一部分田土给他们,准备利用他们去危害吴国。子西劝谏说:"吴国公子光新近得到国家,并且亲近他的民众,对待民众像自己的儿子一样,和民众同甘共苦,这是准备有朝一日使用他们。即使楚国和吴国在边境上重修友好,使他们温柔顺服,还害怕吴军来犯;我们还使他们的仇人强大来加重他们的愤怒,恐怕不可以吧!吴国,也是周朝的后代,

而弃在海滨,不与姬通。今而始大,比于诸华。光又甚文,将自同于先王。不知天将以为虐乎,使翦丧吴国而封大异姓乎,其抑亦将卒以祚吴乎?其终不远矣。我盍姑亿吾鬼神,而宁吾族姓,以待其归。将焉用自播扬焉?"王弗听。

吴子怒。冬十二月,吴子执钟吾子,遂伐徐,防山以水之。己卯,灭徐。徐子章禹断其发,携其夫人,以逆吴子。吴子唁而送之,使其迩臣从之,遂奔楚。楚沈尹戌帅师救徐,弗及,遂城夷,使徐子处之。

吴子问于伍员曰:"初而言伐楚,余知其可也,而恐其使余往也,又恶人之有余之功也。今余将自有之矣,伐楚何如?"对曰:"楚执政众而乖,莫适任患。若为三师以肄焉,一师至,彼必皆出。彼出则归,彼归则出,楚必道敝。亟肄以罢之,多方以误之。既罢而后,以三军继之,必大克之。"阖闾从之,楚于是乎始病。

三十一年秋,吴人侵楚,伐夷,侵潜、六。楚沈尹戌帅师救潜,吴师还,楚师迁潜于南冈而还。吴师围弦,左司马戌、右司马稽帅师救弦,及豫章,吴师还。始用子胥之谋也。

〔补逸〕《吴越春秋》:吴将欲伐楚,未行,伍子胥、白喜相谓曰:"吾等为王养士,画其策谋,有利于国,

而被抛弃在海滨，不和姬姓各国交往。现在吴国才开始强大，可以和中原诸国相比。吴王光又很有知识，准备建立同先王一样的功业。不知上天是将使他肆行暴虐，让他灭亡吴国而扩大周围异姓之国的土地呢？还是将最终保佑吴国呢？结果用不了多久就能看到了。我们何不暂且安定我们的鬼神，抚育我们的百姓，以等待结果到来。哪里用得着烦劳自己？"楚昭王不听。

吴王阖庐果然大怒。冬季十二月，吴王阖庐抓了钟吾国君，然后就进攻徐国，堵住山水而淹灌徐国。二十三日，灭了徐国。徐国国君章禹剪断自己的头发，携带着他的夫人，来迎接吴王阖庐。吴王阖庐慰问并送走了他，让他的亲近之臣跟着他，于是他就逃亡到楚国。楚国沈尹戌率领军队援救徐国，但没有来得及，于是就在夷地筑城，让徐国国君住在那里。

吴王阖庐向伍员询问说："当初你说进攻楚国，我知道是可以的，可是害怕他们派我前去，又不想别人占有我的功劳。现在我将自己拥有这份功劳了，进攻楚国怎么样？"伍员回答说："楚国执政的人很多而且互相违背，没有谁敢为国承担责任分忧解难。如果吴国组织三支部队对他们突然袭击又快速撤退，一支军队进攻，他们的军人一定全都出来应战。他们出来，我们就退回，他们回去，我们就出击，楚国的军队一定在路上疲于奔命。屡次突袭然后快速撤退使他们疲劳，用多种方法造成他们失误。等使他们疲乏以后，我们率领三军随后进攻，一定能大胜他们。"吴王阖闾听从了他的话，楚国从此就开始困顿疲乏了。

三十一年秋季，吴军侵袭楚国，进攻夷地，侵袭潜地、六地。楚国沈尹戌率领军队救援潜地，吴军退回，楚国军队将潜地居民迁移到南冈然后回去。不久，吴国军队又包围弦地，楚国左司马沈尹戌、右司马稽率领军队援救弦地，到达豫章，吴国军队又撤回去了。这是吴王开始使用伍子胥的计谋了。

〔补逸〕《吴越春秋》：吴国将要攻打楚国，但是还没有出发，伍子胥和白喜凑在一起相互商量说道："我们是享受吴王俸禄的士人，为吴王出谋划策，做一些有利于国家的事，

而王故伐楚,出其令,托而无兴师之意,奈何?"有顷,吴王问子胥、白喜曰:"寡人欲出兵,于二子何如?"子胥、白喜对曰:"臣愿用命。"吴王内计二子皆怨楚深,恐以兵往,破灭而已。登台向南风而啸,有顷而叹,群臣莫有晓王意者。子胥深知王之不定,乃荐孙子于王。

孙子者,名武,吴人也,善为兵法,辟隐深居,世人莫知其能。胥乃明知鉴辩,知孙子可以拆冲销敌,乃一旦为吴王论兵,七荐孙子。吴王曰:"子胥托言进士,欲以自纳。"而召孙子,问以兵法,每陈一篇,王不知口之称善,其意大说。问曰:"兵法宁可以小试邪?"孙子曰:"可。可以小试以后宫之女。"王曰:"诺"。

孙子曰:"得大王宠姬二人,以为军队长,各将一队。"令三百人皆被甲兜鍪、操剑盾而立,告以军法,随鼓进退,左右回旋,使知其禁。乃令曰:"一鼓皆振,二鼓操进,三鼓为战形。"于是宫女皆掩口而笑。孙子乃亲自操枹击鼓,三令五申,其笑如故。孙子顾视诸女连笑不止。孙子大怒,两目忽张,声如骇虎,发上冲冠,项旁绝缨,顾谓执法者曰:"取铁锧!"孙子曰:"约束不明,申令不信,将之罪也。既以约束,三令五申,

然而吴王准备出兵伐楚,发布了命令,如今他却推托而且没有发兵的意图,该怎么办呢?"不久,吴王问伍子胥和白喜,说:"寡人我打算出兵伐楚,你们二位认为怎么样?"伍子胥和白喜回答说:"臣下愿意听从大王的命令。"吴王内心想到这两个人都和楚国有很深的怨仇,担心如果派兵前往,只是打个鱼死网破,两败俱伤。于是就登上高台迎着南风长啸,一会儿又唉声叹气,群臣中没有能知道吴王心意的人。但伍子胥却深知吴王内心的犹豫不决,于是就向吴王推荐了孙子。

孙子,名武,吴国人,擅长用兵之道,隐居在深山之中,世间没有人知道他的才能。伍子胥有知人之明,他知道孙子有挫败敌军、消灭敌人的本领,于是在一天早晨和吴王谈论兵法时,七次向吴王推荐孙子。吴王说:"伍子胥以进荐贤士为托词,目的是为了让他的意见被接受。"因而召见孙子,考问兵法,孙子每说一篇,吴王都情不自禁赞不绝口,心中十分高兴。他问孙子说:"可以小试一下你的兵法吗?"孙子说:"可以。可用后宫的宫女试验一下。"吴王说:"好。"

孙子说:"请让大王宠爱的两位侍妾担任队长,分别率领一队宫女。"于是让三百人都穿上铠甲,戴上头盔,手拿宝剑和盾牌站好,然后向她们宣布军法,让她们随着鼓声进退,左右来回旋转,并让她知道操练时的禁例。于是孙子就下令说:"听到第一遍鼓声都要振作精神,听到第二遍鼓声都要操剑前进,听到第三遍鼓声都要排成作战的阵形。"而这时宫女们都捂着嘴窃窃发笑。于是孙子就亲自拿起鼓槌击鼓,虽然再三命令与告诫,宫女们仍然像之前一样发笑。孙子环视宫女一周,看见她们都大笑不止。孙子忽然大怒,两眼突然睁大,叫声如同虎啸一般,头发上竖,冲掉了帽子,脖子两边的帽缨都抻断了,回过头来对执法者说:"拿铡刀和铁砧板来!"孙子说:"纪律没说清楚,号令没有反复明确,这是将领的过错。既已经讲明纪律,并且三令五申,

卒不却行,士之过也。军法如何?"执法曰:"斩!"武乃令斩队长二人,即吴王之宠姬也。

吴王登台观望,正见斩二爱姬,驰使下之,令曰:"寡人已知将军用兵矣。寡人非此二姬,食不甘味,宜勿斩之。"孙子曰:"臣既已受命于将,将法,在军,君虽有令,臣不受之。"孙子复执鼓之,当左右进退,回旋规矩,不敢瞬目,二队寂然,无敢顾者。于是乃报吴王曰:"兵已整齐,愿王观之,惟所欲用。使赴水火,犹无难矣,而可以定天下。"

吴王忽然不说,曰:"寡人知子善用兵。虽可以霸,然而无所施也。将军罢兵就舍,寡人不愿。"孙子曰:"王徒好其言,而不用其实。"子胥谏曰:"臣闻兵者凶事,不可空试。故为兵者,诛伐不行,兵道不明。今大王虔心思士,欲兴兵戈以诛暴楚,以霸天下而威诸侯。非孙武之将,而谁能涉淮逾泗,越千里而战者乎?"于是吴王大说,因鸣鼓会军,集而攻楚。孙子为将,拔舒,杀吴亡将二公子盖余、烛傭。谋欲入郢。孙武曰:"民劳,未可恃也。"

吴王有女滕玉,因谋伐楚,与夫人及女会。蒸鱼王前,尝半而与女。女怒曰:"王食鱼辱我,不忍

然而最终还是不能执行,那就是士兵的过错了。按照军法该怎么处置?"执法人回答说:"斩杀!"于是孙子就下令斩杀两个队长,也就是吴王的宠妾。

当时吴王在高台上观望孙子训练宫女,正看到孙子要斩杀自己两个心爱的侍妾,便急忙派人下去,下令说:"寡人我已经知道将军善于用兵。寡人我要是没有了这两个侍妾,吃起东西来不会觉得味道香甜,希望你不要杀了她们。"孙子说:"臣下我既然已经接受命令为将,为将之道,在军队里,即使有国君的命令,臣下我也不会接受。"孙子又继续敲鼓,宫女们无论向左向右还是进退回旋都井然有序,没有敢眨一下眼的,两支队伍寂然无声,没有敢左顾右盼的人。然后孙子回报吴王说:"队伍已经操练整齐,希望大王可以下台来检阅她们,任凭大王使用她们。即使让她们赴汤蹈火也没有什么困难,这样就可以安定天下了。"

吴王突然不高兴了,说:"寡人我已经知道将军善于用兵了。虽然这样可以称霸,但却没有可用的地方。将军还是收兵回住所去吧,寡人我不想看了。"孙子说:"大王只是欣赏我的军事理论,却不让我付诸实践。"伍子胥也进谏说:"臣下我听说用兵属于凶事,不可以空试。因此用兵的人,如果不实行诛伐,那么用兵之道就不会明确。如今大王您虔诚地希望得到贤士,想兴兵诛伐暴虐的楚国,以此来称霸天下而威震诸侯。如果不是孙子这样的将领,有谁能够渡过淮水和泗水,挺进千里之外去作战呢?"吴王因此而大喜,于是就击鼓集合军队,打算发兵攻打楚国。由孙子担任将军,攻下了楚国的舒城,杀掉了吴国逃亡在外的两个公子盖余和烛庸。吴国又谋划进攻郢都。孙武说:"百姓已经劳苦不堪了,不能再使用他们了。"

吴王有个女儿叫滕玉,因为吴国谋划攻打楚国,吴王就和夫人和女儿相会。蒸了鱼献到吴王前,吴王吃了一半又给了滕玉。滕玉大怒,说:"大王吃鱼却来侮辱我,我不忍心

久生。"乃自杀。阖闾痛之,葬于国西阊门外,凿池积土,文石为椁,题凑为中,金鼎、玉环、银樽、珠襦之宝皆以送女。乃舞白鹤于吴市中,令万民随而观之,还使男女与鹤俱入羡门,因发机以掩之,杀生以送死。国人非之。

　　湛卢之剑恶阖闾之无道也,乃去而出,水行如楚。楚昭王卧而寤,得吴王湛卢之剑于床。昭王不知其故,乃召风湖子而问曰:"寡人卧,觉而得宝剑,不知其名,是何剑也?"风湖子曰:"此谓湛卢之剑。"昭王曰:"何以言之?"风湖子曰:"臣闻吴王得越所献宝剑三枚,一曰鱼肠,二曰磐郢,三曰湛卢。鱼肠之剑已用杀吴王僚也,磐郢之剑以送其死女,今湛卢入楚也。"

　　昭王曰:"湛卢所以去者,何也?"风湖子曰:"臣闻越王元常使欧冶子造剑五枚,以示薛烛。烛对曰:'鱼肠剑逆理不顺,不可服也,臣以杀君,子以杀父。'故阖闾以杀王僚。'一名磐郢,亦曰豪曹,不法之物,无益于人。'故以送死。'一名湛卢,五金之英,太阳之精,寄气托灵,出之有神,服之有威,可以折冲拒敌。然人君有逆理之谋,其剑即出。'故去无道以就有道。今吴王无道,杀君谋楚,故湛卢入楚。"

长久活下去了。"于是便自杀而死。阖闾对此十分伤心，因此把她安葬在国都西边的阊门外，挖坑堆土，用有花纹的石头做成外棺，并在墓室中累积无数方木为题凑，还把金鼎、玉环、银樽、镶嵌珍珠的短袄等宝物作为女儿的随葬品。随后又命让白鹤在吴国的街市中起舞，让众多市民都跟随着观看，然后又让男男女女和白鹤一起进入墓道之中，并趁机按动机关把他们都埋在墓中，杀害生者来为死者殉葬。国人因此而指责吴王。

湛卢之剑因为讨厌阖闾的暴虐无道，于是就离开吴国出走，经水路到了楚国。楚昭王躺在床上醒来后，在床上得到了吴王阖闾的湛卢之剑。楚昭王不知道其中的原因，于是就招来风湖子询问道："我躺在床上，睡醒后得到了一口宝剑，但我不知道它的名字，这是什么剑呢？"风湖子回答说："这叫作湛卢之剑。"昭王说："为什么这样说呢？"风湖子说："臣下我听说吴王阖闾得到了越国进献的三口宝剑，一口叫鱼肠，一口叫磐郢，一口叫湛卢。鱼肠之剑已用来杀了吴王僚，磐郢之剑也成为他去世女儿的随葬品，如今湛卢之剑则到了楚国。"

昭王说："湛卢之剑离开吴国的原因是什么呢？"风湖子说："臣下我听说越王元常叫欧冶子铸造了五口宝剑，并拿给薛烛看。薛烛回答说：'鱼肠之剑纹理逆返不顺，不可以佩带，臣子将用它来杀害君主，儿子将用它来杀害父亲。'因此吴王阖闾用它来杀了吴王僚。'一口名叫磐郢，也叫豪曹，它是不合礼法的东西，对人也没有好处。'因此吴王用它作随葬品。'一口叫作湛卢，它集中了五金之精粹，太阳之精华，内含灵气，拔出来就带有神光，佩上它有威风，使用它可以打退进攻，抵抗敌人。然而人君如果有违背道理的阴谋，这口剑就会立即离开。'因此远离无道的人而投奔有道的人。如今吴王无道，杀害君王而谋划征伐楚国，因此湛卢之剑来到了楚国。"

昭王曰:"其值几何?"风潮子曰:"臣闻此剑在越之时,客有酬其直者,有市之乡三十,骏马千匹,万户之都二,是其一也。薛烛对曰:'赤堇之山已令无云,若邪之溪深而莫测,群神上天,欧冶死矣。虽倾城量金,珠玉盈河,犹不能得此宝,而况有市之乡、骏马千匹、万户之都,何足言也?'"昭王大说,遂以为宝。

阖闾闻楚得湛卢之剑,因斯发怒,遂使孙武、伍胥、白喜伐楚。子胥阴令宣言于楚曰:"楚用子期为将,吾即待而杀之。子常用兵,吾即去之。"楚闻之,因用子常,退子期。吴拔六与潜二邑。

十二月辛亥朔,日有食之。是夜也,赵简子梦童子裸而转以歌。旦,占诸史墨曰:"吾梦如是,今而日食,何也?"对曰:"六年及此月也,吴其入郢乎! 终亦弗克。入郢,必以庚辰。日月在辰尾,庚午之日,日始有谪。火胜金,故弗克。"

定公二年,桐叛楚。吴子使舒鸠氏诱楚人曰:"以师临我,我伐桐,为我使之无忌。"秋,楚囊瓦伐吴师于豫章。吴人见舟于豫章,而潜师于巢。冬十月,吴军楚师于豫章,败之;遂围巢,克之,获楚公子繁。

〔补逸〕《说苑》:晋人已胜智氏,归而缮甲、砥兵。楚王恐,召梁公弘曰:"晋人已胜智氏矣,归而缮甲兵,

楚昭王说："它值多少钱呢？"风湖子说："臣下我听说这口剑在越国时，曾有个买主的出价是，三十个有集市的乡，一千匹骏马，两个万户人口的都市，这只是购买者中的一个。薛烛回答说：'赤堇之山早已没有云彩，若邪之溪深不可测，群神已经升天，欧冶子也死了。即使倒出全城的黄金，使珠玉满河，也不能得到这口宝剑，更何况有集市的乡、骏马千匹、万户之都这些东西，哪里值得一提呢？'"楚昭王大喜，于是就把它作为宝物。

阖闾听说楚王得到了湛卢之剑，因此大发雷霆，便派孙武、伍子胥、白喜征伐楚国。伍子胥私下命人在楚国扬言说："楚国如果用子期为将，我将等着他并杀了他。如果派子常带兵，我就马上退走。"楚国听说这个消息后，便任用子常而黜退了子期。吴国攻下了楚国的六和潜两座城邑。

十二月初一，发生了日食。这天夜里，晋国大夫赵简子梦见一个小孩光着身子随着歌声跳舞。第二天早晨，便让史墨为他占卜，并说："我梦见的情景是这样，而现在又发生日食，是什么意思？"史墨回答说："六年以后到这个月，吴国恐怕就要进入郢都吧！但是吴军最终还是不能胜利。进入郢都，一定是在庚辰这一天。此时的日月正在苍龙之尾，庚午那一天，太阳开始发生变化，所以楚国要有灾。但因为火最终要战胜金，所以吴军终究不能获胜。"

鲁定公二年，桐国背叛了楚国。吴王阖闾派舒鸠氏设法引诱楚国人，他对舒鸠氏说："请你们让楚国用军队逼近我国，我国进攻桐国，为了让他们对我国没有猜忌。"秋季，楚国囊瓦（即子常）在豫章进攻吴国的军队。吴国人让战船出现在豫章，而在巢地埋伏军队。冬季十月，吴军在豫章攻击楚军，打败了他们；随后又包围巢地，攻占了它，俘虏了楚国的公子繁。

〔补逸〕《说苑》：晋国人战胜智伯之后，回去就缮治盔甲、打磨兵器。楚昭王感到十分恐慌，召见大夫梁公弘说："晋国人已经战胜智伯了，回去后却又修缮盔甲打磨兵器，

其以我为事乎?"梁公曰:"不患。害其在吴乎! 夫吴君恤民而同其劳,使其民重上之令,而人轻其死,以从上使。如虏之战,臣登山以望之,见其用百姓之信必也。勿已乎! 其备之如何?"不听。明年,阖庐袭郢。

三年冬,蔡昭侯为两佩与两裘,以如楚。献一佩、一裘于昭王,昭王服之,以享蔡侯。蔡侯亦服其一。子常欲之,弗与,三年止之。唐成公如楚,有两肃爽马,子常欲之,弗与,亦三年止之。唐人或相与谋,请代先从者,许之。饮先从者酒,醉之,窃马而献之子常。子常归唐侯。自拘于司败,曰:"君以弄马之故,隐君身,弃国家。群臣请相夫人以偿马,必如之。"唐侯曰:"寡人之过也,二三子无辱。"皆赏之。蔡人闻之,固请而献佩于子常。子常朝,见蔡侯之徒,命有司曰:"蔡君之久也,官不共也。明日礼不毕,将死。"蔡侯归,及汉,执玉而沉,曰:"余所有济汉而南者,有若大川!"蔡侯如晋,以其子元与其大夫之子为质焉,而请伐楚。

〔补逸〕《国语》:鬭且廷见令尹子常,子常与之语,问蓄货聚马。归以语其弟,曰:"楚其亡乎! 不然,

他们怕是针对我国在做准备吧?"梁公弘说:"不必担心。祸害恐怕在吴国吧!那吴国国君阖庐体恤百姓并与民众一起劳作,使他的民众重视君主的命令而看轻自己的性命,来服从君主的驱使。在如虏战役中,臣下我爬到山上观望,看见吴国国君阖庐使用百姓信赏必罚。如果不停止戒备的话,还是防备吴国怎么样?"楚昭王不听他的话。第二年,吴王阖庐攻入楚国的郢都。

三年冬季,蔡昭公制作了两块佩玉和两件皮衣,带着它们到楚国去。把一块佩玉和一件皮衣献给了楚昭王,楚昭王用了佩玉和皮衣,设享礼招待蔡昭公。蔡昭公也用了另外一件皮衣和佩玉。楚国令尹子常想要皮衣佩玉,蔡昭公不给他,子常就把蔡昭公扣留了三年。唐成公到楚国去,有两匹名叫肃爽的骏马,子常想要得到,唐成公不给,于是也把他扣留了三年。唐国有人前来商量,请求替换先跟唐成公去的侍从,楚国答应了。后去的唐人请先跟去的侍从喝酒,灌醉了他们,偷出肃爽马献给了子常。子常就放回了唐成公。偷马人自己捆绑自己到唐国司法官司败那里,请罪说:"国君您因为玩弄马匹的缘故,使自身陷于穷困的境地,抛弃了国家。我们几位臣子请求帮助向养马人赔偿马匹,一定要找来像那两匹肃爽马一样的好马。"唐成公说:"这是寡人我的过错,你们几位不必自我羞辱。"于是分别赏赐了几位偷马献给子常的人。蔡国人听到这件事后,也坚决请求把佩玉献给子常。子常上朝时,看见蔡昭公的随从,便命令有关官员说:"蔡君之所以长久地留在我们楚国,都是因为你们没有备齐送行的礼物。明天如果礼物再不完备,就要处死你们。"蔡昭公回国,到达汉水,将玉沉入汉水,发誓说:"我要是再渡汉水向南朝见楚国,有大河河神作证!"蔡昭公立即到晋国去,拿他的儿子公子元和他手下大夫的儿子到晋国作人质,请求晋国攻打楚国。

〔补逸〕《国语》:楚国鬬且在朝廷上拜见令尹子常,子常和他谈话,向他询问怎样聚敛财物与宝马。鬬且回家后将此事告诉给弟弟,说:"楚国要灭亡了吧!如果不是这样,

令尹其不免乎！吾见令尹，令尹问蓄聚积实，如饿豺狼焉，殆必亡者也。夫古者聚货不妨民衣食之利，聚马不害民之财用。国马足以行军，公马足以称赋，不是过也。公货足以宾献，家货足以供用，不是过也。夫货马邮则阙于民，民多阙，则有离叛之心，将何以封矣？

"昔鬬子文三舍令尹，无一日之积，恤民之故也。成王闻子文之朝不及夕也，于是乎每朝设脯一束，糗一筐，以羞子文。至于今令尹秩之。成王每出子文之禄，必逃，王止而后复。人谓子文曰：'人生求富，而子逃之，何也？'对曰：'夫从政者，以庇民也。民多旷者，而我取富焉，是勤民以自封也，死无日矣。我逃死，非逃富也。'故庄王之世，灭若敖氏，唯子文之后在，至于今处鄙，为楚良臣，是不先恤民而后己之富乎？

"今子常，先大夫之后也，而相楚君，无令名于四方。民之羸馁，日已甚矣。四境盈垒，道殣相望，盗贼司目，民无所放。是之不恤，而蓄积不厌，其速怨于民多矣。积货滋多，蓄怨滋厚，不亡何待？夫民心之愠也，若防大川焉。溃，而所犯必大矣。子常其能贤于成、灵乎？成不礼于穆，愿食熊蹯，不获而死。灵王

令尹大概要不免于祸难吧！我拜见令尹，令尹询问如何聚敛财物，像饥饿的豺狼一样，恐怕是一定要败亡的。古时候，积蓄财物不妨害民众穿衣吃饭，聚敛马匹不损害民众的用度。国家的马匹满足行军所用就行了，公卿的马匹足够兵赋相称就行了，不会超过这个标准。公卿的财物足够馈赠送礼就行了，大夫家里的财物足够使用即可，不会超过这个标准。财物和马匹聚敛过多，民众那里就会短缺；民众短缺过多，就会产生背离叛乱的心思，将拿什么来立国呢？

"过去鬬子文三次辞去令尹的职务，家里没有一天的储粮，这是关心救济民众的缘故。楚成王听说鬬子文吃了早饭就吃不上晚饭，因此每逢朝见时就预备一束干肉，一筐干粮，用来给鬬子文吃。直到现在已经成为对待令尹的常规。楚成王每次增加鬬子文的俸禄，鬬子文一定要逃走，直到楚成王停止给他增加俸禄才返回来。有人对鬬子文说：'人生一世求个富贵，但是您却逃避富贵，为什么呢？'鬬子文回答说：'当政的人，是保护民众的。民众的财用空乏了，然而我却取得富贵，这是劳苦民众来增加自己的财富，要不了多久就会得祸死去。我是逃避死亡，不是逃避富贵。'所以楚庄王在位的时候，消灭了若敖氏家族，只有鬬子文的后代尚在，一直到现在还住在郧地，做楚国的良臣，这不是先救济民众然后求自己富贵吗？

"现在子常，是先大夫子囊的后代，而辅佐楚君，在外没有好的名声。民众疲弱饥饿，一天比一天更厉害。四方边境布满了堡垒，路上饿死的人随处可见，盗贼侧目窥伺，民众无所依靠。这些都不去救济，然而不知满足地聚敛财物，招致的民怨太多了。聚敛的财物越多，积怨也越深，不灭亡还等待什么？对待民众心中的愤怒，要像堵塞大河一样。一旦堤坝崩溃，破坏性一定很大。子常还能比楚成王、楚灵王更有本领吗？楚成王因为无礼于他的儿子楚穆王商臣，临死时希望吃一次熊掌后再死，没有吃到而自杀。楚灵王

不顾于民,一国弃之,如遗迹焉。子常为政,而无礼不顾,甚于成、灵,其独何力以待之?"期年乃有柏举之战,子常奔郑,昭王奔随。

四年春三月,刘文公合诸侯于召陵,谋伐楚也。晋荀寅求货于蔡侯,弗得,乃辞蔡侯。沈人不会于召陵,晋人使蔡伐之。夏,蔡灭沈。秋,楚为沈故,围蔡。

伍员为吴行人以谋楚。楚之杀郤宛也,伯氏之族出,伯州犁之孙嚭为吴大宰,以谋楚。楚自昭王即位,无岁不有吴师,蔡侯因之,以其子乾与其大夫之子为质于吴。冬,蔡侯、吴子、唐侯伐楚。舍舟于淮汭,自豫章与楚夹汉。

左司马戌谓子常曰:"子沿汉而与之上下,我悉方城外以毁其舟,还塞大隧、直辕、冥阨。子济汉而伐之,我自后击之,必大败之。"既谋而行。武城黑谓子常曰:"吴用木也,我用革也,不可久也。不如速战。"史皇谓子常:"楚人恶子而好司马,若司马毁吴舟于淮,塞城口而入,是独克吴也。子必速战。不然,不免。"乃济汉而陈,自小别

不顾民众死活，全国人把他像脚印一样遗弃了。子常执政，然而他对别人的无礼，比楚成王还厉害；不顾民众的死活，比楚灵王还厉害，难道还有什么力量来对付这种局面吗？"过了一年，就发生了柏举之战，子常逃到郑国，楚昭王跑到随国。

四年春季三月，刘文公在召陵会合诸侯，这是为了谋划进攻楚国。晋国大夫荀寅向蔡昭公索求财物，没有得到，于是就辞谢了蔡昭公。因为沈国人不参加周王室大臣刘文公在召陵举行的诸侯大会，所以晋国人让蔡国出兵讨伐沈国。这年夏季，蔡国灭了沈国。秋天，楚国因为沈国被灭的缘故发兵围攻蔡国。

伍子胥担任吴国的外交官，谋划对付楚国。楚国杀掉左尹郤宛时，郤宛的同党伯氏的家人逃亡国外，伯州犁的孙子伯嚭逃到吴国后做了太宰，也在谋划对付楚国。因此楚国自从昭王即位后，没有一年不遭到吴国军队入侵的，蔡昭公利用吴国、楚国不和的时机，把自己的儿子乾和一个大夫的儿子送到吴国做人质。这年冬季，蔡昭公、吴王阖庐、唐成公联合攻打楚国。吴军在淮河弯曲之处舍舟登陆南进，从豫章进发，与楚军在汉水两岸对阵相持。

楚国左司马沈尹戌对令尹子常说："你守卫汉水沿岸，上下截堵，不让吴军渡过，我尽发方城以外的军队来毁掉淮水边上的吴军船只，再回军把大隧、直辕、冥阨三座险要关口堵住。这时你强渡汉水从正面攻打吴军，我从他们背后夹击，这样一定能大败敌人。"已经谋划好了，两个人都按计谋开始行动。楚国武城大夫黑对子常说："吴国用木制的兵车，我们的兵车蒙着皮革，下雨不能耐久。不如速战速决。"楚国大夫史皇对子常说："楚国人都憎恨你而爱戴司马沈尹戌，要是司马沈尹戌把吴军的船只在淮水毁掉，又回军把三座关口堵住然后前进，这就等于沈尹戌独享战胜吴军的功劳。你一定得赶快进攻。否则的话，免不了要遭难。"于是子常听从了史皇的话，渡过汉水摆下阵势，从小别山

至于大别，三战。子常知不可，欲奔。史皇曰："安求其事，难而逃之，将何所入？子必死之，初罪必尽说。"

十一月庚午，二师陈于柏举。阖庐之弟夫概王晨请于阖庐曰："楚瓦不仁，其臣莫有死志。先伐之，其卒必奔，而后大师继之，必克。"弗许。夫概王曰："所谓臣义而行，不待命者，其此之谓也。今日我死，楚可入也。"以其属五千先击子常之卒，子常之卒奔，楚师乱，吴师大败之。子常奔郑，史皇以其乘广死。

吴从楚师，及清发，将击之。夫概王曰："困兽犹斗，况人乎？若知不免而致死，必败我。若使先济者知免，后者慕之，蔑有斗心矣，半济而后可击也。"从之，又败之。楚人为食，吴人及之，奔。食而从之，败诸雍澨。五战及郢。己卯，楚子取其妹季芈畀我以出，涉雎，铖尹固与王同舟，王使执燧象以奔吴师。庚辰，吴入郢，以班处宫。子山处令尹之宫，夫概王欲攻之，惧而去之，夫概王入之。

一直到大别山，同吴军打了三次仗。子常知道打不胜，便想逃跑。但史皇劝他说："国家太平你掌管国政，国家有了危难，你就想逃跑，能逃到哪里去呢？你必须拼死一战以身殉国，这样从前所犯的一切罪过才能完全抹掉。"

十一月十九日，吴、楚两国的军队在柏举摆开了阵势。吴王阖庐的弟弟夫概王早晨向阖庐请示说："楚国令尹子常不施仁义，他的部下没有死战的决心。我们先向他发动进攻，他的士兵一定会逃跑，然后我们的大军接着追击，一定能获得全胜。"但阖庐不赞成这样做。夫概王说道："常语所说的，做臣子的，见到合理的事就应立即去做，不必等待君命，说的就是现在这种情况了。今天我决心拼死一战，楚军是完全可以攻破的。"于是夫概王就率领他的部下五千人率先攻打子常的队伍，子常的军队四散逃跑，整个楚军都乱套了，吴军把楚军打得大败。楚国令尹子常逃往郑国，史皇率领着子常的残余战车和士卒奋力作战而死。

吴军追赶楚军，到了清发河边，准备再次攻打楚军。夫概王说："被围困的野兽还要垂死挣扎，更何况是人呢？倘若楚军知道不免一死而同我军拼死作战，那么他们一定会把我们打败。如果让先渡河的楚军知道一过河就可免一死，后渡河的楚军必然羡慕先渡河的，楚军只顾活命自然就没有斗志了，所以要等一半敌人渡过河后，我军才可以发动攻击。"吴军照这样做，又打败了楚军。楚军先渡过河的人正在挖灶煮饭，吴军又追到了，楚军继续逃跑。吴军把楚军做好的饭吃了，然后又继续追击，在楚地雍澨又打败了楚军。这样经过五次激烈战斗，吴军打到了楚国国都郢城。十一月二十八日，楚昭王带着他的妹妹季芈畀我逃出了郢城，涉渡睢水时，楚臣铖尹固跟楚昭王坐在一只船上，楚昭王让铖尹固把火炬系在大象的尾巴上，让大象冲击追赶的吴军，才得以脱险。十一月二十九日，吴国军队进入郢城，各人按照官位高低分别住进楚国宫室。吴王阖庐的儿子子山住进了令尹府，夫概王不服，要去攻打他，子山害怕，只得退出去，夫概王便住进了令尹府。

　　左司马戌及息而还,败吴师于雍澨,伤。初,司马臣阖庐,故耻为禽焉。谓其臣曰:"谁能免吾首?"吴句卑曰:"臣贱,可乎?"司马曰:"吾实失子,可哉!"三战,皆伤,曰:"吾不可用也已。"句卑布裳,刭而裹之,藏其身,而以其首免。

　　楚子涉睢,济江,入于云中。王寝,盗攻之,以戈击王,王孙由于以背受之,中肩。王奔郧,钟建负季芈以从。由于徐苏,而从。郧公辛之弟怀将弑王,曰:"平王杀吾父,我杀其子,不亦可乎?"辛曰:"君讨臣,谁敢仇之?君命,天也。若死天命,将谁仇?《诗》曰:'柔亦不茹,刚亦不吐。不侮矜寡,不畏强御。'惟仁者能之。违强陵弱,非勇也;乘人之约,非仁也;灭宗废祀,非孝也;动无令名,非知也。必犯是,余将杀女。"

　　鬬辛与其弟巢以王奔随。吴人从之,谓随人曰:"周之子孙在汉川者,楚实尽之。天诱其衷,致罚于楚,而君又窜之。周室何罪?君若顾报周室,施及寡人,以奖天衷,君之惠也。

楚国左司马沈尹戌走到息邑,听说楚军已经失败就中途折回来了,在雍澨地区打败了吴军,可是沈尹戌自己也受了重伤。当初,楚国左司马沈尹戌在吴国做过吴王阖庐的臣子,所以他把被吴军擒获当作耻辱。因此就对他的部下说:"谁能够让我的头颅不落入敌人手中呢?"有个原为吴国人,名叫句卑的部下说:"我是个低贱之人,可以让我担当这件事吗?"左司马沈尹戌说:"实在是我以前忽视了你,你可以担当这件事!"左司马沈尹戌又同吴军交战了三次,可是次次又都受伤,沈尹戌说:"我已经不中用了。"不久句卑见沈尹戌已死,就在地上铺开下裙,把他的头颅割下来包裹好,又把他的尸身隐藏起来,然后带着沈尹戌的头颅逃走了。

楚昭王涉过睢水,又渡过长江,进入云梦泽中。有一天楚昭王正在睡觉,一伙强盗突然来袭击,强盗用戈刺楚昭王,王孙由于用自己的背替楚昭王挡住戈,肩部受了伤。楚昭王便又逃到了郧地,大夫钟建背着楚昭王的妹妹季芈跟随着他。王孙由于慢慢地苏醒过来,仍然跟随着楚昭王。楚国郧邑大夫鬭辛的弟弟鬭怀想要杀死楚昭王,说:"当初楚平王杀死了我们的父亲,现在我杀死他的儿子,不也是应该的吗?"鬭辛说:"国君惩办臣子,谁敢仇恨他呢?国君的命令,就是天意。如果死于天意,还能仇恨谁?《诗经》上说:'遇到软弱的人不去欺凌,遇到强硬的人也不逃避。不欺侮鳏夫寡妇,也不惧怕强暴之人。'只有品德高尚的人才能这样做。避开强暴欺凌弱小,算不得勇敢;乘人遇到危难时下手,算不得仁义;灭掉自己的宗族废掉祖先的祭祀,算不上孝敬;做事没有好的名声,算不上聪明。你如果一定要违反这些而弑杀君主,我就先杀了你。"

鬭辛和弟弟鬭巢保护着楚昭王逃往随国。吴国人也追到这里,对随国人说:"周的子孙,封在汉水一带的,都被楚国吞灭了。如今上天表示了意愿,让我们惩罚楚国,而您却又把楚王窝藏起来。周王室的子孙有什么罪?您若顾念报答周王室的恩惠,延续到我身上,帮助我完成天的意旨,这就是您的恩惠了。

汉阳之田,君实有之。"楚子在公宫之北,吴人在其南。子期似王,逃王而己为王,曰:"以我与之,王必免。"随人卜与之,不吉。乃辞吴曰:"以随之辟小而密迩于楚,楚实存之。世有盟誓,至于今未改。若难而弃之,何以事君?执事之患,不唯一人。若鸠楚竟,敢不听命?"吴人乃退。炉金初宦于子期氏,实与随人要言。王使见,辞曰:"不敢以约为利。"王割子期之心以与随人盟。

〔补逸〕《公羊传》:吴何以称子?夷狄也而忧中国。其忧中国奈何?伍子胥父诛乎楚,挟弓而去楚,以干阖庐。阖庐曰:"士之甚,勇之甚。"将为之兴师,而复仇于楚。伍子胥复曰:"诸侯不为匹夫兴师。且臣闻之,事君犹事父也。亏君之义,复父之仇,臣不为也。"于是止。

蔡昭公朝乎楚,有美裘焉,囊瓦求之,昭公不与,为是拘昭公于南郢数年,然后归之。于其归焉,用事乎河,曰:"天下诸侯苟有能伐楚者,寡人请为之前列。"楚人闻之怒,为是兴师,使囊瓦将而伐蔡。蔡

那么，汉水以北的土地，都归您所有。"当时楚昭王的住处在随国国君宫室的北面，吴军驻扎在随国国君宫室的南面。楚昭王的哥哥子期长得很像楚昭王，他让楚昭王逃走而自己冒充楚昭王，说："把我交给吴军的话，大王一定可以脱险。"随国国君占卜交出子期，结果不吉利。便谢绝吴国说："随国是个地方偏僻又很狭小的国家，距离楚国极近，楚国保全了我国的存在。随、楚两国世世代代都有友好的盟约，直到现在也没有改变。如果在楚国有危难的时候便背弃它，这样以后又怎样侍奉您呢？楚国同您为敌的忧患，不只是楚昭王一个人。如果你把整个楚国征服并安定下来，我怎敢不听从您的命令呢？"于是吴军便撤退了。炉金这个人当初做过子期的家臣，实际上是他与随国国君约定不要将楚王交给吴军。于是楚昭王便派炉金以王臣的身份去会见随国国君，订立盟约，但炉金辞谢说："不敢乘国君困窘之际图谋自己的利益。"于是楚昭王割开子期胸前的皮肤取血，来同随国国君订立盟约。

〔补逸〕《公羊传》：吴国国君阖庐为什么被称为吴子呢？因为他虽然是夷狄人却担忧中原各国的事情。他为中原各国担忧是怎么回事呢？因为伍子胥的父亲被楚国杀了，于是伍子胥带着弓离开了楚国，去求见吴王阖庐。阖庐说："你十分贤明，又十分勇敢。"准备为他起兵向楚国复仇。伍子胥回答说："诸侯不为一个人而起兵讨伐。而且臣下我听说，侍奉国君如同侍奉父亲。让国君失掉仁义，以此来报复我父亲的仇恨，臣下我不敢这样做。"于是吴王阖庐就没有起兵攻打楚国。

蔡昭公去楚国朝见，穿了一件很好的皮衣服，楚国的令尹囊瓦（即子常）向他索要这件皮衣，蔡昭公不给他，为此囊瓦将蔡昭公拘禁在楚国国都郢城几年，然后才放他回国。蔡昭公在回国的时候，祭祀黄河，说："天下的诸侯如果有能够攻打楚国的，寡人我请求为他当先锋。"楚国人听说这件事后，大怒，因此起兵，让令尹囊瓦率军来攻打蔡国。蔡国

请救于吴。伍子胥复曰："蔡非有罪也，楚人为无道，君如有忧中国之心，则若时可矣。"于是兴师而救蔡。

曰："事君犹事父也，此其为可以复仇，奈何？"曰："父不受诛，子复仇，可也；父受诛，子复仇，推刃之道也。复仇不除害，朋友相卫而不相迿，古之道也。"

吴何以不称子？反夷狄也。其反夷狄奈何？君舍于君室，大夫舍于大夫室，盖妻楚王之母也。

《穀梁传》：日入，易无楚也。易无楚者，坏宗庙，徙陈器，挞平王之墓。何以不言灭也？欲存楚也。其欲存楚奈何？昭王之军败而逃，父老送之，曰："寡人不肖，亡先君之邑。父老反矣，何忧无君？寡人且用此入海矣。"父老曰："有君如此其贤也！以众不如吴，以必死不如楚。"相与击之，一夜而三败吴人，复立。何以谓之"吴"也？狄之也。何谓狄之也？君居其君之寝，而妻其君之妻；大夫居其大夫之寝，而妻其大夫之妻。盖有欲妻楚王之母者，不正。乘败人之绩而深为利，居人之国，故反其狄道也。

向吴国请求救援。伍子胥说："蔡国并非有罪，楚国人做了违反道义的事，您如果有为中原各国担忧之心，那么这个时候起兵是可以的。"吴王阖庐于是起兵救援蔡国。

问："伍子胥说侍奉国君如同侍奉父亲，这里又认为可以复仇，为什么呢？"回答说："父亲罪不当诛而被诛，儿子复仇是可以的；如果父亲有罪当诛，儿子再为他复仇，那么就冤冤相报无穷已了。复仇时只惩罚有罪的人，不能为免除后患而滥杀无辜，朋友之间相互护卫，帮忙复仇时不能抢先替孝子杀死仇人，这是合乎古道的。"

吴王攻入郢都时为什么不被称为吴子呢？因为吴国又重新恢复了夷狄的本性。吴国又重新恢复了夷狄的本性是怎么回事呢？因为吴军攻入楚国郢都后，吴国的国君住在楚国国君的住处，吴国的大夫住在楚国大夫的住处，大概还有以楚王母亲为妻的人。

《穀梁传》：记载吴国攻入楚国的日期，是想表明轻视灭楚。轻视灭楚，是因为吴国毁坏了楚国的宗庙，搬走楚国的乐器，鞭挞了楚平王的尸体。为什么不说"灭"呢？是想让楚国存在。想让楚国存在，又是为什么呢？楚昭王在军队战败时逃走，楚国的父老去送他，楚昭王说："寡人我没有才能，失守了先君的封邑。父老们回去吧，何必忧虑没有国君？寡人我将从此进入海中。"父老说："国君是多么贤明啊！论人多楚国不如吴国，讲必死的信念，吴国不如楚国。"他们一起攻击吴国军队，一个晚上三次打败吴国人，楚国又重新恢复。这里为什么说"吴"而不说"吴子"呢？是把吴国作为夷狄人看待。为什么说把吴国作为夷狄人来看待呢？吴国国君住在楚国国君的卧室里，把楚国国君的妻子当作自己的妻子；吴国大夫住在楚国大夫的卧室里，把楚国大夫的妻子当作自己的妻子。大概还有想娶楚王母亲为妻的，这是不合正道的。利用自己打败别人的功绩极力为自己谋取利益，占据别人的国家，所以吴国又回到夷狄的道路上了。

《吴越春秋》:吴王入郢,止留,伍胥以不得昭王,乃掘平王之墓,出其尸,鞭之三百,左足践腹,右手抉其目,诮之曰:"谁使汝用谗谀之口,杀我父兄?岂不冤哉!"即令阖闾妻昭王夫人。伍胥、孙武、白喜亦妻子常、司马成之妻,以辱楚之君臣也。

遂引军击郑。郑定公前杀太子建,而困迫子胥,自此郑定公大惧,乃令国中曰:"有能还吴军者,吾与分国而治。"渔者之子应募曰:"臣能还之,不用尺兵斗粮,得一桡而行歌道中,即还矣。"公乃与渔者之子桡。子胥军将至,当道扣桡而歌曰:"芦中人。"如是再。子胥闻之,愕然大惊曰:"何等谓?"与语,"公为何谁矣?"曰:"渔父者子。吾国君惧,令于国有能还吴军者,与之分国而治。臣念前人与君相逢于途,今从君乞郑之国。"子胥叹曰:"悲哉!吾蒙子前人之恩,自致于此。上天苍苍,岂敢忘也?"于是乃释郑国,还军守楚,求昭王所在日急。

申包胥亡在山中,闻之,乃使人谓子胥曰:"子之报仇,其以甚乎!子故平王之臣,北面事之。今于僇尸之辱,岂道之极乎?"子胥曰:"为我谢申包胥曰:'日暮路远,倒行而逆施之道也。'"

《吴越春秋》：吴王阖闾进入楚国国都郢城，停留下来，伍子胥因为没抓到楚昭王，就掘开了楚平王的坟墓，拉出他的尸体，鞭打了三百下，用左脚踩在他的肚子上，用右手挖出他的眼睛，谴责他说："谁让你听用谗谀之人说的坏话，杀害了我的父亲兄长？难道他们不冤枉吗！"于是就叫吴王阖闾把楚昭王夫人当作自己的妻子。伍子胥、孙武、白喜（即伯嚭）也分别把楚国令尹子常、司马成的妻子作为自己的妻子，来侮辱楚国的君臣。

然后伍子胥又领兵攻打郑国。郑定公过去杀害了楚国太子建，并使伍子胥艰难窘迫，因此他十分惧怕，于是就给国内人下命令说："有能够使吴军退走的人，我和他平分郑国一起统治。"一个打鱼人的儿子前来响应招募说："臣下我能使吴军退走，不用一尺兵器、一斗粮食，只要拿一只船桨在路上唱歌，就能使吴军退走了。"郑定公就给打鱼人的儿子一只船桨。伍子胥率领吴军就要到达郑国时，打鱼人的儿子敲打着船桨唱道："芦中人。"像这样重复多次。伍子胥听到这个声音，大吃一惊说道："唱的是什么？"就与打鱼人的儿子说话，问道："你是谁？"那人回答说："我是老渔翁的儿子。我们郑国国君害怕吴军，下令说国中有能使吴军退走的人，就与他平分郑国一起统治。臣下我念及当年先人和您在路途中相遇，现在向您乞求保全郑国。"伍子胥叹气说："可悲啊！我承蒙你先人的恩惠，才到达这个地步。上天苍苍，怎敢忘却呢？"于是就放弃了攻打郑国，撤回吴军防守楚国郢城，搜寻楚昭王藏身之所的命令一天比一天急迫。

申包胥逃亡在山中，听到这个消息，就派人对伍子胥说："你为父兄报仇，未免太过分了吧！你原来是楚平王的臣子，亲自面向北方称臣事奉他。现在却对楚平王的尸体进行侮辱，难道不是很极端的做法吗？"伍子胥说："替我向申包胥表示歉意：'我的处境好像太阳快落山了，可道路还很遥远，所以我只能用倒行逆施的办法了。'"

《越绝书》:昭王臣司马子其、令尹子西归,相与计谋:"子胥不死,又不入荆邦,犹未得安,为之奈何?莫若求之,而与之同邦乎?"昭王乃使使者报子胥于吴曰:"昔者吾先人杀子之父,而非其罪也。寡人尚少,未有所识也。今子大夫报寡人也特甚,然寡人亦不敢怨子。今子大夫何不来归子故坟墓丘冢为?我邦虽小,与子同有之;民虽少,与之同使之。"子胥曰:"以此为名,名即章;以此为利,利即重矣。前为父报仇,后求其利,贤者不为也。父已死,子食其禄,非父之义也。"使者遂还,乃报荆昭王曰:"子胥不入荆邦明矣。"

《列女传》:伯嬴者,秦穆公之女,楚平王之夫人,昭王之母也。楚与吴为伯莒之战,吴胜楚,入郢,昭王亡,阖闾尽妻其后宫。次至伯嬴,伯嬴持刀曰:"妾闻天子者,天下之表也;公侯者,一国之仪也。是以明王之制,使男女不亲授受,坐不同席,食不共器,殊椸枷,异巾栉,所以远之也。若诸侯外淫者,绝;卿大夫外淫者,放;士庶人外淫者,宫割。夫然者,仁失,可复以义;义失,可复以礼。男女之失,乱亡兴焉,公侯之所绝,天子之所诛也。今君王弃仪表之行,纵乱亡之欲,犯诛绝之事,何以行令训民?妾闻生而辱,不若死而荣。

《越绝书》：楚昭王的臣子司马子其、令尹子西回到郢都后，在一起谋划说："伍子胥没有死去，又不进入楚国，他至今还无处安身，对此怎么办呢？不如去寻找他，与他共同治理楚国吧！"楚昭王于是派遣使者到吴国告诉伍子胥说："从前我的先人平王杀了你的父亲伍奢，但那不是他的罪过。寡人我当时年龄还小，未能有所了解。如今大夫您对寡人我的报复特别厉害，但是寡人我也不敢怨恨您。现在大夫您为什么不回到先人坟墓所在的故国？楚国虽然弱小，将与你共同拥有它；百姓虽少，将与你共同役使他们。"伍子胥说："靠这些来扬名，名声可以彰扬；拿这些求取利益，利益也很厚重。先前我替父亲报仇，而后我又追求利禄，贤能的人不会这样做。父亲已经死去，儿子回去享用他的俸禄，这不是对父亲的应有做法。"楚昭王的使者于是回到楚国，向楚昭王报告说："伍子胥不愿进入楚国已很明显了。"

《列女传》：伯嬴这个女子，是秦穆公的女儿、楚平王的夫人、楚昭王的母亲。楚国与吴国之间发生伯莒之战，吴军战胜楚军，然后进入楚国郢都，楚昭王出逃，吴王阖闾把楚昭王后宫中的女人全部当作自己的妻子。按次序轮到了伯嬴，伯嬴拿着刀说："我听说做天子的人，是天下的表率；做公侯的人，是一国的榜样。因此圣明的君主规定，男女之间不亲手授给和接受东西，不坐在同一张席子上，吃饭不用同一样器具，不共用衣架，不共用手巾和梳子，这是为了使男女之间保持距离。如果诸侯在外面淫乱，就会遭到灭亡；卿大夫在外面淫乱，就会被放逐；士人庶人在外面淫乱，就会被施以宫刑。之所以这样，是仁爱丧失，可以用道义恢复；道义丧失，可以用礼仪恢复。男女之间的礼仪规矩一旦丧失，败乱灭亡就会发生了，这是公侯所要杜绝，天子所要诛灭的罪过。如今君王抛弃可做表率的行为，放纵导致败乱灭亡的欲望，触犯要被杜绝诛灭之罪过，还拿什么发号施令训导民众？我听说活着接受耻辱，不如死后接受荣誉。

以死守之,不敢承命。"于是吴王惭,遂退。舍伯嬴与其保阿,闭永巷之门,皆不释兵。三旬,秦救至,昭王乃复矣。

《淮南子》:阖闾伐楚,五战入郢,烧高府之粟,破九龙之钟,鞭荆平王之墓,舍昭王之宫。昭王奔随,百姓父兄携幼扶老而随之,乃相率而为致勇之寇,皆方命奋臂而为之斗。当此之时,无将卒以行列之,各致其死,却吴兵,复楚地。

《吴越春秋》:昭王反国,乐师扈子非荆王信谗佞,杀伍奢、白州犁,而寇不绝于境,至乃掘平王墓,戮尸奸喜,以辱楚君臣,又伤昭王困迫,几为天下大鄙,然已愧矣。乃援琴为楚作《穷劫之曲》以畅君之迫厄之畅达也。其词曰:"王邪王邪何乖烈?不顾宗庙听谗孽。任用无忌多所杀,诛夷白氏族几灭。二子东奔适吴越,吴王哀痛助切怛。垂涕举兵将西伐,伍胥、白喜、孙武决。三战破郢王奔发,留兵纵骑虏荆阙。楚荆骸骨遭发掘,鞭辱腐尸耻难雪。几危宗庙社稷灭,严王何罪国几绝。卿士凄怆民恻悗,吴军虽去怖不歇。愿王更隐抚忠节,勿为谗口能谤亵。"昭王垂涕,深知琴曲之情。扈子遂不复鼓矣。

我誓死捍卫自己的节操，绝不敢接受君王的命令。"于是吴王阖闾感到惭愧不已，连忙退去了。赦免了伯嬴和她的佣人，关闭了后宫永巷的大门，都派士兵手持武器，严加守卫。三十天以后，秦国的救兵到来，楚昭王才得以重新返回郢都，恢复了君位。

《淮南子》：吴王阖闾攻打楚国，经过五次战斗，攻入郢都，焚烧高府的粮食，砸破铸有九龙的巨钟，鞭打楚平王的尸骨，住到楚昭王的宫殿里。楚昭王逃往随国，父老百姓扶老携幼跟随着他，于是便一起勇敢地把吴军引向自己，并且都同心振臂同吴军进行生死搏斗。在这个时候，虽然没有将帅、士兵来组成行列，但每个人各自都奉献出自己的生命，来击退御吴军，从而恢复了楚国的失地。

《吴越春秋》：楚昭王重新返回楚国，乐师扈子谴责楚平王听信谗言，杀害伍奢、白州犁，致使寇贼不断在边境为患，以致掘开了楚平王的坟墓，鞭戮楚平王的尸骨使奸邪之人高兴，来侮辱楚国君臣，又哀怜楚昭王遭遇艰难困苦，几乎被天下人看不起，但楚昭王已经羞愧了。于是拿起琴为楚国创作《穷劫之曲》来叙述君王的困苦和畅达。其歌词中说道："王啊王啊多么悖谬失当？不顾宗庙而听信谗言。任用费无忌而多杀戮，将白氏家族几乎诛杀殆尽。伍子胥、伯喜二人向东逃亡到吴越地区，吴王哀痛增加他们的忧伤。垂泪兴兵准备向西讨伐，伍子胥、白喜、孙武帮助决策。经过三次战斗攻破郢都而使楚昭王出逃，吴军留驻郢都放纵骑兵掳掠楚国宫殿。楚平王的遗骸残骨被发掘出来，鞭打腐烂尸体的耻辱难以洗雪。几乎危及宗庙使国家灭亡，庄王有什么罪过他的国家几乎绝嗣。卿士悲伤百姓悲痛，吴军虽然离去而恐惧仍未停止。希望君王痛定思痛抚恤忠贞节烈之士，不要再让谗言有所诽谤和衰渎。"楚昭王听后伤心地流下眼泪，深知琴曲中寄托的情怀。扈子于是不再继续弹奏下去了。

臣士奇曰：楚自熊通以来，奄王坐大，荐食诸姬。齐桓、晋文仅能攘斥，未尝即其国都而大创之也。阖间徇蔡侯之请，逾越江、淮，五战遂至于郢，焚高府之粟，破九龙之钟，昭王出走，几定其国。然而仁义不施，宣淫穷毒。楚虽挠败，父兄子弟怨吴入于骨髓，争起而逐之，不待《无衣》赋而知吴人之不能久于楚矣。

伍员抱父兄之痛，贯弓橐剑，侧身间道，痛哭于荒江，乞食于吴市，不忘寻仇，卒酬所愿。此心即皇天后土，犹将鉴之。至其淫逞之过，乃托于"日暮途穷，倒行逆施"之说，嘻！其甚矣！夫父死不受诛，子复仇可也。不又曰："君命天也，死天命，谁敢仇之乎？"且员父兄之见杀，为之首恶者，费无极也。平王为谗人所构，失在不聪。员所欲得而甘心者，宜在无极，而不在平王也。及无极被诛，恨亦可以少释矣。未几平王复殂，乃谓白公胜曰："平王卒，吾志不悉矣。"然则非手刃平王，将遂不得伸其志耶？至鞭尸抶墓，班宫处室，辱逮父母之邦，惨被乐扈之曲，恐奢、尚有知，亦伤心而不忍闻矣。

子胥复仇，其事最烈，亦最奇。一时江上丈人

臣下我高士奇评论说：楚国自从熊通以来，由弱小逐渐强大起来，不断吞并各姬姓诸侯国。齐桓公、晋文公仅仅能够排斥楚国，未曾打到楚国郢都而重重打击它。吴王阖闾顺从蔡昭侯的请求，越过长江、淮水，经过五次战斗最终打到楚国郢都，焚烧高府的粮食，砸破铸有九龙的巨钟，楚昭王被迫出逃，吴王阖闾差点平定了楚国。然而吴王阖闾不施仁义，公然淫乱毫无避忌，做尽毒辣之事。楚国虽然战败，但父老百姓对吴军恨之入骨，争相奋起来驱逐他们，用不着秦国人赋《无衣》之诗出兵相助，就知道吴人不能在楚国长久待下去了。

　　伍员身怀父兄被杀之痛，拉满弓携带着宝剑，置身于小路上，在荒芜的长江边上痛哭，在吴国的闹市中要饭，没有忘记寻机报仇，最终实现了心愿。这颗心，即使是天神地祇也能明察。至于他放纵淫乱的过失，竟借口"我的处境好像太阳落山了然而道路还很遥远，所以只能倒行逆施"的说法，唉！他真是太过分了！父亲死于无罪被杀，作为儿子为父报仇就可以了。不是也有说法说："君王的命令是上天的旨意，死于天意，又能仇恨谁呢？"况且伍员的父亲伍奢、哥哥伍尚惨遭杀害，罪魁祸首是费无极。楚平王被进谗言的人所蒙蔽，他的过错在于不能明辨。伍员所必须要杀之后快的人，应当是费无极，而不是楚平王。等到费无极被诛杀，伍员心头的怨恨也可以稍微减少了。不久楚平王又死去了，伍员便对白公胜说："楚平王死了，我的心愿不能全部实现了啊。"既然这样，那么如果不是亲手杀了楚平王，他就将始终不能实现心愿了吗？至于挖掘楚平王的坟墓，鞭挞楚平王的尸骨，吴国的军队将领按照官位高低分别住进楚国的宫室，侮辱父母之邦，惨烈到乐师扈子为之创作了《穷劫之曲》，恐怕伍奢、伍尚如果在地下还有灵知，也会心中伤悲而不忍听闻吧。

　　伍员复仇，故事最壮烈，也最离奇。一时之间江上老人

掩壶浆而自覆，濑水女子哀王孙而湛身。乃至孙子之用兵，戮及宠姬；专诸之刺僚，祸生鱼腹；要离之刺庆忌，如捽婴儿；莫邪水走而亡楚，鸿稽一呼而著胸，皆事之最奇者。若夫楚失一胥而郢几墟，吴得一嚭而国终破。天以两楚人为报复相寻之始终，不尤异哉！

掩埋掉水壶而后自己随船一起沉入江中,濑水边的女子怜悯王孙而将身体沉入濑水之中。以至于孙子用兵时,杀掉了吴王阖闾的宠姬;专诸刺杀王僚时,灾祸从鱼肚子中发生;要离刺杀庆忌时,如同摔死婴儿;莫邪投水而逃到楚国,呼喊吴鸿、扈稽一声而金钩贴在他们父亲的胸脯上,都是最离奇的事情。至于楚国失掉一个伍子胥而使郢都几乎变成废墟,吴国得到一个伯嚭而吴国最终破灭。上天安排两个楚国人贯穿这一系列互相报仇雪恨事件的始终,不是更奇特吗!

卷五十一　勾践灭吴

昭公三十二年夏，吴伐越，始用师于越也。史墨曰："不及四十年，越其有吴乎！越得岁而吴伐之，必受其凶。"

定公五年，越入吴，吴在楚也。

十四年，吴伐越，越子勾践御之，陈于檇李。勾践患吴之整也，使死士再禽焉，不动；使罪人三行，属剑于颈，而辞，曰："二君有治，臣奸旗鼓，不敏于君之行前，不敢逃刑，敢归死。"遂自刭也。师属之目，越子因而伐之，大败之。灵姑浮以戈击阖庐，阖庐伤将指，取其一屦。还，卒于陉，去檇李七里。夫差使人立于庭，苟出入，必谓己曰："夫差！而忘越王之杀而父乎？"则对曰："唯，不敢忘。"三年乃报越。

〔补逸〕《吴越春秋》：吴王以越不从伐楚，南伐越。越王允常曰："吴不信前日之盟，弃贡赐之国，而灭其

卷五十一　勾践灭吴

　　鲁昭公三十二年夏季,吴国进攻越国,这是吴国首次对越国动用军队。史墨说:"不到四十年,越国恐怕就要占有吴国了吧! 现在岁星在越国的分野里而吴国却去攻打越国,必然会受到岁星降下的灾祸。"

　　鲁定公五年,越国人进入吴国,这是因为吴国人此时正在楚国与楚国交战。

　　十四年,吴国进攻越国,越王勾践抵御吴军,在槜李排兵布阵。勾践担心吴国军阵严整,便派敢死队两次冲击吴军,但吴军阵容却丝毫不乱;勾践让一些罪犯排成三行,把剑放在脖子上说:"二位国君带兵出战,臣下触犯军令,在国君的队伍之前显露出无能,不敢逃避刑罚,谨此请求一死。"于是都自刎而死。吴国的军队都注目而看,越王乘机下令攻击,大败吴军。越国大夫灵姑浮用戈猛击阖庐,阖庐损伤了一个大脚趾,灵姑浮还得到阖庐的一支鞋。阖庐在退兵途中,死在了陉地,这里离槜李有七里远。夫差派人站立在殿堂前,每次自己进出殿堂,都一定要站在殿堂前的人大声对自己说:"夫差! 你忘记越王杀了你的父亲吗?"夫差就回答说:"是的,不敢忘记。"三年后就报复了越国。

　　〔补逸〕《吴越春秋》:吴王阖闾因为越国不跟随自己去攻打楚国,于是就向南攻打越国。越王允常说:"吴国不遵守以前定下的誓约,放弃能提供贡赐的国家,反而灭亡他的

交亲。"阖闾不然其言,遂伐破槜李。阖闾谋择诸公子可立者,未有定计。波秦子夫差日夜告于伍胥曰:"王欲立太子,非我而谁当立?此计在君耳。"伍子胥曰:"太子未有定,我入则决矣。"阖闾有顷召子胥,谋立太子。子胥曰:"臣闻纪废于绝后,兴于有嗣。今太子不禄,早失侍御。今王欲立太子者,莫大乎波秦之子夫差。"阖闾曰:"夫愚而不仁,恐不能奉统于吴国。"子胥曰:"夫差信以爱人,端于守节,敦于礼义。父死子代,经之明文。"阖闾曰:"寡人从子。"立夫差为太子。

哀公元年春,吴王夫差败越于夫椒,报槜李也,遂入越。越子以甲楯五千保于会稽,使大夫种因吴太宰嚭以行成,吴子将许之。伍员曰:"不可。臣闻之:'树德莫如滋,去疾莫如尽。'昔有过浇杀斟灌以伐斟鄩,灭夏后相。后缗方娠,逃出自窦,归于有仍,生少康焉,为仍牧正。惎浇能戒之。浇使椒求之,逃奔有虞,为之庖正,以除其害。虞思于是妻之以二姚,而邑诸纶,有田一成,有众一旅。能布其德,而兆其谋,以收夏众,抚其官职。使女艾谍浇,使季杼诱豷,遂灭过、戈,复禹之绩。祀夏配天,不失旧物。今吴不

至交至亲的国家。"吴王阖闾不听越王允常的话，仍然兴兵征伐，攻破檇里。吴王阖闾考虑从诸位公子中选择一位可以立为太子的人，没有拿定主意。波秦的长子夫差日日夜夜地向伍子胥恳求说："大王想要立太子，不是我那谁还合适呢？这个谋划在于您了。"伍子胥说："太子立谁还没有确定，我介入后就会决定了。"吴王阖闾不久召见伍子胥，商议立太子的事。伍子胥说："臣下我听说，没有后代纲纪就会废弛，有子孙就会兴盛。现在太子夭亡，过早地失去服侍大王的机会。今天大王想要立的太子，没有比波秦的长子夫差再合适的了。"吴王阖闾说："夫差愚笨又不仁惠，恐怕不能在吴国承继大统。"伍子胥说："夫差真诚地亲爱他人，严格地遵守规范，言谈举止合乎礼义。况且父亲死后由儿子替代，是经文中明明白白记载的。"阖闾说："寡人采纳你的意见。"于是立夫差为太子。

鲁哀公元年春季，吴王夫差在夫椒山打败了越国的军队，报了檇里之战的仇，接着又攻入越国。越王勾践用全副武装的士兵五千人守卫在会稽山，又派大夫文种通过吴国太宰伯嚭的关系去求和，吴王夫差打算答应越国的请求。伍子胥说："不能答应。臣下我听说：'德行应该逐渐培养，疾患应该彻底除掉。'从前有过国的国君浇杀死了斟灌，又去攻打斟鄩，灭亡了夏朝的君主相。夏后相的妻子后缗正怀有身孕，她从墙洞里逃了出去，回到娘家有仍国，生下少康，少康后来做了有仍国的牧正。对浇怀有深仇大恨，时刻警惕戒备着浇。浇派他的臣下椒搜捕少康，少康又逃到了有虞国，在那里做了有虞国的庖正，以逃避浇的杀害。有虞国的国君虞思这时把自己的两个女儿嫁给少康，把纶邑封给少康，少康拥有了方圆十里的土地和五百个人。这样，少康就能广施恩德，开始谋划复兴国家，收罗夏的遗民，授给他们相应官职。少康又派女艾到浇那里去做间谍，派季杼去诱骗浇的弟弟豷，结果灭亡了过国、戈国，恢复了夏禹的功绩。他奉祀夏朝的祖先又祭祀天帝，恢复夏朝的典章制度。现在吴国不

如过,而越大于少康,或将丰之,不亦难乎?勾践能亲而务施,施不失人,亲不弃劳。与我同壤,而世为仇雠。于是乎克而弗取,将又存之,违天而长寇仇。后虽悔之,不可食已。姬之衰也,日可俟也。介在蛮夷,而长寇仇,以是求伯,必不行矣。"弗听。退而告人曰:"越十年生聚,而十年教训,二十年之外,吴其为沼乎!"三月,越及吴平。吴入越,不书,吴不告庆,越不告败也。

〔补逸〕《国语》:越王勾践即位三年,而欲伐吴。范蠡进谏曰:"夫国家之事,有持盈,有定倾,有节事。"王曰:"为三者奈何?"范蠡对曰:"持盈者,与天;定倾者,与人;节事者,与地。王不问,蠡不敢言。天道盈而不溢,盛而不骄,劳而不矜其功。夫圣人随时以行,是谓守时;天时不作,弗为人客。人事不起,弗为之始。今君王未盈而溢,未盛而骄,不劳而矜其功,天时不作而先为人客,人事不起而创为之始,此逆于天而不和于人。王若行之,将妨于国家,靡王躬身。"王弗听。

范蠡进谏曰:"夫勇者,逆德也;兵者,凶器也;争者,事之末也。阴谋逆德,好用凶器,始于人者,人之

如过国，而越国力量又比少康强大，如果越国再有机会壮大，岂不更成为吴国的隐患吗？越王勾践能够爱护他的国人，施行恩惠，施舍恩惠就不会失去人心，爱护人民就不会抹杀别人的功劳。越国与我们吴国土地相连，但世世代代互为仇敌。如今我们战胜了越国却不灭掉它，又要保留它，违背了天意，助长了敌人。以后即便懊悔，也不能消除这件事的影响。姬姓吴国的衰亡，指日可待了。吴国地处蛮夷之间，还助长仇敌，这样来争霸，肯定办不到。"吴王夫差不听伍子胥的主张。伍子胥退下后告诉别人说："越国用十年的时间繁衍人口积聚财物，再用十年的时间教育百姓训练兵马，二十年之后，吴国大概要成为越国的池沼了吧！"这年三月，越国同吴国讲和。吴国攻入越国，《春秋》没有记载，这是因为吴国没有前来鲁国报告胜利，越国没有报告失败的缘故。

〔补逸〕《国语》：越王勾践即位的第三年，想要攻打吴国。范蠡进谏说："国家的事务，是保持成业，扶正倾危，节制事用。"越王勾践说："怎样处理这三件事情呢？"范蠡回答说："善于保持成业的，会效法天道；善于扶正倾危的，会注重人和；善于节制事用的，会重视地利。大王您不询问，范蠡我不敢冒昧进言。天道是充足而不外溢，盛大而不骄傲，运作不息却不自夸功劳。有大智慧的圣人能随时机采取行动，这叫守时；天时不成熟，不能攻击别国。敌国内乱不发生，不能首先发动战争。现在大王您没有满盈却已经趾高气扬，没有盛大却已经骄傲，没有劳作却夸大自己的功绩，上天降下的时机不成熟却要首先进攻别的国家，敌国的内乱没有发生而率先发动战争，这样做违背天意又不能得到人民的支持。大王您如果非要这样做，就会有损于国家，所妨害的不只是大王您自己。"越王勾践不听范蠡的话。

范蠡进谏说："勇猛，是违背礼让道义的；武器，是凶险的器具；战争，是各种事情中最后的手段。暗中谋划违背道德的事，喜欢使用凶器，哪个人先攻打别人，哪个人就会

所卒也。淫佚之事,上帝之禁也。先行此者不利。"王曰:"无是贰言也,吾已断之矣。"果兴师而伐吴。战于五湖,不胜,栖于会稽。

王召范蠡而问焉,曰:"吾不用子之言,以至于此,为之奈何?"范蠡对曰:"君王其忘之乎?持盈者与天,定倾者与人,节事者与地。"王曰:"与人奈何?"范蠡对曰:"卑辞尊礼,玩好女乐,尊之以名。如此不已,又身与之市。"王曰:"诺。"乃令大夫种行成于吴,曰:"请士女女于士,大夫女女于大夫,随之以国家之重器。"吴人不许。大夫种来而复往,曰:"请委管籥,属国家,以身随之,君王制之。"吴人许诺。王曰:"蠡为我守于国。"范蠡对曰:"四封之内,百姓之事,蠡不如种也。四封之外,敌国之制,立断之事,种亦不如蠡也。"王曰:"诺。"令大夫种守于国,与范蠡入宦于吴。

三年,而吴人遣之归。越王勾践栖于会稽之上,乃号令于三军曰:"凡我父兄、昆弟及国子姓,有能助寡人谋而退吴者,吾与之共知越国之政。"大夫种进对曰:"臣闻之,贾人夏则资皮,冬则资𫄧;旱则资舟,水

被别人消灭。过分的事情,是上天所禁止的。先这样做的人没有好处。"越王勾践说:"不用说这些扰乱人心的话,我已经拿定主意了。"于是越国就出兵攻打吴国。越国与吴国在太湖展开厮杀,没有取胜,退守到会稽山上。

越王勾践召见范蠡询问说:"我不听您的话,所以才到了这个地步,现在该怎么办呢?"范蠡回答说:"君王您莫非忘了吗? 能够保持成业的,就会效法天道;能够扶正倾危的,就会注重人和;能够节制事用的,就会重视地利。"越王勾践说:"怎样能做到人和呢?"范蠡回答说:"言辞卑下,尊重礼义,献上古玩珍宝和善歌舞的女子,尊称吴王以名号。如果这样还不行,君王就把自己卖给他做臣仆,亲自去服侍吴王。"越王勾践说:"好吧。"于是派大夫文种到吴国去求和,文种对吴王夫差说:"请让越国士的女子服侍贵国的士做婢妾,让越国大夫的女子服侍贵国的大夫做婢妾,并一块献上越国的珍宝重器。"吴国人没有答应越国的停战请求。越国大夫文种回国复命后又再次出使吴国,对吴国君臣说道:"请把越国府库的钥匙交给吴国,把越国的国土连同我们越国的国君也一起送给大王您,由大王您管理他们。"吴国人答应了越国的请求。越王勾践说:"请范蠡先生代我留守治理越国。"范蠡回答说:"国境之内,管理百姓的事务,范蠡我不如文种熟悉。国境之外,应付敌国和决断事情,文种也不如我范蠡熟悉。"越王勾践说:"那就这样吧。"于是就命令大夫文种驻守在越国,越王勾践和范蠡一起到吴国去做吴国的小臣。

过了三年之后,吴国人把越王勾践遣送回国。越王勾践栖身在会稽山上,对三军发出号令说:"凡是我的父老兄弟以及同姓的人,如果有谁能帮助寡人我出谋划策打退吴国的进攻,我就和他共同执掌越国的国政。"大夫文种上前对答说:"臣下我听说,做买卖的贾人夏天就要准备毛皮,冬天就要准备细葛布;天旱的时候就准备好船只,有水涝的时候

则资车，以待乏也。夫虽无四方之忧，然谋臣与爪牙之士，不可不养而择也。譬如蓑笠，时雨既至，必求之。今君王即栖于会稽之上，然后乃求谋臣，无乃后乎？勾践曰："苟得闻子大夫之言，何后之有？"执其手而与之谋。

遂使之行成于吴，曰："寡君勾践乏无所使，使其下臣种。不敢彻声闻于天王，私于下执事，曰：'寡君之师徒，不足以辱君矣。愿以金玉、子女赂君之辱。请勾践女女于王，大夫女女于大夫，士女女于士；越国之宝器毕从。寡君帅越国之众以从君之师徒，唯君左右之。若以越国之罪为不可赦也，将焚宗庙、系妻孥、沉金玉于江，越有带甲五千人，将以致死。乃必有偶，是以带甲万人事君也，无乃即伤君王之所爱乎？与其杀是人也，宁其得此国也，其孰利乎？'"

夫差将欲听与之成。子胥谏曰："不可。夫吴之与越也，仇雠敌战之国也。三江环之，民无所移。有吴则无越，有越则无吴，将不可改于是矣。员闻之，陆人居陆，水人居水。夫上党之国，我攻而胜之，吾不能

就准备好轮车，用来等待缺乏的时候。现在天下虽然四方没有受侵扰的忧虑，但是谋士和武士，不能不开始蓄养挑选。比如说蓑衣笠帽，雨季来到以后，肯定会大量需要它。现在君王您退守在会稽山上，这才想到召请谋臣，恐怕是有些太晚了吧？”越王勾践说：“只要能听到大夫您这一番话，有什么晚呢？”于是越王勾践拉住文种的手，和文种共同商量退敌的办法。

越王勾践于是便派文种出使到吴国求和，文种对吴王夫差说：“我们的国君勾践没有什么人可以指派，派遣他的下等小臣文种我来到吴国。文种我不敢直接和大王您说话，只在私下和您的下级办事人员说：‘我们国君的军队，不值得劳驾大王您来讨伐。愿意用金玉和女子来奉献给大王，酬谢大王您的辱临。请允许我们国君勾践的女儿服侍大王您做婢妾，越国大夫的女儿服侍吴国的大夫做婢妾，越国士的女儿服侍吴国的士做婢妾；越国的宝器也随同这些女子全部奉上。我们国君勾践率领越国的军队追随大王您的军队，听凭您吩咐他们。如果大王您认为越国的罪过不可饶恕，越国就会烧毁祖宗的庙宇，捆绑妻子儿女同赴死难，把良金美玉都沉到江中，还有越国的披甲士兵五千人，将要拼死战斗。他们以一来当两个人用，这样就是有万人的军队和您作战，如果这样岂不就伤亡了大王您所心爱的军队吗？与其杀死这些人，还不如讲和而得到越国，哪一个更为有利呢？’”

吴王夫差想要听从文种的话与他议和。伍子胥规劝道：“不能答应。吴国和越国两国的关系，是仇视、敌对、交战的两个国家。周围有三条江河环绕吴、越两国，人民没有其他地方可以移居。有了吴国就没有越国，有了越国就没有吴国，不可能改变这种现实。伍员我听说，靠陆地生活的人习惯居住在陆地上，依江河生活的人习惯居住在江河水边。上党那些中原国家，我们攻击、占胜它们，但我们也不能

居其地，不能乘其车。夫越国，吾攻而胜之，吾能居其地，吾能乘其舟。此利也，不可失也已。君必灭之！失此利也，虽悔之，亦无及已。"

越人饰美女八人，纳之太宰嚭，曰："子苟赦越国之罪，又有美于此者，将进之。"太宰嚭谏曰："嚭闻古之伐国者，服之而已。今已服矣，又何求焉？"夫差与之成而去之。

勾践说于国人曰："寡人不知其力之不足也，而又与大国执仇，以暴露百姓之骨于中原，此则寡人之罪也，寡人请更。"于是葬死者，问伤者，养生者；吊有忧，贺有喜；送往者，迎来者；去民之所恶，补民之不足。然后卑事夫差，宦士三百人于吴，其身亲为夫差前马。勾践之地，南至于勾无，北至于御儿，东至于鄞，西至于姑蔑，广运百里。

乃致其父兄、昆弟而誓之曰："寡人闻古之贤君，四方之民归之，若水之归下也。今寡人不能，将帅二三子夫妇以蕃。"命壮者无取老妇，老者无取壮妻。女子十七不嫁，其父母有罪；丈夫二十不取，其父母有罪。将免者以告，公令医守之。生丈夫，二壶酒，一犬；生女子，二壶酒，一豚。生三人，公与之母；

居住在它们的土地上,不能乘坐它们的车辆。但是越国,我们攻击、战胜它,我们就能够居住他们的土地,我们就能够乘坐他们的舟船。这是它的有益之处,不能够失掉啊。大王您必须灭掉它!失去这个有利之处,将来想反悔这件事,也来不及了。"

越国人装饰了八个漂亮的女子,献给吴国的太宰伯嚭,说道:"您如果帮助免除了越国的罪过,还有比这八个女子更漂亮的,也送给您。"太宰伯嚭因此劝说吴王夫差道:"伯嚭我听说古代攻打别的国家,使它屈服就够了。现在越国已经屈服了,还想求什么呢?"于是吴王夫差和文种讲和后让他返回了越国。

越王勾践布告越国百姓说:"寡人我不知道我们越国的国力还不强大,与吴国这样的大国结仇,以致把广大百姓的尸骨暴露在荒野之中,这都是寡人我的罪责,我请求改正。"于是埋葬了死去的人,慰问有伤的人,抚养活着的人;吊唁有丧事的人,祝贺有喜事的人;送别出去的人,迎接回来的人;除去人们不满意的事情,弥补人们不足的东西。随后又低三下四地事奉吴王夫差,带领三百越国人到吴国做奴仆,越王勾践本人亲自做吴王夫差的车驾引导。越王勾践的地盘,南边到达勾无,北边到达御儿,东边到达鄞县,西边到达姑蔑,东、西、南、北各有百里。

越王勾践于是召集他的父母兄弟并发誓说:"寡人我听说古代贤达的君王,四方的民众向他归顺时,就像水向下流一样。现在我没有能力做到那样,将率领国人夫妇繁衍生息。"便规定健壮的青年男子不能娶年老的妇女,年老的男子不能娶健壮的青年妻子。女子年满十七岁不出嫁,她的父母就有罪;男子年满二十岁仍不娶妻,他的父母也有罪。即将分娩的妇女要向官府报告情况,公家就派医生守护她生产。生下男孩,奖给两壶酒、一只狗;生下女孩,奖给两壶酒、一只小猪。一胎生下三个小孩的,公家给她提供乳母;

生二人，公与之饩。当室者死，三年释其政；支子死，三月释其政。必哭泣葬埋之，如其子。令孤子、寡妇、疾疹、贫病者纳宦其子。其达士，洁其居，美其服，饱其食，而摩厉之于义。四方之士来者，必庙礼之。勾践载稻与脂于舟以行，国之孺子之游者，无不铺也，无不歠也，必问其名。非其身之所种，则不食；非其夫人之所织，则不衣。十年不收于国，民居有三年之食。

《吴越春秋》：越王勾践五年五月，与大夫种、范蠡入臣于吴，群臣皆送。至浙江之上，临水祖道，军阵固陵。大夫文种前为祝，其词曰："皇天祐助，前沉后扬。祸为德根，忧为福堂。威人者灭，服从者昌。王虽牵致，其后无殃。君臣生离，感动上皇。众夫哀悲，莫不感伤。臣请荐脯，行酒三觞。"越王仰天太息，举杯垂涕，默无所言。种复前祝曰："大王德寿，无疆无极。乾坤受灵，神祇辅翼。我王厚之，祉祐在侧。德销百殃，利受其福。去彼吴庭，来归越国。觞酒既升，请称万岁。"

一胎生下两个小孩的,公家供给她食物。如果是嫡子死了,免除他们家三年的赋役;如果是庶子死了,免除他们家三个月的赋役。一定要哭着掩埋他,就像对待自己的嫡子一样。让从小失去父亲的孤儿、失去丈夫的寡妇、患有疾病的人、贫穷有病的人送他们的儿子到官府,由国家供养。对于那些通达事理的贤士,打扫干净他们的住所,给他们提供华美的衣服,供给他们足够吃饱的食物,和他们研究事物的道理。四方之士来到越国,一定在庙堂上以隆重的礼节迎接他们。越王勾践的小船载着稻米和油脂在国中巡行时,遇到国内流浪的年轻人,每次都给他们吃的喝的,还一定要问他们叫什么名字。越王勾践不是他本人亲自种植的粮食就不吃,不是他的王后亲手纺织做成的衣服就不穿。整整十年时间不向越国百姓征收赋税,越国百姓都储藏有足够三年吃的粮食。

《吴越春秋》:越王勾践五年五月,和越国的大夫文种、范蠡一同到吴国去做奴仆,越国的大臣都前来送行。送到浙江的岸边上,群臣面对着江水祭祀路神,并为勾践设宴送行,军队在固陵列阵。大夫文种走上前去祝祷,祝词说:"愿上天保佑越国,前面低下,后面显扬。祸患是福德的根本,忧虑是福祉的住所。压迫别人的人灭亡,服从别人的人昌盛。我们越王虽受牵累到吴国去做奴仆,以后却没有灾祸。我们君臣这种生时的别离感动了上天。所有的人都很悲哀,没有不伤感的。小臣我请求献上干肉,向各位敬酒三杯。"越王勾践仰天长叹,手举着杯子,眼里滚下了泪珠,沉默着没说一句话。文种又上前祝祷说:"我们大王的仁德长寿,没有边际。天地赐福,众神保佑。我们大王加重这些德行,福禄就会降临在身边。大王的仁德能抵销所有灾难,吉利能够承受福禄。去了那边吴国的王庭,愿大王早点回到我们越国来。杯中的酒已经斟满举起来,请让我们高呼万岁。"

遂别于浙江之上。群臣垂泣，莫不咸哀。越王仰天叹曰："死者，人之所畏。若孤之闻死，其于心胸中，曾无怵惕。"遂登船径去，终不返顾。

越王夫人据船哭，顾乌鹊啄江渚之虾，飞去复来，因哭而歌之曰："仰飞鸟兮乌鸢，凌玄虚，号翩翩。集州渚兮优悠啄虾，矫翮兮云间，任厥兮往还。妾无罪兮负地，有何辜兮谴天。骊骊独兮西往，孰知返兮何年？心惙惙兮若割，泪泫泫兮双悬。"又哀吟曰："彼飞鸟兮鸢乌，已回翔兮翕苏。心在专兮素虾，何居食兮江湖。徊复翔兮游飏，去复返兮於乎。始事君兮去家，终我命兮君都。终来遇兮何幸，离我国兮去吴。妻衣褐兮为婢，夫去冕兮为奴。岁遥遥兮难极，冤悲痛兮心恻。肠千结兮服膺，於乎哀兮忘食。愿我身兮如乌，身翱翔兮矫翼。去我国兮心摇，情愤惋兮谁识？"越王闻夫人怨歌，心中内恸，乃曰："孤何忧？吾之六翮备矣。"

于是入吴，见夫差，稽首再拜，称臣，曰："东海贱臣勾践，上愧皇天，下负后土，不裁功力，污辱王之军士，抵罪边境。大王赦其深辜，裁加役臣，使执箕帚，诚蒙厚恩，得保须臾之命，不胜仰感俯愧。臣勾践叩

于是越国君臣在浙江的江边分手。大臣们两眼垂泪，全都哀伤不已。越王勾践仰天长叹道："死，是人所害怕的事情。而我听到死亡的事，心中竟然一点也不感到恐惧。"说完便登船离去，始终没有回头看一下。

越王勾践的夫人靠着船哭泣，看到乌鹊啄住江边的小虾，飞走了又飞回来，于是她一边哭一边唱道："仰望飞鸟啊那是乌鹊和老鹰，直冲云霄啊，在高空中翩翩飞翔。聚集在江渚上啊悠闲自在地啄着小虾，在云空中间振翅高飞，自由地去来往还。臣妾我没有什么罪过啊对不起地，又有什么罪过啊遭天的责备？小船载着孤独寂寞的人啊快速地向西驶去，谁能知道哪一年才能返回故土？心里忧愁啊像刀割一样难受，两行热泪啊挂在脸上。"她又哀伤地吟唱道："那个飞鸟啊是乌鹊和老鹰，飞回来以后啊收翅歇息。心思专注在啊白色的小虾，在哪里吃住啊是在江湖。盘旋往复飞翔啊迎风飞舞，去而复返啊呜呼。当初侍奉国君啊离开家乡，过完我的一生啊在国君之都。最终遭遇这些啊何其不幸，离开我越国啊到吴国去。妻子穿着破烂的衣服啊做奴婢，丈夫去掉王冕啊做奴仆。岁月谣谣无期啊难以到头，窘屈悲痛啊心里悱恻。愁肠千结啊铭记在心，呜呼哀叹啊忘记吃饭。愿我身体啊像那乌鹊，身体翱翔啊振翅高飞。离开我越国啊心里摇荡，心情愤慨惋惜啊谁人能识？"越王勾践听到夫人怨愤的歌声，心里很悲恸，但说道："我有什么忧虑？我翅膀上的羽毛已经准备好了。"

于是勾践进入吴国，见到了吴王夫差，他稽首后又拜了两拜，称臣说："东海的下贱小臣勾践，上有愧于皇天，下有负于后土，不估量自己的能力，屈辱大王您的军士，在边境上犯下罪孽。大王您赦免了贱臣不可饶恕的罪过，决定让罪人我做一个使唤小臣，使罪臣手拿簸箕扫帚左右伺候，我确实蒙受了大王您的深厚恩情，才得以保全危在旦夕的生命，抬头对您感激，低头深怀愧恨。贱臣勾践叩

头顿首。"吴王夫差曰:"寡人于子亦过矣,子不念先君之仇乎?"越王曰:"臣死则死矣,惟大王原之。"伍子胥在旁,目若燎火,声如雷霆,乃进曰:"夫飞鸟在青云之上,尚欲缴微矢以射之,岂况近卧于华池、集于庭庑乎?今越王放于南山之中,游于不可存之地。幸来涉我壤土,入我楗梱,此乃厨宰之成事食也,岂可失之乎?"吴王曰:"吾闻诛降杀服,祸及三世。吾非爱越而不杀也,畏皇天之咎,教而赦之。"太宰嚭谏曰:"子胥明于一时之计,不通安国之道,愿大王遂其所执,无拘群小之口。"夫差遂不诛越王,令驾车养马,秘于宫室之中。

三月,吴王召越王入见,越王伏于前,范蠡立于后。吴王谓范蠡曰:"寡人闻贞妇不嫁破亡之家,仁贤不官绝灭之国。今越王无道,国已将亡,社稷坏崩,身死世绝,为天下笑,而子及主俱为奴仆,来归于吴,岂不鄙乎?吾欲赦子之罪,子能改心自新、弃越归吴乎?"范蠡对曰:"臣闻亡国之臣不敢语政,败军之将不敢语勇。臣在越不忠不信,令越王不奉大王命号,用兵与大王相持,至今获罪,君臣俱降。蒙大王洪恩,得君臣相保,愿得入备扫除,出给趋走,臣之愿也。"此时越王伏地流涕,自谓遂失范蠡矣。吴王知范蠡不可得

头顿首。"吴王夫差说："寡人我对你也太过分了,你不记得我的先君阖闾的槜李之仇吗?"越王勾践回答说："罪臣死就死吧,只希望大王能原谅我。"伍子胥在旁边,目光像飞火,声音像雷霆,上前喊道："飞鸟在青云之上的时候,还想搭一支小箭来射杀它,何况近卧在华池之中、聚集在庭院和走廊里呢?现在越王勾践放肆在南山之中,游荡在不容易发现的地方。幸亏他来到了我吴国的境内,入了我们的栅栏中,这是厨师做好的现成的食物,怎么能放掉他呢?"吴王夫差说道："我听说诛杀已经降服的人,会连带以后三代遭受灾祸。我并不是喜爱越王而不杀他,而是害怕上天的处罚,所以训教后赦免了他。"吴国太宰伯嚭进谏说："伍子胥只知道眼前的算计,并不通晓治国安邦的道理,希望大王您按拿定的主意行事,不要受拘于众多小人的胡言乱语。"夫差因此没有杀越王勾践,而是让他驾车养马,把他禁闭在深宫秘室之中。

三个月后,吴王夫差召越王勾践进见,越王勾践跪伏于前,范蠡站在越王后边。吴王夫差对范蠡说："寡人我听说贞节的妇人不嫁给已经破亡的家庭,仁人贤士不在即将灭亡的国家做官。现在越王无道,他的国家就要灭亡,社稷就要崩坏,他身死之后子孙的王位就要断绝,被天下人所耻笑,可是你和你的国君都做了奴仆,前来归降吴国,这难道不是太卑贱了吗?我想要赦免你的罪过,你能够改过自新,抛弃越国而归顺吴国吗?"范蠡回答说："贱臣我听说亡国之臣不敢议论政事,败军之将不敢评说勇敢。贱臣在越国时对大王您不忠不信,劝说越王不听从大王您的命令,动用军队和大王您相对抗,以至于今天犯下了罪过,君臣一起投降。承蒙大王您的大恩,我们君臣才得以保全性命,希望能在您入内时为大王扫除门庭,您外出时能为大王跑前跑后使唤,这就是贱臣我的愿望。"这时越王勾践伏在地上哭泣流泪,心想就要失去范蠡了。吴王夫差知道不可能得到范蠡

为臣,谓曰:"子既不移其志,吾复置子于石室之中。"范蠡曰:"臣请如命。"吴王起,入宫中。越王、范蠡趋入石室。

越王服犊鼻,著樵头;夫人衣无缘之裳,施左关之襦。夫斫剉养马,妻给水,除粪洒扫。三年不愠怒,面无恨色。吴王登高远望,见越王及夫人、范蠡坐于马粪之旁,君臣之礼存,夫妇之仪具。王顾谓太宰嚭曰:"彼越王者,一节之人;范蠡,一介之士。虽在穷厄之地,不失君臣之礼。寡人伤之。"太宰嚭曰:"愿大王以圣人之心哀穷孤之士。"吴王曰:"为子赦之。"

后三月,乃择吉日,而欲赦之。召太宰嚭曰:"越之与吴,同土连域。勾践愚黠,亲欲为贼。寡人承天之神灵,前王之遗德,诛讨越寇,囚之石室。寡人心不忍见,而欲赦之,于子奈何?"太宰嚭曰:"臣闻无德不复。大王垂仁恩加越,越岂敢不报哉?愿大王卒意。"

越王闻之,召范蠡告之曰:"孤闻于外,心独喜之,又恐其不卒也。"范蠡曰:"大王安心,事将有意。在《玉门》第一。今年十二月戊寅之日,时加日出。戊,囚日也;寅,阴后之辰也;合庚辰岁,后会也。夫以戊寅

来做自己的大臣,于是说道:"你既然不改变你的志向,那么我就还把你安置在石室之中吧。"范蠡回答说:"贱臣请求服从命令。"吴王夫差站起来,走进宫中。越王勾践和范蠡进入石室中。

越王勾践系着围裙,戴着粗布头巾;越王夫人身穿没有镶边的衣裳和左衽的小袄。丈夫割草养马,妻子供给提水,清除粪便,打扫马厩。像这样三年之中他们不曾愠怒,脸上没有恼恨的神色。吴王夫差站在高处远远望去,见到越王勾践和他的夫人以及范蠡都坐在马粪的旁边,还保持着君臣的礼节和夫妇的礼仪。吴王夫差回头对太宰伯嚭说道:"那位越王勾践,是一个保守气节的人,范蠡也是一个忠心正直的人。虽然在穷困危厄的地方,却不失去君臣的礼节。寡人我真为他们感到悲伤。"太宰伯嚭趁机说道:"希望大王您用圣人之心哀怜困厄孤苦的人。"吴王夫差说:"我为你赦免了他们。"

又过了三个月,吴王夫差选择了一个吉日,想要赦免越王勾践君臣。他召见太宰伯嚭商量说:"越国和吴国,在同一块土地上,疆域连接在一起。勾践这个人愚笨而又狡黠,自己想来侵害吴国。寡人我承蒙上天神灵、先王遗德的保佑,讨伐越王勾践这个贼寇,把他囚禁在石室之中。寡人我不忍心见到他那副可怜样,想要赦免他,你说怎么样啊?"太宰伯嚭回答说:"臣下我听说没有得不到报答的恩德。大王您给越国垂加仁德恩惠,越王勾践怎么敢不报答您呢?希望大王您落实您的想法。"

越王勾践听到这个消息,就将范蠡招来告诉了他,说道:"我从外面听到这个消息,心里暗自高兴,却又担心这个消息实现不了啊。"范蠡回答他说:"大王您请放心,但事情还是有点可疑。它对应《玉门》的第一类。今年十二月的戊寅日,时辰是日出卯时。戊,是囚禁的日期;寅,是岁阴后的时辰;合日是庚辰,是岁阴过后的合日。大王您在戊寅

日闻喜，不以其罪，罚日也。时加卯而贼戌，功曹为腾蛇而临戌，谋利事在青龙。青龙在胜光而临酉，死气也，而克寅。是时克其日，用又助之。所求之事，上下有忧，此岂非'天网四张、万物尽伤'者乎？王何喜焉？"

果子胥谏吴王曰："昔桀囚汤而不诛，纣囚文王而不杀。天道还返，祸转成福，故夏为汤所诛，殷为周所灭。今大王既囚越君而不行诛，臣谓大王惑之深也，得无夏、殷之患乎？"吴王遂召越王，久之不见。范蠡、文种忧而占之，曰："吴王见擒也。"

有顷，太宰嚭出，见大夫种、范蠡而言越王，复拘于石室。伍子胥复谏吴王曰："臣闻王者攻敌国，克之，则加以诛，故后无报复之忧，遂免子孙之患。今越王已入石室，宜早图之，后必为吴之患。"太宰嚭曰："昔者齐桓割燕所至之地以贶燕公，而齐君获其美名；宋襄济河而战，《春秋》以多其义。功立而名称，军败而德存。今大王诚赦越王，则功冠于五霸，名越于前古。"吴王曰："待吾疾愈，方为太宰赦之。"

后一月，越王出石室，召范蠡曰："吴王疾三月不愈。吾闻人臣之道，主疾臣忧。且吴王遇孤恩甚厚矣，

这一天听到好消息,因此不会因为戊的罪过而受罚。但是时辰正当卯时就有害于戊日,而功曹是腾蛇又逼近戊,因此谋取有利的事就取决于太岁。太岁已经过午,又临近酉,这是死亡的气数,并且它又克寅。这是时辰制胜了它的日期,而且太岁运行又帮助它。大王您所问的事情,上下都有阻碍,这难道不是'天网四面张开,万事万物都受损伤'的时刻吗?大王您还有什么可高兴的呢?"

果然伍子胥规劝吴王夫差说:"过去夏桀囚禁了商汤但没有诛杀他,商纣囚禁了周文王但没有诛杀他。天道循环往复,祸殃变成福祉,所以夏桀被商汤所诛杀,殷商王朝被周王所消灭。今天大王您已经囚禁了越王却不予以诛杀,小臣我认为大王您受其迷惑太深了,难道不会有夏桀、商纣一样的灾难吗?"吴王夫差于是召见越王勾践,但很长时间不见吴王夫差出来见面。范蠡、文种很忧虑,为此事占了一卦,卦象是:"吴王被擒。"

过了一会儿,吴国太宰伯嚭出来,见过越国大夫文种、范蠡后,传话给越王勾践,又将他们囚禁于石室。伍子胥再次规劝吴王夫差说:"小臣我听说为王的攻打敌国,攻克了就加以诛杀,这样以后才没有遭报复的忧患,也免除了子孙们的隐患。现在越王勾践已关进石室,应该快点处理了他,不然将来必定是吴国的祸患。"太宰伯嚭说:"过去齐桓公割燕国人相送时所到之地赠送给燕庄公,齐桓公因此获得了好名声;宋襄公等待敌人过了河才和他们作战,《春秋》因此赞扬他的仁义。齐桓公立了功又扬了名,宋襄公军事上虽失败但德义长存。如果今天大王您真的赦免了越王,那么这个功劳比五霸还要大,名声会超过以前的任何人。"吴王夫差说:"等到我的病痊愈以后,才能为太宰你赦免越王。"

过了一个月,越王走出石室,召见范蠡说:"吴王夫差的疾病三个月了还没有痊愈。我听说人臣之道是,君王生了病,做臣下的要为此担忧。况且吴王夫差对我的恩情很深厚,

疾之无瘳,惟公卜焉。"范蠡曰:"吴王不死明矣,到己巳日当瘳,惟大王留意。"越王曰:"孤所以穷而不死者,赖公之策耳。中复犹豫,岂孤之志哉?可与不可,惟公图之。"范蠡曰:"臣窃见吴王真非人也,数言成汤之义,而不行之。愿大王请求问疾,得见,因求其粪而尝之,观其颜色,当拜贺焉,言其不死,以瘳起日期之。既言信后,则大王何忧?"

越王明日谓太宰嚭曰:"囚臣欲一见问疾。"太宰嚭即入言于吴王,王召而见之。适遇吴王之便,太宰嚭奉溲恶以出,逢户中。越王因拜请尝大王之溲,以决吉凶。即以手取其便与恶而尝之,因入曰:"下囚臣勾践贺于大王:王之疾至己巳日有瘳,至三月壬申病愈。"吴王曰:"何以知之?"越王曰:"下臣尝事师,闻粪者顺谷味。逆时气者死,顺时气者生。今者臣窃尝大王之粪,其恶味苦且楚酸。是味也,应春夏之气,臣是以知之。"吴王大悦,曰:"仁人也!"乃赦越王,得离其石室,去就其宫室,执牧养之事如故。越王从尝粪恶之后,遂病口臭。范蠡乃令左右皆食岑草以乱其气。

其后吴王如越王期日疾愈。心念其忠,临政之

我怕他病总是不好,希望你给占卜一下。"范蠡回答说:"吴王肯定不会死亡,这事是明了的,到己巳这一天病就会痊愈。希望大王您留意。"越王勾践说:"我之所以在困厄之中得以活下来,全仰仗你给出谋划策。中途又犹豫不决,这哪是我的心意呢? 行与不行,就请你谋划这件事。"范蠡回答:"臣下我私下观察吴王确实不是英明的君主,屡次提到商汤的道义,他却不去推行。希望大王您请求看望吴王的疾病,得到见面的机会,趁机要他的大便尝一尝,观察他的脸色,当机跪拜祝贺吴王,告诉他不会有生命危险,并预言他痊愈的日期。大王您的话被证实后,那么大王您还有什么后顾之忧?"

　　于是越王勾践在第二天对吴国太宰伯嚭说:"囚臣我想见吴王一面,问候大王的疾病。"太宰伯嚭立即进去告诉了吴王夫差,吴王夫差就召见了越王勾践。正好赶上吴王夫差大便,太宰伯嚭端着粪便出来,与越王勾践相逢在门口。越王勾践趁机跪拜请求品尝吴王的粪便,用来判断病情是吉是凶。随即用手拿过吴王夫差的尿和粪便尝了尝,便进去对吴王夫差说:"受囚的贱臣勾践我向大王您祝贺:大王您的病情到己巳这天开始好转,到三月的壬申这天完全康复。"吴王夫差说:"你怎么知道的?"越王勾践回答:"下臣曾经从师学艺,听说粪便顺应五谷的味道。违逆时气的人就会死亡,顺应时气的人就能活。刚才下臣我私下品尝了大王您的粪便,粪便味道苦中带酸。这个味道是顺应了春夏的时气,下臣因此知道大王您很快会康复。"吴王夫差非常高兴,说:"真是一个仁人啊。"于是赦免了越王勾践,越王勾践得以离开他的石室,到宫室去居住,还像以前一样负责饲养马匹的事务。越王勾践自从尝了吴王的粪便之后,就患上了口臭的病。范蠡就命左右侍从都吃岑草来扰乱越王的口臭味。

　　之后吴王夫差的疾病恰好在越王预测的那一天痊愈。吴王夫差心里感念越王勾践的忠诚,就在上朝处理政事之

后，大纵酒于文台。吴王出令曰："今日为越王陈北面之坐，群臣以客礼事之。"伍子胥趋出，到舍上，不御坐。酒酣，太宰嚭曰："异乎，今日坐者各有其词。不仁者逃，其仁者留。臣闻'同声相和，同心相求'。今国相刚勇之人，意者内惭至仁之存也？而不御坐，其亦是乎？"吴王曰："然。"于是范蠡与越王俱起为吴王寿，其辞曰："下臣勾践从小臣范蠡奉觞上千岁之寿，其辞曰：'皇在上，令昭下；四时并，心察慈。仁者大王，躬亲洪恩，立义行仁，九德四塞。威服群臣，於乎休哉！传德无极。上感太阳，降瑞翼翼。大王延寿万岁，长保吴国。四海咸承，诸侯宾服。觞酒既升，永受万福。'"于是吴王大悦。

明日，伍子胥入谏曰："昨日大王何见乎？臣闻内怀虎狼之心，外执美词之说，但为外情以存其身。豺不可谓廉，狼不可谓亲。今大王好听须臾之说，不虑万岁之患，放弃忠直之言，听用谗夫之语，不灭沥血之仇，不绝怀毒之怨，犹纵毛炉炭之上，幸其焦；投卵千钧之下，望必全，岂不殆哉？臣闻桀登高，自知危，然不知所以自安也。前据白刃，自知死，而不知所以自存也。

后，于文台摆上盛大的酒筵。吴王夫差发出指令说："今天给越王设面朝北的座位，我们吴国的诸位大臣用待客的礼节对待他。"伍子胥快步地走出去，回到自己的住所，没有参加酒筵。酒喝得畅快时，太宰伯嚭说："奇怪！今天在座的人都各自献了自己的贺词。不仁的人离开了，仁义的人留在这里。臣下我听说'相同的声音互相应和，相同的心志互相慕求'。我们的国相伍子胥是一位刚毅勇猛的人，恐怕是对大王您的至仁之举心里感到惭愧吧？因而才不陪坐，是这样吧？"吴王夫差说："是啊。"这时候范蠡和越王勾践一块儿站起来给吴王夫差祝寿，他们的祝词说："下臣勾践和我小臣范蠡，举杯祝吴王获得千岁寿命。祝词是：'皇天在上发布命令，光明照临四季如春，用心体察慈爱之人。仁慈的大王，亲自布施大恩，树立义举，施行仁政，大德流布四面八方。威仪慑服了众位大臣，呜呼，真是壮美啊！仁德传布到很遥远的地方，连天上的太阳也受到感动，纷纷降下祥瑞。祝大王长寿万岁，永远保有吴国。四海之内同来归顺，所有诸侯也全服从。杯中美酒已经斟满，祝大王永远享受无尽的福祉。'"听到这些，吴王夫差非常高兴。

第二天，伍子胥进宫规劝吴王夫差说："昨天的情况大王您发现什么了吧？臣下我听说内心怀着虎狼一样的心志，外表说着漂亮动听言词的人，只是用装饰的外表来保住他的生命。豺不能说它不贪婪，狼不能说它可亲善。现在大王您喜欢听信一时的谄媚的话，却不考虑长远的潜伏的隐患，放弃忠诚正直的谏言不听，却听信谗夫的话，不消灭对吴国怀有刻骨仇恨的人，不除掉对吴国怀有恶毒怨恨的人，就好像把头发放在火炭的上面而希望它不烧焦；把蛋卵放在千钧的重物下面还希望它完整无损，这难道不是很危险吗？臣下我听说夏桀登上高处，感觉到自己危险，但却不知道用什么办法来使自己安全。面前横着锋利的刀刃，知道自己的生命危险，但却不知道采取什么办法保存自己。

惑者知返,迷道不远。愿大王察之。"

吴王曰:"寡人有疾三月,曾不闻相国一言,是相国之不慈也;又不进口之所嗜,心不相思,是相国之不仁也。夫为人臣不仁、不慈,焉能知其忠信者乎?越王迷惑,弃守边之事,亲将其臣民,来归寡人,是其义也;躬亲为虏,妻亲为妾,不愠寡人。寡人有疾,亲尝寡人之溲,是其慈也;虚其府库,尽其宝币,不念旧故,是其忠信也。三者既立,以养寡人。寡人曾听相国而诛之,是寡人之不智也,而为相国者快意耶,岂不负皇天乎?"

子胥曰:"何大王之言反也?夫虎之卑势,将以有击也;狸之卑身,将求所取也。雉以眩移拘于绸,鱼以有悦死于饵。且大王初临政,负《玉门》之第九,诚事之败无咎矣。今年三月甲戌,时加鸡鸣。甲戌,岁位之会将也。青龙在酉,德在土,刑在金,是日贼其德也。知父将有不顺之子,君有逆节之臣。大王以越王归吴为义,以饮溲食恶为慈,以虚府库为仁,是故为无爱于人,其不可亲面听貌观以存其身?今越王入臣于吴,是其谋深也;虚其府库,不见恨色,是欺我王也;下饮王之溲者,是上食王之心也;下尝王之恶者,是上食王

迷惑的人如果知道回头，那么迷失的道路还不很远。希望
大王您明察。"

吴王夫差说："寡人我病了三个月，不曾听到过相国你
问候一句话，这是相国你不慈爱；又不送给我口中想吃的美
食，心里又不惦念，这是相国你不仁义。作为臣子来说，既
不仁又不慈，怎么能知道是忠实诚信的呢？越王勾践迷惑
昏乱，放弃了守卫边疆的事务，亲自率领他的大臣和人民，
来吴国归顺寡人，这是他的仁义；他亲自做奴仆，他的妻子
亲自做奴婢，也不恼恨寡人。寡人我有了病，他亲自品尝我
的粪便，这是他的仁慈；把他的府库用空，把他的财宝钱币
用尽，不怀念过去的故人故土，这是他的忠信。越王具备了
仁义、仁慈、忠信这三种美德，并用来奉养寡人我。寡人我
曾经听进相国你的话要杀了越王，这是寡人的不明智，而只
是为了相国你自己的高兴，这难道不是辜负了上天吗？"

伍子胥说："怎么大王的话正好说反了？那老虎摆出
低下的姿势，是将要有所攻击；那野猫俯下身去，是要求得
它猎取的东西。野鸡因为眼光迷乱而被罩在网中，鱼因为
一时痛快而死在诱饵上。再说大王刚刚病愈临朝听政，违
反了《玉门》第九，它事实上告诉人们以失败的事情为教
诫，就不会有过失了。今年三月的甲戌日，时辰是丑时。甲
戌是岁星运行到的位次。东方青龙到了西方的酉位，利在
土，害在金，这是日干伤害了他的德啊。由此可知父亲将有
不孝顺的儿子，君主会有变节的臣子。而大王却认为越王
归顺吴国是出于道义，认为他喝尿吃粪是出于慈爱，认为他
掏空国库是出于仁义，越王这是故意装成有大爱的人，其
实不可亲近啊，而听了表面的话，看了他的外部表现，就据
此保全了越王的性命？如今那越王到吴国来做臣仆，这是
他谋划深远啊；掏空了他的国库而不露出怨恨的脸色，这是
在欺骗我的大王；他在下边喝大王的尿，这是为了向上吃
大王的心啊；他在下边尝大王的屎；这是为了向上吃大王

之肝也。大哉越王之崇吴！吴将为所擒也。惟大王留意察之。臣不敢逃死以负前王，一旦社稷丘墟，宗庙荆棘，其悔可追乎？"吴王曰："相国置之，勿复言矣。寡人不忍复闻。"

于是遂赦越王归国，送于蛇门之外，群臣祖道。吴王曰："寡人赦君，使其返国，必念终始，王其勉之！"越王稽首曰："今大王哀臣孤穷，使得生全还国，与种、蠡之徒愿死于毂下。上天苍苍，臣不敢负。"吴王曰："於乎！吾闻君子一言不再，今已行矣，王勉之！"越王再拜跪伏，吴王乃引越王登车，范蠡执御，遂去。至三津之上，仰天叹曰："嗟乎！孤之屯厄，谁念复生渡此津也？"谓范蠡曰："今三月甲辰，时加日昳。孤蒙上天之命，还归故乡，得无后患乎？"范蠡曰："大王勿疑，直视道行，越将有福，吴当有忧。"至浙江之上，望见大越，山川重秀，天地再清。王与夫人叹曰："我已绝望，永辞万民，岂料再还，重复乡国！"言竟，掩面，涕泣阑干。此时万姓咸欢，群臣毕贺。

越王乃召相国范蠡、大夫种、大夫郢问曰："孤欲以今日上明堂、临国政、专恩致令，以抚百姓，何日可矣？惟三圣纪纲维持。"范蠡曰："今日丙午日也。丙，

的肝啊。越王这样尊崇吴国,意义多么重大啊!吴国将要被他俘虏了。希望大王留心观察他。我不敢因为逃避死亡而辜负先王,一旦社稷成了荒山废墟,宗庙长满荆棘,那后悔还来得及吗?"吴王夫差说:"相国把这些事放在一边吧,不要再说了。我不耐烦再听这样的话了。"

于是吴王夫差就赦令越王勾践回国,在蛇门之外送别越王勾践,群臣都来饯行。吴王夫差说:"寡人赦免了你让你返国,你一定要始终牢记这份情意,以此自勉吧!"越王勾践磕头说:"大王您可怜我孤苦穷迫,使我能活着返回我的祖国,罪臣我真想与文种、范蠡等臣子一起死在大王您的车轮底下,报答您的大恩大德。上天苍苍,罪臣我绝对不敢有负于大王您。"吴王夫差说:"好了!我听说君子的一句话不说两次,现在就要走了,越王你自勉吧!"越王勾践跪伏在地上拜了两拜,吴王夫差于是拉着越王勾践的手登上了车,范蠡驾车,便离开了吴都。到达三津渡口,越王勾践仰天长叹说:"唉!孤王我遭难时,谁能想到还能活着过这个渡口呢?"又对范蠡说:"现在是三月甲辰这一天,时间在太阳偏西时。我蒙受天命,返回我的故乡,该不会有什么后患吧?"范蠡说:"大王您不要有什么疑虑,一直看着前面的路走吧,越国就会有福了,吴国应当有犯愁的事了。"到了浙江的江面上,已经远远地望见庞大的越国了,越国的山川重新呈现出秀色,天地再现清明。越王勾践和越王夫人感叹道:"我已经断绝了奢望,以为永远告别了百姓,怎能想到又回来了,重新回到我的故国!"说完这话,他遮住脸,眼泪簌簌地掉了下来。这个时候,越国的百姓都欢呼起来,众大臣都来祝贺。

越王勾践于是召来相国范蠡、大夫文种和另一位越国大夫郢询问说:"我想在这几天登上明堂,治理国家政事,施行恩惠,发布政令,以此来抚慰百姓,哪一天合适呢?希望你们三位圣臣维持纲纪秩序。"范蠡回答:"今天是丙午日。丙,

阳将也,是日吉矣。又因良时。臣愚以为可。无始有终,得天下之中。"大夫种曰:"前车已覆,后车必戒。愿王深察。"范蠡曰:"夫子故不一二见也。吾王今以丙午复初临政,解救其本,是一宜;夫金制始,而火救其终,是二宜;蓄金之忧,转而及水,是三宜;君臣有差,不失其理,是四宜;王相俱起,天下立矣,是五宜。臣愿急升明堂临政。"越王是日立政,翼翼小心。出不敢奢,入不敢侈。

越王念复吴仇,非一旦也。苦身劳心,夜以接日。目卧则攻之以蓼,足寒则渍之以水;冬常抱冰,夏还握火。愁心苦志,悬胆于户,出入尝之,不绝于口。中夜潜泣,泣而复啸。

越王曰:"吴王好服之离体,吾欲采葛,使女工织细布献之,以求吴王之心,于子何如?"群臣曰:"善。"乃使国中男女入山采葛,以作黄丝之布,欲献之。未及遣使,吴王闻越王尽心自守,食不重味,衣不重彩,虽有五台之游,未尝一日登玩。"吾欲因而赐之以书,增之以封,东至于勾甬,西至于檇李,南至于姑末,北至于平原,纵横八百余里。"越王乃使大夫种索葛布十万、甘蜜九党、文笥七枚、狐皮五双、晋竹十廋,以复封礼。

是阳气将到，这一天吉利。又加上良好的时辰。臣下我认为这日子可以。没有初始而有终止，会得到天下的'中'。"大夫文种说："前边的车翻了，后面的车一定要提高警惕。希望大王您深切体察。"范蠡说："先生原本就不是只有一点点见识啊。我们的大王现如今在丙午日刚刚开始处理政务，解决了它的根本，这是第一点合宜；开始时被金所制，而最终被火挽救，这是第二点合宜；为金所制的忧患累积日久，又转变到水，这是第三点合宜；君臣有上下差别，没有失去原则，这是第四点合宜；王侯将相一起振作起来，天下就建立了，这是第五点合宜。臣下我希望大王您快点登上明堂执政。"越王勾践在这一天开始处理政事，他小心谨慎。出去不敢奢华，回来不敢奢侈。

越王勾践考虑报复吴国之仇，已经不是一天了。他苦身劳心，夜以继日。眼睛疲倦时就用蓼草来刺激，脚冷了就把脚泡在水里；冬天经常抱着冰块，夏天却握着火把。苦心焦虑，磨炼意志，在门上挂上苦胆，出去进来一定要尝尝它，让苦味永远停留在口中。半夜时偷偷哭泣，哭后又仰天长啸。

越王勾践说："吴王喜欢穿漂亮的衣服，我想要采些葛，派女工织成精细的布匹贡献给吴王，以求得吴王的欢心，你们认为怎么样？"众位大臣说："好。"于是派国中的男男女女进山去采葛，用来做成黄丝的布，准备献给吴王夫差。还没有等到派人去送，吴王夫差听说越王勾践全心全意地守持越国，吃饭不吃两样食物，穿衣不穿两种以上的颜色，虽然有五台这样一个游玩的好地方，也不曾有一天去登临游玩。吴王夫差说："我要赐给越王封书信，增加他的封地。让越国东边到达勾甬，西边到达檇李，南边到达姑末，北边到达平原，东、西、南、北纵横有八百多里。"越王勾践于是派越国大夫文种收取了葛布十万匹、甘蜜九桶、有花纹的方形竹器七个、狐皮五对、晋竹十船，用来答谢吴王夫差的增封之礼。

吴王得之,曰:"以越僻狄之国无珍,今举其贡货而以复礼,此越小心念切不忘吴之效也。夫越本兴国千里,吾虽封之,未尽其国。"子胥闻之,退卧于舍,谓侍者曰:"吾君失其石室之囚,纵于南林之中。今但因虎豹之野,而与荒外之草,于我之心,其无损也。"吴王得葛布之献,乃复增越之封,赐羽毛之饰、几杖、诸侯之服,越国大悦。采葛之妇伤越王用心之苦,乃作《苦之诗》曰:"葛不连蔓茏台台,我君心苦命更之。尝胆不苦甘如饴,令我采葛以作丝。女工织兮不敢迟,弱于罗兮轻霏霏,号绤素兮将献之。越王悦兮忘罪除,吴王欢兮飞尺书,增封益地赐羽奇,几杖茵褥诸侯仪。群臣拜舞天颜舒,我王何忧能不移?"

于是越王内修其德,外布其道。君不名教,臣不名谋,民不名使,官不名事。国中荡荡,无有政令。越王内实府库,垦其田畴,民富国强,众安道泰。越王遂师八臣,与其四友,时问政焉。大夫种曰:"爱民而已。"越王曰:"奈何?"种曰:"利之无害,成之无败,生之无杀,与之无夺。"越王曰:"愿闻。"种曰:"无夺民所好,

吴王收到这些礼物，说："像越国这样一个偏僻狭小的国家，本来就没有什么珍宝，现在拿它进贡的货物来充作答谢的礼物，这是越王小心谨慎、时刻不忘吴国恩德的表现。越国建国时国土方圆千里，我虽然已给它加封，但还没有完全恢复它原有的疆域。"伍子胥听说这件事，回去躺在家里，对侍者说道："我们的君王放掉了他石室里的罪囚，并把他的罪囚放回到南林中。现在它只是依靠那虎豹横行的山野以及边远地区的野草来活着，在我心里，他倒也不会有什么损害了。"吴王夫差得到越王献给的葛布，于是又增加了越王勾践的封地，并且赐给他装饰用的羽毛，还有几杖和诸侯穿着的服装，越国非常高兴。采葛的妇女有感于越王的用心之苦，于是作了一首《苦之诗》，诗中道："葛蔓不相连，枝繁叶又茂，我君心苦命运坎坷更难说。品尝着胆汁不觉苦，反而像吃糖饴一样甜，派我们山中采来葛麻做成丝。女工们急忙编织不敢懈怠，织成的葛布轻飘飘像云烟一般，将要把这素白葛布献给吴王。越王高兴，只盼早日免除罪过，吴王高兴，飞寄来书信，增加封地赐给羽毛和珍奇，还有几杖和诸侯的仪服。众位大臣手舞足蹈争相拜贺，大王的脸上露出笑容，我们的大王有什么忧愁能不消失？"

同时，越王勾践在朝廷内修养自己的德行，在朝廷外贯彻他的治国之道。君王不因教化扬名，大臣不因计谋扬名，百姓不因听从使唤扬名，官吏不以处理政务扬名。国内无所约束，没有政策法令。越王勾践在国内充实府库，开垦越国的田亩土地，人们富裕，国家强盛，国民安宁，政道太平。越王勾践于是把八位大臣和他的四位友人当作老师，时时询问治国之道。大夫文种说："爱护百姓就可以了。"越王勾践说："那该怎么做呢？"文种说："给百姓利益不要掠夺他们，帮助百姓务农不要干扰他们，减轻对百姓的刑罚不要伤害他们，减收百姓的赋敛不要对他们横征暴敛。"越王勾践说："希望能详细听听。"文种说："不夺取百姓所喜好的物品，

则利也；民不失其时，则成之；省刑去罚，则生之；薄其赋敛，则与之；无多台游，则乐之；静而无苛，则喜之。民失所好，则害之；农失其时，则败之；有罪不赦，则杀之；重赋厚敛，则夺之；多作台游以罢民，则苦之；劳扰民力，则怒之。臣闻善为国者，遇民如父母之爱其子，如兄之爱其弟；闻有饥寒，为之哀；见其劳苦，为之悲。"越王乃缓刑薄罚，省其赋敛。于是人民殷富，皆有带甲之勇。

八月，吴侵陈，修旧怨也。吴师在陈，楚大夫皆惧，曰："阖庐惟能用其民，以败我于柏举。今闻其嗣又甚焉，将若之何？"子西曰："二三子恤不相睦，无患吴矣。昔阖庐食不二味，居不重席，室不崇坛，器不彤镂，宫室不观，舟车不饰，衣服财用，择不取费。在国，天有菑疠，亲巡孤寡，而共其乏困；在军，熟食者分，而后敢食；其所尝者，卒乘与焉。勤恤其民，而与之劳逸。是以民不罢劳，死知不旷。吾先大夫子常易之，所以败我也。今闻夫差次有台榭陂池焉，宿有妃嫱嫔御焉。一日之行，所欲必成，玩好必从。珍异是聚，

就是给他们好处；百姓不耽误他们的农时，就是成全他们；减轻刑罚，就是使他们生存；减少对百姓的赋敛，就是给予他们；少去五台之游，就是给百姓快乐；清静无为，没有苛政，就可让他们高兴。百姓失去喜好的物品，就是损害他们；农人耽误了农时，就是扰乱他们；百姓犯了罪得不到赦免，就是伤害他们；横征暴敛，就是掠夺他们；大量造高台去游玩以致百姓疲劳，就是让他们受苦；烦劳干扰民力，就是让他们愤怒。我听说善于治国的人，对待百姓就像父母爱护自己的孩子，就像兄长爱护自己的弟弟；听说他们饥饿寒冷，就为他们哀伤；见到他们劳作辛苦，就为他们悲痛。"越王勾践于是就减缓刑罚，减少对百姓的赋敛。因为新政策的执行，百姓殷实富裕，都有了穿上铠甲上阵杀敌的勇气。

八月，吴国入侵陈国，报复陈国不听从阖庐召唤的怨恨。吴国的军队驻扎在陈国，楚国的大夫们都十分恐惧，说："吴王阖庐正因为很善于使用他的人民为他作战，因此在柏举战役中把我们打得大败。现在听说阖庐的继承人夫差比阖庐还要厉害，那我们应该怎么对付他呢？"子西说："你们几位只应该考虑自己人不相和睦，不用担心吴国的进攻。从前阖庐吃饭不吃两道肉菜，坐着不坐两层席子，房子不建在高台上，使用的器物不加红漆和雕刻，宫室之中不造台观，乘坐的舟车不加修饰，所穿的衣服和所使用的物品，都是取其实用而不会浪费的。在国内，上天降下灾荒和瘟疫，他必定亲自巡视慰问孤寡，共同分担他们的困难；在军队中，吴王阖庐有煮熟的食物时，必须等到每个士兵都分到了一份，然后自己才敢吃；他所能吃到的一些山珍海味，侍从和驾车的人都有一份。吴王阖庐经常抚恤他的人民，并且和他们共同劳作，共同休息。因此，吴国的人民不知道疲倦地劳动，知道死了也不会白死。但是我们的先大夫子常却反其道而行之，所以吴国就打败了我们。现在听说吴王夫差的住处有楼台池沼，睡觉有妃嫔宫女陪伴。即使出行一天，想要的东西也一定要弄到手上，玩赏喜欢的东西也一定要随身携带。他搜集珍玩异宝，

观乐是务。视民如仇,而用之日新。夫先自败也已,安能败我?"

〔发明〕按:《国语》作子西叹于朝,以夫差之强故,而蓝尹亹为是言以解之,曰:"子修德以待吴,吴将毙矣。"《内》《外传》出一人手,而纪载亦有小异如此。

六年春,吴伐陈,复修旧怨也。

七年夏,公会吴于鄫。吴来征百牢。子服景伯对曰:"先王未之有也。"吴人曰:"宋百牢我,鲁不可以后宋。且鲁牢晋大夫过十,吴王百牢,不亦可乎?"景伯曰:"晋范鞅贪而弃礼,以大国惧敝邑,故敝邑十一牢之。君若以礼命于诸侯,则有数矣。若亦弃礼,则有淫者矣。周之王也,制礼,上物不过十二,以为天之大数也。今弃周礼而曰'必百牢',亦惟执事。"吴人弗听。景伯曰:"吴将亡矣。弃天而背本,不与,必弃疾于我。"乃与之。

八年三月,吴伐我,次于泗上。六月,齐侯使如吴请师,将以伐我。

九年春,齐侯使公孟绰辞师于吴。吴子曰:"昔岁寡人闻命,今又革之,不知所从。将进,受命于君。"秋,吴城邗,沟通江、淮。

冬,吴子使来儆师伐齐。

务求满足耳目娱乐。把人民看作仇敌，但使用起他们来却没完没了。这样做的结果是自己先打败了自己，怎么还能打败我们呢?"

[发明]按:《国语》记载子西在朝中叹息，是因为夫差太强大的缘故，蓝尹亹为解除子西的疑惧，说了如下这些话:"你只要用修养仁德来等待吴国，吴国将会灭亡。"《内传》《外传》出自一个人的手笔，但记载也有这些小小的差别。

鲁哀公六年春季，吴国攻打陈国，再一次报复过去两国的仇恨。

七年夏季，鲁哀公和吴人在鄫地会见。吴国提出要用牛、羊、猪各一百头作为宴享品。子服景伯回答说:"我们的先王从来没有过这样的先例。"吴人说:"宋国用牛、羊、猪各一百头宴享我们，鲁国不能比宋国落后。何况鲁国宴享晋国大夫所用各超过十头，宴享吴王各用一百头，不是也可以吗?"子服景伯说:"晋国的范鞅贪婪不顾礼节，用大国的势力恐吓敝邑，所以敝邑宴享他用了牛、羊、猪各十一头。您如果用礼仪来规范诸侯，那么就有一定的数字了。如果也抛弃礼仪，那么就会有更过分的要求。周朝统一天下，制定礼仪，上等物品不能超过十二，认为这是上天最多的数。现在贵国背弃周礼而说'一定要用牛、羊、猪各一百头宴享'，我们也只能按您的意图去做。"吴人没有听进去。子服景伯说:"吴国就要灭亡了。他们抛弃天命因而违背了根本。如果不满足他们的要求，他们一定会加害于我们。"于是就设百牢之礼款待吴国人。

八年三月，吴国发兵攻打鲁国，军队驻扎在泗水边上。六月，齐悼公派遣使臣到吴国请求援军，准备攻打鲁国。

九年春季，齐悼公派遣公孟绰到吴国辞谢吴国的出兵支援。吴王夫差说:"去年寡人我听从君王的命令，现在又改变了去年的成命，我不知道怎么办才好。我打算去一趟贵国，直接受君王的指示。"这年的秋季，吴国在邗地筑城，挖沟贯通了长江、淮水。

冬季，吴王夫差派使臣来鲁国，通知准备出兵攻打齐国。

十年,公会吴子、邾子、郯子伐齐南鄙,师于鄎。齐人弑悼公,赴于师。吴子三日哭于军门之外。徐承帅舟师,将自海入齐,齐人败之,吴师乃还。

秋,吴子使来复儆师。

十一年为郊战故,公会吴子伐齐。五月,克博。壬申,至于嬴。中军从王,胥门巢将上军,王子姑曹将下军,展如将右军。齐国书将中军,高无丕将上军,宗楼将下军。陈僖子谓其弟书:"尔死,我必得志。"宗子阳与闾丘明相厉也。桑掩胥御国子,公孙夏曰:"二子必死。"将战,公孙夏命其徒歌《虞殡》。陈子行命其徒具含玉。公孙挥命其徒曰:"人寻约,吴发短。"东郭书曰:"三战必死,于此三矣。"使问弦多以琴,曰:"吾不复见子矣。"陈书曰:"此行也,吾闻鼓而已,不闻金矣。"甲戌,战于艾陵。展如败高子,国子败胥门巢。王卒助之,大败齐师,获国书、公孙夏、闾丘明、陈书、东郭书,革车八百乘,甲首三千,以献于公。将战,吴子呼叔孙曰:"而事何也?"对曰:"从司马。"王赐之甲、剑、铍,曰:"奉尔君事,敬无废命!"叔孙未能对。卫赐进曰:"州仇奉甲从君。"而拜。公使太史固归国子之元,置之新箧,褽之以玄纁,加组带焉;置书于其上,曰:"天若不识不衷,何以使下国?"

十年，鲁哀公领兵会合吴王、邾子、郯子攻打齐国的南部边境，军队驻扎在鄎地。齐国人杀了他们的国君齐悼公，向联军发布了讣告。吴王夫差在军门外哭了三天。吴国大夫徐承准备率领水军从海上攻入齐国，齐国人把他们打败了，吴国的军队才退回本土。

　　这年秋季，吴王夫差派使臣通知鲁国要出兵再次攻打齐国。

　　十一年，由于郊外之战的缘故，鲁哀公会合吴王夫差共同攻打齐国。这年的五月，联军攻克了博地。五月二十五日，军队进抵嬴地。吴国的中军跟随吴王夫差，胥门巢统领上军，王子姑曹统领下军，展如统领右军。齐国由国书统领中军，高无㔻统领上军，宗楼统领下军。陈僖子对他的弟弟陈书说："你要是死了，我肯定会得志。"宗子阳和闾丘明也相互勉励。桑掩胥为国书驾驭战车，公孙夏说："这两个人肯定会战死。"将要开战，公孙夏命令他的徒众唱《虞殡》这首送葬的挽歌，以示必死的决心。陈子行命令他的徒众嘴里都含玉，以示决一死战。公孙挥命令他的徒众说："每人拿根八尺长的绳子，吴国人头发短。"东郭书说："打三次仗必定会战死，这是第三次了。"东郭书拿着琴去问候弦多，说："我不能再见到你了。"陈书说："这次行动，我只会听到进攻的鼓声，而听不到鸣金之声了。"五月二十七日，两军在艾陵展开激战。展如击败了高无㔻，国书击败了胥门巢。吴王夫差率领的部队增援胥门巢，大败齐军，俘虏了国书、公孙夏、闾丘明、陈书、东郭书，缴获革车八百辆，取甲士的头三千个，然后把这些战利品献给了鲁哀公。在即将开战时，吴王夫差向叔孙喊道："你担任什么职务。"叔孙回答说："司马。"吴王夫差赐给他护身甲和剑铍，说："认真执行你的国君交给你的任务，不要忘记你的使命！"叔孙没回答。卫赐走上前说："州仇敬受皮甲，愿跟随君王。"然后叔孙叩头拜谢。鲁哀公派太史固送回国书的头，把它放进一个新的箱子里，箱底铺上黑色的丝绸，再加上绸带；又把一封信放在上面，信上说："上天如果不了解你们的行为不正，怎么能让下国得胜呢？"

吴将伐齐,越子率其众以朝焉,王及列士皆有馈赂。吴人皆喜,惟子胥惧,曰:"是豢吴也夫!"谏曰:"越在我,心腹之疾也。壤地同而有欲于我,夫其柔服,求济其欲也,不如早从事焉。得志于齐,犹获石田也,无所用之。越不为沼,吴其泯矣。使医除疾,而曰'必遗类焉'者,未之有也。《盘庚之诰》曰:'其有颠越不共,则劓殄无遗育,无俾易种于兹邑',是商所以兴也。今君易之,将以求大,不亦难乎!"弗听。使于齐,属其子于鲍氏,为王孙氏。反役,王闻之,使赐之属镂以死。将死,曰:"树吾墓槚,槚可材也,吴其亡乎!三年其始弱矣。盈必毁,天之道也。"

秋,季孙命修守备,曰:"小胜大,祸也。齐至无日矣。"

〔补逸〕《国语》:吴王夫差起师伐越,越王勾践起师逆之江,大夫种乃献谋曰:"夫吴之于越,唯天所授,王其无庸战。夫申胥、华登简服吴国之士于甲兵,而未尝有所挫也。夫一人善射,百夫决拾,胜未可成。夫谋必素见成事焉,而后履之。不可以授命。王不如

当吴国要攻打齐国的时候,行前越王勾践率领他的众大臣来吴国朝见,向吴王夫差和吴国的大臣们都赠送了礼物。吴国君臣都很高兴,只有伍子胥感到忧惧,说:"这是豢养吴国的骄气啊!"于是他向吴王夫差劝谏说:"越国的存在对于我们来说,是心腹之患。国土相连,而越国又有侵略我们的野心,越王勾践的柔顺驯服,是希望实现他吞并吴国的野心,不如早一点对越国采取断然措施。在对齐国的战事中得胜,就好像得到一块不长庄稼的石田一样,没有什么用处。我们不把越国毁为池沼,吴国大概就要亡在越国的手下。就好像让医生治病,却说'一定把病根留下',这是从来没有过的事情。《盘庚之诰》里说:'如果有猖狂捣乱不听话的,就统统铲除消灭干净,不给留下后代,不要让他们在这个城邑留下逆种。'这才是商朝兴盛的原因。现在君王您做的跟《盘庚之诰》里所说的正好相反,要想在诸侯中成就霸业,不是太困难了吗!"吴王夫差没有听从规劝。吴王夫差派伍子胥出使齐国,伍子胥把他的儿子托付给齐国的鲍氏,改姓王孙。等他出使返回吴国以后,吴王夫差听说了这件事,便派人把自己的属镂宝剑给伍子胥送去,让伍子胥自杀。伍子胥临死前,说:"在我的坟上载上楸树,等到楸树长大成材的时候,吴国大概就灭亡了吧!不出三年,吴国就要开始衰落了。骄傲自满的人一定失败,这是天道啊。"

这年的秋季,鲁国的季孙命令修筑防御工事,说:"小国战胜大国,是祸患。齐国没有几天就会来了。"

〔补逸〕《国语》:吴王夫差发动军队去攻打越国,越王勾践派出军队在浙江迎战,越国的大夫文种向越王勾践献计说:"吴国对越国而言,就是上天授予的,大王您不用迎战。吴国的伍子胥和华登二人选拔吴国之士,训练他们运用兵器,还从来没有遇到过挫折。一个人善于射击,其他一百个人都会跟着套上扳指、护臂拉弓搭箭,我们是否能够战胜吴国没有把握。凡是谋划事情就一定要预见到未来一定能成功,然后才去实施这个计谋。现在还不能随便拼命。大王您不如

设戎、约辞,行成以喜其民,以广侈吴王之心。吾以卜之于天。天若弃吴,必许吾成,而不吾足也,将必宽然有霸诸侯之心焉。既罢敝其民,而天夺之食,安受其烬,乃无有命矣。"

越王许诺,乃命诸稽郢行成于吴王曰:"寡君勾践使下臣郢不敢显然布币、行礼,敢私告于下执事,曰:昔者越国见祸得罪于天王,天王亲趋玉趾,以心孤勾践,而又宥赦之。君王之于越也,繄起死人而肉白骨也。孤不敢忘天灾,其敢忘君王之大赐乎?今勾践申祸无良,草鄙之人,敢忘君王之大德,而思边垂之小怨,以重得罪于下执事?勾践用帅二三之老,亲委重罪,顿颡于边。

"今君王不察,盛怒属兵,将残伐越国。越国固贡献之邑也,君王不以鞭棰使之,而辱军士使寇令焉。勾践请盟。一介嫡女执箕帚,以晐姓于王宫;一介嫡男奉槃匜,以随诸御。春、秋贡献,不解于王府。大王岂辱裁之?亦征诸侯之礼也。

"夫谚曰:'狐埋之,而狐搰之。'是以无成功。今天王既封殖越国以明闻于天下,而又刈亡之,是天王

设立军队防守，派人低声下气到吴国去求和，以讨得吴国人的欢心，增加吴王夫差的骄傲心理。我占卜于上天，上天如果抛弃吴国，必定答应我们的讲和计划，让吴国以为我们越国是不值得畏惧的，吴王夫差慢慢地就有了称霸诸侯的野心了。征战把吴国人拖得疲惫不堪，而上天将降灾夺掉他们的食物，使吴国粮食匮乏之后，我们就可稳稳地享有吴国的余业，吴国就不会有天命了。"

越王勾践同意了大夫文种的建议，就派遣诸稽郢到吴国向吴王夫差求和说："我们的国君勾践派来的小臣我不敢公然地陈列玉帛，行外交礼节，只好私下里告诉大王您下面的具体办事人员说：过去越国遭了灾祸，得罪了天王，天王亲自讨伐越国，由于心里顾念勾践，后来又宽宥赦免了他的罪过。吴国君王对于越国的恩德，就好像医生治活了死人，让白骨长出了新肉。勾践不敢忘记上天降下的灾祸，怎么敢忘记吴国君王赐予的大恩大德呢？现在勾践是重遭灾祸而处境不善，草野鄙邑的小人物，怎么敢忘记天王的大恩大德，而想着报复吴国蹂躏越国边疆这些小仇，因而又得罪您下边的办事人员呢？勾践率领着几个家臣，亲自承认了重大的罪过，在边境叩头听命。

"现在君王您不了解这些真情，盛怒之下调集军队，准备踏平越国。越国本来就是向吴国称臣纳贡的城邑，君王您不用鞭子驱使它，反而要劳驾贵国的军队，发布给他们抵御敌寇的命令。勾践斗胆请求结盟。派一个嫡妻所生的女儿手拿簸箕扫帚，充当打扫王宫的宫女；派一个嫡妻所生的儿子手端盘盆，和侍仆在一起，任凭大王您去役使。春、秋两季的贡献物品，不断地向大王您的王府输送。天王何必屈尊制裁越国？我们也是按照天子向诸侯征税的礼节进贡啊。

"有谚语说：'狐狸埋了它，狐狸因多疑又把它扒了出来。'因此没有成全功业。现在天王既然已保全了越国，并且这件事已经被天下人清楚地知道，却又要消灭它，这是天王

之无成劳也。虽四方之诸侯，则何实以事吴？敢使下臣尽辞，惟天王秉利、度义焉！”

吴王夫差乃告诸大夫曰：“孤将有大志于齐，吾将许越成，而无拂吾虑。若越既改，吾又何求？若其不改，反行，吾振旅焉。”

申胥谏曰：“不可许也。夫越非实忠心好吴也，又非慑畏吾甲兵之强也。大夫种勇而善谋，将还玩吴于股掌之上，以得其志。夫固知君王之盖威以好胜也，故婉约其辞，以从逸王志，使淫乐于诸夏之国以自伤也；使吾甲兵钝獘，民人离落，而日以憔悴，然后安受吾烬。夫越王好信以爱民，四方归之，年谷时孰，日长炎炎。及吾犹可以战也，为虺弗摧；为蛇，将若何？”

吴王曰：“大夫奚隆于越？越曾足以为大虞乎？若无越，则吾何以春秋曜吾军士？”乃许之成。

将盟，越王又使诸稽郢辞曰：“以盟为有益乎，前盟口血未干，足以结信矣；以盟为无益乎，君王舍甲兵之威，以临使之，而胡重于鬼神而自轻也？”吴王乃许之，荒成不盟。

您劳而无功啊。四方的诸侯，根据什么事实事奉吴国呢？下臣我斗胆敢把话说完，希望天王您本着有利于自己的角度考虑一个合适的措施！"

吴王夫差于是告诉吴国的诸位大夫说："我准备去攻打齐国，我要答应越国的求和要求，你们不要反对我的计划。如果越国真的改悔而归顺我们，我对他们还要求什么呢？如果它不悔改，等我打完齐国返回时，我再率兵讨伐越国。"

伍子胥劝谏说："不能答应越国的要求。越国并不是衷心地尊敬吴国，又不是惧怕我国军队的强大。越国大夫文种英勇又精于谋划，他是要把吴国玩弄于股掌之上，以此来实现他们的志愿。他们本来知道君王您追求威仪，好胜，所以他们说话卑顺，用来放纵大王您的心志，使大王您惑乱骄纵在和中原诸国的交战中从而损耗自己；使我们的兵器失去锋利、破烂不堪，人民流离失所，一天比一天憔悴，然后安然地受用我们的余业。越王勾践讲求诚信，爱护百姓，四面八方的人都去归顺他，越国的国力就像快成熟的谷子一样，长势很快，一天比一天旺盛。现在对我们吴国来说，还可以向它攻击，是小蛇的时候不杀掉它，等它长成大蛇，我们该怎么办呢？"

吴王夫差说："大夫您怎么能夸大越国的国力？越国怎么能够成为我们的心腹大患呢？如果没有了越国，那么春秋阅兵的时候，我们的军队向谁去耀武扬威呢？"于是吴王夫差就答应了越国的求和要求。

即将立誓缔约，越王勾践又派诸稽郢来吴国辞谢说："如果认为立誓缔约有益处，那么前边立誓缔约的盟会举行时间不长，足够用来缔结诚信了；如果认为立誓缔约没有益处，那么君王您放弃用军队威吓，随时可以威临使唤越国，为什么还看重鬼神而轻视自己呢？"吴王夫差就答应了越国的求和要求，只是空口讲和而没有举行盟誓。

　　吴王夫差既许越成,乃大戒师徒,将以伐齐。申胥进谏曰:"昔天以越赐吴,而王弗受。夫天命有反。今越王勾践恐惧而改其谋,舍其愆令;轻其征赋,施民所善,去民所恶。身自约也,裕其众庶,其民殷众,以多甲兵。譬越之在吴也,犹人之有腹心之疾也。夫越王之不忘败吴,于其心也戚然,服士以司吾间。今王非越是图,而齐、鲁以为忧。夫齐、鲁,譬诸疾疥癣也,岂能涉江、淮而与我争此地哉?将必越实有吴土。

　　"王盍亦鉴于人,无鉴于水?昔楚灵王不君,其臣箴谏以不入,乃筑台于章华之上,阙为石郭陂汉,以象帝舜。罢敝楚国,以间陈、蔡。不修方城之内,逾诸夏而图东国,三岁于沮、汾以服吴、越。其民不忍饥劳之殃,三军畔王于乾谿。王亲独行,屏营彷徨于山林之中,三日乃见其涓人畴。王呼之曰:'余不食三日矣。'畴趋而进,王枕其股以寝于地。王寐,畴枕王以璞而去之。王觉而无见也,乃匍匐将入棘围。棘围不纳,乃入芊尹申亥氏焉。王缢,申亥负王以归,而土埋之其室。此志也,岂遽忘于诸侯之耳乎?

吴王夫差答应越国的求和要求之后,便大力整备军队,准备攻打齐国。伍子胥进谏说:"过去上天把越国赐给吴国,但是大王您却不接受。盛者转衰,祸者转福,天命往往有反复。现在越王勾践因为恐惧而改变了他的策略,废除了他以往那些有害的法令,减轻他所征收的赋税,给予百姓所喜欢的东西,除去百姓所厌恶的东西。他自己严格约束自己,让他的百姓富裕,他的百姓众多,这样他的士兵也就增加了。越国对于吴国来说,就好像人心腹中有病一样。越王勾践不会忘记消灭吴国,因此在他的心里时刻警惕着,训练士兵以等待可乘之机。现在大王您不是图谋越国,却把齐国和鲁国当成忧患。齐国和鲁国对于吴国来说,就好像疥癣之类的皮肤病,它们怎么能渡过长江、淮河来和我们争夺地盘呢? 将来必定是越国占领吴国的土地。

　　"大王您何不用别人做镜子照一照,不要用水做镜子呢? 过去楚灵王不行为君之道,对大臣的箴规劝告也不接受,还在章华这个地方建筑高台,穿凿了放棺用的石室,堵塞了汉水而让它环绕石城,用这些仿效帝舜的坟墓。疲敝楚国,伺机攻打陈国、蔡国。不是整修楚国北山方城山之内的国政,而是越过陈、蔡这些中原国家攻打东边的国家,多年后才在楚国东边的沮水、汾水边上打败了吴国和越国。楚灵王的百姓不能忍受饥饿疲劳的灾难,因此军队在乾谿背叛了楚灵王。楚灵王自己一个人逃走,离开营地彷徨在山林之中,三天后才见到宫中一个名叫畴的近侍。楚灵王向他喊道:'我已经有三天没吃东西了。'畴走上前来,楚灵王枕着畴的大腿就睡在了地上。楚灵王入睡后,畴用一块大土块放在楚灵王的头底下当枕头,自己就离开了。楚灵王睡醒后不见畴,就手足并行地爬到棘围这个地方。棘围的人不接纳楚灵王,于是他进入芈尹申亥氏家里。楚灵王自缢身亡,申亥把楚灵王的尸体背回家中,用土埋在他的住所。这个记忆,在诸侯的心中怎么会立刻忘却呢?

"今王既变鲧、禹之功,而高高下下,以罢民于姑苏。天夺吾食,都鄙荐饥。今王将狠天而伐齐。夫吴民离矣,体有所倾。譬如群兽然,一个负矢,将百群皆奔。王其无方收也,越人必来袭我。王虽悔之,其犹有及乎?"

王弗听。十二年,遂伐齐。齐人与战于艾陵,齐师败绩,吴人有功。

吴王夫差既胜齐人于艾陵,乃使行人奚斯释言于齐,曰:"寡人帅不腆吴国之役,遵汶之上,不敢左右,唯好之故。今大夫国子兴其众庶,以犯猎吴国之师徒。天若不知有罪,则何以使下国胜?"

吴王还自伐齐,乃讯申胥曰:"昔吾先王体德明圣,达于上帝,譬如农夫作耦,以刈杀四方之蓬蒿,以立名于荆,此则大夫之力也。今大夫老,而又不自安恬逸,而处以念恶。出则罪吾众,挠乱百度,以妖孽吴国。今天降衷于吴,齐师受服,孤岂敢自多? 先王之钟鼓实式灵之。敢告于大夫。"

申胥释剑而对曰:"昔吾先王世有辅弼之臣,以能遂疑计恶,以不陷于大难。今王播弃黎老,而孩童焉比谋,曰'余令而不违'。夫不违,乃违也。夫不违,亡之阶也。夫天之所弃,必骤近其小喜,而远其大忧。

"现在大王您已经变更了鲧、禹所修行的功德,起台榭,挖水池,还造了姑苏台,让人们疲惫不堪。上天夺去了我们的食物,国都鄙邑遭受严重饥荒。现在大王您要违背天意攻打齐国。吴国百姓会叛离逃散,犹如身体倾斜要倒下去。譬如一群野兽,一个被箭射中,上百成群野兽都会逃走。这样大王您就没有办法收拾了,越国人必定会来袭击我们。那时大王您即使后悔了,哪里还来得及吗?"

吴王夫差不听。吴王夫差十二年,吴国军队攻打齐国。齐国军队和吴国军队在艾陵展开厮杀,齐军溃败,吴国军队获得胜利。

吴王夫差在艾陵战胜齐军之后,就派了外交使臣奚斯去向齐国人解释,说:"寡人我率领很少的吴国士兵,沿着汶水河岸行军,不敢扰乱沿途百姓,只是为了表示对齐国友好的缘故。现在贵国的大夫国书率领他的众人,进犯我们吴国的军队。上天如果不知道谁有罪,那为什么让我们下国胜利呢?"

吴王夫差自出征齐国回来后,就责问伍子胥说:"过去我的先王阖闾亲自实行德政,彰明圣人的事业,他们的事迹都传到了上天那里,就像农民成对耕田,目的在于铲除所有的蓬蒿,因而在楚国树立威名,这是大夫您的作用啊。现在大夫你老了,而且又不安于恬静舒适的生活,住在吴国又总是想在吴国作恶。一露面就煽动我的百姓去犯罪,扰乱法令,在吴国妖言惑众。现在上天向吴国降福,齐国军队被征服,孤王我怎么敢自己夸耀自己的本领? 这实在是我的先王钟鼓和神灵暗中佑助的结果。谨敢告诉大夫这件事。"

伍子胥解下剑回答吴王夫差说:"过去我们的先王世世有辅佐的良臣,因此能够解决疑难,预测险恶,这样才没有陷于大难之中。现在大王您弃置老臣的忠谏,和一些年幼无知的孩童合谋,说道'我的命令你们不能违背'。不违背,就违背天道了。不违背,是灭亡的阶梯。上天要抛弃谁,必定在眼前给你一点小的喜悦,而最后却遭受大的忧患。

王若不得志于齐,而以觉寤王心,吴国犹世。吾先君之得之也,必有以取之;其亡之也,亦有以弃之。用能援持盈以没,而骤救倾以时。今王无以取之,而天禄亟至,是吴命之短也。员不忍称疾辟易,以见王之亲为越之禽也,员请先死。"将死,曰:"而县吾目于东门,以见越之入、吴国之亡也。"遂自杀。王愠曰:"孤不使大夫得有见也。"乃使取申胥之尸,盛以鸱夷,而投之于江。

十二年,公会吴于橐皋。

秋,卫侯会吴于郧。公及卫侯、宋皇瑗盟,而卒辞吴盟。

十三年,公会单平公、晋定公、吴夫差于黄池。

〔补逸〕《国语》:吴王夫差既退于黄池,乃使王孙苟告劳于周,曰:"昔者楚人为不道,不承共王事,以远我一二兄弟之国。吾先君阖庐不贳不忍,被甲带剑,挺铍搢铎,以与楚昭王毒逐于中原柏举。天舍其衷,楚师败绩,王去其国,遂至于郢。王总其百执事,以奉其社稷之祭。其父子昆弟不相能,夫概王作乱,是以复归于吴。今齐侯任不鉴于楚,又不承共王命,以远我一二兄弟之国。夫差不贳不忍,被甲带剑,挺铍搢铎,

大王您如果不能在对齐国的交战中取得胜利,并用这次失利唤醒大王您已经麻木的心灵,吴国还会世代相继。我们的先君阖闾能战胜楚国,必定先有能够获胜的原因;先王在对楚国作战中的失利,也必定先有导致他失败的原因。因此他能够采取措施保持住丰盈的局面直到他死去,能够屡次不失时机扶救倾危。现在大王您没有足以战胜别人的任何条件,而上天的恩赐却屡次降临,这是吴国天命短暂的预兆。我伍员不忍心称病逃避,而目睹大王您亲身成为越国的俘虏。我请求先死。"临自杀前,伍子胥对人说:"把我的眼睛悬挂在都城的东门之上,让我看见越国人进入吴国和吴国的灭亡。"于是就自杀身亡。吴王夫差愤怒地说:"我不让你伍子胥有机会看见。"便派人收取了伍子胥的尸体,把他装在皮革袋子里扔到江中。

十二年,鲁哀公在橐皋这个地方会见吴国人。

这年秋季,卫出公在郧这个地方会见吴国人。鲁哀公和卫出公、宋国的皇瑗立誓缔约,最后退出了和吴国的结盟。

十三年,鲁哀公在黄池会见了单平公、晋定公和吴王夫差。

〔补逸〕《国语》:吴王夫差从黄池退兵后,就派大夫王孙苟去向周王报告功劳,说:"过去楚国人做没有道义的事,不承担敬奉周朝王室的事务,疏远离间我们姬姓诸侯国的兄弟关系。我们先君阖庐不能宽恕、容忍,身披铠甲,佩带宝剑,挺着长矛、摇动金铎,在中原的柏举和楚昭王展开恶战。上天赐给吴国福善,楚国军队溃败,楚昭王逃离他的国家,我们的军队于是直抵楚国的国都郢城。吴王阖庐召集楚昭王的百官,供奉楚国的社稷祭祀。可惜吴王阖庐父子兄弟之间不相亲善,吴王阖庐的弟弟夫槩王制造混乱,因此就又返回到吴国。现在齐简公任不以楚国的失败为鉴戒,又不承受恭奉周王的命令,疏远离间我们姬姓诸侯国的兄弟关系。夫差不能宽恕、容忍齐简公的无道,披上铠甲,佩带宝剑,挺着长矛,摇动金铎,

遵汶伐博，簦笠相望于艾陵。天舍其衷，齐师还。夫差岂敢自多，文、武实舍其衷。归不稔于岁，余沿江溯淮，阙沟深水，出于商、鲁之间，以彻于兄弟之国。夫差克有成事，敢使苟告于下执事。”

周王答曰：“苟伯父命女来，明绍享余一人，若余嘉之。昔周室逢天之降祸，遭民之不祥，余心岂忘忧恤，不唯下土之不康靖。今伯父曰：‘戮力同德。’伯父若能然，余一人兼受而介福。伯父多历年以没元身，伯父秉德已侈大哉！”

夏六月丙子，越子伐吴，为二队。畴无余、讴阳自南方，先及郊。吴太子友、王子地、王孙弥庸、寿于姚自泓上观之。弥庸见姑蔑之旗，曰：“吾父之旗也，不可以见雠而弗杀也。”太子曰：“战而不克，将亡国，请待之。”弥庸不可，属徒五千，王子地助之。乙酉，战，弥庸获畴无余，地获讴阳。越子至，王子地守。丙戌，复战，大败吴师，获太子友、王孙弥庸、寿于姚。丁亥，入吴。吴人告败于王。王恶其闻也，自刭七人于幕下。

秋七月辛丑，盟，吴、晋争先。吴人曰：“于周室，我为

沿着汶水去攻打齐国的博城，戴蓑笠的士兵一个挨着一个，在艾陵摆开阵势。上天把胜利赐给了吴国，齐国的军队逃窜而归。夫差怎么敢夸耀自己的功劳，这实在是周文王、周武王把胜利赐给了吴国。攻打齐国归来后，谷子还没成熟的时候，夫差沿着长江逆淮河而上，挖沟灌水，直通宋国、鲁国之间，因此沟通了姬姓兄弟国家之间的道路。夫差能够成就一点事业，斗胆地派我王孙苟报告给周王的官员。"

周敬王回复说："王孙苟，伯父夫差派你来，说明伯父夫差遵守先王的礼制献功我一人，我要赞许他。过去周王室遇到上天降下的灾祸，遭受庶民作乱的不祥，我的心里怎么会忘记忧患，我担心的不仅仅是天下的不太平、不安定。现在伯父夫差说：'齐心协力，同心同德。'伯父夫差如此亲善，我就加倍享受大福了。愿伯父的美德之身多经历一些年头再殁去，伯父秉持的德义已经非常广大了！"

夏季六月十一日，越王勾践发兵攻打吴国，分两路出击。畴无余、讴阳率军从南边进军，先到达了吴国国都的郊外。吴国的太子友、王子地、王孙弥庸和寿于姚在泓水边上观察越军的情况。王孙弥庸看见了姑蔑人的旗帜，说："那是我父亲的旗帜，不能眼看着仇人不去杀他。"太子友说："出战而不能战胜，就会亡国，请等等再说吧。"王孙弥庸不听，便带领他的部下五千人出战，王子地帮助他。六月二十日，两军交战，王孙弥庸俘虏了越国的畴无余，王子地俘虏了越国的讴阳。越王勾践率援军赶到，王子地退回来防守。六月二十一日，两军再次交战，越军大败吴国的军队，并俘虏了太子友、王孙弥庸和寿于姚。六月二十二日，越军攻入吴国。吴国人把被越军打败的消息报告给了吴王夫差。吴王夫差担心与会的诸侯听到这个消息，在帐幕里亲自将身边知道败报的七人杀死。

秋季七月初六日，在黄池盟会，吴国和晋国都争抢做第一个歃血者。吴国人说："在周朝的王室中，我们吴国的祖先太伯是

长。"晋人曰："于姬姓,我为伯。"赵鞅呼司马寅曰："日旰矣,大事未成,二臣之罪也。建鼓整列,二臣死之,长幼必可知也。"对曰："请姑视之。"反曰："肉食者无墨。今吴王有墨,国胜乎? 大子死乎? 且夷德轻,不忍久,请少待之。"乃先晋人。

吴人将以公见晋侯,子服景伯对使者曰："王合诸侯,则伯帅侯牧以见于王;伯合诸侯,则侯帅子、男以见于伯。自王以下,朝聘玉帛不同,故敝邑之职贡于吴,有丰于晋,无不及焉,以为伯也。今诸侯会而君将以寡君见晋君,则晋成为伯矣。敝邑将改职贡。鲁赋于吴八百乘,若为子、男,则将半邾以属于吴,而如邾以事晋。且执事以伯召诸侯,而以侯终之,何利之有焉?"吴人乃止。既而悔之,将囚景伯。景伯曰："何也立后于鲁矣,将以二乘与六人从,迟速唯命。"遂囚以还。及户牖,谓大宰曰："鲁将以十月上辛有事于上帝先王,季辛而毕。何世有职焉,自襄以来未之改也。若不会,祝宗将曰:'吴实然。'且谓鲁不共,而执其贱者七人,何损焉?"大宰嚭言于王曰："无损于鲁,而只为名,不如归之。"乃归景伯。

长子。"晋国人说："在姬姓诸侯中，我们是公认的霸主。"晋国大臣赵鞅对晋的司马寅大声地说："天晚了，立誓缔约的大事还没有完成，这是我们俩人的罪过。击鼓列阵，我们两个臣子战死，先后次序必定能够知道了。"司马寅回答说："请暂且让我看看吴王夫差那里的情况。"看完回来后，司马寅又说："当权者的脸色不会灰暗无光。可现在吴王夫差的脸色发青，大概是他的国家被战胜了吧？也可能是太子死了？而且吴国人是夷人，他们性情浮躁，不会忍耐太久，我们稍微等等。"于是吴国人让晋国人先行歃血。

　　吴国人打算带着鲁哀公去觐见晋定公，鲁国的子服景伯对使者说："天子会合诸侯，是诸侯领袖率领诸侯进见天子；诸侯领袖会合诸侯，是诸侯率领子、男爵位的进见诸侯领袖。自天子以下，朝聘所用的玉帛也有分别，所以敝邑进贡给吴国的，要比给晋国的丰厚，而不会不如，因为把吴国看作诸侯的领袖。现在诸侯会见，而吴王要带领我们的国君进见晋君，那么晋国就成为诸侯的领袖了。敝邑就要改变进贡的规格。鲁国按八百辆战车的数字确定贡献给贵国的贡品，如果变成子、男，那就会按邾国战车的半数确定贡品，而按邾国战车的全数来事奉晋国。而且执事以诸侯领袖的身份召集诸侯，却以一般诸侯的身份结束，这样有什么好处呢？"吴国人于是就停止了原来的做法。不久又后悔了，要囚禁子服景伯。子服景伯说："我来之前已经在鲁国立继承人了，现在我就打算带两辆车子和六个人跟你们去，早走晚走悉听尊便。"吴国人于是就囚禁了子服景伯往回返。到达户牖时，子服景伯对太宰说："鲁国要在十月的第一个辛日祭祀天帝和先王，这次活动到最后一个辛日结束。我们家世世代代在祭祀事务中担任职务，从鲁襄公以来就没有改变过。如果我不参加，祝宗就会说：'是吴国造成的。'再说你们认为鲁国对吴国不恭敬，却只拘拿了鲁国七个卑下的人，对鲁国又有什么损害呢？"因此太宰伯嚭对吴王夫差说："对鲁国没有什么损害，只是落一个坏名声，不如放他回去。"于是就把子服景伯放回去了。

吴申叔仪乞粮于公孙有山氏曰:"佩玉蘂兮,余无所系之。旨酒一盛兮,余与褐之父睨之。"对曰:"粱则无矣,粗则有之。若登首山以呼曰:'庚癸乎!'则诺。"

王欲伐宋,杀其丈夫而囚其妇人。大宰嚭曰:"可胜也,而弗能居也。"乃归。

冬,吴及越平。

〔补逸〕《国语》:吴王夫差既杀申胥,不稔于岁,乃起师北征。阙为深沟于商、鲁之间,北属之沂,西属之济,以会晋公午于黄池。于是越王勾践乃命范蠡、舌庸率师,沿海溯淮,以绝吴路。败王子友于姑熊夷。越王勾践乃率中军溯江以袭吴,入其郛;焚其姑苏,徙其大舟。

吴、晋争长未成,边遽乃至,以越乱告。吴王惧,乃合大夫而谋曰:"越为不道,背其齐盟。今吾道路悠远,无会而归,与会而先晋,孰利?"王孙雄曰:"夫危事不齿,雄敢先对。二者莫利。无会而归,越闻章矣,民惧而走,远无正就。齐、宋、徐、夷曰:'吴既败矣。'将夹沟而𢵧我,我无生命矣。会而先晋,晋既执诸侯之柄,以临我,将成其志,以见天子。吾须之不能,

吴国的申叔仪向鲁国的公孙有山氏讨要粮食说："佩玉下垂啊，我却没什么佩饰。美酒一杯啊，我和贫苦的老翁只能斜眼看。"公孙有山氏回答说："细粮没有了，粗粮还有一些。你如果登上首山大喊：'我是下等人啊！'就会有人给你送去。"

由于宋景公没有参加黄池之会，吴王夫差要去讨伐宋国，屠杀宋国的男人，拘禁宋国的女人。太宰伯嚭说："我们能够战胜宋国，但我们不能在他们那里居住。"于是就返回吴国。

这年冬季，吴国和越国讲和。

〔补逸〕《国语》：吴王夫差杀死伍子胥之后，不等庄稼成熟，就率军北伐。在宋国和鲁国之间，挖开了一条深沟，北边连接沂水，西边连接济水，准备在黄池会见晋定公午。于是越王勾践命令范蠡、舌庸率领军队，沿海路顺淮河逆流而上，来断绝吴军的退路。在吴都城郊的姑熊夷打败了吴国王子友的军队。越王勾践于是率领中军沿吴江上溯袭击吴都，进入吴国国都的外城，焚烧了姑苏台，缴获了吴王专用的大船。

吴国和晋国之间为谁先歃血而发生的争执还没有结果，吴国的快报就到了，把越国攻打吴国的消息报告给了吴王夫差。吴王夫差害怕，于是就召集吴国的大夫们商量说："越国做出了不道义的事，背叛了共同的盟约。现在是此地离我们吴国道路遥远，没盟会就回去，还是盟会时在会上让晋国先歃血，这两者比较起来，哪个更有利？"王孙雄说："这是危急的事情，就不要论资排辈了，我斗胆先说。这两者都没什么好处。如果没等盟会就返回去，越国侵犯吴国的消息就会广为传播，吴国民众恐惧奔逃，何况我们远离国土也没有可以去的地方。齐、宋、大徐、夷就会说：'吴国已经被打败了。'他们会沿着新挖的沟渠夹击我们，这样我们就没有生路了。在盟会上让晋人先歃血，那时晋国已经掌握诸侯来指挥我们，就会成全晋人的愿望，以诸侯霸主的身份进见周天子。我们既不能在此等待，

去之不忍。若越闻愈章,吾民恐畔。必会而先之。"

王乃步就王孙雄曰:"先之,图之,将若何?"王孙雄曰:"王其无疑。吾道路悠远,必无有二命,焉可以济事。"王孙雄进顾揖诸大夫曰:"危事不可以为安,死事不可以为生,则无为贵知矣。民之恶死而欲贵富以长没也,与我同。虽然,彼近其国,有迁;我绝虑,无迁。彼岂能与我行此危事也哉?事君勇谋,于此用之。今夕必挑战,以广民心。请王厉士,以奋其朋势。劝之以高位、重畜,备刑戮以辱其不厉者,令各轻其死。彼将不战而先我。我既执诸侯之柄,以岁之不获也,无有诛焉,而先罢之,诸侯必说。既而皆入其地,王安挺志,一日惕,一日留,以安步王志。必设以此民也,封于江、淮之间,乃能至于吴。"吴王许诺。

吴王昏乃戒,令秣马食士,夜中,乃令服兵擐甲,系马舌,出火灶。陈士卒百人,以为彻行百行,行头皆官帅,擁铎拱稽,建肥胡,奉文犀之渠。十行一嬖大夫,建旌提鼓,挟经秉枹。十旌一将军,载常建鼓,

离开这里回国又不忍心就此罢休。如果越国进犯我们的消息泄露更快，吴国的民众就会恐惧叛乱。所以我们一定要和晋国会盟，并抢在前面歃血。"

吴王夫差于是走近王孙雄说："抢在晋国人的前面歃血，那要怎么谋划这件事呢？"王孙雄回答说："大王您不要怀疑。我们返回的道路遥远，肯定没有其他出路，这样我们的计划才能成功。"王孙雄上前环顾周围的大夫们拱手道："危急的事不能转为安全，死亡的事不能转为重生，那么就没有什么宝贵的智慧了。人们厌恶死亡，都想富贵长寿而死，我们这些人也和他们有同样的想法。尽管如此，但是晋国离本土不远，他们能回旋迁转；我们没有别的考虑，没有回旋迁转的余地。所以，他们怎么能和我们较量这样危险的事？事奉君王要勇敢善谋，在这件事上应用上了。今天晚上我们一定要向晋国挑战，来增强我国百姓的信心。请大王您勉励战士，振奋起众人的士气。再用高官、财宝来劝勉他们，运用刑罚杀戮来羞辱那些不努力的人，让他们都轻视死亡。那时晋国不敢应战，会让我们先歃血。我们执掌诸侯的权柄之后，可借口今年收成不好，不再催要诸侯的贡赋了，并且首先罢遣诸侯，让他们回国，各位诸侯必定高兴。等到诸侯进入他们的国境后，大王您就稳定心志，一日快走，一日慢走，这样就可以安然地实现君王归国之志。君王一定要向将士们承诺，把他们分封到长江和淮河之间，我们才能回到吴国。"吴王答应了。

吴王夫差到黄昏时下令，命令给军马喂食，让战士吃饭，半夜时分又命令士兵拿起兵器，披好铠甲，捆上马舌头，从灶中拿出火把。陈列士卒一百人，为一行，共陈列一百行，每行的行头都安排一位下级军官，怀抱军铎，手拿木戟，高举肥胡窄旗，手持饰有纹理的犀牛皮的盾。十行设立一个叫嬖大夫的军官，举着旌旗，提着军鼓，挟着剑柄，拿着鼓槌。十旌设立一位叫将军的军官，举着画有日月的常旗，提着军鼓，

挟经秉枹。为万人以为方陈，皆白常、白旗、素甲、白羽之矰，望之如荼。王亲秉钺，载白旗，以中陈而立。左军亦如之，皆赤常、赤旆、丹甲、朱羽之矰，望之如火。右军亦如之，皆玄常、玄旗、黑甲、乌羽之矰，望之如墨。为带甲三万，以势攻，鸡鸣乃定。既陈，去晋军一里。昧明，王乃秉枹，亲就鸣钟鼓、丁宁、镎于振铎，勇怯尽应，三军皆哗钗，以振旅，其声动天地。

晋师大骇不出，周军饬垒，乃令董褐请事，曰："两君偃兵接好，日中为期。今大国越录而造于敝邑之军垒，敢请乱故。"吴王亲对之曰："天子有命，周室卑约，贡献莫入，上帝鬼神而不可以告。无姬姓之振也，徒遽来告孤。日夜相继，匍匐就君，君今非王室不安平是忧，亿负晋众庶，不式诸戎、翟、楚、秦，将不长弟以力征一二兄弟之国。孤欲守吾先君之班爵，进则不敢，退则不可。今会日薄矣，恐事之不集，以为诸侯笑。孤之事君在今日，不得事君亦在今日。为使者之无远也，孤用亲听命于藩篱之外。"董褐将还，王称左畸曰："摄少司马兹，与王士五人，坐于王前。"乃皆进，

夹着剑柄,拿着鼓槌。列成万人的方阵,都是白色的常旗,白色的龙旗,白色的铠甲,带有白色羽毛的箭,远远望去像一片茅草开出的花穗。吴王夫差亲自拿着大斧,身旁竖起白色的熊虎旗帜,站立在中军前面。左军和中军设置一样,只是全部是红色的常旗,红色的龙旗,红色的铠甲,带有红色羽毛的箭,远远望去像是燃烧着的火焰。右军也和中军一样设置,只是全部是黑色的常旗,黑色的龙旗,黑色的铠甲,带有黑色羽毛的箭,远远望去像一块黑墨。一共有三万带甲士兵,形成进攻阵势,一直持续到鸡叫时分,排列才结束。列好军阵后,距离晋军的军营仅仅一里之遥。黎明的时候,吴王夫差拿起鼓槌,亲自鸣钟击鼓,奏响钲和镯,摇响军铎,无论是勇敢的人,还是怯懦的人,都群起响应吴王,左、中、右三军齐声欢呼,用来振奋士气,欢呼声震天动地。

　　晋国的军队十分害怕不敢出战,环绕军营修筑了营垒,并派董褐到吴军询问事情的原委,董褐说道:"晋、吴两国君主息兵交好,以中午为会盟之期。现在你们违背约定,来到我们的军垒之外,请问弄乱次序的原因是什么。"吴王夫差亲自回答他说:"天子有命令,说周王室卑微困顿,没有诸侯进贡,以至于都没有东西告祭上帝鬼神了。没有姬姓国家的救助,王室使者或步行或乘驿车到吴国告困求援。我听到后,日夜兼程,谦恭地来拜见晋君,可是现在君王不为周王室的安定平稳忧愁,泰然地凭借晋军的人多势众,不去征伐戎、狄、楚、秦等对周天子不恭敬的邦国,而且不遵守长幼的礼节,恃强攻打我们几个姬姓兄弟国家。我想保持我的先君太伯为诸侯盟主的班位,超过父王的班位我不敢,不及父王的班位也不行。现在盟会日益临近了,担心这事办不成,会被诸侯们耻笑。我事奉晋君在今天决定,不能事奉晋君也在今天决定。为了使者不必长途奔走,我就在营垒外面听候回信。"董褐就要往回走,吴王夫差招呼左畸说:"把少司马兹和五个军士带上来,坐在我的面前。"六人全都上前,

自刭于客前以酬客。

董褐既致命，乃告诸赵鞅曰："臣观吴王之色，类有大忧。小则嬖妾、嫡子死，不则国有大难，大则越入吴。将毒，不可与战。主其许之先，无以待危。然而不可徒许也。"赵鞅许诺。

晋乃令董褐复命曰："寡君未敢观兵身见，使褐复命曰：'曩君之言，周室既卑，诸侯失礼于天子，请贞于阳卜，收文、武之诸侯。孤以下密迩于天子，无所逃罪，讯让日至，曰，昔吴伯父不失春秋，必率诸侯以顾在余一人，今伯父有蛮荆之虞，礼世不续。用命孤礼佐周公，以见我一二兄弟之国，以休君忧。今君掩王东海，以淫名闻于天子。君有短垣而自逾之，况蛮荆，则何有于周室？夫命圭有命，固曰"吴伯"，不曰"吴王"，诸侯是以敢辞。夫诸侯无二君，而周无二王。君若无卑天子，以干其不祥，而曰"吴公"，孤敢不顺从君命长弟。'许诺。"

吴王许诺，乃退就幕而会。吴公先歃，晋侯亚之。吴王既会，越闻愈章。恐齐、宋之为己害也，乃命王孙雄先与勇获帅徒师，以为过宾于宋，以焚其北郭焉而过之。

十七年三月，越子伐吴，吴子御之笠泽，夹水而陈。越子

在董褐的面前自刭，来酬答客人。

　　董褐回去复命后，便告诉赵鞅说："我观察吴王的脸色，似乎有很大的忧惧。往小里说是宠幸的小妾，或者亲生长子死了，要不就是国家有大的灾难，往大里说就是越军攻入了吴国。他会暴怒凶残，不能和他们交战。主帅您可以答应让他们先歃血，别自找麻烦。但是不能无偿地答应他们。"赵鞅准许了。

　　晋军于是派董褐答复吴王夫差说："我们的国君不敢显示兵力亲自现身，派我复述他的辞命说：'先前您说，周王室衰微之后，有些诸侯对周天子失去了礼节，吴国想端正占卜，收复文王、武王时分封的诸侯，来奉事周天子。我和我以下的人因为近在周天子脚下，没有办法逃避罪责，天子的责问天天传到，说：过去吴伯父不失礼节，每年四季必定率领诸侯备好朝聘之礼来见我，现在伯父夫差有蛮荆之忧，朝聘之礼未能世代继承。所以我受命依礼协助周公，率领同姓诸侯朝见天子，以此消除周天子的忧虑。现在君王您私自在东海称王，僭位的坏名声传到了天子的耳朵里。君王您有防范越礼的矮墙，你自己越过了它，何况对于蛮荆来说，对周王室又有什么礼义可讲？有什么不敢做呢？君王您接受锡圭的策命本来只称"吴伯"，不称"吴王"，诸侯因此才敢不听于吴国。诸侯不能有两个霸主，周室不能有两个王。您若不再蔑视天子，不犯不恭敬的罪责，就改称"吴公"，晋国怎么敢不顺从您的命令、不遵守长幼之序。'悉听尊便。"

　　吴王夫差答应了，于是就退军到帐幕中参加盟誓。吴王夫差先歃血，晋侯第二个歃血。吴王夫差会盟结束后，越军攻打吴国的传闻越来越厉害。夫差担心齐国、宋国袭击自己，就令王孙雄先和勇获率领步兵返回吴国，以借路名义从宋国路过，焚烧了宋国都城北面的外城才通过宋国。

　　鲁哀公十七年三月，越王勾践率领军队攻打吴国，吴王夫差率领军队在笠泽抵抗越军的进攻，两军沿水摆开阵势。越王勾践

为左右勾卒，使夜或左或右，鼓噪而进，吴师分以御之。越子以三军潜涉，当吴中军而鼓之，吴师大乱，遂败之。

〔补逸〕《吴越春秋》：大夫种曰："夫九术者，汤、文得之以王，桓、穆得之以霸。其攻城取邑，易于脱屣，愿大王览之。"种曰："一曰尊天事鬼，以求其福；二曰重财币以遗其君，多货贿以喜其臣；三曰贵籴粟槁以虚其国，利所欲以疲其民；四曰遗美女以惑其心而乱其谋；五曰遗之巧工、良材，使之起宫室，以尽其财；六曰遗之谀臣，使之易伐；七曰强其谏臣，使之自杀；八曰君王国富而备利器；九曰利甲兵以承其弊。凡此九术，君王闭口无传，守之以神。取天下不难，而况于吴乎？"越王曰："善。"

乃行第一术，立东郊以祭阳，名曰东皇公；立西郊以祭阴，名曰西王母。祭陵山于会稽，祀水泽于江州，事鬼神，一年国不被灾。越王曰："善哉，大夫之术！愿论其余。"种曰："吴王好起宫室，用工不辍，王选名山神材，奉而献之。"越王乃使木工千有余人，入山

编成左右支队，让他们在夜里轮番出击，击鼓呐喊进攻，吴国军队分兵抵抗他们。越王勾践率领三军偷偷渡江，击起战鼓正面冲击吴国的中军，吴国军队大乱，于是越军打败了吴军。

〔补逸〕《吴越春秋》：越国大夫文种说："这九种策略，商汤、周文王掌握了它因而得以称王，齐桓公、秦穆公掌握了它因而得以称霸。把这九种策略用于攻取城邑，攻城取邑就像脱鞋一样容易，希望大王您读一读它。"文种又说："第一种策略，尊敬上天，奉事鬼神，求得它们的护佑；第二种策略，将大量的财宝送给对方的君主，用丰厚的财物去贿赂对方的大臣，讨得这些大臣的喜欢；第三种策略，高价购进对方的粮食，让对方的粮食短缺，想法增加对方君主的贪欲而使其百姓疲惫不堪；第四种策略，赠给对方君主漂亮的女子，以迷惑他的心志，打乱他的计划；第五种策略，送给对方君主能工巧匠、优良的木材，让对方君主建造宫殿居室，以耗费完他的资财；第六种策略，送给对方善于阿谀奉承的谗谀大臣，使其容易攻破；第七种策略，增加对方那些刚正不阿的谏臣的倔强，使谏臣最后因与君主和周围的大臣无法相处而自杀；第八种策略，君王的国家富裕，然后偷偷储备锋利的武器；第九种策略，修缮铠甲、兵器，保持坚固锋利，等待对方国家衰弱的机会而进攻。大体上这九种策略，君王们闭口不外传，只是用心默记而已。取得天下并不困难，更何况目标是吴国呢？"越王勾践说："很好。"

于是越王勾践使用第一种策略，在东郊立坛来祭祀太阳，所祭祀的神名叫东皇公；在西郊立坛来祭祀月亮，所祭祀的神名叫西王母。在会稽山上祭祀禹陵之山，在江中的小洲上祭祀水泽，奉事鬼神，一年的时间里国家没有遭受什么灾害。越王勾践说："文种大夫的策略真妙啊！再谈谈其他的办法。"文种说："吴王夫差喜欢建筑宫殿居室，使用工匠劳作一直没有间断，大王您选择名山上的奇异木材，奉献给吴王。"越王勾践于是派了木工匠一千余人，到深山老林

伐木,一年师无所幸,作士思归,皆有怨望之心,而歌《木客之吟》。一夜天生神木一双,大二十围,长五十寻;阳为文梓,阴为楩柟。巧工施校,制以规绳。雕治圆转,刻削磨砻。分为丹青,错画文章。婴以白璧,镂以黄金。状类龙蛇,文彩生光。乃使大夫种献之于吴王曰:"东海役臣臣孤勾践使臣种敢因下吏闻于左右,赖大王之力,窃为小殿,有余材,谨再拜献之。"吴王大悦。子胥谏曰:"王勿受也。昔者桀起灵台,纣起鹿台,阴阳不和,寒暑不时,五谷不熟,天与其灾,民虚国变,遂取灭亡。大王受之,必为越王所戮。"吴王不听,遂受而起姑苏之台。三年聚材,五年乃成。高见二百里,行路之人道死巷哭,不绝嗟嘻之声。民疲士苦,人不聊生。越王曰:"善哉,第二术也!"

十一年,越王深念永思,惟欲伐吴。乃请计砚问曰:"吾欲伐吴,恐不能破。早欲兴师,惟问于子。"计砚对曰:"夫兴师举兵,必且内蓄五谷,实其金银,满其府库,厉其甲兵。凡此四者,必察天地之气,原于阴阳,明于孤虚,审于存亡,乃可量敌。"越王曰:"天地存亡,其要奈何?"计砚曰:"天地之气,物有死生。原阴

去砍伐树木,整整一年的时间,军队没有受到越王的关怀,伐木的工匠思乡盼归,都有怨恨的心理,于是唱起了叫《木客吟》的歌。一天夜里,上天降生下两株神异的树木,树有二十围粗,有五十寻长;向阳的是有纹理的梓树,阴面的是楩楠。用灵巧的工匠做校正、校直的工作,用规尺、准绳对木材进行裁制。雕理得圆光平滑,对木材用刻、削、磨等方法进行加工。分别做成朱红色和青色的颜料,用它们在木材上涂画文采。系上白色的玉璧,镂刻上黄金。这样木材的形状就类似两条龙蛇,色彩熠熠发光。越王勾践就派大夫文种献给吴王夫差说:"东海受役使的小臣勾践斗胆派卑下的小官文种,谨敢通过下级官吏说给您的左右,凭借大王您的力量,我私下建造了一座小殿,还有剩余的木材,谨敢两次叩拜献给大王。"吴王夫差非常高兴。伍子胥劝谏说:"大王您不要接受。过去夏桀建造灵台,商纣建造鹿台,阴阳不相调和,寒暑不应时节,庄稼不能成熟,上天降给他们灾难,人们穷困不堪,国家发生变化,最终导致灭亡。大王接受了这些木材,必定要被越王勾践杀戮。"吴王不听劝告,还是接受了奇木,建造了姑苏台。三年的时间搜集材料,五年的时间才完工。站在高处远望,在姑苏台上能看到二百里以内的任何地方,只见行路的人有死在路上的,有在街巷中哭号的,叹息之声不断。民众疲敝,士人困苦,人们都无法生活下去了。越王勾践说:"这第二个策略真妙啊!"

越王勾践十一年,越王苦思焦虑,一心想攻打吴国。就请来计砚询问道:"我想要攻打吴国,就是怕不能击败它。想趁早兴兵出师,希望听听您的意见。"计砚回答说:"派兵出征,必须首先储蓄粮食,准备充足的金银财宝,填满府库,磨砺铠甲兵器。这四项条件,必须明察天地的气运,推算阴阳,了解孤虚,审察存亡,才可以估量敌方的情况。"越王说:"天地存亡的内容,其中重要的是什么?"计砚回答:"天地之气的运行变化,决定了事物有相应的死生的变化。推算阴

阳者，物贵贱也；明孤虚者，知会际也；审存亡者，别真伪也。"越王曰："何谓死生、真伪乎？"计砚曰："春种八谷，夏长而养，秋成而聚，冬蓄而藏。夫天时有生而不救种，是一死也；夏长无苗，二死也；秋成无聚，三死也；冬藏无蓄，四死也。虽有尧、舜之德，无如之何。夫天时有生，劝者老，作者少，反气应数，不失厥理，一生也；留意省察，谨除苗秽，秽除苗盛，二生也；前时设备，物至则收，国无逋税，民无失穗，三生也；仓已封涂，除陈入新，君乐臣欢，男女及信，四生也。夫阴阳者，太阴所居之岁，留息三年，贵贱见矣。夫孤虚者，谓天门地户也；存亡者，君之道德也。"越王曰："何子之年少，于物之长也？"计砚曰："有美之士，不拘长少。"越王曰："善哉，子之道也！"乃仰观天文，集察纬宿，历象四时，以下者上，虚设八食，从阴收著，望阳出梟。策其极计，三年五倍。越国炽富。勾践叹曰："吾知霸矣。"善计砚之谋也。

十二年，越王谓大夫种曰："孤闻吴王淫而好色，惑乱沉湎，不领政事。因此而谋，可乎？"种曰："可破。夫吴王淫而好色，宰嚭佞以曳心。往献美女，其必受之。惟王选择美女二人而进之。"越王曰："善。"

阳,为的是评估贵贱强弱;了解孤虚,为的是知道交会际遇;审察存亡,为的是辨别真假。"越王勾践问道:"什么叫死生、真伪呢?"计砚回答:"春天种植八种谷物,夏天,谷物的生长要靠培植,秋天,它的果实要收割集聚,冬天,堆积的果实要储藏。春天的时节有生机却不去播种,这是第一种死;夏天谷物滋生时却不给它除去杂草,这是第二种死;秋天谷物成熟后却不去收割蓄积它,这是第三种死;冬天蓄积了谷实却不储藏,这是第四种死。虽然有尧、舜的仁德,也没有办法让它再生。时节适宜于种植时,年老的人劝导管理,年轻力壮的人耕作劳动,应合天地自然的规律,不失去物质生长的本性,这是第一种生;留心检查,小心地除去杂草,杂草除去后禾苗旺盛生长,这是第二种生;提前做好准备,庄稼成熟后立即收割,国家没有拖欠的税收,百姓没有丢失的谷穗,这是第三种生;谷仓已经密封涂抹一新,把里面的陈谷换上新谷,君王喜悦,大臣欢乐,男女相互信任,这是第四种生。阴阳的意思就在太阴所居的这一年,存留三年的储粮,贵贱强弱就该显现了。孤虚的意思指的是天门地户,存亡是就君王的道德而言。"越王勾践说:"为什么你年纪很小,知识却这么丰富呢?"计砚说:"有才华的人,是不限于年龄的大小的。"越王勾践说:"你说的办法很好!"于是仰观天象,观察天上行星的运行情况,推算日月星辰的变化,确定岁时节气,以下面为上面,建造八个新仓库,粮食多时就低价收购,粮食少时就高价出售。实施计砚高深计谋后,越国的粮食在三年时间里增加了五倍。国家非常富裕。越王勾践叹息说:"我体味到称霸的滋味了。"称赞计砚的计谋好。

越王勾践十二年,越王勾践对大夫文种说:"我听说吴王淫逸好色,糊涂昏乱,沉湎于酒色,不问政事。趁机设谋算计他,可以吗?"文种说:"能够突破。吴王淫逸好色,太宰嚭奸佞控制了吴王的心志。前往奉献美女,吴王必定接受她们。希望大王您选择两名美女进献给吴王。"越王说:"好吧。"

乃使相诸国中，得苧萝山鬻薪之女曰西施、郑旦，饰以罗縠，教以容步，习于土城，临于都巷，三年学服，而献于吴。乃使相国范蠡进曰："越王勾践窃有二遗女，越国洿下困迫，不敢稽留，谨使臣蠡献之。大王不以鄙陋寝容，愿纳以供箕帚之用。"吴王大悦，曰："越贡二女，乃勾践之尽忠于吴之证也。"子胥谏曰："不可；王勿受也。臣闻五色令人目盲，五音令人耳聋。昔桀易汤而灭，纣易文王而亡。大王受之，后必有殃。臣闻越王朝书不倦，晦诵竟夜，且聚敢死之士数万，是人不死，必得其愿。越王服诚行仁，听谏进贤，是人不死，必成其名。越王夏被毛裘，冬御絺绤，是人不死，必为对隙。臣闻贤士国之宝，美女国之咎。夏亡以妹喜，殷亡以妲己，周亡以褒姒。"吴王不听，遂受其女。越王曰："善哉，第三术也！"

十九年春，越人侵楚，以误吴也。

二十年秋，吴公子庆忌骤谏吴子曰："不改必亡。"弗听。出居于艾，遂适楚。闻越将伐吴，冬，请归平越。遂归，欲除不忠者，以说于越，吴人杀之。

于是就派人在国内到处挑选,找到了苧萝山中卖柴人的女儿西施与郑旦,给她们俩穿上罗纱料的衣服,教给她们仪容步法,在土城练习进吴王宫后言谈举止的规矩,到王都的街巷去观摩见习,经过三年时间的学习训练,越王勾践把她们献给吴王夫差。派相国范蠡进献吴王夫差说:"越王私下里得到两个天赐的美女,越国地处低下污浊的小地方,为穷困所迫,不敢存留她们,小心地派小臣范蠡献给大王。大王若不嫌弃她们容貌丑陋,就请收纳,以供洒扫庭除之用。"吴王夫差非常高兴,说道:"越国贡献两名美女给我,乃是勾践对吴国竭尽忠诚的明证。"伍子胥规劝说:"这样不行,大王您千万别接受。臣下我听说五色会使人眼盲,五音会使人耳聋。过去夏桀被商汤消灭,商纣又被周文王消灭。大王您现在收留了这两位女子,将来必定会有灾难。臣下我听说越王勾践早晨书写不知道疲倦,傍晚读书一直到天亮,而且收集了数万不怕死的人,这个人不死,必定要实现他的愿望。越王勾践诚信待人,施行仁政,听从劝谏,进用贤才,这个人不死,必定要成就他的功名。越王勾践夏天穿着毛皮衣服,冬天穿着葛布衣服,这个人不死,必定成为我们吴国的死敌。臣下我听说贤士才是国家的财富,美女是国家的灾难。夏朝因为妹喜而灭亡,商朝因为妲己而灭亡,周朝因为褒姒而灭亡。"吴王夫差不听伍子胥的劝告,还是接纳了越国进献的美女。越王勾践说:"这第三种策略真妙啊!"

十九年春季,越国入侵楚国,目的在于迷惑吴国,让它放松戒备。

二十年秋季,吴国公子庆忌屡次劝谏吴王夫差说:"如果不改正失误,必定会亡国。"吴王夫差不听劝告。因此,公子庆忌离开国都,居住到艾地,随后又到了楚国。在楚国时,听说越国将要攻打吴国,于是在这年的冬季,请求返回吴国,和越国讲和。回国后,想要杀掉不忠的人来讨得越国的喜欢,不料吴国人却把他杀死了。

〔考异〕《吕氏春秋》：吴王欲杀王子庆忌，而莫之能杀。吴王患之。要离曰："臣能之。"吴王曰："汝恶能乎？吾尝以六马逐之江上矣，而不能及；射之，矢左右满把，而不能中。今汝拔剑则不能举臂，上车则不能登轼，汝恶能？"要离曰："士患不勇耳，奚患于不能？王诚能助臣，请必能。"吴王曰："诺。"明旦，加要离罪焉，絷执妻子，焚之，而扬其灰。要离走，往见王子庆忌于卫。王子庆忌喜曰："吴王之无道也，子之所见也，诸侯之所知也。今子得免而去之，亦善矣。"要离与王子庆忌居有间，谓王子庆忌曰："吴之无道也愈甚，请与王子往夺之国。"王子庆忌曰："善。"乃与要离俱涉于江。中江，拔剑刺王子庆忌，王子庆忌捽之，投之于江；浮，则又取而投之，如此者三。其卒曰："汝，天下之国士也，幸汝以成而名。"要离得不死，归于吴。吴王大悦，请与分国。要离曰："不可；臣请必死。"吴王止之。要离曰："夫杀妻子，焚之而扬其灰，以便事也。臣以为不仁。夫为故主杀新主，臣以为不义。夫捽而浮乎江，三入三出，特王子庆忌为之赐而不杀耳，臣已为辱矣。夫不仁、不义，又且已辱，不可以生。"吴王不能止，果伏剑而死。

〔发明〕按吴之要离，纪传所载实有其人，非子虚亡是公也。但公子庆忌，《左氏》载于夫差将亡之日，而诸书皆以为阖庐时人，误矣。故仍以《传》为主，

〔考异〕《吕氏春秋》：吴王夫差想要杀掉王子庆忌，但是却没有人能杀死他。吴王夫差对这件事很犯愁。要离说："臣下我能办成这件事。"吴王夫差问道："你怎么能办到这件事呢？我曾经用六匹马拉的车追他到江上，也没有能追上他；用箭射他，他左右手都抓了满把的箭，却不能射中他的身体。现在你拔出了剑就抬不起胳臂了，登上车则抓不住扶手，你怎么能办成这件事呢？"要离说："士只怕不勇敢，哪里怕办不到？大王您如果能真心帮助臣下，我保证办成这件事。"吴王夫差说："可以。"第二天，给要离加了个罪名，抓住他的妻子和孩子，把他们烧死，扬弃了他们的骨灰。要离逃到卫国去拜见王子庆忌。王子庆忌很高兴地说："吴王的无道，你都看见了吧，诸侯也都知道他的为人。现在你侥幸离开了他，这很好。"要离与王子庆忌一起住了一段时间，便对王子庆忌说："吴王的无道越来越厉害了，我希望和王子一块去夺取他的国家。"王子庆忌说："很好。"于是就和要离共同渡江。到了江中央，要离拔出剑来刺向王子庆忌，王子庆忌抓住他，把他扔进江中；待到他浮上来后又把他扔下江去，这样重复三次。王子庆忌临终说："你，是天下的国士，饶你一条命让你成全名声吧。"要离才得以捡回一条命，回到吴国。吴王夫差非常高兴，要和要离共同分享国家。要离说："不行，臣下我情愿一死。"吴王夫差制止他。要离说："杀死妻子孩子、焚尸扬灰，以利于事情的成功。臣下我认为这是不仁。为过去的主人杀死新的主人，臣下我认为这是不义。被扔进江中又漂上来，三进三出，只是王子庆忌赐我一条命不杀我罢了，我已经受到羞辱了。不仁、不义，又加上已经受到羞辱，不能再活下去了。"吴王夫差不能制止他，要离果真用剑自杀而死。

〔发明〕按，吴国的要离，根据纪传的记载，确有其人，并非子虚乌有。但公子庆忌，《春秋左传》记载在夫差将亡之时，而其他书都认为是阖闾同时的人，错了。故仍以《左传》为主，

而附要离事于末简,以资见闻。

十一月,越围吴。赵孟降于丧食。楚隆曰:"三年之丧,亲昵之极也,主又降之,无乃有故乎?"赵孟曰:"黄池之役,先主与吴王有质,曰'好恶同之。'今越围吴,嗣子不废旧业,而敌之,非晋之所能及也。我是以为降。"楚隆曰:"若使吴王知之,若何?"赵孟曰:"可乎?"隆曰:"请尝之。"乃往。先造于越军曰:"吴犯间上国多矣,闻君亲讨焉,诸夏之人莫不欣喜,唯恐君志之不从,请入视之。"许之。告于吴王曰:"寡君之老无恤使陪臣隆敢展谢其不共。黄池之役,君之先臣志父得承齐盟,曰:'好恶同之。'今君在难,无恤不敢惮劳,非晋国之所能及也,使陪臣敢展布之。"王拜稽首,曰:"寡人不佞,不能事越,以为大夫忧,拜命之辱。"与之一箪珠,使问赵孟,曰:"勾践将生忧寡人,寡人死之不得矣。"王曰:"溺人必笑,吾将有问也,史黯何以得为君子?"对曰:"黯也进不见恶,退无谤言。"王曰:"宜哉!"

二十二年冬十一月丁卯,越灭吴,请使吴王居甬东。辞曰:"孤老矣,焉能事君?"乃缢。越人以归。

〔补逸〕《国语》:国之父兄请曰:"昔者夫差耻吾君于诸侯之国,今越国亦节矣,请报之。"勾践辞曰:"昔者

把要离的故事附在后边,以供参考。

二十年十一月,越国包围吴国。赵鞅的儿子赵孟的饮食比居丧期间的饮食还要低劣。他的家臣楚隆说:"三年的居丧之礼,已充分表示了对亲人的至诚之心,现在您又降低标准,莫非另有原因?"赵孟说道:"黄池那一次盟会,我们的先主和吴王有过盟誓,说:'同好同恶。'现在越国包围了吴国,作为继承人不想废弃父亲过去的誓言而想要抵挡越国,但这又不是晋国的国力所能承受得了的。我是因为这个原因才降低饮食标准。"楚隆说:"如果让吴王知道这件事,会怎么样呢?"赵孟说:"行吗?"楚隆说:"请让我试试看吧。"于是楚隆就动身前往。他先到了越军阵地,说:"吴国多次冒犯上国越国,听说君王亲自讨伐他们,中原的人们没有不欢欣鼓舞的,唯恐君王的意愿不能实现,请让我通过你们的阵地进去看看吴国的动静。"越王答应放进去楚隆。楚隆告诉吴王夫差说:"我们君王的国老赵无恤派陪臣楚隆前来吴国,谨为他的不恭而谢罪。黄池那一次结盟,君王的先臣志父得以参加盟会,誓词说:'同好同恶。'现在君王您遇到了危难,无恤不敢害怕辛劳而背弃誓言,但这又不是晋国的国力所能承担的,所以特派陪臣楚隆前来向您报告这些情况。"吴王夫差下拜叩头说:"寡人我无能,不能事奉越国,因而成为大夫的忧患,谨拜谢他的关怀。"然后他送给楚隆一小盒珍珠,让楚隆代转送给赵孟,说:"勾践打算百般折磨我,我是不得好死了。"又说:"快淹死的人必然强作欢笑,我还想问问你,史黯为什么能算是个君子呢?"楚隆回答说:"史黯做官时没有人讨厌他,不做官时又没有人诋毁他。"吴王夫差说:"说得很对呀!"

二十二年冬季十一月二十七日,越国灭亡了吴国,越国人希望吴王夫差在甬东居住,吴王夫差辞谢说:"我老了,哪里还能事奉君王?"于是就上吊自杀了。越国人把他的尸体带回国。

〔补逸〕《国语》:国中的父老兄弟向越王勾践请战说:"过去夫差在诸侯各国面前羞辱我们的君王,现在越国也治理得有条不紊了,请求报复他们。"勾践向众人辞谢说:"过去

之战也，非二三子之罪也，寡人之罪也。如寡人者，安
与知耻？请姑无庸战。"父兄又请曰："越四封之内，亲
吾君也，犹父母也。子而思报父母之仇，臣而思报君
之仇，其有敢不尽力者乎？请复战。"勾践既许之，乃
致其众而誓之曰："寡人闻古之贤君，不患其众之不足
也，而患其志行之少耻也。今夫差衣水犀之甲者亿有
三千，不患其志行之少耻也，而患其众之不足也。今
寡人将助天灭之。吾不欲匹夫之勇也，欲其旅进旅退
也。进则思赏，退则思刑；如此，则有常赏。进不用
命，退则无耻；如此，则有常刑。"果行，国人皆劝，父勉
其子，兄勉其弟，妇勉其夫，曰："孰是君也，而可无死
乎？"是故败吴于囿，又败之于没，又郊败之。

　　反，至于国，王问于范蠡曰："节事奈何？"范蠡对
曰："节事者与地。唯地能包万物以为一，其事不失。
生万物，容畜禽兽，然后受其名而兼其利。美恶皆成，
以养生。时不至，不可强生；事不究，不可强成。自若
以处，以度天下，待其来者而正之，因时之所宜而定之。
同男女之功，除民之害，以避天殃。田野开辟，府仓实，

的战事失利，不是你们的责任，是我的罪过。像我这样的人，哪里知道什么是耻辱呢？还是姑且别和吴国开战。"这些父老兄弟再次请求说："越国疆域之内的人民，都亲近君王您，就像亲近自己的父母一样。子女欲报父母之仇，大臣思报君王之仇，哪里有敢不尽力的人呢？我们再次请求开战。"勾践答应了他们的请求，就召集他的百姓，誓师说："我听说古代贤明的君主，不担心民众人数不充足，而是担心民众的志向行为缺少羞耻。现在夫差有穿着水犀牛皮之甲的强悍士卒十万三千人，他不担心士卒的志向行为缺乏羞耻感，而是担心士卒的数量不充足。现在我就要遵行天命，灭亡吴国。我不希望你们只有匹夫之勇，只希望你们能一同前进，一同后退。前进就要向往立功请赏，后退就要担心受到惩罚，这样就会有常规的奖赏。前进时不服从命令，单独向前，后退时不知羞耻，拼命逃跑，这样就会受到常规的刑罚。"越兵果然按时出动，国内的老百姓都互相劝勉，父亲勉励儿子，兄长勉励弟弟，妻子勉励丈夫，都说："谁有我们这样好的君王，能不为他战死沙场吗？"因此在囿地打败了吴军，又在没地第二次打败吴军，在吴国都城的郊外又第三次重创吴军。

越王勾践从吴国回国后，向范蠡询问道："怎样合理地节制国家政事呢？"范蠡回答说："合理节制国家政事的人要遵循大地的准则。只有大地能够包容万物使之成为一个整体，其中的事物不失时机。生育万物，容纳蓄养飞禽走兽，然后承担载物之名而兼得万物之利。不管是好的差的东西，大地都成全它们，用它们来养育人。时机不成熟，不可勉强让它出生；事物还没有发展到尽头，不可勉强让它成熟。处事不要急躁，安然审视天下，等到事物出现时再去规范它，根据适宜的时机再确定它的发展方向，使它向有利于自己的方向发展变化。男耕女织，同时并举，除去对人们有害的事情，来避开上天的祸殃。田野开垦，府仓充实，

民众殷。无旷其众，以为乱梯。时将有反，事将有间。必有以知天地之恒制，乃可以有天下之成利。事无间，时无反，则抚民保教以须之。"

王曰："不穀之国家，蠡之国家也。蠡其图之！"范蠡对曰："四封之内，百姓之事，时节三乐，不乱民功，不逆天时，五谷稑熟，民乃蕃滋，君臣上下，交得其志，蠡不如种也。四封之外，敌国之制，立断之事，因阴阳之恒，顺天地之常，柔而不屈，强而不刚，德虐之行，因以为常；死生因天地之刑，天因人，圣人因天；人自生之，天地形之，圣人因而成之。是故战胜而不报，取地而不反。兵胜于外，福生于内，用力甚少，而名声章明，种亦不如蠡也。"王曰："诺。"令大夫种为之。

四年，王召范蠡而问焉，曰："先人就世，不穀即位。吾年既少，未有恒常，出则禽荒，入则酒荒。吾百姓之不图，惟舟与车。上天降祸于越，委制于吴。吴人之那不穀，亦又甚焉。吾欲与子谋之，其可乎？"范蠡对曰："未可也。蠡闻之，上帝不考，时反是守，强索者不祥。得时不成，反受其殃。失德灭名，流走死亡。

人们富裕。不要让人们有废业的,以免成为动乱的阶梯。天时将有反转的时候,人事将有可趁的机会。必须知道天地自然变化的规律,才可以享有天下成功之利。如果人事没有可乘的空隙,天时没有反复时,就抚恤、保护、教育人民,耐心等待机会。"

越王勾践说:"我的国家,也就是你范蠡的国家呀。希望你为它想想办法!"范蠡回答说:"疆域之内,百姓的事务,遵守时令节气,劝民乐业,不扰乱百姓的正常劳动,不违背天时,五谷成熟,百姓繁衍滋生,君臣上下各得其志,在这些事情上,我不如文种。疆域之外,应付敌国,决策立断之类的事务,因循阴阳变化的规律,顺应天地自然界发展的常道,柔顺而不屈服,强硬而不刚直,无论是怀柔赏赐还是斩伐黜夺之类的行为,遵循制定的法令;杀生必须遵循天地四时的特点,上天根据人的善恶而降福祸给他,圣人根据天象的变化而采取行动;人自己生发了福祸,天地根据人的所作所为显示吉凶征兆,圣人根据上天显示的吉凶征兆而获得成功。所以战事取得胜利而使对方就不能报复了,夺取了对方的土地而使对方就不再归还给对方了。军队在外打了胜仗,福泽产生在国内,用力很少但名声却很大,这类事情,文种比不上我。"越王勾践说:"好。"就让大夫文种负责治理国家。

越王勾践归国四年,召见范蠡问政,说:"先王去世后,我继承王位。我年纪不大,没有恒常之心,出去就荒废于打猎,回来就沉湎于酗酒。我没有对百姓的事务考虑,只想乘车船游玩。上天给越国降下灾祸,让越国归顺吴国,受吴国的控制。吴国人对我的侮辱,做得也太过分了。我想要和你一块设法报复他们,这行吗?"范蠡回答他说:"不行啊。我听说,上天不成全时,需要等待时运的反转,不待时机强求的事情不吉利。得到天时人力却不去顺应,反而要承受上天降下的灾祸。失去德行,毁没名声,流窜异地,死亡他乡。

有夺,有予,有不予,王无蚤图。夫吴,君王之吴也,王若蚤图之,其事又将未可知也。"王曰:"诺。"

又一年,王召范蠡而问曰:"吾与子谋吴,子曰'未可也'。今吴王淫于乐,而忘其百姓。乱民功,逆天时,信谗喜优,憎辅远弼。圣人不出,忠臣解骨。皆曲相御,莫适相非,上下相偷。其可乎?"范蠡对曰:"人事至矣,天应未也。王姑待之。"王曰:"诺。"

又一年,王召范蠡而问焉,曰:"吾与子谋吴,子曰'未可也'。今申胥骤谏其王,王怒而杀之。其可乎?"范蠡对曰:"逆节萌生。天地未形,而先为之征,其事是以不成,杂受其刑。王姑待之。"王曰:"诺。"

又一年,王召范蠡而问焉,曰:"吾与子谋吴,子曰'未可也'。今其稻蟹不遗种。其可乎?"范蠡对曰:"天应至矣,人事未尽也。王姑待之。"王怒曰:"道固然乎?妄其欺不穀耶?吾与子言人事,子应我以天时;今天应至矣,子应我以人事。何也?"范蠡对曰:"王姑勿怪。夫人事必将与天地相参,然后乃可以成功。今其祸新民恐,其君臣、上下皆知其资财之不足以

有时上天给予什么又重新夺回去,有时候上天给予,有时候上天又不给予,国家的命运有这三种,时机未成熟,大王您不要过早地考虑报复吴国。吴国,迟早是大王您的吴国,您如果过早地图谋它,那事情又会是不可想象了。"越王勾践说:"好。"

又过了一年,越王勾践召见范蠡询问说:"我和你谋划讨伐吴国,你说'不行'。现在吴王夫差沉溺于歌舞声色,忘记了吴国百姓的事务。扰乱百姓的正常劳动,违背天时,听信谗言,喜欢歌舞优人,憎恶帮助他的人,疏远辅佐的大臣。有智慧的人都隐藏山林不出,忠良的大臣也失去生命。大臣们都曲意迎合君主,无人敢非议吴王,君臣上下只是苟且偷生。现在可以图谋报复吴国了吧?"范蠡回答他说:"人事不和有了,上天的征兆还没有出现。大王您姑且等等。"越王勾践说:"好。"

又过了一年,越王勾践召见范蠡询问,说:"我和你谋划讨伐吴国,你说'还不行啊'。现在伍子胥屡次劝谏吴王,吴王生气因而杀了他。这可以图谋吴国了吧?"范蠡回答他说:"吴国反常的情形开始发生了。但天地还没有显示征兆,如果先行出征,这事可能不会成功,反而还会受其害。大王您姑且等等。"越王勾践说:"好。"

又过了一年,越王勾践召见范蠡询问说:"我和你谋划讨伐吴国,你说'还不行啊'。现在吴国的稻谷和螃蟹都死光了。这次总可以图谋吴国了吧?"范蠡回答他说:"上天的征兆出现了,人事还未出现大的问题。大王您姑且等等。"越王勾践大怒,说:"道理本来就是这样呢?还是你在胡说八道欺骗我呢?我和你说人事,你用天时未至来应付我;现在上天的征兆出现了,你又用人事未至来应付我。这是怎么回事?"范蠡回答说:"大王您姑且别怪罪我。人事必定要和天地互相参照,然后才可以成就功业。现在吴国出现这样的灾祸,百姓都处于恐慌中,君臣上下都知道资财不足以

支长久也,彼将同其力,致其死,犹尚殆。王其且驰骋弋猎,无至禽荒;宫中之乐,无至酒荒;肆与大夫觞饮,无忘国常。彼其上将薄其德,民将尽其力,又使之望而不得食,乃可以致天地之殛。王姑待之。"

至于玄月,王召范蠡而问焉,曰:"谚有之曰:'觥饭不及壶飧。'今岁晚矣,子将奈何?"范蠡对曰:"微君王之言,臣固将谒之。臣闻从时者犹救火、追亡人也,蹶而趋之,惟恐弗及。"王曰:"诺。"遂兴师伐吴,至于五湖。吴人闻之,出挑战,一日五反。王弗忍,欲许之。范蠡进谏曰:"谋之庙廊,失之中原,其可乎?王姑勿许也。臣闻之,得时无怠,时不再来,天予不取,反为之灾。赢缩转化,后将悔之。天节固然,唯谋不迁。"王曰:"诺。"弗许。

范蠡曰:"臣闻古之善用兵者,赢缩以为常,四时以为纪,无过天极,究数而止。天道皇皇,日月以为常。明者以为法,微者则是行。阳至而阴,阴至而阳。日困而还,月盈而匡。古之善用兵者,因天地之常,与之俱行。后则用阴,先则用阳。近则用柔,远则用刚。

支撑很长时间,他们会同心协力,为了保卫国家肯定不怕牺牲,目前去攻打吴国,还是有很大危险性的。大王您可暂时骑马射猎,只是别沉溺于游猎之中;在宫中尽情享乐,只是别沉溺于酒色之中;开怀与大夫们碰杯饮酒,只是别忘了国家政事。这样吴国在上位的人就会日益淡化他们的德行,民众就会被日益耗尽人力物力,再让民众有怨望之声,上天又夺走了他们的食物,那时才可以行使天地的诛罚。大王姑且再等等吧。"

　　到了这年九月,越王勾践召见范蠡,问道:"有谚语说:'丰盛的肴馔固然好,但比不上水泡饭救急充饥。'今年快过完了,你要怎么办呢?"范蠡回答他说:"没有君王的催促,臣下我本来也要求见您了。我听说把握机会就像救火、追捕逃亡的人一样,飞步追赶它,唯恐赶不上。"越王勾践说:"好。"于是兴兵伐吴,到达五湖。吴国人听到这个消息,出兵挑战,一天往返了五次。越王勾践不能忍耐,想要应战。范蠡上前劝谏说:"在朝廷中确定的计谋,到了原野就抛弃了,这样行吗? 大王您暂且别应战。我听说,得到了时机就不要怠慢,时机不会再来,上天赐予的不接受,反而成为祸灾。故我的进退胜败是可以发生变化的,将来会后悔的。上天运动的节度也是这样有转化变易,只是确定的计谋不能变换。"越王勾践说:"好。"就没有去应战吴国人。

　　范蠡说:"臣下我听说古代善于用兵的人,用金星方位决定进退,把四时的运转作为用兵的常法,不超过天道的极限,到了一定限度就要适可而止。天道光明,天上悬挂的日月就是垂以示人的常像。日月满盈时就是示人进取之象,日月亏损时就是示人隐退之象。阳到了极点然后转化成阴,阴到了极点然后转化成阳。太阳西落东升,月亮满盈了就亏缺。古代善于用兵的人,遵循天地的变化规律,与天地一起行动。后动则稳重严密,先动则轻便迅猛。故人近则用柔顺,显示自己柔弱;敌人远则用刚猛,显示自己威厉。

后无阴蔽,先无阳察。用人无艺,往从其所。刚强以御,阳节不尽,不死其野。彼来从我,固守勿与,若将与之,必因天地之灾,又观其民之饥饱、劳逸以参之。尽其阳节,盈吾阴节,而夺之。宜为人客,刚强而力疾;阳节不尽,轻而不可取。宜为人主,安徐而重固;阴节不尽,柔而不可迫。凡陈之道,设右以为牝,益左以为牡。蚤晏无失,必顺天道,周旋无究。今其来也,刚强而力疾。王姑待之。"王曰:"诺。"弗与战。

　　居军三年,吴师自溃。吴王帅其贤良与其重禄,以上姑苏,使王孙雄行成于越,曰:"昔者上天降祸于吴,得罪于会稽。今君王其图不谷,不谷请复会稽之和。"王弗忍,欲许之。范蠡进谏曰:"臣闻之,圣人之功,时为之庸。得时勿成,天有还形。天节不远,五年复返。小凶则近,大凶则远。先人有言曰:'伐柯者,其则不远。'今君王不断,其忘会稽之事乎?"王曰:"诺。"不许。

后动者不要太稳重严密,先动者不要太轻便迅猛。用兵本来就没有一个固定不变的常规可循,根据对方情况的变化而采取不同的迎敌方法。敌人用刚强来抵抗时,说明对方的阳刚之气还没有用尽,他们暂时还不会战死在郊野。敌人来向我方挑战时,我们就固守阵地不与他们交战,如果要与对方交战,也必须凭借天地降给对方的灾难,同时观察敌方士兵的饥饱、劳逸状况来综合考虑。敌方的阳刚之气用完,我方的阴柔之气到了极限,就能夺取战斗的胜利。先发动进攻时应像突然造访的客人,刚强迅猛;目前对方的阳刚之气没有终了,虽说他们有些轻躁骄敌,我们仍然不可能马上获胜。后动守御时应像主人一样,安定稳固;目前我方的阴气还没到极限,虽说从表面上看我们似乎是柔弱防守,可是他们却不敢迫近我们。凡是用兵布阵的方法,充实右军以为守备,增加军边的力量以为攻势。早晚都不要有疏失,一定顺应天道,如此循环往复以致无穷。吴军现在刚刚出兵,刚强迅猛,大王您姑且等等。"越王勾践说:"好。"于是越军不与吴军交战。

越王勾践率军围困吴国,在军营中过了三年,吴国的军队自己溃散了。吴王夫差率领贤良,带上宝璧,登上姑苏台,派吴国大夫王孙雄向越国求和,说:"过去上天给吴国降下灾祸,在会稽得罪了越国。现在越王图谋报复我,我请求按照会稽方式讲和。"越王勾践不忍心拒绝,想答应吴国的求和。范蠡进谏说:"臣下我听说,圣人的成功,是善于利用天赐时机的结果。得到了天赐良机却不能建成功业,上天反过头来会有惩罚。上天的节度变化是不会太远的,五年一个往返。如果是危败之类的小凶就在眼前,如果是死灭之类的大凶远在后面。古人有话说:'拿着斧子去砍伐一段木头做斧子的柄,就近可以取法,比着旧的斧柄做样子。'现在君王您不痛下决心,难道忘了困居会稽的事了吗?"越王勾践说:"有道理。"没有答应吴国的求和。

使者往而复来，辞愈卑，礼愈尊，王又欲许之。范蠡谏曰："孰使吾早朝而晏罢者，非吴乎？与我争三江、五湖之利者，非吴邪？夫十年谋之，一朝而弃之，其可乎？王姑勿许，其事将易冀已。"王曰："吾欲弗许，而难对其使者，子其对之。"范蠡乃左提鼓，右援枹，以应使者曰："昔者上天降祸于越，委制于吴，而吴不受。今将反此义，以报此祸。吾王敢无听天之命，而听君王之命乎？"王孙雄曰："子范子，先人有言曰：'无助天为虐。'助天为虐者不祥。今吾稻蟹不遗种，子将助天为虐，不忌其不祥乎？"范蠡曰："王孙子，昔吾先君，固周室之不成子也，故滨于东海之陂，鼋鼍鱼鳖之与处，而蛙黾之与同渚。余虽靦然人面哉，吾犹禽兽也，又安知是谂谂者乎？"王孙雄曰："子范子将助天为虐，助天为虐不祥。雄请反辞于王。"范蠡曰："君王已委制于执事之人矣。子往矣！无使执事之人得罪于子。"使者辞反，范蠡不报于王，击鼓兴师，以随使者，至于姑苏之宫。不伤越民，遂灭吴。

反至五湖，范蠡辞于王曰："君王勉之！臣不复入于越国矣。"王曰："不穀疑子之所谓者何也。"范蠡对曰："臣闻之，为人臣者，君忧臣劳，君辱臣死。昔者君王辱于会稽，臣所以不死者，为此事也。今事已济矣，蠡请从会稽之罚。"王曰："所不掩子之恶、扬子之美者，

吴国的使者回去后又返回来,言辞更加谦卑,礼节更加尊敬,越王勾践又想答应吴人的求和。范蠡劝谏说:"谁让我们清早上朝很晚才罢朝的,不就是吴国吗? 和我们争夺三江、五湖利益的,不就是吴国吗? 我们用十年时间图谋它,一朝就放弃了它,难道可以吗? 大王您暂且不要答应,这样事情就容易有希望了。"越王勾践说:"我想不答应,却难以面对吴国的使者,你去接待他吧。"范蠡于是左手提着鼓,右手拿着鼓槌,去接待吴国的使者说:"过去上天给越国降下灾祸,使越国归顺受制于吴国,但吴国却不接受上天的安排。现在就要更换这种关系,上天降福给越国来报复吴国过去给越国带来的灾祸。我们的大王怎么敢不听从上天的命令,而听从吴国君王的请求呢?"吴国使者王孙雄说:"范先生,古人有言:'不要助天做虐。'助天做虐的人不吉祥。现在吴国稻谷和螃蟹都死光了,您还要助天做虐,不忌讳这事不吉祥吗?"范蠡说:"王孙先生,过去我们的先君,本来就是周王室不成国的子爵,住在东海的涯岸,与鼋鼍鱼鳖相处,又与青蛙乌龟同在一个小洲上。我们虽然看上去长着一副人的模样,但我们还是禽兽啊,又怎么会听懂这些花言巧语呢?"王孙雄说:"范先生您要助天为虐,助天为虐不吉祥。我请求向越王报告。"范蠡说:"君王已经把这件事委托给我了。您回去吧! 不要让我得罪您。"吴国的使者告辞返回,范蠡没有向越王报告,就击鼓调集军队,跟随吴国的使者,到了姑苏台。没有损伤越国士兵,于是灭亡了吴国。

　　回到五湖,范蠡向越王勾践告辞说:"君王您自勉吧! 我不再进入越国了。"越王勾践说:"我不明白你所说的话是什么意思?"范蠡回答说:"我听说,作为人臣,君主有忧,臣子劳苦,君主有辱,臣子殉命。过去君王您在会稽遭受屈辱,我之所以没有去死,正是为了灭亡吴国这件事。现在灭吴这件事情已经成功了,范蠡请求接受困守会稽时应受的惩罚。"越王说:"如果今后我不掩饰你的罪责、播扬你的美名,

使其身无终没于越国！子听吾言，与子分国；不听吾言，身死，妻子为戮。"范蠡对曰："臣闻命矣。君行制，臣行意。"遂乘轻舟以浮于五湖，莫知其所终极。

王命工以良金写范蠡之状而朝礼之，浃日而令大夫朝之，环会稽三百里以为范蠡地，曰："后世子孙有敢侵蠡之地者，使无终没于越国！皇天后土，四乡地主正之。"以上范蠡之事。

吴王夫差还自黄池，息民不戒。越大夫种乃倡谋曰："吾谓吴王将遂涉吾地，今罢师而不戒，以忘我，吾不可以怠也。日臣尝卜于天。今吴民既罢，而大荒荐饥，市无赤米，而囷鹿空虚，其民必移就蒲嬴于东海之滨。天占既兆，人事又见，我蔑卜筮矣。王若今起师以会，夺之利，无使失悛。夫吴之边鄙，远者罢而未至，吴王将耻不战，必不须至之会也，而以中国之师与我战。若事幸而从我，我遂践其地。其至者，亦将不能之会也已。吾用御儿临之。吴王若愠而又战，幸遂可出。若不战而结成，王安厚取名而去之。"越王曰："善哉！"乃大戒师，将伐吴。

楚申包胥使于越，越王勾践问焉，曰："吴国为不

就让我不能死在越国国内！你听我的话，我和你分国而治；不听我的话，你会被杀死，妻子儿女也要被杀戮。"范蠡回答说："我听到君王命令了。君王可以法处置，臣下也可随意愿行动。"于是就乘一叶小舟泛于五湖，人们不知道范蠡最后到了哪里。

越王勾践命令工匠用上等的金属铸造了范蠡的像，自己对它供奉礼拜，每隔十天让大夫们朝拜它一次，把环绕会稽山周围三百里的土地作为范蠡的封地，说："后世子孙有敢侵犯范蠡的封地的，让他在越国不得善终！皇天后土、四方地祇可以为证。"以上是有关范蠡的事情。

吴王夫差从黄池回到吴国以后，就让民众解甲而不再加以戒备。越国大夫文种倡议谋划说："我还以为吴王夫差马上就要践踏我们的国土，现在吴王却解散军队而不加以戒备，似乎忘了我们，我们不能懈怠呀。昔日我曾经向上天占卜。现在吴国的百姓已经疲敝，又加上连年饥馑，市场上连劣质的红稻米都没有，国库空虚，吴国的民众必定迁移到东海之滨，去拾取蒲草、蛤蚌充饥。占卜的预测已经应验了，亡国的人事迹象也出现了，我不用再卜筮了。大王您如果现在调集军队去和吴王会战，必会夺取有利战机，不让吴王有悔改的机会。吴国边远偏僻地区的士兵路途遥远，解散回家而不能及时赶来，我们挑战，吴王夫差会以不马上应战为羞耻，必定不等那些回家的士兵集结就和我们交战，只是用国都中的军队和我们交战。如果事态有幸按我们的预期发展，我们就会踏上吴国的国土。吴国边远偏僻地区来的士兵虽然陆续到来，也不能参加会战。我们用御兒这地方的军队牵制他们。吴王如果恼羞成怒，又要交战，我们就可以打得让他出奔外国。如果吴王不敢交战而和我们讲和，大王您就可以坐享其成，获得厚利和名声后离开吴国。"越王勾践说："很好！"于是大力整顿军队，准备攻打吴国。

楚国申包胥出使越国，越王勾践问他说："吴国做事不合

道,求残我社稷宗庙,以为平原,弗使血食。吾欲与之
徼天之衷,唯是车马、兵甲、卒伍既具,无以行之。请
问战奚以而可?"包胥辞曰:"不知。"王固问焉,乃对
曰:"夫吴,良国也,能博取于诸侯。敢问君王之所以
与之战者?"王曰:"在孤之侧者,觞酒、豆肉、箪食,未
尝敢不分也。饮食不致味,听乐不尽声,求以报吴。
愿以此战。"包胥曰:"善则善矣,未可以战也。"王曰:
"越国之中,疾者吾问之,死者吾葬之,老其老,慈其
幼,长其孤,问其病,求以报吴。愿以此战。"包胥曰:
"善则善矣,未可以战也。"王曰:"越国之中,吾宽民以
子之,忠惠以善之,吾修令宽刑,施民所欲,去民所恶,
称其善,掩其恶,求以报吴。愿以此战。"包胥曰:"善
则善矣,未可以战也。"王曰:"越国之中,富者吾安之;
贫者吾予之。救其不足,裁其有余,使贫富皆利之,
求以报吴。愿以此战。"包胥曰:"善则善矣,未可以
战也。"王曰:"越国南则楚,西则晋,北则齐。春秋皮
币、玉帛,子女以宾服焉,未尝敢绝,求以报吴。愿以
此战。"包胥曰:"善哉!蔑以加焉。然犹未可以战也。
夫战,知为始,仁次之,勇次之。不知,则不知民之极,

道义,一心想毁坏我们的社稷宗庙,将其夷为平地,不让我们的祖先神灵能再歆享牲血祭祀。我想要和他们向上天讨个公道,只是车马、兵器铠甲、士兵都准备好了,却不知道怎么使用。请问凭什么与吴国交战才可以获胜呢?"申包胥推辞说:"不知道。"越王勾践一再追问,才回答说:"吴国,本是一个有一定实力的国家呀,能够广泛地收取诸侯的贡赋。我斗胆请问大王您用什么来和它交战?"越王勾践说:"凡是在我身边的人,只要觞中有酒、豆中有肉、簞中有食物,我从未敢不分给他们一份而一块吃喝的。我饮食不追求特别好的味道,听音乐不追求极尽玄妙,这样做只求向吴国报仇。希望用这些来和吴国人交战。"申包胥说:"好是好,只是不能用来交战。"越王勾践说:"在越国国内,有病的人,我去慰问他,死去的人,我去埋葬他,赡养老人,抚育孩子,养育孤儿,这些老人、孩子有病了,我又去看望他们,只希望向吴国报仇。想用这些和吴国交战。"申包胥说:"好是好,只是不能用来交战。"越王勾践说:"在越国国内,我像对待自己的孩子一样宽待人们,施恩施惠来改善人民的生活,我修改政令、放宽刑罚,给予人们想要的政策,除去人们所厌恶的苛政,赞扬人们的善行,不追究他们的恶行,只求来报复吴国。希望用这些和吴国交战。"申包胥说:"好是好,只是不能用来交战。"越王勾践说:"在越国国内,富裕的,我让他们安居;贫穷的,我给予他们帮助。救助人们中钱粮不够用的,征收富人剩余钱粮的税,让穷人富人都得到好处,只求来报复吴国。希望用这些和吴国交战。"申包胥说:"好是好,只是不能用来交战。"越王勾践说:"越国南面是楚国,西面是晋国,北面是齐国。每年春秋两季都送给他们皮币、玉璧、布帛、美女,来表示宾服,从来没停止过,只求来报复吴国。希望用这些和吴国交战。"申包胥说:"好啊!无以复加了。但仍然不能靠这些和吴国交战。发动战争,智谋是第一位,仁义排第二,勇敢排第三位。没有智谋,就不知道百姓的想法,

无以铨度天下之众寡;不仁,则不能与三军共饥劳之殃;不勇,则不能断疑以发大计。"越王曰:"诺。"

越王勾践乃召五大夫曰:"吴为不道,求残吾社稷宗庙,以为平原,不使血食。吾欲与之徼天之衷,唯是车马、兵甲,卒伍既具,无以行之。吾问于王孙包胥,既命孤矣。敢访诸大夫,问战奚以而可?勾践愿诸大夫言之,皆以情告,无阿孤,孤将以举大事。"大夫舌庸乃进对曰:"审赏,则可以战乎?"王曰:"圣。"大夫苦成进对曰:"审罚,则可以战乎?"王曰:"猛。"大夫种进对曰:"审物,则可以战乎?"王曰:"辨。"大夫蠡进对曰:"审备,则可以战乎?"王曰:"巧。"大夫皋如进对曰:"审声,则可以战乎?"王曰:"可矣。"王乃命有司大令于国曰:"苟任戎者,皆造于国门之外。"王乃令于国曰:"国人欲告者来告,告孤不审,将为戮不利。过及五日,必审之。过五日,道将不行。"

王乃入命夫人。王背屏而立,夫人向屏。王曰:"自今日以后,内政无出,外政无入。内有辱,是子也;外有辱,是我也。我见子于此止矣。"王遂出,夫人送王不出屏,乃阖左阖,填之以土。去笄,侧席而坐,

就没有办法估量天下各国力量的众寡虚实;没有仁义,就不能和士兵共同承担饥饿劳苦的灾殃;没有勇敢,就不能决断疑虑来实施大的策略。"越王勾践说:"很正确。"

越王勾践于是召集舌庸、苦成、文种、范蠡、皋如五位大夫说:"吴国不讲道义,一心想毁坏我们的社稷宗庙,将其夷为平地,不让我们的祖先神灵能再歆享牲血祭祀。我想要和他们向上天讨个公道,只是车马、兵器、铠甲、军队都准备好了,不知道怎么使用它们。我向申包胥请教,他已经告诉过我了。我冒昧地询问各位大夫,凭什么才能把仗打好? 我希望各位大夫发表见解,都把实情告诉我,不要阿谀奉承我,我将根据诸位的建议采取重大行动。"大夫舌庸于是上前应对说:"审慎地奖赏,可以把仗打好吗?"越王说:"通达。"大夫苦成上前应对说:"审慎地惩罚,可以把仗打好吗?"越王勾践说:"勇猛。"大夫文种上前应对说:"有严密的旌旗制度,可以把仗打好吗?"越王勾践说:"善辨。"大夫范蠡上前应对说:"有严密的守备,可以把仗打好吗?"越王勾践说:"巧妙。"大夫皋如上前应对说:"有严密的钟鼓进退声音,可以把仗打好吗?"越王勾践说:"可以了。"越王勾践于是就让有关官员在国内广泛布告命令说:"如果是应征入伍的,都到国都城门之外集合。"越王又在国内发布命令说:"国内有人想要提建议的就来向我报告,凡是指出我有不审慎之处,我都会革除不好的地方。五天之内,一定会审慎对待。五天之后,建议就不能使用了。"

越王于是入宫命令夫人。越王勾践背对屏风站立,夫人面向屏风站立。越王勾践说:"从今天以后,宫廷内部的事务不出宫门,外部的军政事务也不入宫门。宫廷内部出现了失误,是夫人的责任;外边的战事有了闪失,是我的责任。我和夫人你相见就到此为止了。"越王勾践于是出宫,夫人送别越王,没有超过屏风,就关上左边的宫门,并用土埋上,以示闭阳开阴、内外分政。摘下发簪,侧身在席上独自坐下,

不扫。王背檐而立,大夫向檐。王命大夫曰:"食土不均,地之不修,内有辱于国,是子也;军士不死,外有辱,是我也。自今日以后,内政无出,外政无入,吾见子于此止矣。"王遂出,大夫送王不出檐。乃阖左闾,填之以土,侧席而坐,不扫。

王乃之坛列,鼓而行之,至于军。斩有罪者以徇曰:"莫如此以环瑱通相问也!"明日徙舍,斩有罪者以徇曰:"莫如此不从其伍之令!"明日徙舍,斩有罪者以徇曰:"莫如此不用王命!"明日徙舍,至于御兒,斩有罪者以徇曰:"莫如此淫逸不可禁也!"

王乃命有司大徇于军曰:"有父母耆老而无昆弟者以告。"王亲命之曰:"我有大事,子有父母耆老,而子为我死,子之父母将转于沟壑,子为我礼已重矣。子归,没而父母之世,后若有事,我与子图之。"明日,徇于军曰:"有兄弟四五人皆在此者以告。"王亲命之曰:"我有大事,子有昆弟四五人皆在此。事若不捷,则是尽也。择子之所欲归者一人。"明日,徇于军曰:"有眩瞀之疾者告。"王亲命之,曰:"我有大事,子有眩瞀之疾,其归。若已,后日有事,吾与子图之。"明日,徇于军曰:"筋力不足以胜甲兵,志行不足以听命者归!

不再打扫内宫。越王勾践背对屋檐站立,众大夫面向屋檐站立。越王勾践命令大夫们说:"出产粮食的土地分配不均匀,应该开垦的土地未能开垦,国内出了问题,是你们的责任;战士不拼命杀敌,外边军事上出了问题,是我的责任。从今天以后,国内的政务不出朝廷,外边的军务不入朝廷,我和你们的会见就到此为止了。"越王勾践于是出来,大夫们送别越王没有超过屋檐。就关上左边的门,用土埋上,侧身在席上坐下,不再打扫朝廷。

越王勾践于是到了郊外土坛,击鼓而行,走到军营。斩了有罪的士兵来示众,说:"你们不要像他们这样用金环玉填行贿乱军!"第二天迁徙营地后,又斩了有罪的士兵来示众,说:"你们不要像他们这样不服从伍长的命令!"第三天迁徙营地后,又斩了有罪的士兵来示众,说:"你们不要像他们这样不听从我的命令!"第四天迁徙营地到了御兒,又斩了有罪的士兵来示众,说:"你们不要像他们这样放纵、贪图安逸又不听劝阻!"

越王勾践于是命令有关官员通告全军说:"家里有父母年老而又没有兄弟的,向我报告。"越王勾践亲自对这些人说:"我有打仗的大事,你们家中有年老的父母,你们却去为我战死,你们的父母却要弃尸在沟壑之中,你们对我所尽的礼义已经很重了。你们回家吧,侍奉你们的父母并为他们送终,将来如果有了事,我再与你们商量。"次日,又通告全军说:"有兄弟四五人都在这里的,向我报告。"越王勾践亲自对他们说:"我有战事,你们有兄弟四五人都在这里。战斗如果不能取胜,那么你们就全完了。选择你们当中想回家的一个人回家吧。"次日,又通告全军说:"有头昏目眩病的人向我报告。"越王勾践亲自对他们说:"我有战事,你们有头昏目眩病的,回家去吧。将来有了事,我再与你们商量。次日,又通告全军说:"体力不支、穿戴铠甲和手执兵器有困难的人,以及志向行为不高、不能够服从命令的人都回去!

莫告。"明日,迁军接龢,斩有罪者以徇曰:"莫如此志
行不果!"于是人有致死之心。王乃命有司大徇于军
曰:"谓二三子归而不归,处而不处,进而不进,退而不
退,左而不左,右而不右,身斩,妻子鬻!"

于是吴王起师军于江北,越王军于江南。越王乃
中分其师,以为左右军,以其私卒君子六千人为中军。
明日,将舟战于江,及昏,乃令左军衔枚溯江五里以
须,亦令右军衔枚逾江五里以须。夜中,乃令左军、右
军涉江,鸣鼓,中水以须。吴师闻之,大骇曰:"越人分
为二师,将以夹攻我师。"乃不待旦,亦中分其师,将以
御越。越王乃令其中军衔枚潜涉,不鼓不噪,以袭攻
之。吴师大北。越之左军、右军乃遂涉而从之,又大
败之于没,又郊败之。三战三北,乃至于吴。越师遂
入吴国,围王宫。

吴王惧,使人行成,曰:"昔不榖先委制于越君,君
告孤请成,男女服从。孤无奈越之先君何,畏天之不
祥,不敢绝祀,许君成,以至于今。今孤不道,得罪于
君王。君王以亲辱于孤之敝邑,孤敢请成,男女服为
臣御。"越王曰:"昔天以越赐吴,而吴不受;今天以吴
赐越,孤敢不听天之命,而听君之令乎?"乃不许成。

不用向我报告。"次日,把军队都集中到军门前,斩了有罪的士兵来示众,说:"你们不要像他们这样志向行为不勇敢果断!"于是士兵们就有了奋战到死的决心。越王于是就命令有关官员向全军通告说:"你们当中如果有让回防而不回防,让停止而不停止,让前进而不前进,让后退而不后退,让向左而不向左,让向右而不向右,就要被杀掉,妻子孩子也会被卖掉!"

这时吴王夫差调动军队,驻扎在松江北岸,越王勾践的军队驻扎在松江南岸。越王就把军队分成两部分,组成左、右二军,用他自己所亲近的有志向的敢死之士六千人组成中军。次日,将要在松江江面展开船战,到黄昏时,就命令左军士兵口中衔枚沿江上溯五里待命,又命令右军士兵口中衔枚越过江面五里待命。半夜时分,命令左军、右军同时渡江,击鼓,在江中央待命。吴国军队听到鼓声后,非常惊骇,说:"越国人分成两部分,要来夹攻我们的军队。"于是不等天亮,也把他们的军队分成两部分,准备用来抵御越军。越王于是就命令中军士兵口中衔枚暗中渡水,不击鼓不喧哗,来突袭吴军。吴军大败。越国的左军、右军就趁机渡江追击吴军,又在没地大败吴军,继而又在吴国国都的郊外再次打败吴军。吴军三战三败,越军攻至吴国国都。越军乘势进入吴国国都,包围了吴王的王宫。

吴王夫差害怕了,派人到越国求和,说:"过去越君曾臣服我,君王向我提出和平请求,派越国男女到吴国服役。我念及越国的先君和吴国修好,害怕上天降下不祥,我不敢断绝越国宗庙的祭祀,答应了君王的求和要求,一直到现在。现在我不讲道义,得罪了君王您。您亲自辱身到我的破敝的吴国受苦受罪,我斗胆求和,吴国的男女都听从君王您的使唤。"越王勾践说:"过去上天把越国赐给吴国,而吴国却不接受;现在上天把吴国赐给越国,我怎么敢不听从上天的命令,而听从君王您的命令呢?"就没有答应吴国的求和。

因使人告于吴王曰："天以吴赐越，孤不敢不受。以民生之不长，王其无死！民生于地上，寓也，其与几何？寡人其达王于甬句东，夫妇三百，唯王所安，以没王年。"夫差辞曰："天既降祸于吴国，不在前后，当孤之身，实失宗庙社稷。凡吴土地、人民，越既有之矣，孤何以视于天下？"夫差将死，使人说于子胥曰："使死者无知，则已矣；若其有知，吾何面目以见员也？"遂自杀。

越灭吴，上征上国，宋、郑、鲁、卫、陈、蔡执玉之君皆入朝。夫唯能下其群臣，以集其谋故也。

《吴越春秋》：二十三年十月，越王复伐吴，吴国困不战，士卒分散，城门不守，遂屠吴。

吴王率群臣遁去。昼驰夜走，三日三夕，达于秦余杭山。胸中愁忧，目视茫茫，行步猖狂，腹馁口饥。顾得生稻而食之，伏地而饮水，顾左右曰："此何名也？"对曰："是生稻也。"吴王曰："是公孙圣所言'不得火食，走僾偟'也。"王孙骆曰："饱食而去，前有胥山，西坂中可以匿止。"王行有顷，因得生瓜已熟，吴王掇而食之，谓左右曰："何冬而生瓜？近道人不食，何也？"左右曰："谓粪种之物，人不食也。"吴王曰："何谓

又派人告诉吴王说:"上天把吴国赐给越国,我不敢不接受。因为人的一生并不很长,君王您千万不要寻死!人生活在地上,只不过是寄居,能有多少时日?我把君王您送到甬句东,再给男女各三百,希望君王您在那里安然生活,度过余生。"夫差辞谢说:"上天既然降祸给吴国,不在我之前,也不在我之后,恰在我任吴王时,我失去了吴国的社稷宗庙。凡是吴国的土地、人民,越国既然已经占有了,我有什么脸面再见天下的人呢?"吴王夫差自杀前,派人祭告伍子胥说:"如果死去的人没有灵知,就罢了;如果死去的人尚有灵知,我有什么脸面去见伍子胥呀?"于是自杀身亡。

越国灭掉吴国后,又继续北上征伐中原的国家,宋国、郑国、鲁国、卫国、陈国、蔡国等执玉珪的君主都来朝见越王勾践。越王勾践称霸,主要在于他能够对臣僚谦下而且接受他们意见,集大家的智慧于一身。

《吴越春秋》:越王勾践二十三年十月,越王再次攻打吴国,吴国困顿,不能还击,士兵四散逃跑,国都的城门没有守住,越军于是进入吴国国都进行屠杀。

吴王夫差率领众大臣潜逃而去。昼夜逃跑,三天三夜的时间,到达了秦余杭山。吴王夫差心中忧愁苦闷,目光茫然,走起路来跌跌撞撞,肚腹饥饿,口中干渴。环顾周围,找到一些生稻米充饥,又趴在地上喝河沟里的水,这才回过头来问左右的人说:"刚才吃的这东西叫什么名字?"侍从回答说:"是生稻子。"吴王夫差说:"这正应了公孙圣所说的'没有吃到熟食慌张逃跑'啊。"王孙骆说:"吃饱了饭就走吧,前边有一个地方名叫胥山,在西山坡可以隐藏休息一下。"吴王夫差往前走了一会儿,看到地上有野生的瓜已经长熟,就摘下来吃了它,问左右的人说:"为什么冬天还能结出瓜?靠近路边的人却不吃,是什么原因?"身边的人回答说:"这是粪种之物,人们不屑去吃它。"吴王夫差问道:"什么叫

粪种？"左右曰："盛夏之时，人食生瓜，起居道傍，子复生，秋霜恶之，故不食。"吴王叹曰："子胥所谓'且食'者也。"谓太宰嚭曰："吾戮公孙圣，投胥山之巅，吾以畏责天下之惭，吾足不能进，心不能往。"太宰嚭曰："死与生，败与成，故有避乎？"王曰："然。曾无所知乎？子试前呼之，圣在，当即有应。"吴王止秦余杭山，呼曰："公孙圣！"三反呼，圣从山中应曰："公孙圣。"三呼三应。吴王仰天呼曰："寡人岂可返乎？寡人世世得圣也。"

须臾，越兵至，三围吴。范蠡在中行，左手提鼓，右手操枹而鼓之。吴王书其矢而射种、蠡之军，辞曰："吾闻狡兔以死，良犬就烹；敌国如灭，谋臣必亡。今吴病矣，大夫何虑乎？"大夫种、相国蠡急而攻，大夫种书矢射之，曰："上天苍苍，若存若亡。越君勾践下臣种敢言之：昔天以越赐吴，吴不肯受，是天所反。勾践敬天而功，既得返国。今上天报越之功，敬而受之，不敢忘也。且吴有大过六，以至于亡，王知之乎？有忠臣伍子胥，忠谏而身死，大过一也；公孙圣直说而无功，大过二也；太宰嚭愚而佞言，轻而谗谀，妄语恣口，听而用之，大过三也；夫齐、晋无返逆行，无僭侈之过，而吴伐二国，辱君臣，毁社稷，大过四也；且吴与越

粪种之物?"身边的人说:"盛夏时节,人们吃了生瓜,在道旁大便,这大便中的瓜籽又长出了瓜,秋霜都厌恶它,所以不吃。"吴王夫差叹息说:"这是伍子胥所说的'姑且吃'的东西吧。"对太宰伯嚭说:"我杀了公孙圣,把他的尸体扔到胥山的山顶上,我因为害怕受到天下人的责难,心中惭愧,我的两脚不能往前迈步,心里不情愿前往。"太宰伯嚭说:"死亡和生存,失败与成功,能够特意避开吗?"吴王夫差说:"是这样。那么就一无所知吗? 你试着上前去大喊一声公孙圣,公孙圣如果在这里,应当马上就会有回应。"吴王夫差停在秦余杭山,伯嚭大声喊道:"公孙圣!"三次呼叫,公孙圣从山中回应道:"公孙圣!"三呼三应。吴王夫差仰天大叫道:"我怎么能返回吴国呢? 我将永远伴随冤死的公孙圣了。"

不久,越国追兵赶到,把吴王夫差围了三层。范蠡在中间一列,左手提鼓,右手拿着鼓槌击鼓传令。吴王夫差把信系在箭上射到文种、范蠡军中,信上说:"我听说狡猾的兔子被猎取光了以后,良犬就要被煮肉吃掉;敌国如果被灭掉了,出谋划策的大臣就会被杀。现在吴国快不行了,你们二位大夫有什么考虑?"大夫文种、相国范蠡加紧进攻,大夫文种也把信系在箭上射给吴王夫差,信上说:"上天苍苍明鉴,有生存的有死亡的。越国君王勾践的下臣文种冒昧致答如下:过去上天把越国赐给吴国,吴国不肯接受,这是违背了天命。勾践恭敬奉天,立下功劳,得以返回越国。现在上天回报越国的敬天之功,把吴国赐给越国,我们就要恭敬地接受上天的安排,不敢把机会丢掉。况且吴王有六大罪过,因此才到了灭亡的境地,大王您知道吗? 忠臣伍子胥,因为忠诚劝谏而被杀身亡,这是第一条大错;公孙圣直言相劝却没有功劳,这是第二条大错;太宰伯嚭愚昧无知又善于花言巧语,轻浮浅薄又善于阿谀奉承,胡言乱语,却对他的话听信采用,这是第三条大错;齐、晋两国没有再做悖逆的事情,也没有僭越的过错,吴国却攻打这两个国家,羞辱两国的国君大臣,毁坏两国的社稷,这是第四条大错;而且吴国和越国

同音共律，上合星宿，下共一理，而吴侵伐，大过五也；昔越亲戕吴之前王，罪莫大焉，而幸伐之，不从天命而弃其仇，后为大患，大过六也。越王谨上列青天，敢不如命？”

大夫种谓越君曰：“中冬气定，天将杀戮。不行天杀，反受其殃。”越王敬拜曰：“诺。今图吴王，将为何如？”大夫种曰：“君被五胜之衣，带步光之剑，仗屈卢之矛，瞋目大言以执之。”越王曰：“诺。”乃如大夫种辞吴王曰：“诚以今日闻命。”言有顷，吴王不自杀。越王复使谓曰：“何王之忍辱厚耻也！世无万岁之君，死生一也。今子尚有遗荣，何必使吾师众加刃于王？”吴王仍未肯自杀。勾践谓种、蠡曰：“二子何不诛之？”种、蠡曰：“臣，人臣之位，不敢加诛于人主。愿主急而命之：‘天诛当行，不可久留。’”越王复瞋目怒曰：“死者，人之所恶；恶者，无罪于天，不负于人。今君抱六过之罪，不知愧辱，而欲求生，岂不鄙哉？”吴王乃太息，四顾而望，言曰：“诺。”乃引剑而伏之死。越王谓太宰嚭曰：“子为臣不忠无信，亡国灭君。”乃诛嚭，并妻子。

吴王临欲伏剑，顾谓左右曰：“吾生既惭，死亦愧矣。使死者有知，吾羞前君地下；不忍睹忠臣伍子胥及

音律相同，天上对应同一个星宿，地下处在同一地理区域，吴国却侵犯越国，这是第五条大错；过去越王亲手杀害吴国的前一位国王阖闾，罪责没有比这更大的，吴国有幸讨伐了越国，但吴国又不听从上天把越国赐给吴国的指令，放过了杀父仇人，后来成为大患，这是第六条大错。越王恭谨地尊奉天命，敢不服从天命吗？”

　　大夫文种对越王勾践说：“仲冬，地气凝固，上天就要刑杀。不顺应上天旨意进行杀戮，反而会遭受灾殃。”越王勾践恭敬地行拜礼道：“好。现在对付吴王，要怎么办？”大夫文种说：“君王您披上五行相胜图案的衣服，佩带步光宝剑，手执屈卢长矛，怒目圆睁，大声呵斥着去抓吴王夫差。”越王勾践说：“好。”于是按照大夫文种所说的派人对吴王说：“实在想在今天听到你裁决的消息。”过了一会儿，吴王夫差夫差还没自杀。越王又派人对他说：“为什么君王能这么承受屈辱、厚颜无耻呢！世上没有能活万岁的君王，死和生都是一样的。现在您还有身后的荣誉，何必让我的军队使用乱刀砍杀君王呢？”吴王夫差仍然不肯自杀。越王勾践对文种、范蠡说：“你们两位为什么不去杀了他？”文种、范蠡回答说：“臣下处在人臣的职位上，不敢杀害君王。希望君王您急切地命令他说：‘上天的诛杀正该执行，不能耽搁太久。’”越王又瞪眼愤怒地说：“死，是人们所厌恶的；但厌恶死亡，就不该得罪上天，不亏欠别人。现在君王您犯有六条罪过，不知道羞愧耻辱，还想求生，难道不鄙陋吗？”吴王夫差于是大声叹息，往四周看看，说：“好。”就持剑自刎而死。越王对吴国太宰伯嚭说：“你做大臣没有忠心，没有诚信，导致国家灭亡，君主死亡。”于是就杀了伯嚭和他的妻子儿女。

　　吴王夫差要伏剑自杀前，回头对他身边的人说：“我如今活着惭愧，死了也惭愧。假如死去的人尚有灵知的话，我在地下就会有愧于列祖列宗；也不忍心再去见忠臣伍子胥和

公孙圣。使其无知,吾负于生。死必连綦组以罩吾目,恐其不蔽,愿复重罗绣三幅,以为掩明。生不昭我死,勿见我形,吾何可哉?"越王乃葬吴王以礼于秦余杭山卑犹。越王使军士集于我戎之功,人一隰土,以葬之。宰嚭亦葬卑犹之旁。

越王还于吴,当归,而问于范蠡曰:"何子言之其合于天?"范蠡曰:"此素女之道,一言即合大王之事,王问为,实《金匮》之要,在于上下。"越王曰:"善哉!吾不称王,其可悉乎?"蠡曰:"不可。昔吴之称王,僭天子之号,天变于上,日为阴蚀。今君遂僭号不归,恐天变复见。"

越王还于吴,置酒文台,群臣为乐,乃命乐作伐吴之曲。乐师曰:"臣闻'即事作操,功成作乐'。君王崇德诲,化有道之国,诛无义之人,复仇还耻,威加诸侯,受霸王之功。功可象于图画,德可刻于金石,声可托于弦管,名可留于竹帛。臣请引琴而鼓之。"遂作章畅辞曰:"屯乎!今欲伐吴,可未耶?"大夫种、蠡曰:"吴杀忠臣伍子胥,今不伐吴,人何须?"大夫种进祝酒,其辞曰:"皇天祐助,我王受福。良臣集谋,我王之德。宗庙辅政,鬼神承翼。君不忘臣,臣尽其力。上天一苍,

公孙圣。假如死去的人没有灵知,我也对不起活着的人。我死后一定要用布带罩住我的眼睛,担心它蒙得还不严密,希望再盖上三幅罗绣,用来遮盖我的视线。使活着的人不显现在我的眼前,死了的人也见不到我的形状。我还有什么可说的呢?"越王勾践于是依照礼节把吴王夫差埋葬在秦余杭山的卑犹。让那些在这次战争中立功的将士每人挖一块低湿地上的土,来埋葬吴王夫差。伯嚭也埋葬在卑犹的旁边。

越王勾践返回吴国,临返回前,问范蠡说:"为什么你说的话和天意相合无误?"范蠡说:"这是素女的道术,一句话就指明大王您的事情,大王您问的,实在是《金匮》秘诀,在于上下权衡利弊。"越王勾践说:"那好啊!我如果不称王,结果你可以详尽地知道吗?"范蠡说:"不可称王啊。过去吴国国君称王,僭用天子的名号,上天发出灾变,太阳被月亮侵蚀。现在您僭称越王的名号又不归还给周天子,恐怕上天的变异会再次出现。"

越王勾践返回吴国,在文台上大摆酒宴,群臣作乐,于是就授命乐师作伐吴的曲子。乐师说:"臣下我听说'做事的时候就创作坚贞不渝的琴曲,功业建成了就创作歌功颂德的乐曲'。君王您崇尚道德教诲,教化有道的国家,诛杀没有道义的人,报仇雪耻,威严震慑了诸侯,成就了霸主的功业。大王您的功劳可以描绘成图画,功德可以雕刻在金石之上,声名可以谱成曲子用弦管传播,名字可以记载在史册上。臣下我请求拿琴来弹奏一曲。"于是就创作了一章,畅快地吟诵,歌词是:"驻扎的越国军队啊,现在要去攻打吴国,可以不可以?"大夫文种、范蠡唱道:"吴王杀害了忠臣伍子胥,现在不去攻打吴国,又待何时?"大夫文种走上前去祝酒,他的祝词说:"上天保佑帮助,我们的大王有了福运。让贤良的大臣们聚集在一起谋划国家大事,这是我们大王的仁德。宗庙的列祖列宗辅助治理国家,鬼神受命在四周庇护。君王不忘关怀大臣,大臣为君王竭尽心力。上天苍苍,

不可掩塞。觞酒二升，万福无极。"于是越王默然无言。大夫种曰："我王贤仁，怀道抱德。灭仇破吴，不忘返国。赏无所吝，群邪杜塞。君臣同和，福祐千亿。觞酒三升，万寿难极。"台上群臣大悦而笑，越王面无喜色。范蠡知勾践爱壤土，不惜群臣之死，以其谋成国定，必复不须功而返国也，故面有忧色而不悦也。

范蠡从吴欲去，恐勾践未返，失人臣之义，乃从入越。行谓文种曰："子去矣！越王必将诛子！"种不然言，蠡复为书遗种曰："吾闻天有四时，春生冬伐；人有盛衰，泰终必否。知进退存亡而不失其正，惟贤人乎？蠡虽不才，明知进退。高鸟已散，良弓就藏；狡兔已尽，良犬就烹。夫越王为人，长颈乌喙，鹰视狼步。可以共患难，而不可共处乐；可与履危，不可与安。子若不去，将害于子明矣。"文种不信其言，越王阴谋。范蠡议欲去，微幸。

二十四年九月丁未，范蠡辞于王曰："臣闻主忧臣劳，主辱臣死，义一也。今臣事大王，前则无灭未萌之端，后则无救已倾之祸。虽然，臣终欲成君霸国，故不辞

不能掩盖我们君王的仁德。请再次举觞干杯,祝我们的大王万福无穷。"这时越王勾践却默然无语。大夫文种又说:"我们的大王贤明仁爱,胸怀道德。报仇消灭了吴国,没有忘记返回越国。赏赐毫不吝啬,各种不正当的做法都被堵塞。君臣上下和谐,福佑无穷。请再次举觞干杯,祝我们的大王万寿无疆。"台上的大臣们非常高兴,欢笑起来,越王勾践的脸上却没有什么喜悦的神色。范蠡知道勾践喜爱土地,并不顾大臣们的死亡,因为他的计划已经实现,国家也已经安定,肯定不想带着一批功臣返回越国,所以才脸上有忧虑的表情而心中不高兴。

范蠡在吴国时就想离越王勾践而去,担心越王勾践没有返回越国,自己先离开就失去了做人臣的道义,于是就跟随越王勾践一同回到越国。回越国的路上对文种说:"你快逃走吧! 越王必定会杀你!"文种对范蠡的话不以为然,范蠡又写信给文种说:"我听说上天有四个季节,春生冬杀;人有盛时有衰时,就像八卦中泰卦到了终点必定要变成否卦。知道进退存亡的规律又把握住它的枢纽,大概只是贤人才行吧? 我范蠡虽然没有才智,却非常明白进退的规律。高空中的飞鸟被驱散,良弓就要被收藏;狡猾的兔子猎取光了,良犬就要被煮着吃掉。越王的形象,是长长的脖子,嘴尖得像鸟的嘴一样,眼睛像鹰眼,走路像狼的步态。这样的人可以共同承担患难,但不能共同享受安乐;可以共同经历危急,但不能共享安宁。你如果不逃离,就要杀害你,这已是很清楚的事了。"文种不信范蠡的话,越王勾践在暗地里谋划着。范蠡吵嚷着要离去,侥幸保全了一条性命。

越王勾践二十四年九月初六日,范蠡向越王勾践告辞说:"我听说君主有忧患,大臣就要辛劳分忧,君主受到污辱,大臣就应当殉身,与道义一致。现在我事奉大王您,以前没有消除灾祸的萌芽,后来又没有挽救国家倾危的灾祸。虽然这样,臣下还是想要促成君王的诸侯霸主地位,所以不辞

一死一生。臣窃自惟,乃使于吴。王之惭辱,蠡所以不死者,诚恐谗于太宰嚭,成伍子胥之事,故不敢前死,且须臾而生。夫耻辱之心不可以大,流汗之愧不可以忍。幸赖宗庙之神灵,大王之威德,以败为成,斯汤、武克夏、商而成王业者。定功雪耻,臣所以当席日久,臣请从斯辞矣。"越王恻然泣下沾衣言曰:"国之士大夫是子庸,国之人民是子使,孤寄身托号以俟命矣。今子云去,欲将逝矣,是天之弃越而丧孤也,亦无所恃者矣。孤窃有言,公位乎,分国共之。去乎,妻子受戮。"范蠡曰:"臣闻:'君子俟时,计不数谋,死不被疑,内不自欺。'臣既逝矣,妻子何法乎?王其勉之!臣从此辞。"乃乘扁舟,出三江,入五湖,人莫知其所适。

范蠡既去,越王愀然变色,召大夫种曰:"蠡可追乎?"种曰:"不及也。"王曰:"奈何?"种曰:"蠡去时,阴画六,阳画三,日前之神莫能制者玄武,天空威行,孰敢止者?度天关,涉天梁,后入天一,前翳神光。言之者死,视之者狂。臣愿大王勿复追也。蠡终不还矣。"越王乃收其妻子,封百里之地。有敢侵之者,上天所殃。于是越王乃使良工铸金象范蠡之形,置之坐侧,朝夕论政。

死生。臣下我私底下这样考虑，所以才和大王您一同到吴国。大王经受那样的屈辱，范蠡我没有因大王受辱而殉身的原因，实在是害怕被太宰伯嚭那样的奸臣诬陷，出现伍子胥那样的事，所以不敢先前就死，只是暂且苟延残喘地活着。让人耻辱的心情不能太长久，让人汗颜的羞愧不能总是忍受。有幸依赖宗庙神灵的佑助，以及大王您的威严和仁德，转失败为成功，这便是商汤、周武王打败夏桀、商纣王而成就王业的原因。功业已经完成了，耻辱也已经洗刷了，臣下担任重臣职务的时间太长了，我请求从此就告辞了。"越王勾践悲伤泪下，泪珠沾湿了衣服，说道："越国的士大夫是您的雇工，越国的百姓是您的仆人，我暂时寄身王位托号越王是用来等候您新的安排呀。现在您却说离开越国，想要远走高飞了，这是上天抛弃了越国、抛弃了我呀，我也没有可以依赖的人了。我私下说过，您如果继续担任职务，我和您分国而治。您如果离开这里，您的妻子儿女将受到诛杀。"范蠡说："臣下听说：'君子等待时机，计谋不要屡次策划，到死也不能被怀疑，内心不欺骗自己。'我既然要走，妻子儿女又犯什么法呢？希望大王您自勉！我就此告辞了。"于是乘坐一叶扁舟，越过三江，进入五湖，人们不知道他去了那里。

范蠡离去后，越王勾践怅然变了脸色，召见大夫文种说："还能追上范蠡吗？"文种说："追不上了。"越王勾践说："怎么办？"文种说："范蠡在离去前，阴画了六笔，阳画了三笔，太阳之前的神不能控制的就是玄武星，玄武星在天空威武地行走，谁敢拦阻？穿过天关星，经过天梁星，然后进入天一星，前面笼罩着神光。谈到它的人丧命，看见它的人发疯。臣下希望大王您不要再追赶了。范蠡终究不会返回来了。"越王勾践于是收纳了范蠡的妻子儿女，封给他们京城周围百里的土地。告诫人们有谁敢侵略他们的封地，上天就给谁降下灾殃。这时越王勾践又让手艺高超的工匠铸造了范蠡的铜像，把铜像放在座位旁边，早晚与其讨论国家的政事。

　　自是之后，计砚佯狂，大夫曳庸、扶同、皋如之徒日益疏远，不亲于朝。大夫种内忧不朝，人或谗之于王曰："文种弃宰相之位，而令君王霸于诸侯。今官不加增，位不益封，乃怀怨望之心，愤发于内，色变于外，故不朝耳。"异日，种谏曰："臣所以早朝而晏罢，苦身疾作者，但为吴耳。今已灭之，王何忧乎？"越王默然。时鲁哀公患三桓，欲因诸侯以伐之，三桓亦患哀公之怒，以故君臣作难。哀公奔陉，三桓攻哀公，公奔卫，又奔越。鲁国空虚，国人悲之，来迎哀公，与之俱归。勾践忧文种之不图，故不为哀公伐三桓也。

　　二十五年丙午平旦，越王召相国大夫种而问之："吾闻'知人易，自知难'。其知相国何如人也？"种曰："哀哉大王！知臣勇也，不知臣仁也；知臣忠也，不知臣信也。臣诚数以损声色，减淫乐，奇说怪谕，尽言竭忠，以犯大王。逆心咈耳，必以获罪。臣非敢爱死不言，言而后死。昔子胥于吴，当夫差之诛也，谓臣曰：'狡兔死，良犬烹；敌国灭，谋臣亡。'范蠡亦有斯言。何大王问犯《玉门》之第八？臣见王志也。"越王默然不应，大夫亦罢。

　　哺其耳以成人恶。其妻曰："君贱一国之相，少王禄乎？临食不享，哺以恶何？妻子在侧，匹夫之能

从这之后，计倪佯装癫狂，大夫曳庸、扶同、皋如这些人和越王勾践也日益疏远，不接近朝廷。大夫文种也由于心里有忧虑而不上朝，有人就在越王勾践前进谗言说："文种放弃宰相的职位，而让君王您在诸侯面前充当霸主。现在官职不晋升，爵位不加封，才怀有怨望的想法，内心产生怨恨，外面的脸色都变了，所以不来朝拜君王您。"有一天，文种劝谏说："我很早上朝、很晚退朝，辛苦工作的目的，只是为了攻打吴国。现在吴国已经被消灭了，大王您还有什么忧虑呢？"越王沉默不语。当时鲁哀公正担心鲁桓公的后代孟孙、季孙、叔孙三家，想借用诸侯的力量来攻打他们，三桓也担心鲁哀公的愤怒，因此君臣之间发生冲突。鲁哀公逃到陉地，三桓攻打鲁哀公，鲁哀公便逃到卫国，后又逃到越国。这时鲁国君位空缺，鲁国人为此感到哀伤，就到越国来迎接他，鲁哀公和这些来迎接他的人一同回到了鲁国。越王勾践担心文种图谋不轨，所以没有替鲁哀公攻打三桓。

越王勾践二十五年丙午这天的清晨，越王勾践召见相国大夫文种，问他说："我听说'了解别人容易，了解自己很难'。谁知道相国是什么样的人呢？"文种说："可悲啊大王！知道我勇敢，却不知道我仁厚；知道我忠实，却不知道我诚信。我确实屡次用减少您在声色方面的娱乐，减少您过分地享受淫乐，奇谈怪论，竭尽忠诚地规劝，这样就触犯了您。违背了您的心思，刺激了您的耳朵，必定会获得罪过。臣下我不敢因爱惜生命就不说话，但说了以后就会死。过去伍子胥在吴国，夫差诛杀他时，对周围的大臣说：'狡猾的兔子死了，良犬就会被煮；敌国灭亡了，谋臣就会去死。'范蠡也说过这样的话。为什么大王您问犯《玉门》第八？我知道大王的心思了。"越王勾践沉默不回应，文种也就作罢了。

文种回家后在鼎中装上大便。他的妻子说："您轻视一国的相位，轻视君王的俸禄吗？到吃饭的时候不祭神，却要吃大便，为什么呢？而且妻子孩子在旁边，您凭借一介匹夫的能力

自致相国,尚何望哉?无乃为贪乎?何其志忽忽若斯?"种曰:"悲哉,子不知也。吾王既免于患难,雪耻于吴,我悉徙宅,自投死亡之地。尽九术之谋,于彼为佞,在君为忠。王不察也。乃曰'知人易,自知难'。吾答之,又无他语,是凶妖之证也。吾将复入,恐不再还,与子长诀,相求于玄冥之下。"妻曰:"何以知之?"种曰:"吾见王时,正犯《玉门》之第八也。辰克其日,上贼于下,是为乱丑,必害其良。今日克其辰,上贼下止,吾命须臾之间耳。"

越王复召相国,谓曰:"子有阴谋兵法,倾敌取国九术之策。今用三,已破强吴。其六尚在子所,愿幸以余术为孤前王于地下谋吴之前人。"于是种仰天叹曰:"嗟乎!吾闻'大恩不报,大功不还',其此谓乎!吾悔不随范蠡之谋,乃为越王所戮。吾不食善言,故哺以人恶。"越王遂赐文种属卢之剑。种得剑,又叹曰:"南阳之宰而为越王之擒。"自笑曰:"后百世之末,忠臣必以吾为喻矣。"遂伏剑而死。

越王葬种于国之西山,楼船之卒三千余人,造鼎足之羡,或入三峰之下。葬一年,伍子胥从海上穿山胁而持种去,与之俱浮于海。故前潮水潘候者,伍子胥也;后重水者,大夫种也。以上文种之事。

自己做上了相国,还有什么奢望呢? 莫非是太贪婪了吗? 为什么您的心志这样昏暗糊涂呢?"文种说:"可悲啊! 你有所不知呀。我们的君王已经免除了祸患灾难,洗刷了在吴国受到的耻辱,我的妻子儿女和所有的财产都搬迁到在越国的新家,这样自己就投入到死亡的地方。尽献九条计谋,对于吴国来说,我是巧言谄媚,对于君主来说,这是尽忠。越王却不明察。竟说'了解别人容易,了解自己很难'。我回答他的问题,他又没有说别的话,这是凶险的征兆呀。我就要进宫再次拜见越王,恐怕不能再回来了,就和你诀别吧,希望在地下能够相见。"妻子说:"您怎么知道这些的?"文种说:"我拜见越王时,正犯《玉门》第八。如果时辰的干支胜过日期的干支,那么在上位的君主就会残害臣下,这是乱象。必定伤害忠良。现在日期的干支胜过时辰的干支,在上位的君主损害下位的情况没了,我的生命就这很短的时间了。"

越王勾践再次召见相国文种,对他说:"你有战胜敌人、夺取国家的秘计兵法九条。现在用了三条计谋,就攻破了强大的吴国。其余的六条计策还在你的手里,希望你能用剩余的计策在地下为我的前代君王图谋吴国的先王。"这时文种仰首向天叹息说:"啊呀! 我听说'大的恩情不会有报答,大的功劳不会有回报',就是指的这种情况吧! 我后悔没有听从范蠡的计策,才被越王所杀。我不听善意的劝告,所以只能去吃人家的大便。"越王勾践于是赐给文种属卢宝剑。文种拿着剑,又叹息说:"楚国南阳的县令竟被越王擒住了。"自己又强笑道:"在我百世之后,忠臣一定会拿我做比喻。"于是伏剑自杀。

越王勾践把文种埋葬在国都的西山上,用楼船上的三千士兵,穿凿了像鼎足一样的墓道,有的通到三峰之下。埋葬了一年以后,伍子胥从海上穿透山腰带走了文种,和文种共同浮渡在海上。所以前边回流候望的潮水是伍子胥;后边重叠的潮水,是越国大夫文种。以上是有关文种的事情。

臣士奇曰：越王勾践既栖会稽，含垢忍耻，以豢吴而臣之。石室累囚，命悬掌股。卒能出艰济险，重见越山。其归国也，吊死问孤，生聚教训，夏还抱火，冬则握冰，目倦至攻之以蓼。悬胆于户，出入必尝。刻苦淬厉，极人世所不堪。又有范蠡、文种、计砚诸贤佐，或抚其内，或营其外。勾践危心深虑，言无不入，计无不从，遂环沼吴疆，快偿宿怨，岂非坚忍志士之所为哉？

当阖闾之死樵李也，夫差使人立庭而训之曰："夫差！而忘越王之杀而父乎？"则对曰："不敢忘。"三年卒报越，降其君夫人而仆妾之，不可谓非孝。赦勾践不杀，不可谓非仁。乃其器小易盈，破楚以来，雄心益肆，称兵上国，结衅齐、鲁，战胜攻克骄其中，台池嫔御盅其外，由是弃忠言而不纳，心腹之疾忽为疥痒矣。

夫吴之与越，势不并存。勾践忍辱习苦，以小忠曲谨为钓吴之饵，下尝其粪，而上食王之心，其为隐忧近患，岂待抉东门之目而后见哉？而夫差方且信宰嚭之谗，争黄池之长，淫侈不道，自取败亡，身死余杭，

臣下我高士奇评论说:越王勾践退守会稽山后,承受侮辱,强忍羞耻,来奉事吴国,对吴国称臣。后又成为吴王夫差石室之中捆缚着的囚徒,生命掌握在夫差的股掌之间。最后能逃出困顿,度过险关,又重新见到越国的山河。回到越国以后,越王勾践吊唁死者,慰问失去父亲的孤儿,繁衍人口,积累财富,教化人民,训练战士,夏天就抱着炭火,冬天则握着冰块,眼睛困倦时就用蓼草来提神。把苦胆悬挂在门框上边,出去进来必定要品尝一下。刻苦激励,极尽人世间不能忍受的事。又有范蠡、文种、计砚诸位贤臣的辅佐,他们有的治理越国的内部事务,有的经营军事外交等外部事务。越王勾践心存戒惧、思虑深沉,劝谏之言没有不倾听的,计策没有不采纳的,终于包围踏平了吴国领土,痛快地报了过去的怨仇,这难道不是坚韧不拔有志之士的作为吗?

　　吴王阖闾死在槜李之战时,夫差让人站立在殿堂前大声给自己提醒说:"夫差!你忘掉了越王杀死你父亲的事吗?"夫差就回答说:"不敢忘怀。"只用了三年的时间就报复了越国,让越王勾践和夫人沦为自己的奴仆和婢妾,不能说吴王夫差不孝。赦免了越王勾践的罪责而不杀他,不能说吴王夫差不仁。但是吴王夫差胸襟小,容易自满,自从攻破楚国以来,称雄之心更加放肆,和中原诸侯国晋国交兵打仗,和齐国、鲁国又结下了仇恨,内心因屡次大胜而骄傲,外受台池妃嫔的享受蛊惑,由此拒不接受伍子胥的忠言,把心腹大患忽视为表面的疥疮。

　　吴国和越国,形势上不能同时并存。越王勾践忍受耻辱,习于困苦,用小小的忠心和谨小慎微作为引诱吴王夫差上钩的诱饵,他俯下身躯去品尝夫差的粪便,仰身而起滋生的却是吞吃吴王夫差的心志,越王勾践作为隐忧近患,难道还用等到挖出伍子胥的眼睛挂在吴都东门上之后才发现吗?然而吴王夫差这时正在听信太宰伯嚭的谗言,竞争黄池之会的盟主,淫逸奢侈不守道义,自取失败灭亡,死于余杭,

为天下笑。概观前后,何贤不肖之大相悬也?

子胥,吴之老臣,洒泣披肝,忠贯日月。少伯,勾践之甯武子也,相从羁绁,卒反故君。文种实为居者,九术用三,吴已为沼。此三人者,皆吴、越之所倚为存亡,而没犹百世祀者也。一则不免鸱夷之湛,一则卒就属卢之诛。藉令少伯不见几远引,则亦藏弓烹狗之属耳。

夫差固荒盲无足深责。若勾践,则真长颈乌喙哉!且夫檇李之战,阖闾伤将指,还卒于陉,则勾践者,夫差不共之仇雠也。夫椒之报,理实宜然。既已纳土归命,待以不死,而又纵之,而又封之,不大有造于勾践乎!幸反故国,守一言不再之信,终身事吴,夫差虽贪,子胥虽忌,未必即翦焉以肆东封也。而乘虚伺衅,俘其太子,而袭其都,何义乎?及再破吴师,夫差请成弗许,即惩天与不取之覆辙,亦当委曲而善全之,奈何迫令自杀,遂使至德之裔忽焉不祀,报施之道顾如是耶?少伯睹微而亟去,盖亦有见于此也。

最终被天下人所耻笑。概观前后，为什么他前期的明贤和后期的不肖之间相差这么大呢？

伍子胥是吴国的老臣，洒泪、披肝沥胆，忠心横贯日月。范蠡范少伯就是越王勾践的甯武子，跟随越王勾践一起到吴国做囚徒，最终使越王勾践回到越国。文种实际是帮越王勾践留守国内的人，九术只使用了其中的三术，吴国就已经沦为池沼了。这三个人，都是吴国、越国生死存亡所倚赖的关键人物，是死后仍享受百世祭祀的人物。但伍子胥没有免除尸体装在口袋里沉江的命运，文种最终被赐属卢宝剑自杀身亡。假使范少伯不是见到形势不妙而远走他方，那么也将成为被杀的功臣了。

夫差本就是个糊涂不明事理之人，没必要去深责他。至于勾践，就真的是脖子长得很长、嘴尖得像鸟嘴一样的人呢！说到檇李之战，吴王阖闾的大脚趾在这次战斗中受了伤，退兵后死在陉地，那么勾践这个人，就是吴王夫差不共戴天的仇敌。夫椒之战，吴国报仇，从情理而言确实应该这样。既然越王勾践已经把土地和自己的命运交给了吴王夫差，夫差宽待勾践，让他得以活命，后来又放走了勾践，而且又封赏了勾践，这不是对勾践有大恩吗！勾践幸运地返回越国，如果遵守一言九鼎不再反悔的诺言，终身事奉夫差，那么夫差虽然贪婪，伍子胥虽然顾忌，也未必就会剪除越国来扩展吴国的东部边疆。勾践却乘虚伺机而入吴国，发动偷袭，俘虏了吴国的太子友，又袭击了吴国的国都，这怎么能谈得上有道义呢？等到再次攻破吴国的军队，吴王夫差求和不被允许，即使有鉴于上天赐予如不接受就必有后祸的覆辙，也应当委屈迁就，好好保全夫差，为什么还要逼迫夫差自杀身亡，因而使有盛德的周王室后裔忽然断绝了祭祀，报答恩德的做法难道就是这样吗？范蠡见到势头不妙就立即远走高飞，大概也是在这件事上有所发现领悟吧。

夫差不忍甬东之辱,与项王之不复渡江,其事略同。以比之乌喙,不犹有烈士风哉!

吴王夫差不能忍受勾践安排他居住甬东的羞辱,和项羽不再渡江南下,两人的事迹大体相同。拿夫差和嘴尖得像鸟嘴一样的勾践相比,夫差不是还算有烈士的遗风吗!

秦

卷五十二　秦穆公伯西戎

桓公三年，芮伯万之母芮姜恶芮伯之多宠人也，故逐之，出居于魏。

四年秋，秦师侵芮，败焉，小之也。冬，王师、秦师围魏，执芮伯以归。

十年秋，秦人纳芮伯万于芮。

僖公九年，晋郤芮使夷吾重赂秦以求入。曰："人实有国，我何爱焉？入而能民，土于何有？"从之。齐隰朋帅师会秦师纳晋惠公。

十年，杀丕郑，丕豹奔秦。言于秦伯曰："晋侯背大主而忌小怨，民弗与也。伐之，必出。"公曰："失众，焉能杀？违祸，谁能出君？"

十三年冬，晋荐饥，使乞籴于秦。秦伯谓子桑："与诸乎？"对曰："重施而报，君将何求？重施而不报，其民必携。

卷五十二 秦穆公伯西戎

鲁桓公三年,芮国国君芮伯万的母亲芮姜厌恶他的宠姬太多,于是便把他赶走了,让他住在魏地。

四年秋季,秦国的军队攻打芮国,结果战败,这是因为秦国轻敌导致了失败。冬季,周王室的军队、秦国的军队联合包围了芮国的魏地,将芮伯万抓了回去。

十年秋季,秦国人把芮伯万送回了芮国。

鲁僖公九年,晋国的郤芮让夷吾给秦国送去重礼,请求帮自己回国。郤芮对夷吾说:"国家已被别人所占有,我们还爱惜什么? 如果能回国就能得到百姓,土地何足惜?"夷吾听从了郤芮的话。齐国的隰朋率军会合秦军把晋惠公夷吾送回国内即位。

十年,郤芮杀了丕郑,丕郑的儿子丕豹逃亡到了秦国。丕豹对秦穆公说:"晋惠公背叛了曾帮助过他的大国国君,对小怨记恨在心,百姓不会亲附拥护他。如果我们讨伐他,百姓肯定会把他赶走。"秦穆公说:"如果夷吾失去百姓支持,怎么还能杀掉大臣? 晋国的百姓如果都像你一样纷纷逃离祸难,还怎么能赶走你们的国君呢?"

十三年冬季,晋国连年灾荒,派人到秦国求购粮食。秦穆公问子桑:"给他们吗?"子桑回答说:"过去我们曾帮助夷吾回国即位,这次再帮助一次,他们必将报答我们,国君还要求什么呢? 如果再帮助他们一次而不报答我们,那么百姓必然离弃他们。

携而讨焉，无众，必败。"谓百里："与诸乎？"对曰："天灾流行，国家代有。救灾恤邻，道也。行道有福。"丕郑之子豹在秦，请伐晋。秦伯曰："其君是恶，其民何罪？"秦于是乎输粟于晋，自雍及绛相继。命之曰"泛舟之役"。

十四年冬，秦饥，使乞籴于晋，晋人弗与。

十五年冬，秦伯伐晋。壬戌，战于韩原。晋戎马还泞而止。公号庆郑，庆郑曰："愎谏、违卜，固败是求，又何逃焉？"遂去之。梁由靡御韩简，虢射为右，辂秦伯，将止之，郑以救公误之，遂失秦伯。秦获晋侯以归。晋大夫反首拔舍从之。秦伯使辞焉，曰："二三子何其戚也？寡人之从君而西也，亦晋之妖梦是践，岂敢以至？"晋大夫三拜稽首曰："君履后土而戴皇天，皇天、后土，实闻君之言，群臣敢在下风。"

穆姬闻晋侯将至，以太子罃、弘与女简璧，登台而履薪焉。使以免服、衰绖逆，且告曰："上天降灾，使我两君匪以玉帛相见，而以兴戎。若晋君朝以入，则婢子夕以死；夕以入，则朝以死。唯君裁之。"乃舍诸灵台。大夫请以入，公曰："获晋侯，以厚归也。既而丧归，焉用之？大夫其何有焉？

等百姓离弃他们了再去攻打,没有民众的支持,必然失败。"秦穆公又问百里奚:"给不给他们?"百里回答说:"天灾到处流行,在各国交替发生。援救受灾之人,救济相邻之国,是合乎道义的。按道义办事,必有福禄。"此时丕郑的儿子丕豹正在秦国,便请求秦国趁机攻打晋国。秦穆公说:"虽然我们讨厌他的国君,但他的百姓有什么罪呢?"于是秦国就把粮食运送到了晋国,运粮的船从雍城一直连到绛城。这一事件,被称为"泛舟之役"。

十四年冬季,秦国年成不好,派人到晋国求购粮食,但晋国人不给。

十五年冬季,秦穆公攻打晋国。九月十四日,两军在晋地韩原开战。晋惠公驾战车的小驷马陷在泥泞之中,左右盘旋都出不来。晋惠公向庆郑呼救,庆郑说:"你刚愎自用,不纳谏言,又违背占卜结果,不用我为车右,本来就是自找失败,还要逃走干什么?"说完就走开了。梁由靡驾驭韩简的战车,以虢射为车右,迎面遇到秦穆公的战车,正要准备俘获他,恰在这时,庆郑招呼他们去救晋惠公,就耽误了擒获秦穆公的时机,使其得以逃走。而晋惠公却终于被秦军俘获带回。晋国的大夫们披头散发,拆除帐篷,露宿于野,一直跟着晋惠公走。秦穆公派人安慰他们说:"你们几位为何如此忧伤? 我之所以带着晋君西行,只不过是应验了当年晋大夫狐突遇太子申生鬼魂的妖梦罢了,哪敢做得太过分呢?"晋国的大夫们三拜叩首说:"您脚踩着大地,头顶着苍天,天地都听到了国君您的话,群臣们都在下面听候吩咐。"

秦穆姬听说晋惠公被带回秦国,便领着太子䓨、儿子弘和女儿简璧,登上高台,站在柴草之上。她让人拿着丧服去迎接秦穆公,并告诉他说:"上天降下灾祸,致使我们两国国君不是以赠送玉帛的礼节相见,而是诉诸战争。如果晋君早上进入国都,那么我晚上就自焚;晚上进入,我就早上自焚。请国君处置。"秦穆公只好安排晋惠公住在灵台。秦大夫请求把晋惠公带回国都,秦穆公说:"俘获晋君而归,本是个大收获。但把他带回国都,却造成夫人自杀而死,那还有什么用呢? 对大夫们又有什么益处呢?

且晋人戚忧以重我，天地以要我，不图晋忧，重其怒也；我食吾言，背天地也。重怒难任，背天不祥。必归晋君。"公子絷曰："不如杀之，无聚慝焉。"子桑曰："归之而质其太子，必得大成。晋未可灭，而杀其君，只以成恶。且史佚有言曰：'无始祸，无怙乱，无重怒。'重怒难任，陵人不祥。"乃许晋平。

晋侯使郤乞告瑕吕饴甥，且召之。子金教之言曰："朝国人而以君命赏，且告之曰：'孤虽归，辱社稷矣，其卜贰圉也。'"众皆哭。晋于是乎作爰田。吕甥曰："君亡之不恤，而群臣是忧，惠之至也，将若君何？"众曰："何为而可？"对曰："征缮以辅孺子。诸侯闻之，丧君有君，群臣辑睦，甲兵益多，好我者劝，恶我者惧，庶有益乎！"众说。晋于是乎作州兵。

初，晋献公筮嫁伯姬于秦，遇《归妹》☳之《睽》☲。史苏占之，曰："不吉。其繇曰：'士刲羊，亦无衁也；女承筐，亦无贶也。西邻责言，不可偿也。《归妹》之《睽》，犹无相也。'《震》之《离》，亦《离》之《震》。'为雷、为火，为嬴败姬。车说其輹，火焚其旗。不利行师，败于宗丘。《归妹》《睽》孤，

况且晋国人以忧伤来感动我,指着天地和我相约,如果不考虑他们的忧伤,就会增加他们对我的怨恨;我不履行自己的诺言,就是背叛了天地。增加怨恨会使我难以承受,背叛上天则不吉祥。总之,一定要放晋君回国。"公子絷说:"不如杀了他,以免积累仇恨。"子桑说:"如果让他回国,而把他的太子留下做人质,一定对我们大大有利。现在还不能将晋国灭亡,如果杀掉了他的国君,只能造成相互间更大的仇恨,导致更坏的恶果。并且史佚曾说过:'不要首先发动祸难,不要依靠动乱获利,不要增加相互间的怨怒。'增加了怨怒使人承受不了,欺侮别人则不吉祥。"于是就同意和晋国讲和。

晋惠公派郤乞回国通知瑕吕饴甥,秦国已答应讲和,并且召他前来谈判。瑕吕饴甥教郤乞如何代表晋惠公对群臣讲话:"你要把他们召集起来,并以国君的名义赏赐他们东西,并且告诉他们:'我虽然将要回来,但已使我们的国家蒙受了耻辱,你们还是占卜一下立太子圉即位吧。'"群臣听了郤乞的话,都感动得哭了起来。晋国从此开始改变田制,以大量田土分赏群臣。吕甥(即瑕吕饴甥)说:"国君不为自己出亡在外而忧虑,反而替我们群臣担忧,这对我们来说,真是最大的恩惠,我们应该怎样报答国君呢?"大家问:"怎么做才行?"吕甥回答说:"征收赋税,修整军备,辅佐太子。诸侯知道我们虽然失去了国君,但却立了新君,并且群臣和睦团结,武器装备比以前更多,这样,同我们友好的国家就会勉励我们,而仇恨我们的国家就会害怕我们,这样可能会有好处吧!"大家都很高兴。从此晋国开始训练地方武装。

当初,晋献公把伯姬(即秦穆姬)嫁给秦国时,进行过占筮,得到了《归妹》卦☳☱变成《睽》卦☲☱。史苏占卜说:"不吉利。爻辞说:'长子杀羊不见血,少女提着筐而没东西装,这是做事无所得。西边的邻国责备下来,晋国理亏无话说。《归妹》变成《睽》,对嫁家无所帮助。'《震》卦变成了《离》卦,也就等于《离》卦变成了《震》卦。'雷电生,火燃起,胜者姓嬴败者姬。战车脱车辕,大火烧军旗。出兵很不利,宗丘之地必败绩。《归妹》嫁女,《睽》卦乖离,少女极孤单,

寇张之弧。侄其从姑，六年其逋。逃归其国，而弃其家。明年，其死于高梁之虚。'"及惠公在秦，曰："先君若从史苏之占，吾不及此夫!"韩简侍曰："龟，象也；筮，数也。物生而后有象，象而后有滋，滋而后有数。先君之败德及，可数乎？史苏是占，勿从何益？《诗》曰：'下民之孽，匪降自天。僔沓背憎，职竞由人。'"

　　十月，晋阴饴甥会秦伯盟于王城。秦伯曰："晋国和乎？"对曰："不和。小人耻失其君，而悼丧其亲，不惮征缮，以立圉也，曰：'必报仇! 宁事戎狄。'君子爱其君，而知其罪，不惮征缮，以待秦命。曰：'必报德! 有死无二。'以此不和。"秦伯曰："国谓君何？"对曰："小人戚，谓之不免；君子恕，以为必归。小人曰：'我毒秦，秦岂归君？'君子曰：'我知罪矣，秦必归君。贰而执之，服而舍之；德莫厚焉，刑莫威焉。服者怀德，贰者畏刑。此一役也，秦可以霸。纳而不定，废而不立，以德为怨，秦不其然!'"秦伯曰："是吾心也。"改馆晋侯，馈七牢焉。蛾析谓庆郑曰："盍行乎？"

敌人张弓要袭击。侄子随姑为人质,六年之后又逃离。逃回本国去,却又舍其妻。到了第二年,将死在高梁之墟。'"等到晋惠公被抓到秦国,他说:"如果先君听从了史苏的占卜,我也不会落到如此地步!"当时韩简正在身边服侍,他说:"龟甲,显现裂纹形象以占吉凶;筮草,是用数目来预测吉凶。必须先有事物,才有表示事物的形象,有了形象以后事物才能逐渐增长,增长多了自然会产生一定的数目。先君败坏德义的事做得太多了,能够数完吗?即使他听从了史苏的占卜,又能有什么用呢?《诗经》说:'百姓的灾祸,并不是上天降下来的。人们相聚就彼此奉承、背后则互相攻击主要是由人祸造成的。'"

十月,晋国的瑕吕饴甥会见秦穆公,双方在秦地王城订立了盟约。秦穆公问:"晋国内部意见一致吗?"阴饴甥回答说:"不一致。那些小人为失去了国君感到羞耻,为丧失了亲人感到悲伤。他们不怕征赋税和修整军备之劳,拥立太子圉为国君,发誓说:'一定要报仇!宁可奉事戎狄也要报仇。'那些君子则爱戴他们的国君,知道他们国君的罪过,也不怕征赋税和修整甲兵的劳苦,为的是等待秦国送回国君的命令。他们说:'一定要报答秦国的恩惠!死也绝无二心。'因此意见不一致。"秦穆公又说:"晋国整个国家对国君的命运有什么看法?"回答说:"小人感到忧愁,认为他不会被赦免;君子则感到宽慰,认为他一定能回来。小人说:'我们对秦国伤害太深了,秦国岂能让国君回来?'君子则说:'我们已经知罪了,秦国一定能让国君回来。当初国君对秦国有二心,秦国就把他擒住了;如今已经认错服罪,就会释放他;如果这样,就没有比这更深厚的恩德,没有比这更威严的刑罚了。认错服罪者念其恩德,存有二心者怕其刑罚。仅靠这一功绩,秦国就可以成为霸主。如果帮助人家回国成为国君,却又不能使他安于君位,废除了他,又不使他尽快复位,就会把恩德变成怨恨,秦国不会这么做吧!'"秦穆公说:"这也正是我的想法。"于是就给晋惠公换了住处,安置到接待外宾的馆舍,并以诸侯之礼相待,赠送了牛、羊、猪各七头。晋大夫蛾析对庆郑说:"为何不逃走呢?"

对曰："陷君于败，败而不死，又使失刑，非人臣也。臣而不臣，行将焉入？"十一月，晋侯归。丁丑，杀庆郑而后入。

是岁，晋又饥，秦伯又饩之粟，曰："吾怨其君，而矜其民。且吾闻唐叔之封也，箕子曰：'其后必大。'晋其庸可冀乎？姑树德焉，从待能者。"于是秦始征晋河东，置官司焉。

十七年夏，晋太子圉为质于秦，秦归河东，而妻之。惠公之在梁也，梁伯妻之。梁嬴孕，过期。卜招父与其子卜之，其子曰："将生一男一女。"招曰："然。男为人臣，女为人妾。"故名男曰圉，女曰妾。及子圉西质，妾为宦女焉。

十八年，梁伯益其国而不能实也。命曰新里，秦取之。

十九年春，遂城而居之。梁亡，不书其主，自取之也。初，梁伯好土功，亟城而弗处。民罢而弗堪，则曰："某寇将至。"乃沟公宫，曰："秦将袭我。"民惧而溃，秦遂取梁。

二十二年，晋太子圉为质于秦，将逃归，谓嬴氏曰："与子归乎？"对曰："子，晋太子，而辱于秦。子之欲归，不亦宜乎？寡君之使婢子侍执巾栉，以固子也。从子而归，弃君命也。不敢从，亦不敢言。"遂逃归。

庆郑回答说："是我使国君陷于失败，国君失败了我不为他去死，反而又要逃亡，让国君失去用刑的威严，这不是人臣所应该做的。为臣而不行臣子之道，就是逃走，我又能逃到哪里去呢？"十一月，晋惠公回国。二十九日，杀了庆郑后进入国都。

　　这一年，晋国又发生饥荒，秦穆公又赠送给他们粮食，并说："我虽然怨恨晋国的国君，但却怜悯晋国的百姓。而且我听说当初晋国祖先唐叔受封的时候，箕子曾说：'唐叔的后代必然强大起来。'晋国大概还是很有希望的吧？我们姑且还是对晋国施行一些恩德，以等待将来有能力的人出现。"在这个时候，秦国才开始在晋国的黄河以东地区征收赋税，并设置了官吏负责管理。

　　十七年夏季，晋国的太子圉到秦国做人质，秦国把黄河以东的土地归还晋国，秦穆公还把女儿嫁给了太子圉。当初晋惠公在梁国时，梁国国君把女儿梁嬴嫁给了他。梁嬴怀孕后，过了预产期还未生。梁国大夫卜招父和他的儿子为其占卜，他儿子说："将要生一男一女。"卜招父说："对。男的将来必做别人的臣下，女的则做别人的奴婢。"因此就把男孩叫圉，女孩叫妾。等到子圉到西边的秦国做人质时，妾也就做了秦国的侍女。

　　十八年，梁国国君开拓疆土，建造了许多新的城邑，却不能把百姓迁过去居住。他把那里命名为新里，后来被秦国占领了。

　　十九年春季，秦国人在新里筑城并居住在那里。梁国灭亡，《春秋》没有记载是谁灭亡了它，是因其自取灭亡。当初，梁国国君喜欢大兴土木，屡次筑城却没人居住。百姓困乏疲惫而不堪忍受，就扬言说："某某敌人要来了。"于是就在国君的宫外挖了一条沟，说："秦国将要袭击我国。"百姓因害怕而溃散，秦国就趁机占领了梁国。

　　二十二年，晋国太子圉在秦国做人质，准备逃回晋国，便对嬴氏说："我和你一起回去吧？"嬴氏回答说："您是晋国太子，却屈居于秦国。您想回去不也应该吗？我们国君让我拿着手巾、梳子伺候您，就是使您安心居住。如果跟您回去，就背弃了国君之命。我不敢跟您走，也不敢对别人说。"于是太子圉就逃回了晋国。

二十三年，晋公子重耳之及于难也，晋人伐诸蒲城。蒲城人欲战，重耳不可，曰：“保君父之命，而享其生禄，于是乎得人。有人而校，罪莫大焉。吾其奔也。”遂奔狄。从者狐偃、赵衰、颠颉、魏武子、司空季子。狄人伐廧咎如，获其二女叔隗、季隗，纳诸公子。公子取季隗，生伯儵、叔刘；以叔隗妻赵衰，生盾。将适齐，谓季隗曰：“待我二十五年，不来而后嫁。”对曰：“我二十五年矣，又如是而嫁，则就木焉。请待子。”处狄十二年而行。

过卫，卫文公不礼焉。出于五鹿，乞食于野人。野人与之块。公子怒，欲鞭之。子犯曰：“天赐我也！”稽首，受而载之。

及齐，齐桓公妻之，有马二十乘，公子安之。从者以为不可，将行，谋于桑下。蚕妾在其上，以告姜氏，姜氏杀之，而谓公子曰：“子有四方之志，其闻之者，吾杀之矣。”公子曰：“无之。”姜曰：“行也！怀与安，实败名。”公子不可，姜与子犯谋，醉而遣之。醒，以戈逐子犯。

及曹，曹共公闻其骈胁，欲观其裸。浴，薄而观之。僖负羁之妻曰：“吾观晋公子之从者，皆足以相国。若以相，夫子必反其国。反其国，必得志于诸侯。得志于诸侯，

二十三年，晋国的公子重耳遭受骊姬谗害太子申生而发生的祸难，晋献公曾派军队到蒲城讨伐他。蒲城人打算迎战，重耳不同意，他说："我是依靠君父的命令，才享受到了生活的俸禄，得到了百姓的拥护。如果因为自己有了拥护者，便借此同君父对抗，那就再没有比这更大的罪过了。我还是逃亡吧。"于是就逃到狄人那里去了。当时跟随他的有狐偃、赵衰、颠颉、魏武子、司空季子。狄人攻打廧咎如，俘获了他们的两个女儿叔隗和季隗，然后把她们送给了公子重耳。重耳娶了季隗，后来生了伯儵、叔刘。他把叔隗嫁给赵衰为妻，后来生了赵盾。重耳准备到齐国去，对季隗说："你等我二十五年，我如果不回来，你再嫁人。"季隗回答说："如今我已经二十五岁，如果再过这么多年，我就要进棺材了，还怎么能嫁人，我等着您就是了。"重耳在狄国住了十二年才离去。

公子重耳路过卫国时，卫文公没有以礼相待。他经过五鹿，向乡下人要饭吃，那人却给了他一个土块。重耳非常愤怒，想要鞭打他。子犯（即狐偃）说："这是上天赐给我们土地啊！"于是重耳便叩头致谢，收下土块并把放到车上。

他到齐国后，齐桓公将宗室女姜氏嫁给他，并送给他驾御二十辆车的八十匹马，重耳便安于在齐国的生活。随从的人认为这样不行，准备让他离开，就聚在桑树下商量。一个养蚕的婢女在桑树上听到了，把这事告诉了姜氏，姜氏杀了她，然后对重耳说："您有远大志向，那个偷听的人，我已杀了她。"重耳说："没有这事。"姜氏说："你走吧！眷恋享受，安于现状，实在容易毁坏人的功名。"重耳不肯走，姜氏便和子犯商量，把他灌醉后送走。重耳酒醒后，非常生气，就手持戈追逐子犯要杀他。

等到了曹国，曹共公听说重耳的肋骨相连成一片，就想要趁他裸露身体时看一看。于是就乘重耳沐浴的时候，走近去偷看。曹大夫僖负羁的妻子说："我看晋国公子的随从们，都完全能做国家的辅臣。如果晋公子能用他们做辅臣，一定会返回晋国即位。回国为君后，也一定能在诸侯中得志。在诸侯中得志以后，

而诛无礼，曹其首也。子盍蚤自贰焉。"乃馈盘飧，置璧焉。公子受飧反璧。

及宋，宋襄公赠之以马二十乘。

及郑，郑文公不礼焉。叔詹谏曰："臣闻天之所启，人弗及也。晋公子有三焉，天其或者将建诸，君其礼焉。男女同姓，其生不蕃。晋公子，姬出也，而至于今，一也；离外之患，而天不靖晋国，殆将启之，二也；有三士，足以上人，而从之，三也。晋、郑同侪，其过子弟固将礼焉，况天之所启乎？"弗听。

及楚，楚子飨之，曰："公子若反晋国，则何以报不穀？"对曰："子女、玉帛，则君有之；羽毛、齿革，则君地生焉。其波及晋国者，君之余也，其何以报君？"曰："虽然，何以报我？"对曰："若以君之灵，得反晋国，晋、楚治兵，遇于中原，其辟君三舍。若不获命，其左执鞭弭，右属櫜鞬，以与君周旋。"子玉请杀之，楚子曰："晋公子广而俭，文而有礼。其从者肃而宽，忠而能力。晋侯无亲，外内恶之。吾闻姬姓，唐叔之后，其后衰者也，其将由晋公子乎！天将兴之，谁能废之？违天，必有大咎。"乃送诸秦。

如果要惩罚对他无礼的国家,曹国便会首当其冲。你何不早一点对他另有表示呢?"于是僖负羁就送给重耳一盘晚饭,并在饭中放了一块玉璧。重耳接受了食物,却把玉璧送还了回来。

到了宋国,宋襄公送给重耳驾御二十辆车的八十匹马。

到了郑国,郑文公也没有以礼相待。郑国大夫叔詹劝谏郑文公说:"我听说上天所要帮助的人,一般人是比不了的。晋国公子重耳身上有三点非他人所能比,或许是上天要立他为国君,国君您还是要对他以礼相待。一般同姓男女结婚,他们的子孙不会繁衍昌盛。晋公子重耳的母亲是戎族的狐姬,与晋君都是姬姓,但他却一直活到今天,这是第一点;他遭受逃亡在外的忧患,而上天却又不让晋国安定下来,大概是上天正在为他创造有利的条件吧,这是第二点;狐偃、赵衰、贾佗这三个人都胜过一般人,却都甘心追随他,这是第三点。晋国和郑国地位相当,他们的子弟来往,本来就应该以礼相待,更何况是上天要帮助的人呢?"郑文公不听从劝告。

到了楚国,楚成王设酒宴款待他,并说:"公子如果能回到晋国,将用什么来报答我呢?"重耳回答说:"男女奴仆和玉帛,国君您已经有了;鸟羽、皮毛、象牙、皮革,本来就是国君您土地上所出产的。都是贵国流散到晋国国君您所剩余的,我还能用什么来报答国君您呢?"楚成王说:"尽管如此,你究竟用什么报答我呢?"重耳回答说:"如果托您的福,能回到晋国,将来一旦晋、楚两国交战,在原野上相遇,我将把军队后退九十里。如果这样还获得不了您的谅解而退兵,那么就只能左手拿着马鞭、弓,右手带着弓箭袋,与您较量一下了。"子玉请求楚成王杀掉重耳,楚成王说:"晋公子志向远大而且严于律己,言语得体并且合乎礼仪。跟从他的人都态度严肃,待人宽厚,效忠于他,能为他出力。晋惠公没有亲近之人,所以国内外都讨厌他。我听说姬姓中唐叔的后代,在诸侯中将最后衰亡,这恐怕是由于晋公子将成为国君的缘故吧!上天要让他兴盛起来,谁能废掉他呢?违背了上天的旨意,必遭大灾。"于是楚成王就把重耳送到了秦国。

秦伯纳女五人，怀嬴与焉。奉匜沃盥，既而挥之。怒曰：“秦、晋匹也，何以卑我？”公子惧，降服而囚。他日，公享之。子犯曰：“吾不如衰之文也，请使衰从。”公子赋《河水》，公赋《六月》。赵衰曰：“重耳拜赐！”公子降，拜，稽首。公降一级而辞焉。衰曰：“君称所以佐天子者命重耳，重耳敢不拜？”

二十四年春王正月，秦伯纳之。不书，不告入也。及河，子犯以璧授公子，曰：“臣负羁绁，从君巡于天下，臣之罪甚多矣。臣犹知之，而况君乎？请由此亡。”公子曰：“所不与舅氏同心者，有如白水！”投其璧于河。

二十五年，秦伯师于河上，将纳王。狐偃言于晋侯曰：“求诸侯，莫如勤王。诸侯信之，且大义也。继文之业，而信宣于诸侯，今为可矣。”使卜偃卜之，曰：“吉。遇黄帝战于阪泉之兆。”公曰：“吾不堪也。”对曰：“周礼未改，今之王，古之帝也。”公曰：“筮之。”筮之，遇《大有》☰之《睽》☰。曰：“吉。遇‘公用享于天子’之卦，战克而王飨，吉孰大焉？且是卦也，天为泽以当日，天子降心以逆公，不亦可乎？《大有》去《睽》而复，亦其所也。”晋侯辞秦师而下。

秦穆公送给重耳五个女子,其中包括曾嫁给晋怀公的怀嬴在内。怀嬴手捧水盘伺候重耳洗手,重耳洗后没有擦手,而是挥手把水甩掉。怀嬴生气地说:"秦、晋两国地位平等,为什么这样看不起我?"重耳害怕了,便脱去上衣,自囚向怀嬴谢罪。一天,秦穆公设宴招待重耳。子犯说:"我不如赵衰善于辞令,请您让赵衰跟着去。"重耳在酒宴上吟诵《河水》表达事奉秦国之意,秦穆公则吟诵《六月》勉励重耳回国即位后要努力辅佐周天子。赵衰说:"重耳快拜谢国君赐予的美意!"于是重耳便退到台阶下拜谢,叩头。秦穆公则下降一级台阶辞让。赵衰说:"国君您用辅佐天子的诗命令重耳,重耳怎能不拜谢呢?"

二十四年春季周历正月,秦穆公派人把公子重耳送回晋国。《春秋》没有记载此事,是因为晋国没有把重耳回国的消息通报给鲁国。到了黄河,子犯把一块玉璧交给重耳,并说:"为臣我背着马络头、马缰绳跟随您巡行于各地,得罪您的地方太多了。这一点连我自己都知道有罪,何况您本人呢?请允许我从此离开您吧。"重耳说:"要是不同舅父一条心,有白水河神为证。"并把他的玉璧扔到河里。

二十五年,秦穆公领兵驻扎在黄河边上,准备以武力护送周襄王回朝。狐偃对晋文公重耳说:"要取得诸侯的拥护,不如为天子效劳。这样不但能得到诸侯的信任,而且符合大义。不但能继续晋文侯的事业,而且在诸侯中宣扬了信义,现在做这件事就可以了。"晋文公让卜偃占卜,卜偃说:"吉利。得到黄帝在阪泉作战的征兆。"晋文公说:"我实在不敢当。"卜偃回答说:"周朝的礼制还没有改变,现在的王,就是古代的帝。"晋文公说:"占筮一下。"结果得到《大有》卦☰变成《睽》卦☰。卜偃说:"吉利。得到'公被天子设宴招待'这一卦,象征战胜以后,天子将设宴款待您,还有比这更大的吉利吗?而且这一卦,天变为水泽以承受太阳的照射,象征天子将破格迎接您,这不也是很好吗?《大有》变成《睽》,又回到本卦,象征天子就要回朝。"晋文公辞退了秦军,顺黄河而下。

三月甲辰，次于阳樊，右师围温，左师逆王。夏四月丁巳，王入于王城，取大叔于温，杀之于隰城。戊午，晋侯朝王。王飨醴，命之宥。请隧，弗许，曰："王章也。未有代德，而有二王，亦叔父之所恶也。"与之阳樊、温、原、欑茅之田。晋于是始启南阳。阳樊不服，围之。仓葛呼曰："德以柔中国，刑以威四夷，宜吾不敢服也。此谁非王之亲姻，其俘之也？"乃出其民。

秋，秦、晋伐鄀。楚以申、息之师戍商密。秦人过析，隈入而系舆人以围商密，昏而傅焉。宵，坎血加书，伪与子仪、子边盟者。商密人惧，曰："秦取析矣，戍人反矣！"乃降秦师。秦师囚申公子仪、息公子边以归。

三十年九月甲午，晋侯、秦伯围郑，以其无礼于晋，且贰于楚也。晋军函陵，秦军氾南。佚之狐言于郑伯曰："国危矣！若使烛之武见秦君，师必退。"公从之。辞曰："臣之壮也，犹不如人；今老矣，无能为也已。"公曰："吾不能早用子，今急而求子，是寡人之过也。然郑亡，子亦有不利焉。"许之。

夜缒而出。见秦伯，曰："秦、晋围郑，郑既知亡矣。若

三月十九日，晋军驻扎在阳樊，右军包围了温地，左军迎接周襄王。夏季四月初三日，周襄王进入王城，晋文公在温地抓住了太叔王子带，在隰城将其杀害。四月初四日，晋文公朝见周襄王。周襄王用甜酒招待他，并让他向自己敬酒。晋文公请求死后能以天子之礼葬在隧道，周襄王没有答应，说："这是天子的典章制度。还没有取代周朝的德行，却有了两个天子，我想这也是叔父您所不喜欢的。"结果把樊、温、原、攒茅等地赐给了晋文公。晋国从这个时候才开始开辟南阳的疆土。阳樊不归服晋国，晋军包围了阳樊。仓葛大声喊道："德行是用来安抚中原各国的，刑罚是用来威慑四方夷狄的，你们这样做，就无怪我们不敢顺服你们了。这里的人谁不是天子的亲戚，你们难道能俘虏他们吗？"于是晋军便放阳樊的百姓出城。

秋季，秦国和晋国联合攻打鄀国。楚国的斗克、屈御寇率领申地、息地军队守卫鄀国国都商密。秦军经过析地，从丹水拐弯处绕道，并将自己的士兵绑起来假装成析地的俘虏，进而包围商密，黄昏时逼近城下。夜里掘地为坎杀牲歃血，把盟书放在上面，假装成和斗克、屈御寇歃血盟誓的样子。商密人害怕了，说："秦国已占领析地了，戍守的斗克、屈御寇背叛了我们！"于是投降了秦军。秦军囚禁了申公子仪斗克、息公子边屈御寇回国。

三十年九月初十日，晋文公和秦穆公联合发兵围攻郑国，因为郑国曾对晋文公有过无礼行为，而且又亲附楚国。晋国军队驻扎在函陵，秦国军队则驻扎在汜水南面。郑国大夫佚之狐对郑文公说："国家危险了！如果您派烛之武去面见秦国国君，他们的军队肯定能撤退。"郑文公听从了他的建议。烛之武推辞说："臣下我年轻力壮的时候尚且比不上别人，如今老了，什么也做不成了。"郑文公说："我没能及早重用您，如今情况紧急了才来求您，这是寡人我的过错。然而郑国一旦灭亡了，对您也不利啊。"烛之武这才答应了。

夜里，烛之武被人用绳子绑住身体，从城上吊下去。他见到秦穆公说："秦军、晋军围攻郑国，郑国已经知道要灭亡了。假如

亡郑而有益于君，敢以烦执事。越国以鄙远，君知其难也。焉用亡郑以陪邻？邻之厚，君之薄也。若舍郑以为东道主，行李之往来，共其乏困，君亦无所害。且君尝为晋君赐矣，许君焦、瑕。朝济而夕设版焉，君之所知也。夫晋，何厌之有？既东封郑，又欲肆其西封。若不阙秦，将焉取之？阙秦以利晋，唯君图之。"秦伯说，与郑人盟，使杞子、逢孙、扬孙戍之，乃还。

子犯请击之，公曰："不可。微夫人之力不及此。因人之力而敝之，不仁；失其所与，不知；以乱易整，不武。吾其还也。"亦去之。

三十二年冬，晋文公卒。杞子自郑使告于秦曰："郑人使我掌其北门之管，若潜师以来，国可得也。"穆公访诸蹇叔，蹇叔曰："劳师以袭远，非所闻也。师劳力竭，远主备之，无乃不可乎？师之所为，郑必知之，勤而无所，必有悖心。且行千里，其谁不知？"公辞焉，召孟明、西乞、白乙，使出师于东门之外。蹇叔哭之曰："孟子！吾见师之出，而

灭亡了郑国对您有好处，那么就麻烦您用兵吧。要越过一个国家，使远方的土地作为本国的边邑，您知道这是很难办到的。既然如此，您又何必为了增加邻国的地盘而灭掉郑国呢？邻国的实力增强了，实际上就等于您的力量削弱了。假如您能放弃对郑国的进攻，把它作为东方大路上招待您的主人，将来贵国的使者来往经过这里，能供应他们缺乏的一些物品，这对您来说也没有什么害处。再说您曾对晋惠公施以恩惠，当时他答应把晋国的焦、瑕二地许给您。但他早晨刚刚渡河回国，晚上就修筑工事与您对抗，这也是您所知道的。晋国，哪里会满足呢？等它占领郑国作为东边的疆土后，就又会向西扩张。到那时候，它除了侵占秦国的土地以外，还能到哪里去取得地盘呢？损害秦国以有利于晋国，请您认真考虑一下这个问题。"秦穆公听了这番话很高兴，当即和郑国人订立了盟约，然后派杞子、逢孙、扬孙三人留在郑国戍守，自己则率军回去了。

子犯向晋文公请求出兵袭击秦军，晋文公说："不可以。当初如果没有秦穆公的帮助，我是到不了这一步的。曾经得到过别人的帮助，却又反过来去伤害人家，这是不仁；失掉了自己的盟国，这是不智；当初两国准备联合作战，如今却要变成自相冲突，这是不武。我们还是撤军吧。"于是晋国的军队也撤出了郑国。

三十二年冬季，晋文公去世。秦将杞子从郑国派人向秦穆公报告说："郑国人让我掌管他们国都北门的钥匙，如果秘密派军队前来，就可以取得郑国。"秦穆公前去征求蹇叔的意见，蹇叔回答说："劳师动众，长途跋涉，去袭击远方的国家，我从来没有听说过这种事情。军队疲劳，力气耗尽，而远方的国家却已有了防备，这样恐怕不行吧？况且我们军队的一举一动，郑国人必然知道，辛劳一趟却毫无所得，士兵必会产生怨恨叛逆的心思。况且沿途要走上一千里，谁能不知道呢？"秦穆公不听他的劝告，召见孟明、西乞、白乙三人，让他们率领军队从东门外出发。蹇叔哭着为部队送行，说："孟明啊！我恐怕只能看到军队出去，却

不见其入也。"公使谓之曰:"尔何知？中寿,尔墓之木拱矣。"蹇叔之子与师,哭而送之,曰:"晋人御师必于殽。殽有二陵焉:其南陵,夏后皋之墓也;其北陵,文王之所辟风雨也。必死是间,余收尔骨焉。"秦师遂东。

〔补逸〕《公羊传》:其谓之秦何？夷狄之也。曷为夷狄之？秦伯将袭郑,百里子与蹇叔子谏曰:"千里而袭人,未有不亡者也。"秦伯怒曰:"若尔之年者,宰上之木拱矣,尔曷知？"师出,百里子与蹇叔子送其子而戒之曰:"尔即死,必于殽之嶔岩,是文王之所辟风雨者也。我将尸尔焉。"子揖师而行。百里子与蹇叔子从其子而哭之。秦伯怒曰:"尔曷为哭吾师?"对曰:"臣非敢哭君师,哭臣之子也。"弦高者,郑商也,遇之殽,矫以郑伯之命而犒师焉。或曰往矣,或曰反矣。然而晋人与姜戎要之殽而击之,匹马只轮无反者。其言"及姜戎"何？姜戎,微也。称人,亦微者也,何言乎姜戎之微？先轸也。或曰襄公亲之。襄公亲之,则其称人何？贬。曷为贬？君在乎殡,而用师,危不得葬也。诈战不日,此何以日？尽也。

看不到军队回来了。"秦穆公派人训斥蹇叔说:"你知道什么?如果你活到中等年寿(六七十岁)就死了,现在你坟上的树恐怕都有一抱粗了。"蹇叔的儿子也在军队中,蹇叔哭送他说:"晋国人肯定在崤山一带伏击我军。崤山有两个山陵:南面的山陵是夏朝天子皋的坟墓,北面的山陵是周文王躲避风雨的地方。你肯定会死在两座山之间,我要到那里去收拾你的尸骨。"随后秦国军队便向东进发了。

　　〔补逸〕《公羊传》:这里称为秦是什么意思?表示将其当夷狄看待。为什么将其当夷狄看待?秦穆公准备袭击郑国,百里子和蹇叔子劝阻说:"千里之外去偷袭人家,没有不败亡的。"秦穆公却发怒说:"像你们这么大年纪的人,本来坟墓上的树都有一围粗了,你们知道什么?"军队出发,百里子和蹇叔子送别自己的儿子,并告诫他们说:"你们假如死的话,一定是死在崤山的崖坡下,那是周文王曾躲避风雨的地方。我们将到那里去找回你们的尸首。"儿子在军队行列里作揖拜别父亲,然后出发了。百里子和蹇叔子跟在儿子后面边哭边走。秦穆公大怒说:"你们为什么哭我的军队?"他们回答说:"我们不敢哭您的军队,而是哭我们的儿子。"弦高是郑国的商人,在崤地遇到秦兵,他假托郑穆公的命令来犒劳军队。秦军将帅中有人说继续前进,有人说该返回去了。然而晋国人和姜姓戎人在崤地半路拦截了秦军并攻击他们,秦国军队连一匹马一个车轮也没有返回国的。这里说"及姜姓戎人"是为什么呢?因为姜姓戎人是很卑微的。晋称人,也是地位低微者,为何说用"及"是突出姜戎低微?因为晋军统帅只是大夫先轸。有人说是晋襄公亲自领兵。如果是晋襄公亲自领兵,那么称晋人是为什么呢?那恐怕就是为了贬低。为什么贬低?因为晋襄公在晋文公停殡的时期还用兵打仗,使先君有不能及时安葬的危险。运用了欺诈手段的战争是不写明日期的,这次战争为什么写明日期了呢?因为把秦兵一个不剩地全消灭了。

《穀梁传》：不言战而言败，何也？狄秦也。其狄之，何也？秦越千里之险，入虚国，进不能守，退败其师徒。乱人子女之教，无男女之别。秦之为狄，自殽之战始也。秦伯将袭郑，百里子与蹇叔子谏曰："千里而袭人，未有不亡者也。"秦伯曰："子之冢木已拱矣，何知？"师行，百里子与蹇叔子送其子而戒之，曰："女死，必于殽之岩崟之下，我将尸汝于是。"师行，百里子与蹇叔子随其子而哭之。秦伯怒曰："何为哭我师也？"二子曰："非敢哭师也，哭吾子也。我老矣，彼不死，则我死矣。"晋人与姜戎要而击之殽，匹马倚轮无反者。"晋人"者，晋子也。其曰"人"，何也？微之也。何为微之？不正其释殡而主乎战也。日葬，危不得葬也。

三十三年春，秦师过周北门，左右免胄而下，超乘者三百乘。王孙满尚幼，观之，言于王曰："秦师轻而无礼，必败。轻则寡谋，无礼则脱。入险而脱，又不能谋，能无败乎？"

及滑，郑商人弦高将市于周，遇之。以乘韦先，牛十二犒师。曰："寡君闻吾子将步师出于敝邑，敢犒从者。不腆敝邑，为从者之淹，居则具一日之积，行则备一夕之卫。"且使遽告于郑。

《穀梁传》：没说交战而直接说打败，为什么呢？因为视秦人为狄人。把秦国视为狄人，为什么呢？秦国人跋涉千里险途，攻入毫无防备的国家，进兵不能保持战果，退兵又使自己的军队遭受失败。只会扰乱人对子女的教化，而没有男女的分别。秦国成为狄人，就是从崤地这次战役开始的。秦穆公将袭击郑国，百里子和蹇叔子规劝说："行军千里去袭击别人，没有不败亡的。"秦穆公说："你们坟墓上的树木已有合抱之粗，懂得什么？"军队出发时，百里子和蹇叔子送别他们的儿子，并告诫他们说："你们如果死了，就一定是死在崤山险隘的峭壁下面，我们将到那里去收你们的尸骨。"军队出发了，百里子和蹇叔子跟随他们的儿子哭泣。秦穆公发怒说："为什么哭我的军队？"二人说："我们并不敢哭您的军队，我们是在哭我们的儿子。我们老了，他们没有死，我们就已经死了。"晋国人和姜戎在崤地中途拦截并进攻秦军，没有一匹马一只车轮返回秦国。"晋人"指的就是晋襄公。称他"人"是为什么呢？是因为鄙视他。为什么鄙视他呢？是因为他不顾及父丧而把打仗放在首位，这是不合乎正道的。记载安葬的日期，是表明由于危难而不能及时安葬。

三十三年春季，秦国的军队途经成周北门时，战车上的车左和车右都摘下头盔下车步行，但刚一下车就又跳了上去，有三百辆车都是这样。当时王孙满年纪尚小，看到这种情况，便对周襄王说："秦军轻佻无礼，必定会打败仗。轻佻必然缺少谋略，无礼肯定粗心大意。进入险要之地而粗心大意，又没有谋略，能不失败吗？"

秦军行至滑国，郑国的商人弦高正准备到成周去做买卖，遇到秦军。弦高先给秦军送了四张熟牛皮，然后又送去十二头牛，以犒劳秦军。他对秦军说："我们国君听说贵军行军将经过我国，特派我前来慰劳贵军将士。我国虽不富裕，但愿意为贵军停留服务，留住一夜，我们保证提供一天的给养，即使要离开，我们也要为你们担任一夜的守卫。"弦高同时派人迅速向郑国报信。

　　郑穆公使视客馆，则束载、厉兵、秣马矣。使皇武子辞焉，曰："吾子淹久于敝邑，唯是脯资饩牵竭矣。为吾子之将行也，郑之有原圃，犹秦之有具囿也，吾子取其麋鹿，以间敝邑，若何？"杞子奔齐，逢孙、扬孙奔宋。孟明曰："郑有备矣，不可冀也。攻之不克，围之不继，吾其还也。"灭滑而还。

　　夏四月辛巳，晋人及姜戎败秦师于殽，获百里孟明视、西乞术、白乙丙以归。文嬴请三帅，曰："彼实构吾二君，寡君若得而食之，不厌，君何辱讨焉？使归就戮于秦，以逞寡君之志，若何？"公许之。先轸朝，问秦囚，公曰："夫人请之，吾舍之矣。"先轸怒曰："武夫力而拘诸原，妇人暂而免诸国，堕军实而长寇雠，亡无日矣。"不顾而唾。公使阳处父追之，及诸河，则在舟中矣。释左骖以公命赠孟明。孟明稽首，曰："君之惠，不以累臣衅鼓，使归就戮于秦。寡君之以为戮，死且不朽。若从君惠而免之，三年将拜君赐。"秦伯素服郊次，乡师而哭。曰："孤违蹇叔，以辱二三子，孤之罪也。"不替孟明，曰："孤之过也。大夫何罪？且吾不以

郑穆公派人前去秦将杞子等人居住的旅馆探听情况,发现他们已经捆物装车,磨好兵器,喂饱战马。于是就派皇武子前去致歉说:"你们在我国停留得太久了,我们的干肉和粮食被你们用完了。如果你们离开这里,郑国有一个打猎的地方叫原圃,和秦国的具圃一样,请你们到那里去猎取麋鹿,让我们得以清闲一下,怎么样?"于是杞子逃奔到了齐国,逢孙、扬孙逃奔到了宋国。孟明说:"郑国已经有所防备,这次征战没有什么希望了。攻打他们不能取胜,包围他们则又没有后续援军,我们还是回去吧。"于是灭掉了滑国后撤军回国。

　　夏季四月十三日,晋军和姜戎在崤地打败秦国军队,俘虏了百里孟明视、西乞术、白乙丙回国。晋文公夫人文赢向晋襄公请求释放孟明等秦军三个主将,她说:"他们三人确实在挑拨我们两国国君关系,我们秦君如果能抓到他们,就是吃了他们的肉也不解恨,又何必劳您去惩治他们呢? 让他们回到秦国去受刑,以满足我们国君的愿望,怎么样?"晋襄公同意了。先轸前来朝见晋襄公,问起秦国囚犯一事,晋襄公说:"夫人为他们请求,我已经把他们放回去了。"先轸恼怒地说:"将士们在战场上费了那么大的力气才把他们抓获,而女人几句骗人的话就把他们从国内放走了,这是在糟蹋我们的战果而助长敌人的气焰,晋国距离亡国的日子没多久了。"说完往地上吐了口唾沫,头也没回就走了。晋襄公急忙派阳处父去追赶孟明等人,追到黄河边上,他们已经上船了。阳处父解下左边驾车的骖马,假托晋襄公之名送给孟明,想趁他们回来拜谢时将他们捉住。孟明在船上叩头拜谢说:"承蒙贵国国君开恩,不杀我们这些俘虏来以血涂鼓,让我们回国受刑。如果我们国君杀了我们,即使死了,我们也不会忘记今天的恩惠。如果托贵国国君的福而得到赦免,那么三年后,我们将前来拜谢贵国国君的恩赐。"秦穆公身穿素服在郊外等候,面对被释放回国的孟明等失声痛哭。他说:"我没有听蹇叔的话,使你们几位受辱,是我的罪过。"秦穆公没有解除孟明的职务,他解释说:"这完全是我的过错,大夫有什么错? 再说我也不能因为

一眚掩大德。”

〔考异〕《书序》：秦穆公伐郑，晋襄公帅师败诸崤，还归，作《秦誓》。

〔发明〕《秦誓》之作，《序》以为在败崤还归之时，《史》谓在取王官封尸之后。

文公元年。殽之役，晋人既归秦帅。秦大夫及左右皆言于秦伯曰：“是败也，孟明之罪也，必杀之。”秦伯曰：“是孤之罪也。周芮良夫之诗曰：‘大风有隧，贪人败类。听言则对，诵言如醉。匪用其良，覆俾我悖。’是贪故也，孤之谓矣。孤实贪以祸夫子，夫子何罪？”复使为政。

二年春王二月甲子，晋侯及秦师战于彭衙，秦师败绩。秦伯犹用孟明。增修国政，重施于民。赵成子言于诸大夫曰：“秦师又至，将必辟之。惧而增德，不可当也。《诗》曰：‘毋念尔祖，聿修厥德。’孟明念之矣。念德不怠，其可敌乎？”

冬，晋先且居、宋公子成、陈辕选、郑公子归生伐秦，取汪及彭衙而还，以报彭衙之役。卿不书，为穆公故，尊秦也，谓之崇德。

三年，秦伯伐晋，济河，焚舟，取王官及郊。晋人不出。遂自茅津济，封殽尸而还。遂霸西戎，用孟明也。君子是以知秦穆公之为君也，举人之周也，与人之壹也。孟明之臣也，其不解也，能惧思也；子桑之忠也，其知人也，能举

一次过失而抹杀你的巨大功劳啊！"

〔考异〕《尚书序》：秦穆公攻打郑国，晋襄公率领军队在
崤地打败了秦军，秦穆公回国后，便作了《秦誓》。

〔发明〕《秦誓》的写作，《尚书序》认为是秦国在崤地失
败后回国时作的，而《史记》则认为它是在秦国占领王官，埋
葬了崤地战死士兵的尸体之后写作的。

鲁文公元年。崤地一战后，晋国放回了秦国主将孟明等人。
秦国的大夫和左右侍从都对秦穆公说："这次失败，是孟明的罪
过，一定要把他处死。"秦穆公说："这是我的罪过。周朝芮良夫
有诗说：'大风迅疾刮过，贪婪使人弃善从恶。听到阿谀的话就
轻率回答，听见讽谏的话就装酒醉。不能重用有才之人，反而让
我违背道义。'这是贪婪的缘故，说的正是我啊。我因为贪婪而
使孟明遭殃，孟明有什么错？"于是就重新让孟明执政。

二年春季周历二月初七日，晋襄公和秦国的军队在彭衙交
战，结果秦军大败。秦穆公仍重用孟明。孟明进一步修明政事，
给百姓以更大的好处。赵衰对大夫们说："秦军如果再来，一定
要避开他们。孟明因为失败而警惧，因而增进了德行，不可抵抗
了。《诗经》说：'怀念你的祖先，修明你的德行。'孟明知道这个
道理。致力于修德并能坚持不懈，难道能抵抗吗？"

冬季，晋国的先且居、宋国的公子成、陈国的辕选、郑国的公
子归生联合攻打秦国，夺取了汪地和彭衙后回国，这是报上次彭
衙一战之仇。《春秋》不写参战的各国卿的名字，是因为秦穆公
的缘故，表示尊重秦国，这叫崇尚德行。

三年，秦穆公讨伐晋国，过了黄河后便将渡船烧毁，表示决
战到底，夺取了王官和郊地。晋军听从赵衰的劝告不出城迎战。
秦军就从茅津渡过黄河，在崤地堆土筑坟，掩埋战死者尸骨，然
后就回国了。秦穆公从此称霸西戎，其原因就是重用了孟明。
君子因此知道秦穆公作为国君，选拔人才考虑周到，起用人才果
断专一。因此孟明作为臣子，能坚持不懈，能对战败戒惧反思，
进一步修明德行；子桑更为忠诚，他不但了解别人，而且能举荐

善也。《诗》曰"于以采蘩？于沼于沚。于以用之？公侯之事"，秦穆有焉。"夙夜匪解，以事一人"，孟明有焉。"诒厥孙谋，以燕翼子"，子桑有焉。

四年秋，晋侯伐秦，围邧、新城，以报王官之役。

楚人灭江。秦伯为之降服，出次，不举，过数。大夫谏，公曰："同盟灭，虽不能救，敢不矜乎？吾自惧也。"君子曰："《诗》云：'惟彼二国，其政不获。惟此四国，爰究爰度。'其秦穆之谓矣。"

〔补逸〕《史记》：晋献公灭虞、虢，虏虞君与其大夫百里傒，以璧、马赂于虞故也。既虏百里傒，以为秦缪公夫人媵于秦。百里傒亡秦走宛，楚鄙人执之。缪公闻百里傒贤，欲重赎之，恐楚人不与，乃使人谓楚曰："吾媵臣百里傒在焉，请以五羖羊皮赎之。"楚人遂许与之。当是时，百里傒年已七十余。缪公释其囚，与语国事，谢曰："臣，亡国之臣，何足问？"缪公曰："虞君不用子，故亡，非子罪也。"固问，语三日，缪公大说，授之国政，号曰五羖大夫。百里傒让曰："臣不及臣友蹇叔，蹇叔贤而世莫知。臣常游困于齐而乞食铚人，蹇叔收臣。臣因而欲事齐君无知，蹇叔止臣，臣得脱齐难。遂之周，周王子颓好牛，臣以养牛干之，及颓欲用

贤人。《诗经》说:"何处去采野菜? 池塘里、小洲中。哪里去用它? 公侯的祭典上。"秦穆公就是这样。"起早贪黑努力干,一心事奉一个人",孟明就有这样的优点。"留给子孙谋略,辅佐并使其安定",子桑就有这样的优点。

四年秋季,晋襄公讨伐秦国,包围了郑地、新城,从而报了王官一战之仇。

楚国人灭掉了江国。秦穆公因为此事而身着素服,移居侧室,去掉丰盛的饭食,礼数超过了哀悼他国灭亡的限度。秦国大夫为此劝谏他,他说:"同盟国家被灭亡,即使不能援救,哪敢不哀悼它呢? 我是以此来警诫自己啊。"君子说:"《诗经》说:'夏、商两国,为政不得人心而亡国。四方诸侯,都戒惧并谋划本国政事。'说的就是秦穆公啊。"

〔补逸〕《史记》:晋献公灭掉虞国和虢国,俘虏了虞国国君和他的大夫百里傒,这是由于晋献公事先送给虞国国君玉璧和良马以借道伐虢,虞国国君答应了的缘故。俘获了百里傒之后,把他作为秦缪公夫人出嫁时陪嫁的奴隶送到秦国。百里傒逃离秦国跑到宛地,楚国边境的人捉住了他。秦缪公听说百里傒有才能,想用重金赎买他,可又担心楚国不给,就派人对楚王说:"我家的陪嫁奴隶百里傒逃到您这里,请允许我用五张黑色公羊皮将他赎回。"楚国就答应了,交出百里傒。在这时,百里傒已经七十多岁了。秦缪公解除了对他的禁锢,跟他谈论国家大事,百里傒推辞说:"我是亡国之臣,哪里值得来询问?"秦缪公说:"虞国国君不任用您,所以亡国了,这不是您的罪过。"秦缪公一再询问,谈了三天,秦缪公非常高兴,把国家政事交给了他,号称五羖大夫。百里傒谦让地说:"我比不上我的朋友蹇叔,蹇叔有才能,可是世上没人知道。我曾外出游学求官,被困在齐国,向铚地的人讨饭吃,蹇叔收留了我。我因而想事奉齐国国君无知,蹇叔阻止了我,我得以躲过了齐国的灾难。于是到了周王室,王子颓喜爱牛,我凭着养牛的本领求取禄位,及至王子颓想任用

臣,蹇叔止臣,臣去,得不诛。事虞君,蹇叔止臣。臣知虞君不用臣,臣诚私利禄爵,且留。再用其言,得脱,一不用,及虞君难。是以知其贤。"于是缪公使人厚币迎蹇叔,以为上大夫。

　　《说苑》:秦穆公使贾人载盐,征诸贾人。贾人买百里奚以五羖羊之皮,使将车之秦。秦穆公观盐,见百里奚牛肥,曰:"任重,道远以险,而牛何以肥也?"对曰:"臣饮食以时,使之不以暴,有险,先后之以身,是以肥也。"穆公知其君子也,令有司具沐浴,为衣冠,与语,公大说。异日,与公孙支论政,公孙支大不宁,曰:"君耳目聪明,思虑审察,君其得圣人乎?"公曰:"然。吾说夫奚之言,彼类圣人也。"公孙支遂归,取雁以贺。曰:"君得社稷之圣,臣敢贺社稷之福。"公不辞,再拜而受。明日,公孙支乃致上卿以让百里奚,曰:"秦国处僻,民陋以愚无知,危亡之本也。臣自知不足以处其上,请以让之。"公不许。公孙支曰:"君不用宾相,而得社稷之圣臣,君之禄也。臣见贤而让之,臣之禄也。今君既得其禄矣,而使臣失禄,可乎? 请终致之。"公不许。公孙支曰:"臣不肖而处上位,是君失伦也。不肖失伦,臣之过。进贤而退不肖,君之明也。今臣

我，蹇叔劝阻我，我离开了，才没有跟王子颓一起被杀。事奉虞君时，蹇叔也劝阻过我。我虽然知道虞君不能重用我，但我实在是喜欢利禄和爵位，就暂时留下了。我两次听了蹇叔的话，都得以逃脱险境，一次没听，就遇上了这次因虞君亡国而遭擒的灾难。因此我知道蹇叔有才能。"于是秦缪公便派人带着丰厚的礼物去迎接蹇叔，使其为上大夫。

《说苑》：秦穆公命商人运盐，要征召很多商人。商人用五张黑色公羊皮买下百里奚，让他赶盐车到秦国。秦穆公察看盐车时，见百里奚驾车的牛肥壮，便问他："装载重，道路遥远而艰险，但牛为什么这样肥壮呢？"百里奚回答说："我按时给它们饮水喂食，不用暴力驱使它，遇到艰险，我总是在它的前后照料，因此它才这样肥壮。"秦穆公由此知道他是一个道德高尚的人，便命令有关官吏为百里奚准备洗澡用具，洗澡后更换衣帽，与他一起交谈，秦穆公十分高兴。有一天，秦穆公与公孙支讨论国政，公孙支显得很不平静，他说："国君您耳灵眼亮，思维严密，观察细致，您怕是得到了圣人的帮助吧？"秦穆公说："是的。我十分欣赏百里奚的言论，他就跟圣人差不多。"公孙支于是回去取来大雁，向秦穆公表示祝贺。他说："国君得到了治国安邦的圣臣，请让我为国家的福祥祝贺。"秦穆公没有推辞，拜了两拜就接受了贺礼。第二天，公孙支要将上卿的职位让给百里奚，他说："秦国所处的位置偏僻，百姓见识不广，愚昧无知，这是国家危亡的主要因素。我自知不能够身居上位，请求将我的职位让于他。"秦穆公不答应。公孙支又说："国君您不靠傧相的举荐，就得到了国家的重臣，这是大王您的福气。我见到贤臣而让位于他，这是我的福气。现在国君您已经有了福气了，却使我失掉福气，难道可以吗？我请求辞去这个职务。"秦穆公还是不答应。公孙支又说："我不贤而居高位，是国君您在选择人才上的失误，不贤而又使国君选择失当，这是我的过错。举荐贤士而斥退不贤的人，是国君英明的表现。现在我

处位，废君之德而逆臣之行也，臣将逃。"公乃受之。故百里奚为上卿以制之，公孙支为次卿以佐之也。

《韩诗外传》：禽息，秦大夫，荐百里奚，不见纳。缪公出，当车，以头击阑，脑乃精出，曰："臣生无补于国，不如死也。"缪公感悟，而用百里奚，秦以大化。

《吕氏春秋》：秦穆公相百里奚。晋使叔虎、齐使东郭蹇如秦，公孙枝请见之。公曰："请见客，子之事与？"对曰："非也。""相国使子乎？"对曰："不也。"公曰："然则子事，非子之事也。秦国僻陋戎夷，事服其任，人事其事，犹惧为诸侯笑。今子为非子之事，退将论而罪。"公孙枝出，自敷于百里氏。百里奚请之。公曰："此所闻于相国欤？枝无罪，奚请？有罪，奚请焉？"百里奚归辞公孙枝。公孙枝徙自敷于街。百里奚令吏行其罪。定分官，此古人之所以为法也。今缪公乡之矣，其霸西戎，岂不宜哉？

《史记》：戎王使由余于秦。由余，其先，晋人也，亡入戎，能晋言。闻缪公贤，故使由余观秦。秦缪公示以宫室积聚，由余曰："使鬼为之，则劳神矣；使人为之，亦苦民矣。"缪公怪之，问曰："中国以诗、书、礼、

仍处在原有的职位上，既败坏了国君的美德，又违背了我行为的准则，所以我将要逃走。"秦穆公这才接受了他的请求。于是百里奚便做了上卿来裁断国政，公孙支作为次卿来辅佐他。

《韩诗外传》：禽息是秦国的大夫，向秦缪公推荐百里奚，没有被秦缪公接受。秦缪公有一次外出，他便挡住秦缪公的车子，用头撞击车门槛，脑浆都流了出来，他说："臣下我活着对国家没有好处，还不如死了好。"秦缪公因此受感动而醒悟，便起用百里奚，从此秦国大治。

《吕氏春秋》：秦穆公以百里奚为相国。晋国派叔虎、齐国派东郭蹇来到秦国，公孙枝请求会见他们。秦穆公说："请求会见客人，这是你分内的事吗？"公孙枝回答："不是。"秦穆公问："是相国委派你了吗？"公孙枝回答："没有。"秦穆公说："这样说来，你是在做不该你做的事情了。秦国偏僻荒远，地处戎夷之地，每件事都由分管的人去做，每个人都做他分内的事，即使这样，仍然怕被诸侯耻笑。如今你却做你不该做的事，退下去吧，我将审理治你的罪。"公孙枝出来，到百里奚那里陈述这件事的原委。百里奚替他到秦穆公跟前求情。秦穆公说："您听说这件事了吗？ 公孙枝没有罪，求什么情？ 有罪，求情又有什么用呢？"百里奚回来，辞绝了公孙枝。公孙枝来到街上，走一会儿停一会儿，向路上的人述说冤屈。百里奚让主管官吏对公孙枝论罪行罚。确定名分和职守，这是古人实行法治的方法。如今秦穆公向往它，他称霸西戎，难道不是情理中的事吗？

《史记》：戎王派由余出使秦国。由余，其祖先是晋国人，逃亡到戎地，能说晋语。戎王听说秦缪公贤明，就派由余前去考察秦国。秦缪公向他展示了宫室和积蓄的财宝，由余说："这些宫室积蓄，如果是让鬼神营造的，那么就使鬼神劳累了；如果是让百姓营造的，那么也使百姓受苦了。"秦缪公觉得他的话奇怪，问道："中原各国借助诗、书、礼、

乐、法度为政，然尚时乱，今戎狄无此，何以为治？不亦难乎？"由余笑曰："此乃中国所以乱也。夫自上圣黄帝作为礼乐法度，身以先之，仅以小治。及其后世，日以骄淫，阻法度之威，以责督于下，下罢极，则以仁义怨望于上。上下交争怨，而相篡弑，至于灭宗，皆以此类也。夫戎夷不然。上含淳德以遇其下，下怀忠信以事其上，一国之政，犹一身之治，不知所以治，此真圣人之治也！"于是缪公退而问内史廖曰："孤闻邻国有圣人，敌国之忧也。今由余贤，寡人之害，将奈之何？"内史廖曰："戎王处僻匿，未闻中国之声。君试遗其女乐，以夺其志。为由余请，以疏其间；留而莫遣，以失其期。戎王怪之，必疑由余。君臣有间，乃可虏也。且戎王好乐，必怠于政。"缪公曰："善。"因与由余曲席而坐，传器而食，问其地形与其兵势，尽察。而后令内史廖以女乐二八遗戎王。戎王受而说之，终年不还。于是秦乃归由余。由余数谏不听，缪公又数使人间要由余，由余遂去，降秦。缪公以客礼礼之，问伐戎之形。三十七年，秦用由余谋伐戎王，益国十二，开地千里，遂霸西戎。天子使召公过贺缪公以金鼓。

乐和法令处理政务,还不时地出现祸乱呢,现在戎族没有这些,靠什么来治理国家? 岂不很困难吗?"由余笑着说:"这些正是中原各国发生祸乱的根源所在。自上古圣人黄帝创造了礼乐法度,并亲自带头贯彻执行,也只是实现了小的治理。到了后代,君主一天比一天骄奢淫逸,依仗着法令制度的威严,严厉监督人民,人民感到疲惫了,就怨恨君上,要求实行仁义。上下互相怨恨,篡夺弑杀,甚至灭绝家族,这些都是由礼乐法度引起的。而戎族却不是这样。在上位者怀着淳厚的仁德来对待下面的臣民,臣民满怀忠信来事奉君上,整个国家的政事就像一个人支配自己的身体一样,无须了解什么治理的方法,这才是真正的圣人治理国家啊!"秦缪公退朝之后,就向内史王廖说:"我听说邻国有圣人,这将是敌对国家的忧患。现在由余有才能,这是我的祸害,我该怎么办呢?"内史王廖说:"戎王地处偏僻,不曾听过中原地区的乐曲。您不妨试试送他歌舞女伎,借以改变他的心志。并且为由余向戎王请求延期返戎,以此来疏远他们君臣之间的关系;同时留住由余不让他回去,以此来延误他回国的日期。戎王对此感到奇怪,一定会怀疑由余。他们君臣之间有了隔阂,就可以俘获他了。再说戎王喜欢上音乐,就一定懈怠国政了。"秦缪公说:"好。"于是秦缪公与由余坐席相连而坐,互递杯盏一块吃喝,向由余询问戎地的地形和兵力,把情况了解得一清二楚。然后命令内史王廖送给戎王十六名歌伎。戎王接受后,非常喜欢她们,整整一年不曾迁徙、更换草地。这时候,秦国才让由余回国。由余多次向戎王进谏,戎王都没有听,秦缪公又屡次派人秘密邀请由余,由余于是离开戎王,投降了秦国。秦缪公以宾客之礼相待,向他询问讨伐戎族的形势。秦缪公三十七年,秦国采用由余的计谋攻打戎王,增加了十二个属国,开辟了千里疆土,终于称霸于西戎地区。周天子派召公过带着钲、鼓等去向秦缪公表示祝贺。

五年。初，鄀叛楚即秦，又贰于楚。夏，秦人入鄀。

六年，秦伯任好卒。以子车氏之三子奄息、仲行、缄虎为殉，皆秦之良也。国人哀之，为之赋《黄鸟》。君子曰："秦穆之不为盟主也，宜哉！死而弃民。先王违世，犹诒之法，而况夺之善人乎？《诗》曰：'人之云亡，邦国殄瘁。'无善人之谓，若之何夺之？古之王者，知命之不长，是以并建圣哲，树之风声，分之采物，著之话言，为之律度，陈之艺极，引之表仪，予之法制，告之训典，教之防利，委之常秩，道之以礼则，使毋失其土宜，众隶赖之，而后即命。圣王同之。今纵无法，以遗后嗣，而又收其良以死，难以在上矣。"君子是以知秦之不复东征也。

臣士奇曰：秦穆公，春秋之贤诸侯也。骊姬之乱，晋君数弑，国几亡。穆公立夷吾，及夷吾背德，有韩原之战，执晋侯以归，而卒反之。晋饥，又输之粟，曰："吾怨其君，而矜其民。"惠、怀无亲，外内弃之，则又置文公以定其难。襄王之未入也，秦伯师于河上，将纳王，

五年。当初，郜国背叛楚国亲近秦国，后来又暗中亲近楚国。夏季，秦军攻入郜国。

　　六年，秦穆公任好去世。下葬时用子车氏的三个儿子奄息、仲行、针虎陪葬，这三个人都是秦国的优秀人才。因此秦国人都为他们感到悲痛，并为此创作了《黄鸟》一诗。君子对此评论说："秦穆公未能成为盟主，也是理所当然的！因为他死后还要连累他人，遗弃百姓。前代君王离开人世后，尚且要给后人留下好的法度，何况是夺去百姓心目中的好人的生命呢？《诗经》说：'如果贤能之人死亡，那么国家也就病入膏肓。'说的就是没有好人，为什么还要把好人的生命夺去呢？古代身居王位的人自知寿命不能长久，于是就广泛地选用贤能之人，并给他们树立风俗教化的典范，使他们的旗帜服饰显示出尊卑上下，为他们撰写了治国良言，为他们制定法律制度，向他们宣布应该遵守的准则，并引导他们遵守法纪，教给他们使用法律，告诉他们先王的典章遗训，教导他们不可过分谋求私利，还任命他们担当一定的职务，教给他们各种礼仪和规范，使他们对各种问题因地制宜，从而使百姓都信赖他们，古代君王把上述各项事情都做完了，才放心地死去。圣明的君王都是这样做的。而如今秦穆公不但没有给后人留下可供遵循的法律典章，反而又夺走贤良之才作为他的殉葬品，这样的君王，就很难长久处在上位了。"君子因此而认识到秦国不可能再向东扩展了。

　　臣下我高士奇评论说：秦穆公是春秋时期有贤德的诸侯。晋国骊姬之乱时，几位晋国国君相继被弑，晋国几乎灭亡。秦穆公便立了夷吾，等到夷吾背叛德义，和秦国在韩原交战，秦穆公便抓了晋惠公夷吾回国，然而最后又放他回国。晋国发生饥荒时，秦穆公又赠送给他们粮食，并且说："我虽然怨恨晋国的国君，但却怜悯晋国的百姓。"晋惠公和晋怀公没人亲近他们，国内外的人都抛弃了他们，于是秦穆公便立晋文公重耳来平息晋国的祸难。周襄王不能回国的时候，秦穆公领兵驻扎在黄河边上，准备护送周襄王回朝，

以晋文公纳之而止。此其天资仁厚，举动光伟，加于人一等矣。

生平之失，惟贪烛之武东道主之言而背晋，惑杞子、逢孙、杨孙之说而袭郑，则皆利令智昏之所致耳。然自败殽之后，素服郊次，深自怨艾，作悔过之誓。圣人序《书》，特列于百篇之末。日月之更，殆难以一眚掩矣。至其报恨王官，封尸殽垠，成济河焚舟之功焉。其举人之周，与人之壹，天下称之。孟明之始败也，曰："孤实贪以祸夫子，夫子何罪？"及再败彭衙，三败取汪，犹不替孟明，因而增修国政，使赵成子闻声而知惧。子桑知人，而终信。以视楚杀得臣，晋人窃喜；鲁用曹沫，齐桓反地，其得失不深切著明哉？

百里奚，虞之俘囚也，举之牛口之下，蹇叔贤而世莫知，五羖大夫荐达之，迎以为上大夫。由余，戎之贤臣也，及其来归，以客礼之。爰是益国十二，开地千里，遂霸西戎，天子使召公贺以金鼓。当是时，秦国之强，侪于齐、晋、荆楚，则亦改过不吝、用人惟己之所致矣。独其僻在西陲，礼未同于中国，而用子车氏之三子

因为晋文公送周襄王回朝,秦穆公也就停止了。秦穆公天资仁爱厚道,举动光明磊落,这是他高人一等的地方。

　　秦穆公一生中的失误是,贪图烛之武做东道主的甜言蜜语,背叛了晋国;并被杞子、逢孙、杨孙的鼓动所迷惑,去袭击郑国,这都是利令智昏所造成的后果。然而崤地之败以后,他身穿素服在郊外等候,深恨自己犯了很大的错误,并做了决心悔过自新的《秦誓》。圣人为《尚书》作序,特别把《秦誓》列在百篇中的最后一篇。就像日食、月食不影响日月的光亮,大概很难因为一次过失就遮蔽他的美德。等到他为报仇夺取晋国的王官,在崤地堆土收葬阵亡将士的尸骨,成就渡过黄河焚烧渡船的大功。他选拔人才考虑周到,任用人才果断专一,是天下人所称道的。百里孟明开始在崤地战败时,秦穆公说:"这完全是因为我贪婪而使您遭殃,夫子您又有什么错呢?"等到孟明在彭衙再次被打败,并第三次被晋人打败,夺走了汪地,秦穆公还是不替换孟明,孟明因此进一步修明国家政事,使赵衰听到这个消息便感到害怕。子桑善于识人,秦穆公始终信任他。相比于楚国杀了成得臣,晋人暗中高兴;鲁国任用曹沫,齐桓公就归还了抢占鲁国的土地,其中的得失不已是很明白了吗?

　　百里奚原本是虞国的俘虏囚犯,因为他养牛肥壮而被秦穆公选拔出来,蹇叔非常贤能而世间没有人了解,做上秦国五羖大夫的百里奚举荐了蹇叔,秦穆公用厚礼将蹇叔迎接回来并让他做了上大夫。由余,原本是戎族的贤臣,等到他来归顺秦国,秦穆公把他当作客人来以礼相待。因此秦国增加了十二个属国,开辟了千里疆土,终于在西戎地区称霸,连周天子也派召公带着钲、鼓等军中指挥用的器物来向秦穆公表示祝贺。在那时,秦国的强大,足可以与齐、晋和荆楚等国匹敌,这都是秦穆公不惜改正错误,用人之才如己所有造就的啊。只是秦国居处在偏僻的西戎地区,礼节还不能和中原统一,秦穆公死的时候还用子车氏的三个有才能的儿子

以殉,《黄鸟》之诗作焉,秦自此不复能东征矣。君子
是以惜其盛德之累也。

殉葬，于是秦人作了《黄鸟》诗，秦国从此不能再向东扩展了。君子因此而怜惜秦穆公盛大德行而有这样的污点。

列国

卷五十三　春秋灾异凡因他事别见者不复更载

隐公元年八月，有蜚，不为灾，亦不书。

九年春王三月癸酉，大雨霖以震，书始也。庚辰，大雨雪，亦如之。书，时失也。凡雨，自三日以往为霖，平地尺为大雪。

桓公元年秋，大水。凡平原出水为大水。

十四年秋八月壬申，御廪灾。乙亥，尝。书，不害也。

十七年冬十月朔，日有食之。不书日，官失之也。天子有日官，诸侯有日御。日官居卿以底日，礼也。日御不失日，以授百官于朝。

庄公七年夏，恒星不见，夜明也。星陨如雨，与雨偕也。

〔考异〕《公羊传》：如雨者，非雨也。非雨则曷为谓之如雨？不修《春秋》曰："雨星不及地尺而复。"君子

卷五十三　春秋灾异凡因他事见于他处的不再记载

　　鲁隐公元年八月,鲁国出现了蜚盘虫,但没有造成灾害,因此《春秋》也就不加记载。

　　九年春季周历三月初十日,开始连续下雨,并伴有雷电,《春秋》只记了开始这一天。十七日,开始连续下雪,《春秋》也只记了开始这一天。之所以记载这两件事,是因为气候反常。凡是下雨,连续三天以上就叫"霖",下雪平地积有一尺深就叫"大雪"。

　　鲁桓公元年秋季,鲁国发生了大水。凡是水淹没了平原,就叫大水。

　　十四年秋季八月十五日,鲁国储藏祭祀谷物的仓库发生了火灾。十八日,举行了尝祭。《春秋》所以记载此事,说明这场火灾并没有造成多大的灾害,也没有影响祭祀的举行。

　　十七年冬季十月初一,鲁国发生日食。《春秋》没有记载具体时间,是因为史官的遗漏。天子有日官,诸侯有日御。日官居于卿位以推算历象,这是合乎礼法的。日御不遗漏每一天的天象历数情况,以便在朝廷上授给百官。

　　鲁庄公七年夏季,平时常见的星星看不到了,这是因为夜空明亮。星星陨落像下雨,这是和雨一起落下的。

　　〔考异〕《公羊传》:像雨,说明并不是真的雨。既然不是雨又为什么说像雨呢? 因为在未经修订的旧史《春秋》上记载的是:"雨星降落,离地不到一尺又返回去了。"孔子

修之曰:"霣星如雨。"何以书? 纪异也。

《穀梁传》:恒星者,经星也。不见者,可以见也。

秋,无麦苗,不害嘉谷也。

十八年秋,有蜮,为灾也。

二十五年夏六月辛未朔,日有食之。鼓,用牲于社,非常也。唯正月之朔,慝未作,日有食之,于是乎用币于社,伐鼓于朝。秋,大水。鼓,用牲于社、于门,亦非常也。凡天灾,有币无牲。非日月之眚,不鼓。

〔补逸〕《穀梁传》:言日,言朔,食正朔也。鼓,礼也;用牲,非礼也。天子救日,置五麾,陈五兵、五鼓;诸侯置三麾,陈三鼓、三兵;大夫击门,士击柝。言充其阳也。高下有水灾曰大水,既戒鼓而骇众,用牲可以已矣。救日以鼓兵,救水以鼓众。

二十九年秋,有蜚,为灾也。凡物不为灾,不书。

僖公三年春,不雨,夏六月,雨。自十月不雨,至于五月。不曰旱,不为灾也。

十五年夏五月,日有食之。不书朔与日,官失之也。

修订为："星星落下来像雨一样。"为什么记载此事？这是记载怪异现象。

《穀梁传》：恒星就是按照季节经常能看见的星星。看不见是说本来是可以看见的。

秋季，麦子因大雨而没有收获，黍稷禾苗也被淹没，但大雨没有影响黍稷的收成。

十八年秋季，鲁国发现了蜮虫，《春秋》记载此事，是因为蜮虫造成了一定的灾害。

二十五年夏季六月初一，鲁国发生日食。于是人们就击起鼓来，并用牺牲祭祀土地神，这是不合常规礼法的。因为只有在阳气旺盛的夏历四月初一，阴气尚未发作时出现了日食，才用玉帛祭祀土地神，并在朝廷上击鼓。秋季，鲁国发生了大水。于是又击鼓，并用牺牲祭祀土地神和城门门神，这也是不合常规礼法的。因为凡是遇到天灾，祭祀时只能用玉帛，而不能用牺牲。而且如果不是发生了日食和月食，也不能击鼓。

〔补逸〕《穀梁传》：既写上日期，又写上初一，是因为日食发生在初一是正常的。击鼓是合乎礼法的，用牺牲不合乎礼制。天子举行救日仪式，设立五色旌幡，陈列五种兵器和五门鼓；诸侯设立三色旌幡，陈列三门鼓和三种兵器；大夫敲击门扉，士敲击木梆。为的是充实太阳的阳气。无论地势高低都出现水灾，就叫作大水，已经击鼓传达了警报，并使人们感到了惊骇，杀牲畜就不必了。救日，用击鼓布列兵器；解救水患，用击鼓聚合人们。

二十九年秋季，鲁国发现了蜚盘虫，并且造成了灾害。凡是事物没有造成灾害，《春秋》就不予记载。

鲁僖公三年春季，鲁国一直没有下雨，直到夏季六月才下雨。从上年十月开始不下雨，直到今年五月。《春秋》没有记载为旱，这是因为没有造成灾害。

十五年夏季五月，鲁国发生日食。《春秋》没有记载朔日和日期，是史官漏记了。

秋,震夷伯之庙,罪之也。于是展氏有隐慝焉。

〔发明〕夷伯者,鲁大夫也。大夫称伯,鲁恒有之。愚以为无骇,疑不能明也。

十六年春,陨石于宋五,陨星也。六鹢退飞,过宋都,风也。

〔补逸〕《公羊传》:曷为先言霣而后言石?霣石记闻,闻其磌然,视之则石,察之则五。是月者何?仅逮是月也。何以不日?晦日也。晦则何以不言晦?《春秋》不书晦也。朔有事,则书;晦虽有事,不书。曷为先言六而后言鹢?六鹢退飞,记见也,视之则六,察之则鹢,徐而察之,则退飞。

《穀梁传》:先陨而后石,何也?陨而后石也。于宋,四竟之内曰宋。后数,散辞也,耳治也。是月者,决不日而月也。六鹢退飞过宋都,先数,聚辞也,目治也。

二十一年夏,大旱。公欲焚巫尫。臧文仲曰:“非旱备也。修城郭,贬食,省用,务穑,劝分,此其务也。巫尫何为?天欲杀之,则如勿生;若能为旱,焚之滋甚。”公从之。是岁也,饥而不害。

秋季，雷电击毁了鲁大夫夷伯的祠庙，这是上天降罪于他。由此可以看出展氏有不可告人的罪恶。

〔发明〕夷伯，是鲁国的大夫。大夫称伯，鲁国常有这样的事情。我认为他就是展无骇，但只是怀疑而无法证明。

十六年春季，宋国发现从天上坠落的五块石头，这是陨落的星星。还见到六只鹢鸟倒着飞过宋国国都，这是风太大的缘故。

〔补逸〕《公羊传》：为什么先说坠落而后说石头呢？坠落石头是记载听见的事，先听到坠落时的一声巨响，再过去看它，才知道是石头，再仔细数它，才知道是五块。称"这个月"是什么意思呢？因为恰恰赶在这一个月里。为什么后一件事不写明日期？因为是晦日。既然是晦日为什么不说明是晦日呢？因为《春秋》是不记载晦日的。朔日有事就写上是"朔"，晦日即使有事也不写上"晦"。为什么先说六只而后说鹢鸟呢？因为六只鹢鸟退着飞是记载看见的事情，先看见它，知道是六只，再细看它，才知道是鹢鸟，然后慢慢观察它，才发现是退着飞。

《穀梁传》：先说坠落，然后再说石头，是为什么呢？因为坠落了，然后才知道是石头。说在宋国，因在宋国四境之内。把数字放在后面，是表示坠落地点分散的意思，是说明这是先由耳朵听到的。称这个月，是为了突出不记载日期而仅记载月份。称六只鹢鸟倒着飞过宋国的国都，这里先说数字，是表示鹢鸟集中在一起，是说明这是由眼睛看到的。

二十一年夏季，鲁国大旱。鲁僖公想要烧死巫人和仰面朝天的畸形人。大夫臧文仲说："这不是防备旱灾的办法。应该尽力去修建城郭、缩减食物、节省开支、致力农事、劝人施舍，这是当务之急。巫人和仰面朝天的畸形人能做什么？上天如果要杀他们，就不如不让他们出生；如果他们能造成旱灾，那么烧死了他们则会使旱灾更加严重。"鲁僖公听从了他的劝告。结果这一年，虽然收成不好，但没有伤害百姓。

二十九年秋,大雨雹,为灾也。

文公三年秋,雨螽于宋,队而死也。

十五年六月辛丑朔,日有食之。鼓,用牲于社,非礼也。日有食之,天子不举,伐鼓于社。诸侯用币于社,伐鼓于朝,以昭事神,训民事君。示有等威,古之道也。

十六年,有蛇自泉宫出,入于国,如先君之数。秋八月辛未,声姜薨,毁泉台。

宣公十五年冬,蝝生,饥。幸之也。

襄公二十七年十一月乙亥朔,日有食之。辰在申。司历过也,再失闰矣。

二十八年春,无冰。梓慎曰:"今兹宋、郑其饥乎!岁在星纪,而淫于玄枵。以有时菑,阴不堪阳,蛇乘龙。龙,宋、郑之星也,宋、郑必饥。玄枵,虚中也,枵,耗名也,土虚而民耗,不饥何为?"

昭公四年,大雨雹。季武子问于申丰曰:"雹可御乎?"对曰:"圣人在上,无雹。虽有,不为灾。古者,日在北陆而藏冰,西陆朝觌而出之。其藏冰也,深山穷谷,固阴沍寒,于是乎取之。其出之也,朝之禄位,宾食丧祭,于是乎

二十九年秋季，鲁国下了大冰雹。《春秋》记载此事，是因为造成了灾害。

鲁文公三年秋季，宋国发现很多螽斯像下雨一般落下来，落到地上就死了。

十五年六月初一，鲁国发生日食。于是人们击鼓，并用牺牲祭祀土地神，这是不合礼法的。发生日食，天子要去掉丰盛的膳食，在土地神庙里击鼓。诸侯则用玉帛在土地神庙里祭祀，并在朝廷上击鼓，以表示敬奉神灵、训导百姓、事奉国君。天子和诸侯采取的礼仪不同，表示等级不同，这是自古以来的制度。

十六年，鲁国有许多大蛇从泉宫爬出来，又进入国都，而且数量与鲁国先君的数量一样。秋季八月初八日，声姜去世，然后就把泉台拆毁了。

鲁宣公十五年冬季，鲁国境内蝗虫成灾，造成了饥荒。《春秋》记载此事，表示这是上天降罪。

鲁襄公二十七年十一月初一，鲁国发生日食。当时斗柄指向申的方位。由于主持历法官员的过失，本应两次设置闰月，结果都没有设置。

二十八年春季，鲁国没有结冰。鲁国大夫梓慎说："恐怕今年宋国和郑国要发生饥荒了！因为岁星本应在星纪斗、牛的位置，可现在已经过了这个位置，到了玄枵女、虚、危的位置。天时不正，就会带来灾荒，气候本应寒冷却仍然温暖，龙在下而蛇在上。龙是宋国、郑国的星宿，因此宋国、郑国必然发生饥荒。玄枵有女、虚、危三宿，虚宿居中，枵表示虚耗，土地虚耗，百姓就会遭到损害，还能不饥荒吗？"

鲁昭公四年，鲁国下了大冰雹。季武子问申丰说："怎样才能够防止冰雹呢？"申丰回答说："圣人在位，就不会下冰雹。即使下了，也不会造成灾害。古时，当太阳行至虚宿和危宿的位置时，就要将冰块收藏起来，行至昴宿和毕宿在早晨出现时，就把冰块取出来。收藏冰块时，到深山幽谷寒气凝结的地方去凿取。取出冰块时，朝廷上有俸禄爵位的，迎宾、用餐、丧葬、祭祀，在这些时候

用之。其藏之也,黑牡秬黍以享司寒。其出之也,桃弧棘矢以除其灾。其出入也时。食肉之禄,冰皆与焉。大夫命妇,丧浴用冰。祭寒而藏之,献羔而启之。公始用之,火出而毕赋。自命夫、命妇至于老疾,无不受冰。山人取之,县人传之,舆人纳之,隶人藏之。夫冰以风壮,而以风出。其藏之也周,其用之也遍,则冬无愆阳,夏无伏阴,春无凄风,秋无苦雨,雷出不震,无菑霜雹,疠疾不降,民不夭札。今藏川池之冰,弃而不用,风不越而杀,雷不发而震,雹之为菑,谁能御之?《七月》之卒章,藏冰之道也。”

七年夏四月甲辰朔,日有食之。晋侯问于士文伯曰:“谁将当日食?”对曰:“鲁、卫恶之。卫大、鲁小。”公曰:“何故?”对曰:“去卫地,如鲁地。于是有灾,鲁实受之。其大咎,其卫君乎,鲁将上卿。”公曰:“《诗》所谓‘彼日而食,于何不臧’者,何也?”对曰:“不善政之谓也。国无政,不用善,则自取谪于日月之灾,故政不可不慎也。务三而已:一曰择人,二曰因民,三曰从时。”

八月,卫襄公卒。十一月,季武子卒。晋侯谓伯瑕曰:“吾所问日食从矣,可常乎?”对曰:“不可。六物不同,民心不壹,事序不类,官职不则,同始异终,胡可常也?《诗》曰:

使用。收藏时，要用黑色的公羊和黑色的黍子来祭祀冬神。取出时，要用桃木弓和荆棘箭消除灾祸。收藏和取出都有规定的时间。凡是俸禄爵位足以食祭肉的人都有用冰的资格。大夫和他的夫人去世后，可以用冰块擦洗身体。祭祀冬神后把冰块藏起来，奉献羔羊而后取用。国君首先使用，大火星出现之前要把冰块分配完毕。大夫及其夫人，以及年老有病的人都可以得到冰块。冰块由山人负责凿取，由县人负责传递，由舆人负责运送，由隶人负责收藏。冰块因为寒风而更加坚固，也因为春风而逐渐融化。其收藏严密，使用普遍，这样冬天就不会过于暖和，夏天就不会过于阴寒，春天就没有凄风，秋天就没有苦雨，天上打雷也不会伤人畜，下了霜雹也不会成灾，瘟疫不会流行，百姓不会夭亡。而现在却收藏着河川水中的冰块又不使用，结果不刮风就草木凋零，不打雷就人畜伤亡，以至于冰雹造成了灾害，又有谁能防止呢？《七月》的末章，就清楚地说明了藏冰的道理。"

七年夏季四月初一，鲁国发生日食。晋平公询问士文伯："谁将遭受这次日食的灾祸呢？"士文伯回答说："鲁国、卫国将遭受这次灾祸。不过卫国严重，鲁国较轻。"晋平公问："这是为什么呢？"士文伯回答说："日食是从卫国的分野开始，刚行到鲁国的分野就结束了。因此如果发生灾害，鲁国也要受到波及。大的灾祸要降到卫国国君身上，鲁国的灾祸将降到上卿身上。"晋平公说："《诗经》所说的'那个太阳发生了日食，是什么地方做得不对了'，是什么意思？"士文伯回答说："说的是不推行善政。国家不推行善政，不起用善人，就会在日食月食的灾异中自取灾祸，所以为政不能不加倍小心。只要努力做到三点就行了：一是选拔人才，二是顺应民心，三是顺应时令。"

八月，卫襄公去世。十一月，季武子去世。晋平公对伯瑕（即士文伯）说："我所问日食一事，现在都应验了，任何事都能这样准确推断吗？"伯瑕回答说："不能。六种事物不同，百姓愿望不一致，事情的顺序不一样，官员的贤能与否也各有不同，开始一样，但结局却大相径庭，哪能都准确推断呢？《诗经》说：

'或燕燕居息，或憔悴事国。'其异终也如是。"公曰："何谓六物？"对曰："岁、时、日、月、星、辰，是谓也。"公曰："多语寡人辰而莫同。何谓辰？"对曰："日月之会是谓辰，故以配日。"

十七年夏六月甲戌朔，日有食之。祝、史请所用币。昭子曰："日有食之，天子不举，伐鼓于社；诸侯用币于社，伐鼓于朝，礼也。"平子御之曰："止也。唯正月朔慝未作，日有食之，于是乎有伐鼓用币，礼也。其余则否。"大史曰："在此月也。日过分而未至，三辰有灾。于是乎百官降物，君不举，辟移时，乐奏鼓，祝用币，史用辞。故《夏书》曰：'辰不集于房，瞽奏鼓，啬夫驰，庶人走。'此月朔之谓也。当夏四月，是谓孟夏。"平子弗从。昭子退曰："夫子将有异志，不君君矣。"

二十一年秋七月壬午朔，日有食之。公问于梓慎曰："是何物也？祸福何为？"对曰："二至二分，日有食之，不为灾。日月之行也，分，同道也；至，相过也。其他月则为灾，阳不克也，故常为水。"于是叔辄哭日食。昭子曰："子叔将死，非所哭也。"八月，叔辄卒。

二十四年夏五月乙未朔，日有食之。梓慎曰："将水。"

'有些人舒舒服服在家休息,有些人却奔波忙碌为国操心。'结局的不同是这样的明显。"晋平公问:"什么是六物?"伯瑕回答说:"六物就是岁、时、日、月、星、辰。"晋平公说:"有很多人和我说起辰,但说法各不相同。究竟什么是辰呢?"伯瑕回答说:"日月相会就是辰,因此被用来和日相配。"

十七年夏季六月初一,鲁国发生日食。祝官、史官请示用什么物品祭祀。叔孙昭子说:"发生了日食,天子要去掉丰盛的饭食,并在土地神庙中击鼓;诸侯则用玉帛在土地神庙中祭祀,在朝廷上击鼓,这是礼法中规定的做法。"季平子加以阻止,他说:"不能这么做。只有在正月初一,阴气还没有发作时,发生了日食,才击鼓并用玉帛祭祀,这才是合乎礼法的。其他时间发生日食都不这么做。"太史说:"恰恰就在这个月才能这么做。这时太阳过了春分还没有到夏至,日、月、星发生灾异。在这种情况下,百官穿上素服,国君去掉丰盛的饭食,搬出正寝躲过这段时间,并令乐官击鼓,由祝官在土地神庙中用玉帛祭祀,由史官用辞令祝祷。因此《夏书》上说:'一旦日月交会失去了正常的位置,就由乐师击鼓,由啬夫驱车急行取来玉帛祭祀,庶人也为此事奔走忙碌。'说的就是这个月初一的情景。正当夏历四月,所以被称为孟夏。"季平子没听从他的话。叔孙昭子退下来之后说:"季孙已经产生了不正当的念头,他不把国君当国君看待了。"

二十一年秋季七月初一,鲁国发生日食。鲁昭公问梓慎:"这是怎么回事?预示着什么样的祸福呢?"梓慎回答说:"冬至、夏至、春分、秋分发生日食,不会造成灾害。因为日月在运行过程中,春分、秋分时,黄道和赤道相交;冬至、夏至时,则相距最远。假如其他月份发生了日食就会造成灾害,这是由于阳气不胜阴气,所以常常发生水灾。"这时叔辄因担心日食会造成灾害而哭泣起来。叔孙昭子说:"子叔(即叔辄)恐怕要死了,因为这次日食不应该哭泣。"八月,叔辄去世了。

二十四年夏季五月初一,鲁国发生日食。梓慎说:"要发大水。"

昭子曰："旱也。日过分而阳犹不克，克必甚，能无旱乎？阳不克莫，将积聚也。"

三十一年十二月辛亥朔，日有食之。是夜也，赵简子梦童子裸而转以歌。旦，占诸史墨。对曰："六年及此月也，吴其入郢乎！"

哀公三年夏五月辛卯，司铎火。火逾公宫，桓、僖灾。救火者皆曰："顾府。"南宫敬叔至，命周人出御书，俟于宫，曰："庀女而不在，死！"子服景伯至，命宰人出礼书，以待命。命不共，有常刑。校人乘马，巾车脂辖。百官官备，府库慎守，官人肃给。济濡帷幕，郁攸从之。蒙葺公屋，自太庙始，外内以俊。助所不给。有不用命，则有常刑，无赦。公父文伯至，命校人驾乘车。季桓子至，御公立于象魏之外。命救火者伤人则止，财可为也。命藏象魏，曰："旧章不可亡也。"富父槐至，曰："无备而官办者，犹拾沈也。"于是乎去表之槁，道还公宫。孔子在陈，闻火，曰："其桓、僖乎？"

十二年冬十二月，螽。季孙问诸仲尼。仲尼曰："丘闻之，

叔孙昭子说:"这是预示着要闹旱灾。因为太阳运行已经过了春分点,而阳气还没有胜过阴气,一旦胜过阴气,就必定非常厉害,能不发生旱灾吗?阳气超过了时间却还没有胜过阴气,是正在进一步蓄积以等待爆发的时间。"

三十一年十二月初一,鲁国发生日食。那天夜里,赵简子梦见一个小孩光着身子随着唱歌的节拍跳舞。天亮以后,便请史墨占卜此事。史墨回答说:"六年以后的这个月,吴人恐怕要攻入楚国的郢都吧!"

鲁哀公三年夏季五月二十八日,鲁国的司铎宫发生了火灾。大火越过鲁哀公宫殿,蔓延到桓公和僖公庙。救火的人都喊道:"要保护府库。"孔子的弟子南宫敬叔赶来,命令负责管理周朝典籍的官员把国君所读的书都搬出来,并在公宫门口守候,还对他说:"这些书交给你保护了,如有损失,就把你处死!"子服景伯也赶来了,他让宰夫把礼书都搬出来等待命令。并警告他如果失职,将依法惩处。然后又下令管理马匹的人准备好马,管理车辆的人给车辖涂好油脂,以等待使用。每个官员都坚守岗位,府库加强戒备,负责管理馆舍的官员要保证各种供应。把帷帐用水浇湿,然后顺着火势往前把附近的房子用湿帷帐盖上。还用浇湿的帷幕把公室的房子都遮盖起来,从太庙开始,由外到内依次蒙盖公屋。对力量不足的加以帮助。凡有不听从指挥的,依法惩办,不予赦免。公父文伯也赶来了,命令马官为国君的车子套上马。季桓子赶来了,驾车把哀公送到象魏外面。他下令救火的人一旦受伤就赶快下来,因为财物烧毁了还可以再创造。又命令把法令典章都收藏起来,他说:"旧日的典章文献不能丢失。"富父槐也赶来了,他说:"平时不准备好应付火灾的防范措施,到这时候才让百官各负其责,这就像收起洒到地上的汤水。"于是就组织人搬掉火道前面的各种易燃物品,并在公宫四周开辟了火巷,从而使大火不致蔓延到公宫。当时孔子在陈国,听说发生了火灾,说:"这恐怕是上天要毁掉桓公、僖公二庙吧。"

十二年冬十二月,鲁国蝗灾。季孙问孔子。孔子说:"我听说,

火伏而后蛰者毕。今火犹西流，司历过也。"

臣士奇曰：《春秋》二百四十二年之间，凡纪灾异一百二十二，日食三十六也，星孛三也，星陨、陨石各一也，不雨七也，无冰三也，大雨震电一也，雨雪三也，大雨雹三也，地震五也，山崩二也，大水九也，有年二也，大旱二也，饥三也，无麦、苗一也，大无麦、禾一也，陨霜不杀草、李梅实一也，陨霜杀菽一也，雨木冰一也，多麋、有蜮、有蜚、螽生各一也，六鹢退飞一也，螟三也，螽十也，牛伤四也，牛死二也，宫室灾六也，震庙一也，屋坏二也，齐大灾一也，宋、陈、卫、郑灾一也，宋、陈灾各一也。其间非无惊世骇俗更甚于此者，而圣人不书。

至阴阳、寒暑、草木、虫螺之变，凡切于人事之休咎、天道之应违者，不以微而不察焉。以此见圣人之不语怪，而念是民生日用至急也。然《春秋》备记灾祲，以垂鉴戒，而不言其事应，诚有深意，以为言之而一有不应，则适以怠后世恐惧修省之心，且为矫诬者口实也。《洪范五行传》事事而强为之说，其亦未达圣人之旨矣。日食之不书朔与日者，《传》皆得而推之。而有莘之神降，泉台之蛇数，绛郊之龙见，魏榆之石言，彭生之豕祸，伯有之厉鬼，郑南门之蛇妖，

一旦火星消失,昆虫也就应该全部蛰伏起来。但现在火星仍然高悬在西方天空上,这是主管历法的官员应该设置闰月而没有设置闰月的缘故。"

　　臣下我高士奇评论说:《春秋》二百四十二年间,一共记录的灾异有一百二十二次,其中日食三十六次,彗星出现了三次,星星陨落和石头坠落各一次,没有下雨七次,没有结冰三次,大雨并伴有雷电一次,下雪三次,下冰雹三次,地震五次,山体崩塌二次,水灾九次,丰收年二次,大旱年二次,饥荒三次,麦子因大雨而没有收获、黍稷没长成禾一次,麦子、黍稷严重歉收一次,下霜没有冻死野草、李子梅子丰收一次,下霜造成豆苗枯死一次,下雨树木结冰一次,麋鹿多、有螟虫、有蜚盘虫、有蝝虫的灾害各一次,六只鹢鸟倒着飞一次,螟虫灾三次,螽斯灾十次,作为祭品的牛受伤四次,作为祭品的牛死亡二次,宫室的火灾六次,雷电击毁宗庙一次,屋宇损坏二次,齐国的大火灾有一次,宋、陈、卫、郑国同日的火灾一次,宋国和陈国的火灾各有一次。其间并非没有比这些更惊世骇俗的灾害,但圣人孔子都没记载。

　　至于阴阳、寒暑、草木、昆虫活动的变化,凡是和人事的吉凶有密切关系的,和天道相应或相违的,圣人孔子都不因为事情的微小而不去体察它。由此可见圣人孔子不谈论怪异,而关心的是民生以及人们日用的急需。《春秋》详细地记载了自然灾异,是用来让人引以为戒的,而不说人间的感应事变,实在是有深意;是怕一旦没有感应事变,反而恰好会让后世之人的惊惧反省之心懈怠,而且为胡编乱造者提供口实。《洪范五行传》事事都牵强附会,它并没有充分领悟圣人的意旨。有日食发生虽然不记载朔日和月份,从《左传》中都可以推算得出来。然而虢国莘地有神降临,鲁国泉宫中爬出的蛇的数量,晋国绛都郊外出现了龙,晋国魏榆地方的石头会说话,齐国的彭生死后变成野猪导致齐襄公被杀的灾祸,郑国的伯有变成厉鬼害人,郑国南门的蛇为妖孽,

宋华氏之犬祸，鸟呼嘻出而亳社灾，歌徵鹬鸹而稠父孙，绛市之谍杀六日而能苏，郑瞒之首载专车而眉见，事之所有，未可云理之所无，特以言不雅驯，圣人不道，而左氏辑其遗闻，附著于册，非特以侈新奇，亦所以昭劝戒也。然已属后世史家之滥觞矣。夫芝草、醴泉、甘露、神雀之祥，终春秋世，岂无一见？而《经》与《传》举不及焉。惟西郊获麟，一系简末，以昭制作文成之应，而且以伤吾道之穷也。《春秋》之纪祥异，亦慎矣哉！

宋国华臣乱国后因国人追赶疯狗进家而出逃的灾祸,宋国乌鸦学人叫着"嘻嘻出出"而亳社发生火灾,鲁国的童谣唱鹎鸲而鲁昭公裯父出逃,晋国绛都街市上的被杀间谍六天后又能复活,鄋瞒首领长狄侨如被射杀斩首后脑袋占满一车,眉毛出现在车前横木上,所有的这些事情,不能说都没有道理,只是因为这些传说不雅正,所以圣人孔子不说,而左氏收集所有的逸闻,附录于简册之中,并不仅仅是为了追求新奇,其目的也是为了进行劝诫。这已经属于后世史家记载灾异的开端了。灵芝草、甜美的泉水、甘露、神雀的祥瑞,整个春秋那一时段,难道就没有出现过一次吗?然而《春秋经》以及《左传》却没有提及过。只有在鲁国都城西郊抓获了麒麟一事,记录在《春秋》的最后,用来作为《春秋》一书写成的感应,并且用来感伤自己的主张不能实现。可见,《春秋》记载祥瑞灾异是多么慎重啊!